U0636159

20世纪儒学研究大系

主编：傅永聚　韩钟文

现代新儒学研究

本卷主编　刘雪飞

中　华　书　局

20 世纪儒学研究大系
编辑委员会

中国文化的基本精神(代序)

在现今时代,做一个中国人,最重要的是具有爱国意识。爱国意识有一定的思想基础。必须感到祖国的可爱,才能具有爱国意识。而要感到祖国的可爱,又必须对于中国文化的优秀传统有正确的理解。中国文化,从传说中的羲、农、黄帝以来,延续发展了四五千年,在15世纪以前一直居于世界文化的前列。15世纪,中国的四大发明传入欧洲,促进了西方近代文明的发展,于是西方文化突飞猛进,中国落后了。19世纪40年代之后,中国受到资本主义列强的侵略凌辱,中国各阶层的志士仁人,奋起抗争,努力寻求救国的道路,经过一百多年的艰苦斗争,终于取得了胜利,于1949年建立了新中国,“中国人民站起来了!”中国文化虽然一度落后,但又能奋发图强,大步前进。这不是偶然的,必有其内在的思想基础。中国文化长期延续发展,虽曾经走过曲折的道路,但仍能自我更新,继续前进。这种发展更新的思想基础,就是中国文化的基本精神。

何谓精神?精神即是思维运动发展的精微的内在动力。中国文化中的基本精神,在中国历史上确实起到了推动社会发展的作用,成为历史发展的内在思想源泉。当然,社会发展的基本原因在于生产力的发展,但是思想意识在一定条件下也有一定的积极作用。文化的基本精神必须具有两个特点:一是具有广泛的影响,为大多数人民所接受领会，对于广大人民起了熏陶作用；二是具有激励进步、促进发展的积极作用。必须具有这两方面的表现，才可以称为文化的基本精神。

我认为，中国几千年来文化传统的基本精神的主要内涵有四项基本观念，即(1)天人合一；(2)以人为本；(3)刚健有为；(4)以和为贵。

一　天人合一

天人合一即肯定人与自然的统一，亦即认为人与自然界不是敌对的，而具有不可割裂的关系。所谓合一指对立的统一，即两方面相互依存的关系。天人合一思想在春秋时即已有之。《左传·昭公二十五年》记载郑大夫子大叔述子产之言说："夫礼，天之经也，地之义也，民之行也。天地之经，而民实则之。"又记子大叔之言说："礼，上下之纪，天地之经纬也，民之所以生也，是以先王尚之。"这是认为礼是天经地义，即自然界的必然准则，"天经"与"民行"是统一的。应注意，这里天是对地而言，天地相连并称，显然是指自然之天。子产将天经地义与民则统一起来，但也重视天与人的区别，他曾断言："天道远，人道迩，非所及也，何以知之？"(《左传·昭公十八年》)当时占星术利用所谓天道传播迷信，讲天象与人事祸福的联系，子产是予以否定的。孟子将天道与人性联系起来，他说："尽其心者，知其性也。知其性，则知天矣。"(《孟子·尽心上》)孟子认为人性是天赋的，所以知性便能知天。但孟子没有做出明确的论证。《周易大传》提出"裁成辅相"之说，《象传》云："天地交，泰。后以裁成天地之道，辅相天地之宜，以左右民。"《系辞》云："范围天地之化而不过，曲成万物而不遗。"《文言》提出"与天地合德"的思想："夫'大人'者，与天地合其德，与日月合其明，与四时合其序，与鬼神合其吉凶。先天而天弗违，后天而奉天时。”这里所谓先天指为天之前导，后天即从天而动。与天地合德即与自然界相互适应，相互调谐。

汉代董仲舒讲天人合一，宣扬“天副人数”，陷于牵强附会。宋代张载明确提出“天人合一”的四字成语，在所著《西铭》中以形象语言宣示天人合一的原则。《西铭》云：“乾称父，坤称母，予兹藐焉，乃混然中处。故天地之塞，吾其体；天地之帅，吾其性。民吾同胞，物吾与也。”所谓天地之塞指气，所谓天地之帅指气之本性，就是说：“天地犹如父母，人与万物都是天地所生，人与万物都是气构成的，气的本性也就是人与万物的本性，人民都是我的兄弟，万物都是我的朋友。这充分肯定了人与自然界的统一。但张载也承认天与人的区别，他在《易说》中讲：“鼓万物而不与圣人同忧者，此直谓天也，天则无心……圣人所以有忧者，圣人之仁也。不可以忧言者天也。”天是没有思虑的，圣人则不能无忧，这是天人之别。所谓天人合一是指人与自然界既有区别，而又有统一的关系，人是自然界所产生的，是自然界的一部分，人可以认识自然并加以改变调整，但不应破坏自然。这“天人合一”的观念与西方所谓“克服自然”、“战胜自然”有很大区别。在历史上，中西不同的观点各有短长，西方近代的科学技术取得了改造自然的辉煌成绩，但也破坏了自然界的生态平衡。时至今日，重新认识人与自然的统一，确实是必要的了。

二 以人为本

以人为本是相对于宗教家以神为本而言的，可以称为人本思想。孔子虽然承认天命，却又怀疑鬼神。他说：“务民之义，敬鬼神而远之，可谓知矣。”（《论语·雍也》）认为人生最重要的是提高道德觉悟，而不必求助于鬼神。孔子更认为应重视生的问题，而不必考虑死后的问题。《论语》记载:“季路问事鬼神,子曰:‘未能事人,焉能事鬼?’曰:‘敢问死!’曰:‘未知生,焉知死?’”(《先进》)孔子更不赞成祈祷,《论语》载:“子疾病,子路请祷。子曰:‘有诸?’子路对曰:有之,诔曰:‘祷尔于上下神祇。’子曰:‘丘之祷久矣。’”(《述而》)孔子对于鬼神采取存疑的态度,既不否定,亦不肯定,但认为应该努力解决现实生活中的问题,而不必向鬼神祈祷。孔子这种思想观点可以说是非常深刻的。

这种以人为本的思想,后汉思想家仲长统讲得最为鲜明。仲长统说:“所贵乎用天之道者,则指星辰以授民事,顺四时而兴功业,其大略也,吉凶之祥,又何取焉? ……所取于天道者,谓四时之宜也;所壹于人事者,谓治乱之实也。……从此言之,人事为本,天道为末,不其然与?”(《全后汉文》卷八十九)这里提出“人事为本”,可以说是儒家“人本”思想最明确的表述。所谓以人为本,不是说人是宇宙之本,而是说人是社会生活之本。

佛教东来,宣传灵魂不灭、三世轮回的观念,一般群众颇受其影响,但是儒家学者起而予以反驳。南北朝时何承天著《达性论》,宣扬人本观念。何承天说:“人非天地不生,天地非人不灵……安得与夫飞沈蠉蠕,并为众生哉? ……至于生必有死,形毙神散,犹春荣秋落,四时代换,奚有于更受形哉!”这完全否定了灵魂不灭、三世轮回的迷信。范缜著《神灭论》,提出形为质而神为用的学说,更彻底批驳了神不灭论。

宋明理学中,不论是气本论,或理本论,或心本论,都不承认灵魂不灭,不承认鬼神存在,而都高度肯定精神生活的价值。气本论以天地之间“气”的统一性来论证道德的根据,理本论断言道德原于宇宙本原之“理”,心本论则认为道德伦理出于“本心”的要求。这些道德起源论未必正确,但是都摆脱了宗教信仰。受儒家影响的中国知识分子,宗教意识都比较淡薄,在中国文化中,有一个以道德教育代替宗教的传统。虽然道德也是有时代性的,但是这一道德传统仍有其积极的意义。

三 刚健自强

先秦儒家曾提出"刚健"、"自强"的人生准则。孔子重视"刚"的品德,他说:"刚毅木讷近仁。"(《论语·子路》)刚毅即是具有坚定性。孔子弟子曾子说:"可以托六尺之孤,可以寄百里之命,临大节而不可夺也。君子人与? 君子人也。"(《论语·泰伯》)临大节而不可夺,即是刚毅的表现。《周易大传》提出"刚健"、"自强不息"的生活准则。《大有·彖传》云:"大有,柔得尊位大中,而上下应之,曰大有。其德刚健而文明,应乎天而时行,是以元亨。"《乾·文言传》云:"大哉乾乎! 刚健中正,纯粹精也。"《乾·象传》云:"天行健,君子以自强不息。"乾指天而言,天行即日月星辰的运行。日月星辰运行不已,从不间断,称之曰健,亦曰刚健。人应效法天之运行不已,而自强不息。自强即是努力向上、积极进取。《系辞下传》又论健云:"夫乾,天下之至健也,德行恒易以知险。"这是说,天下之至健在于能知险而克服之以达到恒易(险指艰险,易指平易)。所谓自强,含有克服艰险而不断前进之意。儒家重视"不息",《中庸》云:"故至诚无息。不息则久,久则征;征则悠远,悠远则博厚,博厚则高明。……《诗》云:'维天之命,於穆不已。'盖曰天之所以为天也。'於乎不显,文王之德之纯!'盖曰文王之所以为文也,纯亦不已。"儒家强调不懈的努力,这是有积极意义的。

在古代哲学中,与刚健自强有密切联系的是关于独立意志、独立人格和为坚持原则可以牺牲个人生命的思想。孔子肯定人人都有独立的意志,他说:"三军可夺帅也,匹夫不可夺志也。"(《论语·子罕》)又赞扬伯夷叔齐"不降其志,不辱其身"(《论语·微子》),即赞扬坚持独立的人格。孔子更认为,为了实行仁德可以牺牲个人的生命,他说:"志士仁人,无求生以害仁,有杀身以成仁。"(《论语·卫灵公》)孟子进而提出:"生亦我所欲也,义亦我所欲也,二者不可得兼,舍生而取义者也。生亦我所欲,所欲有甚于生者,故不为苟得也;死亦我所恶,所恶有甚于死者,故患有所不辟也。"(《孟子·告子上》)这里所谓"所欲有甚于生者"即义,其中包括人格的尊严。他举例说:"一箪食、一豆羹,得之则生,弗得则死。呼尔而与之,行道之人弗受;蹴尔而与之,乞人不屑也。"不受嗟来之食,即为了保持人格的尊严。坚持自己的人格尊严,这是刚健自强的最基本的要求。

先秦时代,儒道两家曾有关于刚柔的论争。与儒家重刚相反,老子"贵柔"。老子提出"柔弱胜刚强"(《老子》三十六章),认为"天下之至柔,驰骋天下之至坚"(《老子》四十三章)。他以水为喻来证明柔能胜强:"天下柔弱莫过于水,而攻坚强,莫之能先,其无以易之。故弱胜强,柔胜刚,天下莫能知,莫能行。"(《老子》七十八章)老子贵柔,意在以柔克刚,柔只是一种手段,胜刚才是目的,贵柔乃是求胜之道。孔子重刚,老子贵柔,其实是相反相成的。

在中国古代哲学中,儒家宣扬"刚健自强",道家则崇尚"以柔克刚",这构成中国文化思想的两个方面。儒家学说的影响还是大于道家的,在文化思想中长期占有主导的地位。刚健自强的思想可以说是中国文化思想的主旋律。《周易大传》"天行健,君子以自强不息"的名言,在历史上,对于知识分子和广大人民,确实起了激励鼓舞的积极作用。

四　以和为贵

中国古代以"和"为最高的价值。孔子弟子有若说:"礼之用,和为贵。先王之道斯为美，小大由之。”(《论语·学而》)孔子亦说：“君子和而不同，小人同而不和。”(《论语·子路》)区别了“和”与“同”。按：和同之辨始见于西周末年周太史史伯的言论中。《国语》记述史伯之言说：“夫和实生物，同则不继。以他平他谓之和，故能丰长而物归之。若以同裨同，尽乃弃矣。”(《郑语》)这里解释和的意义最为明确。不同的事物相互为“他”，“以他平他”即聚集不同的事物而达到平衡，这叫做“和”，这样才能产生新事物。如果以相同的事物相加，这是“同”，是不能产生新事物的。春秋时齐晏子也强调“和”与“同”的区别，他以君臣关系为例说：“君所谓可而有否焉，臣献其否，以成其可。君所谓否而有可焉，臣献其可，以去其否。”这称为“和”。如果“君所谓可”，臣亦曰可；“君所谓否”，臣亦曰否，那就是“同”，而不是“和”了。晏子说：“若以水济水，谁能食之？若琴瑟之专一，谁能听之？同之不可也如是。”(《左传·昭公二十年》)这是说，必须能容纳不同的意见，兼容不同的观点，才能使原来的思想“成其可”、“去其否”，达到正确的结论。孔子所谓“和而不同”也就是能保留自己的意见而不人云亦云。“和”的观念，肯定多样性的统一，主张容纳不同的意见，对于文化的发展确有积极的促进作用。

老子亦讲“和”，《老子》四十二章：“万物负阴而抱阳，冲气以为和。”又五十五章：“知和曰常，知常曰明。”这都肯定了“和”的重要。但是老子冲淡了“和”与“同”的区别，既重视“和”，也肯定“同”。五十六章：“塞其兑，闭其门，挫其锐，解其忿，和其光，同其尘，是谓玄同。”这“和光同尘”之教把西周以来的和同之辨消除了。

墨子反对儒家，不承认和同之辨，而提出“尚同”之说。墨家有许多进步思想，但是尚同之说却是比和同之辨后退一步了。

儒家仍然宣扬和的观念，《周易大传》提出“大和”观念，《乾·彖传》说：“乾道变化，各正性命，保合大和，乃利贞。”这里所谓大和指自然界万物并存共育的景况。儒家认为,包含人类在内的自然界基本上是和谐的。《中庸》云:“万物并育而不相害,道并行而不相悖。”这正是儒家所构想的“大和”景象。

孟子提出“人和”,他说:“天时不如地利,地利不如人和。三里之城,七里之郭,环而攻之而不胜。夫环而攻之,必有得天时者矣;然而不胜者,是天时不如地利也。城非不高也,池非不深也,兵革非不坚利也,米粟非不多也,委而去之,是地利不如人和也。故曰:域民不以封疆之界,固国不以山溪之险,威天下不以兵革之利。得道者多助,失道者寡助。寡助之至,亲戚畔之;多助之至,天下顺之。”(《孟子·公孙丑下》)这里所谓人和是指人民的团结,人民的团结是胜利的决定性条件。“得道多助,失道寡助”,这是今天仍然必须承认的真理。

儒家以和为贵的思想在历史上曾经起了促进民族团结、加强民族凝聚力,促进民族融合、加强民族文化同化力的积极作用。在历史上,得民心者得天下,失民心者失天下,已成为长期起作用的客观规律。在历史上,汉族本是由许多民族融合而成的;在近代,汉族又和五十几个少数民族融合而成中华民族。中华民族内部密切团结而成为一个统一的整体。中华民族是多元的统一体,中国文化也是多元的统一体。多元的统一,正是中国古代哲学家所谓“和”的体现。所谓“和”,不是不承认矛盾对立,而是认为应该解决矛盾而达到更高的统一。

以上所谓“天人合一”、“以人为本”、“刚健自强”、“以和为贵”,都是用的旧有名词。如果采用新的术语,“天人合一”应云“人与自然的统一”,或者如恩格斯所说“人与自然的一致”(《自然辩证法》,人民出版社 1971 年版第 159 页)、“自然界与精神的统一”(同上第 200 页)。“以人为本”,应云人本主义无神论。“刚健自强”,应云发扬主体能动性。“以和为贵”,即肯定多样性的统一。这些都是中国古代哲学中的精湛思想,亦即中国文化基本精神之所在。

以上,我们肯定“天人合一”、“以人为本”、“刚健自强”、“以和为贵”等思想观念在历史上曾经起了促进文化发展的积极作用。但是,历史的实际情况是非常复杂的,许多思想观念的含义也不是单纯的。正确的观念与荒谬的观念、进步的现象与反动的落后的现象,往往纠缠在一起。所谓天人合一,在历史上不同的思想家用来表示不同的含义。例如董仲舒所谓天人合一主要是指“人副天数”、“天人感应”,那完全是穿凿附会之谈。程颐强调“天道人道只是一道”,认为仁义礼智即是天道的基本内容,也是主观的偏见。在董仲舒以前,有一种天象人事相应的神学思想。认为天上星辰与人间官职是相互应合的,所以《史记》的天文卷称为“天官书”,但这不是后来哲学家所谓的“天人合一”。如果将上古时代天象与人事相应的神学思想称为天人合一,那就把问题搞乱了。这是应该分别清楚的。儒家肯定“人事为本”,表现了无神论的倾向,但是这并不意味着宗教迷信在中国社会并无较大的影响。事实上,中国旧社会中,多数人民是信仰佛教、道教以及原始的多神教的。但是这种情况也不降低儒家人本思想的价值。“以和为贵”是儒家所宣扬的,但是阶级斗争、集团之间的斗争、个人与个人的斗争也往往是很激烈的。我们肯定“和”和观念的价值,并不是宣扬调和论。

中国文化具有优秀传统。同时也具有陈陋传统。简单说来,中国文化的缺陷主要表现于四点:(1)等级观念;(2)浑沦思维;(3)近效取向;(4)家族本位。从殷周以来,区分上下贵贱的等级,是传统文化的一个最严重的痼疾,辛亥革命推翻了君主专制,但等级观念至今仍有待于彻底消除。中国哲学长于辩证思维,却不善于分析思维。事实上,科学的发展是离不开分析思维的。如何在发扬辩证思维的同时学会西方实验科学的分析方法,是一个严肃的课题。中国学术向来注重人伦日用,注重切近的效益,没有“为真理而求真理”的态度，表现为一种实用主义倾向，这也是中国没有产生自己近代实验科学的原因之一。中国近代以前的社会可以说是以家族为本位。西方近代社会可以说是“自我中心、个人本位”，而中国近代以前则不重视个人的权益，这是一个严重的缺陷。五四运动以来，传统的家族本位已经打破了。在社会主义时代，应该是社会本位、兼顾个人权益。

我们现在的历史任务是创建社会主义的新文化，正确认识中国传统文化的长短得失，是完全必要的。

傅永聚、韩钟文同志主编的《20世纪儒学研究大系》，循百年思想学术发展的脉络，以现代学术分类的原则，择选有学术价值、文献价值的代表文章，以“大系”的形式编纂而成，共有21卷，每卷附有专题研究的“导言”一篇。这部《20世纪儒学研究大系》是由曲阜师范大学、孔子研究院、山东大学、复旦大学等单位的中青年学者合力编纂而成，说明了儒学研究事业后继有人。《大系》被列入国家社会科学基金规划项目，又由中华书局出版，这是在弘扬和培育中华民族精神方面做出了一件非常有意义的事情，我感到十分欣慰。编者征求我的意见，于是略陈关于中国文化的基本精神和儒家文化传统的一些感想，以之为序。

張岱年

前　　言

傅永聚　韩钟文

儒学犹如一条源远流长的大河，导源于洙泗，经过二千五百多年生生不息的奔腾，从曲阜、邹城一带流向中原，形成波澜壮阔的江河，涉及整个中国，辐射东亚，流向全球，泽惠万方。儒学曾经是中华文化的主流，东亚文明的精神内核。但是进入20世纪后的儒学，遭遇到空前严峻的挑战，也面临着再生与复兴的历史机遇。一百多年来，儒学几经曲折，备受挫折，又有贞下起元、一阳来复之象，至20、21世纪之交成为参与"文明对话"的重要角色。

牟宗三先生说："察业识莫若佛，观事变莫若道，而知性尽性，开价值之源，树价值之主体，莫若儒。"(《生命的学问》)儒、道、释及西方的哲学、耶教等都指示人的生命意义的方向，但就中国人特别是中国古代知识分子而言，儒学是安身立命之道。孔子、儒家追求的"内圣外王之道"，一直是中国人的人格修养与经世事业的价值理想。"士不可以不弘毅，任重而道远。仁以为己任，不亦重乎？死而后已，不亦远乎？"(《论语·泰伯》)从孔子、曾子、子思、孟子至康有为、梁启超、梁漱溟、熊十力、牟宗三，中国的儒学代表人物就是怀抱志仁弘道的精神去实践自己的生命价值，开拓教化天下的事业与创建文化中国的理想的。中华文化历尽艰难，几经跌宕，却如黄河、长江一样流淌不息，且代有高潮，蔚成奇观，与孔子及其所创建的儒家学派所做的贡献是分不开的。

儒学一直对中华文化各个层面产生着巨大而又深远的影响。儒学统摄宗教、哲学、伦理、政治、教育、艺术等人文社会科学的学术品格及关怀现世人生的精神，使它成为一套全面安排人间秩序的思想体系，从一个人的生存方式，到家、国、天下的构成，都在儒学关怀与实践的范围之内。经过二千多年的传播、积淀，儒学一直影响着中华民族的民族性格、心理结构的形成。然而，进入 20 世纪，又出现类似唐宋之际"儒门淡泊，收拾不住"的危机，陷入困境之中。唐君毅以"花果飘零"、余英时以"游魂"形容儒学危机之严峻，张灏则称这是现代中国之"意义危机"、"思想危机"。

从 19 世纪中后期开始，中国社会、文化进入从传统农业社会向现代工业社会、从传统文化向现代文化转型的时代。1905 年废除科举制度，1911 年辛亥革命推翻了帝制，"五四"新文化运动的兴起，西方各种思潮、主义潮水般地涌入，风起云涌的政治革命、文化革命、社会转型、文化转型，导致了传统士阶层的解体与分化，新型知识分子的诞生与在文化思想领域倡导"新思潮"、"新学说"，激进的反传统思潮的勃兴，现代化进程的启动和在动荡不安中急遽推进，使 20 世纪中国处于"三千年未有之大变局"的境遇之中，儒学的危机也由此而生。

一个世纪以来，儒学的命运与中国现代化的历史进程相消长，也与学术界、思想界及政治界对儒学与现代化的关系、儒学与西方文化的关系、儒学与全球的"文明对话"的关系所形成的认识有关。从 19 世纪末至 21 世纪初，一百多年来，中国的学术界、思想界与政治界围绕着孔子、儒家及儒学的命运、前景问题展开了广泛的、持久的争鸣，而这类争鸣又直接或间接地同传统文化与现代化、中学与西学、新学与旧学、科学主义与人文主义、全球化与中国化、文明冲突与文明对话、西方智慧与东方智慧等等论题交织在一起，使有关儒学的思想争鸣远远超出中国儒学史的范围，而成为20世纪中国思想史、学术史的有机组成部分。

百年儒学的历史大致沿着两个方向演进：一、儒学精神的新开展，使儒学于危机中、困境中得以延续、再生或创造性转化；二、儒家学术思想的研究，包括批判性研究、诠释性研究、创造性研究在内。由于20世纪中国是以“革命”为主潮的世纪，学术研究与政治革命的关系特别密切，故批判性研究常常烙上激进的政治革命的烙印，超出学术研究的范围，并形成批判儒学、否定儒学的思潮，酿成批判论者、诠释论者与复兴论者的百年大论争，并一直延续到21世纪。

回顾百年儒学精神新开展与儒学研究的历程，有一奇特现象值得重视。活跃于20世纪中国思想界、学术界、政治界、教育界的精英或代表人物，都不同程度地介入或参与了有关孔子、儒家思想的争鸣。如：早期马克思主义者陈独秀、李大钊、瞿秋白、李达、郭沫若、范文澜、侯外庐等，三民主义者蔡元培、陶希圣、戴季陶等，自由主义的代表人物严复、胡适、殷海光、林毓生等，无政府主义者吴稚晖、朱谦之等，现代新儒学的代表人物梁漱溟、熊十力、唐君毅、牟宗三、徐复观等，学衡派的代表人物梅光迪、吴宓、陈寅恪、汤用彤等，东方文化派的杜亚泉、钱智修等，新士林学派的罗光等，以及张申府、张岱年等，都参与了有关儒学的争鸣，并在争鸣中形成思想的分野，蔚成中国近代思想文化史上最壮观的一幕。

20世纪中国思想史的复杂性、丰富性远远超出了唐宋之际和明清之际，其思想争鸣具有现代性或现代精神的特色。美国学者列文森在《儒教中国及其现代命运》中以“博物馆化”象征儒学生命的终结，有些中国学者也说儒学已到“寿终正寝的时节”。但从百年儒学的精神开展与儒学研究的种种迹象看，儒学的生命仍然如古老的大树一样延续着。儒学曾经创造性地回应了印度佛教文化的挑战,儒学也正在忧患之中奋然挺立,回应西方文化的挑战。这是儒学传统现代创造性转换的契机。人们在展望“儒学第三期”或“儒学第四期”的来临。百年儒学的经历虽曲折艰难,时兴时衰,但仍是薪火相传,慧命接续,间有高潮,巨星璀璨,跨出本土,落根东亚,走向世界,成为一种国际性的思潮,在全球性的“文明对话”中扮演着重要角色,为人类重建文明秩序提供了可资汲取的智慧。儒学并没有“博物馆化”,儒学的新生命正在开始。因此,对百年儒学作系统的全面的反思与总结,是一项具有历史意义与现实意义的学术课题。

纵观百年儒学的历程,大致经历了五个阶段,在这五个阶段中,儒学的命运、所遭遇的景况不尽相同,分述如下:

19世纪末至1911年辛亥革命为第一阶段 洋务运动、戊戌变法导致儒家经世思想的重新崛起,晚清今文经学的复兴,特别是康有为《新学伪经考》、《孔子改制考》的出版,托古改制,以复古为解放,既开导儒学的新方向,又开启“西潮”的闸门,如思想“飓风”,如“火山火喷”。章太炎标举古文经学的旗帜,与以康有为为代表的今文经学派展开经学论争,而这场思想学术争鸣又与政治上的革命与改良、反清与保皇、君主立宪与民主共和等论争交错在一起,显得格外严峻与深沉。诸子学的复兴,西学输入高潮的到来,政治革命的风暴席卷神州,社会解体与重建进程加速发展,传统士阶层的分化与新型知识分子的诞生,预示后经学时代的降临。思想界、学术界先觉之士以“诸子学”、“西学”为参照系,批判儒学或重新诠释儒学,传统儒学向现代儒学转型已初见端倪。

以辛亥革命至1928年南京政府成立为第二阶段 康有为、陈焕章等仿效董仲舒的“崇儒更化”运动创建孔教会,“五四”新文化运动兴起,吴虞、胡适等提倡“打孔家店”,《新青年》派陈独秀、胡适与文化保守主义者梁启超、梁漱溟、杜亚泉等,学衡派梅光迪、吴宓等展开思想文化争鸣,以张君劢、梁启超等为代表的人文主义与以丁文江、胡适、王星拱等为代表的科学主义的论辩,马克思主义者李大钊、瞿秋白等也积极参与思想争鸣,各大思潮的冲突与互动,不论是批判儒学,还是重释儒学及复兴儒学,都有一个共同的特点,就是将儒学的研究纳入现代思想学术的领域之中,使思想争鸣具有了现代性,从而导致儒学向现代思想学术转型。20 世纪中国人文社会科学的学科建制、研究方法深受"西学"的影响,有关孔子、儒学的论争已不同于经学时代,且与国际上各种思潮的论争息息相通。以现代西方哲学、科学、政治等学科的范畴、概念、方法去解读、分析、批判或重新诠释儒学,成为一时的学术风气,并出现了"援西学入儒学"的现象。有些思想家、哲学家试图摄纳西学、诸子学及佛学中有价值的东西重建儒学,如梁启超的《儒家哲学》及《欧游心影录》,梁漱溟的《东西文化及其哲学》,冯友兰的《人生哲学》,已透露出现代新儒学即将崛起的消息。

1928 年至 1949 年中华人民共和国建立为第三阶段　30年代后,中国思想界、学术界出现"后五四建设性心态"。吸取西学的思想、方法,以反哺儒学传统,创造性地重建传统儒学,如张君劢、冯友兰、贺麟等;或者回归儒学传统,谋求儒学的重建,如熊十力、钱穆、马一浮等;即使是"五四"时期反传统的学者,在胡适提倡"研究问题,输入学理,整理国故,再造文明"之后,也将儒学作为"国故"的重要组成部分,作为学术史、思想史、文化史的思想资料加以系统的研究。胡适的《说儒》就是一篇以科学方法研究孔子、儒学的示范之作。"后五四建设性心态"的形成,对中国现代学术的建构起了积极的作用。一大批专家、学者参照西方人文社会科学学科建制的原则与方法,分哲学、宗教学、政治学、经济学、伦理学、社会学、法学、史学、美学、文学艺术、教育学、心理学等等,对儒学进行系统的研究，还对不同学科的发展史作深入的探讨。如中国哲学史、中国教育思想史、中国政治思想史、中国学术史、中国伦理学史、中国文化史、中国通史等等，儒学研究也纳入分门别类的学科及学科发展史的研究之中。钱穆在《现代中国学术论衡》中说："民国以来，中国学术界分门别类，务为专家，与中国传统通人通儒之学大相违异。"将数千年经学、儒学作为学术思想的资源或资料，分门别类地纳入学科专题研究之中，虽然使儒家"内圣外王之道"的"道"变为"学术"，由"专门之学"代替"通儒之学"，但恰恰是这种转变，才促使了儒学由传统形态向现代形态转型。这一阶段是中国社会动荡不安的年代，令人惊异的是，在动荡的岁月中出现了一个学术繁荣期，学术研究的深度与广度并不亚于乾嘉时代，儒学研究也是如此。"专门之学"代替"通儒之学"乃大势所趋，是现代学术的进步。

抗日战争的爆发、救亡运动的高涨，把民族文化复兴运动推向高潮，为儒学精神的新开展或创造性重建提供了历史机缘。儒学在民族文化复兴的大潮中获得再生并走向现代。1937 年沈有鼎在《中国哲学今后的开展》，1941 年贺麟在《儒家思想之开展》，1948 年牟宗三在《鹅湖书院缘起》中，都强调中国进入一个"民族复兴的时代"。民族复兴应该由民族文化复兴为先导，儒家文化是中华文化的主流，儒家文化的命运与民族文化的命运血脉相连、息息相关。他们认为，如果中华民族不能以儒家思想或民族精神为主体去儒化或汉化西洋文化，则中国将失掉文化上的自主权，而陷于文化上的殖民地。他们期望"儒学第三期"的出现，上接宋明儒学的血脉，对儒学作创造性的诠释，或者会通儒学与西学，使古典儒学向现代思想学术形态转换。以熊十力、贺麟、牟宗三等为代表的新心学，以冯友兰、金岳霖等为代表的新理学，是儒学获得现代性并走向成熟的重要标志。此外，王新命、何炳松等十教授发表

《中国本位的文化建设宣言》(1935年1月10日),新启蒙运动倡导者张申府、张岱年等提出“打倒孔家店,救出孔夫子”的口号及综合创造论,都体现了“后五四建设性心态”,都有利于儒学的学术研究之开展。

1949年至1976年“文革”结束为第四阶段　余英时在《现代儒学论》序言中指出:20世纪中国以1949年为分水岭,在前半个世纪与后半个世纪,中国的文化传统特别是儒家命运截然不同。1949年以前,无论是反对或同情儒家的知识分子大部分曾是儒家文化的参与者,他们的生活经验中渗透了儒家价值。即使是激进的反传统者,他们并没有权力可以禁止不同的或相反的观点,故批判儒学或复兴儒学之争可以并存甚至互相影响。1949年以后,儒家的中心价值在中国人的生活方式中已退居边缘,知识分子无论对儒学抱着肯定或否定的态度,已失去作为参与者的机会了,儒学和制度之间的联系中断,成为陷于困境的“游魂”。

就实际状况而言,这一阶段的儒学研究或者儒家思想之开展,比余英时分析的还要复杂。其中值得注意的是分化现象:大陆出现批判儒学的新趋向,50年代至60年代中期,以批判性研究为主,除梁漱溟、熊十力、陈寅恪等少数学人外,像冯友兰、贺麟、金岳霖等新理学与新心学的代表人物,都在思想改造、脱胎换骨之后批判自己的学说,即使写研究孔子、儒学的文章,也离不开批判的框框。当时思想界、学术界的儒学研究,多以“苏联哲学”为范式,进行“唯心”或“唯物”二分式排列,批判与解构儒学成为当时的风潮。70年代中期出现群众性的批孔批儒运动,真正的学术研究根本无法进行。儒学已经边缘化了。在港台地区和海外华人社群中,儒学却得到不同程度的认同,移居港台、海外的学者,如张君劢、钱穆、陈荣捷、唐君毅、牟宗三、徐复观、方东美等,继续以弘扬儒家人文精神为己任,立足于学术界、教育界,开拓儒学精神的新方向,成就了不少持之有据、言之成理的“一家之言”。

70年代后期至21世纪初为第五阶段 中国大陆的改革开放,思想解放运动,传统文化与现代化的论争,“文化热”的出现,以及日本、韩国、新加坡等国与香港、台湾地区经济腾飞所产生的影响,东亚现代化模式的兴起,全球化进程中形成的文化多元格局,文明对话,全球伦理,生态平衡,以及“文化中国”等等课题的讨论,使人们对孔子、儒学的研究逐渐复苏,重评孔子、儒学的论文、论著陆续出版,有关孔子、儒学、中国文化的学术会议频繁举行,中国孔子基金会、国际儒学联合会、中华孔子学会、中国文化书院、孔子研究院等学术团体和研究机构的建立,历代儒家著作及其注解、白话文翻译、解读本的大量出版,有关儒家的人物评传、思想研究、专题研究以及儒学与道、释、西方哲学及宗教的比较研究,成为学术界关注的课题。还有分门别类的人文社会科学及自然科学,也将儒学纳入其中作专门研究,如儒家哲学思想、儒家伦理思想、儒家美学思想、儒家史学思想、儒家政治思想、儒家教育思想、儒家宗教思想、儒家科学思想、儒家管理思想等等。专门史的研究也涉及儒学,如中国哲学史、中国经济思想史、中国教育思想史、中国伦理思想史等等,一旦抽掉孔子、儒家与儒学,就会显得十分单薄。此外,原来处于边缘化的港台、海外新儒家,乘改革开放的机遇,或者进入大陆进行学术交流,或者将其思想、学说传入大陆。至90年代,出现当代新儒家、自由主义与马克思主义重新论辩、对话与互动的格局,有关“儒学第三期”、“儒学第四期”的展望,儒学在国际思想界再度引起重视,说明儒学的确在展示着其“一阳来复”的态势。

纵观百年儒学的历程,不论在哪一个阶段,不论是儒家思想之新开展,或者是有关儒学的学术研究,都积有丰富的思想资源或文献资料,已经到了对百年儒学进行系统研究、全面总结的时候了。站在世纪之交的高度,我们组织编纂《20世纪儒学研究大系》,就是为了完成这一学术使命。

《20 世纪儒学研究大系》是孔子研究院成立后确定的一项浩大的学术工程,现已列入 2002 年国家社会科学基金项目。《大系》的编纂与出版,实为孔子、儒学研究的一大盛事,必将对 21 世纪的儒学研究产生积极而又深远的影响。

编选原则及体例

《20世纪儒学研究大系》是一部大型的相对成套的专题分卷的儒学研究丛书，力求通过选编20世纪学术界研究儒学的代表性论文、论著，全面反映一百年来专家、学者研究儒学的学术成果及水平，为进一步研究儒学提供一部比较系统的学术文献。

一、将20世纪海内外专家、学者研究儒学的代表性论文、论著按研究专题汇集成册，共分21卷。所选以名家、名篇及具有代表性的观点为原则，不在多而在精，力求反映20世纪儒学研究的全貌。

二、所选以学术性讨论材料、思想流派性材料为主，兼收一些具有代表性并产生过重大影响的批判性文章。

三、每一卷包括导言、正文、论著目录索引三个主干部分。

四、每卷之始，撰写导言，综论20世纪该专题研究的大势及得失，阐发本专题研究的学术价值和意义，为阅读利用本卷提示门径。

五、一般作者原则上只入选一篇具有代表性的成果，重要代表人物可选2—3篇。

六、所收文章均加简要按语，介绍作者学术生平及本文内容。合作创作的论著，只介绍第一作者。

七、每卷所收文章，原则上按公开发表或正式出版的时间先后为序。

八、所收文章，尽量使用最初发表的版本，并详细注释文章出处、发表或写作时间。

九、入选文章、论著篇幅过长者，适当予以删节，并予以注明。

十、为统一体例，入选文章一律改用标准简化字，一律使用新式标点。

十一、所选文章的注释一律改为文中注和页末注，以保持丛书的整体风格。材料出处为文中注(楷体)，解释性文字为页末注。

十二、每卷后均列论著目录索引，将未能入选但又有学术价值与参考价值的论著列出。论文和著作分门别类，并按公开发表和正式出版的时间先后为序。

目　录

导言………………………………………………………… 刘雪飞(1)

东西文化及其哲学(节选)……………………………… 梁漱溟(1)
中国文化要义(节选) ………………………………… 梁漱溟(49)
人生观 …………………………………………………… 张君劢(72)
明日之中国文化 ………………………………………… 张君劢(80)
中国现代化与儒家思想复兴………………………… 张君劢(113)
新唯识论(节选)……………………………………… 熊十力(130)
《新理学》绪论………………………………………… 冯友兰(185)
近代唯心论简释……………………………………… 贺　麟(201)
儒家思想的新开展…………………………………… 贺　麟(208)
泰和会语(选篇)……………………………………… 马一浮(222)
《国史大纲》引论……………………………………… 钱　穆(250)
诗与生命……………………………………………… 方东美(279)
哲学三慧……………………………………………… 方东美(286)
中国人文精神之发展(节选)………………………… 唐君毅(305)
附:为中国文化敬告世界人士
宣言……………… 牟宗三　徐复观　张君劢　唐君毅(327)
现象与物自身(节选)………………………………… 牟宗三(380)
研究中国思想史的方法与态度问题………………… 徐复观(419)

"理一分殊"的现代解释…………………………… 刘述先(430)
儒学第三期发展的前景问题……………………… 杜维明(458)
《现代精神与儒家传统》后记……………………… 杜维明(492)
读梁漱溟先生的《东西文化及其哲学》…………… 胡　适(505)
《科学与人生观》序………………………………… 胡　适(522)
《科学与人生观》序………………………………… 陈独秀(538)
《新唯识论》序……………………………………… 蔡元培(546)
一个唯心论者的文化观——评贺麟先生著
　《近代唯心论简释》……………………………… 胡　绳(549)
评钱穆著《文化与教育》…………………………… 胡　绳(557)
论《新理学》的哲学方法…………………………… 洪　谦(579)
关于现代新儒家研究的几个问题………………… 方克立(592)
新儒家:一个走向消解的群体——从第三届
　当代新儒学国际学术会议谈起………………… 郑家栋(606)

论著目录索引………………………………………………… (620)

导　言

刘雪飞

现代新儒学是20世纪中国的主要文化思潮之一。它是五四运动以来,在西化思潮风行中国,近代西方科学、民主理念渐入人心,儒家学说受到全面否定的历史背景下,一批知识分子为在西方思想激荡下的以儒学为主干的中国传统文化探寻新的发展途径,以回应西化思潮和反孔反传统思潮的产物。它以中国传统文化(儒家文化)为依托,融贯东西、返本开新,以接续儒家统绪、复兴儒学为己任,承当中国文化现代化之使命。它关注于历史、文化、社会、人生,致力于民族文化精神的重建,形成了颇为独立的思想体系及学术流派。因而,现代新儒学既是中国两千多年儒学发展演变过程中的一个环节,又是在特定历史条件下中国文化(儒家文化)的新开展,也适足构成了现代思想文化的重要部分。新儒学出现后,以其对中国文化的特别心态体认和体系建构以及中国近现代社会历史的特殊机缘和特定氛围而呈现出了较为顽强的生命力。它虽然也在时势变迁、与世沉浮中命途多舛,出现过"儒门淡泊"、"花果飘零"的寂寞境遇,但毕竟以坚韧的毅力发展延续到了今天,形成了20世纪所谓以梁(漱溟)、张(君劢)、熊(十力)、冯(友兰)、贺(麟)等为代表的第一代新儒家,以唐(君毅)、牟(宗三)、徐(复观)等为代表的第二代新儒家,以刘(述先)、杜(维明)等为代表的第三代新儒家①，薪尽火传，不绝如缕，形成由祖国大陆而港台并走向世界的局面。现代新儒学作为一种社会文化思潮，其理论建树对于中国现当代思想文化具有重要贡献；新儒家在 20 世纪遇到的问题及其理论思考和努力是中国现代文化未来发展值得参考借鉴的重要资源。现代新儒学研究已成为中国 20 世纪 80 年代以来方兴未艾的思想文化研究的热门课题。

一

20 世纪上半叶无疑是中国社会经历剧烈动荡和变革的一个时期，而辛亥革命、五四运动、国内战争、民族抗战是该时期突出重大的历史事件。正是在这一复杂多变的社会历史背景特别是五四新文化运动激烈反传统、西化冲击和抗日战争救亡图存、民族命运前途的刺激下，成就了后五四时期足以与马克思主义、自由主义的西化派鼎足而立的，以梁漱溟、张君劢、熊十力、马一浮、冯友兰、贺麟、钱穆等为代表的第一代新儒家学说体系。

(一)梁漱溟的“新孔学”及其东西文化观。

梁漱溟是最先标举“孔门生活”而创立其以东西文化特质的比较为特色和基础的新儒学(“新孔学”)体系的现代新儒家。

1917 年 10 月他初入北大执教时，即明确表示只是为发挥释

① 学界对于现代新儒家应包括何人有不同意见，对此，我们比较倾向于方克立先生的观点：“现代新儒家不仅是中国文化本位论者，而且是儒学复兴论者、儒学现代论者，即认为儒学在中国文化中居于主导或核心的地位，以继承、阐扬传统儒学中所包含的哲学和人生智慧为职志，并通过吸纳、融合、会通西学来使它取得现代形态，以期在现在和将来的中国文化中继续保持主导地位。”见《现代新儒学学案》(上)“代序”，第 41—42 页，中国社会科学出版社 1995 年 9 月版。

迦、孔子学说而来。经过两三年的思想酝酿，他最终放弃了“要做的佛家生活”而“归宗儒家”①，形成了一部足以成为20世纪中国思想学术经典之一的震古铄今之作——《东西文化及其哲学》。该著通过东方文化、西方化的界定和西、中、印三方哲学的比较，“提出了人类生活的基本方式可分为三大路向的见解，同时在人生思想上归结到中国儒家人生，并指出世界最近未来将是中国文化的复兴。”② 他以“意欲”论和“直觉”论观点来看待东西文化，认为东西文化的差异在于“人生路向上”的根本不同。他用“意欲”向前、向后、持中为标准，将西方、印度、中国三大文化系统归为三条不同的路向：西方文化是以“意欲”向前要求为其根本精神的；印度文化是以“意欲”反身向后要求为其根本精神的；中国文化是以“意欲”自为调和持中为其根本精神的。他进而把世界文明划为三个发展时期，第一期是以西方文化为代表的现代文明，第二期是中国文化将成为世界文化，第三期是印度文化成为世界文化。他认为，西方文化所代表的第一路向已明显地露出“疲敝”，只有走以孔子为代表的中国文化的路，西方才能得救，断言“世界未来文化就是中国文化的复兴”。梁漱溟的《东西文化及其哲学》把西方哲学、特别是柏格森的生命哲学同儒家思想结合起来，创立了其新儒学（新孔学）思想体系，开了现代新儒学思潮的先河，对现代新儒学的发展具有重大的意义。现代新儒家早期代表人物之一贺麟在其《当代中国哲学》中对其有如此的评价：“在新文化运动时期，中国思想界的趋势是无选择地介绍西洋的思想学术，并勇猛地攻击传统的文化和礼教。这时对于哲学有兴趣的人虽很多，然而尚说不上对于

① 参见《东西文化及其哲学》“自序”，“第八版自序”，《梁漱溟全集》第一卷，山东人民出版社1989年版。下引该著同此。

② 《梁漱溟学术精华录·自传》，北京师范学院出版社1988年版。

任何哲学问题有专门系统的研究。这时的思想界可以说是只达到文化批评的阶段,批评中西文化的异同优劣,以定建设新文化改革旧文化的方向。在当时大家热烈批评中西文化的大潮中,比较有系统,有独到见解,自成一家言,代表儒家,代表东方文化说话的,要数梁漱溟先生在民国十一年所发表的《东西文化及其哲学》一书。"① 第二代新儒家代表人物之一牟宗三对之也高度推崇:"在新文化运动中反孔鼎盛的时候,……他独能生命化了孔子,使吾人可以与孔子的真实生命及智慧相照面,而孔子的生命与智慧亦重新活转而披露于人间。同时,我们也可以说他开启了宋明儒学复兴之门,使吾人能接上宋明儒者之生命与智慧。"②

梁漱溟的新儒学思想体系包括他解决中国问题的乡村建设理论和实践,几乎没有离开过东西方文化特质的比较问题。如果说《东西文化及其哲学》旨在分疏东西文化不同的取向以及由此形成的不同文化特征的话,那么,其另一部撰写于40年代的著作《中国文化要义》则意在通过中西文化比较,来疏解中国文化的个性特征,以为解决中国问题的前提或基础。梁氏从中西文化分途,各有其优劣短长的角度,分析了中国文化极强的个性特征,诸如,中国人缺乏如同西方超家族的"集团生活"③,而偏胜于家族生活;中国不同于西方以宗教精神为中心,而是以道德代宗教,以伦理组织社会(伦理本位)④;中国无阶级对立而为职业分途⑤;中国循环于一

---

① 贺麟《当代中国哲学》,第9页,胜利出版公司1945年版。
② 《生命的学问》,第112页,台湾三民书局1970年版。
③ 参见《中国文化要义》第四章,学林出版社1994年版,下同。
④ 参见《中国文化要义》第五章、第六章。
⑤ 参见《中国文化要义》第八章。

治一乱而无革命①;中国理性早启,文化早熟②;等等。尽管其分析带有很多局限性,但毕竟给人们重新认识中国传统社会及其文化特征提供了诸多启示。尤其是他在东西文化比较的视野下对中国文化精神在近代社会中存在价值的探讨,对人们的启发更是深远的。

(二)张君劢与“科学玄战”及其新宋学之提倡

正当梁漱溟《东西文化及其哲学》产生的震动余波未平时,与梁启超同去欧洲游历归国的张君劢于1923年2月在清华大学发表《人生观》讲演,挑起了中国学界轰动一时的“科学与人生观论战”(又称“科玄论战”),在批判科学主义的同时,正面阐发儒家思想,倡导“新宋学之复活”③,从而成为现代新儒学发展过程中的一个重要环节。

同梁漱溟一样,张君劢认为人类文化正处于一个由西方向东方、由物质向心灵、由向外追求向反求内省的转变时期。他认为,西方近代以来社会思潮的发展演变表明,科学自有其局限性和范围,不能解决人生观的问题。这是由于,人生观问题并不存在“推诸四海而皆准”的客观公例,人生观的特点在于主观、直觉、综合、自由意志和单一性,“惟有其此五点,故科学无论如何发达,而人生观问题之解决,决非科学所能为力。”④ 因此,他极为反感时下流行的以科学为万能的唯科学主义,指出,对科学的迷信是与工商立国的政策和单纯地追求物质之快乐,求一时之虚荣的价值观相联

① 参见《中国文化要义》第十一章。

② 参见《中国文化要义》第十二章。

③ 《再论人生观与科学并答丁在君》,《科学与人生观》,上海亚东图书馆1925年版。

④ 《人生观》,《科学与人生观》,上海亚东图书馆1925年版。

系的，而这将导致中国社会“循欧洲之道而不变，必蹈欧洲败亡之覆辙”①，更何况欧洲近数十年来的思想已发生重大改变，已走向“新玄学时代”。在张氏看来，这种新玄学(指张氏所谓欧洲唯心派之柏格森、倭伊铿等学说)的基本精神“有与理学足资发明者，此正东西人心之冥合，不必以地理之隔绝而摈弃之”②。所以他明确提出，“诚欲求发聋振聩之药，惟在宋学之复活，所谓实际上之必要者此也。”③ “心性之发展，为形式上的真理之启示，故当提倡新宋学。”④ 这实际上是他针对西方科学主义的弊病而做出的一种深刻反省。在融合中西哲学、复兴儒家学说(特别是新宋学)、以道德主义救世这一点上，张君劢和梁漱溟的思路是一致的，且比梁氏提的更具体明确。

张君劢一生虽然徘徊于学术与政治之间，是中国政界和社会上一位活跃人物，但他始终将文化理想和道德精神视为更根本的东西，在学术活动上始终孜孜以求和极力倡导儒家思想在现代社会的复兴，这从他30至60年代的一系列著述和参与第二代新儒家酝酿发表《为中国文化敬告世界人士宣言》以及在海外各地宣讲儒家思想等活动中可以明显地展现出来。

(三)熊十力体用不二的”新唯识论”体系

熊十力同梁漱溟一样，也经历了“由佛归儒”的心路历程，然而这恰为他归宗“大易”、以儒为宗、会通儒佛、自创“新唯识论”体系提供了思想契机。而熊十力之所以被称为现代新儒学的真正开山

① 《再论人生观与科学并答丁在君》，《科学与人生观》，上海亚东图书馆1925年版。

② 同上。

③ 同上。

④ 同上。

者,正在于他为现代新儒学奠定了形上学的基础,构建了一套博大深邃、细密谨严的儒家哲学本体论体系。这集中体现在他构思于20年代初,经十余年精心运思雕琢而成的“完全脱离宗教家窠臼,而以哲学家之立场提出新见解”① 的《新唯识论》一书。

熊十力的哲学体系以“体用不二”为宗旨,以生生不已、刚健自强的精神为特色。他把“本心”作为本体的最高范畴,“即吾人与天地万物所同具之本体”②。“本心”不是理智的纯思纯知,而是作为“万化之原、万有之基”的“仁体”。“本心”是宇宙绝对之本体,而物质宇宙则是“本心”的表现和功用。“体”不超脱于“用”之外而独存,体是用的本体,不可离用去觅体。“本心”借助“摄聚而成形向”的“翕”的功用物化为物质宇宙,又借助“刚健而不物代”的“辟”的功用使物质宇宙向自己复归(使翕随己转),所谓心物即是翕辟的势用或过程。所以“体用不二”、“心物不二”、“物质不二”、“吾人生命与宇宙大生命本来不二”。熊十力把万物都看作本体的功用、本心的显发,强调本心之体的翕辟成变、大化流行、变动不居、流行不息的特征和能动的创造自然和文化的功能,反对“耽空滞寂”,以此彰显本体(本心、仁体)是惟一真实的存在,是人类文化与自然宇宙之生生不息的本质和终极根源。他以此为人文创造和道德实践作了本体论的论证,建构了精致的道德理想主义的形上学体系,奠定了现代新儒学哲学形上学的基础。

熊十力的终极关怀在于为人类寻找失落了的自我,工具理性的膨胀,价值理性的低落,道德意识的危机,生命本性的困惑,促使其以探寻宇宙人生的大本大源为己任。他所创立的哲学体系,正是面对西学的冲击,在儒学价值体系崩坏的时代,为重建儒学的本

① 蔡元培《新唯识论》序。

② 《新唯识论》,中华书局1985年版,下同。

体论,重建人的道德自我,重建中国文化的主体性而做出的努力。

(四)马一浮“六艺赅摄一切学术”的文化观

曾隐迹林下潜心治学三十余年,在30年代又创建书院(四川乐山复性书院)专心讲学的“一代儒宗”马一浮,与梁漱溟、熊十力一起被称为“现代儒学三圣”。作为现代新儒家,他的学术思想亦是以弘扬儒家文化,特别是重新确立儒家文化在整个传统文化以及整个人类文化中的崇高地位为宗旨的。这可以从他在30年代讲学时提出的“六艺赅摄一切学术”的文化观中突出地体现出来。

所谓“六艺”,即儒学六经(《诗》、《书》、《礼》、《乐》、《易》、《春秋》)。马氏认为,“此是孔子之教,吾国二千余年来普遍承认一切学术之原,皆出于此,其余都是六艺之支流。故六艺可以赅摄诸学,诸学不能赅摄六艺。”[①] 具体来说,六艺“统摄中土一切学术”,即“六艺统诸子”,“六艺统四部”[②];不唯如此,六艺“亦可统摄现在西来一切学术”,如自然科学可统于《易》,社会科学(或人文科学)可统于《春秋》,文学、艺术统于《诗》、《乐》等等。因此,全部人类之心灵其所表现者,全部人类之生活其所演变者,不能离乎六艺。所以,“今日欲弘六艺之道,并不是狭义的保存国粹,单独的发挥自己民族精神,而只是要使此种文化普遍的及于全人类,革新全人类习气上之流失,而复其本然之善,全其德性之真。”马氏断言,“天地一日不毁,人心一日不灭,则六艺之道炳然常存,世界人类一切文化最后之归宿,必归于六艺。而有资格为此文化之领导者,中国也”[③]。儒家六艺之学之所以能够统摄一切学术,在马一浮看来,在于六艺内涵之义理根乎人心(“六艺本是吾人性分内所具有的

① 马一浮《泰和会语》。

② 参见《泰和会语·论六艺赅摄一切学术》。

③ 《泰和会语·论西来学术亦统于六艺》。

事”),乃是人心中所包含的性德之自然流露,反映了人心之全体大用。① 正如贺麟所说:“马先生六艺论的要旨是说,一切文化皆自心性中流出。只要人心不死,则人类的文化即不会灭绝。当然,这是很有高识远见,能代表中国正统思想的文化观。”②

(五)冯友兰“贞元六书”的“新理学”思想体系

冯友兰是以其逻辑严密的“新理学”体系的创建而被列入现代新儒家早期代表人物之一的。如同熊十力创建“新唯识论”体系一样,冯氏“新理学”体系的创立对现代新儒学来说亦具有重建儒家哲学形上学的意义。所不同的是,由于他从比较完整的意义上吸收了西方现代哲学的逻辑分析方法,以改铸程朱理学,凸显逻辑先在的理世界的主宰性,故又与熊十力以宋明心学为基调的“新唯识论”儒家形上学体系形成鲜明对立的两极。

冯友兰“新理学”思想体系,确立于抗日战争时期所著的“贞元六书”(即《新理学》、《新事论》、《新世训》、《新原人》、《新原道》、《新知言》等“贞元之际所著书”)中。《新理学》以西方逻辑哲学和新实在论讲述极其抽象、玄虚的形而上的哲学本体论,从而成为新理学体系中“最哲学的哲学”和总纲。其余五书则更多地探讨形而下即“有事实的存在者”。《新事论》以《新理学》中关于共相与殊相(普遍与特殊,一般与个别)关系的探讨为基础,讲述解决中国社会变革的实际问题。《新世训》讲述道德观念以指导世人修养。《新原人》讲述四种人生境界(自然境界、功利境界、道德境界、天地境界)。《新原道》以“极高明而道中庸”为中国哲学的主要传统和线索,说明中国哲学发展趋势和“新理学”在中国哲学中之地位。《新知言》以中国哲学的直觉传统批评和重释西方哲学,讲述哲学方法

① 参见《泰和会语·论六艺统摄于一心》。

② 贺麟《当代中国哲学》第一章,《中国哲学的调整与发扬》。

论。冯氏强调，他的“新理学”是“接着宋明道学中底理学讲底”，“它是接着中国哲学的各个方面的最好底传统，而又经过现代逻辑学对于形上学的批评，以成立底形上学”①。其宗旨就是继往开来建立“新统”。他还指出，新理学是讲“只能提高人的境界，本来不能使人有对于实际底事物底积极底知识”的哲学的，因此是“无用底”②，但这一最“玄虚”的新理学，它的立足处“还是‘内圣外王之道’，而且是‘内圣外王之道’的最精纯底要素”③。这也充分说明，作为一个在民族危亡、“贞下起元”之际创造的新理学体系，它决不只是在谈“玄虚”的于世无补的空言，而更蕴含了著者对民族文化、民族命运的“实际”关照。

(六)贺麟理想主义的“新心学”及其中西文化观

三四十年代，贺麟以陆王为宗，并以康德的批判哲学和黑格尔的精神哲学加以改铸而建立的理想唯心论思想体系“新心学”，也构成了现代新儒学思潮走向成熟阶段的一个环节。特别是他40年代初发表的《儒家思想的新开展》一文，回顾、总结和倡导近代以来特别是五四运动以来的“新儒家思想”和“新儒家运动”，被公认为是40年代新儒学思潮的宣言。

贺麟的理想唯心论(“新心学”)就是把精神放在最高的位置，作为陶铸自然、创造历史文化、创造真善美的价值的最终源泉。他认为，中国哲学非不玄妙而形而上，只是缺少一个从本体沟通现象界的逻辑主体。为此，他提出了主体的“逻辑的心”的观点。“逻辑的心”是一理想的超经验的精神原则，是经验行为、认识和价值的

① 《新原道·新统》，《三松堂全集》第五卷，河南人民出版社1986年9月版。

② 同上。

③ 同上。

主体。他主张以西方哲学之逻辑理念法度、普遍规律、知识系统之“心”加强中国哲学之道德行为、价值评价之“心”。这一理念之“心”又是万事万物的精华,万物之色相、意义、条理、价值之所以有客观性,就是由于此认识的或评价的主体有其客观、必然、普遍的认识范畴或评价准则,万物的意义、价值由主体所赋予。由此出发的唯心论,是即心即理、亦心学亦理学的“精神哲学”①。贺麟的理路,实际是融会陆王、程朱,而又以康德的批判哲学、黑格尔的精神哲学加以提扬和重释的。这一理想唯心论,体现在政治上即注重研究决定整个民族命运的命脉与精神,特别是理性和自由精神;体现在道德论上即持守尽性主义或自我实现主义;体现在人生论上即持守理想主义。也如他所说:“就知识之起源与限度言,为唯心论;就认识之对象与自我发展的本则言,为唯性论;就行为之指针与归宿言,为理想主义。”②

在中西文化观上,他批评了“中体西用”论和“全盘西化论”,主张主动地“化西”,即以儒家思想为核心的民族文化为主体,以自由自主的精神理性“自动地自觉地吸收融化、超越扬弃西洋现在已有的文化”③。为此,他以儒学复兴作为中国复兴和民族复兴的基本出发点,指出“广义的新儒家思想的发展或儒家思想的新开展,就是中国现代思潮的主潮”④,并设计了“儒家思想新开展”的三条具体途径:以西洋之哲学发挥儒家之理学,以基督教之精华充实儒家之礼教,以西洋之艺术发扬儒家之诗教,即将儒学哲学化、宗教化、艺术化。

① 参见贺麟《近代唯心论简释》。

② 同上。

③ 贺麟《文化的体与用》。

④ 贺麟《儒家思想的新开展》。

(七)新儒学的史学代表钱穆

钱穆是现代新儒家的史学代表,他是在史学领域高举新儒学旗帜,反对"尽废故常"的历史虚无主义,维护中国历史文化精神的第一人。他认为,历史与文化就是一个民族精神的表现,没有历史,没有文化,也不可能有民族成立与存在。研究历史就是研究历史背后的民族精神和文化精神①。他致力于发掘中国文化系统的独特性,对中国文化传统的生命力抱着无比坚定的信心,着力重建中国人对中华民族的感情和对中国历史的尊重,主张以儒家的体现人的"真生命"的道德精神去了解中国历史文化。对于儒家思想,钱穆认为:"只因有孔子的心教存于中国,所以中国能无需法律宗教的维系,而社会可以屹立不摇,此后的中国乃至全世界,实有盛倡孔子心教之必要。"② 他深信,儒家价值对于社会与个人都有潜移默化的积极功能,不但是造成中华民族悠久与广大的一个主要动力,而且仍然可以为中国现代化提供一个精神的基础。

二

新中国成立后,现代新儒家第一代代表人物大多留在了祖国大陆,如梁漱溟、熊十力、冯友兰、贺麟等。尽管如此,由于这时在意识形态领域马克思主义思想已居主导地位,所以现代新儒学作为一种思潮或流派在中国大陆已渐失其影响,其传承亦基本中断。而在港台地区及海外,由于独特的境遇以及钱穆、张君劢等早期新儒家和唐君毅、牟宗三、徐复观等第二代新儒家及其弟子们的一系列研究、宣传和倡导等活动,现代新儒学又得到了新的延续和

① 参见钱穆《中国历史精神》。

② 钱穆《孔子与心教》,《思想与时代》1943 年 4 月第 21 期。

进展。

(一)《为中国文化敬告世界人士宣言》

1958年元旦,唐君毅、牟宗三、张君劢、徐复观联名发表了《为中国文化敬告世界人士宣言——我们对中国学术研究及中国文化与世界文化前途之共同认识》(下文简称《宣言》),标志着现代新儒学思潮进入了一个新的发展阶段。发表关于中国文化宣言的构想由唐君毅、张君劢提出,并致函牟宗三、徐复观征求意见,后由唐、张商定起草,由牟、徐修正定稿、共同署名。据说唐君毅等人也曾就此征求过钱穆的意见,而钱氏因不同意《宣言》中的"某些意见"而拒绝了署名①。《宣言》中文稿于1958年1月在香港《民主评论》和台湾《再生》杂志同时发表,英译本曾在台湾《中国文化》和香港《中国宗教》等杂志刊出。该《宣言》洋洋四万言,分为十二节,它站在当代新儒家的立场,系统阐述了关于中国文化的多方面的问题,是代表第二代新儒家集体思想倾向的纲领性文献。其主要内容有以下几方面:

第一,发表宣言的目的,他们认为是要表达对中国文化的过去与现在的基本认识及对其前途的展望,与今日中国及世界人士研究中国学术文化及中国问题应取的方向,并附及对世界文化的期望。之所以如此,是因为他们"真切相信","中国文化问题,有其世界的重要性"②。因为,占全球四分之一的中国人口的生命与精神何处寄托,如何安顿,实际上早已为全人类的共同良心所关切,中国问题早已为全人类的共同良心所关切,中国问题早已成为世界

① 此据钱门弟子余英时所说,参见《当代新儒学与中国现代化》座谈会余氏发言,《中国论坛》1982年第15卷第1期。

② 引文选自《当代新儒家》收入的《为中国文化敬告世界人士宣言》一文,三联书店1989年版,下同。

的问题。而此问题的解决,实系于人们对中国文化的过去现在与将来有真实的认识。如果中国文化不被了解,中国文化没有将来,则这四分之一的人类之生命与精神将得不到正当的寄托和安顿,从而成为全人类之共同良心的负担。

第二,关于中国文化研究的方法问题。宣言认为,三百年前耶稣会士是出于在中国传教的动机把中国文化介绍到西方,所以"他们对宋明儒思想之介绍,不是顺着中国文化自身之发展去加以了解,而只是立足于传教的立场之上"。近百年来西方对中国文化的研究,是在中国门户被列强打开后,出于在中国发现的中国文物的好奇心而再次引发,但这种到处去搜寻、搬运中国文物以作为研究材料的方式,"并不是直接注目于中国这个活的民族之文化生命、文化精神之来源与发展之路向的",这与西方学者考证已死的埃及文明、小亚细亚文明、波斯文明没有本质的区别。至于最近西方对中国学术文化的研究,则又出于对中国社会政治与国际局势之现实关系的关注,这易使研究者陷于个人及一时一地之偏见,而不能把握中国文化的本质。为此,宣言恳请并强调,中国与世界人士研究中国学术文化者,须肯定承认"中国文化之活的生命之存在",由此研究所得的结论,将更有其客观的意义。如果任何研究中国历史文化的人,不能真实肯定中国历史文化乃系无数代的中国人以其生命心血所写成,而为一客观的精神生命之表现,并因而多少寄以同情与敬意,则中国之历史文化在他们眼前必然等同于一堆无生命精神如同死化石的文物。宣言指出,中国文化精神生命的核心体现于道统一脉相承的中国哲学中,只有从此入手,才能照明中国文化历史中之精神生命。

第三,关于中国文化的超越感情与宗教精神问题。宣言对于一般人观念中认为中国文化(儒家文化)只注重现实的伦理道德而不注重超越感情的宗教信仰的看法作了辩解,认为中国文化并不缺少超越的层面,并不缺少超越情感和宗教精神,只不过是中国民族之宗教性的超越情感及宗教精神,因与其所重之伦理道德同来源于一本之文化,而与其伦理道德之精神逐渐合而为一了。这可从以下方面说明:一,中国诗书中“原重上帝或天之信仰”,民间亦有天地君亲师之神位,古代天子如西方教皇代表万民祭天。这说明中国人之祭天地祖宗之礼中是有宗教性的超越感情的。二,自古至今中国思想家重视天人合德、天人合一、天人不二、天人同体观念,其中“天”的含义,初为超越现实的个人自我与现实的人与人关系的人格之上帝,后来,古人对天的宗教信仰被儒家贯注于关于人的思想中,融和于人生伦理道德及中国文化其他方面。因此,中国文化不是无神、无上帝和宗教,而是中国文化能使天人交贯,一方面使天由上彻下以内在于人,一方面使人由下升上而上通于天。三,儒家强调舍生取义、杀身成仁,倡言气节,此中若没有对仁义等价值的绝对信仰是做不到的。这种既内在于心又超越个体现实生命的对仁义之价值及道本身的信仰,即是一种宗教性的超越信仰。

第四,关于中国的心性之学,宣言强调它是中国学术思想的核心。中国心性之学既不同于佛家心性之学,也不同于西方心理学或传统哲学中的理性的灵魂论及认识论形上学,它是“人之道德实践的基础”,亦随着人之道德实践生活的深度而深化。此心性之学中包含一近乎康德所谓的形上学,即“为道德实践之基础,亦由道德实践而证实的形上学”。中国心性之学的传统,是共认道德实践之行与觉悟之知二者相互依进,共认一切对外在世界之道德实践行为出于人的心性或出于人的心性自身之所不容自已的要求,共认人能尽此内在心性,即所以达天德、天时、天心而与天地合德或与天地参。此心性之学乃是贯通人之生活内外及天人的枢纽,亦贯通社会之伦理礼法、内心修养、宗教精神及形上学等为一体。

第五,关于中国文化与民主科学问题,宣言承认中国文化历史中缺乏西方建立的近代民主制度与近代科学及各种实用技术，致使中国未能真正地现代化工业化，但不承认中国的文化理想没有民主思想的“种子”，其政治发展的内在要求不倾向于民主制度的建立，亦不承认中国文化是反科学的，自来即轻视科学技术。比如，中国自古注重实用技术，传说中的圣王都是器物的发明者，儒家亦素有形上之道见于形下之器的思想，而重“正德”“利用”“厚生”。中国文化所缺的乃是超实用技术动机之上的理论科学精神。因此，宣言主张中国文化的未来发展必当建立一纯理论的科学知识之世界，或独立的科学的文化领域，在中国传统的道德性的道统观念之外，兼须建立一学统，即科学知识的传承不断的“统”。这也正是中国文化中的道德精神求其自身之完成与开进所应有之事。又如，中国古代虽是君主制度，但与西方君主制度不尽相同，因为中国早期政治思想以民意代表天命，奉天承命的君主必表现为对民意尊重且受民意考验。后来的宰相制度、御史制度及征辟、选举、科举制度等，都在一定程度上限制了君主的权力。所以从这个意义上说，中国文化中并不乏民主政治的种子。宣言强调，只有肯定人人皆平等为政治的主体之民主宪政才能解决中国文化中道德精神与君主制度之间的矛盾，而民主宪政亦即是中国文化中之道德精神自身发展所要求。

第六，关于东西方文化应相互学习交流问题，宣言认为，西方文化是支配现代世界的文化，这是不可否认的事实，但近代西方文化在其突飞猛进的过程中亦明显的出现了种种冲突和问题。这些问题虽大部分由西方人自身逐渐解决，但根源于西方文化本身缺陷的问题依然存在。因此，宣言指出西方尚有学习东方人生智慧以完成其自身精神思想之升进的方面。主要有五点：一是学习东方(中国)“当下即是”之精神与“一切放下”之襟抱；二是学习东方“圆而神”的智慧；三是学习东方一种温润而恻怛或悲悯之情；四是学习东方如何使文化悠久的智慧;五是学习东方“天下一家”的情怀。为此,宣言还提出了对中国与世界未来学术方向的三点主张:第一,人类须发展出一大情感,以共同思索人类整个的问题。这大情感中,应当包括对不同民族、不同文化本身的敬重与同情,以及对于人类的苦难有一真正的悲悯与恻怛之仁。人类皆应以孔子作《春秋》之存亡继绝的精神,来要求各民族文化有价值方面的保存与发展,由此以为各种文化互相并存、互相欣赏而互相融合的天下一家的世界作准备。第二,人类还须认识中国儒家所谓心性之学,或义理之学,或圣学,亦即中国所谓立人极的学问。这种学问,不是只把自然与人类自己所有一切客观化为对象加以冷静研究的学问,而是把人类自身当作一主体的存在看,而求此主体之存在状态,逐渐超凡入圣,使其胸襟日益扩大,智慧日益清明,以进达于圆而神之境地,情感日益深厚,以使满腔存有恻怛之仁与悲悯之心的学问。第三,期望有一个新的学术思想方向,通过立人极之学,开出兼具“道德性与宗教性”的人生存在,使人成为“道德的主体”、“政治的主体”、“知识的主体”,成为“继往开来,生活于悠久无疆之历史文化世界之主体”。

从一定意义上说,第二代新儒家比第一代更倾向于全面融会中西哲学、文化,以发掘儒家思想的精神价值和谋求儒家思想的“返本开新”与现代转化,这一系统阐发其思想主张和努力方向的《宣言》比较突出反映了第二代新儒家的该方面的特点。

(二)唐君毅的文化哲学

三四十年代即崭露头角的新儒家哲学家唐君毅,自陈早年研治哲学“颇受柏格孙、詹姆士,及新实在论之多元思想之影响”,“对于西方理想主义或唯心论之形上学,无真认识”,“对东方思想中之佛家之唯识论,及孟子陆王所谓天人合德之本心或良知,亦无所会悟”,所以当时曾提出“天人合一”与“分全不二”为解释中国文化之根本观念①。30岁以后,“读了黑格尔之精神现象学,才知除实在论者一往平铺的哲学境界外,另有层层向上升高之哲学境界”,便走上西方唯心论一途,“由此再来看先秦儒学宋明理学佛学,才知先秦儒家宋明理学佛学,又有超过西方唯心论者之所在”②。这可视为他归宗儒家,以之重构其学术思想体系的开端。唐君毅被同代的新儒家代表人物牟宗三称为“文化意识宇宙的巨人”,其文化哲学在其学术思想中占有突出的地位且在第二代新儒家中独具特色,兹概要加以述说。

第一,文化是道德理性的分殊表现。他认为,“一切人类文化,皆是人心之求真善美等精神的表现,或为人之精神的创造”③,这一创造文化活动的心灵精神就是道德理性或道德自我。“人类一切文化活动,均统属于一道德自我或精神自我、超越自我,而为其分殊之表现。人在各种不同之文化活动中,其自觉之目的,固不必在道德之实践,而恒只在一文化活动之完成,或一特殊的文化价值之实现。……一切文化活动之所以能存在,皆依于一道德自我,为之支持。”“道德自我是一,是本,是涵摄一切文化理想的。”④ 第二,中国文化的人文精神及价值。他认为,中国文化自起源上就是以人文为中心,儒家思想构成了中国人文精神的主流。中国文化的基本精神即是以儒家孔孟的精神为枢纽而形成的,是“依天道以立人道,而使天德流行于人性、人伦、人文之精神仁道”⑤。而中国文化精神之神髓,“惟在充量的依内在于人之仁心,以超越的涵盖

① 见《中国文化之精神价值》,正中书局1953年版。
② 《人文精神之重建》,新亚研究所1955年版。
③ 《心物与人生》,第82页。
④ 《文化意识与道德理性》,第5—6页。
⑤ 《中国文化之精神价值》,第478页。

自然与人生，并普遍化此仁心，以观自然与人生之一切，兼实现之于自然与人生而成人文”①。他并认为，“中国儒家之人文主义，是已有人类人文主义思想中比较合标准的”②，“世界人类人文思想的主流，在中国，不在西方”③。从而把人文精神的普遍意义和永恒价值赋予儒学，使儒家思想具有了普遍永恒的价值意义。第三，中西文化精神之差异与互补。唐君毅认为，西洋文化所重视的文化中心在宗教与科学，故“其文化为科学宗教精神所贯注支配”；中国文化所重视的中心在道德与艺术，故“其文化为道德与精神所贯注”④。西方文化的宗教科学精神的表现，“主要是其兼承了希腊的科学哲学精神，与希伯来之宗教精神”⑤。从中国文化的人文主义精神（道德理性）角度而言，西方宗教是超人文的，科学是非人文的，所以，从古希腊、基督教和文艺复兴直到近代西方的人文主义，或流于自然主义、情欲主义，或沉醉于历史意识、人类文化精神，或演为理型主义、宗教精神，是不圆满的、褊狭的。而这正是“我们能贡献我们的智慧的地方，使我们能自觉我们之传统的人文思想之价值的地方”⑥。而且，以仁为核心的中国文化，“通天地、成人格、正人伦、显人文”，始终具有无限的统摄性和宽容性，为其他文化所不及，因而，未来世界的文化必然是以中国文化为根基的新文化。第四，中国文化的宗教精神。唐君毅是一极富宗教情感的人，他主张“中国之哲学与道德政治之精神，皆直接自原始敬天之精神而开

---

① 见《中国文化之精神价值》，正中书局1953年版。

② 《人文精神之重建》，新亚研究所1955年版。

③ 《中国人文精神之发展》。

④ 《人文精神之重建》。

⑤ 《中国文化与世界》。

⑥ 《中国人文精神之发展》。

出之说”,认为中国文化非无宗教,而是宗教之融摄于人文,“余于中国宗教精神中,天地鬼神之观念,更特致尊重,兼以为可以补西方宗教精神所不足,并可以为中国未来之新宗教之基础”①。而且,“吾理想中未来之中国文化,亦复当有一宗教”。为此,他极力肯定宗教精神之价值,力抉儒家人文精神中的宗教超越精神,希冀儒学成为融合道德人文和宗教超越的新宗教,成为未来世界一切宗教汇通融合的“真实基础”。

(三)牟宗三的“道德的形上学”

与唐君毅年岁相当且交往甚笃的牟宗三是第二代新儒家中的重镇,是最具原创性的“智者型”的哲学家。他早年受第一代新儒家熊十力的启发影响,由治西方哲学转入宋明儒家的心性之学(“生命的学问”)。牟宗三哲学体系的核心和主干是以儒家哲学的心性义理之学为主体,通过融会康德知性哲学而建立的儒家的“道德的形上学”,从而继熊十力之后,他再次光大了儒学的形上智慧。在其《道德的理想主义》、《心体与性体》、《从陆象山到刘蕺山》、《智的直觉与中国哲学》、《现象与物自身》、《圆善论》等论著中,他比较系统地提出和论证了“道德的形上学”这一哲学构想。

牟宗三认为,在中国传统哲学,尤其是宋明心性之学中即涵一“道德的形上学”,它称得上是真正的“生命的学问”,“真正的形上学”,但它亦有所不足。因为,在他看来,传统的儒家注重上达而忽视了下开,从而使中国传统的道德形上学只有“无执的存有论”或曰本体界的存有论,而缺“执的存有论”或曰现象界的存有论。西方哲学则相反,康德对现象与物自身作了超越的区分,认为人只能认识现象而不能认识物自身,因为人只有感性的直觉而缺乏智的

① 见《中国文化之精神价值》,正中书局1953年版。

直觉，从而只建立起现象界的存有论而未充分证成本体界的存有论①。所以，真正的“道德形上学”的建立必须将康德哲学接续上中国哲学的传统。牟宗三以中国哲学融摄康德哲学，提出，真正完善的“道德的形上学”应含有本体界的存有论（无执的存有论）和现象界的存有论（执的存有论）两层存有论，而且，“道德的形上学不但上通本体界，亦下开现象界，此方是全体大用之学。就‘学’而言，是道德的形上学；就儒者之教言，是内圣外王之教，是成德之教。哲学自其究极言之，必以圣者之智慧为依归”②。为此，他还提出了“自我坎陷”说以联络“无执的存有论”和“执的存有论”，作为沟通本体界与现象界、由道德理性转出知性及科学、民主的中心枢纽。总之，牟宗三的道德的形上学是儒家心性义理之学（陆王心学）与康德哲学相结合的产物。他借助康德哲学弥补中国哲学之所缺，借中国哲学尤其是心性之学疏解康德哲学之不足，使陆王心学康德化和康德哲学心性化，并利用“自我坎陷”说将二者密切地联结起来，从而完成了他比较细密深邃的新儒家的道德的形上学体系。

（四）徐复观的中国文化研究

在第二代新儒家中，徐复观是一位风格独特的代表人物。他既不同于唐君毅、牟宗三作为纯粹的哲学家而建构了自己相当的新儒学形上学体系，也不同于唐、牟以深厚的哲学修养和西学功底致力于儒学形上学的论证以及中西哲学的汇通。出身农家子弟如熊十力，半生的军界、政界奔波如张君劢的境遇经历，注定了他作为一个“学术与政治之间”的学者、政论家和社会评论家，以其深切的感受、独特的视角去体认中国文化的基本性格和根本精神。

① 参见《现象与物自身》序，台湾学生书局1984年版。

② 《现象与物自身》，第40页。

徐复观认为,“中国文化的研究,主要应当归结到思想史的研究”①,“没有一部像样的中国哲学思想史,便不可能解答当前文化上的许多迫切问题,有如中西文化异同、中国文化对现时中国乃至对现时世界究竟有何意义,在世界文化中究竟居于何种地位等问题。因为要解答上述的问题,首先要解答中国文化‘是什么’的问题”②。因此,中国思想史的研讨及其由政治转向学术后三十余年间相继推出的《中国思想论集》、《中国人性论史(先秦篇)》、《两汉思想史》(三卷)、《中国经学史的基础》等论著,适足构成了他作为一个思想史家疏释中国文化的新儒家特色。也正如徐氏自己所言,“中国文化不止有历史的意义,它还有现代的意义”,“中国的前途和中国文化的前途是不可分的”③。所以,他一方面尽可能的保持对时代潮流的接触,而不是作为一个纯学者从事学术的研究;另一方面坐定自己学术研究的椅子,从历史文化的反思中以展望现实与未来,力掘中国传统文化中那些可以弥补现代生活缺憾的内容,使之再生于行为世界之中④。例如阐释学术与政治的关系,把中国文化中原有的民主精神重新显豁疏导出来以建设现实民主政治等。这方面也可说是徐氏作为现代新儒家对中国文化研究的个性特色。

第二代新儒家代表人物除唐、牟、徐三大家外,还有一性情淡泊、风格卓荦的代表人物——“诗哲”方东美。方氏一生以教书、著述为任,弟子三千,著作等身,自言“潜心研究东西方哲学思潮,冀

① 《中国思想史论集》代序,台湾学生书局 1953 年版。

② 《中国人性论史(先秦篇)》序,台湾商务印书馆 1984 年版。

③ 《徐复观杂文——记所思》,时报文化出版事业公司 1984 年版。

④ 可参见《中国思想史论集》再版序;《中国文化的研究与复兴》,《徐复观文录》(二),环宇出版社 1971 年版。

能了悟其源流正变"①，并谓"我的哲学品格，是从儒家传统中陶冶；我的哲学气魄，是从道家精神中酝酿；我的哲学智慧，是从大乘佛学中领略；我的哲学方法，是从西方哲学中提炼"②。方东美以弘扬中华文化的精神价值为学术主旨，始终以海纳百川的胸襟对待中国传统文化的各种思想流派，力图贯穿古今中西、统摄诸家之学。他把原始儒家、原始道家、大乘佛学、新儒学（宋明理学）看作中国哲学的四大传统，并不同意仅仅把儒家思想作为中国文化的正统，也不同意儒家"道统"论，因而也有学者不主张把方东美列入现代新儒家的范围。

三

20 世纪 70 年代以来，活动于港台海外的第二代新儒家代表人物相继谢世，继之而起的是唐、牟、徐、方乃至钱穆等新儒家的一批弟子或受其影响的一批学人。他们在港台海外的学术文化活动以及与大陆内地的文化交流活动直接或间接地引发了海内外学界对现代新儒家或现代新儒学的广泛研究和关注，使之一时成为学术界的热潮。这批学者即是被称为现代新儒家第三代的人物。他们作为现代新儒家的新一代传人，由于师承门派的薪火相继、发展弘扬和时代背景的机缘而有着阵容相当庞大的群体，诸如钱门余英时，牟门杜维明（曾师事徐复观）及台湾"鹅湖派"中人黄振华、蔡仁厚、王邦雄、李明辉、林安梧、郑志明等，唐门以香港法住学会为重要活动阵地的霍韬晦、唐端正诸人，方门刘述先、成中英，等等。但自 80 年代以来短短的一二十年的时间，毕竟是第三阶段新儒学

① 方东美《简要自述》，《哲学与文化月刊》（台）第 4 卷第 8 期。

② 金忠烈《梦缘·学缘·事缘》，《方东美先生纪念集》。

的发展酝酿阶段，尽管第三代新儒家传人已各显特色，各有所长，但其间似乎还未能出现如其师辈似的形成较完整思想体系的“大师型”的代表。

同前辈现代新儒家相比，第三代新儒家学者大都既有较好的国学根底，又受过西方文化的陶养，有些人还带着继承、改造、再释、重建中国传统思想文化的志愿，对现代西方文化进行过比较深入的钻研，而且，长期生活在西方社会的那些新儒家学者，对西方文化的优劣得失也有着比较深切的体验。所以，他们对待以儒家为核心的中国传统文化与西方文化具有更为开放宽容的心态，对历史和现实问题的思考更加具有超越前辈的客观与理智。融会中西，返本开新，通过吸收现代西方思想文化的某些内容和方法以诠释儒家学说，谋求儒家思想的现代转化，强调从民族文化生命中开显出作为现代社会基本内涵的民主与科学，使儒家内圣外王的道德理想主义精神成为社会现代化的基础。这是现代新儒家最突出的思想理念之一。在第三代新儒家继承发扬前辈这些思想理念而致思开拓的多领域的文化探索中，儒家思想的现代转化特别是儒家传统与社会现代关系的探讨成为他们努力的重要方向（这实际仍是新儒家“内圣开出新外王”理念的延伸），第三代新儒家也因此具有时代气息和现实意义的课题而形成了他们鲜明的学术思想特色。刘述先、杜维明是这方面的突出代表。限于篇幅，这里仅以杜维明为例，概要介绍其关于现代精神与儒家传统的思路与观点，借以略窥第三代新儒家思想理念之一斑。

杜维明被公认为是80年代以来推动现代新儒学运动最有力的学者之一，是第三代新儒家中最为活跃的代表。他曾谈到，自其青年时代便决定全力从事对儒家的精神价值作长期的探索，并以此作为其专业研究工作，而且称自己的探索为“具有‘儒家’特性的学术工作”①。事实证明，他数十年来确实一以贯之地践履着青年时期的学术志趣。尤其是80年代以来，他以积极的姿态（理论的、实践的）广泛探讨儒家思想文化的现代意义，大力阐扬有关“儒学第三期发展”问题的思路和主张，由此形成了鲜明的学术思想特色。杜氏本人也以其独特的（以探索和弘扬儒家传统的精神价值为己任且身许儒门）思想贡献而被视为现代新儒家第三代在海外的中坚人物。1988年5—6月间，杜维明为台湾大学哲学系和历史系开设了一门以“现代精神与儒家传统”为题的短期“浓缩”课，讲授内容后由海峡两岸分别于1996、1997年出版。杜氏有关儒家文化与现代化的著述及活动无疑是丰富多彩的，但该著述（根据此次报告出版的同名著作《现代精神与儒家传统》）大体反映了他自80年代以来在这一领域的基本思路与观点。

早在80年代初期杜维明提出有关儒学第三期发展的设想时，他就曾计划分五个可逐步完成也可同时并进的步骤：一，在全球社群的宏观背景中，从理解“现代精神”下手，考察“儒学发展的前景如何”“儒学有没有第三期发展的可能”“儒学应否发展”这类的设问究竟是属于哪一种型态的课题。二，具体考察作为文化资源的儒家传统在“儒教文化圈”特别是工业东亚社会中运作的实际情况。三，设法了解儒家传统在大陆的存在条件，特别是经过“文革”破除“四旧”之后，还有什么再生的契机。四，探讨儒学研究对欧美知识界可能提供思想挑战的线索。五，儒学若有第三期发展的可能，它不仅是中国的和东亚的，也应该是世界的精神资源②。“现代精神与儒家传统”课题的探讨即体现了他这一设想的儒学第三

---

①　参见杜维明《人生与自我修养》（导言），中国和平出版社1988年版。

②　参见杜维明《现代精神与儒家传统》（后记），三联书店1997年版，第461—467页。

期发展的五个步骤的理念。

在探讨这一课题时,他指出了自己反思该课题的三个基本前提:首先,他是以世界多元文化背景(放在全球意识和寻根意愿这两个看似矛盾、内在却有许多辩证联系的背景下)来反思现代精神与儒家传统这个课题的,他反对将独尊儒术、惟以复兴儒学是问的标签贴在其头上;第二,他是面对儒门淡泊、反传统主义占压倒之势的局面,在对儒学传统进行同情了解的前提下进行反思;第三,他是在接受五四的批判精神,特别是理智的批判精神的前提下进行反思。另外,他希望从哲学和历史两个角度交叉互补对儒家传统进行反思①。这些也可以作为我们了解其思路与观点的一个前提。

杜维明把关于"现代精神"的课题作为讨论儒家传统现代命运以及发展前途问题的背景来了解。他提出,现代精神(或现代性)的本质特色(很大程度上)体现为以韦伯(Max Weber)、柏深思(Talcott Parsons)及哈伯玛斯(Jurgen Habermas)一脉相承所建构的理性化过程。以此为线索,他从多层次、多向面、多维度和多因素的视野来考虑儒家传统的现代转化和现代精神的儒学诠释。在一系列考察中,始终贯穿着一个中心的课题,如其所说,"就是能否植根于儒家传统,面对现代人存在的问题发出有哲学意义的洞见"②。

关于韦伯及其"新教伦理与资本主义"等理论,杜维明认为韦伯的课题是和现代化紧密联系的,可以把它当作了解现代文明(现代化)的基点。他指出,韦伯对于资本主义兴起的理解(如新教伦理是欧洲资本主义兴起的精神动源等),主要根据工具理性(新教伦理所代表的特殊的目的性),即韦伯在对各种文化价值进行反思

① 参见《现代精神与儒家传统》,第12—29页,第42—45页。

② 《现代精神与儒家传统》,第3页。

的过程中，主要是突显现代西欧以工具理性为主的资本主义精神的特殊性。这使他的理论存在某些思维盲点。因此，杜维明进一步指出，韦伯关于新教伦理和西方资本主义精神兴起的命题只适用于现代西方。尽管说西方的现代化很大程度上引发了东亚的现代化，但东亚社会（具有儒家特色）所体现的发展模式并非欧美资本主义精神的翻版，东亚现代化实际是西化和包括儒家在内的东亚传统互动的结果①。这也说明，杜维明实际上在现代化趋势可以拥有多元文化形态的前提下批评了韦伯关于"儒教与资本主义"命题（认为儒教是阻碍中国理性资本主义兴起的主导性的精神因素）的片面和局限。

关于柏深思（1902—1979，美社会学家）的现代化理论，杜维明主要介绍和分析了他提出的一种作用互相影响的现代社会分析模式，即经济——政治——社会——文化四方面交互作用的四向度的分析模式，并结合从韦伯到柏深思所形成的分析模式探讨了儒家传统的特殊形态。他认为，尽管柏深思在理论结构方面展现了一个比较全面的价值体系，但由于这一体系有其特殊的历史内涵，即以美国为典范的特定的社会、文化、经济、政治的内涵（也就是把"美国化"等同于现代化），基本上是以美国的特殊现象来了解世界将来发展的一般规律，因此也不免有其局限性。配合柏深思的社会理论，杜维明还具体分析了美国社会的基本结构、美国人的价值观和文化观、美国当代的危机②，以揭示以美社会为典范的西方现代性所面临的危机，并引导出哈伯玛斯有关理性的观点。哈伯玛斯（当代德国社会学家和哲学家，法兰克福学派第二代代表人物）是继韦伯、柏深思以来，以理性主义为基本论题而进行社会建构理

① 《现代精神与儒家传统》（代序），第1—3页。

② 《现代精神与儒家传统》，第162—199页。

论的在美国学术界较有影响的思想家。杜维明认为,哈伯玛斯的理论是动态的、发展的、开放的,他是欧美从理性创见的角度理解人类所面临20世纪后期大问题的首屈一指的人物。但哈伯玛斯又是一个对东方了解极少的学者,所以,面对更远的潮流,迎接21世纪,他提出的很多课题,可能会变成地方化、区域化,或受现代西方文化限制的缺点愈来愈明显,说服力也就逐渐削弱①。如哈伯玛斯以西方理性主义所建构的现代性观点有着基础性的缺陷——资源是无限的,进步成长是可能而又必要的②。

在对以韦伯——柏深思——哈伯玛斯一脉相承所建构的理性化过程(现代精神本质特色的体现)进行较为细致的理论分疏后,杜维明便以“现代主义的挑战”为桥梁过渡到了对“儒家传统”问题的探讨。其思考和见解可概要归纳为以下一些方面。

一,西化、现代化的趋势使人类遇到了一些史无前例的困境,当代世界面临着许多现实的问题。如“地球村”观念(全球意识)下的核能(核战争、核爆炸等)、环境、资源、人口等问题,以及由此导致的各种不同的交互影响的整合和各种类型的分裂同时出现等史无前例的现象。因此,“目前人类存在的困境,不仅仅是因为地球村的出现而要求共识,同时因核战、环境、资源的限制等显而易见的结束,必须彻底改变现代西方的文明典范,人类的生命形态才有延续的可能”③。人类所面临的困境,一定意义上是西方自启蒙运动以后所发展、导引出来的没有预期到的后果,许多西方学者想要跳出欧洲中心主义,事实上也是面临了这种问题的挑战。

二,突破欧洲中心主义有两个途径——“解构”和“重建”,但不

① 《现代精神与儒家传统》,第226—228页。
② 《现代精神与儒家传统》,第255页。
③ 《现代精神与儒家传统》,第251页。

管是解构还是重建，对传统的诠释都是意蕴深厚的学术工作。传统是一个有机的与现代不可分割的复杂体系，文化传统意味着人类的历史、社会、文化意识，没有这些，人类就无法了解现代的存在意义。所以，80年代以来，即使是曾对传统加以否定甚至曾跟传统决裂的欧美思想家，面对现代西方所出现的理性主义的各种不同的限制及困境，都要重新从批判的角度来了解传统，通过对西方整个传统的挖掘来超越自己。而且西方学者也认识到除诠释传统之外，还要走比较（中西）文化研究的道路。但是，东亚社会乃至整个东方所能提供挑战（即扎根东方而对当代西方有哲学含义的挑战）的文化资源太薄弱了，因此，从东亚传统中发掘儒学的文化资源有着深刻的文化比较研究意义。

三，太平洋地区（尤其是东亚）的日益兴起为东方指导性的思想形态、价值体系的构建提出了要求，而且西方现代化模式的有效性、局限性的充分暴露也提供了面对现代西方文明进行深层反思的优越条件。在此情势下，儒学或儒家传统若要有所作为或取得进一步发展，首先要能够接受现代西方文明的挑战，作出多层次的（宗教的、社会的、心理的）创建性的回应，把儒学（传统）进行创造性的转化。

四，现代化问题不能局限于制度层面的认识，要把文化资源、精神资源也列入考虑的范围，“任何一个现代化的过程除了硬体制度问题以外，非要接触观念问题、价值问题之类的软体”。因为制度是一套动态的，有其具体内容的运作方式，“这套运作方式一定要牵涉到人的因素、程序的因素和其他没有经过反思的习俗”。这里面就有文化的因素。经济现代的先决条件是价值观念、政治制度的改变。如果没有观念、价值的现代化，没有现代人的意识形态，现代化的过程必不健全。但“空谈文化而不落实在实际的制度过程中来运作是不可能的”，“文化不是一套理念而已，它要在不同的运作中发挥积极或消极的作用”。所以,“制度一定蕴涵价值取向问题,而价值取向一定要落实”①。

五,对于工业东亚,宋明儒学(即“儒学三期发展”中的第二期发展)曾在塑造东亚文明中扮演重要角色。在相当长的一段时间里,整个东亚文明都受到儒家文化的影响,它象征了东亚文明的一个重大的精神发展阶段,成为东亚文明的一部分。这个阶段是东亚社会的“前现代”阶段,不了解这个时代就不能了解东亚文明进入现代化的曲折过程,就不能掌握东亚现代化(工业东亚)的来龙去脉。“工业东亚课题的提出,意味着东亚社会有一个共同的文化历史背景。”② 儒家伦理是这个共同的文化历史背景必须考虑的因素,否则,除非认为前现代东亚文明数百年的发展与现代工业东亚已毫无关系。虽然工业东亚的精神资源非常之多,如佛教(大乘)、神道(日本)、萨满教及各种民间宗教等,因此不能武断地说就是儒家传统。但东亚社会普遍存在着许多同构现象,如强调政府职能、重视考试制度、注重家庭亲情、自成体系的都市、重视人际关系的企业精神等,这些都明显或根本有别于西方。因此,从价值总体取向来看,儒家伦理是导致工业东亚文明如此发展的基础之一。“工业东亚所代表的企业精神以及东亚的社会组织所导引的特殊的政治发展路线,加上以儒家为主的文化价值,创造了一种不同于现代西方的生命形态。”③

六,要想对传统的乃至儒家的生命力在东亚的表现作一清楚的认识,应该了解寻根意愿所代表的现代含义。寻根意愿是环绕着传统意识几个非常强韧的因素(种族、语言、地域、宗教)而发展

① 《现代精神与儒家传统》,第339—340页。
② 《现代精神与儒家传统》,第348页。
③ 《现代精神与儒家传统》,第360页。

出来的思潮,它和全球意识表面是两种绝然不同的思想倾向:一种是因工业文明发展到了某一极点后,因人类面临了毁灭边缘而引发的反思;另一种是原来认为经过现代化洗礼后便逐渐消失的传统积淀。但面向21世纪,传统的生命力不仅没有被消解,反而在现代化后期、工业文明达到高峰的社会里发挥了非常大的力量①。由此,可以考察儒家文化传统的一些本质特性。

七,儒家传统所体现的是"一种内在而超越的精神价值"。儒家文化和印度、中东、希腊等文化最大的不同是具有强烈的根源性,主动地突出源远流长的历史意识,具有强烈的继承感和历史感。儒家的终极关切是要在复杂的人际关系、政治网络、有着权力色彩的凡俗世界中另创一套精神领域,就像教堂、庙宇、西天、净土、天堂一样来对现实世界作一全面的否定和批评。因此,儒家的精神是既在这个世界里又不属于这个世界。在这个世界里(投入、参与社会)是它的现实性,同时又有强烈的理想主义,要改变现实,转化世界,而改变、转化所依据的资源来自历史、文化意识和社会良知,来自超越的思想。所以儒家是既在这个世界里又不属于这个世界的轴心文明,体现的是一种"内在的超越"②。

八,从比较宗教学角度看,儒家不是宗教,但有强烈的宗教性格。"儒家有它独特的终极关怀;它的终极关怀和它的社会实践是紧密结合的,是一个体现宗教性的特殊形式。""儒家是介乎犹太教、神道和世界三大宗教之间的一个精神传统。"③ 从文化人类学角度看,"儒家是一个很特殊的生命形态,贯穿于整个中国社会的各个阶层",不能把儒家传统认为只是中国"大传统"(即只属于上

① 《现代精神与儒家传统》,第375—383页。

② 《现代精神与儒家传统》,第385—392页。

③ 《现代精神与儒家传统》,第418页。

层社会和文化精英的意识形态)。从知识社会学角度看,儒家传统的见证者、继承者、传播者是“士”阶层。他们具有一种群体的批判的自我意识,把儒家传统带到社会各阶层。儒家的政治影响常常是通过道德的力量(道德影响)。总之,儒家传统是一种属于群体大众的生命形态,是一种经世济民的实践传统。儒学第三期有进一步发展的可能性。

九,儒学不能只停留在中国文化的范畴里,也不能只停留在东亚文化的范畴里,儒家传统一定要面对现代西方文化的挑战,这是儒学(传统)可能进一步发展的基本前提。因此,儒家传统要继续发展,至少需要对西方文化提出来的四个方面的问题做出回应:科学精神、民主运动、宗教情操以及心理学方面对人性的理解。这些都是儒家传统所缺乏的,而又都是现代西方文明所体现的价值。如果儒家传统不能对其作出创建性的回应,也就无法进行创造转化的工作,以建立新的价值。从西方文化发展到现在人类所碰到的危机和困境是儒家传统进一步发展的契机,在世界多元文化的前提下,儒家传统这个源远流长的文明形态有很多资源和养分可以发挥。为此,它一定要有走向世界的勇气,要克服自身的缺陷,并面对历史发展的多样性和现代西方文明所碰到的各种挑战、难题创造崭新的、有深刻宗教含义和广泛政治实效的人文精神①。

在多角度思考现代精神与儒家传统这一课题过程中,杜维明深深的感到,发扬儒家传统的人文资源不仅有助于中国现代精神的发展,也可建构全球伦理。因为,全球化和根源性之间的紧张使得西方现代主义面临危机,若想从根源处着手来探讨解决核战威

① 参见《现代精神与儒家传统》,第426—435页。

胁、生态破坏、贫富不均、人口爆炸和社会解体等种种问题的人类长久共生之道，就必须改变人类社会以“启蒙心态”为基础的游戏规则，建立多元开放的全球伦理，而儒家传统可以为现代精神提供具有儒家特色的人文价值①。作为第三代新儒家的代表，杜氏以儒家的情怀“植根儒家传统”正为此而积极努力。

四

作为近代以来在中西文化冲突与融合中形成的一种文化思潮或流派，现代新儒学（家）自出现之日起便受到思想文化界的极大关注（尽管当时还未把它作为一个后来比较严格意义上的思想文化流派），从而在其发展延续过程中，共鸣、争鸣、批判、研究如影随形，形成了中国现当代学术思想文化多彩图卷中之生动一页。从总体而言，20 世纪 50 年代之前，国内学界并没有在真正意义上把新儒家或新儒学看成是一种思潮或流派，对其研究基本上是自发的争鸣式的个案探讨，即侧重某一个人物思想文化学说的批评或学术成就的评价，进而作为不同思想文化主张间的争鸣。这实际是当时历史背景下多元文化思潮并存与互动的缘故使然。下面略举当时学界对新儒学或新儒家有关的评说。

梁漱溟《东西文化及哲学》出版后，以其独特的东西文化观在学界引起很大反响。贺麟对梁氏探讨的关于中国文化是否有不可磨灭、颠扑不破者在的问题认为，“在当时全盘西化，许多人宣言立誓不读线装书，打倒孔家店的新思潮澎湃的环境下，大家对于中国文化根本失掉信心。他所提出的问题确是当时的迫切问题。他的

① 《现代精神与儒家传统》（代序），第 1—3 页。

答案当然很是足以助长国人对于民族文化的自信心和自尊心”①。学者郭湛波在其《近五十年中国思想史》中辟有专节对梁氏及其文化观进行介绍评述，他认为，梁漱溟同梁启超一样是反对西洋文化、拥护中国文化的代表，“对于中国西洋文化的态度，拥护中国文化，反对西洋文化。而其根本观念，认中国文明是精神的，西洋文化是物质的；殊不知文化无精神、物质之分。这正是中国宗法封建社会之‘回光返照’。而代表西洋工业资本社会的思想，当然持反对态度”②。他并指出，反对最激烈者要算胡适之、吴敬恒等人。胡适是现代自由主义西化派的代表，在梁氏《东西文化及其哲学》发表后，胡适写了一篇《读梁漱溟先生的东西文化及其哲学》的长文，对其进行了近乎“刻薄”（梁漱溟语）的分析批评。胡适认为，东西文化问题是一个很复杂的问题，梁氏文化观的出发点“犯了拢统的毛病”，“拢统的断定一种文化若不能成为世界文化，便根本不配存在；拢统的断定一种文化若能存在，必须翻身成为世界文化。他自己承认是‘牢牢的把定一条线去走’的人，他就不知不觉的推想世界文化也是‘把定一条线去走’的了。从那个拢统的出发点，自然生出一种很拢统的‘文化哲学’”③。他还具体指出梁氏关于西方、印度、中国三大文化系统三路向说的根本缺陷“只是有意要寻一个简单的公式，而不知简单的公式决不能笼罩一大系的文化，结果只有分析辨别的形式，而实在都是一堆拢统话”④。

20世纪20年代初期由张君劢挑起的“科学与人生观论战”是

① 《当代中国哲学》，胜利出版公司1945年版，第9页。

② 《近五十年思想史》，人文书店1936年版，第317页。

③ 《读梁漱溟先生的东西文化哲学》，《胡适文存二集》卷二，亚东图书馆1928年版，第61—65页。

④ 同上，第72页。

当时中国学界各种文化思潮的一次大展示，保守改良主义者(如梁启超)、自由主义者(如胡适)、马克思主义者(如陈独秀)、无政府主义者(如吴稚晖)以及其他学界名流(如孙伏园、朱经农、张东荪、唐钺、王星拱等)，都站在各自的思想文化立场参与了论战，其意义和影响实际已远远超出张氏提出的“科学”与“人生观”问题本身。关于此次论战中各派别的具体主张，亚东图书馆曾把当时发表在各种杂志上的相关讨论文章搜集成册出版，名为《科学与人生观》，兹不赘述。郭湛波对该论有一段大体的描述，现节引于此，以窥论战之一斑：“这次战争仍由‘东西文化’的论战而来，张君劢于无意中惹起战端，成为祸首，而临于孤军深入、‘四面楚歌’之中，而主脑人物——二梁(梁任公、梁漱溟)见众寡不敌，来势凶猛，梁任公先生只作墙上观，宣布‘战时国际公法’，持了灰色态度，实则这次大战的导火线来自他的《欧游心影录》正式宣布科学破产。而梁漱溟先生则临阵脱逃，这次空前未有的思想论战始终未见他出兵。可是敌人不因其不出兵而饶恕他，所以战终出了一个白发老将吴敬恒，发表他的《一个新信仰的宇宙观及人生观》，对敌方的主角——二梁迎头痛击，作了最后的胜利，结束这次战争。”①

熊十力、冯友兰、贺麟三位新儒家，当时学界主要是从哲学或哲学家的角度对其哲学成就予以评论和探讨，因为他们的思想学说，首先体现为哲学的著述，如熊十力《新唯识论》，冯友兰《中国哲学史》、“贞元六书”，贺麟《近代唯心论简释》等。在这方面比较有代表性的，有谢幼伟《抗战十年来之哲学》及《现代哲学名著述评》、郭湛波《近五十年中国思想史》以及贺麟《当代中国哲学》中相关的系统、集中论述。此处以谢幼伟对熊十力、贺麟的哲学及著作评论

① 《近五十年中国思想史》，第320—321页。

为例。谢氏认为，抗战以来的哲学著作，不论在哪一方面都显示特殊的色彩，这些著作总有某一点是和前人不同的，总有其可以永久存在的价值①。他以熊十力《新唯识论》、贺麟《近代唯心论简释》为例评价二者哲学的共同特点“有保存传统哲学之所长及改正其所短之倾向”，代表了“现代中国哲学之特征”。即，从哲学主张而论，二氏均为唯心的；从哲学精神而论，二氏一方面固极有思辩精神，一方面仍保存中国哲学之传统注重履践之精神；从哲学方法而论，二氏一方面不忽视直觉，一方面亦不忽视量智，不忽视逻辑；从哲学态度而论，二氏均是哲学的，而非宗教的。这些特征与传统哲学相比是进步的，而这种进步，又与西洋哲学输入、二人同受西洋哲学影响有关②。

另外，对于冯友兰的“贞元六书”及其新理学，除上述诸学者著述中涉及者外，李长之、胡绳等学者的有关论述亦具有一定的代表性③。例如，李长之在对冯氏《新理学》作了较为全面的分析考察之后，提出了如下的认识：“（一）它之对古人的辨析处，其贡献大过于自己的发明；（二）它已尽可能地运用了现代哲学的各种方法和各种观点；（三）它的书中最可议的地方乃是关于道德和艺术的，这一方面似乎还没有到太透彻的地步；（四）它已到了逻辑和辨析的边沿，和神秘主义只隔一层纸；（五）它尽可能地要和中国传统的哲学取得联系，但现在所作到的，有时太拘拘于表面；（六）在这一个

① 参见谢幼伟《抗战十年来之哲学》，《当代中国哲学》附录，胜利出版公司1945年版。

② 参见谢幼伟《现代哲学名著述评》导论一，山东人民出版社1997年新版。

③ 可参见李长之《评〈新理学〉》、《评〈新事论〉和〈新世训〉》，收入《迎中国的文艺复兴》，商务印书馆1946年版；胡绳《评冯友兰著〈新世训〉》、《评冯友兰著〈新事论〉》，收入《理性与自由》，华夏书店1946年版。

时代中，它虽不是惟一的最高的收获，但已是希有的最高的收获了。”①

钱穆是现代新儒家的史学代表，他是以史学著述来体现其儒家立场的，因而当时来自学界对他的批评亦多集中在历史研究和历史文化观方面，对此，特别值得提及的是马克思主义学者胡绳对钱氏历史文化观的批判。因为正如钱氏的历史研究很大程度上体现为思想的历史（儒家观念的历史），所以胡氏的批评就不仅具有纯学术上的意义，而且具有思想上的意义（胡绳在新中国成立前除对钱穆的思想观点有所批评外，对贺麟的“新心学”、冯友兰的“新理学”都有所评论②），可以说，胡绳是较早站在马克思主义的学术立场上对新儒学（家）进行较全面研究、批评的人物，体现了马克思主义者的唯物史观与新儒家学者的唯心史观的互动与争鸣。

此处以胡绳批判钱穆的历史文化观为例略作介绍。钱穆的《国史大纲》虽是一部在当时社会上影响巨大的中国通史，但里面实际包含着著者对于中国政治与文化的现状及其发展前途的许多看法，其中有两点——中国历史自秦到清末的政治并不是专制政体，中国的传统文化至今仍有优异的价值，这是《国史大纲》全部内容所要证明的主要东西。胡绳由此具体分析批驳了钱氏关于中国政治并非专制政体的两点根据，即所谓分割皇权的“宰相制度”和所谓政权公开的“考试制度”（“科举制度”），指出，钱氏的观点实际是模糊了政体与国体的关系，因为，“由国体上来看，汉唐宋明无非都是地主阶级占统治地位的国家。所谓政体就是指他们采取怎样

① 李长之《评〈新理学〉》，《迎中国的文艺复兴》附录，第35页，商务印书馆1946年版。

② 可参见胡绳著《理性与自由》中相关篇章，华夏书店1946年版。

的方式来组织其政权机关,行使其政权力量。我们说中国过去是君主专制政体,就是说当时的统治政权是集中化在皇帝个人的人格上,通过皇帝个人的意志来执行地主阶级的统治。因此,脱离了国体问题来单纯谈政体问题,是摸不到中国历史的真象的"。"并且在与国体问题分隔开来讲时,所谓君主专制政体也就弄不清楚了"①。也就是说,地主阶级专政性质的国体决定了其君主专制性质的政体,而不论其采取如何具体的方式或制度,国体性质不变,君主专制性质的政体亦不可能改变。对于钱氏所指为传统文化精华的"孝"与"中庸",胡绳作了历史的本质的分析,指出了二者在历史上的实质及局限,批驳了钱氏以"孝的文化"引导当时青年和把中庸主义的人生观作为中国人的合理的人生观的观点,并以扬弃的观点提出,"当我们发现了他们已不合于新时代的生存时,就要毫不容情地加以抛弃,这才能使我们对于民族的新生有充分的自信"②。

另外,对于钱氏及其他新儒家人物东西文化观中的复古倾向,胡绳结合欧洲四百年来的历史作了深入分析。他认为,从钱氏的议论中,使人看到的中西文化的前途只是"一齐向后转",即"中国回到我们的文武周公、汉唐宋明和儒教里去,欧洲回到他们的希腊、中世纪和基督教里去!"③ 并进而指出钱穆与新儒家另两位代表人物冯友兰、贺麟作为"新的复古排外论者"在东西文化观上的共同点:"由这里,我们也可以懂得,为什么钱穆先生、冯友兰先生、贺麟先生等等都不约而同地对于满清大臣张之洞所提出的'中学

① 胡绳《评钱穆著〈文化与教育〉》,《理性与自由》第 70 页,华夏书店 1946 年版。

② 同上,第 77 页,第 81 页,第 82—83 页,第 83—84 页。

③ 同上,第 70 页。

为体，西学为用'之说发生兴趣，并都自以为是从一个新的意义上来再提出这口号。因为张之洞实际上并不清楚'西学'到底是什么，所以不免弄成'体用两橛'，无法自圆其说。但新的复古论者们所看到的'西学'只是欧洲中世纪的封建文化和资本主义腐败时期的某种思想，因此就自然能和那中国封建时代统治者的传统文化和洽一致，体用相合了。"[①] 胡绳由此还揭示出钱氏对于中西文化的历史、现实及其前途各方面"都得出了许多糊涂而混乱的结论"的两点原因：一是发自于唯心论的观点，例如在《国史大纲》中主张"国家本是精神的产物"；二是发自于脱离民众反对民众的立场，例如在《国史大纲》中自称其著述是继承司马光《资治通鉴》的事业，毫不掩饰和历代统治者站在同一立场上[②]。总之，在 50 年代之前，胡绳对钱穆、冯友兰、贺麟等人有关思想学说的较多分析检讨，体现了一个年轻的马克思主义者对新儒家及其思潮的客观研究和理性认识。

新中国成立后，祖国大陆的新儒学研究起步及迅速形成一个文化研究的热点是从 80 年代后期开始的。这一文化现象的出现有多方面的因素。有学者认为，在某种意义上，80 年代后期祖国大陆新儒学研究乃是 80 年代中期热极一时的文化讨论以另一种方式的延续和推展。因为在"五四"以来的中国现代思想史上，曾长期存在自由主义的西化派、以现代新儒家为主要代表的文化保守主义和中国马克思主义鼎足而三的局面，就总体而言，80 年代的文化讨论似乎也没有超出过这一思想格局。如有人指出的，自由主义的"全盘西化"派、保守主义的"儒学复兴"派和马克思主义

① 胡绳《评钱穆著〈文化与教育〉》，《理性与自由》第 77 页，第 81 页，第 82—83 页，第 83—84 页。

② 同上。

的"综合创新"派是80年代文化讨论中三个最主要的思想派别。祖国大陆的新儒学研究无疑与"儒学复兴"派在文化讨论中的表现有关。除此之外,东亚工业文明的兴起,现代新儒家的学术成就及该研究的学术价值,以及海外港台新儒家弟子来大陆的学术交流活动,都促使着内地学者重新思考传统文化与现代化的关系和正视新儒家所提出的问题①。当然,祖国大陆十年浩劫,引起内地学者深刻反思"文化大革命",反思"五四"以来至"文化大革命"对传统文化、对本民族文化遗产的伤害,重新思考传统与现代的关系,这是大陆现代新儒学研究兴起的内在动因。

同港台、海外现代新儒学研究相比,大陆的研究虽然起步较晚,但成就斐然。1986年11月,在北京召开的全国哲学社会科学"七五"规划会议上,方克立教授提议的"现代新儒家思潮研究"课题被通过为国家哲学社会科学"七五"规划重点课题,1992年初又被列为"八五"规划重点课题。课题组由十几所大学和科研单位的四十余名学者组成,方克立、李锦全两教授主持、负责。该课题组在十余年间陆续出版了《现代新儒学研究论集》两辑,《现代新儒家学案》上、中、下三巨册,"现代新儒学研究丛书"专人研究系列五种,专题系列八种。课题组主要成员在这十余年间另出版相关专著十余种,发表有关论文三百余篇。方克立教授还主编了"现代新儒学辑要丛书"十四种(梁漱溟、张君劢、熊十力、冯友兰、贺麟、马一浮、唐君毅、牟宗三、徐复观、钱穆、方东美、杜维明、刘述先、余英时等新儒家的论著辑要),每一种辑录一位代表人物的代表性论文。在此期间,课题组还与有关高校、学术机构联手,多次举办现代新儒家的专题或专人学术会议。由此,现代新儒学研究以课题

① 参见郑家栋《当代新儒家史论》,第295—297页,广西教育出版社1997年版。

组为中心,迅速辐射扩展到整个中国哲学和中国文化研究的领域。现代新儒家为大陆学术界所熟知并成为讨论的热门话题。

祖国内地介绍新儒家的有影响的资料书除上述外,还有黄克剑等编辑的《当代新儒家八大家集》、罗义俊等编辑的《理性与生命》等。此外,《梁漱溟全集》、《马一浮集》、《三松堂全集》已分别由山东、浙江、河南出版,《熊十力论著集》已由中华书局出版,《熊十力全集》将由湖北教育出版社出版。牟宗三、徐复观的著作已经或将要分别由上海古籍和上海三联出版,《杜维明文集》将由武汉出版社出版。再者,1988 年底在香港法住文化书院由霍韬晦主持的"第一届唐君毅思想国际会议",成功地促进了两岸三地学者在研究当代新儒学方面的互动,此后,两岸学者有关的学术交流活动日趋频繁。还需要特别提出的是,在祖国大陆十多年的现代新儒学研究中,造就了一批在该领域成就突出的中青年学者,如陈来、郑家栋、郭齐勇、黄克剑、宋志明、罗义俊、景海峰、颜炳罡、田文军、李维武、蒋国保等,他们的学术研究活动,有力地推动了祖国大陆现代新儒学研究的深入进展①。

五

20 世纪的现代新儒学及现代新儒家已走过了跌宕沉浮八十余年的风雨历程,作为以接续儒家道统为己任,以服膺宋明儒学为主要特征,具有强烈的人文精神和历史文化使命感,力图融合、汇通中西文化,以实现儒学现代化的社会思潮和学术文化派别,新儒

① 祖国大陆的新儒学研究部分,曾参考郑家栋《当代新儒学史论》,广西教育出版社 1997 年版;郭齐勇《近二十年当代新儒学研究的反思》,《求是学刊》2001 年第 2 期。

学(家)在思想、哲学、学术等领域,在维护和弘扬中国民族文化传统、批判民族虚无主义、融合中西哲学和文化、探索传统文化现代化的道路等方面,有着自己独特的贡献。

例如在文化学术方面,有学者指出,“新儒家作为五四新文化运动的派别之一,它同主流派的差别就是不停留在对旧传统的一般性批判上,更致力继承、发扬和创新,用系统扎实的学术研究成果为文化的重建奠定基础,而这项工作正是当时热心于社会改革事业的人们所忽略的和不能安心进行的。……新儒家对传统文化和儒学的研究,以独立的方式、现代的方法进行,其特点是中西贯通,古今衔接,源于传统,又立足于现代,真正属于中国现代的学术,成就了一批大师、巨匠”。“能够像新儒家那样,逐渐形成一个独立于政治的高水平的哲学学派,代有传人,相转益盛,著述富赡,人才辈出,形成真正的文化运动,影响及于海内外,则是极为罕见的。这是现代中国学术史上的盛事,意义深远,它对于中华学术的繁荣将有积极的推动作用”①。

又如在传统文化与现代化问题方面,新儒家以为“现代化”不等于“西化”,中西之争不等于古今之争,中国传统文化与现代化不是对立和排斥的,应该立足于中国文化以实现现代化,着力突出中国文化的现代价值和普遍意义,并在此基础上提出了中国传统文化现代化的思路和方法。有学者指出,同各执一端的西化派和顽固守旧派相比,现代新儒家更好地解决了传统和现代的关系问题,为传统的创造性转化、连接传统和现代做出了一定的贡献,在理论上具有创造性。而且,新儒家对民族文化传统强烈的自我意识,对发扬民族精神、复兴中华文明高度的责任感,坚决反对民族虚无主

① 牟钟鉴《现代新儒家的历史贡献与理论难题》,《新儒家评论》(第一辑),中国广播电视出版社 1994 年版。

义的“全盘西化”论的态度，其积极意义不可抹煞①。

另一方面，作为中国现代文化保守主义或“文化守成主义”②的主要思想代表，现代新儒学也具有着不可避免的思想局限和理论缺陷。主要表现为以下几方面：一，现代新儒家以接续儒家道统为己任，力图在现代中国恢复儒家思想的主导地位，重建儒家的价值系统，并在此基础上吸纳、融合、会通西学。因而，尽管其保守民族文化的努力具有积极意义的一面，值得肯定和借鉴，但由于其对中国以儒家为核心的传统文化过于沉醉认同和一往情深，过分强调其一本性和优越性，从而导致对传统儒家文化倾心肯认有余而理智分析不足。例如对传统儒学中极高明的形而上的一面称扬过多，而对传统儒家文化造成的中国历史和现实的巨大负面影响则挖掘批判不力或过于低估。

二，同上一方面相联系，在中西文化观方面，尽管现代新儒家有着比民族虚无主义的“西化派”较为客观公允的独到见解和精辟分析，如认为现代化不等于西化，中西之争不等于古今之争，阐扬中国传统文化在现代社会的永恒价值和普遍意义，重视融会贯通西方文化，等等。但本身以“接着宋明理学”来讲的、以儒家心性之学为本源的新儒家抱持着儒家本位，对现代西方文化、文明从骨子里有着一种非理性的固执偏狭的贬抑的态度，从而对中西文化的衡量和定位同西化派相比走向了另一极端，在观念深处仍认为中国文化优于西方文化，中学优于西学，应“以儒家精神为体，以西洋

① 参见方克立《现代新儒家与中国现代化》，《南开学报》1989 年第 4 期。

② 当代美国学者艾恺曾把“五四”以来和反传统主义相反对的思潮称为“文化守成主义”思潮。参见其《世界范围内的反现代化思潮——论文化守成主义》(前言)，贵州人民出版社 1991 年版。

文化为用"(贺麟)。早期新儒家提出的诸如"世界未来文化将是中国文化的复兴"(梁漱溟)、儒家"六艺"可以统摄中西一切学术(马一浮)等即是突出体现。第二、三代港台海外新儒家虽然由于特定的心态、地域和氛围的变化对中西文化的认识比其前辈有了很大的突破,但也不免上述思想倾向。正如有些学者所言,"对西方文化的排斥和低贬,几乎无一港台新儒家能逃。这不能归之于他们对西方文化的不熟悉和不了解,而实乃由于在其潜意识中,对'全盘西化'的反感和对传统文化的一往情深……港台新儒家在比较中西文化的时候,往往过分强调了中国文化结果中好的一面,而忽视了西方文化结果中好的一面,却突出其文化结果中坏的一面"①。这方面的表现说明,现代新儒家在中西文化观上仍未摆脱"中学为体,西学为用"的思考模式和理论窠臼。

三,儒家文化的现代转化及儒学与现代化的问题本是现代新儒家极力探索和论证的课题,也是显示现代新儒学之所以"新"的重要表现。但恰恰在该方面,新儒家所倚重阐发的思想进路仍面临着巨大的困境。具体而言,新儒家对儒学现代化主张所谓"本中国内圣之学解决外王问题"(亦即"内圣外王"、"返本开新"),即肯定儒家"内圣成德之教",接续民族文化之本源大流("返本"),在此基础上把儒学的道德精神落实到外王事业上以开出作为现代化基本内涵的民主与科学("新外王")。这是现代新儒家在特定的历史环境中对儒学与现代化问题提出的"新"思路。但问题在于,这一思路在理论上存在着困难,在实践上更难以行通。有学者曾从三个方面批评其理论缺陷:一是其论证方法的非科学性。新儒家认为从传统儒学之"本"必然可以开出现代科学民主之"新",其论证

① 胡伟希《传统与人文》,转引自汤一介主编《中国儒学文化大观》,北京大学出版社 2001 年版。

不是从事实出发,而是从抽象原则出发,其结论早已包含在抽象原则中;不是从现代化需要去衡定传统儒学价值,而是在肯定儒学永恒价值基础上给它装进现代化内容。二是体用两橛。新儒家试图用"内圣外王"的思维框架来联结儒家心性之学和现代科学民主,把两个属于不同甚至基本方面对立的价值系统的东西连接起来,自然难免体用两橛、不能由内圣推出外王的困窘。三是"种子"说、良知"自我坎陷"说等新论并未解决由体达用即从儒家心性之学到现代科学民主过渡的逻辑必然性问题,最终不过是折衷调和①。新儒家理论困境的最根本原因在于他们仍站在传统儒学道德理想主义的立场,沿袭着传统儒学的思维方式,这使得他们不可能指出一条发展现代科学与民主的客观的切实可行的途径来。

另外,现代新儒家把东亚经济发展归因于儒家伦理,从而提倡"儒家资本主义"的发展模式,以此凸显儒家传统在社会现代化中的作用和地位,并强调儒家思想在解决西方进入"后现代化"阶段出现的许多严重危机中的功效,这仍有以偏概全和片面夸大儒家传统之嫌。而且,对于儒学的故土、现实的中国来说,"在至今仍未实现现代化的中国,却要用现代化以至后现代化社会的种种弊端为设定前提,反衬中国文化的优越性,未免给人一种无的放矢的感觉"②。

20 世纪以来的三代新儒家都曾对儒家文化的现代发展(新儒学)作过充满自信的展望和预测,但若其面临的理论难题和现实困

① 参见《现代新儒学研究论集》(二),中国社会科学出版社 1991 年版,第 362 页。

② 李宗桂《新儒学的形上追求及其现代意义》,《学术研究》1992 年第 3 期。

境不能真正解决,“未来世界的文化将是儒学的复兴”、“儒学思想的新开展就是中国现代思潮的主潮”、“儒学第三期发展前景光明”的期望将很可能成为一厢情愿的事情。

东西文化及其哲学(节选)

梁漱溟

第二章　如何是东方化？如何是西方化？（上）

我们所要求的答案　我们现在平静的对于东西文化下一种观察，究竟什么是东方化，什么是西方化呢？纯以好知的心理去研究他们各自的样子。这其间第一先来考究西方化；如何是西方化？但是我们假如拿此问题问人，大家仓卒之间一定答不出来；或者答的时候列举许多西方的政治制度、社会风尚、学术思想等等。无(论)〔奈〕此种列举很难周备，即使周备，而所举的愈多，愈没有一个明了正确的“西方化”观念。因为我们所问的，要求把许多说不尽的西方化归缩到一句两句话，可以表出他来。使那许多东西成了一个很有意思的一个东西，跃然于我们的心目中，才算是将我们的问题答对了。像这一种的答对固然很难，但是不如此答对即不能算数。凡是能照这样答对的，我们都可以拿来看；此种答案求其合格很难，但是无论什么人的心目中，总都有他自己的意思。我记得王壬秋先生在《中国学报》的序里批评西方化说：“工商之为耳”，我们姑且不论他的话对不对，而在他是用一句话表出以为西方化不过如此。同光之间曾文正、李文忠等对于西方化所看到的，他们虽然没说出口来，而他们心目中的西方化观念，即在坚甲利兵之一点。光宣间的一般人心目中专认得政治制度一点，以为是即西方化。他们这些观察无论眼光对不对，而都算是对于我们问题的答案。大体说来自然不周洽不明白确切，而各人的意思都有一点对，可以供我们参考；无论如何不对，都是我们最合格、最对的西方化观念的一个影子。我们不要笑他们的不对，我们试翻过来看的时候，究竟有哪一个人说的对呢？我实在没有看见哪一个人说的对！照我看来，东西的学者、教授，对于西方化的观察，实在也不见得怎么样高明，也同王壬秋先生差不到哪里去！我现在将我所看见他们对于西方化的答案一一加以批评；因为我们指明别人的不对，才能看见我们自己的答案之所以对！

西方化问题的答案一　前两年中国在日本的留学生所组织的丙辰学会，请早稻田哲学教授金子马治来讲演。他讲演的题目就是"东西文明之比较"，我们且看他对于此问题的意思是怎样呢？他有扼要的一句答案："西洋文明是势能（Power）之文明。"这话怎么讲呢？原文说：

> "余在十年前有欧洲之行，其时亦得有兴味之经验。欧游以前，予足迹未尝出国门一步，至是登程西航，渐离祖国。途中小泊香港，登陆游览，乃大惊骇。盖所见之物，几无不与在祖国所习者异也。据在座之贵国某君言，香港本一硗确之小岛，贵国人以废物视之，及入英人之手，辛苦经营遂成良港。予至香港时，所见者已非濯濯之石山，而为人工所成之良港。予之所惊骇不置者，盖在于是。日本诸港大都因天然之形势略施人工所成，香港则异是，观其全体几于绝出人工，非复自然之原物。此余所不得不叹服者。试观某市街所谓石山者已草木丛生欣欣向荣，皆英人所种也。初虽历次失败，然英人以不屈不挠之精神利用科学之方法，竭力经营，卒成今日青青之观。予在国内时所驯习之自然，此处杳不可见，所接于目者，独有人力之迹。……知所谓欧人征服自然，而东洋人放任自

然之说果然不妄也。”

他次段又寻这西方文明的来源说:“若谓今日欧洲之文明为征服自然之文明,而征服自然所用之武器为自然科学者,当知此自然科学渊源实在于希腊……盖希腊国小山多,土地硗瘠,食物不丰,故多行商小亚细亚以勤劳求生活。欧式文明之源实肇于此。”此外还有许多话,无非专明征服自然之一义,又把征服自然的原因归到地理的关系上去,发明出各科学“以为利用厚生之资”,所以叫他做势能(Power)之文明。金子君这个说法,错是不错。征服自然诚然是西方化的特色。还有北聆吉教授的议论,差不多也是这个意思。我留心看去大家说这样的话很多很多,恐怕早已是众人公认的了。英国的历史家巴克尔(Buckle)所作著名的《英国文明史(History of Civilization in England)》上说:“欧洲地理的形势是适宜于人的控制天然,这是欧洲文明发展的主因。”就是金子君自己也说这是欧洲人原有的话,他实地看去,相信他果然不妄。可见这原有定论的,在欧美是一种很普遍的见解。民国八年杜威先生到北京,北京大学哲学研究会有一天晚间为杜威先生开欢迎会,杜威先生的演说也只说西方人是征服自然,东方人是与自然融洽,此即两方文化不同之所在。当金子马治持这种见解的时候,曾去请教他的先辈米久博士,米久博士对于他的见解也很同意。所以我们对于这些话不能否认。因为明明是不可掩的事实。只是他们说的太简单了！对于西方化实在有很大的忽略,不配作我们所要求的答案。我们且举最容易看见的那西方社会上特异的彩色,如所谓“自由”、“平等”——“德谟克拉西”的倾向——也是征服自然可以包括了的么？如果单去看他那物质上的灿烂,而蔑视社会生活的方面,又与同光间“坚甲利兵”的见解有何高下呢？况且我们要去表明西方化须要表出他那特别精神来,这“征服自然”一件事原是一切文化的通性,把野草乱长的荒地开垦了去种五谷;把树林砍了盖房屋,做桌椅；山没有路走便开山；河不能过去便造船；但有这一点文化已经就是征服自然。何况东方文化又何止此呢？然则东西两方面的征服自然不过是程度之差，这“征服自然”四字，哪里就能表出西方文化特别的精神呢？如此种种说来，显见得金子教授的说法不值得采用。我们还须别觅周全正确的答案。至于他议论中错误之点亦尚多，随后再去批评。

西方化问题的答案二　北聆吉氏“东西文化之融合”的说法也是说西方化“征服自然”，似乎不必再费一番评论。但他实与金子有大不相同的地方不能不说：金子君说“日本诸港略施人工”“香港全体几于绝出人工”，显然说这征服自然是程度有等差罢了。北聆吉氏却能说明他们是两异的精神。他的原文录在书后，读者可以去参看。他那文共分五段，段段都表示两异对待的说法。如：

> 第一段“西洋文化——征服自然——不能融和其自我于自然之中以与自然共相游乐。”
>
> 第二段“凡东洋诸民族皆有一共同与西洋民族不同之点，即不欲制御自然征服自然，而欲与自然融合与自然游乐是也。”
>
> 第三段“东西文化之差别可云——为积极的、——为消极的。”
>
> 第四段“自然之制服，境遇之改造，为西洋人努力所向之方。与自然融和，对于所与之境遇之满足，为东洋人优游之境地。此二者皆为人间文化意志所向之标的。”
>
> 第五段“吾人一面努力于境遇之制服与改造，一面亦须……于自己精神之修养。”单向前者以为努力，则人类将成一劳动机关，仅以后者为能事，则亦不能自立于生存竞争之场中。”

他这话里虽然也有错误之点，如把东洋民族统归到“与自然融合与游乐”而不留意最重要的印度民族并不如此。然却把两异的精神总算表白的很明了。金子君只说“以言东洋文明欲求其与势能对待之特质则亦曰顺自然爱和平而已”。这“顺自然”三字哪里表得出“对待之特质”,况且与文化的本义不符,哪里有所谓顺自然的文化呢?北聆吉的眼光很留意到两方思想的不同,谈一谈哲学主义伦理观念,不专去看那物质方面,所以这征服自然说到他手里,果然是西方化的特异处了。只是仍旧有那很大的忽略,还是不周全正确。

西方化问题的答案三 我民国七年(1918)夏间在北京大学提倡研究东方化,就先存了西方化的观察而后才发的。因为不晓得自己的意思对不对,约我的朋友张崧年君一天晚上在茶楼谈谈。张君看西洋书看的很多,故此每事请教他。我当时叙说我的意见,就是我观察西方化有两样特长,所有西方化的特长都尽于此。我对这两样东西完全承认,所以我的提倡东方化与旧头脑的拒绝西方化不同。所谓两样东西是什么呢?一个便是科学的方法,一个便是人的个性申展,社会性发达。前一个是西方学术上特别的精神,后一个是西方社会上特别的精神。张君听着似乎不甚注意,但我自信很坚,并且反觉得是独有的见解了。过些日子李君守常借一本《东洋文明论》与我看。是日本人若宫卯之助译的美国人闹克斯(George William Knox)的书,原名“The spirit of the Orient”。这书虽说是论东方文明的,却寻不着一句中肯的话。所谓东方的精神(Spirit)全然没有。但最末一章题目是“东西文明之融合”,也是主张融合论的。他那里边有一大段却大谈论西洋的精神,一个是科学、一个是自由。他先说近世文明发达到今天这样,他们欧美人的进步,实在是因为这两样东西。后又说日本人的胜利——指战胜俄国说——也都是因为这两样东西。乃知道我的观察原也是早有人说过的。到民国九年看见《新青年》六卷一号陈独秀君的《本志罪案之答辩书》说他们杂志同人所有的罪案不过是拥护德赛两位先生——Democracy，Science——罢了。西洋能从黑暗到光明世界的，就是这两位先生，他们认定可以救治中国政治、道德、学术、思想，一切黑暗的也只有这两位先生。我常说中国讲维新讲西学几十年乃至于革命共和其实都是些不中不西的人，说许多不中不西的话，做许多不中不西的事。他们只有枝枝节节的西方化，零零碎碎的西方东西，并没把这些东西看通窍，领会到那一贯的精神。只有近年《新青年》一班人才算主张西方化主张到家。现在陈君这个话就是把他们看通了的窍指示给大家了。记得过几天的《时事新报》某君，对陈君这话有段批评，仿佛是说以德赛两先生括举西方潮流，所见很对，但是近年的势力还是一位斐先生——斐络索斐（Philosophy）云云。某君这个话不很对，因为这里所说的赛先生是指科学思想，亦可说是科学主义的哲学，正指哲学耳。然则我们如果问如何是西方化？就答作“西方化即是赛恩斯、德谟克拉西两精神的文化”对不对呢？这个答法很对，很好，比那“征服自然”说精彩得多，把征服自然说所忽略的都切实表明出来，毫无遗憾了。但是仍有两个很重要的不称心的地方：

> 第一个是我们前头证明西方化与东方化对看，“征服自然”实在是他一个特异处，而现在我们这答法没有能表示出来。虽然说到科学，但所表的是科学方法的精神现于学术思想上的，不是表他那征服自然的特彩见诸物质生活的。所以很是一个缺点。
>
> 第二个是我们现在答作“赛恩斯”、“德谟克拉西”两精神的文化，这两种精神有彼此相属的关系没有呢？把他算做一种精神成不成呢？我们想了许久讲不出那相属的关系，不能算作一种精神。但我们说话时候非双举两种不可，很象没考究到家的样子。究竟这两种东西有他那共同一本的源泉可得

没有呢？必要得着他那共同的源泉作一个更深澈更明醒的答案，方始满意。

如此说来我们还得再去寻求圆满的说法。

我们试看李守常君的说法如何呢？他的说法没有这双举两精神的毛病，却是括举一个精神的。他文内通以西洋文明为动的文明，与东洋静的文明对称，这动的文明就是他的答法了。所以，他原文开口头一句就说：

"东西文明有根本不同之点，即东洋文明主静西洋文明主动是也。"

李君这话真可谓"一语破的"了。我们细想去东西文明果然是这个样子。"动的文明"四字当真有笼罩一切的手段。那么，就采用这个答案好么？虽然好，但只看上未免太浑括了。所以李君于根本异点之外又列举了许多异点去补明：

一为自然的，一为人为的；一为安息的，一为战争的；一为消级的，一为积极的；一为依赖的，一为独立的；一为苟安的，一为突进的；一为因袭的，一为创造的；一为保守的，一为进步的；一为直觉的，一为理智的；一为空想的，一为体验的；一为艺术的，一为科学的；一为精神的，一为物质的；一为灵的，一为肉的；一为向天的，一为立地的；一为自然支配人间的，一为人间征服自然的。

李君又于此外枚举许多饮食、嗜好之不同，起居什物之不同，又去观于思想，观于宗教，观于伦理，观于政治，一样一样都数到。我们统观他的说法，是一种平列的开示，不是一种因果相属的讲明。有显豁的指点，没有深刻的探讨。这个可以证出"动的文明"的说法，不克当我们所求西方种种精神的共同源泉之任。李君列举那些异点前七样可以说是出于"动"的精神，若如直觉与理智，空想与体验，艺术与科学，精神与物质，灵与肉，向天与立地，似很难以“动”“静”两个字作分判,彼此间象没甚联属关系。我们所求贯串统率的共同源泉,一个更深澈更明醒的说法,李君还没能给我们。

我求答案的方法 这时候不必再批评别人了。不批评看不出长短,多批评也浪费笔墨。我以为我们去求一家文化的根本或源泉有个方法。你且看文化是什么东西呢?不过是那一民族生活的样法罢了。生活又是什么呢?生活就是没尽的意欲(Will)。——些所谓“意欲”与叔本华所谓“意欲”略相近,——和那不断的满足与不满足罢了。通是个民族通是个生活,何以他那表现出来的生活样法成了两异的彩色?不过是他那为生活样法最初本因的意欲分出两异的方向,所以发挥出来的便两样罢了。然则你要去求一家文化的根本或源泉,你只要去看文化的根原的意欲,这家的方向如何与他家的不同。你要去寻这方向怎样不同,你只要他已知的特异彩色推他那原出发点,不难一目了然。

我西方化问题的答案 以上的话自须加上说明,并辨白我这观察文化的方法为何与人不同,然后再适用到实际上去答我们的问题,才得明白。但现在为行文的方便,且留到次章解说东方化的时候一堆比较着去说。此处只单举一个对于西方化的答案专讲讲西方化。

如何是西方化?西方化是以意欲向前要求为其根本精神的。

或说:西方化是由意欲向前要求的精神产生“赛恩斯”与“德谟克拉西”两大异彩的文化。

一家民族的文化原是有趋往的活东西,不是摆在那里的死东西。所以,我的说法是要表出他那种活形势来,而李君那个“动的”“静的”学样却是把没来由没趋向一副呆板的面目加到那种文化上去。——静固是呆面目而动也是,譬如时辰表便是呆面目的动。一家民族的文化不是孤立绝缘的,是处于一个总关系中的。譬如一幅画里面的一山一石，是在全画上占一个位置的，不是四无关系的。从已往到未来，人类全体的文化是一个整东西，现在一家民族的文化，便是这全文化中占一个位置的。所以我的说法在一句很简单的答案中已经把一家文化在文化中的地位、关系、前途、希望统通表定了。而李君那一动一静的说法，只表出东西两家是各别的东西，却没有替他们于总关系中求个位置所在，这些话请看完我的全书自明。

现在且去讲明我的答案。我们可以用四步的讲法。先从西方各种文物抽出他那共同的特异彩色，是为一步；复从这些特异的彩色寻出他那一本的源泉，这便是二步；然后以这一本的精神揽总去看西方化的来历是不是如此，是为三步；复分别按之各种事物是不是如此，这便是四步。前二步是一往，后两步是一反。

答案讲明的第一步 我们为什么要举出那“精神”、“异彩”来作答呢？因为我们所要知道某家文化是如何的，就是要知道他那异于别家的地方。必要知道他那异处，方是知道某家文化。倘若认不出他那特异处，那何所谓某家文化呢？某家的异点，他自己或不觉，对面人却很容易觉得。所以我们东方人看西方东西，那异点便刺目而来，原是容易知道的。譬如最初惹人注目的枪炮、铁甲舰、望远镜、显微镜、轮船、火车、电报、电话、电灯，同后来的无线电、飞行机以及洋货输入后的日常起居服御的东西，与我们本土的走内河还要翻的民船，一天走上数十里的骡车，以及油灯、蜡烛等等一切旧日东西比较真是异样的很！使我们眼光撩乱不知所云。然沉下心去一看虽然形形色色种种不同，却有个同的所在。就是样样东西都带着征服自然的威风，为我们所不及。举凡一切物质方面的事物，无不如此。然则这征服自然便是他们的共同异彩了。西方化的科学彩色再去看他这些东西是怎样制作的，与我们向来制作东西的法子比比看。我们虽然也会打铁、炼钢、做火药、做木活、做石活、建筑房屋、桥梁，以及种种的制作工程，但是我们的制作工程都专靠那工匠心心传授的"手艺"。西方却一切要根据科学——用一种方法把许多零碎的经验，不全的知识，经营成学问，往前探讨，与"手艺"全然分开，而应付一切，解决一切的都凭科学，不在"手艺"。工业如此，农业也如此，不但讲究种地有许多分门别类的学问，不是单靠老农老圃的心传；甚至养鸡牧羊，我们看着极容易做的小事，也要入科学的范围，绝不仅凭个人的智慧去做。总而言之，两方比较，处处是科学与手艺对待。即如讲到医药，中国说是有医学，其实还是手艺。西医处方，一定的病有一定的药，无大出入；而中医的高手，他那运才施巧的地方都在开单用药上了。十个医生有十样不同的药方，并且可以十分悬殊。因为所治的病同能治的药，都是没有客观的凭准的。究竟病是什么？"病灶"在哪里？并不定要考定，只凭主观的病情观测罢了！（在中国医学书里始终没有讲到"病"这样东西。）某药是如何成分？起如何作用？并不追问，只拿温凉等字样去品定，究竟为温为凉，意见也参差的很。他那看病用药，哪能不十人十样呢？这种一定要求一个客观共认的确实知识的，便是科学的精神；这种全然蔑视客观准程规矩，而专要崇尚天才的，便是艺术的精神。大约在西方便是艺术也是科学化；而在东方便是科学也是艺术化。大家试去体验，自不难见，盖彼此各走一条路，极其所至必致如此。

科学求公例原则，要大家共认证实的；所以前人所有的今人都有得，其所贵便在新发明，而一步一步脚踏实地，逐步前进，当然今胜于古。艺术在乎天才秘巧，是个人独得的，前人的造诣，后人每觉赶不上，其所贵便在祖传秘诀，而自然要叹今不如古。既由师弟心传，结果必分立门户，学术上总不得建个共认的准则，第一步既没踏实，第二步何从前进，况且即这点师弟心传的东西有时还要失传，今不如古，也是必至的实情了。明白这科学艺术的分途，西方人之所以喜新,而事实日新月异;东方人之所以好古,而事事几千年不见进步,自无足怪。我们前章中说西方的文物须要看他最新的而说为今化,东方的文物要求之往古而说为古化,也就是因为西方的文明是成就于科学之上;而东方则为艺术式的成就也。

西方人走上了科学的道,便事事都成了科学的。起首只是自然界的东西,其后种种的人事,上自国家大政,下至社会上琐碎问题,都有许多许多专门的学问,为先事的研究。因为他总要去求客观公认的知识,因果必至的道理,多分可靠的规矩,而绝不听凭个人的聪明小慧到临时去瞎碰。所以拿着一副科学方法,一样一样地都去组织成了学问。那一门一门学问的名目,中国人从来都不会听见说过。而在中国是无论大事小事,没有专讲他的科学,凡是读过四书五经的人,便什么理财司法都可做得,但凭你个人的心思手腕去对付就是了。虽然书史上边有许多关于某项事情——例如经济——的思想道理,但都是不成片段,没有组织的。而且这些思想道理多是为着应用而发,不谈应用的纯粹知识,简直没有。这句句都带应用意味的道理,只是术,算不得是学。凡是中国的学问大半是术非学,或说学术不分,离开园艺没有植物学,离开治病的方书没有病理学,更没有什么生理学解剖学。与西方把学独立于术之外而有学有术的,全然两个样子。虽直接说中国全然没有学问这样东西亦无不可,因为惟有有方法的乃可为学,虽然不限定必是科学方法而后可为学问的方法,但是说到方法,就是科学之流风而非艺术的味趣。西方既秉科学的精神,当然产生无数无边的学问。中国既秉艺术的精神,当然产不出一门一样的学问来。而这个结果,学固然是不会有,术也同样不得发达。因为术都是从学产生出来的。生理学、病理学固非直接去治病的方书,而内科书外科书里治病的法子都根据于他而来。单讲治病的法子不讲根本的学问,何从讲出法子来呢?就是临床经验积垒些个诀窍道理,无学为本,也是完全不中用的。中国一切的学术都是这样单讲法子的，其结果恰可借用古语是“不学无术”。既无学术可以准据，所以遇到问题只好取决自己那一时现于心上的见解罢了。从寻常小事到很大的事，都是如此。中国政治的尚人治，西方政治的尚法治，虽尚有别的来路，也就可以说是从这里流演出来的。申言之还是艺术化与科学化。

我们试再就知识本身去看，西方人的知识是与我们何等的不同。同一个病，在中医说是中风，西医说是脑出血。中医说是伤寒，西医说是肠窒扶斯。为什么这样相左？因为他们两家的话来历不同，或说他们同去观察一桩事而所操的方法不同。西医是解剖开脑袋肠子得到病灶所在而后说的，他的方法他的来历，就在检察实验。中医中风伤寒的话，窥其意，大约就是为风所中，为寒所伤之谓。但他操何方法由何来历而知其是为风所中、为寒所伤呢？因从外表望着象是如此。这种方法加以恶谥就是“猜想”，美其名亦可叫“直观”。这种要去检查实验的，便是科学的方法。这种只是猜想直观的，且就叫他作玄学的方法。（从古来讲玄学的总多是这样，玄学是不是应当用这种方法，另一问题。）这其间很多不同，而头一桩可注意的：玄学总是不变更现状的看法，囫囵着看，整个着看，就拿那个东西当那个东西看；科学总是变更现状的看法，试换个样子来看，解析了看，不拿那个东西当那个东西看，却拿别的东西来作他看。譬如那个病人，中国只就着那个现状看。西方以为就着那个样看，看不出什么来的，要变更现状打开来看看，这就是怎样？这就是不拿他当整个人，不可分的人看，却看他是由别的东西——血肉筋骨所成的种种器官——合起来的。所以中医不要去求病灶，因他是认这整个的人病了。西医定要去求病灶，因他是认合成这人的某器官某部分病了。这两家不同的态度是无论什么时候总是秉持一贯的。且看中国药品总是自然界的原物，人参、白术、当归、红花……那一样药的性质怎样？作用怎样？都很难辨认，很难剖说，像是奥秘不测为用无尽的样子。因为他看他是整个的囫囵的一个东西，那性质效用都在那整个的药上。不认他是什么化学成份成功的东西，而去分析有效成份来用。所以性质就难分明，作用就不简单了。西药便多是把天然物分析检定来用，与此恰相反。因为这态度不同的原故，中国人虽然于医药上很用过一番心，讲医药的书比讲别的书——如农工政法——都多。而其间可认为确实知识的依旧很少很少。用心用差了路，即是方法不对。由玄学的方法去求知识而说出来的话，与由科学的方法去求知识而说出来的话，全然不能做同等看待。科学的方法所得的是知识，玄学的方法天然的不能得到知识，顶多算他是主观的意见而已。

我们再去看中国人无论讲什么总喜欢拿阴阳消长五行生克去说。医家对于病理药性的说明，尤其是这样。这种说法又是玄学的味道。他拿金、木、水、火、土来与五脏相配属，心属火，肝属木，脾属土，肺属金，肾属水。据《灵枢》、《素问》还有东西南北中五方，青黄赤白黑五色，酸甘苦辣咸五味，宫商角徵羽五音，以及什么五声、五谷、五数、五畜等等相配合。虽看着是谈资文料，实际似乎用不着，而不料也竟自拿来用。譬如这个人面色白润就说他肺经没病，因为肺属金，金应当是白色，现在肺现他的本色就无病。又姜若炮黑了用，就说可以入肾，因为肾属水其色黑，诸如此类，很多很多。这种奇绝的推理，异样的逻辑，西方绝对不能容，中国偏行之千多年！西方人讲学说理全都要步步踏实，于论理一毫不敢苟。中国人讲学说理必要讲到神乎其神，诡秘不可以理论，才算能事。若与西方比看，固是论理的缺乏而实在不只是论理的缺乏，竟是“非论理的精神”太发达了。非论理的精神是玄学的精神，而论理者便是科学所由成就。从论理来的是确实的知识，科学的知识；从非论理来的全不是知识，且尊称他是玄学的玄谈。但是他们的根本差异,且莫单看在东拉西扯联想比附与论理乖违。要晓得他所说话里的名辞(term)、思想中的观念、概念,本来同西方是全然两个样子的。西医说血就是循环的血罢了,说气就是呼吸的气罢了,说痰就是气管分枝里分泌的痰罢了。老老实实的指那一件东西,不疑不惑。而中医说的血不是血,说的气不是气,说的痰不是痰。乃至他所说的心肝脾肺,你若当他是循环器的心,呼吸器的肺……那就大错了,他都别有所指。所指的非复具体的东西,乃是某种意义的现象,而且不能给界说的。譬如他说这病在痰,其实非真就是痰,而别具一种意义;又如他说肝经有病,也非真是肝病了,乃别指一种现象为肝病耳。你想他把固定的具体的观念,变化到如此的流动抽象,能够说他只是头脑错乱而不是出乎一种特别精神么?因为他是以阴阳消长五行生克为他根本的道理,而"阴"、"阳"、"金"、"木"、"水"、"火"、"土"都是玄学的流动抽象的表号,所以把一切别的观念也都跟着变化了。为什么玄学必要用如此的观念?因为玄学所讲的,与科学所讲的全非一事。科学所讲的是多而且固定的现象(科学自以为是讲现象变化,其实不然,科学只讲固定不讲变化),玄学所讲的是一而变化、变化而一的本体。我们人素来所用的都是由前一项来的观念,或说观念的本性就是为表前一项用的。照他那样,一就不可以变化,变化就不可以一,所以非破除这种成规,不能挪到玄学上来用。破除观念的成规,与观念的制作不精纯,极相似而不同。大家却把中国学术,单看成制作不精纯一面了。当知中国人所用的有所指而无定实的观念,是玄学的态度,西方人所用的观念要明白而确定,是科学的方法。中国人既然无论讲什么,都喜欢拿阴阳等等来讲,其结果一切成了玄学化,有玄学而无科学。(其玄学如何,另论。)西方自然科学大兴以来,一切都成了科学化,其结果有科学而无玄学,除最近柏格森一流才来大大排斥科学的观念。中西两方在知识上面的不同,大约如此。

我们试再就两方思想上去看看。思想是什么，思想是知识的进一步。就着已知对于所未及知的宇宙或人生大小问题而抱的意见同态度。思想没有不具态度的，并且直以态度为中心。但我们现在所要去看的只在意见上，不在态度上。态度是情感，是意志，现在则要观察理性一面。思想既然跟着知识来，而照前边所说中国人于知识上面特别的无成就，西方人则特别的有成就。他们两方的“已知”很是相差，那所抱的思想自大大两样不待言了。中国人看见打雷就想有“雷公”，刮风就想有“风姨”，山有山神，河有河神，宇宙间一件一件的事物，天、地、日、月……都想有主宰的神祇。婚姻、子嗣、寿夭一切的祸福都想有前定的。冥冥中有主持的。生是投胎来的，死后有鬼，还要投生去。扰乱世界的人是恶魔降生。世乱是应当遭劫。在西方人他晓得风是怎样会起的，雷是怎样会响的，乃至种种，他便不抱这般思想而想是没有神了。长寿是卫生得宜，死是病没治好。无子定是身体有毛病。生非投胎，死亦无鬼。世乱是政治不得法，恶人不过是时会造成。前者因为知识既缺乏不明白这些现象的所以然，不免为初民思想之遗留，又加以他的夙养，总爱于尚未检验得实的予以十分之肯定，于是就进一步而为有神有鬼等等思想了。后者因为知识既有成就，看出因果必至的事理，对于初民思想鄙薄的很，又加以他的习惯，不能与人以共见共闻的通不相信，于是就进一步而为无神无鬼等等思想了。什么叫知识缺乏？就是无科学。不检验得实而就肯定的，是何夙养？就是“非科学”的夙养。然则中国的思想如是，其原因都在无科学与“非科学”了。什么叫知识有成就？就是有科学。不与人以共见就不相信，是何习惯？就是“科学”的习惯。然则西方思想如是，其原因都在有科学与“科学”了。（此处所说于两方思想尚未加是定，读者幸勿误会）。

所谓宗教，可以说就是思想之具一种特别态度的。什么态度？

超越现实世界的信仰。思想而不含一种信仰态度的不能算，信仰而不是超越现实世界的也不能算。宗教既是如此的，则其势在西方人必致为宗教的反抗——不仅反对某一宗教而反对宗教本身——因为从科学的看法，要反对现实世界的超越，于是一面就有宗教终且废灭的推想，一面就有“非宗教”的宗教之创作，例如赫克尔(Haeckel)一元教之类。孔特(comte)实兼有这两面的意思。可巧他们素来的基督教，又是一个很呆笨的宗教，奉那人格的上帝，如何站的住？只为人不单是理性，所以事实上不见就倒下来，而从西方人的理性方面去看，上帝却已不容于西方了。在虔诚信奉上帝一神几千年的西方人是如此，而在中国人从来并未奉上帝的。但他何曾有一点不是信奉上帝的意思呢？你问他为什么长一个鼻子两个眼睛两个耳朵？他说这是天所给人的。五谷丰熟得有饱饭吃，他感谢这是天赐的。有了大灾变，他说这是“天意”。上帝的思想反在中国了。可见有科学无科学的分别有这么大！

所谓哲学可以说就是思想之首尾衔贯自成一家言的。杜威先生在北京大学哲学研究会演说说：西方哲学家总要想把哲学做到科学的哲学。怎样才是“科学的哲学”自不易说，若宽泛着讲，现在西方无论哪一家哲学简直都是的。纯乎科学性格的罗素(Russell)固然是，即反科学派的柏格森也的的确确从科学来，不能说他不是因科学而成的哲学。我们对于哲学在后面别为一章，此处且不说了。

思想之关于社会生活的(从家人父子到国家世界)即是伦理思想，在西方也受科学影响很大。因其还现露一种别的重要异彩，故我们于次段去说。

从上以来因为讲“如何是西方化？”的原故，比对着也把东方化或中国化略讲了些。但是我们现在说到此处，仍于西方化作一小结束道：

西方的学术思想，处处看去，都表现一种特别的彩色，与我们截然两样，就是所谓"科学的精神"。

我曾翻到杜威先生的教育哲学讲演，谈到科学进步的影响之大，他就说："……所以我们可以说东方文化西方文化的区别即在于此。"虽然我还不以为"即在于此"，然而亦可见"科学"为区别东西化的重要条件是不错的了。以下再去看西方化之别一种特别彩色。

这西方学术思想上的特别，固已特别的很了。还有在吾人生活上一种更古怪的样法，叫中国人看了定要惊诧，舌挢不下的，只是最近十多年来已经同他相习，不十分惊怪了。我们试把我们假做个十多年前的"醇正中国人"来看，这大的国家竟可没有皇帝，竟可不要皇帝，这是何等怪事！假使非现在眼前，他简直不相信天地间会有这样事的。就是现在行之好几年了，而真正相信这件事是可能的，还未必有几个。他总想天下定要有个作主的人才成，否则岂有不闹哄的？闹哄起来谁能管呢？怎的竟自可不闹哄，这是他不能想象的，闹哄怎的可不必要有个人管，这也是他未从想象的。因此他对于这个闹哄无已的中国，总想非仍旧抬出个皇帝来，天下不会太平。中国人始终记念着要复辟，要帝制，复辟帝制并非少数党人的意思，是大家心理所同。他实在于他向来所走的路之外，想不出个别的路来。他向来所走的路是什么路？是一个人拿主意，并要拿无制限的主意，大家伙都听他的话，并要绝对的听话，如此的往前走，原也可以安然无事的走去，原也是一条路。所谓别的是什么路？是大家伙同拿主意，只拿有制限的主意；大家伙同要听话，只听这有制限的话。如此的往前走，可以从从容容的走去，也是一条路。凡是大家伙一同往前过活，总不外这两路，而这两条路的意向恰相背反。前者便是所谓独裁，所谓专制，而为我们向所走的路；后者便是所谓"共和"，所谓立宪，而为西方人所走的路，而我们方要学步，一时尚未得走上去的。就为这两方恰相背反的原故，所以看了要惊怪，并且直不得其解，以夙习于此的人，走如彼精神的路，全不合辙，八九年也不曾走得上去。

中国人看见西方的办法没有一个作主的人，是很惊怪了，还有看见个个人一般大小，全没个尊卑上下之分，也是顶可惊怪的。这固由于他相信天地间自然的秩序是分尊卑上下大小的，人事也当按照着这秩序来，但其实一个人间适用的道理的真根据还在他那切合应用上，不在看着可信。或者说：凡相信是一条道理的，必是用着合用。其所以相信尊卑上下是真理而以无尊卑上下为怪的，实为疑惑如果没个尊卑上下，这些人怎得安生？这种疑怪的意思与前头是一贯的。不过前头是疑没一个管人的人，即在上的人不成，后者是疑一切的人不安守等差不成，即是不安于卑下而受管不成。如果谁也不卑而平等一般起来，那便谁也不能管谁，谁也不管于谁，天下未有不乱的。如此而竟不乱，非他所能想象。几千年来维持中国社会安宁的就是尊卑大小四字。没有尊卑大小的社会，是他从来所没看见过的。原来照前所说，中国的办法，拿主意的与听话的，全然分开两事，而西方则拿主意的即是听话的，听话的即是拿主意的。因此，中国“治人者”与“治于人者”划然为两阶级，就生出所谓尊卑来了，也必要严尊卑而后那条路才走得下去；西方一个个人通是“治人者”，也通是“治于人者”，自无所谓尊卑上下而平等一般了。于是这严尊卑与尚平等遂为中西间之两异的精神。

尊卑是个名分而以权利不平等为其内容，而所谓平等的也不外权利的平等。所以所争实在权利。权利的有无，若自大家彼此间比对着看，便有平等不平等的问题，若自一个个人本身看，便有自由不自由的问题。照中国所走那条路，其结果是大家不平等，同时在个人也不得自由。因为照那样，虽然原意只是把大家伙一同往前过活的事，由一个人去作主拿主意，但其势必致一个个人的私生活，也由他作主而不由个个人自主了。非只公众的事交给他，我们无过问的权，就是个人的言论行动，也无自由处理的权了，这就叫不自由。虽然事实上尽可自由的很，那是他没管，并非我有权。本来那条路拿主意的若非拿无制限的主意，听话的若非绝对的听话，就要走不下去的，我们前边说的时候已经缀及。所以大家要注意看的：

第一层便是有权，无权打成两截；

第二层便是有权的无限有权，无权的无限无权。

这无限两个字很要紧，中国人是全然不理会这“限”的。“权利”“自由”这种观念不但是他心目中从来所没有的，并且是至今看了不得其解的。他所谓权的通是威权的权。对于人能怎样怎样的权，正是同“权利”相刺谬的权。西方所谓“权利”、所谓“自由”原是要严“限”的，他却当作出限与不限了。于是他对于西方人的要求自由，总怀两种态度：一种是淡漠的很，不懂要这个作什么，一种是吃惊的很，以为这岂不乱天下！本来他经过的生活不觉有这需要，而这个也实足以破坏他走的路。在西方人那条路便不然了。他那条路本来因要求权利，护持自由，而后才辟出来的，而即走那条路也必可以尊重个人自由。因为这个时候大权本在大家伙自身，即是个个人，个个人不愿人干犯自家，还有什么问题？所以这可注意的也要分两层：

第一层便是公众的事大家都有参与做主的权；

第二层便是个人的事大家都无过问的权。

我们前边说的时候，拿主意要缀以只拿着制限的主意，听话要缀以只听这有制限的话，就是为此了。西方人来看中国人这般的不想要权利，这般的不拿自由当回事，也大诧怪的，也是不得其解，这也为他的生活离了这个就不成的，故此看得异常亲切要紧。于是这放弃人权与爱重自由又为中西间两异的一端了。

原来中国人所以如此，西方人所以如彼的，都有他的根本，就是他们心里所有的观念。中国人不当他是一个立身天地的人。他当他是皇帝的臣民。他自己一身尚非己有，哪里还有什么自由可说呢？皇帝有生杀与夺之权，要他死他不敢不死，要他所有的东西，他不敢不拿出来，民间的女儿，皇帝随意选择成千的关在宫里。他们本不是一个"人"，原是皇帝所有的东西，他们是没有"自己"的。必要有了"人"的观念，必要有了"自己"的观念，才有所谓"自由"的。而西方人便是有了这个观念的，所以他要求自由，得到自由。大家彼此通是一个个的人，谁也不是谁所属有的东西；大家的事便大家一同来作主办，个人的事便自己来作主办，别人不得妨害。所谓"共和"、"平等"、"自由"不过如此而已，别无深解。他们本也同中国人一样屈伏在君主底下的，后来才觉醒，逐渐抬起头来，把君主不要了，或者虽还有，也同没有差不多，成功现在这个样子，而中国也来跟着学了。这种倾向我们叫他"人的个性伸展"。因为以前的人通没有"自己"，不成"个"，现在的人方觉知有自己，渐成一个个的起来。然则两方所以一则如此一则如彼的，其根本是在人的个性伸展没伸展。

人的个性伸展没伸展，前边所说，不过是在社会生活最重要的一面——国家——表现出来的。其实从这一个根本点，种种方面都要表现出来。例如中国人除一面为皇帝的臣民之外，在亲子之间便是他父母的儿女，他父母所属有的东西。他父亲如果打死他，卖掉他都可以的。他的妻子是他父母配给他的，也差不多是他父母所属有的东西，夫妇之间作妻子的又是他丈夫所属有的东西，打他、饿他、卖掉他，很不算事。他自己没有自己的生活，只伺候他丈夫而已。乃至师徒之间学徒也差不多要为他师傅所属有的东西，他师傅都具有很大的权。这都是举其最著的地方，在这地方差不多对他是无限有权，或无限无权。至其余的地方，也处处是要一方陵过，一方屈伏，只不致像这般无止境罢了。在西方全然不是这个样子。成年的儿子有他自己的志愿，作他自己的生活，不以孝养老子为事业。在法律上权利都是平等的，并不以老子儿子而异。父母不能加儿女以刑罚，至于婆婆打儿媳妇，更是他闻所未闻的了。儿女的婚姻由他们自己作主，因为是他们自己的事。夫妇之间各有各的财产，丈夫用了妻子的钱，要还的。妻子出门作什么事，丈夫并不能过问。一言不合，就要离婚，哪里可以打得？诸如此类，不须多数。总而言之，处处彼此相遇，总是同等。纵不同等两个人的自由必不能冒犯的。中国自从接触西化，向在屈伏地位的也一个个伸展起来，老辈人看了惊诧，心里头非常的不得宁帖。这就为这是西方化极特别的地方，或者比科学精神还惹人注意，因为切在我们生活上。

但是我们还要留意：西方的社会不可单看人的个性伸展一面，还有人的社会性发达一面。虽然个性伸展最足刺目而社会性发达的重要也不减。且可以说个性伸展与社会性发达并非两桩事，而要算一桩事的两面。一桩事是说什么？是说人类之社会生活的变动，这种变动从组织的分子上看便为个性伸展，从分子的组织上看便为社会性发达。变动的大关键要算在国家政治这层上，——就是指从前的政治是帝制独裁现在变为立宪共和，由此而人的个性伸展社会性发达起来，至今还在进行未已。我们试来看，从前人都屈伏在一个威权底下，听他指挥的，现在却起来自己出头作主，自然是个性伸展了，但所谓改建“共和”的，岂就是不听指挥，亦岂就是自己出头作主？还要大家来组织国家，共谋往前过活才行。这种组织的能力，共谋的方法，实是从前所没有的，现在有了，我们就谓之人的社会性的发达。粗着说，似可把破坏时期说作个性伸展，把建设时期说作社会性发达，其实是不然的。我们生活不能停顿的，新路能走上去就走新路，新路走不上去必然仍走旧路。不能说不走的。个性伸展的时候，如果非同时社会性发达，新路就走不上去；新路走不上去，即刻又循旧路走，所谓个性伸展的又不见了。个性、社会性要同时发展才成，如说个性伸展然后社会性发达，实在没有这样的事。所以谓个性伸展即指社会组织的不失个性，而所谓社会性发达亦即指个性不失的社会组织。怎么讲呢？要知所谓组织不是并合为一，是要虽合而不失掉自己的个性，也非是许多个合拢来，是要虽个性不失而协调若一。从前大家像是并合为一，在大范围里便失掉自己，又像是许多个合拢来，没有意思的协调，只是凑到了一处，实在是没有组织的。必到现在才算是大家来组织国家了。凡要往前走必须一个意向，从前的国家不容人人有他的意思而只就一个意思为意向走下去，那很简易的，现在人人要拿出他的意思来，所向不一，便走不得而要散伙的，所以非大家能来组织不可，由这组织而后各人的意思尽有而协调若一，可以走得下去。故尔，社会性的发达正要从个性不失的社会组织来看的。这时候实在是新滋长了一种能力，新换过了一副性格，不容忽略过去。但是此外还有极昭著的事实可为佐证，因为从这么一变，社会上全然改观，就以中国而论：自从西方化进门，所有这些什么会，什么社，什么俱乐部，什么公司，什么团，什么党，东一个，西一个，或常设，或临时，大大小小，随处皆是，可是从前有的么？这一桩一桩都所谓"要大家来组织"的，不是社会性质发达的表现么？现在差不多不论什么目的，但是大家所共的总是集合起来协调着往前作。在今日一个个人彼此相需极切，全然不是从前各自在家里非亲非故不相往来的样子。中国人或者还不甚觉得，正为中国人不过才将开社会性发达的端，还没作到能力的长成性格的换过，所以这种生活总是作不来，一个会成立不几天就散伙，否则就是有名无实，或者内容腐败全不具备这种生活的精神，以致不但不觉相需，有时还深以有团体为痛苦了。这些事都可使我们把"社会性发达"这桩事看得更真切。

但还有一种重要的现象:就是这时候的人固然好集合,而家族反倒有解散的倾向。聚族而居的事要没有了。就是父子昆弟都不同住,所谓家的只是夫妇同他们的未成年的子女。这种现象自有种种因由,但今就目前所要说的去说。原来好多人聚在一起,但凡多少有点共同生活的关系,这其间关系的维持就不容易,若真是不析产更难了,于是有族长家长的制度,把家族很作成一个范围,而个人就埋没消失在里边。那大家作主大家听话的法治,在家人父子之间是行不去的,所以个性伸展起来,只有拆散一途,没法维持。从前实是拿家里行的制度推到国,国就成了大的家,君主就是大家长,可以行得去的;现在回过来拿组织国家的法子推到家,却不行了。虽是拆散而却要算社会性发达的表现。因为非组织的集合都将绝迹,以后凡有集合,总有自己意思组织的了。而且这时候以一个个人直接作组成国家、社会的单位,与从前"积家而成国"的不同,小范围(家)的打破,适以为大组织的密合,所以说为社会性发达应有的现象。现在的人似又倾向到更大之组织,因为国还是个小范围恐怕不免破除呢?虽然这种大组织要算是把近世人的生活样法又掉换过,不是顺着个性伸展走出来的,而像是翻转的样子,其实照我的解释,我还是认为个性伸展社会性发达,所以前边说为还在进行未已。此容后再谈。

因此西方人的伦理思想道德观念就与我们很不同了。最昭著的有两点:一则西方人极重对于社会的道德,就是公德,而中国人差不多不讲,所讲的都是这人对那人的道德,就是私德。譬如西方人所说对于家庭怎样,对社会怎样,对国家怎样,对世界怎样,都为他的生活不单是这人对那人的关系而重在个人对社会大家的关系。中国人讲五伦,君臣怎样,父子怎样,夫妇怎样,兄弟怎样,朋友怎样,都是他的生活单是这人对那人的关系,没有什么个人对社会大家的关系。(例如臣是对君有关系的,臣对国家实在没有直接关系。)这虽看不出冲突来却很重要,中国人只为没有那种的道德所以不会组织国家。一则中国人以服从事奉一个人为道德,臣对君,子对父,妇对夫,都是如此,所谓教忠教孝是也。而西方人简直不讲,并有相反的样子,君竟可不要。大约只有对多数人的服从没有对某个人的服从,去事奉人则更无其事。这便两方大相冲突起来,也还都为他们生活的路径不同的原故。

总而言之,据我看西方社会与我们不同所在,这"个性伸展社会性发达"八字足以尽之,不能复外,这样新异的色彩,给他个简单的名称便是"德谟克拉西(democracy)"。我心目中的德谟克拉西就是这般意思,不晓得的有什么出入没有。倘然不差,那么我们就说:

西方人的社会生活处处看去都表现一种特别色彩,与我们截然两样的就是所谓"德谟克拉西的精神"。

所有的西方化通是这"德谟克拉西"与前头所说"科学"两精神的结晶。分着说,自然是一则表见于社会生活上,一则表见于学术思想上,但其实学术思想、社会生活何能各别存立呢?所以这两种精神也就不相离的了。西方随便一桩事体常都寓有这两种精神。他的政治是德谟克拉西的政治,也是科学的政治。他的法律是德谟克拉西的法律,也是科学的法律。他的教育是德谟克拉西的教育,……诸如此类。又譬如宗教这样东西(指通常的说)固为科学精神所不容,也为德谟克拉西精神所不容。西方人的反宗教思想是出于科学的精神,还是德谟克拉西的精神是不能剖别的了。关于这两精神的话,细说起来没有完,我们就暂止于此。

这两样东西是西方化的特别所在,亦即西方化的长处所在,是人人看到的,并非我特有的见地。自这两年来新思想家所反复而道,不厌求详的总不过是这个,也并非我今天才说的。所可惜的,大家虽然比以前为能寻出条贯，认明面目，而只是在这点东西上说了又说，讲了又讲，却总不进一步去发问：

他——西方化——怎么会成功这个样子？这样东西——赛恩斯与德谟克拉西——是怎么被他得到的？

我们何可以竟不是这个样子？这样东西为什么中国不能产出来？

结果西方化的面目如此 而只是想把这两样东西引进来便了，以致弄得全不得法，贻误很大。（如第五章所说）要知道这只是西方化逐渐开发出来的面目还非他所从来的路向。我们要去学他，虽然不一定照他原路走一遍。但却定要持他那路向走才行，否则单学他的面目绝学不来的。并且要知道西方化之所以为西方化在彼不在此。不能以如此的面目为西方化，要以如彼的路向为西方化的。况也必要探索到底，把西方化兜根翻出，豁露眼前，明察不惑，然后方好商量怎样取舍。这时候不但学不来，也不能这般模模糊糊就去学的。我们将于次章中试去探索探索看。

第三章 如何是东方化？如何是西方化？（下）

答案讲明的第二步 我们预定讲明西方化的四步，此刻已算把第一步就许多西方文物求其特异彩色的事做到了。现在要进而作第二步更求诸特异彩色之一本源泉。

若问“科学”与“德谟克拉西”是怎么被西方人得到的？或西方化怎么会成功这个样子？据我所闻大家总是持客观说法的多。例如巴克尔（Buckle）说的：“欧洲地理的形势是适宜于人的控制天然。这是欧洲文明发展的主因。”又金子马治说的：“尝试考之，自然科学独成于欧洲人之手者何故？何以不与于东方？……据予所见希腊人虽为天才之民族，其发明自然科学应尚别有一原因。盖希腊国小山多,土地硗瘠,食物不丰,……以勤劳为生活,欧式文明之源实肇于此。”他又去请问米久博士,米久也说中国地大物博,无发明自然科学之必要,所以卒不能产生自然科学。又如持马克思唯物史观的以为一切文物制度思想道德都随着经济状态而变迁。近来的陈启修胡汉民几位大唱其说。因此吾友李守常很恳切的忠告我讨论东西文化应当留意他客观的原因,诸如茅原山人的《人间生活史》等书可以去看看,因那书多是客观的说法。他自己的《东西文明之根本异点》便是如此的,后来又作了一篇《由经济上解释中国近代思想变动的原因》。胡适之君也有同样的告诫于我。他们的好意我极心领,只是我已经有成竹在胸。

客观说法的未是 这客观的说法,我们并不是全不承认的,我们固然是释迦慈氏之徒,不认客观,却不像诸君所想象的那种不认客观。只是像巴克尔,金子那种人文地理的说法未免太简易了。陈启修先生所述的那种唯物史观,似亦未妥。他们都当人类只是被动的,人类的文化只被动于环境的反射,全不认创造的活动,意志的趋往。其实文化这样东西点点俱是天才的创作,偶然的奇想,只有前前后后的“缘”,并没有“因”的。这个话在夙习于科学的人,自然不敢说。他们守着科学讲求因果的夙习,总要求因的,而其所谓因的就是客观的因,如云只有主观的因更无他因,便不合他的意思,所以其结果必定持客观的说法了。但照他们所谓的因,原是没有,岂能硬去派定,恐怕真正的科学还要慎重些,实不如此呢!我们的意思只认主观的因,其余都是缘,就是诸君所指为因的。却是因无可讲,所可讲的只在缘,所以我们求缘的心,正不减于诸君的留意客观,不过把诸君的观念变变罢了。听说后来持唯物史观的人已经变过了,顾孟余先生所作《马克思学说》,其中批评唯物史观道:

“但是他所说的‘旧社会秩序必要自己废除’,这‘必要’究意是什么意思呢？马克思自己说这个‘必要’是论理的必要。因为社会的冲突是社会全体里头的一个‘否认’(negation)，这个‘否认’一定又要产出另一个‘否认’来。这是与黑格尔所说‘人类历史之思辨性质’相称的。

但是马氏以后唯物史观的代表却不用这种黑格尔的名词了，他们也不说‘论理的必要’了。他们只说这个必要是一种天然现象的因果关系。

以上两种意见都未认清社会科学的认识条件。社会科学里所研究的社会现象不是别的，乃是一种秩序之下的共同动作。这种共同动作是有组织的，有纪律的，有意志的。所以‘唯物的历史观’所说的‘旧社会秩序必要废除’这必要既不是论理的必要，又不是天然现象因果的必要，乃是宗旨的必要，因为社会秩序是方法，社会生活是宗旨。如果社会秩序与社会生活有冲突的时候，他的宗旨全失了。人要达到这个宗旨，所以起来改革社会秩序。换一句话说改革与否，并如何改革这是视人的意见而定的，并不是机械的被动的。”(《新青年》第六卷第五号)

这意思不是很同我们相近了么？

在金子教授、米久博士以什么“食物不丰，勤劳为活，所以要发明自然科学，征服自然”去说明科学的产生，觉得很合科学家说话的模样，其实是不衷于事实，极粗浅的臆说。我也没去研究科学史，然当初科学兴起并不是什么图谋生活，切在日需的学问，而是几何、天文、算术等抽象科学(abstract science)，不是人所共见的么？此不独古希腊人为然，就是文艺复兴科学再起，也还是天文、算学、力学等等。这与“食物不丰，勤劳为活”连缀得上么？据文明史专家马尔文(Marvin)说：“科学之前进，是由数目形体抽象的概念进到具体的物象，如物理学等的。”王星拱君的《科学方法论》上说："希腊的古科学所以中绝的原故，是因为他们单在他们所叫作理性的(rational)非功利的(disinterested)学术上做工夫，于人类生活太不相关。(按金子君的说话恰好与此相反)至于我们现在所享受所研究的科学，是在文艺复兴时代重行出世的。……那个时代的科学，完全以求正确的知识为目的。自文艺复兴算起，一直过好几百年科学在应用方面都没有若何的关系。所以有人说科学之发生原于求知而不原于应用。"照王君的下文所说，大意科学初起，全非为应用，而后来之日益发皇却要应用与理论并进的。王君又有《科学之起源和效果》一文大意不远。后又见某君所作讲科学的一文把这个意思颠倒过来，谓科学初起是为用，其后乃有求知的好尚。现在也无暇细论，但就我的意见简单说两句：迫促的境遇不是适于产生科学的缘法，倒要从容一点才行，单为用而不含求知的意思，其结果只能产生"手艺"、"技术"而不能产生"科学。"——中国即其好例。王君所论科学之起源原是泛论人类心理上之科学的基础，也不能答欧洲人何以独能创出科学的原故。若问这原故，待我后方去答。

若拿唯物史观来说明西方政治上社会上之"德谟克拉西"精神所从来，我并不十分反对，然却不是杜威先生的折衷说第三派。(见社会哲学与政治哲学讲演)我只要问：如中国，如印度有像欧洲那样不断变迁的经济现象么？如承认是没有的，而照经济现象变迁由于生产力发展的理，那么一定是两方面的发展大有钝利的不同了。可见还有个使生产力发展可钝可利的东西，而生产力不是什么最高的动因了。——马克思主义说生产力为最高动因。这所以使生产力发展可钝可利的在哪里呢？还在人类的精神方面。所谓"精神"与所谓"意识"其范围，大小差得很远。意识是很没力量的，精神是很有力量的，并且有完全的力量。唯物史观家以为意识是被决定的而无力决定别的，是我们承认的，但精神却非意识之比,讲唯物史观的把两名词混同着用,实在不对。这些 qdqd 话且不去细谈,直接说本题。原来生产力的发展是由于人的物质生活的欲求,而物质生活的欲求是人所不能自己的,由此而生产力的发展,经济现象的变迁,都非人的意识所能自由主张自由指挥的了。而在某种经济现象底下,人的意识倒不由得随着造作某种法律制度道德思想去应付他,于是唯物史观家就说人的意识不能把经济现象怎样,而他却能左右人的意识了。但其实这物质生活的欲求,难道不是出在精神上么?——只为他像是没有问题——一定不易——所以不理会他,不以他为能决定生产力之发展罢了。但其实何尝全没问题呢?他也可有变动,由这变动至少也能决定生产力发展的钝利,经济现象变迁的缓促。我敢说:如果欧亚的交通不打开,中国人的精神还照千年来的样子不变,那中国社会的经济现象断不会有什么变迁,欧洲所谓"工业革新"(Industrial Revolution)的,断不会发生。又如果回族同欧人不去侵入印度,听着印度人去专作他那种精神生活,我们能想象他那经济现象怎样进步么?所以我以为人的精神是能决定经济现象的,但却非意识能去处置他。这个意思于唯物史观家初无冲突,不过加以补订而已。然就因此,我觉得西方社会上"德谟克拉西"精神所从来,还非单纯唯物史观家的说法所能说明,而待要寻他精神方面的原因。据我所见是欧洲人精神上有与我们不同的地方,由这个地方既直接的有产生"德谟克拉西"之道,而间接的使经济现象变迁以产生出如彼的制度似更有力。其故待后面去说。

现在我要说明自己的意见了。但且不去答对西方化的特别处所从来,现在先要说明我观察文化的方法(见第二章),然后再解释适用这方法得的答案(见第二章),则科学与"德谟克拉西"的所从来自尔答对了。我这个人未尝学问,种种都是妄谈,都不免"强不知以为知",心里所有只是一点佛家的意思,我只是一着一点佛家的意思裁量一切，这观察文化的方法，也别无所本，完全是出于佛家思想。试且说来：

生活的说明　照我的意思——我为慎重起来，还不愿意说就是佛家或唯识家的意思，只说是我所得到的佛家的意思，——去说说生活是什么。生活就是“相续”，唯识把“有情”——就是现在所谓生物——叫做“相续”。生活与“生活者”并不是两件事，要晓得离开生活没有生活者，或说只有生活没有生活者——生物。再明白的说，只有生活这件事，没有生活这件东西，所谓生物，只是生活。生活、生物非二，所以都可以叫作“相续”。生物或生活实不只以他的“根身”——“正报”——为范围，应统包他的“根身”、“器界”——“正报”、“依报”——为一整个的宇宙——唯识上所谓“真异熟果”——而没有范围的。这一个宇宙就是他的宇宙。盖各有各自的宇宙——我宇宙与他宇宙非一。抑此宇宙即是他——他与宇宙非二。照我们的意思，尽宇宙是一生活，只是生活，初无宇宙。由生活相续，故尔宇宙似乎恒在，其实宇宙是多的相续，不似一的宛在。宇宙实成于生活之上，托乎生活而存者也。这样大的生活是生活的真象，生活的真解。但如此解释的生活非几句话说得清的，我们为我们的必需及省事起见，姑说至此处为止。

我们为我们的必需及省事起见，我们缩小了生活的范围，单就着生活的表层去说。那么，生活即是在某范围内的“事的相续”。这个“事”是什么？照我们的意思，一问一答即唯识家所谓一“见分”。一“相分”——是为一“事”。一“事”，一“事”，又一“事”……如是涌出不已，是为“相续”。为什么这样连续的涌出不已？因为我们问之不已——追寻不已。一问即有一答——自己所为的答。问不已答不已，所以“事”之涌出不已。因此生活就成了无已的“相续”。这探问或追寻的工具其数有六：即眼、耳、鼻、舌、身、意。凡刹那间之一感觉或一念皆为一问一答的一“事”。在这些工具之后有为此等工具所自产出而操之以事寻问者,我们叫他大潜力、或大要求、或大意欲——没尽的意欲。当乎这些工具之前的,则有殆成定局,在一期内——人生一生——不变更,虽还是要相续而转,而貌似坚顽重滞之宇宙——“真异熟果”。现在所谓小范围的生活——表层生活——就是这“大意欲”对于这个“殆成定局之宇宙”的努力,用这六样工具居间活动所连续而发一问一答的“事”是也。所以,我们把生活叫作“事的相续”。

这个差不多成定局的宇宙——真异熟果——是由我们前此的自己而成功这样的;这个东西可以叫做“前此的我”或“已成的我”,而现在的意欲就是“现在的我”。所以我们所说小范围生活的解释即是“现在的我”对于“前此的我”之一种奋斗努力。所谓“前此的我”或“已成的我”就是物质世界能为我们所得到的,如白色、声响、坚硬等皆感觉对他现出来的影子呈露我们之前者;而这时有一种看不见,听不到,摸不着的非物质的东西,就是所谓“现在的我”,这个“现在的我”大家或谓之“心”或“精神”,就是当下向前的一活动,是与“已成的我”——物质——相对待的。

从讲生活那段起,似乎偏于叙述及抽象,不像批评具体的问题有趣味,而却是很重要,是我们全书的中心。我们批评的方法即因此对于生活的见解而来。

我们现在将奋斗的意思再解释一下。照我们以前的解释,所谓生活就是用现在的我对于前此的我之奋斗,那么,什么叫做奋斗呢?因为凡是“现在的我”要求向前活动,都有“前此的我”为我当前的“碍”,譬如我前面有块石头,挡着我过不去,我须用力将他搬开固然算是碍,就是我要走路,我要喝茶,这时我的肢体,同茶碗都算是碍;因为我的肢体,或茶碗都是所谓“器世间”——“前此的我”——是很笨重的东西,我如果要求如我的愿,使我肢体运动或将茶碗端到嘴边,必须努力变换这种“前此的我”的局面,否则是绝不会满意的；这种努力去改变“前此的我”的局面而结果有所取得，就是所谓奋斗。所以凡是一个用力都算是奋斗；我们的生活无时不用力，即是无时不奋斗，当前为碍的东西是我的一个难题；所谓奋斗就是应付困难，解决问题的。差不多一切“有情”——生物——的生活都是如此，并不单单是人类为然。即如苍蝇所以长成六个足、许多眼睛，全都因为应付困难，所以逐渐将他已成的我变成这个模样，以求适应环境的。不过这种应付都是在意识以前的，是本能的生活。人的生活大半分也都是本能的生活，譬如小儿生来下就会吃乳、睡觉……这些都是用他“不学而能”的本能，去应付困难解决问题的。虽然具有意识的人类，固然半是用意义来支配自己，但与许多别的生物有的意识很微，有的简直没有意识的，其本能生活仍一般重要。总之无论为本能的或为有意识的向前努力，都谓之奋斗。

以上解释生活的话是很亲切真确的说法。但是这话还要有几层的修订才能妥帖；其应修订之点有三：

（一）为碍的不单是物质世界——已成的我——就是，不仅是我自己的真异熟果。还有另外一个东西——就是其他的有情。譬如我将打猎所得的禽兽食肉剥皮。这时虽是对于其他有情的根身之一种改变局面，其实还是对于“已成的我”的奋斗；因为其他有情的根身实在就是我的器界——已成的我；所以这时为碍的并非另外的有情仍是我自己“真异熟果”。真正为碍的是在其他有情的“他心”而不在其根身。譬如我要求他人之见爱，或提出一种意见要求旁人同我一致，这时为碍的即是“他心”；这才是真正的其他有情并非我的“已成的我”，而是彼之“现在的我”；这时他究竟对我同意与否尚不可知，我如果要求大家与我同意，就须陈诉我意，改造“他心”的局面，始能如我的愿，这亦即是奋斗。此应修订者一。

（二）为碍的不仅物质世界与“他心”，还有一种比较很深隐为人所不留意，而却亦时常遇见的，就是宇宙间一定的因果法则。这个法则是必须遵循而不能避免的，有如此的因，一定会有如彼的果；譬如吃砒霜的糖一定要死乃是因果必至之势，我爱吃砒霜糖而不愿意死，这时为碍的就是必至的自然律，是我所不能避免的。又如凡人皆愿生活而不愿老死，这时为碍的即在“凡生活皆须老死”之律也。此应修订者二。

(三)人类的生活细看起来还不能一律视为奋斗。自然由很细微的事情一直到很大的事情——如从抬手动脚一直到改造国家——无一不是奋斗，但有时也有例外，如乐极而歌，兴来而舞，乃至一切游戏、音乐、歌舞、诗文、绘画等等情感的活动，游艺的作品，差不多都是潜力之抒写，全非应付困难或解决问题，所以亦全非奋斗。我们说这些事与奋斗不同，不单单因为他们是自然的流露而非浮现于意识之上的活动，——不先浮现于意识之上而去活动的也有算是奋斗的。——也因为其本性和态度上全然不同。此应修订者三。

人生三种问题 这样一个根本的说法，加以三层修订，大体上可以说是妥帖的了。我们对于三方面文化的观察，以及世界未来文化的推测，亦皆出于此。这时我们再来看，虽然每一“事”中的问都有一答，而所答的不一定使我们的要求满足。大约满足与否可分为下列四条来看：

(一)可满足者此即对于物质世界——已成的我——之奋斗；这时只有知识力量来不及的时候暂不能满足，而本是可以解决的问题。譬如当初的人要求上天，因为当时的知识力量不及所以不能满足，而自发明轻气球、飞行机之后也可以满足，可见这种性质上可以解决的要求终究是有法子想的。

(二)满足与否不可定者：如我意欲向前要求时为碍的在有情的“他心”，这全在我的宇宙范围之外，能予我满足与否是没有把握的。例如我要求旁人不要恨我,固然有时因为我表白诚恳可以变更旁人的"他心",而有时无论如何表白,他仍旧恨我,或者口口声声说不恨而心里照旧的恨。这时我的要求能满足与否是毫无一定,不能由我作主的,因为我只能制服他的身体而不能制服他的"他心";只能听他来定这结果。

(三)绝对不能满足者:此即必须遵循的因果必至之势,是完全无法可想的。譬如生活要求永远不老死,花开要求永远不凋谢,这是无论如何做不到的,绝对不可能的,所以这种要求当然不能满足。

(四)此条与以上三条都不同,是无所谓满足与否,做到与否的。这种生活是很特异的,如歌舞音乐以及种种自然的情感发挥,全是无所谓满足与否,或做到做不到的。

人类的生活大致如此。而我们现在所研究的问题就是:文化并非别的,乃是人类生活的样法。那么,我们观察这个问题,如果将生活看透,对于生活的样法即文化,自然可以有分晓了。但是在这里还要有一句声明:文化与文明有别。所谓文明是我们在生活中的成绩品——譬如中国所制造的器皿和中国的政治制度等都是中国文明的一部分。生活中呆实的制作品算是文明,生活上抽象的样法是文化。不过文化与文明也可以说是一个东西的两方面,如一种政治制度亦可说是一民族的制作品——文明,亦可以说一民族生活的样法,——文化。

人生的三路向 以上已将生活的内容解释清楚,那么,生活即是一样的,为什么生活的样法不同呢?这时要晓得文明的不同就是成绩品的不同,而成绩品之不同则由其用力之所在不同,换言之就是某一民族对于某方面成功的多少不同;至于文化的不同纯乎是抽象样法的,进一步说就是生活中解决问题方法之不同。此种解决问题的方法——或生活的样法——有下列三种:

(一)本来的路向:就是奋力取得所要求的东西,设法满足他的要求;换一句话说就是奋斗的态度。遇到问题都是对于前面去下手,这种下手的结果就是改造局面,使其可以满足我们的要求,这是生活本来的路向。

(二)遇到问题不去要求解决,改造局面,就在这种境地上求我自己的满足。譬如屋小而漏,假使照本来的路向一定要求另换一间房屋,而持第二种路向的遇到这个问题,他并不要求另换一间房屋,而就在此种境地之下变换自己的意思而满足,并且一般的有兴趣。这时下手的地方并不在前面,眼睛并不望前看而向旁边看;他并不想奋斗的改造局面,而是回想的随遇而安。他所持应付问题的方法,只是自己意欲的调和罢了。

(三)走这条路向的人,其解决问题的方法与前两条路向都不同。遇到问题他就想根本取销这种问题或要求。这时他既不像第一条路向的改造局面,也不像第三条路向的变更自己的意思,只想根本上将此问题取销。这也是应付困难的一个方法。但是最违背生活本性。因为生活的本性是向前要求的。凡对于种种欲望都持禁欲态度的都归于这条路。

所有人类的生活大约不出这三个路径样法:(一)向前面要求;(二)对于自己的意思变换、调和、持中;(三)转身向后去要求;这是三个不同的路向。这三个不同的路向,非常重要,所有我们观察文化的说法都以此为根据。

说到此地,我们当初所说观察文化的方法那些话——见第二章——可以明白了。生活的根本在意欲而文化不过是生活之样法,那么,文化之所以不同由于意欲之所向不同是很明的。要求这个根本的方向,你只要从这一家文化的特异彩色,推求他的原出发点,自可一目了然。现在我们从第一走所求得的西方文化的三大特异彩色，去推看他所从来之意欲方向，即可一望而知他们所走是第一条路向——向前的路向：

(一)征服自然之异彩　西方文化之物质生活方面现出征服自然之彩色，不就是对于自然向前奋斗的态度吗？所谓灿烂的物质文明，不是对于环境要求改造的结果吗？

(二)科学方法的异彩　科学方法要变更现状，打碎、分析来观察，不又是向前面下手克服对面的东西的态度吗？科学精神于种种观念、信仰之怀疑而打破扫荡，不是锐利迈往的结果吗？

(三)德谟克拉西的异彩　德谟克拉西不是对于种种威权势力反抗奋斗争持出来的吗？这不是由人们对人们持向前要求的态度吗？

这西方化为向前的路向真是显明的很，我们在第二章里所下的西方化答案："西方化是以意欲向前要求为根本精神的。"

就是由这样观察得到的。我们至此算是将预定四步讲法之第二步作到，点明西方化各种异彩之一本源泉是在"向前要求"的态度了。

中国文化问题印度文化问题之答案的提出　我们就此机会，把我们对于"如何是东方化？"的答案提出如下：

中国文化是以意欲自为、调和、持中为其根本精神的。

印度文化是以意欲反身向后要求为其根本精神的。

质而言之，我观察的中国人是走第二条路向；印度人是走第三条路向。写在此处为的是好同西方的路向态度对照着看。至于这两个答案说明，还容说明西方化后再去讲。

答案讲明的第三步　现在我们总揽着西方文化来看他在事实上是不是由如我所观测那一条路向而来的？不错的。现在的西方文化，谁都知道其开辟来历是在“文艺复兴”，而所谓“文艺复兴”者更无其他解释，即是西方人从那时代采用我们所说“第一条路向”之谓也。原来西方人的生活，当古希腊罗马时代可以说是走“第一条路向”，到中世纪一千多年则转入“第三条路向”，以及“文艺复兴”乃又明白确定的归到第一条路上来，继续前人未尽之功，于是产生西洋近代之文明。其关键全在路向态度之明白确定，其改变路向之波折很为重要。我们要叙说一下。

西洋文化的渊源所自，世称“二希”——希腊(Hellenism)、希伯来(Hebrewism)。罗伯特生(Fredericd Robertson)论希腊思想有数点甚为重要：(一)无间的奋斗；(二)现世主义；(三)美之崇拜；(四)人神之崇拜。可见他们是以现世幸福为人类之标的的，所以就努力往前去求他。这不是我们所说的“第一条路向”是什么？而希伯来思想是出于东方的——窃疑他远与印度有关系。他们与前叙希腊人的态度恰好相反，是不以现实幸福为标的——几乎专反对现世幸福，即所谓禁欲主义。他们是倾向于别一世界的——上帝、天国；全想出离这个世界而入那个世界。他们不顺着生活的路往前走，而翻身向后了，——即是我们所谓“第三条路”。西方自希腊人走第一条路就有许多科学、哲学、美术、文艺发生出来，成就的真是非常之大！接连着罗马顺此路向往下走，则又于政治、法律有所成就，却是到后来流为利己、肉欲的思想，风俗大敝，简直淫纵、骄奢、残忍、纷乱的不成样子！那么，才借着这种希伯来的宗教——基督教——来收拾挽救。这自然于补偏救弊上也有很好的效果，虽然不能使那个文明进益发展，却是维系保持之功实在也是很大。然而到后来他的流弊又见出来了。一千多年中因为人们都是系心天国不重现世，所以奄奄无生气，一切的文化都归并到宗教里去了。于是哲学成了宗教的奴隶；文艺、美术只须为宗教而存；科学被摈，迷信充塞，乃至也没有政治，也没有法律。这还不要紧，因为教权太盛的原故，教皇教会横恣无忌，腐败不堪，所以历史称为中古之黑暗时代！于是有“文艺复兴”、“宗教改革”的新潮流发生出来。所谓“文艺复兴”便是当时的人因为借着研究古希腊的文艺，引起希腊的思想、人生态度。把一副向天的面孔又回转到人类世界来了。而所谓“宗教改革”，虽在当时去改革的人意思或在恢复初时宗教之旧，但其结果不能为希伯来的路向助势，却为第一条路向帮忙，与希腊潮流相表里。因为他是人们的觉醒，对于无理的教训，他要自己判断；对于腐败的威权，他要反抗不受，这实在是同于第一路向的。他不知不觉中也把厌绝现世倾向来世的格调改去了不少。譬如在以前布教的人不得婚娶，而现在改了可以婚娶。差不多后来的耶稣教性质逐渐变化，简直全成了第一路向的好帮手，无复第三路向之意味。勉励鼓舞人们的生活，使他们将希腊文明的旧绪，往前开展创造起来，成功今日的样子；而一面教权封建权之倒，复开发近世国家政治、社会组织之局面。总而言之，自文艺复兴起，人生之路向态度一变，才产生我们今日所谓西方文化。考究西方文化的人，不要单看那西方文化的征服自然、科学、德谟克拉西的面目，而须着眼在这人生态度，生活路向。要引进西方化到中国来，不能单搬运，摹取他的面目，必须根本从他的路向、态度入手。但是四五年来，大家只把科学方法，德谟克拉西的精神说来说去，总少提到此处。只有浙江的二蒋——蒋梦麟、蒋百里——先生先后出来说这个话。蒋梦麟先生在《新教育》第一卷第五号发表《改变人生的态度》一文，盖本于霍夫丁氏（Hoffding）《近代哲学史》的意思而来。他这篇文章内有几段很警策的话：

我生在这个世界，对于我的生活，必有一个态度；我的能力就从那方面用。人类有自觉心后就生这个态度。这个态度变迁，人类用力的方向也变迁。

罗马帝国灭亡，中古世起一千年中，欧洲在黑暗里边。那时候人民对于生活的态度是在空中求天国,这个世界是忘却了。所以这千年中这世界毫无进步。15世纪之初文运复兴,这态度大变,中古世人的态度是神学的,是他世界的,文运复兴时代人的态度是这世界的,是承认这活泼泼的个人的,丹麦哲学家霍夫丁氏(Hoffding)著《近世哲学史》对于文运复兴说道:"文运复兴是一个时代,在这时代内中古世狭窄生活的观念是打破了。新天新地生出来,新能力发展起来。凡新时代必含两时期:(一)从旧势力里面解放出来;(二)新生活发展起来。……(Vol. I, P. 3.)

文运复兴的起始是要求人类本性的权利,后来引到发展自然界的新观念和研究的新方法。(P. 9.)

这个人类的新态度,把做人的方向从基本上改变了成一个新人生观。这新人生观生出一个宇宙观;有这新人生观,所以这许多美术、哲学、文学蓬蓬勃勃的开放出来。有这新宇宙观,所以自然科学就讲究起来。人类生活的态度因为生了基本的变迁,所以酿成文运复兴时代。

西洋人民自文运复兴时代改变生活的态度以后,一向从那方面走——从发展人类的本性和自然科学的方面走——愈演愈大,酿成16世纪的"大改革",18世纪的"大光明",19世纪的"科学时代",20世纪的"平民主义"。

这回五四运动就是这解放的起点,改变你做人的态度,造成中国的文运复兴;解放感情,解放思想,要求人类本性的权利。这样做去我心目中见那活泼泼的青年,具丰富的红血轮,优美和乐的感情,敏捷锋利的思想,勇往直前把中国委靡不振的社会,糊糊涂涂的思想,畏畏缩缩的感情,都一一扫除。凡此等等若非从基本上改变生活的态度做起,东补烂壁,西糊破窗,愈补愈烂,愈糊愈破,怎么得了?

蒋百里先生的话发表较晚二年,即现在出版的《欧洲文艺复兴史》,其所作导言一篇,在他书中为最精采,我们也采他一段:

> 要之文艺复兴,实为人类精神界之春雷。一震之下,万卉齐开。佳谷生矣,莠稗亦随之以出。一方则感情理知极其崇高。一方则嗜欲机诈极其狞恶。此固不必为历史讳者也。惟综合其繁变纷纭之结果,则有二事可以扼其纲:一曰人之发见;一曰世界之发见。("The greatachievement of the renaissance were the discovery of the world and the discovery of man")人之发见云者,即人类自觉之谓。中世教权时代,则人与世界之间,间之以神;而人与神之间,间之以教会;此即教皇所以藏身之固也!有文艺复兴,而人与世界乃直接交涉。有宗教改革,而人与神乃直接交涉。人也者,非神之罪人,尤非教会之奴隶,我有耳目,不能绝聪明;我有头脑,不能绝思想;我有良心,不能绝判断;此当时复古派所以名为人文派(Humanism)也。
>
> 世界之发见云者,一为自然之享乐,动诸情者也。中世教会,以现世之快乐为魔,故有旅行瑞士,以其山水之美,而不敢仰视者;而不知此不敢仰视之故,即爱好之本能;无论何时何地,均可发展者也。一为自然之研究,则动诸知者也。中古宗教教义,以地球为中心;有异说则力破之;然事实不可诬也!有歌白尼之太阳系学说,有哥伦布美洲之发见,于是此世界之奇迹,在足以启发人之好奇心;而旧教义之蔽智塞聪者益无以自存矣。

此"人"与"世界"的发现说,真是明醒极了!然西洋人说这类话的亦既多矣。

答案讲明的第四步 以上算是证明西洋文化的总体,出于第一条路向,适如我们所观测,即是第三步的讲明作到了。以下去作第四步。

征服自然这件事,明明是第一条的态度,直可以不必说,然我们还不妨说一说。征服自然是借着科学才作到的,尤重于经验科学。这经验科学是从英岛开发出来的,但是若不先有希腊传到大陆的抽象科学——为自然科学之母的科学——也不成功的。那么,希腊人之所以能产生科学是由爱美、爱秩序、以优游现世的态度,研究自然,来经营这种数理、几何、天文之类,差不多拿他作一种玩艺的。那么,到文艺复兴的时候,南欧大陆随伴着其他文艺又来接续弄这种科学,也因其有希腊人同样的态度才得成的。所以,我们可以说这种科学之创兴与再起而完成,都是基于第一条态度之上。到英国人——倍根他们——一面凭借这个基础,一面又增进一个新意,不单以知识为一盘静的东西,而以知识为我们一种能力(Knowledge is power),于是制驭自然、利用自然种种的实验科学就兴起来。此其向前改造环境的气派,岂不更是第一条的态度吗?而这征服自然的成功,物质文明的灿烂,其来历又有旁边一绝大力量助成他,就是经济现象的变迁,以“工业革新”为其大关键。所有种种的发现发明、制造创作因此而风涌蓬兴。科学知识与经济状况互为因果,奋迅澎湃以有今日之局。而求其生产力之进,经济现象之变,则又人类要求现世享用物质幸福为其本也。所以从种种方面看,皆适如我们所观测。

科学产生和完成的次第,才已说过,不必再提。这科学的方法和其精神又是从两种科学来的,尤其重要的是在英岛的这种科学。这种经济派实在对于以前的——希腊及大陆——方法,有绝大的补足和修订。所有旧相传习的种种观念、信仰,实借英人——洛克他们——来摧破打翻的。英国人的态度精神刚已说过,所以科学方法、科学精神又是出于第一条的态度,如我们所观测。

“德谟克拉西”又是怎样来的呢?这是由人类的觉醒——觉醒人类的本性——不埋没在宗教教会、罗马法皇、封建诸侯底下而解放出来。这个就是我们所说的“人的个性伸展,社会性发达”。他们是由觉醒人类的本性,来要求人类本性的权利;要做现世人的生活,不梦想他世神的生活。那么,自然在他眼前为他生活之碍的,要反抗排斥,得到他本性的权利而后已。次第逐渐的往前开展,如17世纪的英国革命,18世纪的美国的独立运动,法国的大革命。英国的民权自由思想实在开的最早,进步也稳健,在13世纪就要求得“大宪章”(Magna Charta),到这回17世纪又跟宗教改革相关,即是清教徒克林威尔率国会军打败王军,威廉三世即位后裁可“权利法案”。英国这种奉新教的人也是为受王家旧教的压迫,才走出到美洲自谋生活的。那么,后来不堪英国的苛敛才起了独立运动卒以奋斗成功。这时候法国因为王权太大,人民的思想虽变而王与贵族与僧侣的横暴压迫,骄淫苛虐,不稍松缓,看见美国的例,革命就骤然勃发起来。所谓在事前思想之变则卢梭、福禄特尔,自由平等之说是也。这种思想的说法即近世政法上社会上“德谟克拉西”之源,而他们的大革命,又是实际上使这种精神实现之大事件。这种政治、法律及其他社会生活样法之变迁自然得力于同时经济现象之变迁的很大;象经济史观家所说的很详细,我们不去叙说。但是这直接的动力、间接的动力,不都是由第一条态度来的么?

西方人精神的剖看　现在我们的第四步又做到,所有讲明西方化的四步都作完了。我们的观测、我们的答案,总算一点没有错,并且说的很明白清楚。而在最后收束处,还要指点大家去看一回,看什么呢?就是看这时候的人——开辟出生现在西方化的人——他的精神上心理上是怎么一回事。就是去解剖这重走第一条路的人精神、心理,而认清他:

> 第一,要注意重新提出这态度的“重”字。这态度原来从前曾经走过的,现在又重新拿出来,实在与从前大有不同了!

头一次是无意中走上去的；而这时——从黑暗觉醒时——是有意选择取舍而走的。他撇弃第三条路而取第一条路是经过批评判断的心理而来的。在头一次走上去的人因为未经批评判别，可以无意中得之，亦可以无意中失之！而重新采取这条路的人，他是要一直走下去不放手的，除非把这一条路走到尽头不能再走，才可以转弯。本来希腊人——第一次走这条路的人的理性方面就非常发达，头脑明睿清晰，而此刻重新有意走这条路的人于所谓批评、选择更看出他心理方面理智的活动。

第二，要注意这时的人从头起就先认识了“自己”，认识了“我”，而自为肯定；如昏蒙模糊中开眼看看自己站身所在一般，所谓人类觉醒，其根本就在这点地方。这对于“自己”、“我”的认识肯定。这个清醒，又是理智的活动。

第三，要注意这时的人有了“我”就要为“我”而向前要求，向前要求都是由为“我”而来，一面又认识了他眼前面的自然界。所谓向前要求，就是向着自然界要求种种东西以自奉享。这时候他心理方面又是理智的活动。在直觉中“我”与其所处的宇宙自然是混然不分的，而在这时节被他打成两截，再也合拢不来，一直到而今，皆理智的活动为之也。

第四，要注意这时的人因为“我”对于自然宇宙固是取对待、利用、要求、征服的态度，而对于对面旁边的人也差不多是如此的态度。虽然“自由”、“平等”、“德谟克拉西”，是从此才得到的，然而在情感中是不分的我与人，此刻又被分别“我”、“他”的理智的活动打断了！

总而言之，近世西方人的心理方面，理智的活动太强太盛，实为显著之特点。在他所成就的文明上，辟创科学哲学，为人类其他任何民族于知识、思想二事所不能及其万一者。不但知识思想的量数上无人及他，精细深奥上也无人及他。然而他们精神上也因此受了伤，生活上吃了苦，这是19世纪以来暴露不可掩的事实！这个话，待末尾批评各方文化时再说。

我们讲西方化讲到此处也就可以止了，如何是西方化其事已明。回过头来一看我们所批评为不对的那些答案，也未尝不各有所见，竟不妨都可以说是对的了。以下我们来说一说东方文化。

我们来看东方文化的时节，第一就先发觉中国文化印度文化太两样。所谓东方文化的不能混东方诸民族之文化而概括称之，至少，亦是至多，要分中国、印度两文化而各别称之。世以欧洲、中国、印度为文化三大系是不错的。我想我们讲这两支文化，不用各别去作那四步讲法了，只须拿西方化同他们比较着看，又拿他们自己互为比较着看，就也可以看得很明的。

中国文化的概说 我们先来拿西方化的面目同中国化的面目比较着看：第一项，西方化物质生活方面的征服自然，中国是没有的，不及的；第二项，西方化学术思想方面的科学方法，中国又是没有的；第三项，西方化社会生活方面的"德谟克拉西"，中国又是没有的。几乎就着三方面看去中国都是不济，只露出消极的面目很难寻着积极的面目。于是我们就要问：中国文化之根本路向，还是与西方化同路，而因走的慢没得西方的成绩呢？还是与西方各走一路，别有成就，非只这消极的面目而自有其积极的面目呢？有人——大多数的人——就以为中国是单纯的不及西方，西方人进化的快，路走出去的远，而中国人迟钝不进化，比人家少走了一大半。我起初看时也是这样想。例如，征服自然一事；在人类未进化时，知识未开，不能征服自然，愈未进化的愈不会征服自然，愈进化的也愈能征服自然；中国人的征服自然还不及西方化，不是中国人在文化的路线上比西方人差一大半是什么？科学方法是人类知识走出个眉目产生的，要既进化后，才从宗教玄学里解放出来的。虽然孔德(Comte)分宗教、玄学、科学三期的话不很对,受人的指摘,而科学之发生在后,是不诬的。中国既尚未出宗教、玄学的圈,显然是比科学大盛的西方又少走一大段路。人的个性伸展又是从各种威权底下解放出来的,那么,又是西方人已走到地点,中国人没有走到。差不多人类文化可以看作一条路线,西方人走了八九十里,中国人只到二三十里,这不是很明的吗?但其实不然。我可以断言假使西方化不同我们接触,中国是完全闭关与外间不通风的,就是再走三百年、五百年、一千年也断不会有这些轮船、火车、飞行艇、科学方法和"德谟克拉西"精神产生出来。这句话就是说:中国人不是同西方人走一条路线。因为走的慢,比人家慢了几十里路。若是同一路线而少走些路,那么,慢慢的走终究有一天赶的上;若是各自走到别的路线上去,别一方向上去,那么,无论走好久,也不会走到那西方人所达到的地点上去的!中国实在是如后一说,质而言之,中国人另有他的路向态度与西方人不同的,就是他所走并非第一条向前要求的路向态度。中国人的思想是安分、知足、寡欲、摄生,而绝没有提倡要求物质享乐的;却亦没有印度的禁欲思想(和尚道士的不娶妻,尚苦行是印度文化的摹仿,非中国原有的)。不论境遇如何他都可以满足安受,并不定要求改造一个局面,像我们第二章里所叙东西人士所观察,东方文化无征服自然态度而为与自然融洽游乐的,实在不差。这就是什么?即所谓人类生活的第二条路向态度是也。他持这种态度,当然不能有什么征服自然的魄力,那轮船、火车、飞行艇就无论如何不会产生。他持这种态度,对于积重的威权把持者,要容忍礼让,哪里能奋斗争持而从其中得个解放呢?那德谟克拉西实在无论如何不会在中国出现!他持这种态度,对于自然,根本不为解析打碎的观察,而走入玄学直观的路,如我们第二章所说;又不为制驭自然之想,当然无论如何产生不出科学来。凡此种种都是消极的证明中国文化不是西方一路,而确是第二条路向态度。若问中国人走这条路有何成就,这要等待第四五章去说,到那时才能指出中国文化的精神及其优长所在。

印度文化的略说 我们再看印度文化,与中国文化同样的没有西方文化的成就,这是很明的。那么,要问:他是与西方同走一条路而迟钝不及呢,抑另有他的路向态度与西方人不同呢?又要问:他如果与西方人不同其路向,那么与中国人同其路向不同呢?我们就来看他一看:其物质文明之无成就,与社会生活之不进化,不但不及西方且直不如中国。他的文化中具无甚可说,惟一独盛的只有宗教之一物。而哲学、文学、科学、艺术附属之。于生活三方面成了精神生活的畸形发展,而于精神生活各方面又为宗教的畸形发达,这实在特别古怪之至!所以他与西方人非一条线而自有其所趋之方向不待说,而与中国亦绝非一路。世界民族盖未有渴热于宗教如印度人者,世界宗教之奇盛与最进步未有过于印度之土者;而世界民族亦未有冷淡于宗教如中国人者,中国既不自产宗教,而外来宗教也必变其面目,或于精神上不生若何关系;(佛教则变其面目,耶教则始终未打入中国精神之中心,与其哲学文学发生影响。)又科学方法在中国简直没有,而在印度,那"因明学"、"唯识学"秉一种严刻的理智态度,走科学的路,这个不同绝不容轻忽看过,所以印度与中国实非一路而是大两样的。原来印度人既不像西方人的要求幸福,也不像中国人的安遇知足,他是努力于解脱这个生活的;既非向前,又非持中,乃是翻转向后,即我们所谓第三条路向。这个态度是别地方所没有,或不盛的,而在印度这个地方差不多是好多的家数,不同的派别之所共同一致。从邃古的时候,这种出世的意思,就发生而普遍,其宗计流别多不可数,而从高的佛法一直到下愚的牛狗外道莫不如此。他们要求解脱种种方法都用到了,在印度古代典籍所载的;自饿不食,投入寒渊,赴火炙灼,赤身裸露,学着牛狗,龁草吃粪,在道上等车来轧死,上山去找老虎,如是种种离奇可笑;但也可见他们的那种精神了！由此看来,印度人的出世人生态度甚为显明实在不容否认的。而中国康长素、谭嗣同、梁任公一班人都只发挥佛教慈悲勇猛的精神而不谈出世,这实在不对。因为印度的人生态度既明明是出世一途,我们现在就不能替古人隐讳,因为自己不愿意,就不承认他！此外还有现在谈印度文明的人,因为西洋人很崇拜印度的诗人泰谷尔(Tagore),推他为印度文明的代表,于是也随声附和起来;其实泰谷尔的态度虽不能说他无所本,而他实与印度人本来的面目不同,实在不能作印度文明之代表。去年我的朋友许季上先生到印度去,看见他们还是做那种出世的生活,可见印度的人生态度不待寻求,明明白白是走第三条路向;我们不可讳言。我们在这里仅指明印度文化的来历是出于第三条路向;至于印度人在这方面的成就及其文化之价值所在,也俟第四第五两章再为讲明。

(梁漱溟《东西文化及其哲学》,商务印书馆 1922 年初版,收入《梁漱溟全集》第一卷,山东人民出版社 1989 年)

梁漱溟(1893—1988),原名焕鼎,字寿铭,祖籍广西桂林。早年曾参加同盟会,后潜心研究佛学。1918 年应聘北京大学主讲印度哲学。1924 年辞去教职,到山东、河南从事乡村建设。曾创办山东乡村建设研究院。抗战期间,曾任最高国防参议会参议员,参加发起中国民主同盟。1949 年后曾任全国政协委员、常委,中国文化书院院务委员会主席,中国孔子研究会顾问。现代新儒家早期代表人物之一。主要著作有《印度哲学概说》、《东西文化及其哲学》、《中国民族自救运动之最后觉悟》、《乡村建设理论》、《中国文化要义》等。《东西文化及其哲学》是梁漱溟的早期代表作，该著通过东方、西方化的界定和西、中、印三方哲学的比较，“提出了人类生活的基本方式可分为三大路向的见解，同时在人生思想上归结到中国儒家人生，并指出世界最近未来将是中国文化的复兴”。节选部分即关于东方化、西方化及人生三路向的论述。

中国文化要义(节选)

梁漱溟

第一章　绪　　论

一、此所云中国文化

文化,就是吾人生活所依靠之一切。如吾人生活,必依靠于农工生产。农工如何生产,凡其所有器具技术及其相关之社会制度等等,便都是文化之一大重要部分。又如吾人生活,必依靠于社会之治安,必依靠于社会之有条理有秩序而后可。那么,所有产生此治安此条理秩序,且维持它的,如国家政治,法律制度,宗教信仰,道德习惯,法庭警察军队等,亦莫不为文化重要部分。又如吾人生来一无所能,一切都靠后天学习而后能之。于是一切教育设施,遂不可少;而文化之传播与不断进步,亦即在此。那当然,若文字、图书、学术、学校,及其相类相关之事,更是文化了。

俗常以文字、文学、思想、学术、教育、出版等为文化,乃是狭义的。我今说文化就是吾人生活所依靠之一切,意在指示人们,文化是极其实在的东西。文化之本义,应在经济、政治乃至一切无所不包。

然则,若音乐戏剧及一切游艺,是否亦在吾人生活所依靠之列?答:此诚为吾人所享受,似不好说为"所依靠"。然而人生需要,岂徒衣食而止?故流行有"精神食粮"之语。从其条畅涵泳吾人之精神，而培养增益吾人之精力以言之，则说为一种依靠，亦未为不可耳。

此云中国文化，是说我们自己的文化，以别于外来的文化而言；这亦就是特指吾中国人夙昔生活所依靠之一切。文化本从传递交通而有，于此而求“自有”“外来”之划分，殆不可能。不过以近百年世界大交通，中国所受变于西洋者太大，几尽失其故步，故大略划取未受近百年影响变化之固有者目为中国文化，如是而已。

又文化无所不包，本书却不能泛及一切。中国既一向详于人事而忽于物理，这里亦特就其社会人生来讨论，如是而已。

二、中国文化个性殊强

从文化比较上来看，中国文化盖具有极强度之个性，此可于下列各层见之：

一、中国文化独自创发，慢慢形成，非从他受。反之，如日本文化、美国文化等，即多从他受也。

二、中国文化自具特征（如文字构造之特殊，如法学上所谓法系之特殊，如是种种甚多），自成体系，与其他文化差异较大。本来此文化与彼文化之间，无不有差异，亦无不有类同。自来公认中国、印度、西洋并列为世界三大文化系统者，实以其差异特大而自成体系之故。

三、历史上与中国文化若先若后之古代文化，如埃及、巴比伦、印度、波斯、希腊等，或已夭折，或已转移，或失其独立自主之民族生命。惟中国能以其自创之文化绵永其独立之民族生命，至于今日岿然独存。

四、从中国已往历史征之，其文化上同化他人之力最为伟大。对于外来文化，亦能包容吸收，而初不为其动摇变更。

五、由其伟大的同化力，故能吸收若干邻邦外族，而融成后来之广大中华民族。此谓中国文化非惟时间绵延最久,抑空间上之拓大亦不可及(由中国文化形成之一大单位社会,占世界人口之极大数字)。

六、中国文化在其绵长之寿命中,后一大段(后二千余年)殆不复有何改变与进步,似显示其自身内部具有高度之妥当性调和性,已臻于文化成熟之境者。

七、中国文化放射于四周之影响,既远且大。北至西伯利亚,南迄南洋群岛,东及朝鲜日本,西达葱岭以西,皆在其文化影响圈内。其邻近如越南如朝鲜固无论;稍远如日本如暹罗缅甸等;亦泰半依中国文化过活。更远如欧洲,溯其近代文明之由来,亦受有中国之甚大影响。近代文明肇始于十四五六世纪之文艺复兴;文艺复兴,实得力于中国若干物质发明(特如造纸及印刷等术)之传习,以为其物质基础。再则十七八世纪之所谓启蒙时代理性时代者,亦实得力于中国思想(特如儒家)之启发,以为其精神来源①。

中国文化之相形见绌,中国文化因外来文化之影响而起变化,以致根本动摇,皆只是最近一百余年之事而已。

三、试寻求其特征

我们于此,不禁地愿问:何谓中国文化?它只是地理上某空间历史上某期间,那一大堆东西吗?抑尚有其一种意义或精神可指?从上述中国文化个性之强来说,颇使人想见其植基深厚,故尔发挥出来的乃如此坚卓伟大;其间从本到末,从表到里,正必有一种意义或精神在。假若有的话,是不是可以指点出来,使大家洞然了悟其如是如是之故,而跃然有一生动的意义或精神,映于心目

① 参看朱谦之著《中国思想对于欧洲文化之影响》,商务印书馆出版。

间？——本书《中国文化要义》就想试为进行这一工作。

我们工作的进行:第一步,将中国文化在外面容易看出的,常常被人指说的那些特异处,一一寻求而罗列起来。这种罗列,从最著者以次及于不甚重要者,可以列出许多许多。尽不必拘定其多少。不过,当你罗列之后,自然便看出某点与某点相关联,可以归并;某点与某点或竟为一事。如此,亦就不甚多了。第二步,拈取其中某一特点为研究入手,设法解释它的来由。前后左右推阐印证,愈引愈深;更进而解释及于其他特点。其他特点,假如因之而亦得解答,即再进而推及其他。总之,最后我们若能发见这许多特点,实不外打从一处而来;许多特征贯串起来,原都本于惟一之总特征;那就是寻到了家。中国文化便通体洞然明白,而其要义可以在握。

这不过大致计画如此,其余曲折,随文自详于后。

本书着笔于抗战之第五年(1941)。我们眼看着较后起的欧洲战争,几多国家一个接一个先后被消灭,真是惊心;而中国却依然屹立于其西部土地上。论军备国防,论经济、政治、文化种种力量,我们何曾赶得上那些国家？然他们或则几天而亡一个国家,或则几星期而亡一个国家,或则几个月而亡一个国家;独中国支持至五年了,还未见涯涘。显然对照出,不为别的,只是中国国太大而他们国嫌小而已。国小,没有退路,没有后继,便完了。国大,尽你敌人战必胜攻必取,却无奈我一再退守以后,土地依然甚广,人口依然甚多,资源依然甚富。在我还可撑持,而在敌人却已感战线扯得太长,时间拖得太久,不禁望洋兴叹了。平时我们的国大,自己亦不觉;此时则感触亲切,憬然有悟。

这自是祖宗的遗业,文化的成果,而后人食其福。但细想起来,食其福者亦未尝不受其累。中国之不易亡者在此,中国之不易兴或亦在此。譬如多年以来中国最大问题,就是不统一。例如中国只有广西一省这般大,不是早就统一了吗?局面太大了,领袖不易得人。可以为小局面领袖者,在大局面中未必能行。即令其人本质上能行,而机缘会合资望养成亦倍须时间,大非易事。且人多则问题多,局面大则问题大。一处有问题,全局受影响;中枢不就绪,各处难进行。尤其可注意者,在小团体中,每一分子可觉知他的责任。团体愈大,则团体中每一分子的责任感觉愈轻微;团体太大了,浸至于无感觉。一个大家庭的人,易于懒散;一个大家庭的事,易于荒废,就是为此。反之一小家人就很容易振作。若分析之,又可指出两面:一面是感觉力迟钝;一面是活跃力减低。从前广西有两年战乱遍全省,而在北京只我们和广西有关系的人知道,大多数人则无闻无睹。当东北四省为敌人侵占,邻近各省受到威胁,尚时时有所感觉;远处南方各省便日渐淡忘,而无所觉。这都是国太大,人们感觉迟钝之例。有时感觉到问题了,而没有解决问题的勇气与兴趣;或者一时兴奋,奔走活动而不能持久;则皆为活动力贫乏之证。犹如力气小的人,望着千钧重担不作攘臂之想;或者攘臂而起,试一试,终于废然。须知奔走活动,不怕遇着人反对,而怕得不到什么反应。得不到什么反应,便不想再干。在太大的国度内如中国者,却每每是这样。

国大,既足为福,又足为祸,必不容等闲视之;其所以致此,亦必非偶然。吾人正可举此为中国文化之一大特征,而加以研究。往日柳诒徵先生著《中国文化史》,就曾举三事以为问:

中国幅员广袤,世罕其匹;试问前人所以开拓此抟结此者,果由何道?

中国种族复杂,至可惊异。即以汉族言之,吸收同化无虑百数;至今泯然相忘,试问其容纳沟通,果由何道?

中国开化甚早,其所以年祀久远,相承勿替,讫今犹存者,又果由何道?

此三个问题，便是三大特征。再详言之：

一、广土众民①，为一大特征；

二、偌大民族之同化融合，为一大特征；——如苏联亦广土众民，然其同化融合，在过去似不逮我；

三、历史长久，并世中莫与之比，为一大特征。

从以上三特征看，无疑地有一伟大力量蕴寓于其中。但此伟大力量果何在，竟指不出。

如吾人所知，知识实为人类文化力量之所在；西洋人“知识即强力”(Knowledge is power)之言极是。中国文化在过去之所以见优胜，无疑地亦正有知识力量在内。但中国人似非以知识见长之民族。此观于其开化甚早，文化寿命极长，而卒不能产生科学，可以知道，科学是知识之正轨或典范。只有科学，才算确实而有系统的知识。只有科学，知识才得其向前发展之道。中国人始终走不上科学道路，便见其长处不在此。

又如吾人所知，经济力量是极大的，今世为然，古时亦然。然试问其是否在此呢？无疑地中国过去之制胜于邻邦外族，正有其经济因素在内。然说到经济，首在工商业，中国始终墨守其古朴的农业社会不变，素不擅发财。如何能归之于经济力量？

然则是否在军事和政治呢？当然，没有军事和政治的力量，中国是不会存在并且发展的。不过任人皆知，中国文化最富于和平精神；中国人且失之文弱。中国政治向主于消极无为；中国人且亦缺乏组织力。若竟说中国文化之力量，在于其军事及政治方面，似

---

① 中国疆土为四百三十万方英里，或一千一百一十万方公里，大于欧洲全土。战前日本帝国面积，约为我百分之六；只我东北四省几已倍之。中国人口，据中央研究院社会科学研究所二十二年估计，为四亿三千万人，居全世界人口五分之一。

亦未的当。

恰相反地，若就知识、经济、军事、政治，一一数来，不独非其所长，且毋宁都是他的短处。必须在这以外去想。但除此四者以外，还有什么称得起是强大力量呢？实又寻想不出。一面明明白白有无比之伟大力量，一面又的的确确指不出其力量竟在那里，岂非怪事！一面的的确确指不出其力量来，一面又明明白白见其力量伟大无比，真是怪哉！怪哉！

即此便当是中国文化一大特征——第四特征。几时我们解答了这个问题，大约于中国文化要义亦自洞达而无所疑。

如我们所习闻，世界上人看中国为一不可解之谜，这是自昔已然，而因此次抗战更又引起来的。特别在好学深思的学者间，一直没有改变。惜中国人身处局中，自然不易感觉到此，而浅薄的年轻人则更抹杀中国文化的特殊。著者往年(1930)曾为文指出两大古怪点，指引不肯用心的人去用心。两大古怪点是：

一、历久不变的社会，停滞不进的文化；

二、几乎没有宗教的人生。

现在即以此为第五及第六特征，稍说明于次。

先说关于宗教一点。中国文化内宗教之缺乏，中国人之远于宗教，自来为许多学者所同看到的。从十七八世纪，中国思想和其社会情状渐传到西洋时起，一般印象就是如此。直至最近，英国罗素(B. Russell)论中国传统文化有三特点①，还是说中国“以孔子伦理为准则而无宗教”，为其中之一。固然亦有人说中国是多宗教

① 罗素在其所著《中国之问题》一书中，论中国传统文化特点有三：(一)文字以符号构成，不用字母拼音；(二)以孔子伦理为准则而无宗教；(三)治国者为由考试而起之士人，非世袭之贵族。

的[1];这看似相反,其实正好相发明。因为中国文化是统一的,今既说其宗教多而不一,不是证明它并不统一于一宗教了吗?不是证明宗教在那里面恰不居重要了吗?且宗教信仰贵乎专一,同一社会而不是同一宗教,最易引起冲突;但像欧洲以及世界各处历史上为宗教争端而演之无数惨剧与长期战祸,在中国独极少见。这里宗教虽多而能相安,甚至相安于一家之中,于一人之身。那末,其宗教意味不是亦就太稀薄了吗?

自西洋文化之东来,国人欲以西洋军备代替过中国军备,欲以西洋政治代替过中国政治,欲以西洋经济代替过中国经济,欲以西洋教育代替过中国教育……种种运动曾盛起而未有已;独少欲以西洋宗教代替中国宗教的盛大运动。此正为中国人缺乏宗教兴味,且以宗教在西洋亦已过时之故。然由此不发生比较讨论,而中国无宗教之可异,乃不为人所腾说,则是一件可惜的事。关于此问题,第六章将予讨论,这里更不多及。

次言中国文化停滞不进,社会历久鲜变一点。这涵括两问题在内:一是后两千年的中国,竟然不见进步之可怪;再一是从社会史上讲,竟难判断它是什么社会之可怪。因为讲社会史者都看人类社会自古讫今一步进一步,大致可分为几阶段;独中国那两千多年,却难于判它为某阶段。两问题自有分别,事情却是一件事情。兹分别举例以明之。

例如冯友兰氏述《中国哲学史》,上起周秦下至清末,只划分为两大阶段。自孔子到淮南王为"子学时代",历史时间不过四百余年,自董仲舒到康有为为"经学时代",历史时间长及二千余年。即中国只有上古哲学及中古哲学,而没有近古哲学。因为近古时期

① 参看王治心编《中国宗教思想史大纲》,中华书局出版。

所产生的哲学，和中古的还是没大分别；尽管二千多年之长，亦只可作一段算。西洋便不然。近古哲学中古哲学不惟产生时代不同，精神面目亦异。这是中国没有的。冯氏并申论：中国直至最近，无论任何方面皆尚在中古时代。中国在许多方面不及西洋，盖中国历史缺一近古时代，哲学方面特其一端而已（见冯友兰著《中国哲学史》第495页，商务印书馆出版）。此即前一问题之提出。所谓中国历史缺一近古时代，是说历史时间入了近古，而中国文化各方面却还是中古那样子，没有走得出来，进一新阶段。这种停滞不进，远从西汉直至清末，首尾有两千年以上。

往时严几道先生所译西洋名著中，有英人甄克斯《社会通诠》一书，算是讲社会发展史的。大致说人类是由图腾社会而宗法社会，由宗法社会而军国社会；至于拂特（封建）则为宗法与军国间之闰位。严先生根据其说来看中国，第一便感觉到长期停滞之可怪。他在译序中说：

> 由唐虞以讫于周，中间二千余年，皆封建之时代；而所谓宗法亦于此时最备。其圣人宗法社会之圣人也；其制度典籍宗法社会之制度典籍也。物穷则必变，商君始皇帝李斯起，而郡县封域，阡陌土田，燔诗书，坑儒士，其法欲国主而外无咫尺之势。此迹其所为，非将转宗法之故，以为军国社会者欤。乃由秦以至于今，又二千余岁矣。君此土者不一家，其中之一治一乱常自若。独自今籀其政法，审其风俗，与其秀桀之民所言议思惟者，则犹然一宗法之民而已矣。然则此一期之天演，其延缘不去，存于此土者，盖四千数百载而有余也。

其次，他便感觉到难于判断中国究在社会史上那一阶段。他只能说：

> 夫支那固宗法之社会，而渐入于军国者；综而核之，宗法居其七，而军国居其三。

此即后一问题之提出了。

后一问题之提出，实以民十七至二十二年之一期间最为热闹。有名之《中国社会史论战》即在此时，论战文章辑印至四巨册，而其余专著及散见者尚多。这是出于讲社会史的更有力的一派——马克思派之所为。盖当国民党军北伐之后，革命理论发生争执，要追问中国社会是什么社会，方可论定中国革命应该是什么革命。因为照马克思派的讲法，若是封建社会便当行资产阶级革命；若是资本社会便当行无产阶级革命。从乎前者，则资产阶级为革命主力；从乎后者，则资产阶级为革命对象。一出一入之间，可以变成相反的主张。又非徒作历史学问研究，而是要应用于现前实际，关系真是太大。但中国究竟是什么社会呢？却议论不一，谁都认不清。从遥远在莫斯科指挥中国革命的第三国际，直到国内的共产党国民党一切革命家，聚讼不休，以此分成壁垒，演为派别。于是《中国社会史论战》编辑者王礼锡氏，就有这样说话：

> 自秦代至鸦片战争以前这一段历史，是中国社会形态发展史中之一段谜的时代。这谜的一段，亦是最重要的一段。其所以重要者，是因为这一个时代有比较可征信的史料，可凭藉来解答秦以前的历史；并且这是较接近现代的一段；不明了这一段，便无以凭藉去解释现代社会的来踪。这一段历史既是把握中国历史的枢纽，却是这个时代延长到二千多年，为什么会有二三千年不变的社会？这是一个迷惑人的问题。多少中外研究历史的学者，迷惘在这历史的泥坑①！

论者既不易判定其为什么社会，则谲诡其词，强为生解，如云“变质的封建社会”，“半封建”，“前资本主义时代”，“封建制度不存在而

① 见王礼锡作《中国社会形态发展史之谜的时代》一文，《中国社会史论战》第三辑，上海神州国光社出版。

封建势力犹存”……种种不一而足。更有些学者(苏联的及中国的)如马扎尔(Madjer)柯金(Kokin)等,则引据马克思曾有“亚细亚生产方法”一说,以东方社会(印度、中国等)为特殊之例。中国在近百年前,没有受西洋资本主义影响之整个时期皆属于此①。而所谓东方社会,则长期停滞不前,固为其特色之一。

再则,中国的家族制度在其全部文化中所处地位之重要,及其根深柢固,亦是世界闻名的。中国老话有“国之本在家”及“积家而成国”之说;在法制上,明认家为组织单位(见陈顾远著《中国法制史》第74页,商务印书馆出版)。中国所以至今被人目之为宗法社会者,亦即在此。研究中国法制史者说:

从来中国社会组织,轻个人而重家族,先家族而后国家。轻个人,故欧西之自由主义遂莫能彰;后国家,故近代之国家主义遂非所夙习。……是以家族本位为中国社会特色之一。(陈顾远著《中国法制史》第63页)

研究中国民族性者说:

中国与西方有一根本不同点:西方认个人与社会为两对立之本体,而在中国则以家族为社会生活的重心,消纳了这两方对立的形势。(庄泽宣著《民族性与教育》第560页)

凡此所说,大致都是很对的。而言之深切善巧者,又莫如卢作孚先生:

家庭生活是中国人第一重的社会生活;亲戚邻里朋友等关系是中国人第二重的社会生活。这两重社会生活,集中了中国人的要求,范围了中国人的活动,规定了其社会的道德条件和政治上的法律制度。(中略)人每责备中国人只知有家

① 参看岑纪译柯金著《中国古代社会》,黎明书局出版。

> 庭,不知有社会;实则中国人除了家庭,没有社会。就农业言,一个农业经营是一个家庭。就商业言,外面是商店,里面就是家庭。就工业言,一个家庭里安了几部织机,便是工厂。就教育言,旧时教散馆是在自己家庭里,教专馆是在人家家庭里。就政治言,一个衙门往往就是一个家庭;一个官吏来了,就是一个家长来了。(中略)人从降生到老死的时候,脱离不了家庭生活,尤其脱离不了家庭的相互依赖。你可以没有职业,然而不可以没有家庭。你的衣食住都供给于家庭当中。你病了,家庭便是医院,家人便是看护。你是家庭培育大的,你老了,只有家庭养你,你死了,只有家庭替你办丧事。家庭亦许依赖你成功,家庭欲亦帮助你成功。你须用尽力量去维持经营你的家庭。你须为它增加财富,你须为它提高地位。不但你的家庭这样仰望于你,社会众人亦是以你的家庭兴败为奖惩。最好是你能兴家;其次是你能管家;最叹息的是不幸而败家。家庭是这样整个包围了你。你万万不能摆脱。(中略)家庭生活的依赖关系这样强有力,有了它常常可以破坏其他社会关系,至少是中间一层障壁。(卢作孚著《中国的建设问题与人的训练》,生活书店出版)

我们即以此列为第七特征。

就吾人闻见所及,一般谈到中国文化而目为可怪者,其事尚多多。例如中国开化既早,远在汉唐,文化已极高,学术甚富,而卒未产生科学,即一可怪之事。

中国人自古在物质方面的发明与发见,原是很多。在16世纪以前的西洋,正多得力于中国这些发明之传过去。举其著者,如(一)罗盘针(二)火药(三)钞票(四)活字版印刷术(五)算盘等皆是,而(六)造纸尤其重要。威尔斯在其历史大纲第三十四章第四节 How Paper Liberated the Humen Mind 说得最明白:他以为欧洲文艺复兴，可以说是完全得力于中国造纸之传入。还有铁之冶炼，据说亦是中国先发明的。从这类事情说去，物质科学便在中国应该可以产生出来，何以竟不然？

《史记·扁鹊仓公传》，曾说到古时俞跗的人体解剖术。《后汉书·华陀传》更清楚地说：

针药所不能及者，乃令先以酒服麻沸散，既醉无所觉，因刳破腹背，割积聚。若在肠胃则断截湔洗，除去疾秽，既而缝合，敷以神膏，四五日创愈，一月之间皆平复。

这明明是实地勘验的科学家之所为，如其还不够科学，也是科学所从出了。何以后世医家转不见有这事，而全部归入一套玄学观念的运用。

论理和数理，都是科学的根基。这种学问的发达与进步，都和其他自然科学社会科学之进步发达相应不离。中国讲论理在周秦之际百家争鸣的时候，倒还有些；后来竟无人讲起。算术虽不断有人讲，亦曾造于很高进步；但终不发达，而且后来亦鲜进步，甚至于失传。例如南北朝时候南齐人祖冲之的圆周率，据说“为第五世纪世界最精者，其时印度欧西皆所不及，足以睥睨天下”（见茅以升先生《中国圆周率略史》一文。载在《科学》杂志第三卷第四期）。他的创见，据说“在西洋1573年德人Valcntin Otto始论及之，后于我一千年有余”（见李俨著《中国算学史》）。尽你如此高明，无奈空间上不能推广发达，时间上不能继续进步，亦就完了。类此退而不进的现象，当然是中国不能有科学成功之由来；但缘何有此现象，我们不能不怪而问之。

总上所说，中国学术不向着科学前进这一问题，我们列为第八特征。

继此又应指出民主、自由、平等一类观念要求，及其形诸法制如欧洲所有者，始终不见于中国，亦事属可异。自由一词，在欧洲人是那样明白确实，是那般宝贵珍重，又且是口中笔下行常日用不离；乃在中国竟无现成词语适与相当，可以翻译出来。最初传入中土，经严几道先生译成"自繇"二字，其后乃以"自由"二字沿用下来。张东荪先生近著《理性与民主》一书，其第五章论"自由与民主"有云："我敢说中国自古即无西方那样的自由观念。……"他费许多研究证明中国只有"无人而不自得"的"自得"一词，似略可相当；此外便没有了。试问：若非两方社会构造迥异，何致彼此心思头脑如此不能相应？我们不能说这恰证明中国过去是封建社会，封建文化中当然没有近代之自由观念。西方自由观念更古之渊源不说，当中世纪人们向贵族领主以武力争取或和平购买自由，即成立了不知多少之宪章及契约，固非忽然出现于近代者。

况且中国若属封建社会，封建社会的人求自由如饥渴，则当清季西洋近代潮流传来，便应踊跃欢喜于解放之到临，何以中国人的反应竟大不然。严几道先生曾形容那时中国人"闻西哲平等自由之说，常口呿舌矫，骇然不悟其义之所终"(严译孟德斯鸠著《法意》第十九卷，第十七章，商务印书馆出版)。我在《东西文化及其哲学》中，亦说过：

> 权利、自由这类观念，不但是中国人心目中从来所没有的，并且是至今看了不得其解的。……他对于西方人之要求自由，总怀两种态度：一种是淡漠得很，不懂要这个作什么；一种是吃惊得很，以为这岂不乱天下！

不惟当时一般人如此，尤可注意者，即翻译介绍自由主义之严先生(小穆勒(J. S. Mill)《自由论》(On Liberty)，严译《群己权界论》)竟亦说"小己自由尚非急务"的话。且不惟维新派如此，即在中国革命惟一先导的孙中山先生的意见，亦竟相同。他还嫌中国人自由太多，而要打破个人自由，结成坚固团体(见孙中山先生讲三民主义之民权主义中)。这些意见之正确与否，非这里所及论；但至少可以证明自由之要求在历史上始终没有被提出过，足证中国社会之出奇。平等与民主二词亦非中国人所习用者；但平等精神民主精神，在中国却不感生疏。此其证据甚多，参看梁任公《先秦政治思想史》等书可得其概，不烦枚举。大约在古代，则孟子所发挥最明澈不过，如“民为贵，社稷次之，君为轻”，“君之视臣如草芥，则臣视君如寇仇”，“闻诛一夫纣矣，未闻弑君也”等是。其在近世，则黄梨洲《明夷待访录》所发挥，更痛快透辟。因此，孟子就曾被撤废祀典，而《明夷待访录》则被清季革命党人大量翻印传播，以掀起革命思潮。虽然如此，却要晓得其所发挥仅至民有(of the people)与民享(for the people)之意思而止，而民治(by the people)之制度或办法，则始终不见有人提到过。更确切地说：中国人亦曾为实现民有民享而求些办法设些制度，但其办法制度，却总没想到人民可以自己作主支配这方面来，如举行投票表决，或代议制等。一时没想到犹可说，何以始终总想不到此？这便是最奇怪之处。若并民有民享意思而无之，根本相远犹可说，很早很早就已接近，却又始终逗不拢。假如不是两方社会构造迥殊，何致彼此心思头脑又如此不能相应呢？有人说：中国社会中国政治未尝反民主或不民主，只不过是民主之另一方式，西洋的叫作“德谟克拉西”，这便可叫作“德谟克拉东”——此为十余年前林砺儒先生对我讲的话。虽云笑谈，亦可见中国社会之特殊，有识者大致都觉察到。

我们即以民主、自由、平等一类要求不见提出，及其法制之不见形成，为中国文化第九特征。然而合第八第九两特征而观之，科学与民主之不出现，正又不外前述第五特征所谓中国只有中古史而无近代史，文化停滞那一问题。所以这些特征分别来说亦可，归并起来亦可。如此可分可合之例，是很多的，以后仍要叙到。

当1944年美国华莱士副总统来中国游成都时，发表有《中国民主的前途》一文，译载于6月26日成都各报。文中指称中国原是西方民主政治的主要鼓励者,而且是间接的创造者。最初领导革命并建立立宪政府的美国人,其思想与行动的基础为西方政治思想家所奠定;而西方政治思想却是受到中国有力的启发。惜普通人不留心这段西洋史,当时对于他的话不免感到茫然。这是指欧洲十七八世纪的事情而说,那时欧洲人正是倾倒于中国文化的。读者取朱谦之著《中国思想对于欧洲文化之影响》一书,检看"启蒙运动与中国文化","中国哲学与法国革命","中国哲学与德国革命"各章可得其略。

现在我们且试看彼时欧洲人眼中所见中国文化之特点是什么。彼时欧洲人所醉心于中国者,固不止一方面;而中国的社会与政治,发生之刺激作用最大。在此社会与政治方面最引他们注意者,约为下列几点:

一、政治之根本法则与伦理道德相结合,二者一致而不分,而伦理学与政治学终之为同一的学问——这是世界所知之惟一国家。

二、此政治与伦理的共同基础,在于中国人所称之"天理天则",理性于是对于君主的权利发生了不可思议的效果。

三、他们看中国所谓天理天则,恰便是他们所说的"自然法",因而相信中国之文物制度亦与自然同其悠久而不变。

融国家与社会人伦之中,纳政治与礼俗教化之中,而以道德统括文化,或至少是在全部文化中道德气氛特重,确为中国的事实。"伦理学与政治学终之为同一的学问",于儒家观念一语道着。孟德斯鸠著《法章》,论及中国文物制度而使译者严先生不能不"低首下心服其伟识"者在此。梁任公先生著《先秦政治思想史》所为提出"德治主义""礼治主义"等名词者在此。其文甚繁,不去征引。我们再只要举征一件事——

法学家谈世界法系,或列举十六系九系八系,或至少三系四系,而通常则曰世界五大法系。不论是多是少,总之中国法系却必占一位置。这不止为中国法系势力所被之广大,更为中国法系崭然独立自具特彩。其特殊之点,据说是:

一、建国之基础以道德礼教伦常,而不以法律;故法律仅立于辅助地位。……

二、立法之根据以道德礼教伦常,而不以权利。各国法律在保障人权,民法则以物权债权为先,而亲族继承次之。此法律建筑于权利之上也。我国则反是(以义务不以权利)。……

三、法律即立于辅助道德礼教伦常之地位,故其法常简,常历久不变(从汉代以迄清末不变)(见杨鸿烈著《中国法律思想史》第一章导言中,商务印书馆出版)。……

说至此,我们尽可确言道德气氛特重为中国文化之一大特征。——我们列它为第十特征。

然而我们若回想前列第六特征——中国缺乏宗教——则将恍然第十第六两点,实为一事;不过一为其正面,一为其负面耳。即宗教缺乏为负面,道德特重为正面,又大可以归并起来。不过在进行研究上,分别亦有分别的好处。

第九特征第十特征,其内容皆涉及政治。因而使我们联想到中国人的国家。从前中国人是以天下观念代替国家观念的。他念念只祝望"天下太平",从来不曾想什么"国家富强"。这与欧洲人全然两副头脑,虽不无古人伟大理想作用于其间,但它却是反映着二千年来的事实的。此事实之造成,或由于地理上容易形成大一统之局,又历史上除短时期外缺乏国际间的竞争,以及其他等等,此时尚难深究其故。总之,事实上中国非一般国家类型中之一国家,而是超国家类型的。自来欧美日本学者,颇有人见到此点,而在国内亦曾有人指出过。

德国奥本海末尔(Feranz Oppenheimer)的名著《国家论》,是从社会学来讲国家之发生和发展以至其将来的。他认为其将来趋势,要成为一种"自由市民团体"。那时,将无国家而只有社会。但中国从他看来,却早就近于他所谓自由市民团体了(参看陶希圣译奥本海末尔著《国家论》第92页及208页,新生命书局出版)。

友人陈嘉异先生在民十九年写给我的信,曾有下面一段话:

> 罗素(B. Russell)初至中国在上海演说时,即有冷隽之语曰"中国实为一文化体而非国家"。不佞骤睹此惊人之句,即默而识之,以为罗素眼光何深锐至此!其后,泛观欧西学者论吾国文化之书,始知此语已有先罗素而道之者。(见《村治月刊》一卷一期)

其后大约在民二十三年美国社会学家派克(Robert E. Park)在燕京大学讲学一年,临末出一集刊,亦见有类似的话。大意亦言中国不是一国家,而实为一大文化社会,如同欧西之为一大文化社会者然。

日本宿学长谷川如是闲,则说过一句妙语:

> 近代的英国人,以国家为"必要之恶"(necessary evil);中国人自二千年之古昔,却早把国家当作"不必要之恶"了。(《东西学者之中国革命论》第152页,新生命书局版)

清华大学史学教授雷海宗先生,于其著作中则说:

> 二千年来的中国,只能说是一个庞大的社会,一个具有松散政治形态的大文化区,与战国七雄或近代西洋列国,绝然不同。

他以为大家族制诚然是中国社会一牢固的安定力,使得它经过无数大小变乱仍不解体;然而却是与国家根本不并立的。中国自春秋以后,宗法衰落,乃见国家雏形;战国七雄始为真统一完备的国家;到汉代家族复盛,又不成一个国家了(见雷海宗著《中国文化与中国的兵》之中国的家族一篇,商务印书馆出版)。

近则又有罗梦册先生著《中国论》一书，强调中国为“天下国”。他说中国一面有其天下性，一面又有其国家性，所以是“天下国”。一民族自治其族者，为族国（民族国家）；一民族统治他民族者，为帝国；一民族领袖他族以求共治者，为天下国。天下国超族国而反帝国，是国家之进步的形式，亦或许是最进步的形式（他似以苏联属于此式）。凡以为中国“还不是一个国家”者，大错误；它乃是走得太远了，超过去了（见罗梦册著《中国论》，商务印书馆出版）。

关于此问题，我们后面要讨论，这里不再多叙。以上各家说法自必各有其所见，而其认定中国为一特殊之事，不属普通国家类型，却相同。我们即以此列为中国文化第十一特征。

上面提到的雷海宗先生，有《中国文化与中国的兵》一书出版。他根据历史，指出中国自东汉以降为无兵的文化。其所谓无兵的，是说只有流氓当兵，兵匪不分，军民互相仇视，或因无兵可用而利用异族外兵，那种变态局面。有兵的正常局面，大致分两种：一种是兵与民分，兵为社会上级专业，此即古之封建社会；一种是兵民合一，全国皆兵，近代国家类多如此。中国历史上这两种局面都曾有过，但后世却没有了，中国之积弱在此。虽然颇有人否认其说，但我们感觉亦值得注意研究。我们列它为第十二特征。

往年历史学教授钱穆先生曾有一论文，称中国文化为“孝的文化”（三十年十一月重庆大公报星期论文）。近则哲学教授谢幼伟先生，又有《孝与中国文化》一书出版。他强调说：

> 中国文化在某一意义上，可谓为“孝的文化”。孝在中国文化上作用至大，地位至高；谈中国文化而忽视孝，即非于中国文化真有所知。（谢著《孝与中国文化》，青年军出版社出版）

他于是从道德、宗教、政治各方面，分别加以论证以成其说，此不征引。此书与前面雷氏一书，皆是些散篇论文之汇印本；可惜非系统的著作，殊不足以发挥这两大论题。然其问题之提出，总是有意思的。我们列它为中国文化第十三特征。

又有蒋星煜先生著《中国隐士与中国文化》一书出版。他指出“隐士”这一名词和它所代表的一类人物,是中国社会的特产;而中国隐士的风格和意境,亦决非欧美人所能了解。虽在人数上他们占极少数;然而中国的隐士与中国的文化却有相当关系。这些话不无是处,惜原书皆未能认真地予以论证发挥。我们今取它为第十四特征,而研究之。

如上之例,再去寻取一些特征,还可以有;但我们姑止于此了。

四、参考佐证的资料

在我们研究进程中,我们将以民族品性的优点及劣点,为参考佐证的资料。优点劣点有时不可分;我们亦非注意其优劣。不过通常被人指说时,总为其特优或殊劣而后引起来说它,正确地说就是特殊之点。民族品性上这些特殊之点,大多是由民族文化陶铸而成。所以最好用它来为论究文化之佐助,由因果印证而事理益彰。现在国内留心研究民族品性的,有两位先生:一位是从优生学上来用心的潘光旦先生,著有《民族特性与民族卫生》、《人文史观》等书。一位是从教育学上来用心的庄泽宣先生,著有《民族性与教育》一巨册。两位都曾把外国人对中国人之种种看法(从体质到心理),加以搜集,供给我们不少资料。尤以庄著搜讨极勤,除罗列西洋人日本人中国人许多人士种种著作议论外,并就中国戏剧、小说、神话、谜语、谚语、格言、联语、歌谣等分析取征。有此一书,不啻得到许多书。又当日寇侵占华北欲继续征服中国时,曾作《支那人心理之研究》,印行些小册,供给其来华士兵及侨民之用,其中叙述亦系根据其多年经验体会之所得;于敌人深心之中,我们大足以自镜。此外坊间有内山完造、原惣兵卫、渡边秀方等各家著作之译本[①]。虽其意见已为庄著及敌寇小册所摘取，然原书仍值一阅。

今综合各方之所见，得其比较公认的特点约如下。

（一）自私自利　此指身家念重、不讲公德、一盘散沙、不能合作、缺乏组织能力，对国家及公共团体缺乏责任感，循私废公及贪私等。

（二）勤俭　此指习性勤俭、刻苦耐劳、孜孜不倦、好节省以至于吝啬、极有实利主义实用主义之精神等。

（三）爱讲礼貌　此一面指繁文缛节、虚情客套、重形式、爱面子以至于欺伪；一面亦指宁牺牲实利而要面子，为争一口气而倾家荡产等。

（四）和平文弱　此指温顺和平、耻于用暴、重文轻武、文雅而不免纤弱、特喜调和妥协、中庸及均衡、不为已甚、适可而止等。

（五）知足自得　此指知足安命，有自得之趣，贫而乐、贫而无怨、安分守己、尽人事听天命、恬淡而爱好自然风景、不矜尚权力、少以人力胜天之想等。

（六）守旧　此指好古薄今、因袭苟安、极少进取冒险精神、安土重迁、一动不如一静等。

（七）马虎（模糊）　此指马虎侻、不求精确、不重视时间、不讲数字、敷衍因循、不彻底、不大分彼此、没有一定规律等。

（八）坚忍及残忍　残忍指对人或对物缺乏同情；此最为西洋人所指斥谴责者。坚忍则谓自己能忍耐至甚高之程度。克己、自勉、忍辱、吃亏等皆属于此。对外对内两面实亦相连之事。

（九）韧性及弹性　韧性止于牢韧，弹性则并有弹力。此不独

① 内山完造著《一个日本人的中国观》，尤炳圻有译本。渡边秀方著《中国国民性论》，高明译本，北新书局出版。原惣兵卫著《中国民族性之解剖》，吴藻溪有译本。

于其个人生命见之,全民族全历史恰亦证明如此。此不独其心理精神方面为然,于其体质及生理现象亦证明如此。因有“温炖汤”“牛皮糖”等称喻。

(十)圆熟老到　此盖为中国民族品性之总括的特征,故列以为殿。其涵义有:悠悠然不慌不忙,稳健、老成持重、心眼多、有分寸、近情近理、不偏不欹、不露圭角而具有最大之适应性及潜力。

上来十点,约得其要。这既是中国文化所结之果,在我们论究中国文化要义时,应当把它本原都予抉通,要于其本末因果之间没有不洽不贯之处才行。

再则,我们的研究大体以社会人生为主,于外照顾未能周遍。例如中国语言文字之特殊,世界所重视,其为中国文化一大成分自无疑义。但著者自愧外行,却不敢加以论列。此外如文学、如逻辑、如哲学、如音乐、如绘画、雕刻、陶瓷、宫室建筑、园林布置、如医药、如体育拳术、如农业工业,以至种种方面,中国亦莫不自有其特殊之点。所有这些不同方面之许多不一类的特点,必与此所论究之社会人生的特点,皆有其骨子里相通之处。论起来,这些都是我们参考佐证的资料。假若都拿来互资印证,互相发明,必更可大有所悟,必于中国文化要义更见之的真。惜乎难得这样博学而无所不通的通人,大约是要靠群策群力,作集体研究来完成了。

总而言之,我相信全部中国文化是一个整体(至少其各部门各方面相联贯)。它为中国人所享用,亦出于中国人之所创造,复转而陶铸了中国人。它有许多许多特征,被世人指目而数说。这些特征究所从来,一一皆是难题,然而我企图解答这些难题——所有难题,我都想要解答。不但此,我并想寻得其总根源,以一个根本理由解答之。这本书即一初步之尝试。

(梁漱溟《中国文化要义》,成都路明书店1949年初

版,收入《梁漱溟全集》第三卷,山东人民出版社1990年版)

《中国文化要义》是梁漱溟撰写于20世纪40年代的另一部代表作,旨在通过中西文化比较来疏解中国文化的个性特征,以为解决中国问题的前提或基础。作者从中西文化分途,各有其优劣短长的角度,分析了中国文化极强的个性特征,诸如,中国人缺乏如同西方超家族的"集团生活",而偏胜于家族生活;中国不同于西方以宗教精神为中心,而是以道德代宗教,以伦理组织社会;中国无阶级对立而为职业分途;中国循环于一治一乱而无革命;中国理性早启,文化早熟;等等。选文即该著的绪论部分,作者于此列举了中国文化的十四大特征,作为其后各章论述的大纲。

人生观

张君劢

诸君平日所学，皆科学也。科学之中，有一定之原理原则，而此原理原则，皆有证据。譬如二加二等于四；三角形中三角之度数之和，等于两直角，此数学上之原理原则也。速度等于以时间除距离，故其公式为 $S=\frac{d}{t}$；水之元素为 H_2O，此物理化学上之原则也。诸君久读教科书，必以为天下事皆有公例，皆为因果律所支配。实则使诸君闭目一思，则知大多数之问题，必不若是之明确。而此类问题，并非哲学上高尚之学理，而即在于人生日用之中。甲一说，乙一说，漫无是非真伪之标准。此何物欤？曰，是为人生。同为人生，因彼此观察点不同，而意见各异，故天下古今之最不统一者，莫若人生观。

人生观之中心点，是曰我。与我对待者，则非我也。而此非我之中，有种种区别。就其生育我者言之，则为父母；就其与我为配偶者言之，则为夫妇；就我所属之团体言之，则为社会为国家；就财产支配之方法言之，则有私有财产制公有财产制；就重物质或轻物质言之，则有精神文明与物质文明。凡此问题，东西古今，意见极不一致，决不如数学或物理化学问题之有一定公式。使表而列之如下：

- (一)就我与我之亲族之关系……………………
  - 大家族主义。
  - 小家族主义。
- (二)就我与我之异性之关系……………………
  - 男尊女卑。
    男女平等。
  - 自由婚姻。
    专制婚姻。
- (三)就我与我之财产之关系……………………
  - 私有财产制。
  - 公有财产制。
- (四)就我对于社会制度之激渐态度…………
  - 守旧主义。
  - 维新主义。
- (五)就我在内之心灵与在外之物质之关系……
  - 物质文明。
  - 精神文明。
- (六)就我与我所属之全体之关系………
  - 个人主义。
  - 社会主义。
    (一名互助主义)
- (七)就我与他我总体之关系……………………
  - 为我主义。
  - 利他主义。
- (八)就我对于世界之希望………………………
  - 悲观主义。
  - 乐观主义。
- (九)就我对于世界背后有无造物主之信仰……
  - 有神论。
    无神论。
  - 一神论。
    多神论。
  - 个神论。
    泛神论。

凡此九项皆以我为中心,或关于我以外之物,或关于我以外之人,东西万国,上下古今,无一定之解决者,则以此类问题,皆关于人生,而人生为活的,故不如死物质之易以一例相绳也。试以人生观与科学作一比较,则人生观之特点,更易见矣。

第一,科学为客观的,人生观为主观的。科学之最大标准,即在其客观的效力。甲如此说,乙如此说,推之丙丁戊己无不如此说。换言之,一种公例,推诸四海而准焉。譬诸英国发明之物理学,同时适用于全世界。德国发明之相对论,同时适用于全世界。故世界只有一种数学,而无所谓中国之数学,英国之数学也;世界只有一种物理学化学,而无所谓英法美中国日本之物理化学也。然科学之中,亦分二项:曰精神科学,曰物质科学。物质科学,如物理化学等;精神科学,如政治学生计学心理学哲学之类。物质科学之客观效力,最为圆满;至于精神科学次之。譬如生计学中之大问题,英国派以自由贸易为利,德国派以保护贸易为利,则双方之是非不易解决矣;心理学上之大问题,甲曰智识起于感觉,乙曰智识以范畴为基础,则双方之是非不易解决矣。然即以精神科学论,就一般现象而求其平均数,则亦未当无公例可求,故不失为客观的也。若夫人生观则反是:孔子之行健与老子之无为,其所见异焉;孟子之性善与荀子之性恶,其所见异焉;杨朱之为我与墨子之兼爱,其所见异焉;康德之义务观念与边沁之功利主义,其所见异焉;达尔文之生存竞争论与哥罗巴金之互助主义,其所见异焉。凡此诸家之言,是非各执,绝不能施以一种试验,以证甲之是与乙之非。何也?以其为人生观故也,以其为主观的故也。

第二,科学为论理的方法所支配,而人生观则起于直觉。科学之方法有二:一曰演绎的,一曰归纳的。归纳的者,先聚若干种事例而求其公例也。如物理化学生物学所采者,皆此方法也。至于几何学,则以自明之公理为基础,而后一切原则推演而出,所谓演绎的也。科学家之著书,先持一定义,继之以若干基本概念,而后其书乃成为有系统之著作。譬诸以政治学言之,先立国家之定义,继之以主权、权利、义务之基本概念,又继之以政府内阁之执掌。

若夫既采君主大权说于先,则不能再采国民主权说于后;既主张社会主义于先,不能主张个人主义于后。何也?为方法所限也,为系统所限也。若夫人生观,或为叔本华哈德门的悲观主义,或为兰勃尼孳黑智尔之乐观主义,或为孔子之修身齐家主义,或为释迦之出世主义,或为孔孟之亲疏远近等级分明,或为墨子耶稣之泛爱。若此者,初无论理学之公例以限制之,无所谓定义,无所谓方法,皆其自身良心之所命起而主张之,以为天下后世表率,故曰直觉的也。

第三,科学可以以分析方法下手,而人生观则为综合的。科学关键,厥在分析。以物质言之,昔有七十余种元素之说,今则分析尤为精微,乃知此物质世界不出乎三种元素:曰阴电,曰阳电,曰以太。以心理言之,视神经如何,听神经如何,乃至记忆如何,思想如何,虽各家学说不一,然于此复杂现象中以求其最简单之元素,其方法则一。譬如罗素氏以为心理元素有二:曰感觉,曰意象。至于杜里舒氏,则以为有六类,其说甚长,兹不赘述。要之皆分析精神之表现也。至于人生观,则为综合的,包括一切的,若强为分析,则必失其真义。譬诸释迦之人生观,曰普渡众生。苟求其动机所在,曰,此印度人好冥想之性质为之也;曰,此印度之气候为之也。如此分析,未尝无一种理由,然即此所分析之动机,而断定佛教之内容不过尔尔,则误矣。何也?动机为一事,人生观又为一事,人生观者,全体也,不容于分割中求之也。又如叔本华之人生观,尊男而贱女,并主张一夫多妻之制。有求其动机者,曰,叔本华失恋之结果,乃为此激论也。如此分析,亦未尝无一种理由。然理由为一事,人生观又为一事。人生观之是非,不因其所包含之动机而定。何也?人生观者,全体也,不容于分割中求之也。

第四,科学为因果律所支配,而人生观则为自由意志的。物质现象之第一公例,曰有因必有果。譬诸潮汐与月之关系,则因果为之也。丰歉与水旱之关系,则因果为之也。乃至衣食足则盗贼少,亦因果为之也。关于物质全部,无往而非因果之支配。即就身心关系,学者所称为心理的生理学者,如见光而目闭,将坠而身能自保其平衡,亦因果为之也。若夫纯粹之心理现象则反是,而尤以人生观为甚。孔席何以不暇暖,墨突何以不得黔,耶稣何以死于十字架,释迦何以苦身修行:凡此者,皆出于良心之自动,而决非有使之然者也。乃至就一人言之,所谓悔也,改過自新也,责任心也,亦非因果律所能解释,而为之主体者,则在其自身而已。大之如孔墨佛耶,小之如一人之身,皆若是而已。

第五,科学起于对象之相同现象,而人生观起于人格之单一性。科学中有一最大之原则,曰自然界变化现象之统一性。(Uniformity of the course of nature)植物之中,有类可言也。动物之中,有类可言也。乃至死物界中,亦有类可言也。既有类,而其变化现象,前后一贯,故科学中乃有公例可求。若夫人类社会中,智愚之分有焉,贤不肖之分有焉,乃至身体健全不健全之分有焉。因此之故,近来心理学家,有所谓智慧测验(Mental Test);社会学家,有所谓犯罪统计。智慧测验者,就学童之智识,而测定其高下之标准也。高者则速其卒业之期,下者则设法以促进之,智愚之别,由此见也。犯罪统计之中所发见之现象,曰冬季则盗贼多,以失业者众也;春夏秋则盗贼少,以农事忙而失业者少也。如是,则国民道德之高下,可窥见也。窃以为此类测验与统计,施之一般群众,固无不可。若夫特别之人物,亦谓由统计或测验而得,则断断不然。哥德(Goethe)之佛乌斯脱(Faust),但丁(Dante)之神曲(Divine Comedy),沙士比尔(Shakespeare)之剧本,华格那(Wagner)之音乐,虽主张精神分析,或智慧测验者,恐亦无法以解释其由来矣。盖人生观者,特殊的也,个性的也,有一而无二者也。见于甲者,不得而求之于乙;见于乙者,不得而求之于丙。故自然界现象之特征,则在其互同;而人类界之特征,则在其各异。惟其各异,吾国旧名词曰先觉,曰豪杰;西方之名曰创造,曰天才,无非表示此人格之特性而已。

就以上所言观之,则人生观之特点所在,曰主观的,曰直觉的,曰综合的,曰自由意志的,曰单一性的。惟其有此五点,故科学无论如何发达,而人生观问题之解决,决非科学所能为力,惟赖诸人类之自身而已。而所谓古今大思想家,即对于此人生观问题,有所贡献者也。譬诸杨朱为我,墨子兼爱,而孔孟则折衷之者也。自孔孟以至宋元明之理学家,侧重内心生活之修养,其结果为精神文明。三百年来之欧洲,侧重以人力支配自然界,故其结果为物质文明。亚丹斯密,个人主义者也;马克斯,社会主义者也;叔本华哈德门,悲观主义者也;柏剌图、黑智尔,乐观主义者也。彼此各执一词,而决无绝对之是与非。然一部长夜漫漫之历史中其秉烛以导吾人之先路者,独此数人而已。

思潮之变迁,即人生观之变迁也。中国今日正其时矣。尝有人来询曰,何者为正当之人生观。诸君闻我以上所讲五点则知此问题,乃亦不能答复之问题焉。盖人生观,既无客观标准,故惟有返求之于己,而决不能以他人之现成之人生观,作为我之人生观者也。人生观虽非制成之品,然有关人生观之问题,可为诸君告者,有以下各项:曰精神与物质,曰男女之爱,曰个人与社会,曰国家与世界。

所谓精神与物质者科学之为用专注于向外,其结果则试验室与工厂遍国中也。朝作夕辍,人生如机械,然精神上之慰安所在,则不可得而知也。我国科学未发达,工业尤落人后,故国中有以开纱厂设铁厂创航业公司自任,如张季直聂云台之流,则国人相率而崇拜之。抑知一国偏重工商,是否为正当之人生观,是否为正当之文化,在欧洲人观之,已成大疑问矣。欧战终后,有结算二三百年之总帐者,对于物质文明不胜务外逐物之感。厌恶之谕,已屡见不一见矣。此精神与物质之轻重不可不注意者一也。

所谓男女之爱者:方今国内,人人争言男女平等,恋爱自由,此对于旧家庭制度之反抗,无可免者也。且既言解放,则男女社交,当然在解放之列。然我以为一人与其自身以外相接触,不论其所接所触者为物为人,要之不免于占有冲动存乎其间,此之谓私,既已言私,则其非为高尚神圣可知。故孟子以男女与饮食并列,诚得其当也。而今之西洋方学,十书中无一书能出男女恋爱之外者,与我国戏剧中,十有七八不以男女恋爱为内容者,正相反对者也。男女恋爱,应否作为人生第一大事,抑更有大于男女恋爱者,此不可不注意者二也。

所谓个人与社会者:重社会则轻个人之发展,重个人则害社会之公益,此古今最不易解决之问题也。世间本无离社会之个人,亦无离个人之社会。故个人社会云者,不过为学问研究之便利计,而乃设此对待名词耳。此问题之所以发生者,在法制与财产之关系上尤重。譬诸教育过于一律,政治取决于多数,则往往特殊人才为群众所压倒矣。生计组织过于集中,则小工业为大工业所压倒,而社会之富集中于少数人,是重个人而轻社会也。总之,智识发展,应重个人;财产分配,应均诸社会,虽其大原则如是,而内容甚繁,此亦不可不注意者三也。

至于国家主义与世界主义之争:我国向重平和,向爱大同,自无走入偏狭爱国主义之危险,然国中有所谓国货说,有所谓收回权利说,此则二说之是非尚在未决之中,故亦诸君所应注意者也。

方今国中竞言新文化,而文化转移之枢纽,不外乎人生观。吾有吾之文化,西洋有西洋之有文化。西洋之有益者如何采之,有害者如何革除之;凡此取舍之间,皆决之于观点。观点定,而后精神上之思潮,物质上之制度,乃可按图而索。此则人生观之关系于文化者所以若是其大也。诸君学于中国,不久即至美洲,将来沟通文化之责即在诸君之双肩上。

所以敢望诸君对此问题时时放在心头，不可于一场演说后便尔了事也。

（原载《清华周刊》1923年第272期，选自《科学与人生观》，亚东图书馆1925年版）

张君劢（**1887—1969**），名嘉森，字君劢，上海宝山人。早年留学日本、德国，回国后曾任浙江交涉署长、上海《时事新报》总编、国际政务评论会书记长、总统府秘书、顾问等职。1918年起游学欧洲，结交倭铿、柏格森，广泛涉猎西方唯意志论和生命哲学。1923年在清华发表“人生观”讲演，引发轰动学界的“科玄论战”。曾历任北京大学、燕京大学、中山大学教授，上海国立自治学院、民族文化学院院长，并曾任中国民主政团同盟常委、民社党主席等职。1951年后寓居美国。现代新儒家代表人物之一。著有《中西印哲学文集》、《新儒家哲学发展史》、《思想与社会序》、《民族复兴之学术基础》等。在《人生观》一文中，张君劢以科学为比照，阐述了人生观的主观、直觉、综合、自由意志和单一性等特点，提出了人生观问题的解决决非科学所能为力，而只能依赖人类自身的观点。

明日之中国文化

张君劢

（上）
过去政治社会学术艺术成绩之评判

吾族立国东亚，已垂三四千年之久，而近数十年来，有岌岌不能自保之势；是吾族文化是否有存在于今后之价值乃当前之大问题也。自鸦片战后之对外失败观之，吾族文化，在学术上、政治上、技术上，无一事堪与外人并驾者，乃有变法与革命之举；此西化之说所以日昌也。近年马克斯与共产之说风行一时。最近以效法外人而无效之故，有提倡中国本位文化或复古之说以抗之者。三四千年历史之要点，已如上述；兹更举吾国文化总体中之政治、学术、宗教、艺术之与欧洲不同者，约略言之。必先知既往之得失，乃可语夫今后之出路也。

一、政治方面

第一，吾国政治上之特点为人所共见者，是为君主专制政治。以一人高拱于上，内则有六部九卿，外则有封疆大吏与府县亲民之官；此一人而贤明也，则一国治，一人而昏愚也，则一国乱。除此一人之外，社会上无如欧洲所谓贵族阶级，世世代代保有其社会上政治上之特权，可以牵制此一人所作所为者。故吾国过去政治之大病,第一在于无社会基础。

欧美人中有谓吾国之专制政治,即令有无数缺点,然自其所统治之人民之众、地域之广及其在司法与行政上能保持相当之秩序言之,可称为人类文化大成绩之一。若此大一统之君主专制,以之与求而不得之印度相较,则其优点尤为明显。吾以为此种君主专制政治,与其说在政治上有成绩,不如说在文化上有成绩。此君主一人高高在上,以考试制度录取多士,以四书五经为基本典籍,令全国人童而习之;凡有意入仕途者,不能不读书,不能不考试,不能不受朝廷之任命。由此之故,孔孟思想,乃广及乎全国,而成为思想之中心。且由此方法,乃有今日四万万同文之同胞,此即文化上之成绩也。

政治上因君主制度连累以起者,有篡弑之祸、有宦官之祸、有宫戚之祸、有王室子弟相残之祸、有流寇之祸、有群小包围之祸。其所造成之国民,则四万万人中有蠢如鹿豕者、有奴颜婢膝者、有各人自扫门前雪者、有敷衍塞责者。凡西方所谓独立人格,勇于负责与为国牺牲之精神,在吾绝无所闻,绝无所见。自近年政体改革以还,宪政之难行、选举之舞弊、与夫"做官欲"之强、权利心之炽、谓为皆君主专制政治之造孽可焉。

二、社会方面

第二,中国社会上之特点,可以"家族主义"名之。自周秦以降,久已确立敬宗尊祖之习;更以丧服之制定其亲疏之差;以姓以氏为社会分子团结之惟一基础。古代如此,今日内地之乡村如此,今日海外之侨民如此;可知此种思想之入于人心者深。吾国家族由男子承继,子孙多、族人众,足为同族光宠;人口增加之速,即由于此。一家中婆媳姑嫂妯娌之不和,殆为各地同一之现象;名为同堂,实则彼此相待如仇敌。各族祠堂中积有财产,以培养其同族子弟之能读书者,不可谓非互助之一法。惟既以家族为单位,而个人失其独立之价值。古代刑法上有所谓夷三族夷九族之刑,至明之方孝孺尚举十族以殉一人;可知宗族制度之惨酷至于何等。子弟既与父兄同居,以有父兄可依,不务正业,浪费家财,即名门贵胄,传一世二世之后,未有不衰亡者;以视欧洲贵族能传数百年之久者,迥不相同。近年以来,居民咸集于都市,其居上海天津者,皆局促于小屋中,虽欲于祖宗生死之日,尽其祭奠之礼,远不如昔日高堂大厦中之诚敬。家祠中每年春秋两祭,对于子弟之远在异方者,不能促之使返。况乎自海外留学归国者,见夫欧美一夫一妇同居之习,故近年反对大家族而实行小家族制度者,已遍南北矣。

三、学术方面

第三,自学术方面言之,春秋战国之末,为吾国思想勃兴时代,有儒墨道名法诸家,此外更有兵家阴阳家等;循此轨道而发挥之,吾国学术或可不至如今日之落后。然其所以有今日者,不外二故:一曰文字之障碍;二曰理论思想之缺乏。

1. 吾国古代文字,有所谓蝌蚪与大篆,小篆出于秦时,至汉代更有隶书八分与真行草诸体。因此字体之不同,不免鲁鱼亥豕之误,此犹传写时笔画脱漏之所致也。乃自秦始皇焚书后,汉儒搜拾灰烬,旧典籍先后发见,其中因古文本今文本之不同,而生学派之差别。汉时已陷于"释五字之文至于二三万言"之弊,后世乃以训诂考证为专门之学,可知吾国学者束缚于文字之苦者为何如?此乃吾族二千余年来学术上最可怜之一事,西方所无而吾国独有之现象也。由此文字之递变,乃生古书难解之大病:第一、有所谓校勘之学,"也"字可作"他"字,"议"字可作"仪"字,此校勘家之功也;第二、有所谓训诂之学,光被四表之"光"字可与"充"字与"横"字相通,此戴震所发见者也;第三、《尚书》中"无偏无颇,尊王之义"一句中，有唐代“颇”“陂”之争，有“义”读“我”之争，此属于音韵者也；第四、有考订全书真伪之争，如《尚书》之真伪，其尤著者也；更举若干例，以明古书之难读：如《礼射义》发而不中，则不怨胜己者，求反诸己而已；王念孙谓求反诸己，文义不顺。盖涉上文求正诸己而误也。然又有人谓求反诸己，犹言反求诸己，倒文成句也。亦有因古代器具之亡，而字义不可解者：如《论语》云“觚不觚”，朱注曰：“或曰酒器，或曰木简，器亡而义亦晦矣。”又有古代之字，今日全不解者：如《论语》云“高宗谅阴”，朱子谓“天子之丧未详其义”。凡此诸端，可以见字体之变，影响典籍、意义、与治经者为何如？更有因年代久远而来历不明，乃不能不加以考据者：如老子为何时人，左邱明为何时人，因其人来历之不明，其与他人之关系，如老子在孔子之前或后，左邱明与公穀之关系，皆不免于甲一说乙一说之争执。吾所欲言者，二三千年来，全社会之心力，消耗于文字训诂之中者，不知其几何？清之中叶，更视此为人间惟一学部；今日如梁任公胡适之等尚特别表而出之。吾常以为一国中必有若干思想内容之学，即曾文正所谓义理之学，而后可以立国；若专以此等支离饾饤之学为学问，吾恐其因考据而亡国矣。

2. 所谓论理思想之缺乏者何耶？欧洲学术因有论理学而后促成科学之进步，亦因有科学之事实，而后尤能确定论理学中之精密方法。希腊苏格腊底柏拉图时代之治学方法，不离概念、定义、归纳诸方法。盖学术之研究，第一贵有概念。概念云者，乃研究各个体事物，求得其共同现象而后成立者也。既有概念，而后一种学术乃有单位；推而广之，乃成为命题；再推而广之，为学问系统或思想系统。吾国以无论理学之故，乃不知有概念。清代汉学全盛行之日，有“不通文字不能穷经”之言；孰知文字为言语之单位，与概念之为学问单位，完全不同。通其文字，未必能知概念之内容；知概念之内容，未必能通文字之来源。此乃截然二事，不可混而为一。此论理学思想之缺乏,影响于吾国学术者一也。

既不知有概念,即不知对于一个概念而下定义;不知下定义,则此概念与彼概念之不同,无由辨别;此学问与彼学问之分界,亦无由确定。定义之为用,其作始也简,然有下定义之习惯后,自然发见此概念与彼概念之不同,此学术与彼学术之不同,而引起种种新意见、新观点。吾国战国时儒墨各派有一段正名定义工作,宋儒在理学中,又有一段正名定义工作;此可谓论理学之应用,而非论理学自身之发展如是,因无概念而又不知有定义之故,自然一种思想主题或一种思想系统,其范围如何、内容如何、限界如何,皆无由确立。其持论也不免于武断。如《孟子》云:"墨子兼爱是无父也,杨子为我是无君也。"兼爱之结果,何以成为无父?为我之结果,何以成为无君?若能将兼爱之定义划得清楚,恐无父之结论,即无由发生;将为我之定义划得清楚,恐无君之结论,亦无由发生矣。可知以无概念无定义之结果,致分疆划界之不明,而无由予思想以刺激,无由因刺激而生明晰之对象与范围,而造成学问系统。此论理思想之缺乏,影响于吾国学术者二也。

人类之智识,不离论理上同一律、矛盾律、排中律,与夫数学上大小之量。此两类之思想原则,可以应用于一切自然界与人事界之智识:由数学方面可应用于天文地理,由天文地理可推广及于动植物。但须各人知识能求其基础于论理与数学,且辅之以概念与定义之工作,则各方面所得之知识,必须形诸文字而经过一度"向外化之历程"(Process of externalization)。此向外化之历程,自然而然,可以广及于一切人事界自然界之实物。故由数学论理之基础,可以达于自然界与人事界,其相距不过一间。吾国自《墨子》一书沉埋之后,即无再谈论理学者;而论理学既为凡百学术之母,则论理学之消亡,即成为一切学术智识之消亡。吾国既为缺乏论理学之民族,其自然科学自亦无由而发展矣。此论理思想之缺乏,影响于吾国学术者三也。

更换一方面言之，吾国儒墨道法诸家，从其发端之始，即以人事为中心，即以君臣父子之关系如何归于正当为目的。此等人事问题以善恶为标准，与数学论理学可以甲非甲、数量之大小表而出之者，完全不同，换词言之，数学与论理学可表现于外形，而人事问题则存之于内心。凡内心善恶问题之讨论，虽不离论理，然不如自然界知识严格立于论理学之支配之下。吾国人所注重者，为善而非真；为人伦问题，而非宇宙问题自然界问题。吾族思想局促于人事问题，不知有所谓自然问题者，殆亦由于无论理学有以致之。此论理学思想之缺乏，影响于吾国学术者四也。

希腊学术，自其发端之始，亦与吾国同，以道德问题政治问题为讨论之中心；然同时注重于几何学及动植物学。吾国古书中谓神农能尝百草，《尧典》亦谓羲氏和氏治历象以齐七政；历代对于日蚀月蚀与水火之灾，未尝不加注意；何以后代对于天文地理医学与动植物均流于医卜星相之手，而不能提高之以成为学术？吾以为此亦由于论理思想之缺乏。既无论理方法以验其为学之标准，因而永不知此数者之可以为学，反转而堕落于术数之中矣。其他如农工商贾与夫水利工程之学，亦因而日趋于衰落。此论理思想之缺乏，影响于吾国学术者五也。

四、宗教方面

第四，自宗教方面言之，孔孟以前已有所谓“天人合一”之思想。天人合一者，一方面天能生人生物，故以天为万物万有之本，如《诗经》所谓“天生蒸民”之谓也。他方面则以为天有自然之法则，如《诗经》所谓“天生蒸民，有物有则”之谓也。又谓天能临察下土，如《诗经》所谓“皇矣上帝，临下有察，监观四方，求民之瘼”。吾国人之论天也，常不离人；其论人也，常不离天。言人事者，必推本于天道，言天道者，必求其效验于人事。因此之故，在吾国人之思想中，天人之间，初无大鸿沟之横亘，与西方思想中将上帝与人类画为两界者，大不相同。此中西两方最大差异之点也。

吾国人习于天人合一之观念，合之于阴阳五行之说，于事物之一阴一阳一动一静之两面，皆认为可以并存而不可偏废，故民族兼容并包之量最大。新发生之道教佛教与夫卜筮风水之说，皆坦然迎之，绝不认其间彼此之互相冲突。吾国人于生时，信仰儒家之说，在其追荐死亡之日，则信仰佛教道家乃至于喇嘛教。自耶教输入后，有人信仰耶教，而不欲抛弃祭祖之礼，乃释祭祖为民事的风俗，非崇信多神；以此谋祭祖与耶教调和。由此可以见吾人对于宗教之态度，在好的方面言之，谓其兼容并包；在坏的方面言之，可谓杂乱无章。此其所以然之故，由于平日言天事不离乎人事，因而缺少事天之诚敬，陷于信仰上之不专一。彻底言之，吾国人之心灵中有真正确信与真正诚意者，实不可多见。因其念念不忘人事之故，而所希望于宗教者，不外乎“益寿延年”“有求必应”之要求；以视西方人对于上帝，但求悔罪赦免者，大不同矣。西方人有此信心，故处事有诚意，社交上率直而不失其真，政治上有不折不挠之气概；视吾国人之专以敷衍应酬为生者，不可同日而语。此乃吾国人对于宗教之态度，而同时影响及于人事者也。

五、艺术方面

第五，吾国之文化成绩为西方人所最赏识者，莫过于艺术；兹举西方学者之言以证之。拉土勒氏(Latourette)之言曰：

假令艺术为民族灵魂之表现，假令一国文化之纲领，可以一切求之于审美形式中，则中国文化乃最为多方面的。中国人之帝国思想，欲以一中国统治全人类。此种大气魄，见之于其京城之宫墙及大殿中。其保持疆土斥攘夷狄之长期奋斗，见之于长城之建筑。

其孔子哲学所鼓吹之节度,见之于其整齐之宫室房屋中。其与天地合一之愿望,见之于宋人山水中。其对于来生之见解,见之于佛教之绘画与雕刻中。此民族之精细的女性的灵敏性,见之于其花草画动物画与其他雕刻中。

拉氏聊聊数言中,可谓将吾国艺术之优点备述而尽之矣。盖吾国人之思想之中心为“天人合一”。在宗教方面,以天道迁就人事,则天道流于浅薄。而在艺术方面,以天地纳入于山水之中,则山水自具有一种穆然意远,与天地为俦侣之意;如深山流水旁高僧修道之像,立意既超绝人寰,则意境自深远矣。王维米南宫之画,淡墨数行,而富有宇宙无穷之意味,此乃天地与艺术合而为一之所致也。故吾国艺术之长,不仅以“真”为务,兼具天道于其中;所以为欧人所叹赏者,即在于此。

拉氏所谓花卉人物之精妙,以吾国画家大抵为文人出身,陶冶于诗歌之中,时而登山临水,时而读书写字,则其下笔之际,自能得窥天地之秘而形诸笔端;此亦彼等兼具精神上之修养有以致之也。若乎瓷器象牙雕刻等类先由帝王文人学士之提倡,而一般工匠沾染于其风气之中,其工作亦由是而趋于精妙矣。

艺术与学术迥乎不同。学术须受论理学规则之支配,故有一种呆板性;艺术之美,在乎妙手偶得于无意之中。此吾国优游自得之士大夫,自优为之;而与西方人之日常生活动辄不离规矩者,迥乎不同。此亦吾国艺术胜于他人之一因也。

合以上各项言之,则吾国文化之短处、受病处,可以举而出之矣:

1. 政治上以久处君主专制政治之下,故人民缺少独立性。

2. 社会上盛行大家庭制度,一方增长各人之倚赖心,他方以处于面和心不和之环境中,种下忌刻与口是心非之恶习。

3. 学术上受文字之障碍与缺乏论理学的素养,但有支离琐碎的考据，思想天才不发展，更少伟大的思想系统。

4．宗教上夹杂以功利之念，绝少真正之诚意，更少以身殉道之精神；宋明儒者虽有殉道气概，然而不普及。

（下）
未来政治学术艺术之新方向

今后文化之各方面，如政治如学术之改革，其根本问题，在于民族之自信心。民族而有自信心也，虽目前有不如人处，而可徐图补救；民族而失其自信心也，纵能成功于一时，终亦趋于衰亡而后已。或曰：民族对外成功之日，自信心自易于确立；对外屡次失败之余，虽日日叫喊自信心，有何用处？不观昔德意志经拿破仑战役之后，菲希德常举德国之语言诗歌宗教以证明德国之为原始民族(Urfolk)乎？菲氏意谓此民族精神，大有过人之处，一旦内心发动，即不难转弱为强。吾人根据菲氏之言，移而用之于吾国；则以吾民族之能自创文化，如上文洛意佛氏威尔斯氏所云云，不可以当原始民族之名而毫无愧色乎？此吾民族之所当念念不忘而引以自豪者也。

然秦后之两千年来，其政体为君主专制，养成大多奴颜婢膝之国民。子弟受大家族之庇荫，依赖父母，久成习惯。学术上既受文字束缚之苦，又标“受用”“默识”之旨，故缺少论理学上之训练，而理智极不发达。此乃吾族之受病处。而应有以补救之者。凡图今后之新文化之确立者，宜对于此总病根施以疗治。若但曰科学救国也，实业救国也，或曰德谟克拉西救国也；但表示其欣羡欧西今日之优长，而于此优点之所由来，未加深考焉。吾人以为今后吾族文化之出路，有一总纲领曰：

“造成以精神自由为基础之民族文化”

所谓以精神自由为基础之民族文化,其意义应分析言之。精神与物质相对待:物质者块然之物,无心灵、无思想,故无所谓精神;人类有思想、有断判,能辨善恶,故有精神。此人类之所以异于物质也。

精神之自由,有表现于政治者,有表现于道德者,有表现于学术者,有表现于艺术宗教者。各个人发挥其精神之自由,因而形成其政治道德法律艺术;在个人为自由之发展,在全体为民族文化之成绩。个人精神上之自由,各本其自觉自动之知能,以求在学术上政治上艺术上有所表现;而此精神自由之表现,在日积月累之中,以形成政治道德法律,以维持其民族之生存。故因个人自由之发展,而民族之生存得以巩固。此之谓民族文化。

或疑精神自由之说,与物质生活之注重相冲突,容俟下文论之。若疑精神自由之侧重于创新,谓为与旧文化之保存不相容者,吾则有以答之。国人在思想上以孔孟之经籍为宗,在政治上有专制帝王,在宗教上有本土之拜祖先教与后来之道教及印度之佛教;合此种种,可名之曰传统。在此传统之空气中,各个人之精神自由,即令有所表现,亦必托之于孔孟之名;在艺术家有所谓仿米襄阳,或临王麓台之笔法。吾以为今后此等遗产中之应保存者,必有待于新精神之发展;无新精神之发展,则旧日传统亦无由保存。何也?旧传统之不能与欧西文化竞争,证之近百年之历史已甚显著,今后必须经一番新努力,以求新政治之基础之确立,而后旧传统反可因新努力而保存,而不至动摇。否则新者不能创造,而旧亦无由保存。此言今后文化者所当注意之点也。今分述精神自由与各方面之关系。

一、精神自由与政治

第一,政治方面。君主政体之下,国民之于纳税当兵也,曰法令所在，不敢不从；其从政时之守法，亦曰法令所在，不敢不如此。假令国民之义务、官吏之守法，完全以惮于政府之权力，而不敢不如此，此乃命令下之守法，命令下之道德，而非出于个人精神上之自由也。吾国人之立身行己，与乎处于政府之下，皆曰有政府之命父母之命在，而不觉其为本身应有之责任。此命令式之政治，命令式之道德，与夫社会上类此之风尚一日不变，则人之精神自由永不发展，而吾国政治亦永无改良之一日。何也？个人之生活，不离乎团体，不离乎国家；团体国家之行动与法律，所以保护个人；个人各尽其心力，即所以维持团体。故其守法其奉公，皆出于各人固有之责任，以自效于团体之大公，而非有惮于他人之威力也。此自动之精神不存在，即责任心无由发生；而求如西方人之于自己工作、于参与政治、于对外时之举国一致，皆能一切出于自动，不以他人之干涉而后然者，吾将何以致之乎？

吾人亦知各个人之自由，非在衣食足仓廪实之后，不易说到；各个人在寒无衣饥无食中而谈精神自由，犹之缘木而求鱼。然西方正以其尊重各个人自由之故，在昔日有所谓救贫法，在今日有所谓劳动保险；可知惟其尊重个人自由，乃能为人民谋衣食，与衣食既足而后，人民自由亦易于发展之说，初非背道而驰。

西方因尊重各个人自由之故，自法国革命以来，乃有自由平等之学说；其在宪法上，则有生命财产言论结社自由之保护。且为公民者，皆有参政之权利；一切设施，无不以民意为前提。各国公民于选举之日，不惜奔驰半日以投一票者，诚以其自知责任之重大也。其为政治家者，大抵胸有成竹，不以一时之挫折，而遽灰心；故胜者立朝，败者退位，而功罪是非，亦易于分明。及至对外战争之日，政府以国难二字相号召，人民皆踊跃争先以赴之。即其平日相反之政党，亦以一致对外而息其争端。此乃西方民族国家立国之要义也。

吾国自鼎革以来，亦行所谓选举，卖票也，买票也，假填选票也，与夫总统之贿选也，皆为社会上共见共闻之事。此以国民中之各个人，不知有其自身之价值，不知自身之人格，安望其于参与选政之日，忽将其独立人格，从而表现之乎？几千年来，人民受统治于帝王，政治上之工作，等于一己之功名；故有意于致身显要者，争权夺利，无所不至。今且移此旧习于政党之中，名为以主义相结合，而实则犹昔日之相倾、相轧、各自为谋也。本此习惯以形诸政治，而望国中有好选民与好政治家之出，我不信焉。此精神自由之应表现于政治者。

二、精神自由与学术

第二，学术方面。学术之目的。虽不离乎利用厚生，然专以利用厚生为目的，则学术决不能发达；以其但有实用之目的，而缺乏学术上游心邈远之精神自由也。希腊学术之发端，哲学家名之曰出于好奇心。好奇心者，以其见某种现象之不可解，乃思所以解之；至其有益于实用与否，初非所计。人类因有思想有智识，以解决宇宙之秘奥为己任；若但以有用无用为念，则精神之自由必不能臻于高远与抽象之境。吾人鉴于希腊时代苏格腊底之自信其学说，至于以身殉之；又见乎加利雷之自信其地动之学说，至于大为教会所责罚；可见欧洲人为真理而奋斗者何如，初不仅以其有益于人生日用而后为之。此乃所谓精神上之自由也。若夫利用厚生者，乃学术之结果，而非学术之原动力。既言学术，则有学术上之规矩；如论理学之规则，数学上之规则，此为一切学术之基础。近年更有所谓试验观察，以为证实之用。怀悌黑氏（Whitehead）有言曰："吾人之思想，一方要求发展之自由，在他方则又能自守一种规律。"即是此意。此论理学等与学术上之实用相去甚远，而一切学术则由之以出者也。

抑一国所以贵乎有学术者,有时指示方法,如论理学;有时指示内容,如自然科学社会科学及哲学等。自然科学也,社会学也,哲学也,皆能对于人生示以生活之标准,即曾文正之所谓“义理”也。吾国两千年来,以困于文字之故,专以考据为事;惟宋明时代少能从事于义理之学,为元明清三代立生活之准绳。今日除重新创立“新义理”外,无可以餍学者之求智欲,而定社会生活之秩序。此尤吾国人所当急起直追者。否则以国内思想界之空虚,青年辈惟有求之于苏俄与意大利矣。

学术上多数问题,往往有不关乎实用,而学者不能不加以研究者,如天上星辰,地上地球之构成,人种之由来,文化之由来等是。欧洲人一方严格受学术规矩之支配,设为种种界说以研究之;他方则辅之以想像力,以进于无限之乡,而后古生物学人种学乃能成立。若仅以实用为范围,则此种学说可以不必研究,而一切高深学术何由发展乎?

上文所言,皆与政府保护人民思想自由之原则互相关联,此为当然之问题,无待陈说。但就学术发展之要素言之:必人民对于宇宙内一切秘奥,认为负有解决之义务,一也;学术之发展,在乎思想上自受约束,而守论理学上种种规矩,二也;学问家不可无高远之想像力,三也。此精神自由之应表现于学术者。

三、精神自由与宗教

第三,宗教方面。佛回耶等教,皆先有创教人,而后宗教乃能创立。自表面言之,今日之人民,堕地之初,已受宗教之包围,故在信仰上无自由之可言。然自欧洲之宗教革命言之,可知信仰自由,不关于宗教之已存在与未存在,而应以良心上信仰之真假为标准。宗教之信仰诚以精神之自由为前提,则真正之信仰不应为多元的。信奉佛教者,不能同时信奉道教;信奉耶教者,不必迁就拜祖先之习惯。若自居于天道主义(Deism)者不信有所谓造物主如耶教之所云,而以“道”为创造万物之主,如儒道两家之所言,亦未尝不可认为为一种宗教。欧洲18世纪有所谓自然宗教,即为此类。德国大诗人歌德氏自居于不信耶教者,然信宇宙之间有所谓“道”则一焉。凡一人但属于一宗教而同时不属于他宗教之习惯不养成,则此国中虽谓其无真正宗教之信仰可也。凡为宗教,不外乎神道设教之义。为维持其宗教上之尊严计,其代神说法者,应有丰富之智识与尊严之仪表,然后能引起人之注意。欧洲之耶教、天主教之教士,态度和蔼,智识丰富,绝非吾国之酒肉和尚道士所可同日而语。就吾国庙寺观之,即其仪式已不完全,尚何精神可言?诚欲改革之,应从一人一宗教下手;信仰既真,则僧道习惯自随之而改。此精神自由之应表现于宗教者。

四、精神自由与艺术

第四,艺术方面。就艺术言之,似乎吾国不必有所学于外人。然欧洲艺术之特长而为吾国所无者,往往而有;以欧人游心于无限之境,其所超境界,往往为吾人所不及。如诗歌中长篇作品,但丁之《神曲》,哥德之《浮士德》,吾国诗文中无此体裁与意境也。至于雕刻建筑音乐戏剧,常有人焉就其民族心灵之深处而体味之,而表而出之,故亦常在日新月异中。其他为西方所有,吾国所无者,尚不可胜数。吾国人苟在此方面继续加以努力,则除旧日成绩外,应有新领域之扩张与新创作之表现。此精神自由之应表现于艺术者。

五、精神自由与其他

以上各节中,吾人立言之宗旨,或有疑为侧重于个人自由之解放,而忽视全民族者。此其所云,与吾人宗旨正相反矣。个人自由，惟在民族大自由中，乃得保护乃能养成；民族之大自由若失，则各个人之自由亦无所附丽。所谓政治学术宗教艺术，皆发动于个人，皆予个人以发展之机会，而同时即所以范围个人，所以奠定民族之共同基础；故个人自由之发展之中，不离乎大团体之自由。惟有在民族大自由巩固之中，而后个人自由始得保存。此又吾人双方并重之旨，不可不为国人告者也。

吾人注意于精神自由，自与唯物论者之偏重物质者异。一般人之所见，以为吾国所缺，在乎自然科学之发达，在乎实业之发展，在乎军事上之防御，以为此数方面尤为重要；故应先图振兴实业，先图增加战斗力。然吾人自欧洲科学发展史求之，其始也，有地动之说；继也有物体下堕之公例；其后乃有奈端之公例。一属于天文学，一属于物理学，其创始人但知探求真理，初无足食足兵之实用目的存乎其间；及18、19世纪以后，生理学化学物理学渐次昌明，蒸汽机造成后，而后科学之应用乃推及于工商。可知诚能培养国民探求智识之原动力，则其应用于工商与军事之效果，自可随之而来；若但以物质为念，而不先培养科学精神之来源，如此而谓能发达科学，能发达工商实业，能巩固国防，吾未之见也。

其次则有复古与创新问题。近年国内以外国学说之屡经试验而无成功，于是有提倡复古者；亦有以对外之失败为增进国民之自信力计，而出于复古者。吾以为复古之说，甚难言矣。同为儒家，有主宋学，有主汉学；汉学之中，或主古文，或主今文，或主郑玄，或主王肃；宋学之中，或主程朱，或主陆王，其优劣得失可以不论，要其不能对于现代之政治、社会、学术，为之立其精神的基础一也。若复古之说，但为劝吾国人多读古书，阐发固有道德，其宗旨在乎唤醒国人，使其不至于忘本，此自为题中应有之义，与吾人之旨本不相背。若谓今后全部文化之基础，可取之于古昔典籍之中，则吾人期期以为不可。自孔孟以至宋明儒者之所提倡者，皆偏于道德论。言乎今日之政治,以民主为精神,非可求之古代典籍中也;言乎学术,则有演绎归纳之法,非可取之于古代典籍中也。与其今后徘徊于古人之墓前,反不如坦白承认今后文化之应出于新创。

且一时代之社会,自有一时代之哲学为其背景。吾族今日所处之时代、所遇之邻国,既与昔异,除吾民族具有一种勇气另辟途径外,别无可以苟且偷生迁延度日之法。其在政治上,当有卢梭陆克辈之理想,以辟政治上之途径;其在哲学上,当如笛卡儿及康德辈以立哲学之系统;其在科学上,当如加利雷、奈端、达尔文之勇于探求真理;与夫19世纪初年德国科学家于各方面之努力。诚能如是,则新文化之基础,自不难于成立。有此新基础,国民对于祖宗之遗产,有增益而无消费,其崇敬之心,亦有增而无减。所谓于创新之中,以求保存之法者,即此义也。不观德人乎,在科学哲学上时有发见,而对于路德、哥德、俾士麦等,未尝少减其崇拜。英人之科学哲学同在创新之中,而米尔顿、莎士比亚与夫休谟、穆勒之书,未尝不家喻户晓。可知在日新之中,而古亦自能保存。换词言之,在创造之中,则继既往而开将来,自能出于一途也。

新文化之创造,亦曰对于国民生活之各方面,如政治,如学术,如宗教等等,指示以标准,树立其内容;先之以言论,继之以事实;由一二人之思想,以成社会之制度。欧美十六七世纪以降之文化,即由兹以成;而吾国今后之途径,亦不外此而已,亦不外此而已。

附录　中华民族文化之过去与今后之发展

世界历史书籍中,所以称道古今民族者,每举其遗留于人间之成绩。曰太阴历本,曰金字塔,曰象形字,此埃及人之成绩也。曰日食月食之推算,曰十二星宿之分,曰以第七日为休息日,此巴比伦之成绩也。曰保存古代之记载,曰信仰一神教,此希伯来之成绩也。曰市府国家，曰泰利司欧里几之数学，曰柏剌图与亚历斯大德之哲学科学，曰意克梯努(Ictinus)之建筑，曰苏福克尔司之戏剧，此希腊之成绩也。曰开疆拓土，曰传播希腊文化，曰大筑城邑与沟渠，曰编制法典，此罗马之成绩也。曰喀斯德，曰婆罗门教，曰佛教，此印度之成绩也。凡此民族之有成绩者，人谓之曰文化民族，占世界历史中之若干页。吾中华民族在文化史中之地位如何乎？吾族足与埃及、希腊、罗马、印度等并肩而立，欧美学者所公认者也。乃近年之国人激于环球大通后所受之惩创，反而自鄙夷其文化，若已不足自存于今世者，甚至怀疑于其民族之本身若不足与白人相抗衡者，此乃目眩于一世纪之短促，而忘千万年之久远矣。事物之成败得失，以历久不坏为准。彼白种之兴也，始自欧洲文艺复兴以降，人智大开，学术大进，探险殖民，远及各洲。及英法革命后，政局大定，于是欧洲之学术，法制，工商，无往而不为人所取法。然以时考之，不过五百余年，他人五百年之成效，安能与吾族历四千余年之久者，相提并论乎？吾族之特色，自古代迄于今日，犹能保持其生命，视埃及、巴比伦之长埋地下，视希腊、罗马之主已再易，视印度之为人奴隶者，大有天壤之别，此必吾族之自处，有以胜于其他各族者无疑义矣。更自今日推及将来，白皙人种入罗马占领全欧以来，尚无有势均力敌者与之度长挈短，自其欧战后之精疲力竭观之，安知白人之在今后定有胜算之可操，视吾族之沦于五胡辽金元清，而犹能恢复其故我者，适与不适，亦正未易逆睹矣。如是，自时间久暂言之，正不必以百年来之失意，而遽怀疑于吾族之前途也。

一、中华文化之来源

吾族之文化何自来乎？吾国人之所深信者，曰由于文武周孔之制作；换言之，乃吾祖若宗之所精心结构。然欧人之研究文化者,鉴于埃及、巴比伦与希腊等文化之互相影响,乃创为华文西元之说,所引以为证者,曰十二星宿之分,曰分周天为三百六十度,曰以六十为一甲子。凡此诸事,无一不与巴比伦之旧说相吻合,遂有法人拉克伯里氏(Laconferie)中国文化来自西亚洲之说,与哥比诺伯爵(Count Gobinau)导源于印度之说。夫秦汉以后,亚欧交通之迹象已甚显著,佛像来自印度,天马产于阿剌伯,则华夏文物得自西方者,固可以按图而索,若夫历史记载以前,人种之往还,文化之互易,有谁得而考证之者,何能据天文学上一二端与巴比伦之相似,据以之断定全部文化之来源乎?美国支那学者洛佛尔(Dr. Berthold Laufer)氏自衣食方法之异同,以定文化之是否同源,其论较为精审。洛氏曰:自农具、耕牛、车乘诸端言之,中国文化与古代之西亚诸族如巴比伦等有极相类处,然自牛乳之使用言之,则东亚民族如中国、日本、高丽、安南、马来半岛与中亚之土耳其、蒙古、西藏及古代之大夏绝异,以其一以牛乳为饮料而一则否也。中国自古时早知饲羊,然不以羊毛为衣,与中亚之游牧民族异。洛氏自此衣食之异,乃从而断之曰:各民族之初期,其资生之法大概相同。可凭之以推定其出于同一祖先,然自其相异之点言之,则中国文化即在有史以前,固已离西方影响而为自身之发展。《世界史大纲》之作者威尔斯亦有言曰:"中国人之造成其文化,似乎出于自发,无外界援助。近来作家有创为中国文化得之古代色木族(Sumer)(即巴比伦文化之初祖)之说者,据河南出土之有色陶器,与中亚细亚东欧早期之陶器有相似处,以见在邃古时两方已有文化上之接触。然中国与色木族之兴也,同以新石器时代之文化为基础,一起于塔里木河,一起于佛兰梯司河下流,既有峻岭之障,又有沙漠之隔,两地人民虽欲往还移居而势有所不可得。"由此洛氏与威氏言观之,可以坚吾人之所信,曰中华文化乃吾民族自己造成者也。

呜呼,凿井耕田之具,生聚教养之制,祖宗经之营之者,自史后言之,为四千余年,自史前言之,为万年,为十万年,为之子孙者衣食于斯,教养于斯,尝藉祖宗之庇荫,自居于神明贵胄,何图以百年来之失败,并祖宗艰辛缔造而尽妄之,甚至有昌言打倒之者,何其轻举妄动至于如是。以一家一族言之,子孙于父祖之遗泽,常展玩不忍释手,其诗文书牍之稿,令后人想见其下笔之勤,若夫尝建大功立大业者,尤同族所引为门楣之光。呜呼,民族后辈之于其先人之制作,不当如是耶?

二、中华文化之特产

文化史之记载,详于各国之所独,而略于各国之所共,盖重其所异而忽其所同,人之心理然也。下自日用饮食之微,上达制作之精,此之所有,彼之所无,最易唤起史家之注意,或记载焉,或比较焉,指南针与火药之发明,所以为欧人所称道者,以其为中国之所独。丝茶之由来,欧洲学者颇有研究之者,以其为中国之所独。所以称埃及,必举金字塔者,以其为埃及之所独。所以称希腊,必举美术与哲学者,以其为希腊之所独。英国为宪法政治之祖,而他国则否,此为英国之所独。以革命改变欧洲政局,以法国革命之力为最大,此为法国之所独。明乎此理,则史家之于文化史,所以必举各国之特有成绩者,从可知矣。因其所特有,以推定民族创作力之有无。

欧洲人于吾国人之发明品,津津乐道者,曰指南针,曰火药,曰花炮,曰纸,曰钞票,曰丝,曰茶,曰磁器,曰金鱼,次为游戏之具,曰风筝,曰键子,曰纸牌,曰围棋,曰象棋,曰走马灯。兹者为有益于人生日用之物,其中如指南针,如火药,如纸,如磁,足与欧洲理化学上之发见相提并论,至于博奕之具,曾何足道,然小智小慧,亦为欧洲人之所不弃。盖吾国人平日之眼光,重其大者,曰经史子集,曰典章制度,曰有关风化升降之孝悌忠信。其为微物而左右人生者则忽视之。指南针之利便航海者何如,火药之影响于战术者何如,在吾之不重视物质之国,未尝以此自夸,必待欧人称道之后,而后自知其重要,此则两方观点之不同实为之也。

虽然,吾族文化之成绩,奚止如上所云,盖更有其大且远者,则宗教、社会、学术、美术是已。

第一,孔子之教,宗教乎?非宗教乎?世人辨之者众矣。谓为宗教乎?则孔子不语神怪,且无教会宗门之制,其异于一般宗教之神秘也可知。谓为非宗教乎?则孔子尝有畏天命,事鬼神之说,敬天尊祖,自为孔子所许可。我以为自其学说言之,孔子之教决与宗教殊科,自社会敬天尊祖之习惯言之,自有宗教元素存乎其中,盖孔子之道以人事为本位,而上及乎至隐之天道,二者一以贯之者也。《中庸》之言曰:

> 子曰:素隐行怪,后世有述焉,吾弗为之矣。君子语大,天下莫能载焉,语小,天下莫能破焉。君子之道,造端乎夫妇,及其到也,察乎天地。

惟孔子之道:造端乎夫妇,而致极于天地,故与耶稣以人间为地狱者迥然异辙,与佛教之超脱生死轮回者,亦自不可同日而语。西哲杜里舒尝游北京之雍和宫与大成殿,既出而告我曰,一则富于幻想与鬼怪(指欢喜佛言之),一则光明易简。此言也,可谓道中孔道之真相矣。孔教博大而无所不包,故鲜与他教发生冲突,佛教之来也迎之,耶教之来也迎之,乃至西方哲学之来也,科学之来也,无一而不迎之。佛教入中国后尝有三武一宗之难,然皆起于佛道之间,而不起于儒释之间,则孔教之博大宽宏也可知。至于西洋史上历时三十年之宗教战争,尤为吾国之所绝无。一言以蔽之,是皆孔子之厚赐于吾民族者也。

第二,孔子关于社会组织之说,汉儒尝引伸其义,而为白虎通之三纲说,曰君为臣纲,父为子纲,夫为妻纲。自西方民主之说入中国,君臣之义与君主之制大为世所非笑。自西方小家庭之说入中国,昔日子孝弟恭与夫对伯叔或从兄弟之礼让,概视为大家庭之流毒而非之,至于夫纲之说,亦以其背于男女平等之学说而视为不足道。我以为孔子生当春秋封建之世,臣弑其君之祸,史不绝书,其所谓尊君,亦犹法儒布丁氏言主权之贵乎统一,英儒霍布斯之言专制,言各有当,何能以今日之学说评二千年前之先哲乎?父为子纲之说,犹之各民族史父权之制,为社会学中所常见。大家族乃各国农业时代合族聚居之通例,非我国所独有,及乎子弟众多,应析产而分居,宋儒张栻且尝言之,奚待西欧人而始发见之乎?至于夫纲之说,自其今日言之,谓其背乎男女平等,然西人家庭与社会之间,除礼节上尊崇妇女之外,以家庭实权言之,何尝操于女而不操于男,对于既婚之妇许其有独立财产,斯为西方近世特有之制;以社会地位言之,多数职业,何尝操于妇而不操于男,所谓男女平等者,视为女子权利之增长则可,何尝有两性间真平等之可言哉?凡此孔子之三大原则,自社会进化之阶段言之,本无可非,其所以为此言者,乃时代实使之然,何能执二千年后之是非,定二千年前之人之功罪哉?况乎舍社会进化之标准而就理之是非言之,则孔子之言,自有其至当不易之价值。凡社会必有别上下,定民志之秩序,今日所谓铁的纪律,所谓领袖制度,皆久乱后求有新秩序之呼声之表现。君为臣纲之说,作为治者与被治者之关系以观之,父为子纲,夫为妻纲之说,作为家庭间负责人之关系以观之,安在此等学说可以一概抹杀哉?西人劳佛尔赞扬吾国社会之说曰:

中国文化于史后时代大进步之关键,在乎其社会的与民事的德性之健全发展,此种学说之造极,成为孔圣所定之政治伦理系统,以祀祖结合同族也,家庭生活之神圣与纯洁也,子孙之孝敬也,以个人纳入家与国中而为其一员也,皆为中华人之种族的与国家的历久长存之大因,中华文化与其制度所以具有不可破坏之活力者在此。

异哉！旧社会制度之优点，惟外人稍窥见之，至于二千年后之子孙惟知毁谤而已。

第三，以吾国闭关时代之学术，较今日欧西分科发达之哲学科学，其为望尘莫及，自无待论。盖思想不同，环境不同、物质设备不同，有以致之，非吾祖宗心思才力之不如人也。处二千年帝政之下，思想言论，绝无自由，所凭之以为研究之对象者曰圣经、贤传，莘莘学子又埋首于科举帖括之业，以得一第为荣，则吾国学术之销沉，何足怪乎？以三二千年之经过言之，战国时代，百家争鸣，儒、墨、道、名、法各家，各立门户，以张己说，比诸古代希腊，殆无逊色。秦汉以后，国家一统，汉武罢黜百家，表彰六艺，学者所致力者收遗书、存师说、明训诂而已。魏晋以清谈相尚，庄老风行，佛教又入中土，聪明才智之士，尽集于宗门之中，佛教骎骎夺儒席而代之。自唐韩退之作《原道篇》，宋孙明复作《儒辱论》，中华民族渐复其自觉之性，而濂、洛、关、闽之理学以兴。明代承象山之余绪而发挥之者，是为阳明，支配有明一代之思想者，亦惟阳明。清代惩明末讲学之猖狂，而返乎朴实，于是汉代考据之学又昌，胡阎开其先，惠戴继其后；至于咸同之间，曾文正虽有义理、考据、词章三者并重之论，而欧化已东，非复吾国旧日智力所能抵抗矣。近百年以来，东西方学术之优胜，所以影响于我者如何，容俟后论。但就两千年来汉宋两家之成绩言之，自有其历劫不磨之价值。宋学之所以昭示吾人者，曰存心养性，曰修齐治平，曰出处进退，其目的在乎收敛身心，故于体验方面特别用力，明道之所谓主静，阳明之所谓良知，要不外乎去人欲之私就天下之公。虽西方人亦有以哲学之名名吾国之理学者，然一则以内心生活为主，一则以外界认识为主，二者之内容，迥乎不同。自孔孟迄于宋元明清学者知身心之省察克治，且力求义理之标准以范围人心，更本其平日之修养以效忠乎社会，故穷而在下，则聚徒讲学，达而在上，则致国于治平。如宋之二程朱陆，明之王阳明，清之曾文正皆其尤显者，而世乃以“道学先生”讥之，更见其浅陋而已。至于汉学家之工作，在收拾遗经于灰烬之后，更以文字之义久而尤晦，非经训诂注释，后人难于诵习，自汉之马、郑，迄于唐之孔氏，皆尝以此为毕生事业者也。清儒惩明末之空谈，返而求诸六经，所以辨诸经之真伪与文字之嬗变者，其方法益精确，立言益谨慎，故近人如梁任公等以“科学方法”称之。斯二派在旧日学术史上，彼此互相排斥，然而平心论之，非有义理，何以范围国民思想，非有训诂，何以阐明文字变迁，曾文正并重之论，自学术之多方面言之，最为平允矣。

汉宋二家之学，自其辅翼圣道言之，可谓属于经之范围，自其阐发思想言之，可谓属于子之范围，此外所当论者为史部集部，然集部为诗文之总汇，沿革如何，派流如何，盛衰如何，为文学以内之事，与普通学术异，姑存而论。但就史部言之，则吾国史籍浩繁，为世界其他国所罕见，篇目之多，内容之富，颇类于各国之百科全书。至其短长得失，梁任公于其历史研究法中，已尝论列，而西人对于“二十四史”赞赏之辞，吾国人所不可不知焉。洛佛尔氏曰：

> 方古代印度欢欣鼓舞于神话，而忘其历史记载之日，中国人对于一切事物，不论其属于内政与外族交通，皆本极正确，极细致，极公平之心从而记载之，中国人之传统，详载于“二十四史”中，可谓世界诸大奇迹之一，此艰辛之工作，即中国所自造之最永久之纪念碑。

简而言之，学术方面除论理学及亚历斯大德所手创之其他科学，吾华族不如希腊外，视其他诸族，吾国皆有过之无不及焉。

第四，西方哲学之中，真善美三者并重，吾国哲学之中，重善而少言真美。惟三者之并重也，除政法伦理之属于善，科学哲学之属于真者外，尤注重美术。文学也，绘画也，雕塑也，建筑也，西人视为构成国民生活之重要部分，而为政府所不敢忽视。视吾国人之于诗词、绘画、雕刻等或为文人学士游戏笔墨，或属于欧阳文忠所谓足吾所好玩而老焉者，二者之相去，不可同日语矣。西人本此眼光以求吾国之美术品，屈原《楚辞》，杜甫、李白之诗，欧西久有译本，即《牡丹亭》、《西厢记》，西人既译其剧本，且组织剧团而演之于西欧，其重视之也如此。西人又收罗吾国名画，乾隆时内府所藏晋代顾恺之画，因拳乱而流传于英，大英博物馆中视为希世之宝矣。西人于吾国之画，最倾心于唐宋以来之所谓南派，以其笔简而气壮，景少而意多。尝以米元晖、倪云林、石涛之作示西方画家，彼欣喜欲狂，不自知其手舞足蹈，诚以吾国之选题布景有万非西方画家所能及者矣。西人于吾国雕塑，始以为我受佛教美术之影响，如云岗，如龙门石窟，皆北魏时之佛龛也。1907 年有山东嘉祥县武氏祠前汉代石狮子之发见，1911 年法人又查获霍去病墓道之石马，乃知佛教东来之前，吾国之雕塑固已臻上乘矣。至于吾国建筑之朴实、坚固、优美三者具备，梁思成已于其《清代营造法式》中，著《吾国建筑沿革》一文以疏通证明之。近来吾国校舍已渐不模仿欧式而复归于吾国之宫殿式矣。凡此西人之好恶，原不足以定吾族文化之高下，然吾国之美术，彼既视为神品，吾等为子孙者，奈何反不知爱重乎？

以上宗教、社会、学术、美术四端之简单写叙中，可以知吾民族文化特点之所在，此特点中，即足以见我之所有与彼之所无，而吾祖若宗之对本国，对世界宁有愧色乎？

三、中华文化所以历久长存之故

中华文化内容之特点，既如前述，然更有其特点之特点，即中华文化之生命，较他族为独长。与吾族先后继起之其他文化民族已墓木高拱矣，而吾华族犹巍然独存，其所以然之故，不可不深考焉。兹举古代文化民族生存年龄如下：

甲、埃及

(一)旧帝国当西纪前 4000 年

(二)中帝国当西纪前 2100 年

(三)新帝国当西纪前 1700 年

西纪前 527 年灭于波斯

西纪前 332 年灭于亚历山大

乙、巴比伦

(一)色木时代当西纪前 3000 年

西纪前 2750 年灭于萨贡

(二)萨贡时代当西纪前 2750 年

西纪前 2100 年灭于哈木勒比

(三)哈木勒比时代约为一百年(是为巴比伦之始)

西纪前 2000 年灭于喀西族

丙、亚西里亚

强盛之期始于西纪前 1100 年

灭于西纪前 606 年

丁、希伯来

移居巴勒斯丁在西纪前 1400 年

西纪前 1050 年诸族统一选举沙尔为王

西纪前 722 年灭于亚西里亚

戊、波斯

强盛之期始于西纪前 650 年至 625 年间

西纪前 330 年降于亚历山大

己、希腊

建国之始西纪前 1000 年

西纪前 146 年灭于罗马

庚、罗马

建国之始西纪前 753 年

西纪后 476 年西罗马亡

西纪后 1453 年东罗马亡

辛、印度

吠陀时代始于西纪前 2000 年

西纪后 1001 年灭于回教徒

西纪后 1526 年蒙古子孙扳勃氏建莫卧儿帝国

西纪后 1774 年为大英帝国所统治

吾华民族之年岁何如乎，中华历史之开始，除盘古等之神话外，计有二说，第一说，司马迁主之，第二说，则以龟甲文为实物证据，而托始于殷朝：

（一）据《尚书·尧典》始于西纪前 2400 年

迄于今日共约四千三百年

（二）若以殷朝为有实证之期则始于西纪前 1766 年

迄于今日为三千七百年

更以吾族之年岁与他族相较

一 埃及独立生存年龄三千五百年

二 亚西里亚独立生存年龄五百年

三 希伯来独立生存年龄二百余年

四 波斯独立生存年龄三百年

五 希腊独立生存年龄八百余年

六 罗马独立生存年龄至东罗马灭亡为止二千二百余年

七 印度总年龄三千九百余年，独立时代为两千年，余则失其独立

以七族之年龄与吾族之四千三百或三千七百年相比，则吾族

为全球第一老大哥显然矣。自有历史以来，绵延不绝者，除吾中华外，世间已无第二国。日本尝以万世一系之皇位自夸于世，吾人宁不能以“万寿无疆之民族”自傲于全球乎？

以上诸族之中，如巴比伦，如亚西里亚，如希伯来，如波斯，皆不出乎同一西亚洲之地点，其享国岁月之短，殆如齐之灭宋，楚之灭越，或汉唐宋元明之相代，不得视为一族之兴亡。其可与吾国度长挈短者，当推埃及、希腊、罗马、印度四族。埃及之特长，在建筑，在宗教，自西纪前一千年，已不复能维持其独立，相继而为希腊、罗马、阿剌伯、土耳其之隶属，今则为英之保护国矣。其西纪前二三千年之政治得失，以年湮代远之故，即西方专家，亦罕能论定，故本论中暂付阙如。但就余三族与吾国比较而言之。

第一，印度之与吾国，地为同洲，且以佛教来自彼方，吾人心中与之最为莫逆，然以国势言之，印度最不能自立，且为未尝统一之国。其三千七百余年之历史中，上古时代，有诸明之学，有四姓之制，有佛教之兴起(西纪前 485)，是为印度文化之发源。当西纪前 334 以至前 327 年间，亚历山大尝由西北印度侵入中印度，幸亚氏早死而印度得免为人隶属。中古时代，自西纪前 200 年迄于西纪后 1000 年，所以统治印度者，为本国之诸王，在文艺上，宗教上能发挥印度本色。而吾西行求法之高僧如法显，如玄奘，当笈多王朝超日王与戒日王之世，正印度之盛时也。至于近古期中，自西纪 1001 年以降，为回教徒之侵入，历时五百余年之久，又继为帖木儿子孙拔勃氏莫卧儿帝国(1526 年始)之统治，约一百五十余年，至 1764 以降，受东印度公司之支配，而为英之属国矣。如是，印度民族于文化上虽有独到处，而政治则非其所长，至于对外之抵抗力尤为薄弱，而近二千年竟完全丧失其独立。此印度之所以亡也。

第二，希腊为地中海东端之岛国，地势支离破碎，其民各据一方而立为小国，后人称其政制为市府国家，最著者曰雅典，曰斯巴达。地小而人稀，由人民直接主政，故世界之民主政治于此产生。波斯尝遣远征军以图希腊，连战十三年之久，卒为希腊所败，盖民主国之军队能应付外敌，且战胜东方君主国，实以此次为嚆矢。自是后二百年间(西纪前 499——前 300)为希腊文化全盛期，文学、美术、哲学、数学无一不勃蓬以兴至今令西欧各国奉之为文化之祖。然其国内小邦间，甲乙丙丁各不相下，因此演成内争。其学者意苏克勒氏(Isocrates)叹曰："苟有外人入吾国而察吾之现状，于吾之因细故而相残，而自毁其国，必目为世间之大愚，否则，吾人攻取亚洲有何难乎?"其后希腊降于马基顿，西纪 146 年夷为罗马之行省矣。如是希腊之民主政治与其科学哲学之工作，为有史以来之大贡献，独其不脱小国之观念，内部相残以自杀其国力，此希腊之所以亡也。

世界历史中拓地之广，享国之长，差堪与中国相伯仲者，当推罗马。罗马于西纪前三世纪之末，征服南意大利后，因争地中海商业，与卡西治开战，历百年之久，卡人始为罗马之属。罗马犹不自足，复平埃及、小亚西亚、西班牙、法国，至该撒时代，威力远及英伦，盖地中海之四国无非罗马之属，与吾秦汉盛时，约略相类矣。该撒声威既远及异域，自任为迭克推多，自此以后，罗马由共和而改为帝政，其建筑与文艺之发展，亦以此时为盛。自君士但丁时起，罗马帝国裂为东西二部，一以罗马为都，治欧西，一以君士但丁堡为都，治欧东。及西纪 476 年西罗马帝为日耳曼人被迫去位，于是欧洲非复罗马人之欧洲而为日耳曼人之欧洲。东罗马帝为希腊文化所支配，至 1453 年为土耳其所灭。罗马晚年之失败或曰由于政治之紊乱，或曰由于民俗之骄奢，或曰由于罗马人对于日耳曼种之来，漫无准备，要其所处之境，类于晋之于五胡，宋之于辽、金、元，猝遇强暴之敌而莫之能御。此罗马所以亡也。

吾国三四千年之历史如何乎，我无喀斯德，故无严格之阶级高下之别；人种语文之纯一，远在印度上；统一之局大定，非印度小国众建之比；中心文化早立，故佛教之来也，有增益而无变更；各宗教间之不两立，不如印度之甚。其为外族并吞之时至暂，非久即恢复其独立。此我之所以异于印度也。希腊为岛国，我为大陆国，希腊为民主，我为君主，希腊重理智，我重力行；一则如水之轻灵透彻，一则如山之稳重凝固，此我之所以异于希腊也。至于我与罗马之相类处，较以上印希两国为多。罗马人祀祖，我亦然；罗马人生长于父权之家庭，而我亦然；罗马人好远略，而我汉、唐之人民亦然；罗马人注意于统一全国之行政，而我亦然；罗马人之理智，逊于希腊，注重实行，而我亦然。然外敌之来也如匈奴，我能拒之，而罗马不能，至于入主吾土之外族如五胡，如蒙古，我能同化之，而罗马不能，是我之异于罗马矣。合此种种而计之，人种语言之纯一，文事武功之双方发展(印度为单方)，文化根据之深厚，均有独到之处。虽云理智稍逊于希腊，然亦非全不发达，其性情又宽厚而能持久，且善于蕴蓄实力，以图卷土重来，此殆吾族所以历四千余年之久而犹存欤。

四、今后之发展

凡上所论，皆古代民族也，吾族与之相形，不特无逊，且时有过之者。乃近百年以内，与欧洲之白人相处，我无往而不败。此白人即日耳曼人种，露头角于西纪5世纪中(其入罗马为410年)，历千余年，始而接受耶稣教，继而稍具政治规模。及15世纪，大振起学术，改革宗教，发见新地，广兴工商，所谓民族的国家，于以产生。民族文学也，民族政治也，次第兴于各国，至19世纪法国革命后，而民意政治遍于全欧。以言学术，则科学方法之正确，非我之所能及；以言政治，则国民主权为基础，非我之所及；以言教育，则国无不识字之人民，非我之所及；以言军事，则坚甲利兵，通国皆服军役，非我之所及；以言工艺，则发明之品，日新月异，非我之所及；以言财政，经济，则收入之富，支出之繁，又非我之所及焉。此自15世纪以降日耳曼族之新文化，有为前代各族所不及者矣。

吾族之与欧人相遇也，始视为夷狄而轻之，继则被迫而开港通商，鸦片烟之战也，英法联军也，犹因通商而启衅。安南、台澎之失地，旅大、九龙之租借，则进于领土之争。数十年来所以因应之者，有曾李之军事工业政策，有张之洞、张百熙之教育政策，有康有为之百日维新，有辛亥之革命，更有关于家庭者曰家庭解放，关于社会者曰社会改造，关于智识者曰提高科学。最近数年，忽而心慕俄之共产主义，忽而力追意之法西斯主义，凡外国之轩然大波，吾之老辈与青年无不心中砰然欲动，欲移植之于东方，直如病危之际，医药乱投，而病尤不可救矣。

总以为文化之改造，非易事也。舍己而求人，是为忘其本根，采他人之方而不问其于己之宜否，是为药不对症，心目中但欣羡他国之制，而忘其本身之地位，是为我丧其我。虽欲建树而安从建树乎？吾人不敏，敢贡二义：

第一　自内外关系言之，不可舍己徇人。

第二　自古今通变言之，应知因时制宜。

文化之建立，犹之种树，不先考本国之地宜，则树无由滋长，且国民习性与制度相表里，习性不改，则新制无从运用，此己之不可离者一。日日瞪眼以静待世界之变，因他人之变而效颦，抑知己之不能自立，即失其所以为己，虽学而不得其似，此己之不可离者二。抑所谓己焉者，非独限于现代之人，当推本于过去之己，则祖宗是矣。国中少数学者不特不能窥见前人制作之精意，专毁谤先人以自炫其新奇，冥冥之中，使国人丧失其自信力，实即所以摧毁其自己。古人之立言，必有其所以然之故，孔子之尊王，所以裁抑封建诸侯，而非以压倒民众；古人提倡德化，言乎德礼之重要，非菲薄近代之法治；古人尊德性之说，言乎身心当修养，非谓物质科学之不当注重。乃至古今制度学说中，有为历史上之尘垢秕糠所蒙者，应为之分别洗涤。孔子自孔子，不因秦汉后君主专制之政而损其价值。阳明自阳明，不得以明末之心性空谈而抹杀之。今人读古书，当求古人之真面目，不可合其相连以起者而排之。要而言之，从善意方面加以解释，自能于四千年之历史中求得其精义，以范围国民心志。若徒加以谩骂，甚且以宦官、外戚、缠足、科举、娶妾等事，概以归罪于孔子之教者，直丧心病狂而已。

抑近人之中，非不知注意历史，然社会上提倡汉人治学方法，相率趋于考据一途，夫文字事实之考订，非不重要，然立国教民，必有其大经大法，此即曾文正所谓义理也。求义理于四千年之文化史中，择其行于古而适于今者以为圭臬，则本位文化以立，而与现世亦无扞格不入之弊矣。

且惟此推本于古代文化之政策中，然后求得吾族之真正自我，不独其源流贯通，且于新文化中自能发挥吾族之特点。英有英之经验哲学，德有德之先验主义，英有英之宪法政治，德有菲希德、黑格尔之国家观，彼等不以模仿他人为能，惟务发挥一己之特长，乃其文化之所由立也。所谓不可舍己徇人者其意如是。

欧洲 15 世纪以来之文化，与吾国中古以降欧洲中古以降，有绝然不同者：第一，中古所以统一全欧者，曰神圣罗马帝国，曰教皇，是为天下而非民族国家，与吾国之自秦以降等焉。及乎近代，民族国家，代之以兴，文字也，制度也，工商也，军事也，教育也，皆以本国为本位，全欧之中，有英俄德法等国，要皆不忘其本族之利害。其教民也，务使人人识字，人人通晓爱国大义，惟分子之健全也，而后国家赖之以维护；其理财也，务使人各有衣食，且能有积贮；其练兵也，有通国皆兵之制，人尽其卫国之责。质而言之，民族国家之中心，人民是矣。第二，民族国家养成健全国民之方法，除文字、智识之教育外，以人格发展为第一义。父母之于儿童也，导之以义方，更许以随时表示其好恶，以养成其独立判断之能力。其人于社会也，赋以言论结社之自由，盖个性发展之结果，惟有许以各行其是，非古代“道一风同”之教所得而范围之矣。个人之与个人，团体之与团体，其相待也，有公平竞争之原则，各人于比赛之中，可以表示其所长，然比赛有两造共守之规则，则虽争而不至于相残相害，以损社会之元气，与孔子所谓御射时君子之争，其用意正同。质而言之，人格之自由发展，乃现代道德教育之要素焉。第三，自15世纪以降，人类智识之对象，曰自然界，曰人事，大地之间，无一不入于科学哲学研究之范围，惟知识之无穷极，因而真理日在变迁之中，有牛顿学说而有牛顿之时空，有相对论而有相对论之时空，因达尔文而有物种微变之说，因田佛利而有突变之说，学说之变也不已，而人之所以接之者，亦日不暇给，盖现代生活之第一特点曰变曰动，与中古之墨守故常者，不可同日语矣。凡此三者，皆现代欧洲文化之特点，吾族既为现世界之一员，不能不采他人之长，以补一己之短，然因此外来元素之增益，吾之政治、学术、风俗、人情，将大异乎昔日，其间之相去，不仅如秦汉之异乎周代，唐宋之异乎秦汉，或明清之异乎唐宋。其为划分时代之新文化无疑焉。所谓应知因时制宜者，其意如是。

五、结　　论

尝统观四千年之历史，吾祖若宗所以建立吾族文化者，根基若是其深厚，所拓疆土之广，所含人种之多，与夫成绩之彪炳，享国之长久，求之各国，鲜有匹敌之者。吾侪之为子孙者，不应托庇先人宇下而自满，不应坐享前人之成而自逸，盖东西诸国张目伸手，眈眈逐逐于吾旁，由通商之要求，而进于藩篱之撤尽，由藩篱之撤尽，将进而为本部之分割，吾民族亡而文化随之以亡矣。吾同胞乎，其深信历史之过去，以增高其自信力，其毋忘环球大势之注意，以谋所以因应，庶几上无愧于先人，下为来者树攸久无疆之业乎！

吾先人当外来文化之侵入，而谋所以处之者，固有术矣。晋室不纲，五胡窃发，北方诸省，陷于鲜卑、氐、羌诸族者数百载，斯时佛教直取孔教而代之。历隋、唐之后，吾族之自觉性恢复，而孔子之精神，赖佛家明心见性说之触发，而复活于宋人理学之中矣。今日东西之外患，视五胡如何？或曰东西人之智力，非五胡所能比拟，或曰东西洋人之入寇，不至如五胡之甚。乃至欧洲文化之优胜，视佛教又如何？或曰科学之力只及于思想与技术，不及于伦理；或曰科学能影响于吾人之全部人生。凡此双方之是非，诚未易得一定论，然吾族今日政治上、思想上犹能维持其主权，则为人所共见，或者由沉睡而觉醒之期，不必如由五胡、南北朝而达于隋唐之历时久远。征诸往史，吾族之能消化外来元素以成为我之所固有，本已的然无疑，其亦继战国、唐、宋之后，而另成一文化大振之新时期乎。此由既往推将来而有以知其必然者也。

（选自《明日之中国文化》第九、十讲，上海商务印书馆1934年版）

《明日之中国文化》是张君劢30年代的重要著作之一。作者站在现代新儒家的立场，对欧亚两洲文化的起源，欧洲、印度、中国文化的发展，以及中国文化的出路进行了具体的分析探讨。选文是该著的第九、十两讲及附录部分，主要内容一是对中华民族过去文化的批判，二是对中国文化未来的设想。

中国现代化与儒家思想复兴

张君劢

本讲题的名称——中国现代化与儒家思想复兴——初看起来,可能是矛盾的。中国现代化与一般人所了解的儒家思想复兴,这两种概念是相反的两件事,似乎彼此不能相容。

大家都知道,在一般人的心目中,"儒家"一词代表的是一种旧学说或旧规范,而"现代化"一词所指的则是从旧到新的一种改变,或对新环境的一种适应。然而,如果人们深究儒家思想的根源,显然,儒家思想是基于一些原则的:如理智的自主,智慧的发展,思考与反省的活动,以及质疑与分析的方式。如是这一看法不错,则儒家思想的复兴适足以导致一种新的思想方法,这种新的思想方法将是中国现代化过程中的基础。我的看法是:儒家思想的复兴有助于或者是中国现代化的先驱。人们甚至可以说,在中国人心目中根深蒂固的儒家思想足可为导致中国现代化的基本方法。

本讲演分为两部份:第一部份讨论"现代"一词的意义和中国对现代化的尝试;第二部份讨论儒家思想的复兴。

一、现代化的意义和中国对现代化的尝试

"现代"一词的意义是什么?"现代"是什么?"现代"或"古代"一词不过是区分一个时代知识趋势的一种表示。一般地说,科学

与民主的标识被用来作为现代化的标识。人们如果要问:没有心的作用——即思想的合理性,科学能否发展?人们便可看出现代科学只是一种显然采用计量与实验方法的学科。现代科学与古代思想同是基于思想合理性的原则。所以,现代与古代,不是像意义与无意义或者黑与白那样的分别,而是在准确程度上有差别而已。

现代与古代的分野,虽然只是准确或方法的差别,但这个问题却很重要,我们必须在这两个时代之间找出一条分界线。这条分界线便是指示中国现代化途径的路标。

人们翻开欧洲现代史,便发现将欧洲引进现代的是若干知识界领袖。下列名词如:文艺复兴、科学发展、宗教改革、专制君主及民主政体的兴起,都是欧洲走向现代化的里程碑。这些运动表现于文艺、宗教、知识与政体等不同的领域中。在这些不同的领域中,领袖众多,我很难指出谁最重要。现在我们姑以培根(Francis Bacon)为引进现代中的一位。培根著有《新论理学》(Novum Organum),在这本书中,他强调归纳与实验。这是他主张现代学习方法的积极的或者肯定的一面,他也有消极的或者否定的一面,那就是他指出四种偶像:部落、穴居、市场、戏剧。据他说,这四种偶像都是发现新知识的障碍。

培根指责亚里斯多德(Arstotle)是其论理学或演绎法的奴隶,这一指责乃是废旧更新的一种强有力的武器。培根将这两方面的思想做成对比,使得我们中国人知道关于现代化问题我们该做的是什么。

但我也得提一提促成现代的另一些人。主张彻底怀疑的笛卡儿(Rene Descartes)告诉我们的一个公式:“我思故我在。”(Cogito, ergo sum)他说,我们可以怀疑一切事物,但我们却不能怀疑我们自己的思想。这样直觉出来的印象,极为清晰,由此他又提出别的推理原则,如因果律(the law of cause and effect)。这是理性论者(Rationalist School)的基础,也是康德哲学悟性范畴的基础。另一方面，我也得提一提主张思想是一张白纸的经验论者。这派论者认为感觉是知识的泉源。

在宗教方面，我不得不提一提新教领袖路德(Martin Luther)，他在《一个基督徒的自由》(The Freedom of a Christian Man)一书中，主张人的内在力量应摆脱人为形式的束缚。他为良心自由也为人权奠立基础。茨温格利(Zwingli)与加尔文(Calvin)为个人的内在自由而奋斗，由于他们的奋斗，现代的宗教、公民与科学自由就抬头了。

在科学方面，提出三个名字就足够说明了：哥白尼(Copernicus)、伽利略(Galileo)与克卜勒(Kepler)。他们都是实验科学(experimental)方面的先锋，并为自然法则(Natural Law)的发现，奠定了观察的方法与证据的假设。

在政体方面，我要提出初期中的布丹(Bodin)、亚尔秀夕斯(Althusius)与格老秀斯(Grotius)，以及后期中的霍布斯(Hobbes)、洛克(Locke)与卢梭(Rousseau)。他们的社会契约与自然权利学说导致了立宪政体与民主政体的制度。

只提出先驱工作者的名字，而不探讨他们的著作，在这个场合也就够了，因为我们都知道他们。当人们问道："现代思想、现代制度和现代生活的特征是什么?"我觉得，基本上，人的理智自主是现代的真正动力。这从不同领域的不同方式中都看得出来。在宗教方面，它叫做良心自由；在哲学与科学方面，它叫做理性论(rationalism)与经验论(empiricism)；在政治与经济方面，它叫做人权与自由竞争。虽然在不同领域中有各种不同的表现，但它们却出于同一个来源，那便是人心或思想的合理性。

当欧洲自现代化以来，生活上有了改变与谋求进步之时，中国恰正相反。

中国是悠久传统被保持与受尊重的一个国家。自孔子删订经书以来，学者就信奉他的学说，并阅读他的著作。儒家在中国掌握着思想生活。不仅儒家的学说，诸如道德价值，性善及修身方法等学说，被视为永恒的真理，而且就像专制君主政体及以经书作为考试课本等制度，也被看作是经久不变的。人们可以说儒家在中国就是教会、政府与学术的三位一体。当然，儒家也有敌对的学派，那是道家与佛家，但都不是势均力敌的学派。道家在现世界中对人生采取放任的态度，并且总想延长寿命。它在出世与入世的人生哲学中，是采取中庸之道的。

佛教自印度传入，受到中国学者及平民的信奉。中国本身并未创设任何宗教，佛教是经过若干时代才适应的，大部分佛经由梵文译为中文，并建立藏经楼加以收藏。佛教强调人生的空虚，故从未能代替儒家的经书、家庭制度或政体形式。自秦（公元前256—前206年）、西汉（公元前206—24年）、东汉、（25—220年）、魏（220—265年）、西晋（265—317年）、东晋（317—420年）一直到隋代（549—614年），中国知识分子都尊崇儒家经书，而政治制度亦全依据儒家精神。

在这些朝代中，儒家经书虽被普遍诵读，但大部份最优秀的学者却对佛教发生兴趣。中国人对佛经经过这样长时期的深思熟虑之后，就以其自己的方式加以解释，并建立中国的佛教宗派，例如净土宗、华严宗与禅宗。这些佛教新宗派的形成，说明中国人恢复了他们的思想能力与创造能力。

中国人思想能力的复活也推及到儒家，故在唐代（618—906年）及宋代（960—1279年），新儒家兴起了。新儒家学说的旺盛，归功于宋儒：在北宋时期的周敦颐（1017—1073年）、程颢（1032—1085年）、程颐（1033—1108年）及南宋时期的朱熹（1130—1200年）。如果有人要问新儒家学说与孔孟学说有多大差别，我的回答是：新儒家所提出的问题完全不同。他们的问题是宇宙论方面的：

宇宙是否存在,理(精神)与气(物质)的关系视为探讨人性与物界的方法,如何使物理与心理一致。最后一个问题是朱熹开始提出讨论的,明朝(1368—1644年)的王阳明继续予以探讨。宋明两代是中国思想在春秋与战国时代全盛之后最活跃的时期。

王阳明及其弟子去世之后,中国思想界的活力便没落了。有清一代,中国思想界转向于考证学,惠栋、戴震等的著作可为代表,他们的兴趣集中于内容的批评、字句的解释及事物的来源。人们不能说没有过像宋明时代那样的哲学,但清代一般的意见总认为所有的哲学问题都经朱熹解决,不需要再探讨了。这便是张履祥(1611—1674年)、陆世仪(1611—1674年)、陆陇其(1630—1693年)等人的态度。这乃是停滞时期,在这个时期中,儒家思想的陈腐表现又出现了。

在19世纪时,西方国家带着兵舰、大炮与蒸汽机叩开中国的大门,中国于是和西方国家接触了。一直到19世纪中叶,中国学者尚不明白在哲学、科学、技术和政治方面西方是如何地优于中国。和日本相比,我得说中国人对于其历史上四十多个世纪以来所从来未遭遇的新环境,已失去好奇心理与适应能力。

自19世纪末……(略)中国对于现代化却曾有过几次尝试:

一、第一次尝试的人是曾国藩和李鸿章。在这个时候,曾李都承认西方在技术与自然科学方面优于中国,于是在福州设立造船厂,在上海设立兵工厂,并设立翻译馆翻译有关枪炮制造、造船、航海、化学、天文及国际法等西方书籍,北平与上海各设外语学校一所。这些都是鸦片战争与太平天国之乱以后的设施。

二、一直到1894年中日战争结束,中国政治家尚未想到专制君主政体有改革的必要,虽然于1877年出使詹姆士朝廷的中国第一位使节也是曾国藩之友的郭嵩焘曾上书大清皇帝说:英国议会制度之完善一如夏商周三代的政体。1894年中日战争之后,一位有远见的派驻日本的黄公使,写了一本《日本史》,内中有很多章叙述明治维新的事。告诉中国人政体有改革必要的,他是第一个。在黄之后,康有为、梁启超及其他维新领袖上书满清皇帝说,政治维新是救国之道。康的建议虽于1894年被光绪皇帝所采纳,但1898年六月十一日到同年九月二十日的百日维新,却因慈禧太后所发动的政变而挫败了。

三、1911年的革命。1900年义和团之乱后,所有的中国人都明白满清统治都不适于治理国政。孙逸仙博士是一位具有远见的人,他认为专制君主改为民主共和制是进入现代化的途径;鼓吹几年之后,留日的中国学生,为了推翻满清政府,便组织同盟会。1911年,武昌新军的起义,为所有其他二十省的新军发出推翻满清的信号。皇室看到这种情形,由于他们已无力镇压各省的叛变,摄政王与皇室会商之后,便决定退位。满清皇室的退位,就是把政治权力交给人民。虽然政权的移转可在短时间里完成,但合法而和平地治理却需要相当的经验、诚实与守法精神。袁世凯成为首任中华民国总统之后,作为共和国的总统,他并未抛弃他是皇位篡夺者的想法,所以他企图改共和为袁家朝代,称其统治为洪宪,他仅仅统治了几个月,这是因为蔡锷将军与梁启超已在云南与广西起义。洪宪运动之后,中国青年察觉到一纸宪法,其本身是不能生效的,为使中国成为一个现代国家,某些彻底的改变必须进行。这便是五四运动的暗含意义。

四、五四运动。这是许多活动的一个说法。这个运动从学生示威游行反对中国在凡尔塞和约签字开始,因为在这个和约里规定1914年日本在战争中自德国手中获得的胶州湾租借地归日本所有。不过,这个运动却包含若干其他方面:

(一)文学革命——由古体变为白话。

(二)主张自由恋爱——男女有选择配偶的权利。

(三)要求建立真正的民主政体。

(四)强调科学研究的重要。

胡适博士和陈独秀是这个运动的领袖。胡适与陈独秀虽同为文学改革而努力,但他们对马克思主义或共产主义的看法却不相同,五四运动之后,陈独秀变成中国共产党的首领,而笃信杜威博士实用主义的胡适仍旧拥护民主。……(略)

从这一现代化的叙述,我们可以了解,现代化是由旧的思想、观察或统治变为新的思想、观察或统治,但在实际生活中,现代化乃是一场人们个性的冲突。它总是站在进步与自由一方的人和站在保守或激进一方的人之间的斗争。这便是基督教会为什么有路德、加尔文、茨温格利也有正教会派的道理。在学问方面,一方面有培根,另一方面有亚里斯多德派;在科学方面,有伽利略和宗教法庭;在政治方面,有路易十四和革命分子。在中国,进步份子和保守分子也作相同的对抗:例如,在政治上,康有为和光绪皇帝站在一边,慈禧太后及其党羽站在另一边;在文化方面,也有敌对的阵营:一方认为中国文化的地位很高,西方的成就止于技术阶层,而急进派则要在整个过程中全盘模仿西方。

在亚洲国家中,现代化在不知不觉中实现的,日本是惟一的国家。其他国家,如中国与印度,都是被迫通过许多难关的。受英国人熏陶的印度准备改变时,中国在作多次的改革或革命之后,已卷入共产实验的漩涡中。如果现代化来得突然而又激变,那是不会顺利安固的。是否会作新的改变,我们且等着瞧吧。

二、复兴儒家哲学是现代化的途径

儒家哲学思想的复兴运动,愈益明显,它是哲学思想的运动,它与被视为儒家学说之产物的社会制度和政治制度是分开的。这些在过去被视为不可改变或不可动摇的制度,在西方潮流的冲击之下已经改变,时间是不会倒流的。我们挑出一方面,就专心研究哲学思想复兴这一方面。我们发觉欧洲现代思想是希腊思想的延续,希腊哲学是现代化思想的基础。在欧洲是如此的话,那么,中国为什么不能利用其旧有的基础呢?

儒家哲学思想的基础有如下述:理智的自主,心的作用与思想,德性学说,宇宙的存在,现象与实体,或者道与气,这些都是儒家思想的基本观念,我们为什么不敢说它们可以被用来复兴中国思想呢?

一、理智的自主

理智是人所固有的,这个观点是孟子所主张的,我现在引他下面的话:

"恻隐之心,仁也;羞恶之心,义也;恭敬之心,礼也;是非之心,智也。仁义礼智,非由外铄我也,我固有之也。弗思耳矣。故曰,求则得之,舍则失之。"孟子接着说,理义这些德性是人人所共有的。他说:

"口之于味也,有同嗜焉,目之于色也,有同美焉;至于心,独无所同然乎?心之所同然者,何也?谓理也,义也。圣人先得我心之所同然耳。"

西方和他相似的人,我引述柏拉图《共和国》里的话:

"哲学家由于经验而处于优越的地位。哲学家是惟一具有智慧与经验的人。推理的能力——判断的工具——只有哲学家才有。因此,既然经验、智慧与推理是裁判者,则可能的推论是:快乐便是智慧与推理爱好者所赞许的最真实的东西。我们得到的结论是:心灵上理性部分的快乐是三者的最大快乐。所以,作为以推理为主要原则的人,才有最快乐的生活。"柏拉图还说:

“最重要的，不是人们所争取的有形物体，而是看不见的绝对精神。几何学家是真正想寻出他们思想上内在关系的人。这惟有靠推理——心灵的眼睛——来完成。”

二、心的作用与思考

孔子认为学与思同样重要，孟子则正相反，他特别指出，心的作用是思，思比学更重要。孟子说：

“耳目之官不思，而蔽于物。物交物，则引之而已矣。心之官则思。思则得之；不思则不得也。”写下不知道如何去思这句话的孟子，意思是说人不知道如何分类，如何看出事物的比较价值，或看出是与非的区别。孟子所说的“思”，就是理论方面的“判断”和伦理方面的“评价”。

在上节里，我们发现在听、视与思之间，孟子和柏拉图作出相同的对比。孟子说耳目之官不思，柏拉图说思考总是优越的，且比感觉更加正确，因为思考透入实在的领域，而不止现象。

柏拉图又问道：

“我们对于知识的实际获得又怎么说呢？——如果把身体纳入研究之列，身体是阻碍者？还是帮助者？我的意思是说，看的或听的是真实的吗？不是像诗人所常告诉我们的视觉与听觉都是不正确的证人吗？然而，即使视觉和听觉都是不正确而又模糊的，其他的感官怎么说呢？你会说它们是最好的吗？

当然，他回答说。

那么，心灵在什么时候获得真实的呢？——因为和身体一同作思考企图中，心灵显然受欺骗了。

不错。

那么，心灵在思考中所显现的必然不是真实的存在啦？

是的。

最好的思考，是当心灵全神贯注和没有事物烦扰它的时候——无所听、无所视、无所苦、无所乐——当它离开身体，并与身体尽可能无关的时候，当它没有身体上的感官或欲望，而只一心追求真实的时候。”

关于心灵与身体及欲望的关系，孟子的见解和柏拉图是一致的。孟子说：

“养心莫善于寡欲。其为人也寡欲，虽有不存焉者寡矣；其为人也多欲，虽有存焉者寡矣。”

三、万　　物

孟子认为学问必基于类或万物的观念。“类”这个词语是孟子全书的基本概念。他说：

“岂惟民哉？麒麟之于走兽，凤凰之于飞鸟，太山之于丘垤，河海之于行潦，类也。圣人之于民，亦类也。”

孟子表明类的概念对各种不同的学问是非常重要的。孟子在这里为我们指出四类：动物中的走兽、飞鸟、山岳的地理名称以及沟池。孟子看得很清楚：分类的方法是做学问的第一步。

在孟子类的概念中，“人”是理性的动物，他之分出这一类，其目的在把人提高到自觉的程度，并使人能运用他的道德反省能力。这就是说，就人而言，思想和合理性是主要的特征。

我得免除引述柏拉图和亚里斯多德论及万物的麻烦，因为他们两个人都是提出万物的创始人，柏拉图说宇宙是原始的和真实的，而亚里斯多德则认为如果没有以物质本体的万物，宇宙便没有真实的东西了。除开这一点以外，他们的说法，从古代经中世纪到现代，对西方思想发挥了极大的影响。

四、物质世界与抽象世界

中国人自有史以来,既做了一连串天文学上的发现,他们知道星、太阳、月蚀,以及一年中的季节依自然法则运转。孟子引叙下列的诗并加上孔子的评注。

"天生烝民,有物有则。民之秉夷,好是懿德。"孔子曰:"为此诗者,其知道乎。"

孔子评注这首诗的意义,指出抽象世界的存在,而在抽象世界中,道是无处不在的。这就是说,在可以观察的现象之上,道在抽象世界中存在。这里,我们发现柏拉图所谓的"理念"。在变化的现象世界之上,还有不变的和永久的理念或真实世界。从孟子和柏拉图的唯心派转变到实在论者或二元论,我要研究朱熹与亚里斯多德。在他们两人的理论里,我发现若干异常明显相似点,虽然这两位哲学家在历史上和地理上距离很远。

首先,我要指出朱熹与亚里斯多德两个人都认为宇宙与万物同等重要,没有一个是脱离有形世界而腾升到无形世界的。

亚里斯多德认为真实世界不能够只存在于理念中而在吾人感官所察觉的事物之外,朱熹几乎是同意的,虽然他们两个人都相信目的会升高到永恒而不变的事物形式,这便是万物的本体。朱熹说"理"(精神)在"气"(物质)中,没有"气",便没有"理"。一位弟子问说:"理与气孰先?"朱熹答道:"此本无先后之可言,然必欲推其从来,则须说先有理,然理又非别为一物,即存乎是气之中。"这和亚里斯多德所说的:"如果有物,因为它是不生长的,那更合理的假定是:这种时常是物的东西,如果精神与物质不是分开的,因为没有东西是这样,它应该是原始的。但,既然这是不可能的,那一定在合成的东西之外另有东西,这便是精神。"不是一样吗?

亚里斯多德认为,既然精神与物质接触,运动必然发生,这种运动没有始也没有终。朱熹也有同样的见解，他依据《易经》说：动或变的世界是由两个力量所操纵的，阳（积极的、主动的、潜在的）与阴（消极的、被动的、真实的）交互不停地运动和休止。

依照亚里斯多德的意见，运动的目的只在于静止在不动的东西或不动的主使者——上帝——里。在中国，它就是“天”——一切变化或运动的目的。最有意思的，是他们对上帝或天的见解。朱熹认为天是完善的，而且没有作为。由于天本身是完全的理性，它没有痕迹，也不会因驱策或目的而工作。亚里斯多德称上帝为“思想的思想”。柴勒（E. Zeller）说明亚里斯多德对上帝的观念如下：“祂（上帝）不是在祂本身之外指挥祂的思想与意志去影响世界，而是靠祂完全的存在去影响世界。绝对完全的存在——最高的善——也是所有事物运动与努力的目的。”

在自然方面，亚里斯多德与朱熹都认为植物、动物和人均有生命，只是生活方式不同而已。朱熹一位弟子问：“动物有知，植物无知，何也？”朱熹答道：“动物有血有气，故能知；植物虽不可言知，然朝日照耀之时，欣欣向荣，若戕贼之便枯萎。虽兽类知仁，如虎如狼；亦知工作，如蚁。但无理性。理性惟人有之。”

亚里斯多德也有相同的区别：植物有生长与营养的生命；兽有知觉的生命。人是依理性原则而完美的。

在伦理学方面，他们思想体系中亦有若干相同处。朱熹是宋代哲学家中主张《大学》、《中庸》、《论语》与《孟子》编在一起作为“五经”之外儒家教材的一位。在《大学》一书中，我们发现下列的句子：“大学之道，在明明德，在亲民，在止于至善。”明德的方法，我们发现有八个步骤：（一）格物、（二）致知、（三）诚意、（四）正心、（五）修身、（六）齐家、（七）治国、（八）平天下。

这些步骤是臻于至善所必需的，也为柏拉图和亚里斯多德所同意，因为他们两位都体认到善的意思与知识的重要，以及它们彼此间的关系。关于善的意思,我们知道柏拉图与亚里斯多德的看法是不相同的。我要指出亚里斯多德在其《伦理学》一书里开始就说:“每一种艺术与每一种研究,同样地,每一个行为与每一个心意,我认为其目的在于善。”这里的善是部分善,小于这样的善,是作为一个西方人的柏拉图和作为一个中国人的朱熹所不能同意的,因为在中国人的意识里,善是与道——惟一正确的方法——相符的。在这一方面,作为一位严肃的道德家如朱熹者,是不同意亚里斯多德的。

但亚里斯多德所说的德,朱熹是会欣然同意的。我引亚里斯多德《伦理学》一书中的话如下:

> “德分两类:智慧与道德。智慧的诞生与成长,主要是由于教(因此之故,需要时间与经验),而道德价值则是习惯的结果,也称习惯。”

这样叙述的德,在西方谈伦理的书里是不常发现的,但在中国,凡是哲学家的书里,都可找得到,因为“习”或者行为的重复是惯于道德生活的惟一方法。

为朱熹与亚里斯多德这一节作结论,我要指出他们两个人所探讨的真正目标是这个世界。他们的分离点是假定的现实,也就是他们所想从那里而深入最后基础的。亚里斯多德从柏拉图那里拿到精神这一概念,但他利用它的方式不同。亚里斯多德认为精神是含在事物之内的,是事物形成的本源。

柴勒对于柏拉图与亚里斯多德所作的下述比较,可以适用于朱熹与其对抗者陆九渊和王阳明。柴勒说:

“他(亚里斯多德)是一位沉思者、观察家和发现者,他所认定的永恒的世界,是他用思考来分析的一个假定的数值……虽然他赋有伟大的思考天才,他却完全没有柏拉图那种如火的革新热诚;这种革新热诚毕竟是神秘所鼓舞起来的。”

同样的，陆王的哲学是精神的升高和人性的改善，而朱熹却是满怀现实而谨慎小心的一位冷静的观察家。

结　论

在对中国和希腊的哲学思想史这样检讨之后，也许有人会问：你检讨的目的是什么？我这样做，不仅仅是思想的回忆，而是想找出中国思想复兴的方法。我这样做的目的，是证明中国的土地是固厚而广阔的，足供建立新思想之用。我更要指出：现代化的程序应从内在的思想着手，而不是从外在开始。

因为欧洲的现代包括若干方面：文艺复兴、宗教改革、科学，以及政府，我们不能像设立工厂、装设机器和建筑公路那样地来做现代化的工作，我们一定要从它的根源做起。这就是说，从心或思考作用开始。因为心或思考作用是获得知识的。

人生在这个世界里，必须知道吃什么，知道住在房子里和治疗疾病。在初期中，人类忙于磨制石器、生火、驯养畜牲和栽培植物。当时的知识是由发现实用的东西开始的。

这个时期过去之后，知识的寻求便扩展到各自构成专门学问的天文、数学和医药。还有，属于伦理与政治方面的个人行为和政府行为、是或非的问题也发生了。然后就有一种学问讨论词语的意义、推理的作用及判断的方法，这就叫做论理学。在这些知识分类发展之后，人们便追究整个人类经验的基本问题，如知识的真谛，人生的意识，以及宇宙的目的等。这种学问称为“哲学”，希腊人名之为“学识”，相当于知识；这门学问，颇受希腊和中国的重视。孔子说：“好学近乎知。”显然的，实用的知识逐渐地进于“学识的巅峰”。

在古代，哲学被称为科学之母，现在不是这样了。无疑地，哲学已不再被视为概括人类知识的总体。不过，哲学的主旨是研究真实的知识与人生的意义，对于这些问题，专门科学是没有答案的。每一门科学都有它自己有限的范围：生物学的主旨是生命；物理学的主旨是物质与能力；心理学的主旨是心理作用。哲学研究知识、精神生活与物质世界的关系以及信仰与希望的问题。

这些问题，对人类是那么普遍，那么被全体人类所深深地思考，而在人类心灵里又是那么根深蒂固，所以在所有各种知识中，最高的地位仍然是由哲学所占据。当它把宇宙当作整体看时，哲学是由心灵思想所操纵的活动。哲学像一条河，由发源处流向海洋，发源处的水量充足，流出的水便大。哲学也像生长在沃土上暴露在雨露与阳光下的植物，它可以长得很大。我认为就人类工作成果的科学、技术及其他文化现象而言，获得新的思考方法——探究心灵活动的源头——尤其重要。思想运动的培养与发展必须是：这个运动具有更多的好奇心，更多的警惕性，更大量的提出问题并寻求答案，还有就是订立简明的原则。有这样的心胸，才能掀起思想运动，这种思想运动才能对哲学、科学、技术与政治等各种不同活动发生影响。

我只说哲学这一方面，并且说出我们复兴儒家哲学思想的方法。在今天的演讲中，只能谈一个大概：

一、我们要利用已有的泉源，如我所已说明的孔子、孟子、朱熹及其他哲学家。这并非说我们只崇拜中国作家，而不要向西方学习，反之，我们认为希腊和现代的西方哲学，对中国思想的复兴，能提供很多建议。不过，我们要利用已有的泉源来复兴中国思想。拿中国和西方比较，我们可以看出中国哲学思想的缺点与优点。

在学习西方之后，我们便看清楚我们自己的哲学家了。正从前，我们以为主张人性皆恶的荀子是和孟子敌对的；现在，我们称荀子为经验主义者或实在论者。从前，我们把主张兼爱的墨子看作利他主义者,现在我们要称他为功利主义者,因为他的主要思想是功利的学说。在新的眼光下,我们以新的方法来评价旧的哲学思想。

二、我们想把未来的中国哲学思想放在广大的基础上。这就是说,我们不要提倡这一派或那一派的思想,例如朱熹派、王阳明派、康德派、实用主义派或者实证主义派。我们依照孔子的传统。孔子说:"万物并育而不相害,道并行而不相悖。"在这个希望之下,未来的中国思想是超越理想主义与现实主义或其他主义的。总而言之,我们不应受这派或那派哲学思想的束缚,而应让所有并行的路各行其是。儒家的见解是允许所有思想派别共存的。

三、道德与知识同等重要。我们可以确切地假定:在这个世界里,不只是一个真理,而是有许多真理。为了生命的存在,我们认为具有知识并不是使人类幸福的惟一途径,而是知识必须合乎道德的标准。

为使这个意思明白起见,我举出一个西方的例子,康德的哲学体系是基于两本书的:"纯粹理性批判"(Critque of Pure Reason)与"实践理性批判"(Crique of Practical Reason)。知识是一回事,道德又是一回事。我们知道,康德的方法和儒家一样,因为康德认为道德与科学知识同等重要。我们不认为科学教我们惟一的真理;我们认为:为使人类不因科学之故而牺牲,而要使知识服务人类,则知识必须合乎道德的标准。这就是儒家从整体来衡量知识与生命的方法。这就是新儒家思想的主要方向。

我希望各位同意我的看法:儒家思想的复兴并不与现代化的意思背道而驰,而是让现代化在更稳固和更坚实的基础上生根和建立的方法。

(选自《中西印哲学文集》,台湾学生书局 1981 年版)

本文从探讨现代化的意义、中国对现代化的尝试以及儒家哲学思想的基础出发,论述了中国现代化与复兴儒家哲学思想的关系问题。作者指出,现代化的程序应从内在的思想着手而不是从外在开始,为使人类不因科学之故而牺牲,而要使知识服务人类,则知识必须合乎道德的标准;儒家哲学思想的复兴并不与现代化的意思背道而驰,而是让现代化在更稳固和更坚实的基础上生根和建立。

新唯识论(节选)

熊十力

第一章　明　宗

今造此论,为欲悟诸究玄学者,令知一切物的本体,非是离自心外在境界,及非知识所行境界,唯是反求实证相应故。

译者按:本体非是离我的心而外在者,因为大全大全,即谓本体。此中大字,不与小对。不碍显现为一切分,而每一分又各各都是大全的。如张人,本来具有大全,故张人不可离自心而向外去求索大全的。又如李人,亦具有大全,故李人亦不可离自心而向外去求索大全的。各人的宇宙,都是大全的整体的直接显现,不可说大全是超脱于各人的宇宙之上而独在的。譬如大海水喻本体。显现为众沤,喻众人或各种物。即每一沤,都是大海水的全整的直接显现。试就甲沤来说罢,甲沤是以大海水为体,即具有大海水底全量的。又就乙沤来说罢,乙沤也是以大海水为体,亦即具有大海水底全量的。丙沤、丁沤乃至无量底沤,均可类推。据此说来,我们若站在大海水底观点上,大海水是全整的现为一个一个的沤,不是超脱于无量的沤之上而独在的。又若站在沤的观点上,即每一沤都是揽大海水为体。我们不要以为每一沤是各个微细的沤,实际上每一沤都是大海水的全整的直接显现着。奇哉奇哉!由这个譬喻,可以悟到大全不碍显现为一切分,而每一分又各各都是大全的。这真是玄之又玄啊!

又按本体非是理智所行的境界者。熊先生本欲于《量论》广明此义。但《量论》既未能作,恐读者不察其旨。兹本熊先生之意而略明之。学问当分二途:曰科学,曰哲学。即玄学。科学,根本从实用出发,易言之,即从日常生活的经验里出发。科学所凭借以发展的工具,便是理智。这个理智,只从日常经验里面历练出来,所以把一切物事看作是离我的心而独立存在的、非是依于吾心之认识他而始存在的。因此,理智只是向外去看,而认为有客观独存的物事。科学无论发展到何种程度,他的根本意义总是如此的。哲学自从科学发展以后,他底范围日益缩小。究极言之,只有本体论是哲学的范围,除此以外,几乎皆是科学的领域。虽云哲学家之遐想与明见,不止高谈本体而已,其智周万物,尝有改造宇宙之先识,而变更人类谬误之思想,以趋于日新与高明之境。哲学思想本不可以有限界言,然而本体论究是阐明万化根源,是一切智智,一切智中最上之智,复为一切智之所从出,故云一切智智。与科学但为各部门的知识者自不可同日语。则谓哲学建本立极,只是本体论,要不为过。夫哲学所穷究的,即是本体。我们要知道,本体的自身是无形相的,而却显现为一切的物事,但我们不可执定一切的物事以为本体即如是。譬如假说水为冰的本体,但不可执定冰的相状,以为水即如冰相之凝固者然。本体是不可当做外界的物事去推求的。这个道理,要待本论全部讲完了才会明白的。然而吾人的理智作用,总是认为有离我的心而独立存在的物质宇宙,若将这种看法来推求本体,势必发生不可避免的过失,不是把本体当做外界的东西来胡乱猜拟一顿,就要出于否认本体之一途。所以说,本体不是理智所行的境界。我们以为科学、哲学,原自分途。科学所凭借的工具即理智,拿在哲学的范围内,便得不着本体。这是本论坚决的主张。

是实证相应者,名为性智。性智,亦省称智。这个智是与量智不同的。云何分别性智和量智?性智者,即是真的自己底觉悟。此中真的自己一词,即谓本体。在宇宙论中,赅万有而言其本原,则云本体。即此本体,以其为吾人所以生之理而言,则亦名真的自己。即此真己,在《量论》中说名觉悟,即所谓性智。此中觉悟义深,本无惑乱故云觉,本非倒妄故云悟。申言之,这个觉悟就是真的自己。离了这个觉悟,更无所谓真的自己。此具足圆满的明净的觉悟的真的自己,本来是独立无匹的。以故,这种觉悟虽不离感官经验,要是不滞于感官经验而恒自在离系的。他元是自明自觉,虚灵无碍,圆满无缺,虽寂寞无形,而秩然众理已毕具,能为一切知识底根源的。量智,是思量和推度,或明辨事物之理则,及于所行所历,简择得失等等的作用故,故说名量智,亦名理智。此智,元是性智的发用,而卒别于性智者,因为性智作用,依官能而发现,即官能得假之以自用。此中得者,言其可得,而非恒然。若官能恒假性智以自用,即性智毕竟不得自显,如谓奴恒夺主,无有主人得自行威命者。此岂应理之谈。易言之,官能可假性智作用以成为官能之作用,迷以逐物,而妄见有外,性智作用,以下省云性用。见有外者,以物为外故。由此成习。习者,官能的作用,迷逐外物。此作用虽当念迁谢,而必有余势续流不绝也。即此不绝之余势,名为习。而习之既成,则且潜伏不测之渊,不测之渊,形容其藏之深也。常乘机现起,益以障碍性用,而使其成为官能作用。则习与官能作用,恒叶合为一,以追逐境物,极虚妄分别之能事,外驰而不反,是则谓之量智。以上意思,俟下卷《明心章》当加详。故量智者,虽原本性智,而终自成为一种势用,迥异其本。量智即习心,亦说为识。宗门所谓情见或情识与知见等者,皆属量智。吾尝言,量智是缘一切日常经验而发展,其行相恒是外驰。此中行相一词,行谓起解,相者相状,行解之相,曰行相。外驰者,惟妄计有外在的物事而追求不已故。夫惟外驰，即妄现有一切物。因此而明辨事物之理则，及于所行所历，简择得失而远于狂驰者，狂驰犹俗云任感情盲动者也。此或量智之悬解。悬解，借用庄子语。量智有时离妄习缠缚而神解昭著者，斯云悬解。悬者，形容其无所系也。解者，超脱义，暂离系故，亦云超脱，然以为真解则未也。以其非真离系，即非真解。必妄习断尽，性智全显，量智乃纯为性智之发用，而不失其本然，始名真解。此岂易言哉？上云悬解者，特习根潜伏而未甚现起耳。且习有粗细，粗者可暂伏，细者恒潜运而不易察也。量智惟不易得真解故，恒妄计有外在世界，攀援构画。以此，常与真的自己分离，真己无外，今妄计有外，故离真己。并常障蔽了真的自己，攀援构画，皆妄相也，所以障其真己而不得反证。故量智毕竟不即是性智。此二之辨，当详诸《量论》。今在此论，惟欲略显体故。本体亦省言体，后凡言体者仿此。

哲学家谈本体者，大抵把本体当做是离我的心而外在的物事，因凭理智作用，向外界去寻求。由此之故，哲学家各用思考去构画一种境界，而建立为本体，纷纷不一其说。不论是唯心唯物、非心非物，种种之论要皆以向外找东西的态度来猜度，各自虚妄安立一种本体，这个固然错误。更有否认本体，而专讲知识论者。这种主张，可谓脱离了哲学的立场。因为哲学所以站脚得住者，只以本体论是科学所夺不去的。我们正以未得证体，才研究知识论。今乃立意不承有本体，而只在知识论上钻来钻去，终无结果，如何不是脱离哲学的立场？凡此种种妄见，如前哲所谓“道在迩而求诸远，事在易而求诸难”。此其谬误，实由不务反识本心。易言之，即不了万物本原，与吾人真性，本非有二。此中真性，即谓本心。以其为吾人所以生之理，则云真性。以其主乎吾身，则曰本心。遂至妄臆宇宙本体为离自心而外在，故乃凭量智以向外求索，及其求索不可得，犹复不已于求索，则且以意想而有所安立。学者各凭意想，聚讼不休，则又相戒勿谈本体，于是盘旋知识窠臼，而正智之途塞，人顾自迷其所以生之理。古德有骑驴觅驴之喻,盖言其不悟自所本有,而妄向外求也。慨斯人之颠倒,可奈何哉?

前面已说,本体不是离我的心而外在的。这句话的意思,是指示他们把本体当做外界独存的东西来推度,是极大的错误。设有问言:"既体非外在,当于何求?"应答彼言:求诸己而已矣。求诸己者,反之于心而即是。岂远乎哉?不过,提到一心字,应知有本心习心之分。惟吾人的本心,才是吾身与天地万物所同具的本体,不可认习心作真宰也。真宰者,本心之异名。以其主乎吾身,而视听言动一皆远于非理,物欲不得而干,故说为真宰。习心和本心的分别,至后当详。下卷《明心章》。今略说本心义相:一、此心是虚寂的。无形无象,故说为虚。性离扰乱,故说为寂。寂故,其化也神,不寂则乱,恶乎神,恶乎化。虚故其生也不测,不虚则碍,奚其生,奚其不测。二、此心是明觉的。离暗之谓明,无惑之谓觉。明觉者,无知而无不知。无虚妄分别,故云无知。照体独立,为一切知之源,故云无不知。备万理而无妄,具众德而恒如,是故万化以之行,百物以之成。群有不起于惑,反之明觉,不亦默然深喻哉。哲学家谈宇宙缘起,有以为由盲目追求的意志者,此与数论言万法之生亦由于暗,伏曼容说万事起于惑,同一谬误。盖皆以习心测化理,而不曾识得本心,故铸此大错。《易》曰"乾知大始"。乾谓本心,亦即本体。知者,明觉义,非知识之知。乾以其知,而为万物所资始,孰谓物以惑始耶?万物同资始于乾元而各正性命,以其本无惑性故。证真之言莫如《易》,斯其至矣。是故此心谓本心。即是吾人的真性,亦即是一切物的本体。或复问言:"黄蘗有云,'深信含生同一真性,心性不异,即性即心'云云。此与孟子所言'尽心则知性知天',遥相契应。宋明理学家,有以为心未即是性者。"此未了本心义。本心即是性,但随义异名耳。以其主乎身,曰心。以其为吾人所以生之理,曰性。以其为万有之大原,曰天。故"尽心则知性知天",以三名所表,实是一事,但取义不一而名有三耳。尽心之尽，谓吾人修为工夫，当对治习染或私欲，而使本心得显发其德用，无有一毫亏欠也。故尽心，即是性天全显，故曰知性知天。知者证知，本心之炯然内证也，非知识之知。由孟子之言，则哲学家谈本体者，以为是量智或知识所行之境，而未知其必待修为之功，笃实深纯，乃至克尽其心，始获证见，则终与此理背驰也。黄蘖言即心即性，是有当于孟子。然世人颇疑在我之心，本心，亦省云心。他处准知。云何即是万物之本体，此如何开喻？答曰：彼所不喻者，徒以习心虚妄分别，迷执小己而不见性故也。性字，注见前。夫执小己，则歧物我、判内外，内我而外物，两相隔截。故疑我心云何体物。体物，犹云为万物之本体。若乃廓然忘己，而澈悟寂然非空，生而不有，至诚无息之实理，是为吾与万物所共禀之以有生，即是吾与万物所同具之真性。此真性之存乎吾身，恒是虚灵不昧，即为吾身之主，则亦谓之本心。故此言心，实非吾身之所得私也，乃吾与万物浑然同体之真性也。然则反之吾心，而即已得万物之本体。本体乃真性之异语，以其为吾与万物所以生之实理，则曰真性。即此真性，是吾与万物本然的实相，亦曰本体。此中实相，犹言实体。本然者，本来如此。德性无变易故，非后起故，恒自尔故。吾心与万物本体，无二无别，其又奚疑？孟子云："夫道，一而已矣。"此之谓也。

或复难言："说心，便与物对。心待物而彰名，无物，则心之名不立。如何可言吾心即是吾与万物所同具的本体？"答曰：汝所谓与物对待的心，却是吾所谓习心。习心者，原于形气之灵。由本心之发用，不能不凭官能以显，而官能即得假借之，以成为官能之灵明，故云形气之灵，非谓形气为本原，而灵明是其发现也。形气之灵发而成乎习，习成而复与形气之灵叶合为一，以追逐境物，是谓习心。故习心，物化者也，与凡物皆相待相需，非能超物而为御物之主也，此后起之妄也。本心无对，先形气而自存。先者，谓其超越乎形气也，非时间义。自存者，非依他而存故，本绝待故。是其至无而妙有也，则常遍现为一切物，而遂凭物以显。由本无形相，说为至无。其成用也，即遍现为一切物，而遂凭之以显，是谓至无而妙有。故本心乃敻然无待，体物而不物于物者也。体物者，谓其为一切物之实体，而无有一物得遗之以成其为物者也。不物于物者，此心能御物而不役于物也。真实理体，无方无相，虽成物而用之以自表现，然毕竟恒如其性，不可物化也。此心即吾人与万物之真极，其复何疑？真极，即本体之异语。

如前已说。本体唯是实证相应，不是用量智可以推求得到的。因为量智起时，总是要当做外在的物事去推度。如此，便已离异了本体而无可冥然自证矣。然则如何去实证耶？记得从前有一西人，曾问实证当用什么方法。吾曰：此难作简单的答覆，只合不谈。因为此人尚不承认有所谓本心，如何向他谈实证？须知，克就实证的意义上说，此是无所谓方法的。实证者何？就是这个本心的自知自识。换句话说，就是他本心自己知道自己。不过，这里所谓知或识的相状很深微，是极不显著的，没有法子来形容他的。这种自知自识的时候，是绝没有能所和内外及同异等等分别的相状的，而却是昭昭明明、内自识的，不是浑沌无知的。我们只有在这样的境界中才叫做实证。而所谓性智，也就是在这样的境界中才显现的，这才是得到本体。前面说是实证相应者，名为性智，就是这个道理。据此说来，实证是无所谓方法的。但如何获得实证，有没有方法呢？应知，获得实证，就是要本心不受障碍才行。如何使本心不受障碍？这不是无方法可以做到的。这种方法，恐怕只有求之于中国的儒家和老庄以及印度佛家的。我在这里不及谈，当别为《量论》。

今世之为玄学者，全不于性智上着涵养工夫，惟凭量智来猜度本体，以为本体是思议所行的境界，是离我的心而外在的境界。他们的态度只是向外去推求，因为专任量智的缘故。所谓量智者，本是从向外看物而发展的。因为吾人在日常生活的宇宙里，把官能所感摄的都看作自心以外的实在境物，从而辨识他、处理他。量智就是如此而发展来。所以量智，只是一种向外求理的工具。这个工具，若仅用在日常生活的宇宙即物理的世界之内，当然不能谓之不当，但若不慎用之，而欲解决形而上的问题时，也用他作工具，而把本体当做外在的境物以推求之，那就大错而特错了。我们须知道，真理惟在反求。我们只要保任着固有的性智，保者，保持。任者，任持。保任即常存之，而无以惑染或私意障碍之也。即由性智的自明自识，而发见吾人生活的源泉，这个在我底生活的源泉，至广无际，至大无外，至深不测所底，至寂而无昏扰，含藏万有，无所亏欠，也就是生天生地和发生无量事物的根源。因为我人的生命，与宇宙的大生命原来不二。所以，我们凭着性智的自明自识才能实证本体，才自信真理不待外求，才自觉生活有无穷无尽的宝藏。若是不求诸自家本有的自明自识的性智，而只任量智，把本体当作外在的物事去猜度，或则凭臆想建立某种本体，或则任妄见否认了本体，这都是自绝于真理的。所以我们主张量智的效用是有限的。量智只能行于物质的宇宙，而不可以实证本体。本体是要反求自得的，本体就是吾人固有的性智。吾人必须内部生活净化和发展时，这个智才显发的。到了性智显发的时候，自然内外浑融，即是无所谓内我和外物的分界。冥冥自证，无对待相，此智的自识，是能所不分的，所以是绝对的。即依靠着这个智的作用去察别事物，也觉得现前一切物莫非至真至善。换句话说，即是于一切物不复起滞碍想，谓此物便是一一的呆板的物，而只见为随在都是真理显现。到此境界，现前相对的宇宙，即是绝对的真实，不更欣求所谓寂灭的境地。寂灭二字，即印度佛家所谓涅槃的意思。后仿此。现前千变万动的，即是大寂灭的。大寂灭的，即是现前千变万动的。不要厌离现前千变万动的宇宙而别求寂灭，也不要沦溺在现前千变万动的宇宙而失掉了寂灭境地。本论底宗极，只是如此的。现在要阐明吾人生命与宇宙元来不二的道理，所以接着说《唯识》。

第二章 唯 识 上

唐窥基大师在他做的印度佛家《唯识论》底序里面，解释“唯识”二字的意义云：“唯字，是驳斥的词，对执外境实有的见解而加以驳斥，因为如世间所执为那样有的意义，是不合真理的。识字，是简别的词，对彼执心是空的见解而加以简别，即是表示与一般否认心是有的这种人底见解根本不同。因为把心看作是空无的，这便是沉溺于一切都空的见解，佛家呵责为空见，这更是不合真理的。所以说唯识者，盖谓世间所计心外之境，确实是空无，但心则不可谓之空无。”窥基在这篇序文里面如此说。我们看来，还要稍加修正。世间执为有离心外在的实境，这诚然是一种妄执，应当驳斥。此中妄执一词的“执”字，其意义极深，而难形容。吾人底理智作用，对于某种道理或某种事物，而起计度或解释时，恒有一种坚持不舍的意义相伴着，这就叫做执。妄执者，他所执定以为怎样怎样的，其实是一种虚妄，而不能与真理相应，故名妄执。妄执的过患极大，故应斥破，以后凡言执或妄执者，皆仿此。但基师以为识是不可说为空无的，此则不甚妥当。因为基师在此处所说底识字是与境相对的。凡心所及到的一切对象，通名为境，后仿此。换句话说，此所谓识，是取境的识。此中取字，含义略有三：一，心行于境；二，心于境起思虑等；三，心于境有所黏滞，如胶着然，即名为执。如坚持有离心实在的外物底人，就是由有此执，而不自觉。具此三义名为取境。以后凡言取境者，皆仿此。这个取境的识，他本身就是虚妄的，是对境起执的，他根本不是本来的心，如何可说不空？如果把妄执的心，当做了本来的心，说他不是空无的，那便与认贼作子为同样的错误。我们以为，世间所计度为离心实在的外物只是妄境。这种妄境，惟是依靠妄执的心才有的，并不是实在的。我们只要向内看，认明了自家妄执的心，便晓得世间所计度为离心实在的境界根本是空无的，只是虚妄的心执着为有的，这个意思，到后面自然明白。所以应当驳斥。在这方面，我是赞成基师底说法的。至于妄执的心，虽亦依本来的心而始有，但他妄执的心是由官能假本心之力用，而自成为形气之灵，于是向外驰求而不已。故此心妄执的心。是从日常生活里面，接触与处理事物的经验累积而发展，所以说他是虚妄不实的，是对境起执的。他与本来的心，毕竟不相似的。这个妄执的心和本来的心，根本不相同处，在前章里《明宗章》已可略见，向后《功能章》和《明心章》自当更详。我们以为妄执的心，实际上是空无的，因为他是后起的东西。只有本来的心，才是绝对的、真实的。基师在此处把妄执的心说为不空，这是应当修正的。

我在本章里面，要分两段来说。第一段要说的，是对彼执离心有实外境的见解，加以斥破；第二段要说的，是对彼执取境的识为实有的这种见解，加以斥破。

在第一段里，我底主张大概和旧师相同。旧师，谓印度佛家唯识论派的诸大师，后凡言旧师者仿此。古时外道小宗佛家把异己的学派名为外道。小宗者，佛家有小乘学，亦号小宗。同是执着有实在的外境，离心独存。旧师一一斥破，辩论纷然，具在《二十》等论。《二十论》，依据二十句颂而作，以说明外境唯是依识所现，而实无有外境。推原外小底意见，所以坚持有心外独存底实境，大概由二种计。此中计字，含有推求的意义，但推求字，仍不能与之切合。一、应用不无计。此在日常生活方面，因应用事物的惯习，而计有外在的实境，即依妄计的所由而立名，曰应用不无计。二、极微计。此实从前计中，别出言之。乃依所计为名，极微是所计故。曰极微计。应用不无计者，复分总别。谓或别计有瓶和盆等物是离心而实有的，此虽世俗的见解，然外小实根据于此。或总计有物质宇宙，是离心而实有的，此依世俗的见解，而锻炼较精，以为吾人日常所接触的万物，就唤做宇宙，这是客观存在的，不须靠着我人的心去识他才有的。外小都有此计。极微计者，于物质宇宙推析其本，说有实在的极微，亦是离心而独在的。近世科学家所谓元子、电子，也和极微说相同的。以上，略述外小诸计。现在要一一加以驳斥，因为他们外小的见解，在今日还是盛行的，故非驳斥不可。

应用不无计者，或别计现前有一一粗色境，离心独存。粗色境，犹言整个的物体，如瓶和盆等之类。殊不知这种境若是离开了我的心，便没有这个东西了，因为我的识别现起，粗色境才现起。识别，即用为心的别名。若离开识别，这种境根本是无有的。试就瓶来说，看着他，只是白的，并没有整个的瓶，触着他，只是坚的，也没有整个的瓶。我们的意识，综合坚和白等形相，名为整个的瓶。在执有粗色境的人，本谓瓶境是离心实有的，瓶境者，瓶即是心所取的境故，此用为复词。但若以实事求是的态度来审核他，将见这瓶境，离开了眼识看的白相和身识触的坚相，以及意识综合的作用，这瓶境还有什么东西在那里呢？由此可知，瓶境在实际上说全是空无的。

或有难言："整个的瓶，毕竟不无。因为看他确有个白相，触他确有个坚相，故乃综合坚和白等相，而得到整个的瓶，如何可说外界的瓶，无有实物，纯由汝心上所构造的呢？"答曰：如子所难，纵令坚和白等相，果属外物，不即在识。但是，这坚和白等相，要自条然各别。换句话说，眼识得白而不可得坚，身识得坚而不可得白。坚白既分，将从何处可得整个的瓶？汝的意识综合坚和白等相，以为是整个的瓶，即此瓶境纯由汝意虚妄构成，如何可说离心有这样的粗色境独存？

附识：上段文中有眼识、身识等名词。按印度佛家，把心分为各各独立的八个。本论改变其义，详见后《明心章》。然佛家所谓五识底名词，本论亦承用，但不视为各各独立。即以精神作用依眼而发现，以识别色境者，名为眼识；依耳而发现，以了别声境者,名为耳识;依鼻而发现,以了别香境者,名为鼻识;依舌而发现,以了别味境者,名为舌识;依身而发现,以了别一切所触境者,名为身识。精神作用本是全体的,但随其所依底眼耳等等官能不同,故多为之名,曰眼识乃至身识。旧师总称五识,本论亦总名之为感识。

又复以理推征,坚和白等相,谓是外物,亦复无据。如汝所计,瓶的白相,是诚在外,不从识现。若果如此,这个白应是一种固定的相。汝近看他白,他是这样的白,汝远看他,他也是这样的白。然而汝去看白,或远或近,白相便不一样了。并且多人共看,各人所得的白,也不能一样的。足见这个白,没有固定的相,唯随着能看的眼识而现为或种样子的白相。故汝所计,白相在外,理定不成。又汝谓瓶的坚相不由心现,亦不应理。坚若在外,也当是固定的相。今汝触瓶的坚,忆从少壮以至老衰,所得坚度前后不同。各人触坚,更不一致。是知坚相并非固定,唯随着能触的身识而现为或种样子的坚相。故汝计坚相在外与计白相在外是一例,都无征验的。综前所说,坚和白等相均不是离心外在的,至于综合坚白等相,而名为整个的瓶,这纯是意识因实用的需要而构造的。由此应知,如汝所计,心外独存的粗色境,决定无有。汝不应诤。

如上所破,虽斥别计,复有知解较精者,能不定执瓶等个别的粗色境,乃复总计有物质宇宙离心独存。故设难言:“瓶等粗色境,你许非实有,我亦无诤。但是坚白等相虽从心所现,岂无外境为因而心上得凭空现起么?如果这个心不仗外因而得自现坚白等相,便应于不看白的时候,眼识上常常自现白相,何故必待看白方现白相?乃至应于不触坚的时候身识上常常自现坚相,何故必待触坚方现坚相?由此应知,眼等识上有坚白等相,自以外境为因,方得现起。如是许有客观独存的物质宇宙,理无可驳。”答曰:心上现坚白等相,必有境界为因,是义可许。但是,这个为因的境,决定不是离心独在的。为什么说境不是离心独在的呢？因为依妄情而说，则离心有实外境。顺正理而谈，则境和心是一个整体的不同的两方面。至后面《转变章》谈翕辟处，便知此理。这个整体所以有两方面不同，完全由于他本身的发展，是自然而然的要有这种内在的矛盾的。心的方面是无对碍的，境的方面是有形成对碍的趋势的，因此，说境和心是互相对待着，但又是互相和同的。境对于心有力为因，能引发心令与己同时现起。此中己字，设为境之自谓。如瓶境当前，能引我的心，与瓶境同时现起。心对于境能当机立应，即于自心上现似境的相貌，能识别和处理这现前的境，而使境随心转，自在无碍。所以说，境和心是互相和同的。因为他们境和心是互相对待，而又是互相和同，所以能完成其全体的发展。照此说来，境和心是一个整体的不同的两方面，断不可把境看做是心外独存的。如果说，心上现坚白等相有境为因，这是可许的。但若说是外境为因，便不应理。因为境和心，在实际上说，根本没有内外可分的，如世间所计为客观独存的物质宇宙，只是取境的心惯习于向外找东西的缘故。本无外而妄计为有外，遂不悟万物原来不在我的心外，而妄臆为外在的世界罢了。

或复问言："如公所说，心上现坚白等相，虽有境为因，却不许境在心外，是义无诤。但心所现相与境的本相，为相似、为不相似？"答曰：心上所现相，名为影像。此影像有托现境而起者，如眼等五识上所现相是也，有纯从心上所现者，如意识独起思构时，并无现境当前，此时意中影像，即纯从心上变现。凡相，托现境而起者，即此相与境的本相，非一非异。此相是心上所现影像，不即是境的本相，故非一。虽从心现，要必有现境为所托故，故与境的本相亦非异。由非一非异故，此相与境的本相，决定有相似处，但不必全同。凡相，纯从心现者，大抵是抽象的，虽无现境为所托，然必包含过去及未来同种类的事物所具有的内容及通则等等，意中抽象的相方得现起。如于思惟中构成一杯子的概念，此等概念在意识上即是一种相，而这个相并无现境如现前具体的杯子为所托，然必由过去时意识所了别的每个杯子所具的内容与通则等等，内容，谓如各种杯子，不论磁制和金制，而同具人工制造的条件，同有盛水或酒的用处等等。通则，谓如可毁坏等等。并预测将来的一一杯子，在与过去的杯子同样情境之下，其所有内容和所循通则，也和过去是一致的。如此，才构成一杯子的概念。换句话说，必如上述情形，意中才得现起抽象的杯子的相。举此一例，纯从心上所现的相，也是于过去及未来的一一事物的共相，定有所似的。这种相，和前面所说眼等五识托现境而起的相，依世间情见上说，都不是贫乏的，都不是空洞的，都是有相当的实在性的。情见者，凡计有境物，即与究极的真理不相应，便谓情见，以不离妄情分别故。但据最后的真实的观点来说，凡所有相，又都是虚妄的，因为心的现相，常常把他自身殉没于境里面，即执着这境是实在的东西。这样，便不能与真理相应，所以堕入虚妄。此中真理，谓最后的真实。就真理说，所谓境者，只是依于真实的显现，而假名为境。若执定这个境，以为境就是本来如此了，那么就不能于境而见为是真理的显现，即不悟神化而谬执迹象，此非虚妄而何？至若把境看做是离心独在的，即于虚妄之中又加虚妄。

或复问言："意识起时，恒现似境之相，决无有不现相的时候。所以者何？一、因意识一向习于实用故，恒追求种种境，必现似其相故。二、因意识富于推求和想像等力，能构造境相故。三、因意识起分别时，眼等五识及其所得境同入过去故，意识复行追忆，必现似前境之相故。由上三义，意识恒现似境之相。唯眼等五识亲得现境，不更现相，如看白时，眼识所得即是白的本相，眼识不更变现一似白之相。所以者何？一、因眼识微劣，无推求想像等力故，故不能变现似境之相。二、境的本相，因其距离及光线等等关系，直接投刺官能而呈显于眼识的了别中，故眼识上更无须变现一似境之相，因为已经亲得境的本相之故。眼识如是,耳识乃至身识,皆可类推。由斯应说,所云现相,唯在意识,五识则否。”答曰:意识必现似境之相,如汝所说,甚符我的本旨,但谓五识亲得境的本相,而不更现相,则与吾意相乖。实则五识非不现相。我所谓五识和意识本非各个独立的,只因他们五识和意识的发现,有分位的不同,故须分别来说。眼等五识是凭借眼等官能而发现的,他五识是先于意识而追求当前的境的。此中所谓追求,其作用极细微,是不自觉的一种追求。意识虽是自动的现起,但他意识非不借待五识的经验的。五识创起了境,本无粗显的分别,意识紧接着五识而起,便忆持前境,更作明利的分别了。此中前境,谓前念五识所了的境,以下言前境者仿此。由此应知,意识一向习于实用,恒于种种境起追求。他是以五识为前导的,如何可说五识不现相呢?又五识虽无推求等作用,而亦有极微细的了知,虽所谓了知是不明著的,然不能说是无知。又五识和他所了的境,既成过去,意识继起而能现似前境之相者,则以五识当过去时,于所了境曾现似其相故。后念意识继起,乃得忆持前境现似其相。如果五识不曾现相,便是于所对的境冥然无知。眼识看白时,既不现似白相,便如不看一样,乃至身识触坚时,既不现似坚相,便如不触一样。我们须知道,心的知境,就因为心上必现似所知境的一种相,否则不成为知。这种道理,我想在《量论》里详说,今不必深谈。总之,五识了境时必现似境之相。所以,意识继起才有似前境的相现起,这是无疑义的。至于五识上所现似境的相,每不能与境的本相完全相肖。大概由五识所凭借底官能和五识所了的境,以及二者间的关系,如距离和光线等等说不尽的关系,都有影响于五识了境时所现的相,而令这个相和境的本相不能全肖的。此意,犹待《量论》再详。综前所说,不论五识、意识,他们五识及意识取境的时候,都现似境之相,可见心的取境此中心字,通五识和意识而总名之。不能亲得境的本相,而是把境制造或剪裁过一番,来适应自己底期待的。此中自己一词,设为心之自谓。总之,心现似境之相,而作外想,根本是要合于实用的缘故。说到此,有好多问题要留在《量论》再说。今在此中,唯欲说明世间所谓外境,只是依靠着取境的妄心而现起的一种妄境。若果认为真有离心独在的境,那就不止是知识上的错误,根本失掉了物我无间的怀抱。生活上的缺憾,是至可惋惜的。

或复问言:"公所谓妄境者,殆以心之取境不能亲得境的本相,而必现似其相,所以说为妄境欤?"答曰:所谓妄境者,非以心上现似境之相,方说为妄。心于境起了知时,便有同化于境的倾向,所以必现似境之相。这个相,又好像是对于所知境的一种记号,如了知白时必现似白相。他所了知的是这样的一个白,不是旁的。所以心上现似白的相,就是对于白有了知的一种记号。准此而谈,心的现相,是知的作用自然会有的,无可非毁的。但是,心上才现似境的相,便很容易赋予境以实在性,并且很似有封畛的。换句话说,我们知的作用,就把所了的境当作离心独在的东西来看,这才是吾所呵斥为妄境的,因为他妄境纯是依靠着那浸渍于实用方面的妄心而起的缘故。

以上所说,对彼应用不无计,为总、为别,一一破讫。次极微计,复当勘定。印度外道,本已创说极微,至佛家小乘,关于极微的说法更多了。现在如欲把外道和小乘的极微说,一一加以详细的考核,那就不胜其繁。不过,他们外道和小乘的说法,大端也甚相近,不妨总括起来一说。凡建立极微的学者们,大概执定极微是团圆之相,而以七个极微合成一个很小的系统,叫做阿耨色。阿耨色是译音,其意义即是物质的小块。七微的分配,七个极微一词,以下省称七微。中间一微,四方上下各一微。这七微是互相维系的,而又是互相疏隔的,如此成一个小的系统。无量数的极微,都是按照上述的说法,每七微合成一个小的系统。即名为阿耨色。再由这许多许多小的系统，辗转合成几子、桌子等等粗色，以及大地和诸星体，乃至无量世界。此中粗色犹云粗大的东西或整个的物件，以下言粗色者仿此。小乘学派中，有毗婆沙师，说一切极微彼此都相距甚远，不得互相逼近。照他的说法，我坐的这张几子，是无数的阿耨色合成的。这无数的阿耨色，实际上就如无数的太阳系统，因为各个极微都是相距很远的，然而我凭依在这样的凳子上，不怕坠陷了，这也奇怪。

佛家的大乘学派，都不许有实在的极微。他们大乘对外道和小乘，常常用这样的话来逼难云：你们所说底极微，是有方分的呢，抑是无方分的呢？如果说极微是有方分的，那么既有方分，应该是更可剖析的；既是更可剖析的，那便不是实在的极微了。如果说极微的形相，是团圆的，因此拟他极微某方面是东，毕竟不成为东。拟西、拟南、拟北，也是同样，都不成的。所以，极微是无方分的。在小乘里，如萨婆多师，就是这样说的。但是，大乘又驳他道，汝的说法，甚不应理。若极微是无方分的，即不可说他是有对碍的东西，此中对碍一词，碍谓质碍。凡有质碍的东西，都是互相对待的，故云对碍。以后凡言对碍者皆仿此。遂立量破萨婆多师等云：此中量字，其意义与三段论式相近，详佛家因明学中。汝所说的极微应该不是物质的，因为不可标示他的东西等方分的缘故，犹如心法一样。心法是无有方分的。他们说极微是无方分，便同心法一样。上所立的量，既已成立，极微不是物质的了。遂诘小乘诸师云，汝所说的粗色，实际上即是那许多的极微。粗色一词，解见上。粗色以外没有极微，极微以外也没有粗色。当复立量云：汝所说的粗色应该不是粗大的东西，因为他即是极微的缘故，如汝所说极微不是粗色还是一致的道理。上所立的量，既已成立，极微不是粗色了，遂复立量云：汝手触墙壁等，应该不觉得有对碍，因为他根本不是粗色的缘故，如虚空一样。如上三个比量，比量，是佛家因明学中的名词。比字，是推求的意义。凡于事理，由种种推求而得到证明。因依论式楷定，是为比量。返证极微定是有方分的。小乘师虽欲说无方分,又经大乘逼得无可再说了,归结还是不能不承认极微是有方分,然既有方分。必定是更可分析的;凡物若是可析的,他就没有实在的自体了。由此,大乘断定极微不是离心实有的东西。当时小乘里,如古萨婆多师和经部师以及正理师,这三派的学者们,不服大乘的驳斥,又主张极微与极微所成和合色,是感识所亲得的境界,以此证成极微是实在的东西。此中和合色一词,谓多数的极微和合而成为粗大的物,名和合色。感识者,即是眼等五识,说见前。但是,极微那样小的东西,当然是眼识所不能见,乃至身识所不能触的。如何说他极微是感识所亲得的境界呢?而古萨婆多和正理师,却各有巧妙的说法,以解答这个困难的问题。无奈大乘师又把他们萨婆多师等等一个一个的都驳斥了。现在依次叙述如下:

古萨婆多师,执定有众多的实在的极微,是一个一个的各别为眼识所看的境界,例如瓶子,为眼识的境界的时候,平常以为眼识所看的,是粗大的瓶子,实际上并不是这样,而确是一个一个的极微,各别为眼识底境界。他这种说法的理由何在呢?我们要知道,印度佛家,是把一切的事情分为实法和假法的。例如世间所许为实有底物质的现象,佛家也可于一方面,随顺世间,说为实法的。若就极至的真理底方面说,便不许为实有。假法,佛家略说为三种:一、和合假,即众多的极微,和合而成的粗大的物,是名和合假。众多的极微,和合而成为大物,大物的本身是不实在的,离开各个极微,就没有这个东西了。和合的物,即是假法,故名和合假。二、分位假,如长短方圆等等,就是某种实法上的分位。如说一片青叶是短或长。一片青叶是实有的,而短或长只是青叶上的分位,不是离开青叶而有长或短的东西存在的,是名分位假。三、无体假,如说石女儿、龟毛、兔角,这都是徒有名字,而没有他底自体的,是名无体假。哲学家所构想底境界,多是无体假咧。如上,已略辨实法和假法。萨婆多师以为一一极微都是实法,至若众多的极微,和合而成瓶子这样的大物,却是和合假。又以为眼识,只是缘实法，此中缘字，有攀援和思虑及了解等等的意义。以下凡言缘字者皆准知。或疑眼识无思虑，不知眼识非无思虑，只是微细而不明著耳。耳识乃至身识皆然。不缘假法，他们以为假法，但是意识所缘的。所以眼识看瓶子的时候，实际上确是一一极微，各别为眼识的境界。

大乘驳斥古萨婆多师云：汝所说各别的极微都是实在的东西，得为眼识的一种缘。此中缘字，其含义略有凭借的意思。如甲是因乙而有的，即说乙是甲的缘。此中意谓，眼识是能知的，必定有实在的某种色境对于眼识做被知的东西，眼识乃生，否则眼识不生。所以，这个被知的色境是眼识的一种缘。纵然许可你这种说法，但是一一极微，决定不是眼识所知的，因为我人的心，对于所知的境而起知解的时候，心上必现似所知境底相貌，否则心上没有那一回事，如何可说知道那种境呢？吾今问汝，汝试张着眼去看极微，汝眼识上曾现似极微的相否？汝既不能谎说曾现似极微的相，足见极微定不是眼识所知的，如何可说极微是感识所亲得的境界呢？大乘这样的驳斥了古萨婆多师。

经部师，执定有众多的实在的极微和合而成大物，得为感识所缘的境。此中缘字，有思虑等义，注见前。他们经部师。以为一一极微，不能直接为眼等识的境，因为眼等识上没有现似极微的相，所以不能说他一一极微是感识的境。但是众多的极微和合起来便成瓶子等大物。此中和字的意义，谓多数极微聚在一个处所，虽不必互相逼附，然相距甚近。合字的意义，谓许多极微，以相和的缘故，总成一个大物。这些大物，虽说是和合假，和合假，见前。然而眼等识缘这些大物时，却现似其相。据此，一一极微，虽不是感识所知的，而多数极微和合成为大物，乃确是感识所知的境，足见极微不可否认。

大乘破经部师云：汝所说和合的大物，毕竟不得为引发眼等识的一种缘，此中缘字的意义，参看前叙述大乘驳斥古萨婆多师处一段注语。因为他和合的大物是和合假，实际上没有这个东西，如何能为引发眼等识的缘？佛家不论大乘、小乘，都承认感识即眼等五识的发生，是要有实在的境界为缘,他感识才发生的。至若完全没有实在性的东西,是不能对于感识做一种缘的。因为没有实在性的,就没有引发感识的功用,所以不能为感识的缘。这也是经部师所共同承认的。然而,经部师也承认和合的大物,是虚假的,并不是独立的存在的,所以大乘说他和合的大物不得为引发感识的缘,这样一驳,经部师也词穷了。

正理师,执定众多的实在的极微,互相和集,得为眼等识所缘的境。此中缘字,是缘虑义,注见前。他正理师这种说法很巧妙。先要解释和集两字的意义。许多的极微,同在一处,各各相距不远,这样叫做和。虽多数的极微,同在一处,却各各无相逼附,不至混合成一体,这样叫做集。他正理师以为每一极微,虽说是小到极处,眼识不能见,乃至身识不能触,但是很多的极微,在一个处所,互相和集起来。那么,一一极微,互相资借,即各个极微之上,都显出一种大的相貌来,如多数极微和集一处,而成一座大山。平常望见山的人,总以为他所见的是一座大山,其实所谓一座大山是和合假。实际上并没有这个东西,有什么可见呢?然而人都以为见了大山,因为很多的极微,和集在一个处所,互相资借,各各都显出有如大山量的相。你若不信,我再烦碎的来说。譬如同在所谓大山处的无数底极微,我们设想,于其间提出甲极微来说,这个甲极微虽是小极了,但他甲极微,得到乙、丙、丁,乃至无量数的极微底资借,那么,这个甲极微之上,便显出和大山同量的相貌了。甲极微是这样的,其他一一极微都可以类推。所以,看山的时候,实在有无量数的大山相。据此说来,极微,毕竟是感识所亲得的境界,是不容疑难的。正理师这种说法,似乎把古萨婆多和经部师两家的缺点,都避免了。

大乘又斥破正理师云:一一极微,在未和集的地位,是那样小的东西,即在正和集的地位,还是那样小的东西,因为极微的本身始终是如一的,并没有由小而变成大的,如何可说他一一极微和集相资,各各成其大相,能为眼等识所缘呢?缘字,注见前。他们大乘诘难正理师的话还很多,要不过用形式逻辑来做摧敌的武器,恐厌烦碎,不必多述了。

萨婆多和正理师两派,并主张极微是感识所可亲得的。他们的持论,元来没有经过实测的方法,只是出于思构。大乘一一难破,他们也无法自救了。

或有难言:"外道和小乘首先发明极微,这种创见,是值得赞叹的。晚世科学家发明元子、电子等,很可印证他们外道和小乘的说法。足见大乘横施斥破,是毫无价值的。"答曰:大乘为什么不许有实在的极微,这个问题很大,此处不及详说。我们要知道,外道和小乘在世间极成的范围里,设定极微是实有的,世间极成义,详见佛家《大论》《真实品》。吾人在日常生活的方面,承认物理世界是实在的,无可否认的,是名世间极成。和科学家中曾有在经验界或物理世界的范围里,设定元子电子等为实有的,是一样的道理。不过,我们如果依据玄学上的观点来说,这里所谓极微,或元子电子等,是实有的呢,抑非实有的呢?那就立刻成了问题。因为玄学所穷究的,是绝对的、真实的、全的,是一切物的本体。至于世间或科学所设定为实有的事物,一到玄学的范围里,这些事物的本身都不是独立的、实在的,只可说是绝对的真体,现为大用,假名事物而已。这样,即于万有不复当做一一的事物去看,只都见为神用不测了。据此说来,大乘斥破外道和小乘的极微说,是他大乘在玄学的观点上决定要如此的。外道和小乘所谓极微,即是物质的小颗粒,把这个说为实有,当然是一种谬误。由现代物理学之发见,物质的粒子性,已摇动了,适足为大乘张目。若乃玄学上所谓一切物的本体,是至大无外的,此大不和小对。是虚无的,所谓虚无,不是空洞的意义,不是没有的意义,只是恒久的存在,而无迹象可见的意义。是周遍一切处、无欠缺的,是具有至极微妙、无究无尽的功用的。儒家哲学，称一切物的本体，曰太易，是无形兆可见的。太易者，本不易也，而涵变易，亦即于变易而见不易，故云太易。如果说极微是实有的东西，他极微就是一切物的本原。印度古代有顺世外道，便作此说。那么，我们只承认物质是实在的，更无所谓本体了。许多唯物论者，说我们所谓本体，是神秘的观念，其实并不神秘。真理是摆在面前的，你心中有一毫滞碍，便不能领会了。又有说我们是要离开客观独存的现实世界，而妄构一个高贵的、玄妙的本体，好像是太空里的云雾一般。其实，我们所谓本体虽不同世俗妄执现实世界，却亦不谓本体是在一切物之外的。如果说他是在一切物之外，又如何成为一切物的本体呢？须知，一切物都是本体显现，不要将他作一一物来看，譬如众沤都是大海水显现，不要将众沤作一一沤来看。识得此意，更可知我人和一切物实际上是浑然一体不可划分的，如何妄计内心外境划以鸿沟？唯物论者凭空构想一个客观独存的物质世界，真是作雾自迷。说到这里，我对大乘斥破极微的说法，是极端赞同的。

综括以前所说，只是不承认有离心独存的外境，却非不承认有境。因为心是对境而彰名的，才说心，便有境，若无境，即心之名也不立了。实则心和境，本是具有内在矛盾的发展底整体。就玄学底观点来说，这个整体底本身并不是实在的，而只是绝对的功能的显现。功能一词，详在中卷第五六两章。这个道理，留待后面《转变章》再说。现在只克就这个整体底本身来说。他整体底本身却是具有内在矛盾的发展的，因为他是一方面，诈现似所取的相貌，就叫做境；另一方面，诈现似能取的相貌，就叫做心。能取和所取的取字，其含义曾解见本章首段。诈现的诈字，其含义只是不实在的意思。境的方面，是有和心相反的趋势。心的方面，是有自由的、向上的、任持自性、不为境缚的主宰力。所以心和境两方面，就是整体底内在矛盾的发展，现为如此的。我们只承认心和境是整体底不同的两方面，不能承认境是离心独在的。我们要知道,从我底身,以迄日星大地,乃至他心,这一切一切,都叫做境。此中他心者,谓他人或众生的心。我底身这个境,是不离我底心而存在的,凡属所知,通名为境。自身对于自心亦得境名,是所知故。无论何人,都不会否认的。至若日星大地,乃至他心等等境,都是我的心所涵摄的,都是我的心所流通的,绝无内外可分的。为什么人人都朦昧着,以为上述一切的境都是离我的心而独在的,这有什么根据呢?实则日星高明,不离我的视觉,大地博厚,不离我的触觉,乃至具有心识的人类等,繁然并处,不离我的情思。可见一切的境,都是和心同体的。因为是同体的,没有一彼一此的分界,没有一内一外的隔碍。才有感,必有应。感谓境,应谓心。才有应,必有感。正如人的一身,由多方面的机能互相涵摄,成为一体,是同样的道理。据此而谈,唯识的说法,但斥破执有外境的妄见,并不谓境是无的,因为境非离心独在,故说唯识。唯者,殊特义,非唯独义。心是能了别境的,力用特殊,故于心而说唯。岂谓唯心,便无有境。或有问曰:"说心,便涵着境,故言唯心。说境,也涵着心,何不言唯境?"答曰:心是了别的方面,境是被了别的方面,境必待心而始呈现。应说唯心,不言唯境。或复难言:"境有力故,影响于心,如脑筋发达与否,能影响智力的大小,乃至社会的物质条件,能影响群众的意识。应说唯境,不当唯心。"答曰:意识虽受物质条件的影响,而改造物质条件,使适于生活,毕竟待意识的自觉。智力大小,虽视脑筋发达与否以为衡,但脑筋只可义说为智力所凭借的工具。此中义说二字,谓在义理上可作这样的说法。以后凡用义说者皆仿此。所以,着重心的方面而说唯心,不言唯境。

或复有难:"如果境不离心独在,这种说法是不错的。试问科学上所发见物质宇宙的一切定律或公则等,纯是客观的事实。虽我人的心,不曾去了别他,而他确是自存的,并不是待我的心去了别他,方才有他。今言境不离心独在,如果承认这种说法,则科学上的定律公则等,也不是离心独在的么?”答曰:所谓定律或公则等词的意义,相当于吾先哲所谓理。吾国宋明哲学家,宋朝初建,当公元九六〇年。明朝初建,当公元一三六八年。关于理的问题,有两派的诤论。一,宋代程伊川和朱元晦等,主张理是在物的。二,明代王阳明始反对程朱,而说心即理。这里即字的意义,明示心和理是一非二。如云孔丘即孔仲尼。二派之论,虽若水火,实则心和境本不可截分为二,此中境字,即用为物的别名。他处凡言境者皆仿此。即所谓理者本无内外。一方面是于万物而见为众理灿著;一方面说吾心即是万理赅备的物事,非可以理别异于心而另为一种法式,但为心上之所可具有,如案上能具有书物等也。唯真知心境本不二者,则知心境两方面,无一而非此理呈现,内外相泯,滞碍都捐。如果偏说理即心,是求理者将专求之于心,而可不征事物。这种流弊甚大,自不待言,我们不可离物而言理。如果偏说理在物,是心的方面本无所谓理,全由物投射得来,是心纯为被动的,纯为机械的,如何能裁制万物、得其符则?符者信也。则者法则。法则必信而可征,故云符则。我们不可舍心而言理。二派皆不能无失,余故说理无内外。说理即心,亦应说理即物,庶无边执之过。关于理的问题,至为奥折,当俟《量论》详谈。今在此中,唯略明理非离心外在云尔。

又如难者所云:“科学上的定律公则等是离心自存的,并不是待我的心去了别他方才有他的,以此证明一切境是离心独存的。”这种说法,确是极大的错误。我们须知道,一切一切的物都是心量所涵摄的。凡为了别所及的境,固然是不曾离我的心,即令了别不及的境,又何尝在我的心外?不过了别的部分,或由数数习熟的缘故,或由作动意欲加以警觉的缘故,遂令这部分的境,特别显现起来;至若了别不及的部分,只沉隐于识阈之下,不曾明著,但决不是和我的心截然异体,不相贯通的。如果作动意欲去寻求,那么这种沉隐的境也就渐渐的在我心中分明呈露了。以是征知,凡所有的境当了别不及的时候，也不是离心独在的。尤复当知，所谓定律、公则，毕竟是依想和寻伺等等，对于境物的一种抽象与选择作用而安立的。想和寻伺，详下卷《明心章》，皆是量智的作用。若离想等，则境上有此定律公则与否，要不可知。故难者所举的义证，毕竟不能成立外境。

吾国先哲对于境和心的看法，总认为是浑融而不可分的。如《中庸》一书，是儒家哲学的大典，这书里面有一句名言。他说，明白合内外的道理，随时应物无有不宜的。原文云："合内外之道也，故时措之宜也。"这句话的意思是怎样呢？世间以为心是内在的，一切物是外界独存的，因此，将自家整个的生命无端划分内外，并且将心力全向外倾，追求种种的境。愈追求愈无餍足，其心日习于逐物，卒至完全物化，而无所谓心。这样，便消失了本来的生命，真是人生的悲哀咧。如果知道，境和心是浑然不可分的整体，那就把世间所计为内外分离的合而为一了。由此，物我无间，一多相融。此中一谓小己，多谓万物。虽肇始万变，不可为首，言虽万变不穷，而实无有人格的神，为首出的创造者。此本《大易·乾卦》篇中的意思。而因应随时，自非无主。此心随时应物，自然不乱。可见这个心，就是一种主宰力。用物而不滞于物，所以说无不宜。《中庸》这句话的意思很深远，从来直少人识得。孟子也说道："万物皆备于我矣。"孟子盖以为万物都不是离我底心而独在的。因此，所谓我者，并不是微小的、孤立的、和万物对待着，而确是赅备万物，成为一体的。这种自我观念的扩大，至于无对，才是人生最高理想的实现。如果把万物看作是自心以外独存的境，那就有了外的万物和内的小我相对待，却将整个的生命无端加以割裂。这是极不合理的。孟子这句话，至可玩味。程明道说："仁者浑然与万物同体"，也和孟子的意思相通。陆象山说："宇宙不在我的心之外的。"此中宇宙一词，是万物的总称。他自谓参透此理时，不觉手舞足蹈。他的弟子杨慈湖曾作一短文，题名《己易》很能发明师说，虽文字极少，或不到一千字。而理境甚高。后来王阳明学问的路向和陆象山相近，王阳明也是昌言“心外无物”的。他的弟子，记录他底谈话，有一则云：“先生游南镇。一友指岩中花树问曰：‘先生说天下无心外之物。现在就这花树来说，他花树在深山中自开自落，于我的心有何相关呢？’先生曰：‘汝于此花不曾起了别的时候，汝的心是寂寂地，没有动相的。此花也随着汝心同是寂寂地，没有色相显现的。此时的花，非无色相，只是不显现。汝于此花起了别的时候，汝心便有粗动相。此花的色相，也随着汝心，同时显现起来。可见此花是与汝心相随属的，决不在汝心之外。’阳明这段话，可谓言近而旨远，实则这种意趣，也是孔孟以来一脉相承的。

本来，境和心是不可分的整体之两方面，我们似乎不必说识名唯，但因对治他们把一切境看作是心外独立的这种倒见，所以要说唯识。又复当知，由二义故，不得不说识名唯。一、会物归己，得入无待故。如果把万物看作是心外独存的境，便有万物和自己对待，而不得与绝对精神为一。今说唯识，即融摄万物为自己，当下便是绝对的了。二、摄所归能，得入实智故。能谓心，所谓境。心能了别境，且能改造境的，故说心名能。境但是心之所了别的，且随心转的，故说境名所。唯识的旨趣，是把境来从属于心，即显心是运用一切境而为其主宰的，是独立的，是不役于境的。但这个心，是真实的智，而不是虚妄的心，此不容混。参看《明宗章》及本章首段。唯识的道理，是要从自家生活里去实践的，不实践的人也无法信解这个道理。我们应该承认，万物都是我心所感通的，万有都是我心所涵摄的，故一言乎心，即知有境，一言乎境，知不离心。我人的生命是整个的，若以为宇宙是外在的，而把他宇宙和自己分开来，那便把浑一的生命加以割裂。这正是人们以倒见为刃而自刺伤啊。

境和心本来是浑融而不可分的，为什么人都妄计一切境是离心独在的呢？这种妄计并不是无来由的。因为人生不能舍离实际生活，没有不资取万物以遂其生长的。郭子玄说，人的生存，其身体长不过七尺，却是要遍取天地间的物资来奉养他，这是实在的情形。凡天地万物，不论是感官感得到的和感不到的一切的东西，都是人生所必需，不可一刻或无的。假设有一物不具备，我人就立刻不能生活下去了。子玄这段话，虽似平易而意思却很深远。我人因为要资取万物以维持生活的缘故，所以一向习于追求种种的物。此中习字，吃紧。他的追求，是惯习的，并不自觉的。当初，因于物起追求，遂不知不觉而看一切物好像是外在的境，亦复由此，更要加倍的驱役自心向外驰求种种的境。这样的驰求无有休止，自然会成为一种惯习。这种惯习既成，我们每一动念，总是由他作主。换句话说，惯习的势力，就成为我们的心。就是所谓习心。这种心起来，便执定一切物是外在的境，以为事实如此，绝不容疑了。

我在这里，还要便提一段话，就是空间时间的相，是由人心执定有外在的境才有的。因为执定有外境，就于一一的境觉得有分布相，如东西等方、远近等距离。这种分布相，就叫做空间相。同时，于一一境也觉得有延续相，如过去、现在、未来。这种延续相，就叫做时间相。所以空相和时相，都缘在日常经验里，执有外境而始现的，并非不待经验的。或有难言："分布空相和延续时相是物质宇宙存在的形式。这种形式，是我人对于一切物的知识所由成立的最根本底基础，如果否认这种形式，便是否认物质宇宙的存在，那么，我们就不会有对于一切物的知识了。但是，照你的说法，外境根本是没有的，只是虚妄的心误执以为有的。而空相和时相又是缘外境的虚假相而同时诈现的。这样，便把空、时和外境一齐否认了。我们对于一切物的知识还能有么？"答曰：汝这番问难，甚有意义。但吾为对治执境为离自心而外在的谬见故，说无外境，并不谓境无。须知，执有外境的人，也不是凭空能起这种执的，因为有当前的境，他才依着此境而起心分别，以为这个境是离我的心而外在的。我要斥破他这种妄执,就说:如你所执的外境,根本是没有的,因为我所谓实有的境,根本不像你所执为外在的。我只要破他的妄执罢了,事实上他起执的时候何尝不依着当前的境而始起此执呢?既许有境,则空相分布时相延续自是境的存在的形式。换句话说,空、时是与境俱有的,因此,我人对于一切物的知识所由构成的最根本的基础,不会摇撼的。我们要知道,理智作用是从执境为离心外在的这种虚妄的惯习里而发展来的。一切知识的根荄,就是以妄执外境的惯习为田地而栽培着的。如果不执境为离心外在的,他也不会对于境来处理和解析,及加以思惟等等的。那么,我们真个不能有对于一切物的知识了。这样说来,如果知识是不可无的,所谓执有外境的惯习,岂不是应该赞美的么?此复不然。应知,执有外境的惯习是无可说为好的。我们不应该于境起妄执,只可随顺世间,设定一切物是外在的境,从而加以处理及思惟等等。仅如此设定,这是无过的。但必须知道,就真理上说,境和心是浑融而不可分的。如果执境为离心独在,以为真理实然,那便成大过了。道理是活的,不可执定一偏之见来讲的。好像八面镜罢,你在这面去照,是这模样的,你向那面去照,又是那模样的,向八面去照,没有同样的。我们讲道理,应该分别俗谛和真谛。随顺世间,设定境是有的,并且把他当做是外在的,这样,就使知识有立足处,是为俗谛。泯除一切对待的相,唯约真理而谈,便不承认境是离心外在的,驯至达到心境两忘、能所不分的境地,是为真谛。如上所说的意思,我在此不能深谈,当俟《量论》详说,姑且作一结束。

译者按:本章破外境,与印度旧师的旨趣根本不同。学者试取旧师的《二十唯识论》和本章对照,自然知道。

第三章 唯 识 下

我在第一段里斥破外境,并不谓境是无有的,只谓境非离心独在而已。或者闻吾的说法,以为我是把境来从属于心的,当然是把心看作为实在的了。这样来理解我的意思的人,却不免有误会的地方。我固然曾说过,摄所归能而入实智。这话的意思,是要泯除心境对待的虚妄相,而获得本有的实智。实智,即谓本来的心。实智才是独立无匹的,因为境不能拘碍他,而他是能运转境的,所以说摄所归能,正显实智独立无匹。闻吾说者,应该了解我所谓心,是有妄执的心和本来的心这两种分别的。本来的心是绝对的、真实的,俟本论全部讲完了,自然知道的。至于妄执的心,就是取境的识。见第二章首段。这个也说为实在的,便成极大的错误。一般人大概不自承有本来的心,而只是妄执的心,夺据了他本心的地位。本来的心,省称本心。因此,把妄执的心看做是实在的。这样,便与执定外境是实有的见解成同样的颠倒。我们要知道,妄执的心或取境的识,根本是没有自体的。印度佛家,把这种心说为缘生的,就是说他没有自体的意义。但是如何叫作缘生呢?此非加以解释不可。缘字的意义,本是一种凭借的意思。生字的意义,是现起的意思。如甲凭借乙丙等而现起,即说乙丙等于甲作缘。若从甲的方面说,即云甲以乙丙等为缘。若是把乙丙等这些缘都折除了,即甲也不可得。由此应说甲的相状,就是乙丙等许多的缘,互相借待而现起的,这就叫做缘生。甲是如此,乙丙等也都是同样的。一切物没有不是互相为缘而现起的。所以,一切物都是没有自体的。换句话说,所谓一切物,实际上只是毕竟空、无所有的。既一一物都无自体,如何不是空呢?试就麦禾来举例罢,通常以为麦禾,是有自体的,是实在的,但自了达缘起道理的人看来,就知道麦禾只是许多的缘,互相借待而现起的一种相状。如种子为因缘,水土、空气、人功、农具、岁时等等均为助缘,如是等缘,互相借待,而有麦禾的相状现起。若将所有的缘都除去,也就没有麦禾了。所以麦禾并无自体,并不是实在的。说至此,缘生一词的意义,应该明白了。上来已经说过,所谓妄执的心或取境的识。就是缘生的。换句话说,这个心就是许多的缘互相借待而现起的一种相貌,当然不是有自体的,不是实在的。若把众多的缘一一折除,这个心在何处呢?实际上可以说他是毕竟空、无所有的。不过,说到这里,应当补充一段话。因为,既说这个心是缘生的,必须分别哪几种缘,才可成立缘生说,若是举不出那些缘来,又如何可说缘生呢?据印度佛家的说法,这个心的现起,应由四种缘:一,因缘。二,等无间缘。三,所缘缘。四,增上缘。今当依次解释诸缘的意义。

云何因缘?先要略释因缘这个名词,然后定因缘的义界。缘字的义训,上面已经说过,毋须复赘。因字的义训,就是因由的意思。凡事物的发现,不是忽然而起的,必有他底因由的。从前印度外道中有一派,主张世界是忽然而起的,没有因由的,这派的思想太粗浅,为佛家所斥破。因此,就说事物所具有的因由,即是事物所待以现起的一种缘。这样,便把因由说名为缘,故云因缘。在四个缘的里面,因缘特为主要,故列在初。现在要定因缘的义界。从前印度旧师,谓唯识论诸师他定因缘的义界云,以下用因缘一词,亦省称因。凡是具有能生的力用的东西,亲生他自己的果,才把他说名为因。参考《成唯识论》卷七及《述记》卷四十四第一页以下。旧师这样的定下了因缘的义界,于是建立种子为识的因,此中识字,在本论则说为妄执的心或取境的识。后凡言识者仿此。而说识是种子的果。今先详核旧师的因缘义,而后评判他的种子说。按旧师所定因缘义界,应分三项来说明:一,对于果而作因缘的东西,决定是实在的,否则没有生果的力用,不得为因缘。二,因所生的果,是别于因而有他底自体的,换句话说,因和果不是一物。三,因是决定能亲自创生果的,这个意义最为重要。如或因不是能亲生果,或不是决定能亲生,那么,这种因就是后面所要说的增上缘,而不得名为因缘。所以,第三项的意义很重要。旧师因缘的意义如此。再评判他的种子说。关于种子的说法,在旧派里是很复杂的,让我向后扼要而谈。今在此中,但据心理的方面略为叙述。种子的含义,就是一种势力的意思。他所以叫作种子,因为他具有能生的力用之故,世间说麦和稻等等都有种子。旧师大概把世间所谓种子的意义,应用到玄学上来,而臆想识的生起,由于另有一种能生的势力,遂把这个势力名为种子。但旧师所谓种子,在他说来并不是一个抽象的观念。他以为种子是有自体的,是实在的,是有生果的力用的。他并且以为种子是各别的,是无量数的多的,不是完整的。他为什么有这样的说法呢?大概以为我们的识,念念起灭,总不是无因由的,于是凭他的臆想,以为有各别的、实在的种子,为能生识的因,而识则为种子所生的果。元来,印度佛家大乘以为我们的识,不是完整的,而是各分子独立的。于是把每人的识,析成八个。详在后面《明心章》。由此,应说对于识作因缘的种子,也是各别的、无量的多的,不能是完整的。据他的说法,现前一念的眼识,有他自家的种子为因缘才得生起的。推之前念的眼识,或预测后念的眼识,都是同样的道理。眼识如是,耳识、鼻识,乃至第八识,也都是同样的道理。总之,各别的种子,各别亲生各自的果,所以,他定因缘的义界,特别扼重亲生自果一义。因为他的种子是多元的,若不是各各亲生各自的果,岂不互相淆乱么?旧师的说法大概如此。参考《摄论》世亲释种子六义,引自果条。现在我要简单的加以评判。旧师析识为各各独立的分子,如破析物质然,这是他的根本错误,且俟后文《明心章》辨正。至于以种子为识的因,以识为种子的果,因果判然两物,如母亲与小孩,截然两人。旧说种子和他的所生果,是同时俱有的,则以因果各有自体故,参考《摄论》等种子六义。这种因果观念，太粗笨，是他底玄学上的一种迷谬思想，容后《功能章》再说。总之，我于旧师的种子论，根本要斥破的。关于因缘的说法，自不便和他苟同。

我们改定因缘的义界云，识的现起，虽仗旁的缘，谓以下三缘。但他决定是具有一种内在的、活的、不匮乏的、自动的力。我们假说这种自动的力，是识底现起的因缘，此中两力字的意义，很微妙，不可看做实在的东西。以后凡言力者仿此。不可说别有实在的种子，来作识的因缘。我们要知道，所谓识者念念都是新新而起的。前念刚灭，后念紧接着生起。念念都是新生的，但前念后念之间亦无间隙。换句话说，此识念念都是新新的、自动的力。何以见得他是自动的力呢？识是无形相的，我们所以知道他是有而不无的，因为他具有一个特征，就是了别。他能了别一切的境，应该承认他是自动的力。虽说他是要凭借官体才起的，此中官体一词，包括五官和神经系统而言。但不可说他是官体的副产物，因为他是能主宰乎官体的。如耳目等官所交接的物，纷纭得很，而识的职明不乱，可见识是能自作主的。虽说他是凭借境界才起的，俗所谓外界的刺激物，通名境界。但亦不可以刺激物的反映来说明他，因为他是能转化一切境，如色声等境，皆不足以溺心，而心实仗之以显发其聪明之用。是心于境能转化之，而令其无碍。并改造一切境的。我人的心，能改造现前一切的境，使适于生活，是分明不可否认的事实。我们内自体认，就知道识的现起，是具有一种内在的自动的力才得现起的。这种自动的力，是找不着他底端绪的，也看不着他底形相的，他好像电光的一闪一闪的，不断的新新而起。这也奇怪啊！我们以为，识的现起，就是具有内在的自动的力，只有把他底本身的自动的力推出来，而假说为因缘。除此以外，无所谓因缘。如果不明乎此，而凭臆意，以为别有所谓种子来作识底因缘，如旧师之说，这固然是极大的错误。即如世俗的见解，把识看做是官体的副产物，又有以外界刺激的反应，来做说明的这等见解，更是迷谬不堪。他不晓得他底心是能自主的、自在的、不受一切物的障碍故，故云自在。自创的。他把他分明自有的东西否认了，这也可惜。或有问言："你前说这个心，是妄执的心，是后起的。现在讲因缘的时候，又说他是具有内在的自动的力。这个自动的力，是后起的么？"答曰：此中所谓自动的力，实即性智的发用。性智，即是本体，见《明宗章》。但克就发用上说，则是性智的力用发现于官体中，官体，见前注。而官体易假之以自成为官体的灵明，是故由其为性智的发用而言，应说此自动的力是固有的，非虚妄的。若从其成为官能的灵明而言，又应说此自动的力是后起的，违其性智之本然，顺形骸而动，故云后起。是虚妄的。官体假借之灵，逐物而起执，又杂以染习，失其本真，故是虚妄。然吾人如有存养工夫，使性智恒为主于中，不至役于官体以妄动，则一切发用，无非固有真几。此义当详之下卷。《明心章》

> 译者按：本论的缘起说，和通常谈关系的，迥不相同。关系论者，只知着眼于事物的互相关联，而未能深观事物的本身，易言之，即不了解事物有他内在的自动的力。本论谈缘生，首以因缘，这是独到的地方。

云何等无间缘？此缘，亦名为次第缘，谓前念的识能引后念的识令生，所以说前念识是对于后念识而为次第缘。为什么说前念识是后念识的缘呢？因为识是念念起灭的，换句话说，他识是念念前灭后生的。其所以前灭后生的缘故，就因为前念识能对于后念识而作次第缘，能引后念的识令他生起，所以生灭不断。如果前念识不能作后念识的缘，那么前念识一灭，便永灭，再没有后念识生起来。这种断见是不合道理的。印度古时有断见外道，主张一切法灭已更断，如人死已无复有生。由前能引后，故说前为后的缘，既后以前为缘，虽后是新生的，而于前仍不无根据，次第缘的建立，是很有意义的。或有问云："何故次第缘，亦名为等无间？"答曰：这个名词，当以二义解释。一，等而开导义；二，无间义。等而开导者，导字是招引的意思。开字，有两义，一、是避开的意思，二、是把处所让与后来者的意思。若是前念识不灭,他便占着处所,妨碍了后念识,令彼不得生。但前念识是才起即灭的,并不暂时留住的,他好像是自行避开,而给与后来者一个处所。他很迅速的招引后念识,令其即时生起,所以说为开导。等字是相似的意思,谓前为后缘,后起的识总和前念识相似,不会一忽儿间生起和前念识绝不相似的另一变态的东西。所以,前念后念之间,还有统一性。或有难言:"前念识开避,既已灭了,根本没有东西,如何说能招引后念?"答曰:前念识当正在生起的时候,即有招引后来的趋势,不是已经灭无了还能招引。须知,一切事物当其正发生的时候,就把后来新的转变已招引着了,并不稀奇。

无间者,间字是间隙或间断的意思。前念灭的时候即是后念生的时候,生和灭的中间是没有时分的,没有间隙的。如果从灭至生,中间还有时分,即是生灭之间有了间隙。那么,前念灭时便断了,后念如何得生? 所以,前灭后生,是在同一的时候,紧紧接续着,中间绝没有一丝儿的间隙的,决不会有间断的。庄子曾说道,一切物的变化,是于无形中密密的迁移了。前前灭尽,后后新起,总是迁移不住,因其过于密密,谁也不能觉得。原文云:"变化密移,畴觉之欤。"这话,可谓深入理奥。所以说,前念识为缘引后,其生灭之间是没有时分的,故应说无间。或复问言:"旧师说识,亦有间断的时候,如眼识有不见色时,乃至意识亦有不起思虑时,此说然否?"答曰:旧师把识剖析为各个独立的东西,因计眼识乃至意识,都有间断的时候,其实精神作用是整体的,不能说他有间断的。眼识不见色时,乃至意识不作思量时,其能见乃至能思量的精神作用,未尝不在。旧师之说,何足为据?

综前两义,一、等而开导。二、无间。次第缘所以又叫做等无间,其意义也可明白了。我们的心,具有等无间缘,念念是前的灭而开避,后的被前所导引而新起。心就是这样的迁流不息,常常是新新的,没有故故的保留着。可见精神作用,元来具有至刚健的德。因此,其几之动,至神妙而不测。几字,是几兆的意思。变动未起而将起的时候,说为几兆。有些学者,以为心的迁流,是由过去至现在,复立趋未来,好像过去不曾灭尽,只是时时加上新的东西,这种见解,却是错误,佛家呵此为常见。把一切物看做是可以常存的东西,佛谓之常见。我们要知道,宇宙间没有旧的东西滞积着。

> 译者按:熊先生此处讲等无间缘,大半是他自己的新解释。印度佛家,因为把心分成各个独立的分子,所以讲等无间缘就有许多无谓的钩心斗角的地方,完成他底一串的理论。那种理论是没有意思的。熊先生说:如果引述他的说法而加以评判,文字就太繁了。熊先生的著书,是以简要为贵,而不喜欢过于繁重的。本来,繁碎的论辨,是中国学者所向来不取的,他总是以扼要为贵的。又旧师印度佛家于物质的现象不许有等无间缘。我尝问熊先生,物质现象也是时时变化的,时时是前灭后生的,应许他具有等无间缘义。物质常常由一状态变成另一状态,后者的变起也是以前的状态为其等无间缘的。我曾以此意白于熊先生,先生颇以为然。故附记于此。

云何所缘缘?一切为识所及的对象,通名境界。识是能缘的,境是所缘的。此中能缘和所缘的缘字,其含义有攀缘和思虑等等意思。能缘识,不会孤孤零零的独起,决定要仗托一个所缘境,他能缘识才会生起来,因此,把境界说名所缘缘。这种缘,也是非常重要的,譬如白色的境当前,对于眼识作个所缘缘,便令眼识和他同时现起。你看他的力量多么大啊。

关于所缘缘的义界,从前印度佛家很多讨论。大乘中有陈那菩萨者,菩萨犹言大智人。曾著《观所缘缘论》一书,虽是小册子,而其价值甚大,因为他在大乘的量论上立定了基础,而对于小乘计执离心有实外境的主张予以斥破。吾在《佛家名相通释》里面曾经说过，此姑不赘。现在要楷定所缘缘的义界，只好博稽陈那、护法、玄奘诸师底说法，而加以抉择。计分为四义如下：

一、所缘缘，决定是有体法。此中有体法的法字，略当于俗所谓物或东西的意思。有体法者，谓世间共许为实有的东西，不是虚假的。凡是对于识而作所缘缘的这种东西，定是有他底自体的，因为他有自体，所以具有一种力用，足以牵引能缘识，令其生起。如白色境，是有自体的，不是虚假无实的，他就能牵引眼识，令他眼识和己同时现起。此中己字，设为白色境之自谓。由此之故，才说境于识是得作一种缘的。假若是虚假而无有自体的东西，那就根本无所谓缘了。试就瓶子来说罢，照世俗的见解，瓶子便是眼识等的缘，实则这是一个倒见。我们要知道，所谓瓶子，实际上是没有自体的，是虚假的东西，他何得与识为缘？你若不承认我的说法，吾且问语：汝所得于瓶子者果何物？汝必曰：看着他，是有白的，乃至触着他，是有坚的。殊不知，你的眼识只得着白的境，元不曾得着瓶子。乃至汝的身识只得着坚的境，也不曾得着瓶子。但是汝的感识，眼等五识，亦名感识，曾见前章。当其现见坚白等境的时候，一刹那间，能见感识和所见坚白等境都灭尽了，都成过去了，而汝的意识，紧接着感识而起，便追忆坚和白等境，遂妄构为一整体的瓶子。实则坚和白等境，是有他的自体的，非虚假的，此可与识作所缘缘。至于意识所构的瓶子，根本是无体假法，无体假，见上章。若许为缘，便无义据。瓶子如是，余可类推。或复难云：“公前已云，坚白等相是识所现，如何说为实境？”答曰：凡感识所现坚白等相，皆托实境而起。实境，亦名现境，是现前实有的东西故。一方面说依识现，一方面亦可说为实境的相貌，故应以坚白等相，摄属实境，说为所缘缘。或复问言：“感识所现坚白等相，皆有实境为所托故，故以此等相，摄属实境，得许为缘，是义无诤。但是，意识起一切思惟时，不必有实境为对象，如思花的时候，并不是梅花当前引他意识起思，也不是兰花等等当前引他起思。他思惟里的花，只是一个共相。不论兰花和梅花等等，同谓之花，故花是共相。这时候，根本没有某种实境作意识的对象，更把什么说为所缘缘？又如思量一切道理的时候，不消说得，自是没有实境的。据此说来，意识应该无所缘缘。”答曰：共相的构成，还是依靠一一具体的东西，如果没有兰和梅等等的花，则花的共相如何凭空构成得来？应知，共相不是于实境无关的。况且心上现似花的共相，这种共相就是一种境界，即在思量一切道理的时候，心上也要现似某种道理的相状。如我方才思量这种道理，分明和别的道理是不同的。这就是心有所思时，总得要现似一种相状。这种相状也是一种境界。我们要知道，心的一切思惟都要现似所思的相。这个相，亦名为境。他虽然是眼识不可得见，乃至身识不可得触，然而此境，是分明内在的，昭然内自识的，不是空洞无物的。应说此境是所缘缘。如果没有所思的境作所缘缘，这时便无心了，因为心起，决定是有境为缘的，心上所现的境，也是有自体的。非空洞无物，故说有自体。此境依心而起，还能引心，即托于己而起思虑，此中己字，设为境之自谓。故知意识非无所缘缘。

又复当知：如前所说，为所缘缘，决定是有体法。由此，后念识不得以前念境作所缘缘。唐代有普光师玄奘弟子。曾说，感识后念，得以前念境为所缘缘。这种说法是错误的。我们要知道，一切物都是顿起顿灭，没有暂时留住的。前念境，于前念生起，即于前念灭尽，根本不曾留至后念。如眼识前念青境，实未至后，后念青境，乃与后念识同时新起。普光不了此义，乃谓前念境得与后念识作所缘缘。这种错误的缘故，就因为感识了别所缘境时，一刹那顷，感识和他所了别的境，同生同灭，但后念意识继前念感识而起，极为迅速，由忆持作用，能忆前念境，即现似前念境的影像。这个影像，即心上所现，本非前念境，但此时意识托影像而起解，即仍作为前念境来理解他。因意识作用迅速之故，我们每不悟，当做前念境来了别的是意识，而竟以为是后念感识能亲得前念境。实则前念境已灭尽，没有自体，如何得成所缘缘？普光之说，甚不应理，故宜刊定。

二、所缘缘，具为识所托义。凡有体法，不论是有质碍的或无质碍的，只要他是有而非无的，便名有体法，详玩前文。对于能缘识而作所缘缘的时候，他有一种牵引的力用，得为能缘识所托，而令能缘识和己同时现起。此中己者，设为所缘缘之自谓。因为心不孤生，决定要仗托一种境，方才得生。如眼识，非仗托青等色境，必不孤生，乃至身识，非仗托一切所触境，必不孤生。意识起思构时，心上必有一种影像，即现似所思的相状。这个影像，虽依心现，而心即以此为其所托，否则心亦不生。如果说心可以孤孤零零的生起，而不必要有所托，这是断然没有的事情。

三、所缘缘，具为识所带义。带字的含义，是挟近逼附的意思，谓所缘境，令能缘识挟附于己。此中己者，设为境之自谓。能缘所缘，浑尔而不可分。换句话说，即能缘冥入所缘，宛若一体，故名挟带。如眼识，正见白色的时候，还没有参加记忆，没有起分别和推想，即此见与白色浑成一事，无能所可分。这时候便是眼识亲挟白色境，所以叫做挟带。挟带之义，本由玄奘大师创发。玄奘留学印度时，正量部小乘之一派。有般若毱多者，尝难破大乘所缘缘义。戒日王印度君主。请奘师，并招集一时名德为大会。奘师即于此会发表一篇论文申挟带义，对破毱多，但其论文今不传。

四、所缘缘，具为识所虑义。上来所说的三义，尚不足成立所缘缘。我们要知道，有体法虽能为缘，有体法，谓境界。令能缘识以己为所托，并以己为所带，但若不以己为所虑，则所缘缘义仍不得成立。因为能缘识必以所缘境为其所虑，即所缘境对于能缘识得成所缘缘。如果不是有能虑的东西，把境界作他的所虑，那么，这个境界便无所缘缘义。譬如镜子是有能照的作用，他会照人和物，但人和物虽是镜子之所照,而不是镜子之所虑。因为镜子根本非能虑的东西,故镜子所照的人和物也只是他之所照,而不是他之所虑。因此,不能说人和物对于镜子得名所缘缘,因镜子但能照人和物等境,不能虑于境故。今此言所缘缘者,定是对于能虑的东西谓识。而为其缘,方才得名所缘缘。即由此义,唯识的道理可以成立。如果说境界对于识为所缘缘时,但具前三义而不必具所虑义,那就见不出识是能虑的东西了。譬如镜子所照的人和物,他们人和物也是有体法,对于镜子也有为所托及为所带之义。镜子能照的作用,必仗托人和物而始显,故说人和物对于镜子有为所托之义。镜子挟带人和物的影像,摄为一体,故说人和物对于镜子有为所带之义。假若境于识只要具有前三义,即一是有体法,二为识所托,三为识所带。便得成所缘缘,那就应该许人和物对于镜子也得名所缘缘。因为人和物对于镜子亦具有三义。如上所说,果然如此,又应许识同于镜子,因为识和镜子的所缘缘义,并没有不同的地方。既许识同镜子一样,便成唯境,不名唯识。因此之故,我们讲所缘缘,必须于前三义外,益以所虑一义。由所缘境是有体法,得令能缘识,以己为所托及所带,己字,设为所缘境之自谓,下用己字者仿此。并以己为所虑故,说所缘境对于能缘识作所缘缘。由所缘缘具所虑义,影显识为能虑,不同镜子等物质的东西,故唯识义成。

附识:思虑作用,是最奇妙不可测的。一切极广大、极深远、极微妙的境界,都是思虑作用所可及到的。科学上的发现,哲学上的遐思和体认,逻辑上的精密谨严,道德上的崇高的识别,如超脱小己的利害计较,而归趣至善。这种识别,是最崇高的。一切一切不可称数的奇妙的功用,都可见思虑作用是心的特征,决不可以唯物的见解来说明他。如果把思虑作用也说为物质的现象,那便是一种矫乱论。印度古时外道,有一种矫乱论者,其持论不求理据。我们要知道,心和境境谓物。是惟一的本体的显现的两方面。惟一者，绝对义。一不与二对。这两方面的现象，是不容淆乱的，譬如一纸之有表里，不可说有表而无里，也不可说有里而无表的。今若克就现象上说，不可说唯独有心而无有境，只可说境不离心独在，不可说无境。亦不可说唯独有境而无所谓心。唯物论者要把思虑作用也说为物质的，这真是无谓的矫乱。就如他们所说，物质是能思虑的东西，那物质的意义，便不是元来所谓物，可以说是具有神的意义了。当知思虑作用，毕竟是心的特征。我们只要认明这一点，便不受唯物论的矫乱。古时印度人，有说镜子能见物和心能了别物是一样的。罗素来中国演讲时，也曾说过照像器能见物。这都是唯物论者的见地。实则镜子和照像器，只能于所对境而现似其影像。这一点，固然和心有相同的地方，因为心的取境，也要现似境之相的。第一章里已说过。但心上所现影像，毕竟说为心的所缘境，换句话说，影像是心之所知。就知识的构造而说，没有所知，是不能成为知识的。影像，就是心上有所知的相状。就知识构成言，是很重要的条件。但影像是心之所知，是属于境的方面，换句话说，他不即是心，而心之特征只是思虑。镜子和照像器所现的影像，可以说是同于心上所现的影像，但心是具有奇妙不测的思虑作用，而镜子和照像器是没有思虑的。如何把心和镜子及照像器看作同样的物呢？道理很显明的，不曾隐蔽的，而好异的人以私意去求索道理，反而晦涩了，这是很可惜的。总之，心的思虑作用与心上所现影像，本不为一事，而俗情于此，不加辨析，故说镜子和照像器皆能见物，皆是和心相同的。古今陷于这种错误的人正不少。唐代玄奘门下谈唯识者，也有欠精检处。如备公云："但心清净故，一切诸相于心显。故名取境。"（见《解深密经》注六第七页）太贤云："相于心现，故名所虑。"（见《成唯识论学记》卷六第三十七页）此皆以心上现似所缘境之相，即名取境，不悟心取境时不但现相，必于此相而加思虑。这是根本不可忽略的。如果以心上现似所缘影像，即名取境，那么，心也就同于镜子和照像器了。本章讲所缘缘四义，而结归所虑义，以所缘缘具所虑义，影显识为能虑，故与唯物殊趣。

综上四义，明定所缘缘界训，庶几无失。

附识：旧师谈所缘缘颇分别亲疏，因为他们主张每人有八识，至其所谓八识乃是各各独立之体。因此，讲所缘缘就要判亲疏。据他们说，眼识所取的色境是眼识自己变现的，而这个色境是有实质的，是有体法。即此色境是眼识的亲所缘缘。但是，眼识变现色境的时候，也要托一种本质而起。这个本质是什么？据他说，那叫作器界，犹言物质宇宙，亦相当于俗云自然界。就是第八识亦名阿赖耶变现的境相。这个第八识的境相，眼识不得亲取他，必须仗托他做本质，而自己变现一个色境。因此，说第八识的境相即器界，是眼识的疏所缘缘，唯眼识自变的色境，才是眼识的亲所缘缘。试表之如下：

眼识的亲所缘缘——眼识自变的色境。

眼识的疏所缘缘——第八识所变的境相。

眼识的所缘缘，分别亲疏，如上所述。耳识等等的所缘缘都有亲疏之分，可以类推。详在吾著《佛家名相通释》，不妨参考。

本论和旧师立说的体系，完全不同。故所缘缘，虽亦不妨分别亲疏，但疏缘的意义，自与旧师所说，截然不同。留待《量论》方详。

云何增上缘？增上，犹言加上。旧训为扶助义，此缘，亦可名为助缘。谓若乙，虽不是由甲亲自创生的，然必依着甲故有，若是没有甲，即乙也不得有。由此应说，甲对于乙，作增上缘，而乙便是甲的果。增上缘，对于所增上的物事，亦得名因。所增上的物事，对于增上缘，即名为果。

凡为增上缘，定具二义。一、具有殊胜的功用。凡一物事，对于他物事而能作增上缘的，必是具有殊胜的功用，方能取果。果者，谓所增上的物事。如有甲故，便有乙，即是甲为乙作增上缘，而乙是甲所取得之果，故云取果。但是，所谓殊胜的功用，虽谓增上缘，对于所增上的果有很大的扶助的功用，却不限定要如此。只要他增上缘对于所增上的果，不为障碍，令果得有，那也算是他的殊胜的功用。就近举例罢，如吾立足于此，五步之内，所有积土，固是对于吾的立足，直接做增上缘，即此五步之外，广远的距离，甚至推之全地，以及太阳系统，这无量的世界，亦皆对于我的立足为增上。从何见得呢？我们试想，假令五步以外山崩河决，又或地球以外的诸大行星，有逾越轨道而互相冲碎的事情。这时候，地球也弄得粉碎，我们哪有在这里立足的可能呢？应知，我们现在立足于此，实由全地，乃至无量太阳系统，都有增上的殊胜的功用。准此而谈，增上缘是宽广无外的。每一物事的现起，其所待的增上缘，是多至不可胜穷、不可数量的，然而推求一物事的因，此中因字，即谓增上缘。却是要取其切近的因，至于疏远的因，尽可不必遍举了。如前所说，立足一事，只就相当距离之内，没有土崩之患，以明吾立足于此之因，则能事已毕。

现在就心的增上缘来说，如一念色识生的时候，色识者，眼识之别名。眼识是了别色境的，故亦名色识。其所待的增上缘，当然是不可数计的，但其间最切近的有官能缘，谓眼官与神经系，乃是色识所依以发现的。又有空缘，谓有障隔处则色识不行，必空洞无碍，色识方起。又有明缘，谓若在暗中色识定不生，必待光明色识方起。又有习气缘，凡色识起时必有许多同类的习气，俱时齐现，如乍见仇雠面目，即任运起嗔。任运一词，谓因任自然的运行，不待推求而起。这便是旧习发现。此不过举显而易见的事为例，实则不论何等境界当前，而一切识起的时候，总有许多同类的习气同时发现的。以上所说的几种缘，都是对于色识的增上，极为密切。我们只取这些缘，来作色识的俱有因，便已足了。俱有因者，谓若此物，待彼物而有，即说彼物，是此物的俱有因。其余疏远的因，可不计算。色识如此，余声识等等都有切近的增上缘，可以类推。如意识起思虑的时候，其所待的增上缘，若脑筋，若一切经验，或曾经习得的知识等等，都是最切近的增上缘。

附识：增上缘义最精。科学上所谓因果，大概是甄明事物间相互的关系，这和增上缘的意义，是相当的。但是，有许多人疑及增上缘太宽泛，以为依照这种说法，将至随便举出一件事来说，就要以全宇宙来作这一件事的因，岂不太难说了么？殊不知每一件事，都是与无量数多的事情相容摄的，没有单独发生的。所以，每一件事都以全宇宙为因。理实如是，并不稀奇。但是，学者研求一事的因，初不必计算到全宇宙，只要把和他最切近的因推征出来，便可说明他了。例如秤物的重量为如干，若地心吸力，若气压，固皆为其致此之因，即至迥远的太空，或太阳系统以外的他恒星，也没有不和这件事有关系的。所以说，每一件事都以全宇宙为之因，是不稀奇的。然而学者于此，却止详其切近的因，若地心吸力、若气压，就可以说明这件事了。自余疏远的因，尽可不管。吾人常能由一知二，或由甲知乙，就是这样的。

二、凡增上缘，对于所增上的果，是有顺有违的。换句话说，增上缘对于果，作一种顺缘，令果得生，同时，便对于此果未起以前的事物，作一种违缘，令前物不得生，所以说有顺有违。现在随举一事，以申明这种意义。例如霜雪对于禾等增上，能牵令禾等变坏其以前的青色，而成为现在的枯丧，即此霜雪，对于现在生起的枯丧，是为顺缘，而对于以前的青色，便作违缘。因为霜雪即增上缘。既顺益枯丧，令其得生，同时，即违碍以前的青色，令不得续起。这里一违一顺，可见增上缘力用甚大。然复当知，增上缘的力用，虽有顺有违，但所谓违缘，只是就义理上作如是说。如果误解违缘一词，以为是对于以前的东西，而作违缘，那便讲不通了。何以讲不通呢？因为以前的东西，就在前时灭了，决没有保留到现在，因此，不能说对于灭无的东西而为缘。如前所说，霜雪对于枯丧为缘的时候，此中缘字，即是顺缘。其以前青色既已灭无。今云霜雪对于前青色作违缘者，实则前青色根本没有从过去保留到现在，早经灭无，将对谁为缘呢？然由枯丧是和前青色相违的东西，今霜雪既与枯丧为缘，即义说为前青色的违缘。义说者，谓就义理上作如是说。这在论理上是无过的。须知，所谓顺违，只是一事的向背，义说为二。霜雪与枯丧为增上缘，是为一事。向背者，一事的两方面。与枯丧为缘，是向义。既顺枯丧令起，即违前青色，令不续起，是背义。由向背义故说顺违。由上述的例，可见增上缘的取果，就由於他有一顺一违的力用。如果无顺无违，便是不曾影响到旁的物事，谓所增上的物事。换句话说，即不能取果。所以，有顺有违，才显增上缘的力用，才能取果。

就识的增上缘说，他的顺违的力用是很大的。现在且举作意为例。我们要知道，一念识生的时候，尽有无量的增上缘，而最重要的，不能不说是作意。什么叫做作意？这在后面《明心下章》要详说的。今在此中，且略明之。我们每一念心起的时候，总有一种作动或警策的作用，和这一念的心相伴着。心是对于所思的境而了别的，这个了别，是我们本来的心。而所谓作动或警策的作用，是我们特别加上的一种努力，这个不即是本来的心，而只是和心相伴着，这就名为作意。此作意便是对于心而作一种增上缘。他有一顺一违的力用，很显而易见的。如我们通常的心，总是不急遽的，但有时作意起来，对于某种迫切的境，而特别作动或警策自己的心，来求解决，于是此心整个的成为急遽的了。这时候的作意，既顺此心，令成急遽，便和前念不急遽的心相违了。又如不善的作意起来，顺益坏的习心令生，习心者，一切坏的惯习的势力现起，名为习心。一切人大概任习心来作主，即是把惯习的势力,当作自己的心,故云习心。即违本来的好的心令不得显。反之,如善的作意起来,顺益好的心令其现起,即和坏的习心相违了。据此说来,作意这个增上缘,一顺一违的力用,若是其大。我们内省的时候,于作意的善否要察识分明,不善的作意才起,便截住他。久之,念念是善的作意增上,生活内容日益充实,而与最高的善合一。作意一缘,顺违的力用,如此重要,所以特别提出一说。自余的增上缘,不及深详了。

上来所说诸缘,由识的现起,是他本身具有内在的自动的力故,遂立因缘。由识的现起,是他的前念对于后念为能引故,遂立等无间缘。由识的现起,是有所缘境,为所仗托故,遂立所缘缘。除前三种缘之外,尚有许多的关系,如官能包括神经系或大脑等。及作意等等,对于识的现起都有很密切的关系。如果没有这些关系,即识亦不得现起,例如,官能太不发达的,即意识作用,亦暧昧而难见。官能,是许多关系中之一项。就这一项说是如此,旁的可以类推。所以立增上缘。为什么要分析这些缘呢?因为一般人多半把妄执的心,亦名取境的识。看做是独立的实在的东西。佛家要斥破他们这种执着,所以把他们所计为独立的实在的心,分析为一一的缘,于是而说此心是缘生的。欲令一般人知道,所谓心只是和电光似的,一闪一闪的,诈现其相,并不是实有的东西。如果说心或识是实有的,那么,他即是有自体的。现在把他分析来看,只是众多的缘互相借待,而诈现为心的相状。可见心是没有自体的,并不是实在的。若是离开诸缘,便没有所谓心这个东西了。印度佛家当初所以说缘生的意义,只是如此,也应该是如此的。然而后来大乘有宗的创始者无著和世亲两位大师,他们便把从前佛家所谓缘生的意义,渐渐改变了。他们好像是把众多的缘,看做为一一的分子,于是把所谓心看做是众多的缘和合起来而始构成的。这样,便把缘生说变成为一种构造论。好似物质是由众多的分子和合而构造成功的。这等意义,在无著的书里，尚不十分显著，但其说法，已有这种趋势。至于世亲以下诸师，尤其护法师，便显然是把从前的缘生说变成构造论的。拙著《佛家名相通释》，叙述他们的说法，是很清楚的，决没有曲解他们的意思。

我们要知道，缘生一词是绝不含有构造的意义的，而且是万不可含有构造的意义的。为什么说万不可含有构造的意义呢？我们要知道，站在玄学或本体论的观点上来说，是要扫荡一切相，此中相字，意义甚广。世俗见为有草和鸟，以及桌子、几子等等的东西，固然是相，即不为有形的东西，而在心上凡所计度以为有的，亦名为相。方得冥证一真法界。一切物的本体，名为法界。一者，绝对义，非算数之一。真者，真实。冥证者，冥谓不起推求和分别等。证谓虽无推求分别而非无知，盖乃默然契会故。如果不能空一切相，那就不作见真实了。真实，谓本体。譬如有一条麻织的绳子在此，我们要认识这种绳子的本相，只有把他不作绳子来看。换句话说，即是绳子的相，要空了他，才好直接地见他只是一条麻。如果绳子的相未能空，那便见他是一条绳子，不会见他是一条麻了。绳子，喻现象。麻，喻本体。由这个譬喻，可知在本体论上说，是要扫荡一切相的。许多哲学家谈本体，常常把本体和现象对立起来，即是一方面，把现象看做实有的；一方面，把本体看做是立于现象的背后，或超越于现象界之上而为现象的根源的。这种错误，似是由宗教的观念沿袭得来，因为宗教是承认有世界或一切物的，同时，又承认有超越世界或一切物的上帝。哲学家谈本体者，很多未离宗教观念的圈套。虽有些哲学家，知道本体不是超脱于现象之上的，然而他的见地，终不能十分彻底。因之，其立说又不免支离，总有将本体和现象说成二片之嫌。他们都不知道，就本体上说，是要空现象而后可见体，所以坠入错误中。学者若了解我这段话的意思，才可明白缘生一词，是万不可含有构造的意义的。如果缘生一词，含有构造的意义，那便是承认现象为实有的。从何见得呢？因为以构造的意义来说缘生,就是以为一一的缘,互相关联,而构成某种现象。这样,并不是否定现象,只是拿缘生说来说明现象而已。如此,则承认现象为实有的,便不能空现象了。不能空现象,即只认定他是现象,而不能知道他就是真实的呈现。真实,谓本体。换句话说,即不能于现象而透识其本体,犹之认定绳子的,绳子,喻现象。就不能于绳子而作麻来看。麻,喻本体。据此说来,在本体论的观点上,是不能承认现象为实有的,所以,讲缘生一词,是万不可含有构造的意义的。我们要知道,缘生一词,是对那些把心或识看作为有自体的一般人,而和他说,所谓心或识只是众多的缘互相借待而诈现的一种虚假相,叫作缘生。此心或识分明是没有自体,缘生一词的意义,只是如此。我们玩味这种语气,根本不是表示心或识由众缘和合故生,而恰是对那些执定心或识为有自体的一般谬见,假说缘生,以便斥破。譬如对彼不了芭蕉无自体底人,为取蕉叶,一一披剥,令其当下悟到芭蕉不是实有的东西。我们说缘生的意义,也是如此。

或复有难:"说缘生故,才明心或识是没有自体的。如此,即心或识根本是毕竟空、无所有的。因为没有自体的,便不能不说之为空,但心识虽空,心识,复词。而所谓一一缘的相,还复空否?"答曰:此须辨二谛义。依俗谛义,不妨施设众缘,以明心识的现象,只是众多的缘互相待而诈现,即此众缘,虽复不实,但于俗情上,仍许有故。依真谛义,于俗所计为一切有的相,都说为空,惟一真实夐然绝待故。准此而谈,所谓众缘相,既是随情假设,就真理言,便不许有。应说一一缘相,如实皆空。如实者,称实而谈之谓。佛家大乘空宗的创始者龙树菩萨作《中观论》。他就把一一的缘相都遮拨了,都说为空了。他为什么把众缘都看做是空无的呢?因为就真谛言,不能不空众缘的相。换句话说,就本体的观点来谈,只是一真绝待。一者,无偶。非算数之一。一切一切的相俱泯,哪有众缘相可得?

须知,所谓缘的观念,是由吾人在实用方面,承认有现实的物事,才起追求,以为一现象之起,必有其因由,且非不待其他现象而得有者。如此,故有缘的观念。若就真谛言,于此不杂实用的惯习,即于一切物事,不作任何物事想,而皆见为绝对的、真实的,则缘的观念,根本不存,云何有众缘相可得?所以,缘生一词,只对彼执心识为实有的谬见予以遮拨。此决不包含众缘是实有的意义。这是丝毫不容误会的。

我们要知道,佛家哲学对于修辞是非常谨严的。他们的言说,有遮诠、表诠之分。表诠者,这种言说的方式,对于所欲诠释的事物和道理作径直的表示。譬如在暗室里,而对于不睹若处有椅的人,呼告之曰若处有椅,这就是表诠。遮诠者,这种言说的方式,对于所欲诠释的事物和道理,无法直表,只好针对人心迷妄执着的地方,想方法来攻破他,令他自悟。仍取前例,或有迷人,于暗中椅妄计为人、为怪。怪者,鬼怪。这时候,我们如果从他所迷惑的地方去破他,就和他说,凡是人,应该是如何一个样子,这暗中的形状,决不是人。又若是鬼怪,他必是非常变幻不测的东西,这暗中形状,决不是鬼怪。如此种种说法,斥破他的迷惑,终不直表暗中是椅,而卒令彼人自悟是椅。这便叫做遮诠。我们应知,缘生的说法,只对彼把心识看做是独立的、实在的东西的人,用这种说法,以攻破他的迷谬的执着,正是一种方便,是遮诠,而不是表诠。如或以为表诠者,将谓缘生为言,是表示心识由众多的缘,和合而始生的,好像物体是由多数分子和合而构成的。这便是世俗的情见,迷妄执着的见解,名为情见。应当呵斥。故知辞有遮表,不可无辨。无著和世亲一派的学者大乘有宗。大抵把缘生一词,作为表诠来讲。这是他们根本的错误。我将别为文论之,在此不及多谈了。

我们应知,玄学上的修辞,其资于遮诠之方式者,实属至要。因为一切学问如玄学和科学等。所研究的理,可略说为二:一曰,至一的理。至者,极至。一者,绝对,非与二对之一。二曰,分殊的理。分殊者,一为无量故。至一者,无量为一故。这二种理,至一的和分殊的。本不是可以析成两片的,但约义理分际,又不能不分析言之。关于理的问题,我想俟《量论》中讨论。现在要提及的,就是玄学所穷究者,特别归重在至一的理之方面。反之,科学所穷究者,特别归重在分殊的理之方面。这至一的理,是遍为万有的实体,而不属于部分的,是无形相、无方所而肇始万有的。无形相、无方所,好似是无所有的,然而肇始万有,却又是无所不有的,其妙如此。这理,至玄、至微,虚而无所不包,故曰玄。隐而难穷其蕴,故曰微。故名言困于表示。云困,则不止于难也。因为一切名言的缘起,是吾人在实际生活方面,要应用一一的实物。因此,对于一切物,不能不有名言,以资诠召。召者,呼召,如火之一名,即对于火之一物,而呼召之也。诠者,诠释,于火之一物,而立火名,即已诠释火是具有能燃性的东西,不同水和金等有湿润和坚刚等性也。故名必有所诠。此名言所由兴。我们试检查文字的本义,都是表示实物的,虽云文字孳乳日多,渐渐的抽象化,但总是表示意中一种境相,还是有封畛的东西,离不了粗暴的色彩。我们用表物的名言来表超物的理,此中超物的理,即谓至一的理。此理,本不是超越于一切物之外而独存的,而今云超物者,因一切物都是此理的显现,而此理毕竟不滞于任何物。我们不能把他当做一件物事来看,故义说为超物。这是多么困难的事。你想把这理当做一件物事来看,想径直的表示他是什么,那就真成戏论了。所以,玄学上的修辞,最好用遮诠的方式。我说到这里,有许多奥隐曲折的意思,很难达出。惟有和我同其见地的人,才知道个中甘苦。古今讲玄学的人,善用遮诠的,宜莫过于佛家。佛家各派之中,尤以大乘空宗为善巧。他们的言说,总是针对着吾人迷妄执着的情见或意计,吾人任意识作用,为种种虚妄的猜度,是名意计。而为种种斥破,令人自悟真理。此中真理,即是前所谓至一的理。后言真理者仿此。因为吾人的理智作用,是从日常实际生活里面,习于向外找东西的缘故,而渐渐的发展得来。因此,理智便成了一种病态的发展,常有向外取物的执着相。于是对于真理的探求,也使用他的惯技,把真理当做外在的物事而猜度之。结果便生出种种戏论。古今哲学家,一人一义,十人十义,百人百义,其不为戏论者有几?大乘空宗以为真理既不是一件物事可以直表的,所以就针对吾人的执着处,广为斥破。易言之,他就在吾人的理智的病态中,用攻伐的药方。这样,便使人自悟到真理,因为真理本不远离吾人,更没有躲避的。只要吾人把一向的迷执拨开,自然悟到真理了。佛家各派的言说,无有不用遮诠的方式,但大乘空宗,更把这种方式运用到极好处。我们细玩《大般若经》及《大智度论》、《中观论》等,就可见他们是善用遮诠的。及有宗肇兴,谓无著和世亲兄弟。便把这种意义失掉了。他们有宗似是于真理未能证解,我在《佛家名相通释》一书里面,曾批评过,此处不暇详论。

我们要谈本体,本体一词,后亦省言体。实在没有法子可以一直说出。所以,我很赞成空宗遮诠的方式。但是,我并不主张只有限于这种方式,并不谓除此以外再没有好办法的。我以为所谓体,固然是不可直揭的,但不妨即用显体。用者,具云功用。因为体是要显现为无量无边的功用的,桌子哪、椅子哪、人哪、鸟哪,思想等等精神现象哪,乃至一切的物事,都不是一一固定的相状,都只是功用。譬如我写字的笔,不要当他是一件东西,实际上只是一团功用,我们把他唤做笔罢了。用是有相状诈现的,相状不实,故云诈现。是千差万别的。所以,体不可说,言说所表示,是有封畛的。体无封畛,故非言说所可及。而用却可说。上来已云,用是有相状的,是千差万别的,固可说。用,就是体的显现。译者按:如大海水,显现为众沤,说见《明宗章》。大海水,可以喻体。众沤,可以喻用。体,就是用的体。译者按:仍举前喻,如一一的沤,各各以大海水为体。大海水,即遍与众沤为体,非超脱于众沤之外而独在。无体即无用,离用元无体。所以,从用上解析明白,即可以显示用的本体。简单言之,我们克就大用流行,诈现千差万别的法相上,来作精密的解析,如《转变章》中所说。便见得大用流行不住,都无实物,即于此知道他只是真实的显现。此中真实一词即谓本体,后准知。易言之,我们即于无量的分殊的功用上,直见为一一都是真实的显发而不容已。譬如我们解析绳子,知道他是无自体的。换句话说,他不是独立的实在的物事,而只是麻的显现。我们即于绳子的相上直见他是麻。由这个譬喻,可以了解即用显体的意思。从来讲印度佛学的人,都说有宗诸师,如无著和世亲以及护法等,他们唯识论派的说法,就是即用显体。这话果然是对的么?吾独以为不然。须知,即用显体者,正要说明流行不息的功用是无自体的。因为,克就用上说,他是没有自体。所以,即于用而见他的本体,譬如于绳子而见他是麻。因为绳子实无自体的缘故。如果把流行不息而诈现万殊的功用,看做是有自体的,那么,更用不着于用之外,再找什么本体了。如果把用说为实在的,又再为用去觅他的根荄,而说有本体,这样,便把体和用截成两片,则所谓体者,已不成为用之体,他只是超脱于用之外,而独存的空洞的东西,便失掉了体的意义。我们要知道,有宗的唯识论,拿识来统摄一切法。他们所谓识,或一切生灭的法,便是我们所谓流行不息的和千差万别的用。他们已把我所谓用,看做实在的东西了。因此之故,他们更要为识或一切法寻找根荄。于是建立种子。他们以为一切识是由各自的种子为因,才得生起。如前念眼识,从他的种子而生,后念眼识,又别有他的种子。眼识如是,耳识乃至第八识,皆可类推。一切物的现象,他们说为是心上的一种境相,是和心同起的。但此境相必自有物的种子为因,才得生起。如眼识上色的境相,本是物的现象。这个物的现象,是从物的种子而生的。眼识上的境相如是,耳识上的境相,乃至第八识上的境相皆可类推。换句话说,物的现象即一切心上的境相。是自有种子,而不是和心同一种子的。不过,心和物的种子,互相联属,而仍各自为因,同时生起各自的果罢了。

以图表之,如左:

心的种子(因)↔心(果)

物的种子(因)↔物(果)

据他们的说法，心和物或云心的现象和物的现象。各从自己的种子而生起。因为物的种子对于心的种子是居从属的地位。又一切心和物的种子都是含藏在第八识里面，不是离开识而独存的。他们说，每人有八个识，而第八识是含藏一切种子的，即第八识自己的种子，也是藏在第八识自体之内的，因为第八识的种子和他所生的第八识，是同时而有的。易言之，能生的种子，和所生的第八识，是无先后之隔的。因此，可说能所相依而有，即第八识的种子，还是依附着第八识。没有一个种子是离开识而孤存的。以此，完成其唯识的理论。实则他们的种子说，就是一种多元论。他们肯定有现象，谓心的现象和物的现象。又推求现象底根本的因素，才建立种子。殊不知所谓心和物的现象，并非实有的东西，而只是绝对的真实谓本体。显现为千差万别的功用。他们见不及此，却把我所谓用看作实有的东西，又虚构所谓种子，来作这些实物的因素。这样一层一层的虚妄计度，如何可说即用显体？我们玩味大乘空宗的说法，他们只是于现象不取其相。易言之，即空了现象，才得于现象而皆见为真如。真，谓绝对的真实。如，谓常如其性。印度佛家，称一切法的本体曰真如。有宗无著以下诸师，他们根本不了解体和用的意义，根本不知道体虽无形无相，而是要显现为无量无边的功用的，根本不知道用之外是没有所谓体的。因此之故，他们一方面肯定有心和物的现象，又进而求其根本的因素，遂建立种子。他们所谓种子好像是隐在现象的背后，而为现象作根荄的本体。但在另一方面，他们还沿袭着空宗以来的真如的观念。这里所谓真如，却是绝对的、真实的、不动不变的。他们虽说真如是一切法的实体，但他们既不说种子即是真如，又不说种子是真如的显现。那么，真如和种子，竟是各不相干的两片物事，还说个真如作甚？而且他们虽以种子为心和物的因，但其因种子。和果心和物，对种子而名果。一为能生，种子是能生的。一为所生，心和物的现象，是种子之所生。也是划成隐显两界的。心和物是显著的,而种子则是潜隐在第八识中的。他们这种分析的方法,直是把日常生活里面,分割物质为段段片片的伎俩,应用到玄学的思索中来,结果成为戏论,如何可许即用显体?

我们以为,用之为言,即于体之流行而说为用,即于体之显现而说为用。因为体以其至无无形相、无方所、无造作,故说为无,实非空无。而显现万有,至无是体,显现是体成为用。以其至寂寂者,寂静无扰乱相故。而流行无有滞碍。至寂是体,流行是体成为用。离流行,不可觅至寂的,故必于流行而识至寂。离显现万有,不可觅至无的,故必于万有而识至无。所以说,即用显体一词,其意义极广大深微,很难为一般人说得。哲学家颇有于流行之外妄拟一个至寂的境界,于万有之外妄拟一个至无的境界。印度佛家哲学有些是近于此的。这个,固然是极大的谬误,却还有些哲学家竟止认取流行的为真实,而不知于流行认取至寂的方是真实,乃至止认取万有为真实,而不知于显现万有认取至无的方是真实。王辅嗣解《老子》,言凡有皆始于无。其所谓有,即谓一切物。其所谓无,亦斥体而目之,非空无之谓也。有始于无,谓凡有,皆以无为体耳。今滞于有者,不知有即是无,如泥执绳相者,不知绳即是麻。触目皆真,而滞有者不悟。这种谬误,更是不堪救药。前者,只是求真理而不得。后者,便敢否认真理而不复求了。许多否认本体的哲学家,皆属于后者,一切唯物论者属此不待言。难言哉,体用也!哲学所穷究者唯此一根本问题。哲学家若于此未了,虽著书极多,且能自鸣一家之学,终是与真理无干。我在本章之末,因论缘生为遮词,而推迹梵方空有二宗的得失,并略揭我的根本意思,就是即用显体的主张,以作本章的结束。自此以下,可以说纯是依据这个意思去发挥了。

第二章里,虽不许有离心独在的境,却不谓境无,只以境与识不可分为二片而已。然心的方面对境名能,境的方面对心便为所。如此,则境毕竟是从属于心的。

第三章,明盲执的心无有自体,易言之,即此心不是独立的实在的东西。心既如此，则由此心而迷妄分割，以为外在的境，其无自体及不实在，自然不待说了。

然前已有云，境并不是无有的。第三章虽云心无自体，然许心有因缘，即是此心有其本身的自动的力。可见心的相状，虽不是实在的，却也不是完全无有的。据此，心和境，既说为无自体，也就是毕竟空、无所有了。却又说心和境都不是无有的，岂不自相矛盾么？曰，否否。道理是难讲的。试就世间的事物来取譬罢，如现前的绳子，从一方面的意义来说，绳子是有的，因为我们也承认绳子的相状，是依着麻的显现而始起如此所执的相，骨子里不是空的。从另一方面的意义来说，绳子也是无有的，因为他是没有自体的。绳子的本质只是麻，如果除却麻，绳子相何在呢？所以说绳子无自体。我们由绳子这个譬喻来谈心和境。一方面安立俗谛，说心和境都是依着真实的显现，而始起此妄计所执的相，并不是骨子里全无所有的。一方面依真谛的道理，说心和境都无自体。申言之，心和境虽有相状诈现，但就实际上说，即此心和境的自体，都是毕竟空、无所有的。如上两样的说法，表面虽似矛盾，实非不相谐和的。但是，现在的问题，又要进一步，就是心和境既都不是完全没有这回事，却又说心和境都无自体，如果仅说到此而止，并没有将心和境的所以然，与其当然的道理，给个彻底的详细的说明。因此之故，我们要接着谈《转变》。转变一词，见基师《成唯识论述记》。今用此词，颇与原来的意义不同。转字，有变易与变现等义。今连变字成词，取复词便称耳。后凡言转变者仿此。

（选自《新唯识论》，中华书局 1985 年版）

熊十力（1885—1968），字子真，湖北黄冈人。青年时代奔走于反清革命，曾参加日知会、武昌起义，任湖北军政府参谋。

后弃政向学。1920年入南京支那内学院研究佛学。1922年应蔡元培之聘到北京大学任教，讲授唯识学。抗战期间，曾讲学于复性书院、勉仁书院和武汉大学。1947年返回北大。新中国成立后，任北京大学教授，第二至四届全国政协委员。现代新儒家第一代代表人物。主要著作有《新唯识论》、《十力语要》、《读经示要》、《原儒》、《体用论》、《明心篇》、《乾坤衍》等。《新唯识论》是熊十力的代表著作，作者发挥先秦和宋明儒学精义，以“体用不二”为宗旨，创造性地重构了儒学思想体系，为现代新儒家哲学奠定了形上学的基础。节选部分为该著的“明宗”、“唯识”章。

《新理学》绪论

冯友兰

(一)新理学与哲学

本书名为新理学。何以名为新理学?其理由有二点可说。

就第一点说,照我们的看法,宋明以后底道学,有理学心学二派。我们现在所讲之系统,大体上是承接宋明道学中之理学一派。我们说“大体上”,因为在许多点,我们亦有与宋明以来底理学,大不相同之处。我们说“承接”,因为我们是“接著”宋明以来底理学讲底,而不是“照著”宋明以来底理学讲底。因此我们自号我们的系统为新理学。

就第二点说,我们以为理学即讲理之学。普通人常说:“某某人讲理或某某人不讲理。”我们此所说之讲理,与普通人所说之讲理,虽不必有种类上底不同,而却有深浅上底大分别。我们所说之理,究竟是什么?现在我们不论。我们现在只说:理学即是讲我们所说之理之学。若理学即是讲我们所说之理之学,则理学可以说是最哲学底哲学。但这或非以前所谓理学之意义,所以我们自号我们的系统为新理学。

(二)哲学与科学

我们现在先要说明者,即哲学与科学之分别。所谓科学,其意义亦很不定。有人以为凡是依逻辑讲底确切底学问,都是科学。如果所谓科学是如此底意义,则哲学亦是科学。本书所谓科学,不是取其如此底广义。本书所谓科学或科学底,均指普通所谓自然科学。就自然科学说,哲学与科学完全是两种底学问。

就西洋历史说,各种科学都是从古人所谓哲学中分出来者。因此有人以为,若现在所谓哲学者,或现在所谓哲学中之某部分,亦充分进步,则亦将成为科学。此即是说:哲学是未成熟底科学,或坏底科学。照这种说法,哲学与科学是一类底学问,其分别在于其是否成熟,是好是坏。若现在所谓哲学,完全成熟,则将只有科学而无哲学。若其将来永不能成熟,则适足以证明哲学是坏底科学。其中之问题是不当有者。这种说法我们以为是不对底。我们承认有上所说之历史底事实,但以为古人所谓哲学,可以是一切学问之总名。各种科学自古人所谓哲学中分出,即是哲学一名的外延之缩小。现在所谓哲学一名的外延,或仍可缩小,但其中有一部分可始终称为哲学者,是与科学有种类上底不同。

一种科学所讲,只关于宇宙间一部分之事物;哲学所讲,则系关于宇宙全体者。因此有人以为哲学是诸科学之综合。照这种说法,哲学与科学亦是一类底学问,其分别在其所讲之对象,是全或分。这种说法,我们亦以为是不对底。所谓诸科学之综合,不外将诸科学于一时所得,关于宇宙间各部分事物之结论,聚在一处,加以排比整齐,或至多加以和会。但我们对于某种学问之了解,决不能靠只看其结论。若哲学之工作,不过排比或和会诸科学之结论,则对于诸科学,既已生吞活剥,其成就不过是一科学大纲。科学大纲,并不足称为哲学,亦不足称为科学。

又有一种说法,以为哲学之工作,在于批评科学所用之方法及其所依之根本假定。一种科学有其根本假定;假定既立,此种科学,即以之为出发点。至于此假定之性质若何,此种科学不问。例如几何学假定有空间;以此为出发点,即进而讲各种关于空间之性质。但空间本身之性质,几何学不讲。又科学很少有意地考虑其所用之方法。其所用之方法,经其有意地考虑者,多系关于实验之程序及仪器之使用等,而非关于推理之程序。但一种科学所用方法之此方面,及其所依之根本底假定,与其所得知识之全体,有很大底关系。哲学可于此等处作批评,考虑,以决定一种科学所得之知识,有无错误。这种说法,固然已看出哲学与科学是有种类上底不同。但照此种说法,哲学之工作,只是批评底,而不是建设底。我们以为这种说法,只说出哲学之一部分底工作,即批评底工作。以批评工作为主之哲学,亦是哲学之一部分,但照我们的看法,非其最哲学底之一部分。

(三)思 与 辩

照我们的看法,哲学乃自纯思之观点,对于经验作理智底分析,总括,及解释,而又以名言说出之者。哲学之有靠人之思与辩。

思与感相对。在西洋很早底时候,希腊哲学家已看清楚思与感之分别,在中国哲学家中,孟子说:“心之官则思。”(《孟子·告子》)他把心与耳目之官相对待。心能思,而耳目则不能思,耳目只能感。孟子说这段话的时候,他说及心,只注重其能思,他说及思,亦只注意于其道德底意义。照我们的看法,思是心之一重要底活动,但心不止能思,心亦能感。不过思与感之对比,就知识方面说,是极重要底。我们的知识之官能,可分为两种,即能思者,与能感者。能思者是我们的理智,能感者所谓耳目之官,即其一种。

普通说到思字,总容易联想到所谓胡思乱想之思。我们常有幻想,或所谓昼梦,在其中我们似见有许多事物,连续出现,如在心中演电影然。普通亦以此为思,然非此所谓思。幻想或昼梦,可名为想,不可名为思。思与普通所谓想像亦不同。我们于不见一方底物之时,我们可想像一方底物。但“方”则不可想像,不可感,只可思。反过来说,一方底物,只可为我们所感,所想像,而不可为我们所思。譬如我们见一方底物,我们说:“这是方底。”“这”是这个物,是可感底,是可想像底,但“方”则只可思,而不可感,亦不可想像。在我们普通底言语中,我们亦常说:某某事不可想像,例如我们说:战争所予人之苦痛是不可想像底。这不过是说:战争所予人之苦痛,是我们所从未曾经验过者;凡想像皆根据过去经验,我们对于战争之苦痛,既无经验,所以它对于我们,亦是不可想像底。但我们所从未经验过者,并不一定是不可经验底。而“方”则是不可经验底。可经验者是这个或那个方底物,而不是“方”。

思之活动,为对于经验,作理智底分析,总括,及解释。例如我们见一方底物,我们说:“这是方底。”此一命题,可有两种解释。一种是普通逻辑中所说对于命题之内涵底解释。照这一种解释,我们说:“这是方底。”即是说:“这”有“方”之性;或是说:“这”是依照“方”之理者。我们刚才听说之“方”即是指“方”之理说。关于“方”之理或其他理,我们以后详说。现只说:我们说“这是方底”之时我们的意思,若是说“这”有方之性,则我们所以能得此命题者,即因我们的思之官能,将“这”加以分析,而见其有许多性,并于其许多性中,特提出其“方”之性,于是我们乃得到“这是方底”之命题,于是我们乃能说:“这是方底。”此即所谓作理智底分析。何以谓为理智底分析?因为这种分析,只于思中行之。思是理智底,所以说这种分析,是理智底分析。

“这是方底”之命题之另一种解释,是普通逻辑中所谓对于命题之外延底解释。照这种解释,我们说:“这是方底。”即是说:“这”是属于方底物之类中。依此解释,则我们所以有此命题,乃我们知有一方底物之类。我们不知在实际中果有方底物若干,但我们可思一方底物之类,将所有方底物,一概包括。我们并可思及一类,其类中并没有实际底分子。此即逻辑中所谓零类或空类。例如我们可思及一绝对地方底物之类。但绝对地方底物,实际中是没有底。我们并可思一类,其中底分子,实际中有否,我们并不知之。例如我们可思及“火星上底人”之类。我们并不知火星上果有人否,但我们可思及此类,如火星上有人,则此类即将其一概包括。此即所谓作理智底总括。何以谓为理智底总括?因为这种总括,亦惟于思中行之。

如此看来,我们的思,分析则细入毫芒;总括则贯通各时各地。程明道的诗:“心通天地有形外,思入风云变态中。”可以为我们的思咏了。因我们的思对于经验作理智底分析及总括,我们因之对于真际有一番理智底了解,此即所谓作理智底解释。何以谓为理智底解释?因此解释亦只于思中行之,而且亦只思能领会之。

上文说:哲学之存在,靠人之思与辩。辩是以名言辩论。哲学是说出或写出之道理。此说出或写出即是辩,而所以得到此道理,则由于思。有人谓:哲学所讲者中,有些是不可思议,不可言说者。此点我们亦承认之。例如本书第二章中所说之“真元之气”,即绝对底料,即是不可思议,不可言说者。第一章中所说之“大一”,亦是不可思议,不可言说者。但真元之气,大一,并不是哲学,并不是一种学问。真元之气只是真元之气,大一只是大一。主有不可思议,不可言说者,对于不可思议者,仍有思议,对于不可言说者,仍有言说。若无思议言说,则虽对于不可思议,不可言说者,有完全底了解,亦无哲学。不可思议,不可言说者,不是哲学,对于不可思议者之思议,对于不可言说者之言说,方是哲学。佛教之全部哲学,即是对于不可思议者之思议,对于不可言说者之言说。若无此,则即只有佛教而无佛教哲学。

(四)最哲学底哲学

照上所说,我们可知哲学中之观念,命题,及其推论,多是形式底,逻辑底,而不是事实底,经验底。此言非一时所能解释清楚,读者须看下文方可明白。我们现在暂先举普通逻辑中所常举之推论之例,以明此点。普通逻辑中常说:凡人皆有死,甲是人,甲有死。有人以为形式底演绎底逻辑何以能知“凡人皆死”?何以能知“甲是人”?如欲知“凡人皆有死”则必须靠归纳法,如欲知“甲是人”则必须靠历史底知识。因此可见形式底,演绎底逻辑,是无用底,至少亦是无大用底。其实这种说法,完全是由于不了解形式逻辑。于此所举推论中,形式逻辑对于凡人是否皆有死,及甲是否是人,皆无肯定。于此推论中,形式逻辑所肯定者只是:若果凡人皆有死,若果甲是人,则甲必是有死底。于此推论中,逻辑所肯定者,可以离开实际而仍是真底。假令实际中没有人,实际中没有是人之甲,这个推论,所肯定者,还是真底。不过若使实际中没有人时,没有人说它而已。不仅推论如此,即逻辑中之普通命题,亦皆不肯定其主词之存在。不过旧逻辑中,未明白表示此点,所以易引起误会。新逻辑中普通命题之形式与旧逻辑中不同。例如“凡人皆有死”之命题,在新逻辑中之形式为:“对于所有底甲,如果甲是人,甲是有死底。”此对于实际中有否是人之甲,并不作肯定,但肯定:如果有是人之甲,此是人之甲是有死底。上文说:哲学中之观念命题及其推论,多为形式底,逻辑底,而不是事实底,经验底。我们必了解上所说逻辑之特点,然后可了解此言之意义。

哲学对于真际,只形式地有所肯定,而不事实地有所肯定。换言之,哲学只对于真际有所肯定,而不特别对于实际有所肯定。真际与实际不同，真际是指凡可称为有者，亦可名为本然；实际是指有事实底存在者，亦可名为自然。真者，言其无妄；实者，言其不虚；本然者，本来即然；自然者，自己而然。实际又与实际底事物不同。实际底事物是指有事实底存在底事事物物，例如这个桌子，那个椅子等。实际是指所有底有事实底存在者。有某一件有事实底存在底事物，必有实际，但有实际不必有某一件有事实底存在底事物。属于实际中者亦属于真际中；但属于真际中者不必属于实际中。我们可以说：有实者必有真，但有真者不必有实；是实者必是无妄，但是真者未必不虚。其只属于真际中而不属于实际中者，即只是无妄而不是不虚者，我们说它是属于纯真际中，或是真纯际底。如以图表示此诸分别，其图如下：

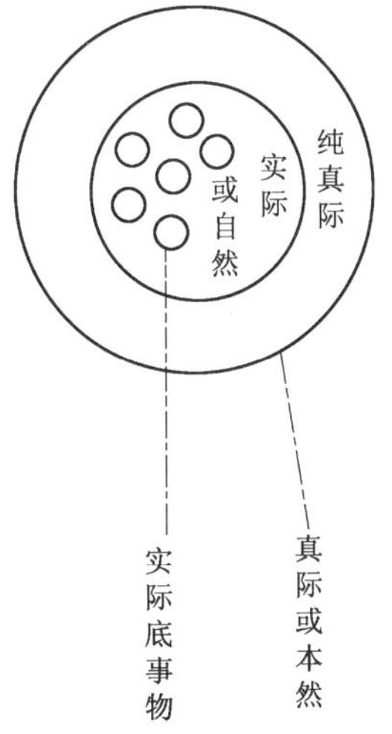

就此图所示者说，则对于真际有所肯定者，亦对于实际有所肯定。但其对于实际所肯定者，仅其“是真际底”之方面，而不及于其“是真际底”外之他方面。例如对于动物有所肯定者，亦对于人有所肯定。但其对于人所肯定者，只其“是动物”之方面，而不及于其“是动物”外之他方面。我们说哲学对于真际有所肯定，而不特别对于实际有所肯定，特别二字所表示者即此。

如有人说：哲学中有些派别或有些部分不是如此。我们仍说，虽其不是如此者，亦是哲学，但其是如此者，乃哲学中之最哲学底。凡哲学中之派别或部分对于实际有所肯定者，即近于科学。其对于实际所肯定者愈多，即愈近于科学。科学与哲学之根本不同在此。所以我们说,哲学与科学之不同,是种类底不同。

然因有上所述之误解,故有以物理学讲形上学者,以为如此可得一科学底形上学。又有以心理学讲知识论者,以为如此可得一科学底知识论。其实如果需以物理学讲形上学,则不如直讲物理学。如果需以心理学讲知识论,则不如直讲心理学。此其所讲,必非哲学,至少非最哲学底哲学。

(五)哲学与经验

照以上所说,哲学可以说是不切实际,不管事实。就哲学之本身说,诚是如此,但就我们之所以得到哲学之程序说,我们仍是以事实或实际底事物,为出发点。我们是人,人的知识,都是从经验中得来底。我们经验中所有者,都是有事实底存在底事物,即实际底事物。哲学始于分析,解释经验,换言之,即分析解释经验中之实际底事物。由分析实际底事物而知实际。由知实际而知真际。

哲学中之观念,命题,及推论,之系形式底,逻辑底者,其本身虽系形式底,逻辑底,但我们之所以得之,则靠经验。我们之所以得之虽靠经验,但我们既已得之之后,即见其并不另需经验以为证明。其所以如此者,因此种观念,命题,及推论,对于实际并无所主张,无所肯定,或最少主张,最少肯定。例如三加二等于五之命题,在我们未得之之时,必靠经验以得之。小儿不知三加二等于五,必以三个手指与两个手指,排在一起数之,正是其例。但我们于既知三加二等于五之时,则见其并不另需实际底例以为证明。其所以如此者,因此命题对于实际并无肯定。它并不肯定有三个桌子或两个椅子,所以亦不需要关于此诸物之存在之证明。

为说明此点,我们再举普通所谓唯心论或唯物论,以与本书所讲之哲学比较。普通所谓唯心论或唯物论,以心或物为宇宙诸事物中之最根本底,一切皆可归纳于心或物。其所谓心或物,不必即是普通言语中所谓心或物,但与之是属于一类者。因其如此,所以普通所谓唯心论或唯物论,对于实际,即有所主张,有所肯定。因其如此,所以唯心论或唯物论,皆须举经验中许多事例以证明其所立之命题,即其对于实际所主张,所肯定者。因实际之范围,甚为广大,故无论举若干事例,其证明皆终不能谓为已足。对于实际有所主张,有所肯定者如此。若本书所讲之哲学,即所谓最哲学底哲学,虽亦有所说,如说:一切事物之成,均靠理与气,但此命题并不需许多经验中底事例,以为证明。对于不了解此命题者,固须举一二经验中底事例,以为解释,但既经解释之后,了解此命题者,即见其不需要更多经验中底事例以为证明。其所以如此者,因此所举之命题是形式底,逻辑底。了解此命题者,不待经验中许多事例,即见其为实际底一切事物所不能逃。因其为形式底,逻辑底,其中并无,或甚少实际底内容,故对于实际,并无所主张,无所肯定,或甚少主张,甚少肯定。

(六)哲学之用处

哲学或最哲学底哲学,所有之观念,命题,推论,多系形式底,逻辑底,其中并无,或甚少实际底内容,故不能与科学中之命题,有同等之实用底效力。科学中之命题,我们可用之以统治自然,统治实际,而哲学中之命题,尤其所谓最哲学底哲学中之命题,则不能有此用,因其对于实际,并无主张,并无肯定,或甚少主张,甚少肯定。

哲学对于真际,有所肯定,而不特别对于实际,有所肯定。离开实际之真际,并非可统治者,亦非可变革者。可统治可变革者,是实际,而哲学,或最哲学底哲学,对之无所肯定或甚少肯定。哲学,或最哲学底哲学,对之有所肯定者,又不可统治,不可变革。所以哲学,或最哲学底哲学,就一方面说,真正可以说是不切实际,不合实用。

就一方面说,哲学所以不切实际者,因其本不注重讲实际也。其所以不合实用,因其所讲之真际,本非我们所能用也。一个方底桌子,我们可以用之,但“方”则非我们所能用。哲学对于其所讲之真际,不用之而只观之。就其只观而不用说,哲学可以说是无用。如其有用,亦是无用之用。

“观”之一字,我们得之于邵康节。邵康节有《观物篇》。他说:“夫所以谓之观物者,非以目观之也。非观之以目,而观之以心也。非观之以心,而观之以理也。”以目观物,即以感官观物,其所得为感。以心观物,即以心思物。然实际底物,非心所能思。心所能思者,是实际底物之性,或其所依照之理。此点上文已详。知物之理,又从理之观点以观物,即所谓以理观物。此所解释,或非康节之本意,不过无论如何,心观二字甚好。又有所谓静观者,程明道诗:“万物静观皆自得,四时佳兴与人同。”静观二字亦好。心观乃就我们所以观说;静观乃就我们观之态度说。

就一方面说,以心静观真际,可使我们对于真际,有一番理智底,同情底了解。对于真际之理智底了解,可以作为讲“人道”之根据。对于真际之同情底了解,可以作为入“圣域”之门路。如下第五章第十章中所说,就此方面说,哲学又有大用,其详看下第五章第十章可知。

(七)哲学之新与旧

我们既知哲学与科学,完全有种类上底不同,我们即可知哲学,或最哲学底哲学,并不以科学为根据。哲学之出发点,乃我们日常之经验,并非科学之理论。科学之出发点,亦是我们日常之经验,但其对于事物之看法,完全与哲学之看法不同。

哲学,或最哲学底哲学,不以科学为根据,所以亦不随科学中理论之改变而失其存在之价值。在哲学史中,凡以科学理论为出发点或根据之哲学,皆不久即失其存在之价值。如亚力士多德,如海格尔,如朱熹,其哲学中所谓自然哲学之部分,现只有历史底兴趣。独其形上学,即其哲学中之最哲学底部分,则永久有其存在之价值。其所以如此者,盖其形上学并不以当时之科学的理论为根据,故亦不受科学理论变动之影响也。

在中国哲学史中,先秦哲学,派别甚多,未可一概而论。自秦以降,汉人最富于科学底精神。所谓最富于科学底精神者,即其所有之知识,多系对于实际之肯定。当时所流行之哲学,为阴阳五行家。此派哲学,与其说是哲学,不如说是我们的原始底科学。其所主张,如五行之相生相胜,以及天人交感之说,皆系对于实际之肯定。凡先秦哲学中所有之逻辑底观念,此时人均予以事实底解释,使之变为科学底观念。详见第二章。所以汉人的哲学,至今只有历史底兴趣。

晋人则最富于哲学底精神。先秦哲学中所有之逻辑底观念,此时人又恢复其逻辑底意义。我们常见此时历史中说,某某善谈名理。所谓名理,即是对于实际无所肯定之理论,亦可说是"不着实际"之理论。因其"不着实际",所以其理论亦不随人对于实际之知识之变动而变动。因此晋人的哲学至今仍有哲学底兴趣。

哲学对于实际虽无所肯定,而对于真际则有所肯定。晋人虽有"不著实际"之倾向,而对于真际并未作有系统底肯定。所以晋人虽善谈名理,而未能有伟大底哲学系统。在中国哲学史中,对于所谓真际或纯真际,有充分底知识者,在先秦推公孙龙,在以后推程朱。他们对于此方面之知识,不是以当时之科学底理论为根据,亦不需用任何时代之科学底理论为根据，所以不随科学理论之变动而变动。

哲学，或最哲学底哲学，不随各时代之科学的理论之变动而变动，其情形已如上述。然各种学问，其本身亦应有进步。哲学，或最哲学底哲学，其本身是否可能有日新月异底发现，如现在科学所有者？又是否可能有一种进步，使其以前哲学家的哲学，皆只有历史底兴趣，一如现代底科学与以前底科学之比？

就一方面说，这恐怕是不可能底。其理由可分两点说。

就第一点说，科学是对于实际有所肯定者。他对于一类事物之理，即一类事物之所以为一类事物者，必须知其内容，然后可对于此类事物有所肯定。他对于一类事物之理，并不以其为真际底而研究之，而系因欲于其类事物有所肯定而研究之。哲学只对于真际有所肯定，但肯定真际有某理，而不必肯定其理之内容。例如树一类之物，哲学只须说：树一类之物必有其所以为树者，即必有树之理。但讲植物学者，则必对于树之所以为树者，即树之理之内容，加以研究，然后对于实际底树，可以有许多肯定，可以利用之，统治之。事物之类之数量，是无尽底。一类事物之理之内容，亦是很富底。科学家向此方面研究，可以说是："仰之弥高，钻之弥坚。"他的工作可以说是："今日格一物，明日格一物。"他不断地"格"，即不断地有新知识得到，所以科学可有日新月异底进步。哲学家以心观大全（大全解释见下），他并不要取真际之理，一一知之，更不必将一理之内容，详加研究。所以哲学不能有科学之日新月异底进步。

就第二点说，哲学中之道理由思得来。在历史中，人之思之能力，及其运用所依之工具，如言语文字等，如已达到相当程度，则即能建立哲学之大体轮廓，并知其中之主要道理。此后哲学家之所见，可更完备精密，但不易完全出前人之轮廓。在此点哲学又与科学不同。科学大部分是试验底,其研究大部分靠试验工具。因试验工具可以有甚多甚速底革新与进步,科学亦可有甚多甚速底革新与进步。哲学不是试验底,其研究不靠试验工具,而靠人之思之能力。人之思之能力是古今如一,至少亦可说是很少有显著底变化。思之运用所依之工具,如言语文字等,亦不能有甚多甚新底进步。数理逻辑以符号辅助文字,即欲将思之运用所依之工具,加以改进,然其所改进者,比于科学实验所用工具之进步,可以说是微乎其微。今人之所以能超过前人者,大部分靠今人有新工具。例如今人能飞行,古人不能飞行,此非因今人之体质在生理方面,与古人有何不同,而乃因今人有飞机之工具,古人则无此工具也。哲学既只靠思,思之能力,古今人无大差异,其运用所依之工具,又不能或未能有大改进,所以自古代以后,即无全新底哲学。古代底哲学,其最哲学底部分,到现在仍是哲学,不是历史中底哲学。

然全新底哲学虽不能有,或不易有,而较新底哲学则能有,而且事实上各时代皆有。较新底哲学所以可能有之理由,可分三点言之。

就第一点说,人之思之能力,虽古今无大异,然各时代之物质底环境,及其所有别方面之知识,则可有改变。如其有改变,则言语亦随之改变。如现在我们所常用之言语中,有许多所谓新名词,新文法,五十年前之人,如死而复生,听我们现在所说之话,读我们现在所写之书,当有大半不知所谓。因此往往有相同或大致相同底道理。而各时代之哲学家,各以其时代之言语说之,即成为其时代之新底哲学系统。此非是将古代底言语译成现代底言语之一种翻译工作。此种翻译,亦是一种工作;作此种工作者即注疏家。但注疏家不能成为一时代的哲学家。

哲学家是自己真有见者;注疏家是自己无见,而专转述别人之见者。上文说自古以来,无全新底哲学,但虽无全新底哲学,而却有全新底哲学家。例如柏拉图以后,不能有一全新底柏拉图哲学,但非不能有人,不藉读柏拉图之书,而与柏拉图有同样,或大体同样底见解。此人是一全新底哲学家,但其哲学则并非一全新底哲学。一时代的哲学家,必是将其自己所见,以当时底言语说出或写出者。因其所见,不能完全与前人不同,所以其哲学不是全新底哲学,但其所说或所写,是其自己所见,所以虽有与前人同者,但并非转述前人,所以异于注疏家。

例如最初游南岳者,将其所见,写一游记。此后虽再有游者,即难写一全新底游记。但虽无全新底游记,非无全新底游者。各时代之游者,各以其所见写为游记,其所写游记,不能是全新底,但与未到南岳,仅转述他人所记者,自有大不相同之处。此喻只是一喻,因游人所见之南岳,其本身尚可有变动,而哲学所讲之真际,则是无变动底。总之凡对于某事物亲自有所见到者,其所叙述,与道听涂说者之叙述,自然不同。所谓"实见得者自别也"(朱子语,见《语类》卷一百)。一亲自见南岳者,其叙述纵与前人同,而听之者,自觉有一种力量,为仅转述前人之言所不能有者。若其所用之言语,与前人不同,其所用之言语,本乎当时人之经验,合乎当时人之趣味,则其对于当时人之力量可以说是全新底。由此之故,一时代不能有全新底哲学,而可有全新底哲学家。

就第二点说,真际之本身,虽是不变底,但我们之知真际,乃由分析解释我们的经验。古今人之环境,及其在别方面所有之知识,可有不同,则古今人之经验,可有广狭之不同。今人之新经验之尚未经哲学分析解释者,一时代之新哲学家,可分析解释之,其结果或有对于真际之新见。即或无新见,而经此分析解释,新经验可与原有底哲学连接起来。一时代新经验之分析解释,亦即可成为一时代之新哲学。以前喻譬之,假令南岳是不变底,但上南岳之路则可随时增加,若由新路上南岳,则对于南岳,或可有新见。

就第三点说，人之思之能力，虽古今如一，而人对于思之能力之训练，则可有进步。逻辑为训练人之思之能力之主要学问。今人对于逻辑之研究，比之古人，实大有进步。故对于思之能力之训练，今人可谓优于古人。用训练较精底思之能力，则古人所见不到者，今人可以见到，古人所有观念之不清楚者，今人可使之清楚。以前喻譬之，若今人之上南岳者，其目力因特殊底训练，可较前人为好，则其所见或可较前人为多。

由此之故，一时代虽不能有全新底哲学，而可有全新底哲学家，较新底哲学。一时代之哲学家之哲学，不是全新底，所以是"上继往圣"。但其哲学是较新底，其力量是全新底，所以可"下开来学"。

以上所说，是站在哲学之内，说实际底哲学之实际底发展。若站在哲学之外，以看实际底哲学与本然底哲学之关系，及哲学中各派别与哲学之关系，则另有一套理论，现在我们不能讲。因为那一套理论，亦是我们所讲底哲学之一部分，必须对于我们所讲底哲学，已有相当底了解，方可了解之。所以其详在第七章中。

（选自冯友兰《新理学》，商务印书馆1946年版）

冯友兰(1895—1990)，字芝生，河南唐河人。早年就读于北京大学文科哲学门，后入美国哥伦比亚大学攻读哲学专业，获哲学博士学位。回国后曾任中州、燕京、清华、西南联大等大学教授及清华大学哲学系主任、文学院院长、校务会议主席。1948年当选中央研究院院士及院士评议会委员。1949年后，任清华、北大教授，中科院学部委员、常委、哲学研究员，第二至七届全国政协委员、常委。现代新儒家早期代表人物之一。主要著作有《中国哲学史》、"贞元六书"、《中国哲学史新编》、《三松堂学术文集》等。《新理学》是"贞元六书"中的第一部，是作者哲学思想体系的总纲。节选"绪论"部分主要阐释了新理学含义，哲学与科学、思与辩、真际与实际、哲学与经验之关系，以及哲学的用处、哲学的新与旧等问题。

近代唯心论简释

贺　麟

心有二义:一,心理意义的心;二,逻辑意义的心。逻辑的心即理,所谓“心即理也”。心理的心是物,如心理经验中的感觉幻想梦呓思虑营为,以及喜怒哀乐爱恶欲之情皆是物,皆是可以用几何方法当作点线面积一样去研究的实物。普通人所谓“物”,在唯心论者看来,其色相皆是意识所渲染而成,其意义、条理与价值,皆出于认识的或评价的主体。此主体即心。一物之色相意义价值之所以有其客观性,即由于此认识的或评价的主体有其客观的必然的普遍的认识范畴或评价准则。若用中国旧话来说,即由于“人同此心,心同此理”。离心而言物,则此物实一无色相,无意义,无条理,无价值之黑漆一团,亦即无物。故唯心论一方面可以说是将一般人所谓物观念化,一方面也可以说是将一般人所谓观念实物化。被物支配之心,心亦物也,能支配心之物,物亦心也。而心即理也的心,乃是“主乎身,一而不二,为主而不为客,命物而不命于物”(朱熹语)的主体。换言之,逻辑意义的心,乃一理想的超经验的精神原则,但为经验行为知识以及评价之主体。此心乃经验的统摄者,行为的主宰者,知识的组织者,价值的评判者。自然与人生之可以理解,之所以有意义,条理,与价值皆出于此心即理也之心。故唯心论又尝称为精神哲学,所谓精神哲学,即注重心与理一,心负荷真理,理自觉于心的哲学。

大凡最重要最根本的东西，在认识的程序上，每每最后方为人发现。自然律的发现，已经是人与自然接触很久以后的事。人格，心，理，精神的发现，也是人类生活进化很高的事。由物质文明发达，哲学家方进而追问征服自然，创造物质文明的精神基础——心；由科学知识发达，哲学家方进而追溯构成科学知识的基本条件——具有先天范畴的心。故唯心论是因科学发达，知识进步而去研究科学的前提知识的条件，因物质文明发达而去寻求创造物质文明、驾驭物质文明的心的自然产物。故物质文明与科学知识最发达的地方或时代，往往唯心论亦愈盛，当一个国家只知稗贩现成的科学知识，只知崇拜他人的物质文明，为之作被动的倾销场时，当然无暇顾及构成科学知识的基本条件，和创造并驾驭物质文明的精神基础，则此国家尚未达到精神的独立与自觉，而其哲学思想之尚不能达到唯心的阶段，自是必然而无足怪。譬如，原始人或原始民族，穴居野处，生活简单，用不着多少工具，故不感觉物的重要，更不感觉制驭物质的心的重要。而他们无思无虑受本能或自然环境支配而活动，亦无感觉具有理想和评价力量的心的重要。在此情形之下，唯心的思想绝不会发生。换言之，无创造物质文明、驾驭物质文明的需要，无精神上的困难须得征服的自然人，决不会感觉精神的重要，决不会发生唯心的思想。

严格讲来，心与物是不可分的整体。为方便计，分开来说，则灵明能思者为心，延扩有形者为物。据此界说，则心物永远平行而为实体之两面：心是主宰部分，物是工具部分。心为物之体，物为心之用，心为物的本质，物为心的表现。故所谓物者非他，即此心之用具，精神之表现也。姑无论自然之物，如植物，动物，甚至无机物等或文化之物，如宗教哲学艺术，科学道德政法等，举莫非精神之表现，此心之用具。不过自然之物乃精神之外在化，乃理智之顽冥化，其表现精神之程度较低，而文化之物乃精神自觉的活动之直接产物,其表现精神之程度较高罢了。故唯心论者,不能离开文化或文化科学而空谈抽象的心。若离开文化的陶养而单讲唯心,则唯心论无内容,若离开文化的创造、精神的生活而单讲唯心,则唯心论无生命。故唯心论者注重神游冥想乎价值的宝藏,文化的大流中以撷英咀华取精用宏而求精神的高洁与生活之切实受用,至于系统之完成,理论之发抒,社会政治教育之应用,其余事也。如是则一不落于戏论的诡辩,二不落于支离的分析,三不落于骛外的功利,四不落于蹈空的玄谈。

要免除"唯心论"一名词之易被误解,可称唯心论为"唯性论"。性(essence)为物之精华。凡物有性则存,无性则亡。故研究一物,贵探讨其性。哲学家对于事物的了解,即可以认识其性,而对于名词下界说,即所以表明其性。如"人是有理性动物"一命题中之理性,即人之本性也。理性是人之价值所自出,是人之所以为人的本则。凡人之一举一动无往而非理性的活动。人而无理性即失其所以为人。性为代表一物之所以然及其所当然的本质,性为支配一物之一切变化与发展的本则或范型。凡物无论怎样活动发展,终逃不出其性之范围。但性一方面是一物所已具的本质,一方面又是一物须得实现的理想或范型。如生命为一切有生物的本性。自播种、发芽、长躯干枝叶、开花结实,种种阶段都是发展或实现生命的历程。又如,理性为人之本性,在人的一切活动中,如道德艺术宗教科学的生活,政治社会经济的活动,皆是理性发展或实现的历程,不过程度有不同而已。

"性格即是命运"(Man,s,character ishis fate),"性格即是人格"(The character is the man)是唯性论者对于人性的两句格言。由于为理性所决定的自由意志应付环境而产生的行为所养成的人格即是一人的性格。也可以说人性中最原始的趋势与外界接触而愈益发展扩充,足以代表一人的人格的特点即是性格。故性格为决定人之一生的命运的基本条件,如人之穷通成败,境遇遭际,均非出于偶然,而大半为其本人的性格所决定。故小说家或戏剧家最紧要的工作即在于描写剧中人的性格。而哲学家亦重在认识人的性格,以指出实现自性的途径,又在于认识物之性格,以资驾驭宰制。

唯心论在道德方面持尽性主义或自我实现主义。而在政治方面,唯心论则注重民族性之研究认识与发展。所谓民族性即是决定整个民族的命运的命脉与精神。必对于民族性有了充分的认识,方可以寻出发展民族的指针。但生命是自研究整个生物发展历程中得来,理性是自研究整个人类文化活动中得来,故民族性是自研究整个民族的文化生活和历史得来。故本性(essence)是自整个的丰富的客观材料抽拣而出之共相或精蕴。因此本性是普遍的具体的,此种具体的共相即是"理"。如"人""物"之性各为支配其活动之原理。故唯心论即唯性论,而性即理,心学即理学,亦即性理之学。近来德国的胡塞尔(Husserl)有所谓"识性"(wesensschau)之说,美国的桑提耶纳(Santayana)有所谓"观认本性"(contemplation of essence)之说,其注重本性与唯心论或唯性论者同,若他们能更进一步不要离心而言性,使其所谓性不仅是抽象的性质,而有如炼丹炼盐般之自文化生活自然物象中抽炼其永恒之本质,以得到具体的共相,则与唯心论者之说便如合符节了。

唯心论又名理想论或理想主义。就知识之起源与限度言为唯心论,就认识之对象与自我发展的本则言为唯性论,就行为之指针与归宿言为理想主义。理想主义最足以代表近代精神。近代人生活的主要目的在求自由。但自由必有标准,达到此标准为自由,违反此标准为不自由。漫无标准与理想之行为,不得谓之自由。如射箭必须有鹄的,方可定射中与未射中之标准。若无鹄的,则任意乱发皆可谓之中,亦皆可谓之不中。自由亦然,若无理想为之标准,则随遇而安,任何行为皆可谓之自由,亦皆可谓之不自由。故欲求真正之自由,不能不悬一理想于前,以作自由之标准,而理想主义实足以代表近代争自由运动的根本精神。

理想乃事实之反映。要透彻了解事实,我们不能不需要理想的方式。必先有了了解或征服自然的理想,然后方发生了解或征服自然的事实;先有改良社会的理想,然后吾人方特别注意于社会事实之观察与改造。吾人理想愈真切,则对于事实之认识亦更精细。理想可以制定了解事实之法则和方式,使吾人所搜集之事实皆符合理想的方式,而构成系统的知识。理想不唯不违背事实,而且可以补助并指导吾人把握事实,驾驭事实。

理想为现实之反映。必有理想方可感得现实之不满,而设法改造现实。故每当衰乱之世,对于现状不满之人增多,则遁入理想世界以另求满足之人与根据理想以改革现实之人,亦必同时增多。普通人每指斥理想主义者之逃避现实,殊不知逃避现实亦系对于现实之消极的反抗,对于现实的污浊和矛盾无深刻认识者,将永为现实之奴隶而不能自拔,虽欲消极的逃避亦不可能,遑言改造。柏拉图之洞喻,言必出洞观天,方知洞中之黑暗牢狱生活,而思所以超拔之,即是此意。所谓弃俗归真,由真返俗是也。英哲鲍桑葵(Bosanquet)尝言,人之所以异于禽兽,实由于人能主观的构造一理想世界,而禽兽则为现实所束缚,不得解脱。由此足见理想乃超越现实与改造现实的关键,且是分别人与禽兽的关键。

理性乃人之本性。而理性乃构成理想之能力(Reason is the faculty of ideals)。故用理想以作认识和行为的指针,乃是任用人的最高精神能力,以作知行的根本。

根据科学的学养,对于人生和宇宙的认识,大约不外下列各观点:一,机械观,此即由物理化学的立脚点,见得自然之完全受理化上之机械定律支配,遂应用其机械方法和“原子”“数量”等概念进而解释人生或精神现象。将价值自然化，采用只承认数量的差别，而否认价值的差别的观点以研究人生问题，如认心灵为原子式的观念联合所构成，认社会为原子式的个人所构成等说，均系机械观应有的结论。二，生机观，由生物学的研究见得一切生物的各部分皆互相关联，有自生力与内在目的以适应环境而维持并延续其生存，并发见"发育""进化""机构"为生物学上的重要概念，遂扩大此有机原则为宇宙原则，见得全宇宙是充满了生命的有机体。三，经济史观或唯物史观，此种见解是自19世纪以来，社会科学，特别是经济学，盛大发展的产物。此说认生产的方式或经济的组织的变迁为决定历史演化的主力，以人类适应社会生活、对付经济困难所产生的工具作为解释人类精神活动的关键。四，精神观或理想观，此即由对于人类精神生活和文化历史的研究，不免见得人类文化为人类的精神力量创造而成，因而应用其精神的或理想的观点以解释人生和自然，认自然为自由精神的象征，认历史的进化为绝对精神的自求发展，认精神有陶铸物质的力量，且必借物质方得充分的表现。

以上各种观点，皆各有其依据的科学背景，皆各予吾人对于宇宙以一种一贯的根本看法，因此亦各有其范围与效准：机械观不失为研究自然科学有用的假定，经济史观亦不失为解释社会现象和历史变迁之一种适用的假定，生机观在哲学上尚不失为一种不彻底的精神主义（哲学史家称生机主义为自然的精神主义或精神的自然主义，盖此说偏重本能和生命，而不知理性和精神更为根本）。但若用此种观点来作研究生物学的前提，如杜里舒一般人所为，便未免滥用精神科学的方法与范畴以治自然科学，而弄成非科学非哲学的怪物了。至于根据精神科学——亦称文化科学，以作哲学的基础，应用人类最高的精神能力以观认世界，规定机械的唯物观与经济的历史观以应有之地位与范围，使勿逾越权限，发挥精神生活的本质,文化活动的根基,批评自然科学和社会科学所依据的范畴,原则和前提,调节自然和精神的对立,而得到有机的统一,使物不离心而独立,致无体;心不离物而空寂,致无用,便是理想的观点所取的途径,也即是真正的哲学——不论唯心与否——应有的职务了。

(原载《大公报》1934 年 3 月《现代思潮》周刊)

贺麟(1902—1992),字自昭,四川金堂人。早年考入北京清华学校,1926—1930 年留学美国奥柏林大学、芝加哥大学和哈佛大学及其研究院,获哲学硕士学位。1930 年秋进柏林大学学习德国古典哲学。1931—1955 年在北京大学先后任讲师、教授。1955 年后任中国科学院哲学社会科学部研究员。第四至六届全国政协委员。现代新儒家早期代表人物之一。主要著作有《近代唯心论简释》、《文化与人生》、《现代西方哲学讲演集》等,以及译著多部。本文是贺麟早期阐释其理想的唯心主义哲学思想的代表作之一。作者认为,逻辑的心即理,即一理想的超经验的精神原则,是经验行为知识以及评价之主体,由此出发的唯心论即是心与理统一的精神哲学。这一唯心论在道德方面持尽性主义或自我实现主义,在政治方面则注重民族性的研究认识与发展,在人生方面持理想主义。

儒家思想的新开展

贺　麟

在思想和文化的范围里,现代决不可与古代脱节。任何一个现代的新思想如果与过去的文化完全没有关系,便有如无源之水,无本之木,绝不能源远流长,根深蒂固。一个来历不明的人,必然有些形迹可疑。一个来历不明的思想,也必是可以令人怀疑的思想。凡是没有渊源的现代的崭新的思想,大都只是昙花一现,时髦一时的思想。

儒家的思想,就其为中国过去的传统思想而言,乃是自尧舜禹汤文武周公孔子以来的最古最旧的思想。就其在现代以及今后的新发展而言,就其在变迁中发展中改造中以适应新的精神需要文化环境的有机体而言,也可以说是最新的新思想。在儒家思想的新开展里,我们可以得到现代与古代的交融,最新与最旧的统一。

根据对于中国现代的文化动向和思想趋势的观察,我敢断言,广义的新儒家思想的发展或儒家思想的新开展,就是中国现代思潮的主潮。我确切看到,无论政治社会学术文化各方面的努力,大家都在那里争取建设新儒家思想,争取发挥新儒家思想。在生活方面,对人处世的态度,立身行己的准则,大家也莫不在那里争取完成一个新儒者的人格。大多数的人,具有儒家思想而不自知,不能自觉地发挥出来。有许多人,表面上好像在反对儒家思想,而骨子里正代表了儒家思想,实际上反促进了儒家思想。自觉地正式地发挥新儒家思想,蔚成新儒学运动,只是时间早迟,学力充分不充分的问题。

中国当前的时代是一个民族复兴的时代。民族复兴,不仅是争抗战胜利,不仅是争中华民族在国际政治上的自由独立平等,民族复兴本质上应该是民族文化的复兴,儒家文化的复兴。假如儒家思想没有新的前途,新的开展,则中华民族,与夫民族文化也就会没有新的前途,新的开展。换言之,儒家思想的命运,与民族前途的命运,盛衰消长,是同一而不可分的。

中国近百年来的危机,根本上是一个文化的危机:文化上的失调整,不能应付新的文化局势。中国近代政治军事上的国耻,也许可以说是起于鸦片战争,中国学术文化上的国耻,却早在鸦片战争之前。儒家思想之正式被中国青年们猛烈的反对,虽说是起于新文化运动,但儒家思想之销沉,僵化,无生气,失掉孔孟的真精神,和应付新文化需要的无能,却早腐蚀在五四运动以前。儒家思想在中国文化生活上失掉了自主权,丧失了新生命,才是中华民族最大的危机。

五四时代的新文化运动,可以说是促进儒家思想新发展的一个大转机。表面上,新文化运动虽是一个打倒孔家店,推翻儒家思想的一个大运动。但实际上,其促进儒家思想新发展的功绩与重要性,乃远在前一时期曾国藩张之洞等人对于儒家思想的提倡,曾国藩等人对儒家之倡导与实行,只是旧儒家思想之回光返照之最后的表现与挣扎,对于新儒家思想的开展,却殊少直接的贡献。

新文化运动之最大贡献,在破坏扫除儒家的僵化部分的躯壳形式末节,和束缚个性的传统腐化部分。他们并没有打倒孔孟的真精神,真意思,真学术。反而因他们的洗刷扫除的工夫,使得孔孟程朱的真面目更是显露出来。新文化运动的领袖人物,以打倒孔家店相号召的胡适之先生,他打倒孔家店的战略,据他英文本

《先秦名学史》的宣言,约有两要点:第一,解除传统道德的束缚,第二,提倡一切非儒家的思想,亦即提倡诸子之学。但推翻传统的旧道德,实为建设新儒家的新道德作预备工夫。提倡诸子哲学正是改造儒家哲学的先躯。用诸子来发挥孔孟,发挥孔孟以吸取诸子的长处,因而形成新的儒家思想。假如,儒家思想经不起百家的攻击,竞争,比赛,那也就不成其为儒家思想了。愈反对儒家思想,而儒家思想愈是大放光明。

西洋文化学术之大规模的无选择的输入,又是使儒家思想得新发展的一大动力。表面上西洋文化之输入好像是代替儒家,推翻儒家使之趋于没落消灭的运动。但一如印度文化之输入,在历史上曾展开了一个新儒家运动,所以西洋文化之输入,无疑地亦将大大地促进儒家思想之新开展。西洋文化之输入,给儒家思想一个试验,一个生死存亡的大试验,大关头。假如儒家思想能够把握,吸收,融会,转化西洋文化,以充实自身,发展自身,则儒家思想便生存,复活,而有新的开展。如不能经过此试验,渡过此关头,就会死亡,消灭,沉沦,永不能翻身。

所以儒家思想之是否能够有新开展的问题,就成为儒家思想是否能够翻身,能够复兴的问题。也就是中国文化能否翻身能否复兴的问题。儒家思想之能否复兴问题,亦即儒化西洋文化是否可能,以儒家精神为体以西洋文化为用是否可能的问题。中国文化能否复兴的问题,亦即华化,中国化西洋文化是否可能,以民族精神为体以西洋文化为用是否可能的问题。

就个人言,如个人能自由自主,有理性,有精神,则他便能以自己的人格为主体,以中外古今的文化为用具,以发挥其本性,扩展其人格。就民族言,如中华民族是自由自主,有理性有精神的民族,是能够承继先人遗产,应付文化危机的民族,则儒化西洋文化,华化西洋文化也是可能的。如果中华民族不能以儒家思想或民族精神为主体去儒化或华化西洋文化,则中国将失掉文化上的自主权,而陷于文化上的殖民地。盖五花八门的思想,不同国别,不同民族的文化,漫无标准地输入到中国,各自寻找其倾销场,各自施展其征服力,假使我们不归本于儒家思想,而加以陶熔统贯,如何能对治这些纷歧庞杂的思想,而达到殊途同归,共同合作以担负建设新国家新文化的责任呢?

这个问题的关键,在于中国人是否能够真正彻底,源源本本地,了解并把握西洋文化。因为认识就是超越,理解就是征服。真正了解了西洋文化便能超越西洋文化。能够理解西洋文化,自能吸收,转化,利用,陶熔西洋文化以形成新的儒家思想,新的民族文化。儒家思想的新开展,不是建筑在排斥西洋文化上面,而乃建筑在彻底把握西洋文化上面。儒家思想的新开展,在西洋文化大规模的输入后,要求一自主的文化,文化的自主,也就是要求收复文化上的失地,争取文化上的独立与自主。

根据上面所说,道德传统的解放,非儒家思想的提倡,西洋文化学术的输入与把握,皆足以促进儒家思想的新开展。兹请进而检讨儒家思想新开展所须取的途径。

不用说,欲求儒家思想的新开展,在于融会吸收西洋文化的精华与长处。而西洋文化之特殊贡献为科学。但我们既不必求儒化的科学,亦无须科学化儒家思想。盖科学以研求自然界的法则为目的,有其独立的领域。没有基督教的科学,更不会有佛化或儒化的科学。一个科学家的精神生活方面,也许信仰基督教,也许皈依佛法,也许尊崇孔孟,但他所发明的科学,仍属于独立的公共的科学范围,无所谓基督教化的科学,或儒化佛化的科学。反之,儒家思想亦有其指导人生,提高精神生活,发扬道德价值的特殊效准,独立领域,亦无须求其科学化。换言之,即无须附会科学原则以发挥儒家思想。一个崇奉孔孟的人,尽可精通自然科学,他所了解的孔孟精神与科学精神,尽可毫不冲突,但他却用不着附会科学原则以曲解孔孟的学说,把孔孟解释成一个自然科学家。譬如有人根据优生学的道理,认为儒家所主张的早婚是合乎科学的。或又根据心理学的事实,以证明纳妾的制度之有心理学根据。甚或根据经济学以辩护大家庭制之符合经济学原理。亦复有应用物理化学的概念,以解释《易经》的太极阴阳之说。诸如此类,假借科学以为儒家辩护的办法,结果会陷于非科学非儒学。这都是与儒家思想的真正发展无关的。我们要能看出儒家思想与科学之息息相关处,但又要看到两者之分界处。我们要能从哲学,宗教,艺术各方面以发挥儒家思想,使儒家精神中包含有科学精神,使儒家思想,足以培植,孕育科学思想,而不致与科学思想混淆不清。

简言之,我们不必采时髦的办法,去科学化儒家思想。欲充实并发挥儒家思想,似须另辟途径。盖儒家思想本来包含有三方面:有理学,以格物穷理,寻求智慧。有礼教,以磨炼意志,规范行为。有诗教,以陶养性灵,美化生活。故求儒家思想之新开展,第一必须以西洋之哲学发挥儒家之理学。儒家之理学为中国之正宗哲学,亦应以西洋之正宗哲学发挥中国之正宗哲学。盖东圣西圣,心同理同。苏格拉底,柏拉图,亚理士多德,康德,黑格尔之哲学,与中国孔孟程朱陆王之哲学会合融贯,而能产生发扬民族精神之新哲学,解除民族文化之新危机,是即新儒家思想发展所必循之途径。使儒家的哲学内容更为丰富,系统更为谨严,条理更为清楚,不仅可作道德可能之理论基础,且可奠科学可能之理论基础。

第二,须吸收基督教之精华以充实儒家之礼教。儒家的礼教本富于宗教之仪式与精神,而究竟以人伦道德为中心。宗教则为道德之注以热情,鼓以勇气者。宗教有精诚信仰,坚贞不贰之精神。宗教有博爱慈悲,服务人类之精神。宗教有襟怀旷大,超脱现世之精神。基督教文明实为西洋文明之骨干,其支配西洋人之精神生活,实深刻而周至,但每为浅见者所忽视。若非宗教之知“天”与科学之知“物”合力并进,若非宗教精神为体,物质文明为用,绝不会产生如此伟大灿烂之近代西洋文化。我敢断言,如中国人不能接受基督教的精神而去其糟粕,则决不会有强有力的新儒家思想产生出来。

第三,须领略西洋之艺术以发扬儒家之诗教。诗歌与音乐为艺术之最高者。儒家特重诗教乐教,确具深识卓见。惟凡百艺术皆所以表示本体界之义蕴,皆精神生活洋溢之具体的表现,不过微有等差而已。建筑,雕刻,绘画,小说,戏剧,皆所以发扬无尽藏的美的价值,与诗歌音乐亦皆系同一民族精神与夫时代精神之表现,似无须轩轾于其间。过去儒家,因《乐经》佚亡,乐教中衰,诗教亦式微。对其他艺术,亦殊少注重与发扬,几为道家所独占。故今后新儒家之兴起,与新诗教,新乐教,新艺术之兴起,应该是联合并进而不分离的。

儒学是合诗教礼教理学三者为一体的学养,也即是艺术宗教哲学三者的和谐体。因此新儒家思想之开展,大约将循艺术化,宗教化,哲学化之途径迈进。有许多人,摭拾“文人无行”“玩物丧志”等语,误认儒家为轻蔑艺术。只从表面去解释孔子“敬鬼神而远之”,“未知生,焉知死”,“未能事人,焉能事神”等语的意义,而否认孔子之有宗教思想与宗教精神。或误解“性与天道不可得而闻”之语,而谓孔子不探究哲学。凡此种种说法,皆所以企图将儒学偏狭化,浅薄化,孤隘化,不惟有失儒家之真精神,使儒家内容干枯狭隘,且将使儒家思想无法吸收西洋之艺术宗教哲学以充实其自身,因而亦将不能应付现代之新文化局势。

譬如仁乃儒家思想之中心概念,固不仅是“相人偶为仁”之一道德名词。如从诗教或艺术方面看来,仁即温柔敦厚之诗教,仁亦《诗》三百篇之宗旨,所谓“思无邪”是也。“思无邪”或“无邪思”,即是纯真爱情,乃诗教之泉源,亦即是仁。仁即是天真纯朴之情,自然流露之情,一往情深,人我合一之情。矫揉虚伪之情,邪僻淫亵之思,均非诗之旨,亦非仁之德。(复性书院主讲马一浮先生近著《四书大义》一册,即以仁言诗教,可参考。)纯爱,真情,天真无邪之思,如受桎梏,不得自由发抒,则诗教扫地,而艺术亦丧失其神髓。从宗教观点看来,则仁即是救世济物,民胞物与的宗教热诚。《约翰福音》有"上帝即是爱"之语,质言之,上帝即是仁。"求仁"不仅是待人接物的道德修养,抑亦知天事天的宗教工夫。儒家以仁为"天德",耶教以至仁或无上的爱为上帝的本性。足见仁之富于宗教意义,是可以从宗教方面大加发挥的。从哲学看来,仁乃仁体,仁为天地之心,仁为天地生生不已之生机,仁为自然万物的本性,仁为万物一体生意一般之有机关系之神秘境界。简言之,哲学上可以说是有仁的宇宙观,仁的本体论。离仁而言本体,离仁而言宇宙,非陷于死气沉沉的机械论,即流于漆黑一团的唯物论。

以上仅略提示儒家所谓仁,可以从艺术化,宗教化,哲学化三方面加以发挥,而得新的开展。今试再以"诚"字为例。儒家所谓仁,比较道德意味多,而所谓诚,则比较哲学意味多。《论语》多言仁,而《中庸》则多言诚。所谓诚亦不仅是诚悫诚实诚信的道德意义。在儒家思想中,诚的主要意思,乃指真实无妄之理或道而言。所谓诚,即是指实理,实体,实在或本体而言。《中庸》所谓"不诚无物",孟子所谓"万物皆备于我矣,反身而诚",皆寓有极深的哲学义蕴。诚不仅是说话不欺,复包含有真实无妄,行健不息之意。"逝者如斯夫,不舍昼夜",就是孔子借川流不息,以指出宇宙之行健不息的诚,也就是指出道德的流行。其次,诚亦是儒家思想中最富于宗教意味的字眼。诚即是宗教上的信仰。所谓至诚可以动天地,泣鬼神。精诚所至,金石亦开。至诚可以通神,至诚可以前知。诚不仅可以感动人,而且可以感物,可以祀神。乃是贯通天人物的宗教精神。就艺术方面言,思无邪或无邪思的诗教,即是诚。诚亦即是诚挚纯真的感情。艺术天才无他长,即能保持其诚,发挥其诚而已。艺术家之忠于艺术而不外骛,亦是诚。总之,诚亦是儒家诗教礼教理学中之基本概念,亦可从艺术宗教哲学三方面以发挥之。今后儒家思想之新开展,大抵必向此方面努力,可以断言。儒家思想循艺术化宗教化哲学化之方向开展,则狭义的人伦道德方面的思想,均可扩充提高而深刻化。从艺术的陶养中去求具体美化的道德,所谓兴于诗,游于艺,成于乐。从宗教的精诚信仰中去充实道德实践的勇气与力量,由知人进而知天,由希贤希圣进而希天,亦即由道德进而为宗教,由宗教以充实道德。从哲学的探讨中以为道德行为奠理论的基础,即所谓由学问思辨而笃行,由格物致知而诚正,修齐。而且经过艺术化,宗教化,哲学化之新儒家思想,不惟可以减少狭义道德观念的束缚,且反可提高科学兴趣,而奠定新科学思想的精神基础。

以上是就文化学术方面,指出新儒家思想所须取的途径。就生活修养而言,则新儒家思想目的在使每个中国人都具有典型的中国人气味,都能代表一点纯粹的中国文化。也即是希望每个人都有一点儒者气象,儒者风度。不仅诸葛孔明有儒者气象,须扩充为人人皆有儒者气象。不仅军人皆有“儒将”的风度,医生皆有“儒医”的风度,亦不仅须有儒者的政治家(昔时叫作“儒臣”),亦须有儒者的农人(昔时所谓耕读传家之“儒农”)。在此趋向于工业化的社会中,所最需要者尤为具有儒者气象的“儒工”“儒商”,和有儒者风度之技术人员。若无多数重忠孝仁爱信义和平的道德修养之儒商儒工出以树立工商的新人格模范,商者凭借其经济地位以剥夺人,工者凭借其优越技能以欺凌人,傲慢人,则社会秩序将无法安定,而中国亦殊难走上健康的工业化的途径。

何谓“儒者”?何谓“儒者气象”?须识者自己去体会,殊难确切下一定义，其实亦可不必呆板说定。最概括简单地说，凡有学问技能而又具有道德修养的人，即是儒者。儒者即是品学兼优的人。我们说，在工业的社会中，须有多数的儒商儒工以作柱石，就是希望今后新社会中的工人商人，皆成为品学兼优之士。亦希望品学兼优之士，参加工商业的建设，使商人与工人的道德水准和知识水准，皆大加提高，庶可进而造成现代化工业化的新文明社会。儒者固须品学兼优，但因限于资质，无才能知识，而卓有品格的人亦可谓为儒者，所谓“虽曰未学，吾必谓之学矣”。惟有有学无品，有才无品，只有知识技能，而无道德，甚或假借其知识技能以作恶，方不得称为儒者，且为儒家所深恶痛绝之人。

又就意味或气象来讲，则凡具有诗礼风度者，皆可谓之有儒者气象。凡趣味低下，志在功利肉欲，不知美的欣赏，即缺乏诗意。凡粗暴鲁莽，扰乱秩序，内无和悦的心情，外无整齐的品节，即是缺乏礼意。无诗意是丑俗，无礼意是暴乱。三四十年前，辜鸿铭氏站在儒家立场，以攻击西洋近代文明，其所持标准，即是诗礼二字。彼认为西洋近代文明之各种现象，如工商业之发展，君主的推翻，民主政治的建立，均是日趋于丑俗暴乱，无诗之美，无礼之和，故被指斥不遗余力，颇引起西方学者之注意。又印度诗人泰戈尔来游中国时，一到上海，即痛斥上海为“丑俗之大魔”，盖上海为工商业化之东方大都市，充斥了流氓市侩买办以及一切殖民地城市之罪恶，不惟无东方静穆纯朴之诗味，亦绝无儒家诗教礼教之遗风。泰戈尔之痛恶上海，实不为无因。但辜鸿铭之指斥西洋近代之工商业文明之民主政治，却陷于偏见与成见，彼只知道中古贵族式的诗礼，而不知道近代民主化的诗礼。试观近代英美民主政治之实施，竞争选举，国会辩难，政治家之出处进退，举莫不有礼。数百万市民聚处于大都市中，交通集会亦莫不有序。其工人商人大都有音乐歌剧可观赏，有公园可资休息，有展览会博物馆可游览，每逢星期，或入礼拜堂听讲，或游山林以接近自然，工余之暇，唱歌跳舞自乐其乐，其生活亦未尝不可谓相当美化而富于诗意。总之，以诗礼表达儒者气象是甚为切当的。如谓工业化民治化之近代社会，即缺乏诗礼意味，无有儒者气象，则未免把儒家的诗教礼教看得太呆板，太狭隘了。

就作事的态度言，每作一事皆须求其合理性合时代合人情，即可谓为儒家的态度。合人情即求其“反诸内心而安”。合理性即所谓“揆诸天理而顺”。合时代即是审时度势，因应得宜。孔子为圣之时，礼以时为大。合时代不是漫无主宰，随波逐流。只求合时代而不求合理性，是为时髦。合时代包含有“时中”之义，有“权变”之义，亦有合理之义。只重抽象的理性而不近人情。合时代，即陷于“以理杀人”，以主义杀人，或近人所谓以自由平等的口号杀人。只求合人情，而不合理性及时代，即流为“妇人之仁”，“感情用事”，或主观的直觉主义。合人情不仅求己心之独安，亦所以设身处地，求人心之共安。凡事皆能精研详究，以求合理合时合情，便可谓为“曲践乎仁义”，“从容乎中道”，足以代表儒家的态度了。

儒家思想的新开展，基于学者对于每一时代问题，无论政治社会文化学术各方面的问题，皆能本典型的中国人的态度，站在儒家的立场，予以合理合情合时的新解答，而得其中道。哲学上的问题无论宇宙观，历史观，与夫本体论，知识论等，皆须于研究中外各家学说之后，而求得一契合儒家精神与态度的新解答。哲学问题本文暂置勿论，试就现在正烦扰着国人的政治问题为例，而指出如何从儒家的立场，予以解答的途径。

譬如，就中国现在须厉行法治而言，便须知有所谓法家的法治，亦有所谓儒家的法治，前者即申韩式的法治，主张由政府或统治者颁布苛虐的法令，厉行严刑峻法，以满足霸王武力征服的野心。是刻薄寡恩，急功好利的，是无情无理的。现代法西斯蒂主义的独裁,即是基于申韩式的法治的。这只是以满足霸王一时之武力征服,绝不足以谋国家的长治久安和人民的真正幸福。而儒家的法治,亦即我所谓诸葛式的法治(参看下篇《法治与德治》一文)则不然,是法治与礼治,法律与道德,法律与人情,相辅而行,兼顾并包的。法律是实现道德的工具,是人的自由本性的发挥,绝不是违反道德,桎梏自由的。西洋古代如柏拉图近代如黑格尔所提倡的法治,以及现代民主政治中的法治,都可以说是与儒家精神相近,而与申韩式法家精神相远的。以为儒家反法治,以为提倡法治,即须反对儒家,皆是不知儒家的真精神,不知法治的真意义的说法。故今后欲整饬纪纲,走上新法治国家的大道,不在于片面的提倡申韩之术,而在于得到西洋正宗哲学家法治思想的真意,而发挥出儒家思想的法治。

试再就民治主义为例,亦有所谓儒家的民治主义或非儒家的民治主义。如有所谓放任政治,政府对于人民取不干涉态度,认为政府管事愈少愈好,政府权力愈小愈好。一切事业,政府让人民自由竞争,听其自然淘汰,强者吞并弱者,几乎有无政府的趋势。这是欧洲17及18世纪盛行的消极的民主政治。在某种意义下,颇有中国道家的自然主义色彩。这种民主政治的起源,是基于开明运动之反对君主专制,争人民的自由平等和天赋人权。其末流便是个人主义的抬头,和资本主义的兴起。这当然不是契合儒家精神的民治主义。假如,只认儒家思想是为专制帝王作辩护谋利益的工具,是根本违反民治主义的,这不但失掉了儒家"天视民视,天听民听"和"民贵君轻"等说的真精神,而且也忽略了西洋另有一派足以代表儒家精神的民治思想。这一派注重比较有建设性积极性的民治,其代表人物为理想主义的政治思想家。他们认国家为一有机体,人民在此有机体中,各有其特殊的位分与职责。国家不是建筑在武力上或任何物质条件上,而是建筑在人民公意或道德意志上。人民忠爱国家，正所以实现其真我，发挥其道德意志，确认主权在民的原则。尊重民意，实现民意(但民意不一定指林林总总的群众所表现的偶然意见，或许是出于大政治家的真知灼见，对于国家需要人民真意之深识远见)，满足人民的真正需要，为人民兴利除弊，甚或根据全体的福利，以干涉违反全体福利之少数人的活动。政府有积极地教育人民，训练人民，组织人民，亦可谓为"强迫人民自由"的职责，以达到一种道德理想，这种政治思想就多少代表我所谓儒家式的民治主义。例如美国罗斯福总统的许多言论，就代表我所谓儒家式的民主政治。试看他逐渐教育民众，改变舆论，感化孤立派，容纳异党，集中权力，种种设施，均与普通的民主政治，特别与十七十八世纪的消极民主政治不同。然而他所设施的确仍是一种民主政治，他反对因利图便玩弄权术的现实政治，而提高人类共同生活的道德理想，但他的政策，并不是不切实际，他立在人民之前，领导人民。集中权力，但并不是独裁。所以我们可以称罗斯福为有儒者气象的大政治家。(外国人可以有儒者气象，一如中国人可以有耶稣式的人格。其实美国的大政治家中如华盛顿，如富兰克林，如林肯，皆有儒者气象，美国政治特别注重道德理想，比较最契合儒家所谓王道。)

至于在中国则国父孙中山先生无疑的是有儒者气象而又具耶稣式的人格之先知先觉。今后新儒家思想之发挥，自必尊仰之为理想人格，一如孔子之推崇周公。他的民权主义，即可说是最能代表儒家精神的民主政治思想。《三民主义》中以民权主义体系最完整，思想最精颖，表现其生平学问经验与见解最多。他对于权与能的分别，对于自由平等的真意义之注释，皆一扫西洋消极的民治主义与道家的自由放任的自然主义的弊病，而建立了符合儒家精神足以开国建国之根本大法的民权主义。而且他创立主义，实行革命原则，亦以合理性，合人情，合时代为标准，处处皆代表典型中国人的精神，符合儒家的矩范。在《孙文学说》有志竟成一章，他说："夫事有顺乎天理，应乎人情，适乎世界之潮流，合乎人群之需要，而先知先觉者所决志行之，则断无不成者也。此古今之革命维新，兴邦建国等事业是也。""顺乎天理"即是合理性，"应乎人情"即是合人情，"适乎世界潮流，合乎人群需要"，即是合时代。足见他革命建国的事业，是合符儒家合理，合情，合时的态度的，而他所创立的主义亦是能站在儒家的立场，而予以能应付民族需要世界局势的新解答的。

以上就政治上的法治与民治的问题，而指出以能符合儒家精神之解答为最适当。兹试再就男女问题为例而讨论之。男女问题可以说是中国现代许多解放运动的发端。许多反家庭，反礼教，反儒家思想的运动均肇端于男女关系。许多新思想家皆以不能解决新时代的男女问题，为儒家思想发展的一大礁石。但我们认为男女问题不求得一合理合情合时，符合真正儒家精神的答案，决不能得圆满的解决。须知"父母之命，媒妁之言"的旧式婚姻，男女授受不亲的社交隔阂，三从四德的旧箴言，纳妾出妻的旧制度，已是残遗的旧躯壳，不能代表真正儒家合理合情合时的新态度。反之，酒食征逐，肉欲放纵，个人享乐的婚姻，发疯，自杀，决斗的热情恋爱，乃是青年男女的堕落，社会国家的病态，更是识者所引为痛心的。假如男女问题能循(1)有诗意，(2)合礼义，(3)负社会国家的道德责任的途径，以求解答，便可算得合契儒家的矩范了。所谓有诗意，即男女关系基于爱慕与相思，而无淫猥渎亵之邪思，如关关雎鸠式的爱慕，辗转反侧式的相思，便有诗意了。所谓合礼仪即男女交际，有内心之裁制，有社交的礼仪，其结合亦须得家庭社会法律之承认。所谓须负社会国家的道德责任者，即男女结合非纯为个人享受，亦非仅解决个人性欲问题，乃有极深之道德意义，于家庭社会民族皆有其责任，男女之正当结合于社会国家皆有裨益，且亦是社会国家所赞许嘉勉的。男女关系须受新诗教新礼教的陶冶,且须对社会国家负道德责任,这就是儒家思想新开展中所指示的途径,而且现在中国许多美满的新家庭生活,已无意间遵循着实现着代表着此种新儒家的理想了。

所以,在我们看来,只要能对儒家思想加以善意同情的理解,得其真精神与真意义所在,许多现代生活上,政治上,文化上的重要问题,均不难得合理合情合时的解答。所谓"言孔孟所未言,而默契孔孟所欲言之意;行孔孟所未行,所吻合孔孟必为之事"(明吕新吾《呻吟语》)。将儒家思想认作不断生长发展的有机体,而非呆板机械化的死信条。如是,我们可以相信,中国许多问题,必达到契合儒家精神的解决,方算得达到至中至正最合理而无流弊的解决。无论政治社会,文化学术上各项问题的解决,都能契合儒家精神,都能代表典型的中国人的真意思真态度,这就是"儒家思想的新开展",也就是民族文化复兴的新机运。

(原载《思想与时代》1941 年 8 月第一期)

本文阐述了建设新儒家思想的主张。作者认为,在思想和文化的范围内,现代决不可与古代脱节,任何一种新思想都应有其渊源。儒家思想就其为中国过去的传统思想而言,是最古最旧的思想,就其在现代及今后的新发展而言,又是最新的思想。在儒家思想的新开展里,可以得到现代与古代的交融,最新与最旧的统一。作者指出,广义的新儒家思想的发展或儒家思想的新开展,就是中国现代思潮的主流。他主张,儒家思想的新开展,必须以西洋正宗哲学发挥儒家的理学,以基督教之精华充实儒家的礼教,以西洋的艺术发扬儒家的诗教,使之循着艺术化、宗教化和哲学化的途径迈进。

泰和会语(选篇)

马一浮

楷定国学名义国学者六艺之学也

大凡一切学术,皆由思考而起,故曰学原于思。思考所得,必用名言,始能诠表。诠是诠释,表是表显。名言即是文字,名是能诠,思是所诠。凡安立一种名言,必使本身所含摄之义理,明白昭晰。使人能喻,释氏立文身、句身、名身,如是三身,为一切言教必具之体。喻是领会晓了。随其根器差别,而有分齐不同。例如颜子闻一以知十,子贡闻一以知二,之类。谓之教体。佛说"此方以音声为教体"。必先喻诸己,而后能喻诸人。因人所已喻,而告之以其所未喻。才明彼,即晓此。因喻甲事,而及乙事。辗转关通,可以助发增长人之思考力,方名为学。故学必读书穷理。书是名言,即是能诠。理是所诠,亦曰格物致知。物是一切事物之理,知即思考之功。《易·系辞传》曰:"唯深也,故能通天下之志。"换言之,即是于一切事物,表里洞然,更无睽隔,说与他人,亦使各各互相晓了。如是,乃可通天下之志。如是,方名为学。略说学字大意,次说国学名词。

国学这个名词,如今国人已使用惯了。其实不甚适当,照旧时,用国学为名者,即是国立大学之称。今人以吾国固有的学术名为国学,意思是别于外国学术之谓。此名为依他起。严格说来,本不可用,今为随顺时人语,故暂不改立名目。然即依固有学术为解，所含之义，亦太觉广泛笼统，使人闻之，不知所指为何种学术。照一般时贤所讲，或分为小学文字学、经学、诸子学、史学等类，大致依四部立名。然四部之名，本是一种目录。犹今图书馆之图书分类法耳。荀勖《中经》簿本，分甲乙丙丁。《隋书·经籍志》始立经史子集之目，至今沿用。其实不妥。今姑不具论，他日别讲。能明学术流别者，惟《庄子·天下篇》、《汉书·艺文志》最有义类，今且不暇远引。即依时贤所举，各有专门，真是皓首不能究其义，毕世不能竟其业。今诸生在大学所习学科甚繁，时间有限，一部十七史从何处说起。现在要讲国学第一，须楷定国学名义。楷定，是义学家释经用字。每下一义，须有法式，谓之楷定。楷即法式之意，犹今哲学家所言范畴。亦可说为领域。故楷定，即是自己定出一个范围。使所言之义，不致凌杂无序，或枝蔓离宗。老子所谓"言有宗，事有君也"。何以不言确定而言楷定？学问，天下之公言。确定，则似不可移易，不许他人更立异义，近于自专。今言楷定，则仁智各见，不妨各人自立范围，疑则一任别参，不能强人以必信也。如吾今言国学是六艺之学，可以该摄其余诸学。他人认为未当，不妨各自为说，与吾所楷定者无碍也。又楷定异于假定。假定者，疑而未定之词，自己尚信不及，姑作如是见解云尔。楷定，则是实见得如此，在自己所立范畴内，更无疑义也。第二，须先读基本书籍。第三，须讲求简要方法。如是，诸生虽在校听讲时间有限，但识得门径不差，知道用力方法不错，将来可以自己研究，各有成就。

今先楷定国学名义，举此一名，该摄诸学，唯六艺足以当之。六艺者，即是诗、书、礼、乐、易、春秋也。此是孔子之教，吾国二千余年来普遍承认。一切学术之原，皆出于此，其余都是六艺之支流。故六艺可以该摄诸学，诸学不能该摄六艺。今楷定国学者，即是六艺之学。用此代表一切固有学术，广大精微，无所不备。某向来欲撰六艺论，郑康成亦有六艺论，今已不传。佚文散见群经注疏中，但为断片文字，不能推见其全体，殊为可惜。某今日所欲撰之书，名同实别，不妨各自为例。未成而遭乱。所缀辑先儒旧说，群经大义，俱已散失无存。今欲为诸生广说，恐嫌浩汗，只能举其要略，启示一种途径，使诸生他日可自己求之。且为时间短促,亦不能不约说也。今举《礼记·经解》及《庄子·天下篇》说六艺大旨,明其统类如下。

《经解》引孔子曰:“入其国,其教可知也。其为人也,温柔敦厚,《诗》教也。疏通知远,《书》教也。广博易良,《乐》教也。洁静精微,《易》教也。恭俭庄敬,《礼》教也。属辞比事,《春秋》教也。”

《庄子·天下篇》曰:“《诗》以道志,《书》以道事,《礼》以道行,《乐》以道和,《易》以道阴阳,《春秋》以道名分。”

自来说六艺大旨,莫简于此。有六艺之教,斯有六艺之人。故孔子之言,是以人说。庄子之言,是以道说。《论语》曰:“人能弘道,非道弘人。”道即六艺之道,人即六艺之人。有得六艺之全者,有得其一二者,所谓学焉而得其性之所近。《论语》记“子所雅言,《诗》、《书》、执礼。”兴于诗,立于礼,成于乐。《王制》:“乐正崇四术,立四教,顺先王《诗》、《书》、《礼》、《乐》以造士。春秋教以《礼》、《乐》,冬夏教以《诗》、《书》。”是知四教本周之旧制,孔子特加删订。《易》藏于太卜,《春秋》本鲁史,孔子晚年始加赞述,于是合为六经,亦谓之六艺。《史记·孔子世家》云:“及门之徒三千,身通六艺者七十有二人。”旧以礼、乐、射、御、书、数当之,实误。寻上文叙次,孔子删《诗》、《书》,定《礼》、《乐》,赞《易》,修《春秋》,自必蒙上而言,六艺即是六经无疑。与《周礼》乡三物所言六艺有别。一是艺能,一是道术。乡三物所名礼,乃指仪容器数。所名乐,乃指铿锵节奏。是习礼乐之事,而非明其本原也。唯六德知仁,圣义中和,实足以配六经。此当别讲,今依《汉书·艺文志》以六艺当六经。经者常也,以道言,谓之经。艺犹树艺,以教言,谓之艺。

论六艺该摄一切学术

何以言六艺该摄一切学术?约为二门:一、六艺统诸子;二、六艺统四部。诸子依《汉志》,四部依《隋志》。

一、六艺统诸子

欲知诸子出于六艺，须先明六艺流失。《经解》曰："《诗》之失，愚；《书》之失，诬；《乐》之失，奢；《易》之失，贼；《礼》之失，烦；《春秋》之失，乱。"学者须知，六艺本无流失；学焉而得其性之所近，俱可适道。其有流失者，习也。心习才有所偏重，便一向往习熟一边去；而于所不习者，便有所遗。高者为贤知之过，下者为愚不肖之不及，遂成流失。佛氏谓之边见，庄子谓之往而不反。此流失所从来，便是学焉而得其习之所近，慎勿误为六艺本体之失，此须料简明白。《汉志》诸子十家，其可观者九家。其实九家之中，举其要者，不过五家，儒、墨、名、法、道是已。出于王官之说，不可依据，今所不用。《学记》："师严，然后道尊。道尊，然后民知敬学。是故君之所不臣于其臣者二：当其为尸，则弗臣也；当其为师，则弗臣也。大学之礼，虽诏于天子，无北面，所以尊师也。"此明官师有别。师之所诏，并非官之所守也。（《周礼》司徒之官，有"师氏掌以媺诏王"，"保氏掌谏王恶"。凡"王举则从，听治亦如之"。"师氏使其属率四夷之隶，各以其兵服守王之门外，且跸"。"保氏使其属守王闱"。此如后世侍从之官。郑注：冢宰以九两系邦国之民，师以贤得民，儒以道得民，乃以诸侯之师氏、保氏当之。变保为儒，此实于义乖舛。不可从。）《论语》："温故而知新，可以为师矣。"又语子夏："汝为君子儒，毋为小人儒。"此所言师儒岂可以官目之邪。《七略》旧文："某家者流出于某官"，亦以其言有关政治。换言之，犹曰："某家者可使为某官。"如"雍也，可使南面"云尔。岂谓如书吏之抱档案邪。如谓道家出于史官，今《老子》五千，是否周之国史。墨家出于清庙之守，今墨书所言，并非笾豆之事。此最易明。吾乡章实斋作《文史通义》，创为六经皆史之说，以六经皆先王政典，守在王官，古无私家著述之例，遂以孔子之业，并属周公，不知孔子祖述尧舜，宪章文武，乃以其道言之。若政典，则三王不同礼，五帝不同乐。且孔子称韶武则明有抑扬，论十世则知其损益，并不专主于从周也。信如章氏之说，则孔子未尝为太卜，不得系《易》；未尝为鲁史，亦不得修《春秋》矣。《十翼》之文，广大悉备。太卜专掌卜筮，岂足以知之。笔削之旨，游夏莫赞，亦断非鲁史所能与也。以吏为师，秦之弊法，章氏必为回护，以为三代之遗，是诚何心？今人言思想自由，犹为合理。秦法，以古非今者族。乃是极端遏制自由思想，极为无道，亦是至愚，经济可以统制,思想云何由汝统制。曾谓三王之治世而有统制思想之事邪。惟《庄子·天下篇》则云:古之道术有在于是者,某某闻其风而说之。乃是思想自由自然之果。所言道德不一,天下多得一察焉以自好,各为其所欲以自为方,道术将为天下裂,乃以不该不遍为病,故庄立道术、方术二名。(非如后世言,方术当方伎也。)是以道术为该遍之称,而方术则为一家之学。谓方术出于道术,胜于九流,出于王官之说,多矣。与其信刘歆,不如信庄子。实斋之论甚卑而专固,亦与公羊家孔子改制之说,同一谬误。且《汉志》出于王官之说,但指九家。其叙六艺,本无此言,实斋乃以六艺亦为王官所守,并非刘歆之意也。略为辨正于此,学者当知。不通六艺,不名为儒。此不待言。墨家统于礼,名法亦统于礼,道家统于《易》。判其得失,分为四句:一得多失多;二得多失少;三得少失多;四得少失少。例如:道家体大,观变最深。故老子得于《易》为多,而流为阴谋,其失亦多,《易》之失,贼也。贼训害。《庄子·齐物》好为无端崖之辞,以天下不可与庄语。得于《乐》之意为多,而不免流荡。亦是得多失多,《乐》之失,奢也。奢是侈大之意。墨子虽非乐,而《兼爱》、《尚同》,实出于乐。《节用》、《尊天》、《明鬼》出于礼,而短丧又与礼悖。《墨经》难读,又兼名家,亦出于《礼》。如墨子之于礼乐,是得少失多也。法家往往兼道家言。如《管子》,《汉志》本在道家。韩非亦有《解老》、《喻老》,自托于道。其于《礼》与《易》,亦是得少失多。余如惠施、公孙龙子之流,虽极其辩,无益于道,可谓得少失少。其得多失少者,独有荀卿。荀本儒家,身通六艺,而言性恶,法后王,是其失也。若诬与乱之失,纵横家兼而有之。然其谈王伯皆游辞,实无所得。故不足判。杂家亦是得少失少。农家与阴阳家,虽出于《礼》与《易》,末流益卑陋无足判。观于五家之得失,可知其学皆统于六艺,而诸子学之名,可不立也。

二、六艺统四部

何以言六艺统四部?今经部立《十三经》、《四书》,而以小学附之。本为未允。六经唯《易》、《诗》、《春秋》是完书,《尚书》今文不完，古文是依托。《仪礼》仅存《士礼》，《周礼》亦缺冬官。《乐经》本无其书。《礼记》是传，不当遗大戴而独取小戴。左氏、公、穀三传，亦不得名经。《尔雅》是释群经名物。唯《孝经》独专经名，其文与《礼记》诸篇相类。《论语》出孔门弟子所记。孟子本与荀子同列儒家，与二戴所采曾子、子思子、公孙尼子七十子后学之书同科，应在诸子之列。但以其言最醇，故以之配《论语》。然曾子、子思子、公孙尼子之言亦醇，何以不得与孟子并。二戴所记曾子语独多。后人曾辑为《曾子》十篇。《中庸》出子思子，《乐记》出公孙尼子，并见《礼记正义》，可信。然《礼记》所采七十子后学之书多醇。《大学》不必定为曾子之遗书，必七十子后学所记，则无疑也。二戴兼采秦汉博士之说，则不尽醇，此须料简。今定经部之书为宗经论、释经论二部，皆统于经，则秩然矣。宗经、释经区分，本义学家判佛书名目，然此土与彼土著述，大体实相通，此亦门庭施设，自然成此二例，非是强为差排，诸生勿疑为创见。孔子晚而系《易》，《十翼》之文，便开此二例，《彖》、《象》、《文言》、《说卦》是释经，《系传》、《序卦》、《杂卦》是宗经，寻绎可见。六艺之旨，散在《论语》，而总在《孝经》，是为宗经论。孟子及二戴所采曾子、子思子、公孙尼子诸篇，同为宗经论。《仪礼丧服传》，子夏所作，是为释经论。《三传》及《尔雅》，亦同为释经论。《礼记》不尽是传，有宗有释。《说文》附于《尔雅》，本保氏教国子以六书之遗。如是，则经学、小学之名，可不立也。诸子统于六艺，已见前文。其次言史，司马迁作《史记》，自附于《春秋》，《班志》因之。纪传虽由史公所创，实兼用编年之法。多录诏令、奏议，则亦《尚书》之遗意。诸志特详典制，则出于《礼》。如地理志祖《禹贡》，职官志祖《周官》，准此可推。纪事本末，则《左氏》之遗则也。史学巨制，莫如《通典》、《通志》、《通考》，世称三通。然当并《通鉴》计之为四通。编年记事，出于《春秋》；多存论议，出于《尚书》；记典制者，出于《礼》。判其失亦有三：曰诬、曰烦、曰乱。知此则知诸史悉统于《书》、《礼》、《春秋》，而史学之名，可不立也。

其次言集部。文章体制，流别虽繁，皆统于《诗》、《书》。《汉志》犹知此意。故单出诗赋略，便已摄尽。六朝以有韵为文，无韵为笔；后世复分骈散，并鼻陋之见。《诗》以道志，《书》以道事，文章虽极其变，不出此二门。志有浅深，故言有粗妙。事有得失，故言有纯驳。思知言不可不知人，知人又当论其世。故观文章之正变，而治乱之情可见矣。今言文学，统于《诗》者为多。《诗·大序》曰："治世之音安以乐，其政和；乱世之音怨以怒，其政乖；亡国之音哀以思，其民困。"三句便将一切文学判尽。《论语》曰："诵诗三百，授之以政，不达，虽多亦奚以为？"可见诗教通于政事。《书》以道事，书教即政事也。故知诗教通于书教。诗教本仁，书教本知。古者教《诗》于南学，教《书》于北学，即表仁知也。《乡饮酒义》曰：向仁背藏，左圣右义。藏即是知。知以藏往，故知是藏义。教《乐》于东学，表圣；教《礼》于西学，表义。故知仁圣义，即是《诗》、《书》、《礼》、《乐》四教也。前以六艺流失判诸子，独遗诗教。《诗》之失愚，唯屈原杜甫足以当之，所谓古之愚也直。六失之中，唯失于愚者不害为仁。故诗教之失最少。后世修辞不立其诚，浮伪夸饰，不本于中心之恻怛，是谓今之愚也诈。以此判古今文学，则取舍可知矣。两汉文章近质，辞赋虽沉博极丽，多以讽谕为主。其得于《诗》、《书》者最多，故后世莫能及。唐以后集部之书充栋。其可存者，一代不过数人。至其流变，不可胜言。今不具讲。但直抉根原，欲使诸生知其体要咸统于《诗》、《书》，如是则知一切文学，皆诗教、书教之遗，而集部之名可不立也。上来所判，言虽简略，欲使诸生于国学得一明白概念，知六艺总摄一切学术，然后可以讲求。譬如行路，须先有定向。知所向后，循而行之，乃有归趣，不然，则博而寡要，劳而少功。泛泛寻求，真是若涉大海，茫无津涯。吾见有人终身读书，博闻强记，而不得要领，绝无受用，只成得一个书库，不能知类通达，如是又何益哉。复次，当知讲明六艺，不是空言，须求实践。今人日常生活，只是汩没在习气中。不知自己性分内,本自具足一切义理;故六艺之教,不是圣人安排出来,实是性分中本具之理。《记》曰:"天尊地卑,万物散殊,而礼制行矣。流而不息,合同而化,而乐兴焉。""礼者天地之序,乐者天地之和。"故曰:"礼乐不可斯须去身。""仁者见之谓之仁,知者见之谓之知。百姓日用而不知。"自性本具仁智,由不见故日用不知,溺于所习,流为不仁不知。礼乐本自粲然,不可须臾离,由于不肯率由,遂至无序不和。今人亦知人类须求合理的生活,亦曰正常生活。须知六艺之教,即是人类合理的正常生活,不是偏重考古,徒资言说,而于实际生活相远的事。今所举者,真是大辂椎轮,简略而又简略,然祭海先河,言语之序,亦不得不如此。

论六艺统摄于一心

语曰:"举网者,必提其纲。振衣者,必挈其领。"先须识得纲领,然后可及其条目。前讲六艺之教,可以该摄一切学术,这是一个总纲。真是范围天地之化而不过,曲成万物而不遗。学者须知,六艺本是吾人性分内所具的事,不是圣人旋安排出来。吾人性量本来广大,性德本来具足,故六艺之道,即是此性德中自然流出的,性外无道也。从来说性德者,举一全该则曰仁。开而为二,则为仁知,为仁义。开而为三,则为知仁勇。开而为四,则为仁义礼知。开而为五,则加信而为五常。开而为六,则并知仁圣义中和而为六德。就其真实无妄言之,则曰至诚。就其理之至极言之,则曰至善。故一德可备万行,万行不离一德。知是仁中之有分别者,勇是仁中之有果决者,义是仁中之有断制者,礼是仁中之有节文者。信即实在之谓,圣则通达之称。中则不偏之体,和则顺应之用。皆是吾人自心本具的。心统性情,性是理之存,情是气之发。存谓无乎不在，发则见之流行。理行乎气中，有是气则有是理。因为气禀不能无所偏，故有刚柔善恶。《通书》曰："刚善为义，为直，为断，为严毅，为干固。恶为猛，为隘，为强梁。柔善为慈，为顺，为巽。恶为懦弱，为无断，为邪佞。"先儒谓之气质之性。圣人之教，使人自易其恶，自至其中，便是变化气质，复其本然之善。此本然之善，名为天命之性，纯乎理者也。气质之性，自横渠始有此名。汉儒言性，皆祖述荀子，只见气质之性。然气质之性，亦不一向是恶，恶只是个过不及之名。故天命之性，纯粹至善。气质之性，有善有恶。方为定论。若孟子道性善，则并气质，亦谓无恶。如谓："富岁子弟多赖，凶年子弟多暴，非天之降才尔殊也，所以陷溺其心者然也。"又曰："若夫为不善，非才之罪也。"才即是指气质。孟子之意，是以不善完全由于习气，质元无不善也。汉人说性，往往以才性连文为言，不免含混，故当从张子。然天命之性与气质之性，并非是两重。程子曰："论性不论气则不备，论气不论性则不明。"二之，则不是。气质之性有善有不善，犹水之有清浊也。清水浊水，元是一水。变化气质，即是去其砂石，使浊者变清。及其清时，亦只是元初水，不是别将个清的来换却浊的。此理自然流出诸德，故亦名为天德。见诸行事则为王道。六艺者，即此天德、王道之所表显。故一切道术皆统摄于六艺，而六艺实统摄于一心，即是一心之全体大用也。《易》本隐以之显，即是从体起用。《春秋》推见至隐，即是摄用归体。故《易》是全体，《春秋》是大用。伊川作《明道行状》曰："穷神知化，由通于《礼》、《乐》。尽性至命，必本于孝弟。"须知《易》言神化，即《礼》、《乐》之所从出。《春秋》明人事，即性道之所流行。《诗》、《书》并是文章，孔子称尧焕乎其有文章。子贡称夫子之文章。此言文章，乃是圣人之大业，勿误作文辞解。文章不离性道。故《易》统《礼》、《乐》横渠《正蒙》云："一故神，二故化。礼主别异，二之化也。"乐主和同，一之神也。礼主减，乐主盈。礼减而进，以进为文。乐盈而反，以反为文。皆阴阳合德之理。《春秋》该《诗》、《书》。孟子谓："王者之迹熄而《诗》亡。《诗》亡然后《春秋》作。"故《春秋》继《诗》，《诗》是好恶之公，《春秋》是褒贬之正。《尚书》称二帝三王极其治，《春秋》讥五伯极其乱。拨乱世，反之正，因行事，加王心，皆所以继《书》也。以一德言之，皆归于仁，以二德言之，《诗》、《乐》为阳，是仁，《书》、《礼》为阴，是知，亦是义。以三德言之，则《易》是圣人之大仁，《诗》、《书》、《礼》、《乐》

并是圣人之大智，而《春秋》则是圣人之大勇。以四德言之，《诗》、《书》、《礼》、《乐》即是仁、义、礼、智。此以《书》配义，以《乐》配智也。以五德言之，《易》明天道，《春秋》明人事，皆信也，皆实理也。以六德言之，《诗》主仁，《书》主知，《乐》主圣，《礼》主义，《易》明大本，是中，《春秋》明达道，是和。《中庸》曰："惟天下至圣为能聪明睿知足以有临也。此为德之总相。宽裕温柔足以有容也。仁德之相。发强刚毅足以有执也。义德之相。齐庄中正足以有敬也。礼德之相。文理密察足以有别也。智德之相。溥博渊泉而时出之。"溥博，言其大。渊泉，言其深。此为圣人果上之德相。《经解》所言："温柔敦厚，疏通知远，广博易良，恭俭庄敬，洁静精微，属辞比事。"则为学者因地之德相。而洁静精微之因德，与聪明睿智之果德，并属总相，其余则为别相。曰圣曰仁，亦是因果相望，并为总相。总不离别，别不离总。六相摄归一德，故六艺摄归一心。圣人以何圣？圣于六艺而已。学者于何学？学于六艺而已。大哉！六艺之为道。大哉！一心之为德。学者于此，可不尽心乎哉！

论西来学术亦统于六艺

六艺，不唯统摄中土一切学术，亦可统摄现在西来一切学术。举其大概言之，如自然科学，可统于《易》，社会科学或人文科学可统于《春秋》。因《易》明天道，凡研究自然界一切现象者，皆属之。《春秋》明人事，凡研究人类社会一切组织形态者，皆属之。董生言："不明乎《易》，不能明《春秋》。"如今治社会科学者，亦须明自然科学，其理一也。物生而后有象，象而后有滋，滋而后有数。今人以数学、物理为基本科学，是皆《易》之支与流裔。以其言，皆源于象数。而其用，在于制器。《易传》曰："以制器者尚其象，凡言象数者，不能外于《易》也。"人类历史过程，皆由野而进于文，由乱而趋于治。其间，盛衰兴废、分合存亡之迹，蕃变错综。欲识其因应之宜正变之理者，必比类以求之，是即《春秋》之比事也。说明其故，即《春秋》之属辞也。属辞以正名，比事以定分。社会科学之义，亦是以道名分为归。凡言名分者，不能外于《春秋》也。文学艺术统于《诗》、《乐》，政治法律经济统于《书》、《礼》，此最易知。宗教虽信仰不同，亦统于《礼》，所谓亡于礼者之礼也。哲学思想派别虽殊，浅深小大亦皆各有所见。大抵，本体论近于《易》，认识论近于《乐》，经验论近于《礼》。唯心者，《乐》之遗。唯物者，《礼》之失。凡言宇宙观者，皆有《易》之意。言人生观者，皆有《春秋》之意。但彼皆各有封执，而不能观其会通。庄子所谓"各得一察焉以自好"。各为其所欲以自为方者，由其习使然。若能进之以圣人之道，固皆六艺之材也。道一而已。因有得失，故有同异。同者得之，异者失之。《易》曰："天下同归而殊涂，一致而百虑。天下何思何虑?"睽而知其类，异而知其通，夫何隔碍之有。克实言之，全部人类之心灵，其所表现者，不能离乎六艺也。全部人类之生活，其所演变者，不能外乎六艺也。故曰"道外无事，事外无道"。因其心智有明有昧，故见之行事有得有失。孟子曰："行矣而不著，习矣而不察，终身由之，而不知其道者众也。"彼虽或得或失，皆在六艺之中，而不自知其为六艺之道。《易》曰："百姓日用而不知。"其此之谓矣。苏子瞻有诗云："不识庐山真面目，只缘身在此山中。"岂不信然哉！学者当知，六艺之教，固是中国至高特殊之文化。唯其可以推行于全人类放之四海而皆准，所以至高。唯其为现在人类中尚有多数未能瞭解，百姓日用而不知，所以特殊。故今日欲弘六艺之道，并不是狭义的保存国粹，单独的发挥自己民族精神而止，是要使此种文化普遍的及于全人类，革新全人类习气上之流失，而复其本然之善，全其性德之真。方是成己成物，尽己之性，尽人之性。方是圣人之盛德大业。若于此信不及，则是于六艺之道，犹未能有所入，于此至高特殊的文化,尚未能真正认识也。诸君勿疑此为估价太高,圣人之道实是如此。世界无尽,众生无尽,圣人之愿力亦无有尽。人类未来之生命方长,历史经过之时间尚短。天地之道,只是个至诚无息。圣人之道,只是个纯亦不已。往者过,来者续,本无一息之停。此理决不会中断,人心决定是同然。若使西方有圣人出,行出来的也是这个六艺之道,但是名言不同而已。诸生当知,六艺之道是前进的,决不是倒退的,切勿误为开倒车。是日新的,决不是腐旧的,切勿误为重保守。是普遍的,是平民的,决不是独裁的,不是贵族的,切勿误为封建思想。要说解放,这才是真正的解放。要说自由,这才是真正的自由。要说平等,这才是真正的平等。西方哲人所说的真美善,皆包含于六艺之中。《诗》、《书》是至善,《礼》、《乐》是至美,《易》、《春秋》是至真。《诗》教主仁,《书》教主智,合仁与智,岂不是至善么?《礼》是大序,《乐》是大和,合序与和,岂不是至美么?《易》穷神知化,显天道之常,《春秋》正名拨乱,示人道之正,合正与常,岂不是至真么?诸生若于六艺之道,深造有得,真是左右逢源,万物皆备。所谓尽虚空,遍法界,尽未来际,更无有一事一理,能出于六艺之外者也。吾敢断言:天地一日不毁,人心一日不灭,则六艺之道炳然常存。世界人类一切文化最后之归宿,必归于六艺。而有资格为此文化之领导者,则中国也。今人舍弃自己无上之家珍,而拾人之土苴绪余以为宝,自居于下劣,而奉西洋人为神圣,岂非至愚而可哀?诸生勉之。慎勿安于卑陋,而以经济落后为耻,以能增高国际地位,遂以为可矜,须知今日所名为头等国者,在文化上实是疑问。须是进于六艺之教,而后始为有道之邦也。不独望吾国人兴起,亦望全人类兴起,相与坐进此道。勉之,勉之。

举六艺明统类是始条理之事

荀子曰："有圣人之知，有士君子之知，有小人之知，有役夫之知。多言则文而类，终日议其所以，言之千举万变，其统类一也，是圣人之知也。少言则径而省，论而法，若佚之以绳，佚犹引也。是士君子之知也。"今言六艺统摄一切学术，言语说得太广，不是径省之道。颇有朋友来相规诫，谓"先儒不曾如此，今若依此说法，殊欠谨严，将有流失，亟须自己检点"。此位朋友，某深感其相为之切，故向大众举出，以见古道犹存，在今日是不可多得的。然义理无穷，先儒所说，虽然已详，往往引而不发。要使学者优柔自得，学者寻绎其义，容易将其主要处忽略了。不是用力之久，自己实在下一番体验工夫，不能得其条贯。若只据先儒旧说，搬出来诠释一回，恐学者领解力不能集中，意识散漫，无所抉择，难得有个入处，所以要提出一个统类来。如荀子说，言虽千举万变，其统类一也。《易传》佚文曰："得其一，万事毕。"一者何？即是理也。物虽万殊，事虽万变，其理则一。明乎此，则事物之陈于前者，至赜而不可恶，至动而不可乱，于吾心无惑也。孔子自说："下学而上达。"下学是学其事，上达是达其理。朱子云："理在事中，事不在理外。"一物之中，皆具一理。就那物中见得这个理，便是上达。两件只是一件，所以下学上达不能打成两橛。事物古今有变易，理则尽未来，无变易。于事中见理，即是于变易中见不易。若舍理而言事，则是滞于偏曲。离事而言理，则是索之杳冥。须知，一理该贯万事，变易元是不易，始是圣人一贯之学。佛氏华严宗有四法界之说：一事法界；二理法界；三理事无碍法界；四事事无碍法界。孔门六艺之学，实具此四法界。虽欲异之而不可得，先儒只是不说耳。学者虽一时辏泊不上，然不可不先识得个大体。方不是舍本而求末，亦不是遗末而言本。今举六艺之道，即是拈出这个统类来。统是指一理之所该摄而言，类是就事物之种类而言。统，《说文》云纪也。纪，别丝也。俗言丝头理丝者，必引其端为纪，总合众丝之端则为统。故引申为本始之称。又为该摄之义，类有两义。一相似义，如万物睽而其事类也是。一分别义，如君子以类族辨物是。《说文》种类相似，唯犬为甚，故从犬。知天下事物种类虽多，皆此一理之所该摄。然后可以相通，而不致相碍。人能弘道，非道弘人。如此方有弘的意思。圣人往矣，其道则寓于六艺，未尝息灭也。六艺是圣人之道，即是圣人之知，行其所知之谓道。今欲学而至于圣人之道，须先明圣人之知，知即是智。孟子曰："始条理者，智之事也。终条理者，圣之事也。"圣人之知，统类是一，这便是始条理。圣人之道，本末一贯，这便是终条理。《易》曰："知至至之可与几也，知终终之可与存义也。"今虽说得周遮，浩汗不是，下稍没收。煞言必归宗，期于圣人之言无所乖畔。始条理，是博文。终条理，便是约理。礼即是理，经籍中二字通用不别。孟子曰："博学而详说之，将以反说约也。"这不是教学者躐等，是要学者致思。"学而不思则罔，思而不学则殆。"朱子说："罔是昏而无得，殆是危而不安。"或问，又曰："罔者，其心昏昧，虽安于所，安而无自得之见。殆者，其心危迫，虽得其所，得而无可即之安。"若不入思惟，所有知识都是从闻见外铄的，终不能与理相应。即或有相应时，亦是亿中，不能与理为一。故今不避词费，丁宁反覆，只是要学者合下知道用思，用思才能入理。虽然多说理，少说事，事相繁多，要待学者自己去逐一理会。理则简易，须是待人启发，才有入处，便可触类旁通。《易》曰："引而申之，触类而长之，天下之能事毕矣。"《周礼》司徒之官有大司乐，掌成均之法，治建国之学政，而合国之子弟。《乐经》无书，先儒亦有以大司乐一篇当之者。郑注引董仲舒云："成均，五帝之学。"《礼记·文王世子》，亦有"成均"。古之大学，何以名为成均？今略说其义。成是成就，均是周遍。《说文》："均，平遍也。遍，周匝也。"此本以乐教为名，乐之一终为一成，亦谓一变。乐成则更奏，故谓变。九成亦言九变。均即今之韵字。八音克谐，无相夺伦，和之至也。大学取义如此，可以想见当时德化之盛。孟子说孔子之谓集大成，亦是以乐为比。故曰："集大成也者，金声而玉振之也。"金声也者，始条理也。玉振之也者，终条理也。始条理者，智之事也。终条理者，圣之事也。条如木之有条，理如玉之有理。朱注云："条理犹言脉络，指众音而言。智者，知之所及。圣者，德之所就。"文集云："智是见得彻，圣是行得彻。"朱子注此章，说得最精。言孔子集三圣之事，而为一大圣之事。三圣，谓上文伯夷、伊尹、柳下惠。犹作乐者，集众音之小成，而为一大成也。盖乐有八音，若独奏一音，则其音自为始终而为一小成。犹三子之所知偏于一，而其所就亦偏于一也。八音之中，金石为重，故特为众音之纲纪。又金始震而玉终诎然，故并奏八音，则于其未作先击镈钟以宣其声，俟其既阕，而后击特磬以收其韵。宣以始之，收以终之。二者之间，脉络通贯，无所不备，则合众小成而为一大成。犹孔子之知无不尽，而德无不全也。伯夷合下只见得清，其终亦只成就得个清底。伊尹合下只见得任，其终亦只成就得个任底。柳下惠合下只见得和，其终亦只成就得个和底。此便是小成。孔子合下兼综众理，成就万德，便是大成。知有小大，言亦有小大。吾人既欲学圣人，便不可安于小知，蔽于曲学，合下规模要大，心量要宽。亦如作乐之八音并奏，通贯谐调，始以金声，终以玉振。如此成就，方不是小小。今举六艺以明统类，乃正是始条理之事。古人成均之教，其意义亦是如此，学者幸勿以吾言为河汉，而无极也。

《论语》首末二章义

《论语》记孔子及诸弟子之言，随举一章，皆可以见六艺之旨。然有总义，有别义。别义易见，总义难知。果能身通六艺，则于别中见总，总中见别，交参互入，无不贯通。故程子说："圣人无二语，彻上彻下只是一理。”谢上蔡说：“圣人之学，无本末，无内外，从洒扫应对进退，以至精义入神，只是一贯。”一部《论语》只恁么看？扬子云说：“圣人之言远如天，贤人之言近如地。”程子改之曰：“圣人之言，其远如天，其近如地。”学者如能善会，即小可以见大，即近可以见远。真是因该果海，果彻因原。《易·系传》曰：“无有远近幽深，遂知来物。”来物者，方来之事相，即是见微而知其著，见始而知其终。如樊迟问仁。子曰：“爱人。”问知。子曰：“知人。”学者合下便可用力，及到圣人地位。尧舜之仁，爱人而已矣。尧舜之知，知人而已矣。亦只是这个道理，非是别有。此乃是举因该果之说。其他问仁问政如此类者甚多，切须善会。今举《论语》首末二章，略明其义。

首章曰：“学而时习之，不亦说乎。有朋自远方来，不亦乐乎。人不知，而不愠，不亦君子乎。”悦乐都是自心的受用，时习是功夫，朋来是效验。悦是自受用，乐是他受用。自他一体，善与人同。故悦意深微而乐意宽广，此即兼有《礼》、《乐》二教义也。《说命》曰：“敬逊务时敏，厥修乃来。”即时习义。坐如尸，坐时习。立如斋，立时习。惟敬学，故时习。此即《礼》教义。以善及人而信从者众，欢忻交通，更无不达之情。此即《乐》教义也。“人不知，而不愠，不亦君子乎。”君子是成德之名。人不知，而不愠，地位尽高，孔子自己说“不怨天，不尤人，知我者其天乎”。《乾·文言》：“遁世无闷，不见是而无闷。”《中庸》：“遁世不见知而不悔。”皆与此同意。不见是与不见知意同。言不为人所是也。庄子说：“举世非之，而不加沮。举世誉之，而不加劝。”亦同。但孔子之言说得平淡，庄子便有些过火。学至于此，可谓安且成矣，故名为君子。此是《易》教义也。何以言之？孔子系《易》，大象明法天。用《易》之道，皆以君子表之。例如《乾·象》曰：“天行健，君子以自强不息。”《坤·象》曰：“地势坤，君子以厚德载物。”六十四卦中，称君子者凡五十五卦，称先王者七卦，称后者二卦。《易乾凿度》曰：“易有君人之号五。帝者天称；王者美称；

天子者爵号；大君者，与上行异；与上言民与之，欲使为于大君也。大人者，圣明德备也。"变文，以著名题德以别操。郑注云："虽有隐显应迹不同，其致一也。"其义甚当。五号虽皆题德之称，然以应迹而著。故见于爻辞，以各当其时位。大象则不用五号，而多言君子。此明君子但为德称，不必其迹应帝王也。《系传》曰："君子之道，或出或处，或默或语。"非专指在位明矣。《礼运》曰："禹、汤、文、武、成王、周公，由此其选也。此六君子者，未有不谨于礼者也。"此见先王亦称君子。孔子曰："文，莫吾犹人也，躬行君子，则吾未之有得。"孔子德盛言谦，犹不敢以君子自居。《论语》凡言文者，皆指六艺之文。学者当知。又曰："圣人吾不得而见之。得见君子者，斯可矣。"此如佛氏判果位名号。圣人是妙觉，君子则是等觉也。君子素其位而行，富贵、贫贱、夷狄、患难，皆谓之位。此位，亦是以所处之时地言之。故知君子不是在位之称，而是成德之目。孔颖达"以君临上位子爱下民"释之，易正义不知君子虽有君临之德，不必定履君临之位也。《易》为君子谋，不为小人谋，君子修之吉，小人悖之凶。群经中，每以君子小人对举。小人道长，则君子道消。小人亦有他小人之道。孟子曰："道二，仁与不仁而已矣。"君子之道是仁，小人之道是不仁。仁者浑然与物同体，反此则有有我之私，便是不仁。由此言之，若己私有一毫未尽者，犹未离乎小人也。故曰"一日克己复礼，天下归仁"。君子与小人之辨，即是义与利之辨，亦即是仁与不仁之辨。以佛氏之理言之，即是圣凡迷悟之辨。程子曰："小人只不合小了。"阳明所谓"从躯壳起，见他只认形气之私为我"。佛氏谓之"萨迦耶见"。即是"末那识"。转此识为平等性智，即是克己复礼，乃是君子之道矣。一切胜心客气皆由此生，故尽有小人而有才智者。彼之人法二执，人执，是他自我观念。法执，是他的主张。更为坚强难拔。此为不治之证。人不知而不愠，非己私已尽，不能到此地步。圣人之词缓，故下个不亦字，下个乎字。《易》是圣人最后之教，六艺之原，非深通天人之故者，不能与《易》道相应。故知此言君子者，是《易》教义也。凡言君子者，通六艺言之。然有通有别，此于六艺为别，故说为《易》教之君子。学者读此章，第一，须认明学而时习之学，是学个甚么？第二，须知如何方是时习工夫？第三，须自己体验自心，有无悦怿之意？此便是合下用力的方法。末了，须认明君子是何等人格？自己立志要做君子，不要做小人，如何才够得上做君子？如何才可免于为小人？其间大有事在。如此，方不是泛泛读过。

末章，“不知命，无以为君子也”。是《易》教义。“不知礼，无以立”。是《礼》教义。“不知言，无以知人”。是《诗》教义。后二义显，前一义隐。今专明前义。《易·系传》曰：“穷理尽性，以至于命。”《乾卦·彖传》曰：“乾道变化，各正性命。”性命一理也。自天所赋言之，则谓之命。自人所受言之，则谓之性。《大戴礼·本命篇》：“分于道，谓之命。形于一，谓之性，化于阴阳，象形而发，谓之生。化穷数尽，谓之死。故命者，性之终也。”此皆以气言。“命者性之终”乃是告子“生之谓性”之说，不可从。汉儒说性命，类如此。今依程子说。不是性之上，更有一个命。亦不是性命之外，别有一个理。故程子曰：“理穷则性尽，尽性则至命，只是一事。不是穷了理再去尽性，只穷理便是尽性，尽性便是至命。”此与孟子说“尽其心者，知其性也。知其性，则知天矣”，语脉一样。尽心知性知天，不是分三个阶段，一证一切证。孔子自言，五十而知天命，即是穷理尽性以至于命也。天命，即是天理之异名。天理，即是性中所具之理。孔子晚而系《易》，尽《易》之道。今告学者曰：“不知命，无以为君子也。”言正而厉，连下三不字，三无以字，皆决定之词，与首章词气舒缓者不同。此见首章是始教，意主于善诱。此章是终教，要归于成德。记者以此，殿之篇末，其意甚深。以君子始，以君子终，总摄归于《易》教也。又第十六篇，孔子曰：“君子有三畏。畏天命，畏大人，畏圣人之言。小人不知天命而不畏也，狎大人，侮圣人之言。”朱子注云：“天命者，天所赋之正理也。小人不知天命，故不识义理而无忌惮。”亦正可与此章互相发明。复次，学者须知，命有专以理言者，上来所举是也。亦有专以气言者，如“道之将行也，与命也。道之将废也，与命也”，“死生有命，富贵在天”之类是也。先儒恐学者有好高躐等之弊，故说此章。命字多主气言。朱子注云：“人不知命，则见害必避，见利必趋，何以为君子？”《语录》曰：“死生自有定命，若合死于水火，须在水火里死。合死于刀兵，须在刀兵里死。如何逃得？”看此说虽甚粗，所谓知命者不过如此。又曰：“只此最粗的人都信不及，便讲学得待如何，亦没安顿处。今人开口亦解，说‘一饮一啄自有定分’，及遇小小利害，便生趋避计较之心。古人刀锯在前，鼎镬在后，视之如无者，尽缘只见得道理，都不见那刀锯鼎镬。”此言亦甚严正。与学者当头一棒，深堪警省。据某见处，合首末两章，看来圣人之言是归重在《易》教，故与朱子说稍有不同。学者切勿因此遂于朱注轻有所疑，须知朱子之言，亦是《易》教所摄，并无两般也。

君子小人之辨

经籍中多言君子，亦多以君子与小人对举。盖所以题别人流，辨其贤否，因有是名。

先儒释君子有二义：一为成德之名；一为在位之称。其与小人对举者，依前义，则小人为无德。依后义，则小人为细民。然古者必有德而后居位，故在位之称君子，亦从其德名之，非以其爵。由是言之，则君子者，唯是成德之名也。孔子曰：“君子去仁，恶乎成名？”此其显证矣。仁者，心之本体，德之全称。“君子无终食之间违仁，造次必于是，颠沛必于是”。明君子体仁，其所存无间也。又曰：“君子道者三，我无能焉。仁者不忧，智者不惑，勇者不惧。”此见君子必兼是三德。又曰：“君子义以为质，礼以行之，逊以出之，信以成之,君子哉!"此言君子之制事,本于义,而成于信,而行之则为礼逊。逊即是礼。义为礼之质,礼又为逊之质。所存是义,行出来便是礼。礼之相,便是逊。实有是质,便谓之信。无是质,便不能有此礼逊,故曰信以成之也。义以为质,亦犹仁以为体,皆性德之符也。又曰:"君子不器。"朱子云:"器者,各适其用,而不能相通。成德之士,体无不具;故用无不周,非特为一才一艺而已。是知器者,智效一官,行效一能,德则充塞周遍,无有限量。"《学记》亦言:"大德不官,大道不器。"器因材异,而德唯性成,故不同也。君子之所以为君子,观于此亦可以明矣。

然知德者鲜,故唯圣人能知圣人,唯君子能知君子。德行者,内外之名,行则人皆见之,德则唯是自证。言又比行为显,故曰:"有德者必有言,有言者不必有德。昔吾于人也,听其言而信其行,今吾于人也,听其言而观其行。"如令君子文之忠,陈文子之清,皆行之美者,而曰:"焉得仁?"孟武伯问"子路、冉有、公西华",皆曰:"不知其仁。"原思问"克伐怨欲不行焉",曰:"可以为难矣,仁则吾不知也。"故虽有善行,不以仁许之。是有行者,未必有德也。恶乡愿,恐其乱德也。乡愿居之似忠信,行之似廉洁,非之无非,刺之无刺。观其行事,疑若有似乎君子,而孔子恶之,谓其乱德。此见君子之所以为成德者,乃在心术。行事显而易见,心术微而难知。若但就行事论人,鲜有不失之者矣。

既知君子所以为君子,然后君子小人之辨乃可得而言。经传中言此者,不可胜举,今唯据《论语》,以孔子之言为准。如曰:"君子而不仁者有矣,夫未有小人而仁者也。"君子既无终食之间违仁,何以有时而不仁?此明性德之存,不容有须臾之间。禅家之言曰:"暂时不在,如同死人。"此语甚精。一或有间,则唯恐失之,非谓君子果有不仁也。未有小人而仁者也,则是决定之词。小人唯知徇物,不知有性,通体是欲,安望其能仁哉!故知君子是仁,小人是不仁。君子喻于义,小人喻于利。喻义,故无适无莫,义之与比。喻利,故见害必避，见利必趋。故知君子是义，小人是不义。君子上达循理，故日进乎高明。小人下达从欲，故日究乎污下。故知君子是智，小人是不智。君子泰而不骄，由礼故安舒。小人骄而不泰，逞欲故矜肆。故知君子无非礼，而小人则无礼。夫不仁不智，无礼无义，则天下之恶皆归之矣。然君子小人之分途，其根本在心术隐微之地，只是仁与不仁而已矣。必己私已尽，浑然天理，然后可以为仁。但有一毫有我之私，便是不仁，便不免为小人。参看《论语》首末二章义。

仁者，廓然而大公，物来而顺应。反之，自私而用智，必流于不仁。用智之智，只是一种计较利害之心，全从私意出发。其深者，为权谋术数。世俗以此为智，实则是惑，而非智也。常人亦知有公私之辨，然公亦殊不易言。伊川曰："公只是仁之理，不可将公便唤做仁。公而以人，体之方是仁。"朱子曰："世有以公为心而惨刻不恤者，须公而有恻隐之心。此工夫却在人字上，惟公则能体之。只为公，则物我兼照。故仁所以能恕，所以能爱。恕则仁之施，爱则仁之用也。恕之反面是忮，爱之反面是忍。君子之用心公以体人，故常恕人，常爱人。小人之用，心私以便己，流于忮，流于忍。其与人也，君子周而不比，小人比而不周。周公而比私，故一则普遍，一则偏党。君子和而不同，小人同而不和。和故无乖戾，同则是偏党也。君子成人之美，不成人之恶。小人反是，一则与人为善，一则同恶相济也。君子易事而难说，说之不以其道不说也，及其使人也器之。小人难事而易说也，说之虽不以道说也，及其使人也求备焉。君子之心公而恕，小人之心私而刻也。君子求诸己，小人求诸人。君子唯务自反，而小人唯知责人也。君子坦荡荡，小人长戚戚。廓尔无私，故宽舒。动不以正，故忧吝也。

综是以观，君子小人之用心，其不同如此。充类以言之，只是仁与不仁，公与私之辨而已。人苟非甚不肖，必不肯甘于为小人。然念虑之间，毫忽之际，一有不存，则徇物而忘己，见利而忘义者有之矣。心术隐微之地人所不及。知蔽之久者习熟，而不自知其非也。世间只有此二途，不入于此，则入于彼，其间更无中立之地。学者果能有志于六艺之学，当知此学即圣人之道，即君子之道。亟须在日用间，自家严密勘验，反覆省察。一念为君子，一念亦即为小人，二者，吾将何择？其或发见自己举心动念，有属于私者，便当用力克去。但此心义理若有未明，则昏而无觉。故必读书穷理，涵养用敬，进学致知。学进则理明，理明则私自克。久久私意自然不起，然后可以为君子，而免于为小人。此事合下便须用力，切不可只当一场话说。孔子曰："苟能一日用其力于仁矣乎，吾未见力不足者。"此语决不相瞒，望猛著精采，切勿泛泛听过。

理　气形而上之意义　义理名相一

今欲治六艺，以义理为主。义理本人心所同具，然非有悟证，不能显现。悟证，不是一时可能，根器有利钝，用力有深浅。但知向内体究，不可一向专恃闻见，久久必可得之。体究如何下手？先要入思惟。体是反之自身之谓，究是穷尽其所以然之称。亦云体认，认即审谛之意。或言察识，或言体会，并同。所以引入思惟，则赖名言。名言是能诠，义理是所诠。诠表之用，在明其相状。故曰名相。名相，即是言象道理。譬如一个人名，是这个人的名字。相即状貌。譬如其人之照相，如未识此人以前，举其名字，看他照相，可得其仿佛。及亲见此人，照相便用不着。以人之状态是活的，决非一个或多个之照相所能尽。且人毕竟不是名字，不可将名字当作人。识得此人，便不必定要记他名字也。故庄子云："得言忘象，得意忘言。"《易传》曰："书不尽言，言不尽意。"老子曰："道可道，非常道。名可名，非常名。"皆是此意。得是要自得之。如今所讲也，只是名字和照相，诸君将来深造自得，才是亲识此人。不特其状貌一望而知，并其气质性情都全明瞭。那时这些言语也用不着。

魏晋间人好谈老庄，时称为善名理。其实，即是谈名相。因为所言之理，只是理之相。若理之本体即性，是要自证的，非言说可到。程子云:“才说性时,便已不是性了。”可以说出来的,也只是名相。故佛氏每以性相对举,先是依性说相,后要会相归性。这是对的。佛氏有破相显性宗,(据圭峰禅源诠所判)儒者不须用此。如老子便是破相,孔子唯是显性而不破相。在佛氏,唯圆教实义足以当之。简易又过佛氏。要学者引入思惟,不能离名相。故今取六艺中名相,关于义理最要而为学者致知所当先务者,举要言之,使可逐渐体会,庶几有入。

《易》为六艺之原,《十翼》是孔子所作。一切义理之所从出,亦为一切义理之所宗归。今说义理名相,先求诸《易》。易有三义:一变易;二不易;三简易。学者当知,气是变易,理是不易,全气是理,全理是气,即是简易。此是某楷定之义。先儒释三义未曾如此说。然颇简要明白,善会者自能得之。只明变易,易堕断见。只明不易,易堕常见。须知,变易元是不易,不易即在变易。双离断常二见,名为正见,此即简易也。“易简而天下之理得矣,天下之理得,而成位乎其中矣。”“圣人之作《易》也,将以顺性命之理。”此用理字之始。“精气为物,游魂为变。”魂亦是气。“同声相应,同气相求。”声亦是气。此用气字之始。故言理气,皆原于孔子。“形而上者谓之道,形而下者谓之器。”道即言乎理之常在者,器即言乎气之凝成者也。《乾凿度》曰:“太易者,未见气也。太初者,气之始也。太素者,质之始也。太始者,形之始也。”言气质始此。此言有形必有质,有质必有气,有气必有理。未见气,即是理。犹程子所谓“冲漠无朕,理气未分,可说是纯乎理。然非是无气,只是未见”。故程子曰:“万象森然已具,理本是寂然的,及动而后始见气。”故曰气之始。气何以始?始于动,动而后能见也。动由细而渐粗,从微而至著。故由气而质,由质而形。形而上者,即从粗以推至细,从可见者以推至不可见者,逐节推上去,即知气未见时纯是理,气见而理即行乎其中。故曰体用一原,显微无间,不是元初有此两个物事相对出来也。邵康节云:“流行是气,主宰是理。”不善会者,每以理气为二元。不知动静无端,阴阳无始,理气同时而具。本无先后,因言说乃有先后。两字不能同时并说。就其流行之用而言,谓之气。就其所以为流行之体而言,谓之理。用显而体微,言说可分,实际不可分也。形而下,是逐节推下去:"有天地,然后有万物。有万物,然后有男女"。"物生而后有象,象而后有滋,滋而后有数"。"见乃谓之象,形乃谓之器"。"天尊地卑,乾坤定矣。卑高以陈,贵贱位矣。动静有常,刚柔断矣。方以类聚,物以群分,吉凶生矣。在天成象,在地成形,变化见矣"。这一串,都是从上说下来,世界由此安立,万事由此形成,而皆一理之所寓也。故曰:"天地设位,而《易》行乎其中矣。""乾坤成列,而《易》立乎其中矣。立字,即是位字。古文位,只作立。乾坤毁则无以见《易》。《易》不可见,则乾坤或几乎息矣。"法象莫大乎天地,此言天地设位,乾坤成列,皆气见以后之事。而《易》行乎其中,位乎其中,则理也。乾坤毁则无以见《易》,离气则无以见理,《易》不可见,则乾坤或几乎息矣。若无此理,则气亦不存。《易》有太极,是生两仪,两仪生四象,四象生八卦,故曰生生之谓《易》,生之理是无穷的。太极未形以前,冲漠无朕,可说气在理中。太极既形以后,万象森然,可说理在气中。四时行,百物生,逝者如斯夫,不舍昼夜,天地之大化,默运潜移,是不息不已的,此所谓易行乎其中也。此理不堕声色,不落数量。然是实有,不是虚无。但可冥符默证,难以显说,须是时时体认。若有悟人,则触处全真,鸢飞鱼跃,莫非此理之流行,真是活泼泼地。今拈出三易之义,略示体段。若能善会,亦可思过半矣。

或问:"既曰气始于动,何以又言动静无端,阴阳无始?"答:一以从体起用言之,故曰有始。一以摄用归体言之,故曰无始。此须看《太极图说》朱子注可明。周子曰:"太极动而生阳,动极而静。静而生阴,静极复动。一动一静,互为其根。分阴分阳,两仪立焉。"朱子注曰:"太极者,本然之妙也。动静者,所乘之机也。自其著者而观之,则动静不同时,阴阳不同位,而太极无不在焉。自其微者而观之,则冲漠无朕,而动静阴阳之理,已悉具于其中矣。虽然,推之于前而不见其始之合,引之于后而不见其终之离也。”故程子曰：“动静无端，阴阳无始。非知道者，孰能识之。”又曰：“一动一静，循环无端。无静不成动，无动不成静。譬如鼻息，无时不嘘，无时不吸。嘘尽则生吸，吸尽则生嘘。理自如此。”又曰：“阴阳有个流行底，一动一静，互为其根，寒暑往来是也。有个定位底，分阴分阳，两仪立焉，天地四方是也。”学者仔细体会，可以自得。老子亦言：“无名天地之始，有名万物之母。”此有始之说也。“迎之不见其首，随之不见其后。”此无始之说也。

知　能义理名相二

人受天地之中以生，凡属有心，自然皆具知能二事。孟子曰：“人之所不学而能者，其良能也；所不虑而知者，其良知也。”其言知能，实本孔子《易传》。在《易传》谓之易简，在孟子谓之良。就其理之本然则谓之良，就其理气合一则谓之易简。故孟子之言是直指，而孔子之言是全提。何谓全提？即体用本末，隐显内外，举一全该，圆满周遍，更无渗漏是也。盖单提直指，不由思学。虑即是思。不善会者，便成执性废修。全提云者，乃明性修不二，全性起修，全修在性，方是简易之教。性修不二是佛氏言，以其与理气合一之旨可以相发，故引之。性以理言，修以气言。知本乎性，能主乎修。性唯是理，修即行事。故知行合一即性修不二，亦即理事变融，亦即全理是气全气是理也。《易·系辞传》曰：“乾知大始，本来自具，故曰大始。坤作成物。成办万事，故曰成物。乾以易知，坤以简能。易则易知，简则易从。易知则有亲，易从则有功。有亲则可久，有功则可大。可久，则贤人之德。可大，则贤人之业。”此言易知，即“仁远乎哉！我欲仁，斯仁至矣”之意。易从，即是“先立乎其大者，而其小者不能夺也”之意。“云从龙，风从虎。圣人作，而万物睹”。从之为言，气从乎理也。佛氏谓之随顺法性。横渠《正蒙》云：“德胜其气，则性命于德。德不胜其气，则性命于气。”横渠所谓命于德，即是理为主。命于气，即是气为主。气从乎理，即性命于德矣。横渠此处用性字，系兼气质言之。又禅师家有“物从心为正。心逐物为邪”二语，亦甚的当，与横渠之言相似。知是本于理性所现起之观照，自觉自证境界，亦名为见地。能是随其才质，发见于事为之著者，属行履边事，亦名为行。故知能，即是知行之异名。行是就其施于事者而言，能是据其根于才质而言。“易知则有亲”者，此知若是从闻见得来，总不亲切。不亲切，便不是真知。是自己证悟的，方是亲切，方是真知。易从则有功者，此能若是矫揉造作，随人模仿的，无功用可言。必是自己卓然有立，与理相应，不随人转，方有功用。“有亲则可久”者，唯见得亲切，不复走作，不是日月一至，故可久。“有功则可大”者，动必与理相应。其益无方，自然扩充得去，不限一隅一曲，故可大。理得于心而不失，谓之德。发于事为而有成，谓之业。知至是德，成能是业也。天地设位，圣人成能。能之诣极，即功用之至神矣。言贤人者，明是因地。从性起修，举理成事。全修在性，即事是理。故曰：“易简而天下之理得矣。”“夫乾，确然示人易矣。确然，是言其健。夫坤，隤然示人简矣。”隤然，是言其顺。“天下之动，贞夫一者也。”全理即气，全气即理，斯贞夫一矣，乃所以为易简也。故曰孔子之言，是全提也。知至至之可与几也，致知而有亲也。知终终之可与存义也，力行而有功也。始条理者智之事，明伦察物，尽知也。终条理者圣之事，践形尽性，尽能也。圣人之学，亦尽其知能而已矣。说知莫大于《易传》：“仰以观于天文，俯以察于地理，是故知幽明之故。原始反终，故知死生之说。精气为物，游魂为变，是故知鬼神之情状。”“通乎昼夜之道”，而知“知变化之道者，其知神之所为乎？”“穷神知化，德之盛也。”“知几其神乎。君子知微知彰，知柔知刚，万夫之望。”由此可见，圣人所知是何等事。说能莫大乎《中庸》：“唯天下至诚为能尽其性。能尽其性，则能尽人之性。能尽人之性，则能尽物之性。能尽物之性，则可以赞天地之化育。”“唯天下至诚为能化。”“唯天下至诚为能经纶天下之大经，立天下之大本，知天地之化育，夫焉有所倚。”由此可见，圣人所能是何等事。

学者当思，圣人所知如此其至，今我何为不知？必如圣人之知，而后可谓尽其知。圣人所能如此其大，今我何为不能？必如圣人之能，而后可谓尽其能。“思知，人不可以不知天。”“道不远人，人之为道而远人，不可以为道。”“为仁由己而由人乎哉！”言其亲也。“自诚明，谓之道。”易则易知也。“其次致曲，曲能有诚，诚则形，形则著，著则明，明则动，动则变，变则化。”言其功也。“自明诚，谓之教。”简则易从也。有是气必有是理，有是理必有是气，万物皆备于我矣。反身而诚，乐莫大焉。易简之至也。学问之道，亦尽其知能而已矣。博学，审问，慎思，明辨，笃行，弗能弗措。弗知弗措，弗得弗措，弗明弗措，弗笃弗措。人一能之，己百之；人十能之，己千之，尽知尽能之术也。尽其知能，可期于盛德大业矣。盛德大业至矣哉！日新之谓盛德，富有之谓大业。学有缉熙于光明，斯日新矣。六通四辟，小大精粗，其用无乎不备，斯富有矣。世有诋心性为空谈，视义理为无用，守闻见之知，得少为足，而沾沾自喜者，不足以进于知也。其或小有器能，便以功业自居，动色相矜，如此者，不足以进于能也。庄子曰：“由天地之道，观惠施之能，其犹一蚊一虻之劳者也。”禅师家有德山曰：“穷诸玄辩，若一毫置于太虚。竭世枢机，犹一滴投于巨海。”有志于进德修业者，观乎此，亦可以知所向矣。

告子言“生之谓性”，佛氏言“作用是性”，皆只在气上说。孟子指出四端，乃是即理之气，所以为易简。今人亦言直觉，若有近于良知。言本能，若有近于良能。然直觉是盲目的，唯动于气。良知则自然有分别。本能乃是气之粗者，如饮食男女之类，亦唯是属气。良能则有理行乎其间，如未有学养子而嫁，徐行后长之类，乃是即气之理。此须料简。若但以知觉运动言知能，其间未有理在，则失之远矣。

（选自《中国现代学术经典·马一浮卷》，河北教育出版社 1996 年版）

马一浮(1883—1967),原名浮,字一浮、一佛,号湛翁,别署蠲叟或蠲戏老人。浙江绍兴人。早年曾在上海创办《二十世纪翻译杂志》。1905 年后留学美国、日本。辛亥革命后长期隐居杭州西湖,潜心国学。抗战期间曾应邀讲学于浙江大学。1939 年夏在四川乐山创办“复性书院”,任主讲和总纂。1949 年后曾任浙江文史馆馆长、中央文史馆副馆长等职。与熊十力、梁漱溟、张君劢并称“当代四大儒者”。主要著述有《泰和会语》、《宜山会语》、《复性书院讲录》、《尔雅台答问》等。《泰和会语》是马一浮 1938 年上半年在浙江大学讲学的讲稿,因浙大当时避寇南迁至江西泰和,故名。全书主要讲“六艺”之学,其核心思想是“六艺赅摄一切学术”,被当时学界评为中国文化哲学的代表作。

《国史大纲》引论

钱　穆

一

中国为世界上历史最完备之国家，举其特点有三。一者“悠久”。从黄帝传说以来约得四千六百余年。从《古竹书纪年》载夏以来，约得三千七百余年。夏四七二，殷四九六，周武王至幽王二五七，自此以下至民国纪元二六八一。二者“无间断”。自周共和行政以下，明白有年可稽。《史记·十二诸侯年表》从此始，下至民国纪元二七五二。自鲁隐公元年以下，明白有月日可详。《春秋》编年从此始，下至民国纪元二六三三。鲁哀公卒，《左传》终，中间六十五年史文稍残缺。自周威烈王二十三年《资治通鉴》托始，至民国纪元凡二三一四年。三者“详密”。此指史书体裁言。要别有三：一曰编年，此本《春秋》。二曰纪传，此称正史，本《史记》。三曰纪事本末。此本《尚书》。其他不胜备举。可看《四库书目·史部》之分类。又中国史所包地域最广大，所含民族分子最复杂，因此益形成其繁富。若一民族文化之评价，与其历史之悠久博大成正比，则我华夏文化，于并世固当首屈一指。

然中国最近，乃为其国民最缺乏国史智识之国家。何言之？“历史知识”与“历史材料”不同。我民族国家已往全部之活动，是为历史。其经记载流传以迄于今者，只可谓是历史的材料，而非吾侪今日所需历史的知识。材料累积而愈多，知识则与时以俱新。历史知识，随时变迁，应与当身现代种种问题，有亲切之联络。历史知识,贵能鉴古而知今。至于历史材料,则为前人所记录,前人不知后事,故其所记,未必一一有当于后人之所欲知。然后人欲求历史知识,必从前人所传史料中觅取。若蔑弃前人史料而空谈史识,则所谓“史”者非史,而所谓“识”者无识,生乎今而臆古,无当于“鉴于古而知今”之任也。

今人率言“革新”,然革新固当知旧。不识病象,何施刀药?仅为一种凭空抽象之理想,蛮干强为,求其实现,卤莽灭裂,于现状有破坏无改进。凡对于已往历史抱一种革命的蔑视者,此皆一切真正进步之劲敌也。惟藉过去乃可认识现在,亦惟对现在有真实之认识,乃能对现在有真实之改进。故所贵于历史知识者,又不仅于鉴古而知今,乃将为未来精神尽其一部分孕育与向导之责也。

且人类常情,必先“认识”乃生“情感”。人最亲者父母,其次兄弟、夫妇乃至朋友。凡其所爱,必其所知。人惟为其所爱而奋斗牺牲。人亦惟爱其所崇重,人亦惟崇重其所认识与了知。求人之敬事上帝,必先使知有上帝之存在,不啻当面觌体焉,又必使熟知上帝之所以为上帝者,而后其敬事上帝之心油然而生。人之于国家民族亦然。惟人事上帝本乎信仰,爱国家民族则由乎知识,此其异耳。人之父母,不必为世界最崇高之人物;人之所爱,不必为世界最美之典型,而无害其为父母,为所爱者。惟知之深,故爱之切。若一民族对其已往历史无所了知,此必为无文化之民族。此民族中之分子,对其民族,必无甚深之爱,必不能为其民族真奋斗而牺牲,此民族终将无争存于并世之力量。今国人方蔑弃其本国已往之历史,以为无足重视;既已对其民族已往文化,懵无所知,而犹空呼爱国。此其为爱,仅当于一种商业之爱,如农人之爱其牛。彼仅知彼之身家地位有所赖于是,彼岂复于其国家有逾此以往之深爱乎!凡今之断脰决胸而不顾,以效死于前敌者,彼则尚于其国家民族已往历史,有其一段真诚之深爱;彼固以为我神州华裔之生存食息于天壤之间，实自有其不可侮者在也。

故欲其国民对国家有深厚之爱情，必先使其国民对国家已往历史有深厚的认识。欲其国民对国家当前有真实之改进，必先使其国民对国家已往历史有真实之了解。我人今日所需之历史知识，其要在此。

二

略论中国近世史学，可分三派述之。一曰传统派，亦可谓“记诵派”。二曰革新派，亦可谓“宣传派”。三曰科学派。亦可谓“考订派”。“传统派”主于记诵，熟谙典章制度，多识前言往行，亦间为校勘辑补。此派乃承前清中叶以来西洋势力未入中国时之旧规模者也。其次曰“革新派”，则起于清之季世，为有志功业、急于革新之士所提倡。最后曰“科学派”，乃承“以科学方法整理国故”之潮流而起。此派与传统派，同偏于历史材料方面，路径较近；博洽有所不逮，而精密时或过之。二派之治史，同于缺乏系统，无意义，乃纯为一种书本文字之学，与当身现实无预。无宁以“记诵”一派，犹因熟谙典章制度，多识前言往行，博洽史实，稍近人事；纵若无补于世，亦将有益于己。至“考订派”则震于“科学方法”之美名，往往割裂史实，为局部窄狭之追究。以活的人事，换为死的材料。治史譬如治岩矿，治电力，既无以见前人整段之活动，亦于先民文化精神，漠然无所用其情。彼惟尚实证，夸创获，号客观，既无意于成体之全史，亦不论自己民族国家之文化成绩也。

惟“革新”一派，其治史为有意义，能具系统，能努力使史学与当身现实相绾合，能求把握全史，能时时注意及于自己民族国家已往文化成绩之评价。故革新派之治史，其言论意见，多能不胫而走，风靡全国。今国人对于国史稍有观感，皆出数十年中此派史学之赐。虽然,“革新派”之于史也,急于求知识,而怠于问材料。其甚者,对于二三千年来积存之历史材料,亦以革新现实之态度对付之,几若谓此汗牛充栋者,曾无一顾盼之价值矣。因此其于史,既不能如“记诵派”所知之广,亦不能如“考订派”所获之精。彼于史实,往往一无所知。彼之所谓系统,不啻为空中之楼阁。彼治史之意义,转成无意义。彼之把握全史,特把握其胸中所臆测之全史。彼对于国家民族已往文化之评价,特激发于其一时之热情,而非有外在之根据。其绾合历史于现实也,特借历史口号为其宣传改革现实之工具。彼非能真切沉浸于已往之历史知识中,而透露出改革现实之方案。彼等乃急于事功而伪造知识者,知识既不真,事功亦有限。今我国人乃惟乞灵于此派史学之口吻,以获得对于国史之认识,故今日国人对于国史,乃最为无识也。

三

所谓“革新派”之史学,亦随时递变。约言之,亦可分为三期。其先当前清末叶。当时,有志功业之士所渴欲改革者,厥在“政体”。故彼辈论史,则曰:“中国自秦以来二千年,皆专制黑暗政体之历史也。”彼辈谓:“二十四史乃帝王之家谱。”彼辈于一切史实,皆以“专制黑暗”一语抹杀。彼辈对当前病证,一切归罪于二千年来之专制。然自专制政体一旦推翻,则此等议论,亦功成身退,为明日之黄花矣。继“政治革命”而起者,有“文化革命”。彼辈之目光,渐从“政治”转移而及“学术思想”,于是其对国史之论锋,亦转集于“学术思想”之一途。故彼辈论史,则曰:“中国自秦以来二千年,思想停滞无进步,而一切事态,因亦相随停滞不进。”彼辈或则谓:“二千年来思想,皆为孔学所掩胁。”或则谓:“二千年来思想,皆为老学所麻醉。”故或则以当前病态归罪孔子,或则归罪于老子。

或谓:“二千年来思想界,莫不与专制政体相协应。”或则谓:“此二千年来之思想,相当于欧洲史之所谓‘中古时期’。要之如一邱之貉,非现代之所需。”或则谓:“思想限制于文字,欲一扫中国自秦以来二千年思想之沉痼积痗,莫如并废文字,创为罗马拼音,庶乎有瘳。”然待此等宣传成功,则此等见识,亦将为良弓之藏。继“文化革命”而起者,有“经济革命”。彼辈谓:“无论‘政治’与‘学术’,其后面常为‘社会形态’所规定。故欲切实革新政治机构、学术内容,其先应从事于‘社会经济形态’之改造。”彼辈对于当前事态之意见,影响及于论史,则曰:“中国自秦以来二千年,皆一‘封建时期’也。二千年来之政治,二千年来之学术,莫不与此二千年来之社会经济形态,所谓‘封建时期’者相协应。”正惟经济改革未有成功,故此辈议论,犹足以动国人之视听。有治史者旁睨而嘘曰:“国史浩如烟海,我知就我力之所及,为博洽谛当之记诵而已,为精细绵密之考订而已,何事此放言高论为!”虽然,国人之所求于国史略有知,乃非此枝节烦琐之考订,亦非此繁重庞杂之记诵,特欲于国家民族已往历史文化有大体之了解,以相应于其当身现实之所需知也。有告之者曰:“中国自秦以来二千年,皆专制黑暗之历史也。”则彼固已为共和政体下之自由民矣,无怪其掉头而不肯顾。或告之曰:“中国自秦以来二千年,皆孔子、老子中古时期思想所支配下之历史也。”则彼固已呼吸于20世纪新空气之仙囿,于孔、老之为人与其所言,固久已鄙薄而弗睹,暗習而无知,何愿更为陈死人办此宿案,亦无怪其奋步而不肯留。或告之曰:“我中国自秦以来二千年,皆封建社会之历史耳,虽至今犹然,一切病痛尽在是矣。”于是有志于当身现实之革新,而求知国史已往之大体者,莫不动色称道,虽牵鼻而从,有勿悔矣。然竟使此派论者有踌躇满志之一日,则我国史仍将束高阁、覆酱瓿,而我国人仍将为无国史知识之民族也。

四

前一时代所积存之历史材料，既无当于后一时期所需要之历史知识，故历史遂不断随时代之迁移而变动改写。就前有诸史言之，《尚书》为最初之史书，然书缺有间，此见其时中国文化尚未到达需要编年史之程度。其次有《春秋》，为最初之编年史。又其次有《左传》，以网罗详备言，为编年史之进步。然其时则“国之大事，在祀与戎”。祭祀乃常事，常事可以不书，兵戎非常事，故《左传》所载，乃以列国之会盟与战争为主，后人讥之为“相斫书”焉。又其次为《史记》，乃为以人物为中心之新史，征其时人物个性之活动，已渐渐摆脱古代封建、宗法社会之团体性而崭然露头角也。又其次为《汉书》，为断代作史之开始，此乃全国统一的中央政府，其政权已臻稳固后之新需要。自此遂形成中国列代之所谓“正史”，继此而复生“通史”之新要求。于是而有杜佑《通典》，此为“政书”之创作，为以制度为骨干之新史，非政体沿革到达相当程度，不能有此。又继而有《通鉴》，为编年之新通史。又次而有各史纪事本末，为以事件为中心之新史之再现。然如袁氏《通鉴纪事本末》，取材只限于《通鉴》，则貌变而实未变也。于是而有郑樵《通志》之所谓《二十略》，其历史眼光，乃超出于政治人物、人事、年月之外。其他如方志，如家谱，如学案，形形色色，乘一时代之新需要而创造新体裁者，不胜缕举。要之自《尚书》下逮《通志》，此皆有志于全史整面之叙述。今观其相互间体裁之不同，与夫内容之差别，可知中国旧史，固不断在改写之中矣。

自南宋以来，又七百年，乃独无继续改写之新史书出现。此因元、清两代皆以异族入主，不愿国人之治史。明厕其间，光辉乍辟，翳霾复兴，遂亦不能有所修造。今则为中国有史以来未有的变动剧烈之时代，其需要新史之创写尤亟。而适承七百年来史学衰微之末运，因此国人对于国史之认识，乃愈昏昧无准则。前述记诵、考订、宣传诸派，乃亦无一能发愿为国史撰一新本者，则甚矣史学之不振也。

今日所需要之国史新本，将为自《尚书》以来下至《通志》一类之一种新通史。此新通史应简单而扼要，而又必具备两条件：一者必能将我国家民族已往文化演进之真相，明白示人，为一般有志认识中国已往政治、社会、文化、思想种种演变者所必要之知识；二者应能于旧史统贯中映照出现中国种种复杂难解之问题，为一般有志革新现实者所必备之参考。前者在积极的求出国家民族永久生命之泉源，为全部历史所由推动之精神所寄；后者在消极的指出国家民族最近病痛之证候，为改进当前之方案所本。此种新通史，其最主要之任务，尤在将国史真态，传播于国人之前，使晓然了解于我先民对于国家民族所已尽之责任，而油然兴其慨想，奋发爱惜保护之挚意也。

此种通史，无疑的将以记诵、考订派之工夫，而达宣传革新派之目的。彼必将从积存的历史材料中出头，将于极艰苦之准备下，呈露其极平易之面相。将以专家毕生尽气之精力所萃，而为国人月日浏览之所能通贯。则编造国史新本之工作，其为难于胜任而愉快，亦可由此想见矣。

五

“一部二十四史，从何说起？”今将为国史写一简单扼要而有系统之新本，首必感有此苦。其将效记诵、考订派之所为乎？则必泛滥而无归。其将效宣传革新派之所为乎？又必空洞而无物。凡近代革新派所注意者有三事：首则曰政治制度，次则曰学术思想，又次则曰社会经济。此三者，“社会经济”为其最下层之基础，“政治制度”为其最上层之结顶，而“学术思想”则为其中层之干柱。大体言之，历史事态，要不出此三者之外。今将轻重先后，分主客取舍于其间乎？抑兼罗并包，平等而同视之乎？

曰，姑舍此。能近取譬，试设一浅喻。今人若为一运动家作一年谱或小传，则必与为一音乐家所作者，其取材详略存灭远异矣。即为一网球家作小传或年谱，则又必与为一足球家所作者，其取材详略存灭迥别矣。何以故？以音乐家之“个性”与“环境”与“事业”之发展，与运动家不同故；以网球家之个性与环境与事业之发展，又与足球家不同故；一人如此，一民族、一国家亦然。写国史者，必确切晓瞭其国家民族文化发展“个性”之所在，而后能把握其特殊之“环境”与“事业”，而写出其特殊之“精神”与“面相”。然反言之，亦惟于其特殊之环境与事业中，乃可识其个性之特殊点。如此则循环反覆，欲认识一国家、一民族特殊个性之所在，乃并不如认识一网球家或足球家之单纯而简易。要之必于其自身内部求其精神、面相之特殊个性，则一也。

何以知网球家之个性？以其忽然投入于网球家之环境，而从事于网球之活动故。其他一切饮食、起居、嗜好、信仰，可以无所异于人。若为网球家作年谱，而钞袭某音乐家已成年谱之材料与局套，则某年音乐大会，其人既无预；某年歌曲比赛，其人又不列。其人者，乃可于音乐史上绝无一面。不仅了不异人，抑且有不如无。不知其人之活动与事业乃在网球不在音乐。网球家之生命，不能于音乐史之过程中求取。乃不幸今日之治国史者，竟蹈此弊。

以言政治，求一屡争不舍、仅而后得之代表民意机关，如英伦之“大宪章”与“国会”之创兴而无有也。又求一轰轰烈烈，明白痛快，如法国“人权大革命”之爆发，而更无有也。则无怪于谓“自秦以来二千年，皆专制黑暗之历史”矣。以言思想，求一如“文艺复兴运动”以来，各国学者蓬勃四起，各为其国家民族创造其特有新兴之文学而无有也。又求一如马丁路德，明揭“信仰自由”之旗帜，以与罗马教皇力抗，轩然兴起全欧“宗教革命”之巨波，而更无有也。则无怪于谓“自秦以来二千年，皆束缚于一家思想之下”矣。以言经济，求一如噶马、如哥伦布凿空海外，发现新殖民地之伟迹而渺不可得；求如今日欧、美社会之光怪陆离，穷富极华之景象，而更不可得。则无怪于谓“自秦以来二千年，皆沉眠于封建社会之下，长夜漫漫，永无旦日”矣。凡最近数十年来有志革新之士，莫不讴歌欧、美，力求步趋，其心神之所向往在是，其耳目之所闻睹亦在是。迷于彼而忘其我，拘于貌而忽其情。反观祖国，凡彼之所盛自张扬而夸道者，我乃一无有。于是中国自秦以来二千年，乃若一冬蛰之虫，生气未绝，活动全失。彼方目眵神炫于网球场中四围之采声，乃不知别有一管弦竞奏、歌声洋溢之境也则宜。故曰：治国史之第一任务，在能于国家民族之内部自身，求得其独特精神之所在。

六

凡治史有两端：一曰求其“异”，二曰求其“同”。何谓求其异？凡某一时代之状态，有与其先、后时代突然不同者，此即所由划分一时代之“特性”。从两“状态”之相异，即两个“特性”之衔接，而划分为两时代。从两时代之划分，而看出历史之“变”。从“变”之倾向，而看出其整个文化之动态。从其动态之畅遂与夭阏，而衡论其文化之为进退。此一法也。何谓求其同？从各不同之时代状态中，求出其各“基相”。此各基相相衔接、相连贯而成一整面，此为全史之动态。以各段之“变”，形成一全程之“动”。即以一整体之“动”，而显出各分部之“变”。于诸异中见一同，即于一同中出诸异。全史之不断变动，其中宛然有一进程。自其推动向前而言，是谓其民族之“精神”，为其民族生命之泉源。自其到达前程而言，是谓其民族之“文化”，为其民族文化发展所积累之成绩。此谓求其同。此又一法也。

故治国史不必先存一揄扬夸大之私，亦不必先抱一门户立场之见。仍当于客观中求实证，通览全史而觅取其动态。若某一时代之变动在“学术思想”，例如战国先秦。我即著眼于当时之学术思想而看其如何为变。若某一时代之变动在“政治制度”，例如秦汉。我即著眼于当时之政治制度而看其如何为变。若某一时代之变动在“社会经济”，例如三国魏晋。我即著眼于当时之社会经济而看其如何为变。“变”之所在，即历史精神之所在，亦即民族文化评价之所系。而所谓“变”者，即某种事态在前一时期所未有，而在后一时期中突然出现。此有明白事证，与人共见，而我不能一丝一毫容私于其间。故曰：仍当于客观中求实证也。革新派言史，每曰“中国自秦以来二千年”云云，是无异谓中国自秦以来二千年无变；即不啻谓中国自秦以来二千年历史无精神、民族无文化也。其然，岂其然？

七

今于国史，若细心籀其动态，则有一至可注意之事象，即我民族文化常于“和平”中得进展是也。欧洲史每常于“斗争”中著精神，如火如荼，可歌可泣。划界线的时期，常在惊心动魄之震荡中产生。若以此意态来看中国史，则中国常如昏腾腾地没有长进。中国史上，亦有大规模从社会下层掀起的斗争，不幸此等常为纷乱牺牲，而非有意义的划界线之进步。秦末刘、项之乱，可谓例外。明祖崛起，扫除胡尘，光复故土，亦可谓一个上进的转变。其他如汉末黄巾，乃至黄巢、张献忠、李自成，全是混乱破坏，只见倒退，无上进。近人治史，颇推洪、杨。夫洪、杨为近世中国民族革命之先锋，此固然矣。然洪、杨十余年扰乱，除与国家社会以莫大之创伤外，成就何在？建设何在？此中国史上大规模从社会下层掀起的斗争，常不为民族文化进展之一好例也。然中国史非无进展，中国史之进展，乃常在和平形态下，以舒齐步骤得之。若空洞设譬，中国史如一首诗，西洋史如一本剧。一本剧之各幕，均有其截然不同之变换。诗则只在和谐节奏中转移到新阶段，令人不可划分。所以诗代表中国文学之最美部分，而剧曲之在中国，不占地位。西洋则以作剧为文学家之圣境。即以人物作证，苏格拉底死于一杯毒药，耶稣死于十字架，孔子则梦奠于两楹之间，晨起扶杖逍遥，咏歌自挽。三位民族圣人之死去，其景象不同如此，正足反映民族精神之全部。再以前举音乐家与网球家之例喻之，西洋史正如几幕精彩的硬地网球赛，中国史则直是一片琴韵悠扬也。

八

姑试略言中国史之进展。就政治上言之，秦、汉大一统政府之创建，已为国史辟一奇迹。近人好以罗马帝国与汉代相拟，然二者立国基本精神已不同。罗马乃以一中心而伸展其势力于四围。欧、亚、非三洲之疆土，特为一中心强力所征服而被统治。仅此中心，尚复有贵族、平民之别。一旦此中心上层贵族渐趋腐化，蛮族侵入，如以利刃刺其心窝，而帝国全部，即告瓦解。此罗马立国形态也。秦、汉统一政府，并不以一中心地点之势力，征服四围，实乃由四围之优秀力量，共同参加，以造成一中央。且此四围，亦更无阶级之分。所谓优秀力量者，乃常从社会整体中，自由透露，活泼转换。因此其建国工作，在中央之缔构，而非四围之征服。罗马如于一室中悬巨灯，光耀四壁；秦、汉则室之四周，遍悬诸灯，交射互映；故罗马碎其巨灯，全室即暗，秦、汉则灯不俱坏光不全绝。因此罗马民族震铄于一时，而中国文化则辉映于千古。我中国此种立国规模，乃经我先民数百年惨澹经营，艰难缔构，仅而得之。以近世科学发达，交通便利，美人立国，乃与我差似。如英、法诸邦，则领土虽广，惟以武力贯彻，犹惴惴惧不终日。此皆罗马之遗式，非中国之成规也。

谈者好以专制政体为中国政治诟病，不知中国自秦以来，立国规模，广土众民，乃非一姓一家之力所能专制。故秦始皇始一海内，而李斯、蒙恬之属，皆以游士擅政，秦之子弟宗戚，一无预焉。汉初若稍稍欲返古贵族分割宰制之遗意，然卒无奈潮流之趋势何！故公孙弘以布衣为相封侯，遂破以军功封侯拜相之成例，而变相之贵族擅权制，终以告歇。博士弟子，补郎、补吏，为入仕正轨，而世袭任荫之恩亦替。自此以往，入仕得官，遂有一公开客观之标准。“王室”与“政府”逐步分离，“民众”与“政府”则逐步接近。政权逐步解放，而国家疆域亦逐步扩大，社会文化亦逐步普及。总观国史，政制演进，约得三级：由封建而跻统一，一也。此在秦、汉完成之。由宗室、外戚、军人所组之政府，渐变而为士人政府，二也。此自西汉中叶以下，迄于东汉完成之。由士族门第再变而为科举竞选，三也。此在隋、唐两代完成之。惟其如此，“考试”与“铨选”，遂为维持中国历代政府纲纪之两大骨干。全国政事付之官吏，而官吏之选拔与任用，则一惟礼部之考试与吏部之铨选是问。此二者，皆有客观之法规，为公开的准绳，有皇帝王室代表。所不能摇，宰相政府首领。所不能动者。若于此等政制后面推寻其意义，此即《礼运》所谓“天下为公，选贤与能”之旨。就全国民众施以一种合理的教育，复于此种教育下选拔人才，以服务于国家；再就其服务成绩，而定官职之崇卑与大小。此正战国晚周诸子所极论深觊，而秦、汉以下政制，即向此演进。特以国史进程，每于和平中得伸展，昧者不察，遂妄疑中国历来政制，惟有专制黑暗，不悟政制后面，别自有一种理性精神为之指导也。

谈者又疑中国政制无民权，无宪法。然民权亦各自有其所以表达之方式与机构，能遵循此种方式而保全其机构，此即立国之大宪大法，不必泥以求也。中国自秦以来，既为一广土众民之大邦，如欧西近代所行民选代议之制度，乃为吾先民所弗能操纵。然诚使国家能历年举行考试，平均选拔各地优秀平民，使得有参政之机会；又立一客观的服务成绩规程，以为官位进退之准则，则下情上达，本非无路。晚清革命派，以民权宪法为推翻满清政府之一种宣传，固有效矣。若遂识此为中国历史真相，谓自秦以来，中国惟有专制黑暗，若谓“民无权，国无法”者已二千年之久，则显为不情不实之谈。民国以来，所谓民选代议之新制度，终以不切国情，一时未能切实推行。而历古相传“考试”与“铨选”之制度，为维持政府纪纲之两大骨干者，乃亦随专制黑暗之恶名而俱灭。于是一切官场之腐败混乱，胥乘而起，至今为厉。此不明国史真相，妄肆破坏，轻言改革所应食之恶果也。

中国政制所由表达民权之方式与机构，既与近代欧人所演出者不同。故欲争取民权，而保育长养之，亦复自有其道。何者？彼我立国规模既别，演进渊源又不同。甲族甲国之所宜，推之乙族乙国而见窒碍者，其例实夥。凡于中国而轻言民众革命，往往发动既难，收拾亦不易，所得不如其所期，而破坏远过于建设。所以国史常于和平中得进展，而于变乱中见倒退者，此由中国立国规模所限，亦正我先民所贻政制，以求适合于我国情，而为今日吾人所应深切认识之一事。若复不明国史真相，妄肆破坏，轻言改革，则又必有其所应食之恶果在矣。

九

其次请言学术思想。谈者率好以中国秦以后学术，拟之欧洲之“中古时期”。然其间有难相比并者。欧洲中古时期之思想，以“宗教”为主脑，而中国学术界，则早脱宗教之羁绊。姑以史学言，古者学术统于王官，而史官尤握古代学术之全权。“史”者，乃宗庙职司之一员，故宗教、贵族、学术三者，常相合而不相离。孔子始以平民作新史而成《春秋》，“其事则齐桓、晋文”，皆政治社会实事，不语怪力乱神，故曰：“知我者其惟《春秋》乎？罪我者其惟《春秋》乎？”自有孔子，而史学乃始与宗教、贵族二者脱离。然西汉司马氏尚谓：“文史星历，近乎卜祝之间，主上以倡优畜之。”此非愤辞，乃实语。汉代太史属于太常，则为宗庙职司之一员。太乐、太祝、太宰、太卜、太医与太史，同为太常属下之六令丞。太乐之下，自有倡优。宗庙祭祠，太史与倡优同有其供奉之职。则史学仍统于皇帝、宗庙、鬼神之下。然司马氏不以此自限，发愤为《史记》，自负以续孔子之《春秋》；即对当朝帝王卿相种种政制事态，质实而书，无所掩饰。司马氏不以得罪。及东汉班氏，以非史官，为史下狱，然寻得释，所草悬为国史。自此以往，中国史学，已完全由皇帝、宗庙下脱出，而为民间自由制作之一业焉。

且王官之学，流而为百家，于是“史官”之外，复有“博士”。此二官者，同为当时政治组织下专掌学术之官吏。“史官”为古代王官学之传统，而“博士官”则为后世新兴百家学之代表。博士亦属太常，是学术仍统于宗庙也。然太史仅与星历卜祝为伍，而博士得预闻朝政，出席廷议而见谘询，则社会新兴百家学，已驾古代王官学而上之矣。然自秦以来，占梦、求仙之术，皆得为博士，犹在帝王所好。及汉武听董仲舒议，罢黜百家，专立五经博士，于是博士性质，大见澄清；乃始于方技神怪旁门杂流中解放，而纯化为专治历史与政治之学者，所谓“通经致用”，即是会通古代历史知识，在现实政治下应用。又同时兼负国家教育之责。而博士弟子，遂为入仕惟一正途。于是学术不仅从“宗教”势力下脱离，并复于“政治”势力下独立。自此以往，学术地位，常超然于政治势力之外，而享有其自由，亦复常尽其指导政治之责任。而政治亦早与宗教分离，故当时中国人所希冀者，乃为地上之王国，而非空中之天国也。孔子成《春秋》，前耶稣降生四百八十年。马迁为《史记》，亦前耶稣降生一百年。其时中国政治社会，正向一合理的方向进行，人生之伦理教育，即其“宗教”，无所仰于渺茫之灵界；而罗马则于贵族与军人之对外侵略与对内奢纵下覆灭。耶教之推行，正因当时欧人无力建造合理之新国家，地上之幸福既渺不可望，乃折而归向上帝。故西洋中古时期之宗教，特承续当时政治组织之空隙而起，同时又替代一部分或可说大部分政治之任务。若必以中国史相拟，惟三国魏晋之际，统一政府覆亡，社会纷乱，佛教输入，差为近之。然东晋南北朝政府规模，以及立国之理论，仍沿两汉而来。当时帝王卿相，诚心皈依佛教者，非无其人；要之，僧人与佛经，特为人生一旁趋，始终未能篡夺中国传统政治社会之人生伦理教育而与为代兴。隋唐统一政府复建，其精神渊源，明为孔子、董仲舒一脉相传之文治思想，而佛教在政治上，则无其指导之地位。西洋所谓“国家建筑于宗教之上”之观感，在中国则绝无其事。继隋唐统一之盛运而起者，有禅宗思想之盛行。禅宗教理，与马丁路德之宗教改革，其态度路径，正有相似处。然西洋宗教革命，引起长期间惨酷的普遍相互屠杀，而中国则无之者，以中国佛教仍保其原来一种超世间的宗教之本色，不如西洋耶教已深染世法，包揽政治、经济种种俗世权利于一身，因此由其教理上之改革，不得不牵连发生世态之扰动也。中国佛教虽盛极一时，而犹始终保全其原来超世间的本色者，则因中国政治社会一切世事，虽有汉末以及五胡之一段扰乱，而根本精神依然存在。东晋南北朝以迄隋唐，仍从此源头上演进，与西洋之自罗马帝国解纽以后，政治社会即陷入黑暗状态者不同也。何以西洋自罗马帝国覆亡，即陷入一黑暗时期之惨运，而中国汉亡以后幸不然？则以罗马建国，本与汉代精神不同。罗马乃以贵族与军人之向外征服立国，及贵族、军人腐败堕落，则其建国精神已根本不存在。北方蛮族，在先既受不到罗马文化之熏陶，及其踏破罗马以后，所得者乃历史上一个罗马帝国躯壳之虚影，至于如何创建新国家之新精神，则须在其自身另自产生。要之，北方蛮族之与罗马帝国，乃属两个生命，前者已老死，后者未长成，故中间有此一段黑暗。至于汉代统一政府之创兴，并非以一族一系之武力征服四围而起，乃由当时全中国之文化演进所酝酿、所缔构而成此境界。换言之，秦、汉统一，乃晚周先秦平民学术思想盛兴后，伸展于现实所应有之现象；并不如西洋史上希腊文化已衰，罗马民族崛起，仍是两个生命，不相衔接也。汉代之覆亡，特一时王室与上层政府之腐败；而所由缔构此政府、推戴此王室之整个民族与文化，则仍自有其生命与力量。故汉末变乱，特如江上风起，水面波兴，而此滔滔江流，不为废绝。且当时五胡诸蛮族，中国延之入内地者，自始即与以中国传统文化之熏陶，故彼辈虽乘机骚动，而彼辈固已同饮此文化之洪流，以浇溉其生机，而浸润其生命。彼辈之纷起迭兴，其事乃仅等于中国社会内部自身之一种波动。惟所缺者，在其于中国文化洪流中，究竟浇溉未透、浸润未深而已。然隋唐统一盛运，仍袭北朝汉化之复兴而起。如此言之，则渊源于晚周先秦，递衍至于秦汉、隋唐，此一脉相沿之学术思想，不能与罗马覆亡后西洋史上之所谓“中古时期”之教会思想相比，断断然矣。

北宋学术之兴起，一面承禅宗对于佛教教理之革新，一面又承魏晋以迄隋唐社会上世族门第之破坏,实为先秦以后,第二次平民社会学术思想自由活泼之一种新气象也。若以此派学术与西洋中古时期之教会相比,更为不伦。元明以下,虽悬程朱经说为取士功令,然不得即目程朱为当时之宗教。明代极多遵陆王而反抗程朱者,清代尤盛以训诂考据而批驳程朱者。社会学术思想之自由,并未为政治所严格束缚,宗教则更不论矣。

若谓中国学术,尚未演进达于西洋现代科学之阶段,故以与西洋中古时期相比论;此亦不然。中国文化演进,别有其自身之途辙,其政治组织乃受一种相应于中国之天然地理环境的学术思想之指导,而早走上和平的大一统之境界。此种和平的大一统,使中国民族得继续为合理的文化生命之递嬗。因此空中天国之宗教思想,在中国乃不感需要。亦正惟如此,中国政制常偏重于中央之凝合,而不重于四围之吞并。其精神亦常偏于和平,而不重于富强;常偏于已有之完整,而略于未有之侵获;对外则曰"昭文德以来之",对内则曰"不患寡而患不均"。故其为学,常重于人事之协调,而不重于物力之利用。故西洋近代科学,正如西洋中古时期之宗教,同样无在中国自己产生之机缘。中国在已往政治失其统一,社会秩序崩溃,人民精神无可寄托之际,既可接受外来之"宗教",如魏、晋以下,迄隋、唐初期。中国在今日列强纷争,专仗富强以图存之时代,何尝不可接受外来之"科学"?惟科学植根应有一最低限度之条件,即政治稍上轨道,社会稍有秩序,人心稍得安宁是也。此与宗教输入之条件恰相反。而我国自晚清以来,政治骤失常轨,社会秩序,人民心理,长在极度摇兀不安之动荡中。此时虽谋科学之发达,而科学乃无发达馀地。论者又倒果为因,谓科学不发达,则政治、社会终无出路。又轻以中国自来之文化演进,妄比之于西洋之中古时期,乃谓非连根铲除中国以往学术思想之旧传统,即无以萌现代科学之新芽。彼乃自居为"文艺复兴"、"宗教改革"之健者,而不悟史实并不如是。此又不明国史真相，肆意破坏，轻言改革，仍自有其应食之恶果也。

十

请再言社会组织。近人率好言中国为“封建社会”，不知其意何居？以政制言，中国自秦以下，即为中央统一之局，其下郡、县相递辖，更无世袭之封君，此不足以言“封建”。以学术言，自先秦儒、墨唱始，学术流于民间，既不为贵族世家所独擅，又不为宗教寺庙所专有。平民社会传播学术之机会，既易且广，而学业即为从政之阶梯，白衣卿相，自秦以来即尔。既无特殊之贵族阶级，是亦不足以言“封建”。若就经济情况而论，中国虽称以农立国，然工商业之发展，战国、秦、汉以来，已有可观。惟在上者不断加以节制，不使有甚贫、甚富之判。又政府既奖励学术，重用士人，西汉之季，遂有“遗子黄金满籯，不如一经”之语。于是前汉《货殖》、《游侠》中人，后汉多走入《儒林》、《独行》传中去。所以家庭温饱，即从师问学，而一登仕宦，则束身礼义之中。厚积为富，其势不长，然亦非有世袭之贵人也。井田制既废，民间田亩得自由卖买，于是而有兼并。然即如前汉封君，亦仅于衣租食税而止。其封邑与封户之统治，仍由国家特派官吏。以国家法律而论，封君之与封户，实同为国家之公民。后世如佃户欠租，田主亦惟送官法办，则佃户之卖田纳租于田主，亦一种经济契约之关系，不得目田主为贵族、为封君，目佃户为农奴、为私属。土地既非采邑，即难以“封建”相拟。然若谓中国乃资本主义之社会，则又未是。以中国传统政治观念，即不许资本势力之成长也。

西洋史家有谓其历史演变，乃自“封建贵族”之社会，转而为“工商资本”之社会者。治中国史者，以为中国社会必居于此二之一，既不为“工商资本”之社会，是必为“贵族封建”之社会无疑。此犹论政制者，谓国体有君主与民主，政体有专制与立宪。此特往时西国学者，自本其已往历史演变言之。吾人反治国史，见中国有君主，无立宪，以谓是必“君主专制”无疑。不知人类政制，固有可以出于此类之外者。即如近来德、意、俄诸国，即非此等分类可包。然则中国已往政制，尽可有君主，无立宪，而非专制。中国已往社会，亦尽可非封建，非工商，而自成一格。何以必削足适履，谓人类历史演变，万逃不出西洋学者此等分类之外？不知此等分类，在彼亦仅为一时流行之说而已。国人懒于寻国史之真，勇于据他人之说，别有存心藉为宣传，可以勿论；若因而信之，谓国史真相在是，因而肆意破坏，轻言改革，则仍自有其应食之恶果在矣。

十一

然则中国社会，自秦以下，其进步何在？曰：亦在于经济地域之逐次扩大，文化传播之逐次普及，与夫政治机会之逐次平等而已。其进程之迟速不论，而其朝此方向演进，则明白无可疑者。若谓其无清楚界线可指，此即我所谓国史于和平中得进展，实与我先民立国规模相副相称，亦即我民族文化特征所在也。

尝谓世界群族，其文化演进，主要者不越两型：一者环地中海之四周，自埃及、巴比伦、爱琴、波斯、希腊、罗马以渐次波及于欧罗巴之全部，此西方之一型也。一者沿黄河两岸，以达于海滨，我华夏民族，自虞、夏、商、周以来，渐次展扩以及于长江、辽河、珠江诸流域，并及于朝鲜、日本、蒙古、西域、青海、西藏、安南、暹逻诸境，此东方之一型也。此二型者，其先限于地势，东西各不相闻接。西方之一型，于破碎中为分立，为并存，故常务于“力”的斗争，而竞为四围之斗。东方之一型，于整块中为团聚，为相协，故常务于“情”的融和，而专为中心之翕。一则务于国强为并包，一则务于谋安为绵延。故西方型文化之进展，其特色在转换，而东方型文化之进展，其特色则在扩大。转换者，如后浪之覆前浪，波澜层叠，后一波涌架于前一波之上，而前一波即归消失。西洋史之演进，自埃及、巴比伦、波斯以逮希腊、罗马，翻翻滚滚，其吞咽卷灭于洪涛骇浪、波澜层叠之下者，已不知其几国几族矣。扩大者，如大山聚，群峰奔凑，蜿蜒缭绕，此一带山脉包裹于又一带山脉之外，层层围拱，层层簇聚，而诸峰映带，共为一体。故中国史之演进，不仅自两汉而隋、唐，而宋、明，一脉相沿，绳绳不绝；即环我族而处者，或与我相融和而同化，如辽、金、蒙古、满洲、西藏、新疆诸族；亦有接受我文化，与我终古相依，如梁甫之与泰山然，则朝鲜、日本、安南之类是也。朝鲜、安南久属中国而犹得自存，此尤明受中国文化之赐。将西洋史逐层分析，则见其莫非一种“力”的支撑，亦莫非一种“力”的转换。此力代彼力而起，而社会遂为变形。其文化进展之层次明析者在此，其使人常有一种强力之感觉者亦在此。东方与西方，有绝然不同之态：西方于同一世界中，常有各国并立；东方则每每有即以一国当一世界之感。故西方常求其力之向外为斗争；而东方则惟求其力之于内部自消融，因此每一种力量之存在，常不使其僵化以与他种力量相冲突，而相率投入于更大之同情圈中，卒于溶解消散而不见其存在。我所谓国史于和平中见进展者在此。故西方史常表见为“力量”，而东方史则常表见为“情感”。西方史之顿挫，在其某种力量之解体；其发皇，则在某一种新力量之产生。中国史之隆污升降，则常在其维系国家社会内部的情感之麻木与觉醒。此等情感一旦陷于麻木，则国家社会内部失所维系，而大混乱随之。中国史上之大混乱，亦与西方史上之“革命”不同。西方史上之革命，多为一种新力量与旧力量之冲突。革命成功，即新力量登台，社会亦随之入一新阶段。中国史上之混乱，则如江河决堤，洪水泛滥。泛滥愈广，力量愈薄，有破坏，无长进。必待复归故槽，然后再有流力。中国社会，自秦以下，大体即向“力”的解消之途演进。迄于近世，社会各方平流缓进，流量日大，而流速日减。以治西史之眼光衡之，常觉我民族之啴缓无力者在此。然我民族国家精神命脉所系，固不在一种力之向外冲击，而在一种情之内在融和也。盖西方制为列国争存之局，东方常抱天下一统之想。自东、西两方相接触，彼之所务于力之为争存者，正可继续益厉；而我之所蕲于情之为融和者，至是乃不得不卷而藏之，而追随于彼我角力争胜之场；此已为东方之不得不见逊于西方者矣。抑我之所以为国家社会内部一统情感之融和者，方其时，又适值麻痹堕退之际，自清中叶乾、嘉以来，川、楚、两粤大乱迭起，洪流四泛之象已成，中国社会本苦无力，又继之以追随西方角力争胜之势，既不足以对外，乃转锋而内向。终于“情”的融和，常此麻木，“力”的长成，遥遥无期。不断决堤放坝，使水流不断泛滥，洪水遍于中国，而国人仍复有沉酣于凭藉某力推翻某力之好梦者。此又不明国史真相，应食恶果之一至可痛心之例也。

十二

一民族一国家历史之演进，有其生力焉，亦有其病态焉。生力者，即其民族与国家历史所由推进之根本动力也。病态者，即其历史演进途中所时时不免遭遇之顿挫与波折也。人类历史之演进，常如曲线形之波浪，而不能成一直线以前向。若以两民族两国家之历史相比并观，则常见此时或彼升而我降，他时或彼降而我升。只横切一点论之，万难得其真相。今日治国史者，适见我之骤落，并值彼之突进，意迷神惑，以为我有必落，彼有必进，并以一时之进落为彼、我全部历史之评价，故虽一切毁我就人而不惜，惟求尽废故常，以希近似于他人之万一。不知所变者我，能变者亦我，变而成者依然为我。譬之病人,染病者为我,耐病者亦我,脱病而复起者仍我也。一切可变,而“我”不可变。若已无我,谁为变者?变而非我,亦何希于变?必有生力,乃可去病。病有其起因,而非生力之谓。若医者谓:“君病之起,起于君之有生,君当另换一无病之生。”此为何等医耶!讳疾拒医固不当,亦未有因人之病而从头绝其生命以为医者。故治史者,必明生力,明病态。生力自古以长存,病态随时而忽起。今日之中国,显为有病,病且殆矣,万不容讳。然犹有所希冀者,其人虽病,尚有内部自身生力可以为抗。若如今人论史,一切好归罪古人,不啻谓今日之病,已原于其人受气堕地之日,非自顶至踵脱胎换骨不可。则此乃仅婉言之,直捷而道,惟有早日绝其生命之一法而已。凡此皆指“生原”为“病原”之妄说也。

“生原”者,见于全部潜在之本力,而“病原”则发于一时外感之事变。故求一民族国家历史之生原者,贵能探其本而揽其全;而论当前之病态者,则必辨于近而审其变。国史绵历,既四五千年于兹,其病象之见于各时期者,推原寻因,不能全同。有沾染稍久者,亦有仅起于当前者。要而言之,国史自隋唐以来,科举制既兴,士族门第之地位消融渐尽,而社会走上平铺散漫之境,此中国挽近世一大变也。逆溯中国当前病象,推之最远,至于中唐安史之乱以来而极。究生力必穷之最先,诊病况必详之最后。西人论史,盛夸其文明光昌,而渊源所自,必远本之于希腊、罗马。国人捧心效颦,方务于自谴责,而亦一一归罪古人,断狱于唐虞三代之上,貌是而神非,甚矣其不知学也。

中唐以来之社会,既成一平铺散漫之社会,而其政治,仍为一和平的大一统之政治。故一“王室”高高在上,而“社会”与“政府”之间,堂陛益远,常易招致“王室”与“政府”之骄纵与专擅,一也。社会无豪强巨富,虽日趋于平等之境,然贫无赈,弱无保,其事不能全仰之于政府,而民间每苦于不能自振奋,二也。政府与民间之所赖以沟通者,曰惟“科举”,然科举既悬仕宦为鹄的,则从事于投选者,往往忘其义命而徒志于身家之富贵与温饱,三也。此三者,厥为中唐以来中国政治、社会走入一新境后所易犯之病征。宋儒讲学,即针对此病态而发。然而宋之为病,尚不止于此。宋人不能自解救,而招致蒙古之入主,一切政制,为急剧之退转,益与后世中国以莫大之创伤。明祖崛起草泽,惩元政废弛,罢宰相,尊君权,不知善为药疗,而转益其病。清人入关,盗憎主人,箝束猜防,无所不用其极,仍袭明制而加厉。故中国政制之废宰相,统“政府”于“王室”之下,真不免为独夫专制之黑暗所笼罩者,其事乃起于明而完成于清,则相沿亦已六百年之久。明儒尚承两宋遗绪,王室专制于上,而士大夫抗争弥缝于下,君臣常若水火,而世途犹赖有所匡系。故明之亡而民间之学术气节,尚足照耀光辉于前古。清人又严加摧抑,宋、明七百年士人书院民间自由讲学之风遂熸。于是士大夫怵于焚坑之酷,上之为训诂、考据,自藏于故纸堆中以避祸,下之为八股、小楷,惟利禄是趋。于是政府与民间所赖以沟贯之桥梁遂腐断,所赖以流通之血脉遂枯绝。中国之幸免于乱者,亦惟满清诸豪酋猜防压制、诱胁愚弄之力。此稍读康、雍、乾三朝史略,可以知之。故使世运益败坏于冥冥漠漠之中,而姑以博一时之安宁。此乃斲丧我民族永久之元气,而以换造彼目前之荣华者也。逮满族统治之力既衰,而中国政治、社会之百病,遂全部暴露。论者每谓自嘉、道以来,东西势力相接触,东方乃相形见绌;此似是而未尽之说也。纵使嘉、道以往,长得闭关自守,海道之局不开,满洲之治权,仍必颠覆,中国仍必大乱。其病先已深中于自身之内部,而外邪乘之,其病象遂益错出。因使庸医操峻剂,更奏迭前,茫昧而杂投,以互期于一逞,则几何其病之不日殆也。

十三

晚清之季,谈者率自称我民族国家曰“睡狮”,曰“病夫”,此又不知别白之说也。夫“睡”与“病”不同。睡者精力未亏,蹶然兴起,犹可及人;病者不然。晚清之季则病也,非睡也。且其病又入膏肓,非轻易所能拔除。异族统治垂三百年,其对我国家、社会、文化生机之束缚与损害,固已甚矣。然中国以二千年广土众民大一统之局,“王室”为其客观之最高机关,历史沿袭既久,则骤变为难。又况自明以来六百年,政府无宰相,“王室”久握独裁之权,则激变又难。清廷不能不去,王室不能复建,逼使中国不得不为一激剧之变动,以试验一无准备、无基础之新政体,而不能更于其间选择一较缓进、较渐变之路,此为晚清革命之难局,一矣。日本明治维新在此点较中国多获便宜。天皇一统,于日本历史及民众观念上,并无十分剧变,得渐次引上宪政轨辙。中国政制之剧变,虽幸得冒险渡过,然所尝苦痛实深。洪宪之称帝,宣统之复辟,几许曲折,消损中国前进之精力与元气者,良不少也。

且满清政府,自咸、同以后,其情况视前已大变。各省督、抚,擅权自专,中央无力驾驭,渐成分裂割据之局。又处五洲棣通新形势之下,政府虽腐败,犹得凭藉其地位,借外债,买军火,练新兵,整理交通,加强管辖。遂使腐败之政权,黑暗之势力,既得外力之助,又因外患之顾忌,迄未得彻底澄清之机会。革命势力之起,亦不得不与旧政府下之黑暗势力相妥协,以顺利其进行。革命之结果,仅为旧政权之溃烂解体而非其消灭。于是民国以来,武人弄权,地方割据,日转增长。内乱层见叠出,斲丧社会之元气,障阻国家之前进,其间莫非有外力焉为之呼应。此犹人身变病,未先驱解,早服补剂,病根缠绵不去,生机奄息不复。此又为民国以来缔构中央统一政权之难局,二矣。

尤难者，不在武人割据之不可铲灭，而在政治中心势力之不易产生。满清末叶，政治中心早已逐步没落。革命以还，所揭橥号召者，曰“民主共和”，而实际则去民主之阶程尚远。新中国建设之大业，一时难望于民众之仔肩。独裁王室既倒，而不幸当时之中层阶级，始从二百馀年长期异族统制下抬头，八股小楷之素养，升官发财之习气，淘汰未净。而革命党人，则只挟外来“平等”、“自由”、“民权”诸新名词，一旦于和平处境下加入政府，乃如洪垆之点雪，名号犹是，实质遽化。其名犹曰政党民权，其实则为结党争权。一时中层智识分子，无新无旧，分途依附于地方武人割据势力之下而互为利用。此辈于前清末叶，既力阻开新之运，又于民国初年，加倍捣乱之功。此盖满清长期部族统治之智识阶级，日愚日腐，而骤遇政治中心大动摇之后所应有之纷扰。然此特一时病态，不得谓此乃代表我民族国家数千年文化正统而为其最后之结晶。若果如是，则中国文化亦万不能绵历此数千年之久，而早当于过去历史中烟消灰灭，先昔人之枯骨而腐朽矣。此又民国以来，社会中坚势力未能形成之难局，三也。此一点，日本明治维新较中国又占几许便宜。日本政权递禅，自藩府还之天皇，既不如中国变动之剧；而日本在藩府统治下之封建道德，如武士道之忠君敬上、守信立节，移之于尊王攘夷，其道为顺。中国士大夫立身处世之纲领节目，久已在长期部族统治之猜防压制、诱胁愚弄下变色。油滑、贪污、不负责任，久成满清末年官场乃至儒林之风气。一旦政体更革，名为“民主”，实则全须士大夫从政者良心自负责任，而中国士大夫无此素养。既昧心祸国，又以“民权”之说诿罪卸责。此其病乃深中于士大夫之良心，固非睡狮之喻所得拟也。

凡此皆挽近中国之病，而尤莫病于士大夫之无识。士大夫无识，乃不见其为病，急于强起急走以效人之所为。跳踉叫嗥，踊跃愤兴，而病乃日滋。于是转而疑及于我全民族数千年文化本源，而惟求全变故常以为快。不知今日中国所患，不在于变动之不剧，而在于暂安之难获。必使国家有暂安之局，而后社会始可以有更生之变。所谓更生之变者，非徒于外面为涂饰模拟、矫揉造作之谓，乃国家民族内部自身一种新生命力之发舒与成长。而牖启此种力量之发舒与成长者，“自觉”之精神，较之效法他人之诚挚为尤要。不幸此数十年来，国人士大夫，乃悍于求变，而忽于谋安；果于为率导，而怠于务研寻。又复羼以私心，鼓以戾气，其趋势至于最近，乃继续有加益甚而靡已。药不对病，乃又为最近百病缠缚之一种根本病也。

十四

虽然，无伤也。病则深矣重矣，抑病之渐起，远者在百年、数百年之间，病之剧发，近者在数年、数十年之内。而我民族国家文化潜力之悠久渊深，则远在四五千年以上。生机之轧塞郁勃，终必有其发皇畅遂之一日。而果也，近者以敌国外患之深侵，而国内渐臻于统一。以一年半之艰苦抗战，而国人遂渐知“自力更生”之为何事。盖今日者，数十年乃至数百年社会之积病，与夫数千年来民族文化之潜力，乃同时展开于我国人之眼前。值此创巨痛深之际，国人试一翻我先民五千年来惨澹创建之史迹，一棒一条痕，一掴一掌血，必有渊然而思，憬然而悟，愀然而悲，奋然而起者。要之我国家民族之复兴，必将有待于吾国人对我先民国史略有知。此则吾言可悬国门，百世以俟而不惑也。

茫茫员舆，芸芸众生，我不知其已历几何世矣！抑有始终未跻于抟成“民族”之境者；有虽抟成为一民族，而未达创建“国家”之域者；有虽抟成一民族，创建一国家，而俯仰已成陈迹，徒供后世史家为钩稽凭吊之资者；则何欤？曰：惟视其“文化”。民族之抟成，国家之创建，胥皆“文化”演进中之一阶程也。故民族与国家者，皆人类文化之产物也。举世民族、国家之形形色色，皆代表其背后文化之形形色色，如影随形，莫能违者。人类苟负有某一种文化演进之使命,则必抟成一民族焉,创建一国家焉,夫而后其背后之文化,始得有所凭依而发扬光大。若其所负文化演进之使命既中辍,则国家可以消失,民族可以离散。故非国家、民族不永命之可虑,而其民族、国家所由产生之"文化"之息绝为可悲。世未有其民族文化尚灿烂光辉,而遽丧其国家者;亦未有其民族文化已衰息断绝,而其国家之生命犹得长存者。环顾斯世,我民族命运之悠久,我国家规模之伟大,可谓绝出寡俦,独步于古今矣。此我先民所负文化使命价值之真凭实据也。以数千年民族、国家悠久伟大之凭藉,至于今而始言建国焉,又必以抗战而始可言建国焉,此何故?曰:惟我今日国人之不肖,文化之堕落故。以我国人今日之不肖,文化之堕落,而犹可以言抗战,犹可以言建国,则以我先民文化传统犹未全息绝故。一民族文化之传统,皆由其民族自身递传数世、数十世、数百世血液所浇灌,精肉所培壅,而始得开此民族文化之花,结此民族文化之果,非可以自外巧取偷窃而得。若不然,自古可以无亡国灭种之祸,而幸生之族,偷存之国,将充塞于天壤间也。我国人不自承其为不肖,不自承其为堕落,而谓我先民文化所贻,固不足以争存于斯世。是既疑我先民久为幸生、偷存,而我当前之所为抗战与建国者,是不啻仍将效法我先民继为此幸生而偷存也。非然者,我民族国家之前途,仍将于我先民文化所贻自身内部获得其生机。我所谓必于我先民国史略有知者,即谓此。是则我言仍可悬国门,百世以俟而不惑也。

十五

虽然,我之此书,抑不足以任此。昔有宋司马光,以名世杰出之才,当神宗、王安石锐意变法之际,独恢然以为未当,退而著史,既获刘、范诸君子相从扶翼,又得政府之资助,晏居洛阳,设局从事，先后垂二十年而书成，以为可以“资治”，故名曰《资治通鉴》。其书衣被沾溉于后世，至今不能废。稍知从事于国史者，悠渔猎焉。自孔子、史公而下，以通史建大业，推司马氏，岂不伟欤！今去司马氏又千年，史料之累积，又十、百倍于司马氏之时，而世局之纷纭错综，则更非司马氏当时所能相提并论。又加之以人不悦学，士方蔑古，竞言“革新”者，谓可以绝无资于鉴往知古之劳；而治史者亦务为割裂穿凿，以逃世笑。窃不自揆，避地来滇南，深惭偷生无补国难，独奋私臆，窃教课之馀暇，闭居一室，妄自落笔，历时一载，成此区区五十万字。又复敝帚燕石，妄自珍惜，谓散亡之无日，保藏之难周，朝脱稿，暮付印。欲于我先民以往五千年惨澹经营之史迹，幸有当于其万分之一二。以视往者司马氏之郑重其事，古今人度量相越，岂不足以愧杀人耶！抑余又惧世之鄙斥国史与夫为割裂穿凿之业者，必将执吾书之瑕疵，以苛其指摘，严其申斥，则吾书反将以张讥国史、薄通业者之焰，而为国史前途之罪人。抑思之又思之，断断无一国之人相率鄙弃其一国之史，而其国其族犹可以长存于天地之间者。亦未有专务于割裂穿凿，而谓从此可以得我先民国史之大体者。继自今，国运方新，天相我华，国史必有重光之一日，以为我民族国家复兴前途之所托命。则必有司马氏其人者出，又必有刘、范诸君子者扶翼之，又必有贤有力者奖成之。而此书虽无当，终亦必有悯其意，悲其遇，知人论世，恕其力之所不逮，许其心之所欲赴。有开必先，若使此书得为将来新国史之马前一卒，拥彗而前驱，其为荣又何如耶！因不辞诮笑而卒布之，并申述其著作之大意焉。

民国二十八年一月钱穆属稿于宜良西山之岩泉下寺

（钱穆《国史大纲》，商务印书馆 1940 年初版，选自商务印书馆 1996 年新版）

钱 穆(1895—1990),字宾四,江苏无锡人。早年任小学、中学教员。1930年后历任燕京大学、北京大学、清华大学、四川大学、齐鲁大学、西南联大教授及江南大学文学院院长。1949年迁居香港,创办新亚书院,任院长。1966年移居台湾。曾获香港大学、美国耶鲁大学名誉博士称号。现代新儒家的史学代表。著作有《国学概论》、《先秦诸子系年》、《中国近三百年学术史》、《国史大纲》、《朱子新学案》等80余种。《国史大纲》是钱穆站在儒家立场编写的一部意在"于国家民族之内部自身,求得其独特精神之所在",以重建中国人对中华民族的感情和对中国历史的尊重的中国通史,其中包含了著者对于中国政治与文化的现状及其发展前途的许多看法。所选引论部分即集中反映了作者的中国历史文化观。

诗与生命

方东美

藉着创造的幻想，发为灿溢的美感，以表现人生的，就是诗。作为一个诗之定义而言，假若我们仅只是个唯名论者或素朴的唯实论者，上面所述尚不失为妥切与恰当，然而，却由于其中每一个重要的关键字眼都含有多重指谓，转令人惑而不解。“诗”不是件简单的事，“生命之律动”——无论是指宇宙生命或人类生命而言——，亦不是件简单的事。在诗之真实性中的生命，或在生命之创造性中的诗情，在在都与文化的每一层面，息息攸关。而每一层面在不同的时代，随着不同的国度，皆有其独特性。若想要对当前这样一个题目作一适当的讨论处理，必须条分缕析，深入发挥。此在一个分秒必争、时间的乞求者、区区如我者，自然是做不到的。

今天在这样一个伟大的场合，躬逢盛会，面对在座的各位来宾，从世界各地不远千里、万里而来的各国诗家代表——在未谈论到诗之前，各位不但是，而且早已是诗之化身，——兄弟感到深为钦佩。同时也觉得如释重负，因为我毋须乎向各位“喋喋费辞枉说诗”了。

在未变作诗人之前，我们大家原都是文化价值理想的掌旗者，高揭文化价值理想之大纛。在优美的诗风之中，各位所代表的文化精神，想来与兄弟所代表者，必然有所不同。然而，各位既然已经光临一个既陌生又熟悉的国度，一个诗歌艺术兴盛发达了数千年之久的国度,我应当向各位就生命之诗,或诗之生命方面,介绍一下中国文化的若干特色。

怀特海教授说:“哲学与诗境相接。”(怀特海:《思想之模式》,1973年版,第11—17页)桑塔亚那也主张:伟大的宗教境界即是诗之降凡人间(桑塔亚那:《释诗与宗教》,第86—89页)。谈到世界各大文化体系,我们就可以看出:宗教、哲学,与诗在精神内涵上是一脉相通的:三者同具崇高性,而必藉生命创造的奇迹才能宣泄发挥出来。

每一个文化体系都有其主要的决定因素。举例来说,在希伯莱与伊斯兰(回教)文化的体系中,宗教决定一切,宗教生活方面之外,其他一律居于次要。在当代欧美地区的世界文化,科学居于主要地位,其他一切都唯科学之马首是瞻。据我所知,只有希腊文化与中国文化体系是以哲学与艺术为其主要枢纽。古印度,我应当补充说一句,在文化生活方面是追求一种中道精神(Madhyama-pratipad)。如此看来,可见一谈到诗,各人都大可各有一套不同的说法,端视各人的特殊文化背景而定。

为简约计,兄弟今天以一个诗人兼哲学家的身份,来略谈大会所指派给我的题目,我不能不诉诸比兴——使用比喻与幻想。首先,让我给大家讲一个故事,藉以说明在中国文化传统里面诗画的关联性,即诗画同一性。

相传有某富豪,附庸风雅,嗜好绘画。他盖了一幢巍峨大厦,但厅堂之上,空空如也。忽然雅兴大发,要想在恢敞的大厅之上饰以一张巨幅壁画,才益显其富丽堂皇,美轮美奂。于是,慕名聘来一位名画师,优予供养,委以经营全责。谁知这位画师名气诚然不小,但脾气却古怪得出奇;到来之后,表现得懒散无比,终日无所事事,日子一天天过去,一连数周乃至数月下来,毫未动工,一无进展。殊不知其兴趣乃在厅外、大厦所坐落的一片高耸地势,居高临下。身临其间,不禁悠然遐思,驰情入幻,仰视流云腾彩、彤霞弄影;放旷流眄,极目远眺,层峦叠嶂,峭石危崖,大壑幽谷,蜿蜒起伏,掩映于山谷凝翠之中,云烟变灭,映霭之间,千态万状,妙如天工施染,浑然俱应,使上下周遭整个天地都为之点化了,顿呈现一片瑰丽雄浑之景,气象万千。

若非这位画家技艺驰名,几有被目为与诗人命运同科之虞——“百无一用”,徒具一股不可遏止的痴狂,沉溺玄想,不能自拔。不用说,主人对他是大失所望。好在为人风雅,不无涵养,始终不动声色。忽乃心生一计,何不干脆把这怪画家锁在大厅之内,好生供养,使其心不二骛,而专心面壁作画?可是尽管如此,萦缦缭绕于画家心影的仍然是一骨脑儿不着边际奔放不羁的幻想,平日除了吟诗作词之外,依然故我,一无所出。

最后,终于灵感来了。顿时灵泉如涌,兴会淋漓之下,纵笔挥洒,若有神助,不消片刻功夫,一挥而就,他在壁上“画”了一大片留白,极空灵飘渺之致。画毕,观者莫不啧啧称奇。你道他画了什么?

一个神俊的幼童,站立在磐岩之上,手放风筝,怡然自得,陶醉在大自然的祝福里。那风筝宛似一只蝴蝶——啊!就是那伟大的道家哲人庄子所梦“栩栩然周也”的蝴蝶!随着依稀隐约可辨的风筝影像,天真幼童的赤子之心,早已窅然空踪,驰入了无限,感到一般寥寥长风,莽莽浩气完全系于他手中的那根细线上。同时,蝴蝶在大气鼓荡之下,培风高举,振翮翱翔,抟扶摇而直上,蓬勃活泼,活像自由翱翔的哲学家灵魂,啊!不如说,活像兴会淋漓的诗人灵魂一样,忽而戛戛高引,造妙入玄,洒脱太空,洗尽尘凡;忽而飘然下降,挟鼓舞人生之种种崇高理想以与俱,以超脱解放尘世种种卑陋的表相;但大部分时间却一任其逍遥遨游,提升太虚而俯之,俨若要囊括全天地宇宙之诸形形色色而点化之,成为广大和谐之宇宙秩序,同时把下界尘世间的种种卑陋都忘遗掉,摆脱干净!

从这幅富于启发性的图画看来,中国诗人,从远古迄今日,都有点像“神仙救星”之突然现身希腊戏剧舞台一般,渐次形成不同之心灵型态,而不禁要齐声高歌,合唱“生命之礼赞”(Hymn to Joy)。

行神如空,行气如虹。
巫峡千寻,走云连风。
饮真茹强,蓄素守中。
喻彼行健,是谓存雄。
天地与立,神化攸同。
期之以实,御之以终。(司空图《诗品·劲健》第八)

这是儒家之大合唱。亘古以来,过去无数的中国诗人,如陶渊明、杜甫……等,在儒家人生智慧的熏陶下,都受到此种乐易愉悦精神之鼓舞与激扬,要德配天地,妙赞化育,与天地参,使一切人等,无论从事何种事业,皆能充分享受精神意义之盎然充满,使人人皆能“充其量、尽其类”得到充分的尽性发展。儒家推己及物,发挥无限的仁爱与同情,普及一切众生与存在,视万物一体同仁,分享神圣生命中之共同福祉。惟其如此,他们才能将一己小我之知能才性,与在时间化育历程中创进不息,生生不已之宇宙生命,互摄交融,而与天地参矣。此种对“生”之虔敬尊重之情,乃是一切中国诗人的会通处,而生命之本身即是阳刚劲健,充实为美。

大用外腓,真体内充。
返虚入浑,积健为雄。
具备万物,横绝太空。
荒荒油云,寥寥长风。
超以象外,得其环中,
持之匪强,来之无穷。(司空图《诗品·雄浑》第一)

我管这叫做道家之大合唱。中国诗人,老庄以降,如屈原、曹植、阮籍、李白等,属之,道家以人间世的一切都是枉然。其优美的灵魂乃遗世独立,飘然高举,致于宇宙晶天之“寥天一”高处,再超然观照人间世之悲欢离合,辛酸苦楚,以及千种万种迷迷惘惘之情,于是悠然感叹芸芸众生之上下浮沉,流荡于愚昧与黠慧,妄念与真理、表相与本体之间,而不能自拔,终亦永远难期更进一步,上达圆满,真理,真实之胜境。高超的诗人,内合于道,提其神于太虚,再回降到熙熙扰攘的人间浊世,冀齐升万物,致力于精神自由之灵台。臻此胜境,饱受种种悲欢离合、辛酸苦楚等束缚之人生始能得救。

若纳水輨,如转丸珠。
夫岂可道,假体遗愚。
荒荒坤轴,悠悠天枢。
载要其端,载同其符。
超超神明,返返冥无。
来往千载,是之谓乎?

※ ※

畸人乘真,手把芙蓉。
泛彼浩劫,窅然空纵。(司空图:《诗品·流动》第廿四;《诗品·高古》第五)

这是大乘佛家之大合唱。生即是苦! 在竹幕、铁幕内外,即使为了但求生存,已足够是苦,虽诗人亦不例外。智慧(菩提)要求我们投身到生死海之烦恼界中,找一个高尚目标,为之奋头,勇猛精进,大雄无畏。透过创造幻想之纵横驰骋,凭藉自我修为之解脱劉乘,我们可以渡过时间生灭界的生死海,而直达彼岸。经过千辛万苦而得之匪易的“自悟”(内证圣智),一旦获致,慧炬长昭,指向前途一片法喜圆满的极乐世界。在时间生灭变化之历程中所长期忍受的悲剧感，到此境界，即为永恒之极乐所替代。诗人之慧眼，帮助我们超脱渡过种种现实中卑陋存在之藩篱，而开拓精神解放之新天地——（证大自在、大解脱）。不但对古希腊诗人，而且对今天其他一切诗人而言，人生悲剧之终幕都应当是精神胜利之凯旋。

在这篇“诗与生命”简短谈话结束之前，让我再引一个故事。不知出自哪位画家手笔，以中华河山、雄奇壮伟的巉崖绝壁为背景，画有一幅老、孔，释三圣像赞，为究天人之际诸重大问题，三圣作各有所思状。对大多数世人而言，此乃一幅画，且仅只一幅画耳；或有想入非非者，谓此乃三圣竞道，互争“真理王国”之雄长，未知精神领袖毕竟谁属？

然就兄弟心灵之眼光看来，画中意境可作如是观①：

我们正是据以编织人生之梦的资具。

我们也不妨作如是想——

老子喃喃道：“吾人之所为者，乃是永恒地追求玄之又玄的玄境。”

孔子曰：“余谓乃是创造生命‘生生之德’之显扬，藉人能弘道，而臻于高明峻极之境。”

佛陀沉吟道：“关键存乎自悟，内证圣智，以护持一切众生、有情无情之真如法性（真实存在）于不坠。”

最后，我们不妨略为修改一下歌德论希腊人的名言（歌德：《箴言与沉思》1826 年版，第 298 节），而重新肯定：(1)健全之哲学精神，优美的诗歌艺术，与崇高的宗教情操，三者互彻交融，故诗之功能在于做人生之大梦；(2)惟有诗人本身，无分畛域国别，才能做最美的人生之梦。同时兄弟相信，我们还正在继续做最好的人生之

① 借莎士比亚语言，以注表中国生命之情调，详莎剧《暴风雨》，第四幕，第一景，第 165 行。

梦。谢谢。

（选自《生生之德》，台北黎明文化事业公司 1979 年版）

方东美（1899—1977），原名珣，字东美，安徽桐城人。早年入南京金陵大学攻读哲学。1921 年赴美留学，获威斯康星大学博士学位。1924 年回国，历任武昌高等师范大学、东南大学、中央大学等校教授。1948 年去台湾，任台湾大学、辅仁大学教授。被部分学者认为是新儒家代表人物之一。主要著作有《科学哲学与人生》、《中国人生哲学概要》、《哲学三慧》、《中国哲学之精神及其发展》、《生生之德》等。本文以诗学之思、以比兴方式阐释了宗教、哲学与诗在精神内涵上的一脉相通，即三者同具崇高性，且必藉生命创造的奇迹才能宣泄发挥出来。

哲学三慧

方东美

甲、释名言

1. 太初有指，指本无名，熏生力用，显情与理。

1.1　情理为哲学名言系统中之原始意象。情缘理有，理依情生，妙如连环，彼是相因，其界系统会可以直观，难以诠表。

1.2　总摄种种现实与可能境界中之情与理，而穷其源，搜其真，尽其妙，之谓哲学。

1.3　哲学意境内有胜情，无情者止于哲学法门之外；哲学意境中含至理，违理者逗于哲学法门之前。两俱不入。

2. 衡情度理，游心于现实及可能境界，妙有深造者谓之哲学家。

2.1　情理境界有远近，有深浅，有精粗，有显密。出乎其外者末由窥测，入乎其内者依闻、思、修之程度而定其等差，故哲学家有大小之别。

2.2　人类含情而得生，契理乃得存。生存原为人类根本权利，故哲学之在宇内，势用可以周遍圆满。其有反对哲学，轻心以求生存者，常堕于无明，人之大患端在无明！

3. 人生而有知，知审乎情，合乎理，谓之智。智有缘之谓境，境具相状，相状如实所见，是谓智符。人生而有欲，欲称乎情切乎理，谓之慧。慧有所系之谓界，界阒精蕴，精蕴如心所了，是为慧业。

3.1 智与慧本非二事,情理一贯故。知与欲俱,欲随知转。智贯欲而称情合理,生大智度;欲随知而悦情怡理,起大慧解。生大智度,起大慧解,为哲学家所有事,大智度大慧解为哲学家所托命。

3.2 知有是非,故智分真伪;欲有净染,故慧分圆缺。演事理而如如,趣于真智;挈性情而化化,依乎圆慧,是哲学家之理想生活。

4. 此标三慧,非闻思修,"闻所成慧,思所成慧,修所成慧",乃哲学境界之层次。哲学功夫之梯阶,闻入于思,思修无间。哲学家兼具三慧,功德方觉圆满。闻所成慧浅,是第三流哲学家;思所成慧中,是第二流哲学家;修所成慧深,是第一流哲学家。修而不思,思而无闻,为哲学之倒行;思不与闻修俱,为哲学之逆施;闻不与思修俱,为哲学之竭泽而渔。

4.1 哲学智慧生于各个人之闻、思、修,自成系统,名自证慧。哲学智慧寄于全民族之文化精神,互相摄受,名共命慧。本篇诠释依共命慧,所论列者,据实标明哲学三慧:一曰希腊,二曰欧洲,三曰中国。

乙、建议例

一、标总义

1. 观摩哲学可分两边:一、智慧本义;二、智慧申义。共命慧属本义,自证慧属申义。共命慧统摄种种自证慧,自证慧分受一种或多种共命慧。

2. 成慧赖有天才,共命慧依民族天才,自证慧仗个人天才。个人天才又从民族天才划分,民族天才复用个人天才集积。共命慧为根柢,自证慧是枝干,兹舍枝干,独详根柢。

2.1 希腊人以实智照理,起如实慧。

2.2 欧洲人以方便应机,生方便慧。形之于业力,又称方便巧。

2.3 中国人以妙性知化,依如实慧,运方便巧,成平等慧。

3. 实智照理,方便应机,妙性知化,三者同属智慧现行,摄持现行更有种子。

3.1 太始有名,名孚于言;太始有思,思融于理。是为希腊智慧种子。

3.2 太始有权,权可兴业;太始有能,能可运力。是为欧洲智慧种子。

3.3 太始有爱,爱赞化育;太始有悟,悟生妙觉。是为中国智慧种子。

4. 智慧种子未起现行,寄于民族天才,深藏若虚,是为民族灵魂。种子变现,熏生行相,趣令个人天才各自证立思想系统,创造赓续。革故取新,其势若水,流衍互润,其用如灯,交光相网,融成理论文化结构。

4.1 希腊如实慧演为契理文化,要在援理证真。

4.2 欧洲方便巧演为尚能文化,要在驰情入幻。

4.3 中国平等慧演为妙性文化,要在挈幻归真。

5. 共命慧意义深密,常藉具体民族生命精神为之表彰;而民族生命精神之结构又甚复杂,包容许多因素,要而言之,各得三种决定成分。

5.1 希腊民族生命之特征可以"大安理索斯"、"爱波罗""奥林坪"(Diongysius, Apollo, Olympos)三种精神为代表。大安理索斯象征豪情,爱波罗象征正理,奥林坪象征理微情亏。虽属生命晚节,犹不失为蔗境,三者之中以爱婆罗精神为主脑。

5.2 欧洲民族生命之特征可以"文艺复兴"、"巴镂刻"、"罗考课"(The Baroque, The Rococo)三种精神为代表。文艺复兴以艺术热情胜,巴镂刻以科学奥理彰,罗考课则情理相违,凿空蹈虚而幻惑。兼此三者为浮士德精神。

5.3　中国民族生命之特征可以老(兼指庄,汉以后道家趣入邪道,与老庄关系甚微)孔(兼指孟、荀,汉儒卑卑不足道,宋明学人非纯儒)墨(简别墨)为代表。老显道之妙用。孔演易之“元理”。墨申爱之圣情。贯通老墨得中道者厥为孔子。道、元、爱三者虽异而不隔。老孔墨而后,杂家(取义极广,非仅歆、固所谓杂家)隳堕,语道趣小不尽妙,谈易入魔而堕障,说爱遗情而无功。

6. 共命慧之圆成,常取适可之形式以显示体、相、用。体一相三而用运体相,因应咸宜。

6.1　希腊慧体为一种实质和谐,譬如主音音乐中之主调和谐。慧相为三叠现。慧用为安立各种文化价值之隆正,所谓三叠和谐性。

6.2　欧洲慧体为一种凌空系统,譬如复音音乐中之复调对谱。慧相为多端敌对。慧用为范围各种文化价值之典型,所谓内在矛盾之系统。

6.3　中国慧体为一种充量和谐,交响和谐。慧相为尔我相待,彼是相因,两极相应,内外相孚。慧用为创建各种文化价值之标准,所谓同情交感之中道。道不方不隅,不滞不流,无偏无颇,无障无碍,是故谓之中。

6.11　一种组织,不论体制大小如何,其形式圆满无缺,其内容充实无漏者,名曰实质和谐。此在希腊谓之宇宙(Cosmos),其式如一体三相太极图。希腊人之宇宙取象“太极”,太极含三为一,天苞其外,人居环中,国家社会连系于其间,形成一体三相之和谐。

6.111　希腊世界秩序形成一种具体有限之大宇宙,(Macrocosm)其机构为三相贞夫一体。一体指实质和谐。三相叠现指柏拉图之法象、数理及物质三种境界(Republic Bk. Ⅵ. pp.

510—511)或至善、主宰、物质三种区域(Timaeus)。新柏拉图学派三分宇宙为神灵、灵魂、物体,取义亦同。

6.112　希腊国家体制形成一种具体有限之政治宇宙(Polticosm),理想国家以5040户人口为最适宜,其机构为三相贞夫一体,一体指正谊之理想,三相叠现指哲王、武士、劳工之功能。

6.113　希腊个人心性之构造形成一种质实厚重之小宇宙(Microcosm),其机构为三相贞夫一体,一体指美满人格,三相叠相指理、情、欲。理为主,所以节制;情为辅,所以制欲(Republic Bk. IV. 439—444,Phaedrus 246,253—254)。

6.114　此一体三相之和谐(三叠和谐性)适为希腊文化价值之典型。悲剧诗之纯美表现一宗三统律(The Law of the Unity of three Unities):一、动作统一律;二、空间统一律;三、时间统一律(Aristotle:Poetics)。建筑之纯美表现三叠和谐性:一、左右之对称;二、上中下之比例;三、前中后之均衡。对称,比例,均衡三者交互和谐。雕刻之纯美表现中分律(Law of Frontality according to Professors G. Lange, E. Löwy and A. Furtwängler):从头顶画一直线,通过脊骨至立足地,其中分线必经过鼻尖肚脐及两足中间三点,仍现一体三相之和谐。

6.21　一种境界不论范围广狭如何,其性质深秘微密,其内容虚妄假立者,名曰凌空系统,此在欧洲谓之二元或多端敌对系统。其式如矛盾图。甲乙两方以矛陷盾,锋镝回互,抵触无已,其多端敌对者即以此图旋转。

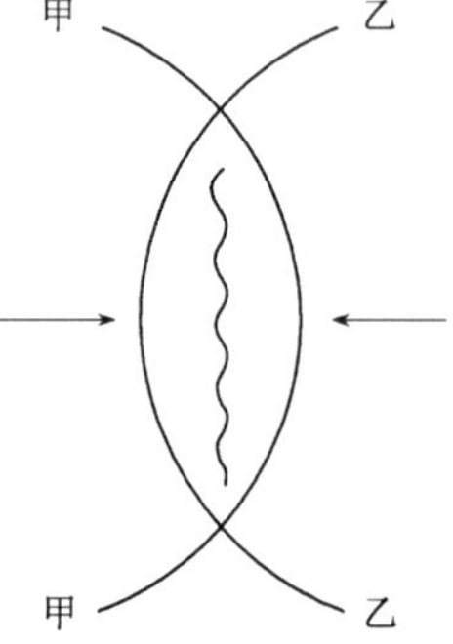

6.211　欧洲世界形成真虚妄,假和合,无穷抽象之系统,见之于学理则有:

(一)初性次性分别说(Distinction between Primary and Secondary Qualities),(二)感觉理性功用剌谬说(Descartes vs Hame),(三)精神物质势用相违说(Newton et al vs Hegel et al),(四)物质生命理体乖舛说(Vitalism vs Mechanism),(五)心身遇合无缘说,(六)现象物如并行相悖说(Kant),(七)假相真相变现破产论(Hegel, Bradley),(八)质能理体矛盾论(古典主义物理学与新兴物理学之对争),(九)体空相续,断灭和合论(The wavicle theory of matter),(十)普遍因果似有还无论(休姆破因果论证及新量子论中之"不确定"原理)。

6.212 欧洲政治之组织形成一种庞大帝国,拓殖膨胀,邻于无穷。其内在矛盾层出叠现,政府求集权,人民争自由,双方仇视,引起政治斗争,资产阶级好掠夺,劳工阶级苦困穷,两阵树敌,激发阶级斗争。……[①] 欧洲政治沿革直如幻灯流焰,转变无常,怪怪奇奇,闪烁心眼。

6.213 欧洲个人心性之构造形成两重人格,其普遍典型为解克博士与哈德先生(Dr. Jekyl and Mr. Hyde)两人互变,方生方死,方死方生,一体俱化,两用不穷,或浮士德与魔鬼之寻寻觅觅,戏捉迷藏。如为演为学理,则有:(一)身心不相应行法(Spinoza, Descartes),(二)感觉理智相违论(Descartes, Pascal),(三)挈身归心论(内省派心理学与唯心论),(四)灭心归身论(行为派心理学与新唯实论之一部)。

6.214 此内在矛盾之系统,适为欧洲文化价值之权衡,文学无穷心理动机冲突发展之行相,毕竟驰情入幻,如段葵素(Don Quixote)传奇,哈穆勒(Hamlet)名曲,浮士德诗剧,其著例一也。

---

① 此处有删节。

建筑上倾斜倚侧，危微矗立，锥峰凌霄，廓庑空灵之教堂，其著例二也。绘画上之透视，浓谈分层，明暗判影，切线横斜，幻尺幅空间之远近，艳色掩虚，饰瑰奇美感之假有，其著例三也。

6.31　一种意境，不论景象虚实如何，其神韵纾徐蕴藉，其生气浑浩流衍者，名曰充量和谐，此在中国谓之同情交感之中道，其意趣空灵，造妙入微，令人兴感，神思醉酡。中道明通周普，其旨易解。交感义稍晦涩，可譬以情词："尔侬，我侬，忒煞情多，情多处热似火，把一块泥捻一个你，塑一个我，将咱们俩个一起打破，用水调和，再捻一个你，再塑一个我，我泥中有你，你泥中有我，生同一个衾，死同一个椁。"……管仲姬。

6.311　中国人之宇宙形成一种穹合赅备之格局，苞裹万物，扶持众妙，布运化贷，均调互摄，滓溟而大同。老子冲虚周行之妙道，孔子旁通统贯之大易，墨子尚同一义之兼爱，皆为此谊所摄。自馀百家之言，凡宗老孔墨而得其一面之真者，亦莫不以此为归宿。前称中国慧体为交响和谐，盖寓言也，实则中国宇宙太和之意境，大方无隅，大公无私，尚同无别，质碍都消，形迹不滞，天地为官，万物成材，至人儔能，一体俱化，巧运不穷，推于天地，通于万物，施于人群，尽属精神之理序，顿显空灵之妙用矣。

6.312　中国历代圣王明君，建国治人，立政教众，必尚中和。自唐尧以降，内之平章百姓，外之协和万邦，皆以允执厥中，保合大和，顺天应人之道本为榘矱。《易》所垂诫，《诗》所歌咏，《书》所诏诰，《礼》所敷陈，以及《春秋》之训示，诸子之阐述，莫不以中和建国者为盛德，其故盖可知矣。

6.313　中国人顶天立地，受中以生，相应为和，必履中蹈和，正己成物，深契"非彼无我，非我无所取"之理，然后乃能尽生灵之本性，合内外之圣道，赞天地之化育，参天地之神工，完成其所以为人之至德。

6.314 此同情交感之中道正是中国文化价值之模范。周礼六德之教,殿以中和,(大司徒郑注:忠言以中心。)其著例一也。诗礼乐三科之在六艺,原本不分,故诗为中声之所止,乐乃中和之纪纲,礼是防伪之中教,周礼礼记言之綦详,其著例二也。中国建筑之山回水抱,得其环中,以应无穷,形成园艺和谐之美,其著例三也。六法境界之分疆叠段,不守透视定则,似是画法之失,然位置,向背,阴阳,远近,浓淡,大小,气脉,源流出入界划,信乎皴染,隐迹立形,气韵生动,断尽阂障,灵变逞奇,无违中道,不失和谐,其著例四也。中国各体文学传心灵之香,写神明之媚,音韵必协,声调务谐,劲气内转,秀势外舒,旋律轻重孚万籁,脉络往复走元龙,文心开朗如满月,意趣飘扬若天风,一一深回宛转,潜通密贯,妙合中庸和谐之道本,其著例五也。

二、立别义

1. 哲学生于智慧,智慧现行又基于智慧种子,故为哲学立义谛,必须穷源返本,以智慧种子为发端。希腊人之“名理探”,欧洲人之权能欲,中国人之爱悟心,皆为甚深甚奥之哲学源泉。

2. 哲学之成立,其影响布濩弥漫,普及于全民族,决定整个文化之理论结构。希腊文化之契理,欧洲文化之尚能,中国文化之妙性,揆厥缘由,都有的解。譬如观水,溯流可以逢源;譬如升木,循木可以达杪。

3. 三慧之流露,虽各苞举三重决定成分,但决定成分中之最胜决定又贞夫一。此所谓一,俨然形成全民族文化与哲学之宗王,继承共命慧之大统。

4. 爱波罗精神,巴镂刻精神(浮士德精神之主脑),原始儒家(宗孔子,简汉以后儒家)精神,横亘奥衍,源远流长,各为希腊人欧洲人中国人文化生活中灵魂之灵魂。此处建立哲学智慧之别义,特以宗主共命慧为依据,所以示限制也。

5. 民族之气运有盛衰，哲学之潮流有涨落，盛衰涨落均非依稀恍惚，出于偶然。当其盛且涨也，人人服膺哲学之胜情至理。当其衰且落也，人人堕入无明之迷途。坐是之故，民族生活可画分哲学鼎盛期与哲学衰微期。复兴民族生命，必自引发哲学智慧始。哲学家不幸生于衰世，其精神必须高瞻远瞩，超越时代以拯救时代之隳堕。

6. 希腊人之智照实境，慧孚名理，依据下列原理：

(1)宇宙之存在是有而非无，社会之幸福是真而非妄，人性之根身是善而非恶。

(2)宇宙、社会、人性三者所含摄之情理，断尽迷障，风不能挠，雨不能沴，雪不能寒，逐处都是空明境界，晴云缱绻，清辉流照(Homer:The Odyssy Bk. IV)。

(3)天之高明，地之博厚，人之纯笃，各抱至诚，守正谊(Justice)以为式(Euripides:Troados,884—889)。

(4)心灵精纯，可以阐幽辨微。

(5)知识之在宇宙，能摄一切相及一切相相，性质伟大，价值崇高，莫与伦比(爱波罗精神之优美处)。

(6)万事万物之变现，如其实以求之，是为人类到真理所由之善路(Parmenides)。

(7)心能明理，还须自察；知能烛物，还须自照。夫以察察之心，显昭昭之理，不仅生智，更起智知，不仅成慧，更使慧明。知之为知之，又知知之所以为知之。人各明其理，复以其理之明，回光返照。人各致其知，转以其知之真，凝神内注。故知慧不特是智慧，又为智慧之智慧(Plato:Charmldes,164—167)。

(8)心之所求，神之所守，悉准智慧，归趋幸福，反是则陷入无明，激起祸害。

7. 希腊实智照理之精神，固极优美卓越，令人佩仰，然其哲学无形中亦隐伏一种颓废之弱点。希腊共命慧之成份吾前已列举三项,是三项中大安理索斯胜于豪情,爱波罗富于正理。希腊先民当纪元前六五两世纪时代,独能以豪情运正理,故长恢恢旷旷,表现瑰奇伟大智慧,如悲剧诗人之所为者。然自五世纪以后,雅典文化兴盛,正理荣光昭明至于极度,渐使生命豪情灏气,蔽亏隐匿,趋于消沉。此种思想转变,实以苏格拉底为枢纽。尼采有见于此,尝以苏格拉底为希腊智慧之败坏者,无明之倡导者,其立言虽甚苛,但论据却极确。

8. 苏格拉底之大错在以知识之唯一标准判断宇宙之真相,分析社会之构造,计量人生之美德。知识诚可以对镜照理,考核智符,但仅凭理智,不能生情。情亏而理亦不得不支离灭裂,渐就枯萎矣。

9. 此种极端唯理主义,一入苏格拉底手中,便把大安理索斯及爱波罗两层伟大精神,转变成为日就颓废之奥林坪精神矣。吾尝称此为奥林坪哲学,其意蕴有可得而言者数端:

(1)现实生存流为罪恶渊薮,不符理想,可能境界含藏美善价值,殊难实现,是现实与可能隔绝,罪恶与价值乖违,人类奇迹现实,如沉地狱,末由游心可能,契会善美,故哲学家之理想,生不如死,常以抵死为全生之途径(Plato:Phaedo,61,63—64)。

(2)躯体都为物欲所锢蔽,精神却悬真理为鹄的,身蔽不解,心智难生,故哲学家必须涤尽身体之溷浊,乃得回向心灵之纯真(Phaedo,65—66)。

(3)遗弃现实,邻于理想,灭绝身体,迫近神灵。是以现实遮可能,觉此世之虚无;以形骸毁心灵,证此生之幻妄。世宙冥无论,形体非有说,纯属悲观论者之绝命词,那能准此归趋真理,引发高情,产生智慧?从此可知希腊文化之崩溃,哲学之衰落,实为逻辑之必然结果也。

10. 欧洲人之崇权尚能,熏生业力,虽有精纯智慧,究属方便善巧,其哲学之根基符合下列条件:

(1)宇宙之客体,社会之形式,人性之构造,原极渺渺茫茫,不能遽定为实有,一切存在纯是某种疑似境界。近代欧洲人诚心向往物质大宇宙,而中古传统之态度则指此为莽原。近代欧洲人创建自由新国家,而中古遗留之宗教则召之返天国。近代欧洲人热情启发淳朴天性,而中古沿袭之学说则目之为宿孽。

(2)宇宙恍如梦境,生命幻若俳优,莎士比亚,言之详矣。当近代之初期,欧洲人寄迹人间世,形同孤儿诞生,一无凭仗,倍觉落寞凄凉,怨愤惨怛。浮士德实为标准欧洲人,目击宇宙之空幻,知识之渺茫,不禁狂吼怒号,感叹身世。"哲学法律余所专精兮,兼医方神理之辨核。竭智尽能昕夕以探其奥兮,怅暗昧之纷陈犹如畴昔。宇宙空幻微茫,疑莫能明兮,揆余中情,恨知识之刺骨"(Faust V. 355—365)。

(3)希腊人生性酷爱真理,自能欣然引发智慧,照烛世相;如实了解。欧洲人游心梦境,恨知识之无征,于是驰情入幻,一往不复,将幻生幻,玩弄知识。此层又为浮士德一语道破:"心所不能知,利用最饶益,心所已知者,弃置无足惜。"(Faust V. 1066—1067)

(4)欧洲人最初不能把握世界,稳定脚跟,表面上似无创建伟大知识系统之可能,讵知其实又大谬不然也。正缘世界无定相,知识无法仪,欧洲人乃幻化莫测,毫无拘束,运飘忽之智力,建神变之臆说,玄之又玄,想入非非,造作种种虚立假有之意境,以为哲学证理科学推论之对相。欧洲人之于宇宙,如中狂魔,格物致知,探索奥密,一境深似一境,一相精似一相,穷极根柢,犹不止息,"知其不可为而为之,知其不可得而求之",曼陀(Mephistopheles)如此赞美浮士德,我亦如此赞美欧洲人。

(5)一种智境如有实理可照,一种慧境如有真情可取,不妨径据慧眼直观，穷其要眇，无庸预设方法定理，援之求真。但在欧洲，宇宙内容虚妄假合，必依方法始能推证，幻与不幻，等是假设，所不幻者，惟有逻辑。职是之故，欧洲人每一思想体系之成立，逻辑原则乃其先决条件。吾人窥测欧洲智慧，如不学得一套逻辑善巧方便，便于科学哲学格格不入。

(6)培根建议科学大改革，其目的端在理性之完备运用，以拓展心智之权力。揆其用意，盖指逻辑方法确立之后，自然外界始能获得的解。新逻辑之目标，不在树立论证，而在确定方术，不在敷陈疑似理由，而在筹度工作计划。科学即是逻辑，知识厥为权力。知识欲之表现，不外权力欲之发泄。欧洲人戡天役物之精神实寄于此处(Bacom:The Advancement of Leaming)。

(7)权能为里，业力为表。欧洲人既已崇权尚能，自然触发慧心，作业用力，启迪广泛文化现象。费希特所倡言之“业力”(Thathandlung)一词，实是欧洲哲学智慧之中心观念。歌德于此言之，尤详且确：“思想之线索已断，知识之嫌疑未决，且临情欲深渊，优游厌饫怡悦，任万象逞奇，我观摩自得，时间奔腾踊跃于目前，余心之甘苦忧劳成败，川流而不竭，原夫人之所以为人，活动赓续完成其大节。”(Faust V.1748—1759)

(8)吾人旷观欧洲人之崇尚权能，灵变生奇，启迪智慧，诚应倾倒。但一穷究竟，觉其哲学核心亦非毫无缺陷者。欧洲共命慧之策动，初以文艺复兴时期艺术热情为发端，挥运灵奇深心感召宇宙幻美。但因心弦脆弱，不能忍受万象之震撼拨剌，终久流为艺术之诞妄，于是展转推移，折入巴镂刻时代之科学理智，而此种理智又因驰骤空冥，援无证有，百折入迷，自毁其方法标准，毕竟未契合宇宙之真情实理。自是以后，不得不趋于罗考课时期之幻灭悲剧矣(其详细理由具见于拙著《科学哲学与人生》第六章“生命悲剧之二重奏”一文)。

11. 欧洲哲学智慧之弱点有可得而言者三端:

(1)一切思想问题之探讨,义取二元或多端树敌,如复音对谱,纷披杂陈,不尚协和。举一内心而有外物与之交迕,立一自我而有他人与之互争,设一假定而有异论与之抵触,建一方法而有隐义与之乖违。内在矛盾不图根本消除,凡所筹度,终难归依真理。

(2)哲学智慧原本心性,必心性笃实,方能思虑入神,论辨造妙。欧洲人深中理智疯狂,劈积细微,每于真实事类掩显标幽,毁坏智相,滋生妄想。观于心性之分析,感觉现量本可趋真,而谓摄幻;理性比量原能证实,而谓起疑。幻想似量究属权宜,而谓妙用。其甚也,人格之统一,后先相承而谓断灭;身心之连谊,彼此互纽而谓离异;内外之界系,尔我交喻而谓悬绝。

(3)遐想境界,透入非非,固是心灵极诣,但情有至真而不可忽玩,理有极确而不能破除。欧洲人以浮士德之灵明,往往听受魔鬼巧诈之诱惑,弄假作真,转真成假,似如曹雪芹所谓"假作真时真亦假,无为有处有还无"也。吾于他文分析欧洲学术文化之转变,究将趋于虚无主义之幻灭,非故好为怪论,盖深有所感慨,遂不觉其言之直截耳。

12. 中国人知生化之无已,体道相而不渝,统元德而一贯,兼爱利而同情,生广大而悉备,道玄妙以周行,无旁通而贞一,爱和顺以神明。其理体湛然合天地之心,秩然配天地之德,故慧成如实。其智相辟宏天下之博,翕含天下之约,故善巧方便。存其心如生,成其德无息,博者因其博,约者应其约,无有偏私隐曲,故运智取境,平等平等;成慧摄相,亦平等平等。准此立论,中国之哲学,可以下列诸义统摄焉。

(1)生之理。生命苞容万类,绵络大道,变通化裁,原始要终,敦仁存爱,继善成性,无方无体,亦刚亦柔,趣时显用,亦动亦静。生含五义:一、育种成性义;二、开物成务义;三、创进不息义;四、变化通几义;五、绵延长存义。故易重言之曰生生。

(2)爱之理。生之理,原本于爱,爱之情取象乎易。故易以道阴阳,建天地人物之情以成其爱。爱者阴阳和会,继善成性之谓,所以合天地,摩刚柔,定人道,类物情,会典礼。爱有五相四义。五相者,一曰雌雄和会,二曰男女构精,三曰日月贞明,四曰天地交泰,五曰乾坤定位。四义者,一曰睽通,睽在易为“二女同居其志不同行”(睽彖),“二女同居其志不相得”(革彖),通在易为“天地睽而其事同,男女睽而其志通,万物睽而其事类”(睽彖)。二曰慕说,慕说在易为“柔进而应乎刚”(兑彖),“二气感以相与,止而说,天地感而万物化生”(咸彖),“刚来而下,柔动而说”(随彖)。三曰交泰,交泰在老子为“天地相合,以降甘露”,在易为“阴阳合德而刚柔有体,以体天地之撰”(系辞下),“男女正,天地之大义”(家人彖)。其他归妹、渐、鼎、升、萃、益、离、临、同人、泰诸卦反复言之綦详。又左传昭公五年正义曰:“阳之所求者阴,阴之所求者阳,阴阳相值为有应。”四曰恒久,在易为“恒与既济定”。恒彖曰:“刚柔皆应、恒;亨,无咎,久于其道也,……观其所恒而天地万物之情可见矣。”

(3)化育之理。生为元体,化育乃其行相。元体是一而不局于一,故判为乾坤,一动一静,相并俱生,尽性而万象成焉。元体摄相以显用,故流为阴阳(阴阳者翕辟之势,义非阴阳五行说所摄),一翕一辟,相薄交会,成和而万类出焉。生者,贯通天、地、人之道也,乾元引发坤元,体天地人之道,摄之以行,动无死地,是乃化育之大义也。

(4)原始统会之理。生之体是一,转而为元。元之行孳多,散为万殊。老子曰:“道生一,一生二、二生三,三生万物。”道乃能生,能生又出所生,所生复是能生,如是生生不已,至于无穷。品类之分歧至于无穷可谓多矣。然穷其究竟,万类含生以相待,浑沦而不离。易大传所谓天下之动贞夫一,道德经所谓抱一为天下式,并属此义。宇宙全局弥漫生命。生命各自得一以为一,一与一相对成多,多与多互摄,复返于一。王弼曰:“统之有宗,会之有元,故繁而不乱,众而不惑。”颇得大易妙道之微义也。

(5)中和之理。中和之理实为吾国哲学甚高甚深极广大之妙谛。故易尚中和,诗书礼乐尚中和,修齐治平亦莫不尚中和。不偏为中,相应为和。语其要谊,可得五点:一、一往平等性;二、大公无私性;三、忠恕体物性(同情感召性);四、空灵取象性;五、道通为一性。

(6)旁通之理。大易之用,大道之行,全在旁通。旁通一词统摄四义:一、生生条理性;二、普遍相对性;三、通变不穷性;四、一贯相禅性。易大传剖析旁通之理,最得要领。

易准天地,弥纶大道,范围万化而无过,曲成万物而不遗,故曰广大悉备也。其在易象,六爻发挥旁通之例,虞翻言之而未具,张惠言、焦循阐之极精微。专家之书,彰彰可考,兹从略焉。

13. 中国人悟道之妙,体易之元,兼墨之爱,会通统贯,原可轰轰烈烈,启发伟大思想,保真持久,光耀民族。但一考诸史乘,则四千年来智慧昭明之时少,暗昧锢蔽之日多,遂致文化隳堕,生命沓泄。揆厥缘由,约有数端:

(1)中国古代为贵族封建社会,民族智慧寄托于六艺,然六艺皆帝天经世之道,其要用只在出治佐治,独为士大夫阶级所专有,庶民不得与焉。坐是之故,学术寄于官府,文化托于少数,虽有智慧,不能普及,虽有创造,难以赓续。

(2)东周之后,官学失统,诸子之言始纷然杂陈,各出体裁,竞创新说,是诚哲学黄金时代。然一厄于战国之纷争,二残于秦王之火毁,兼之秦取天下,暴戾恣睢,巧袭古代遗制设官掌学,以博士之鲜能寡耻,垄断学术,上图取悦暴君于一时,下以夸耀荣利于当世,已失为学术求学术,为真理守真理之要义,断绝文化之新生命。

(3)汉承秦火之余,典籍散失,士大夫承学,皆遵口说,于是世守门户,破碎释经,灭大慧以小义,隐至理于故籍,只知守成,莫敢创造,亦以谶纬迷惑穿凿附会,不见真理。

(4)汉以后因袭博士官学制度(宋以后科举制度犹是变相官学),以利禄熏人心,以权威约真理,经世致用,空存美谈,钓名渔利,长留秽德。总之,中国学术失坠(哲学为尤甚)之原因,乃在历代均以政治统御文化,箝制思想自由,苟有专心致志之思想家,不为利禄所诱惑,便为淫威所慑伏。中国大患在无动机纯粹用心专一之学者。除少数特立独行者外,均不敢以高超文化理想统御政治。旷观国史,历代相沿,只有实际政治,特少理想政治,可胜叹哉!犹幸中国偶有隐逸者流间世一出,不受实际政治支配,孤寄冥往,潜心理学,学术生命之不绝,独赖有此耳。

(5)哲学智慧之启迪,原属天才份内事。但在中国古代,贵族藏守学术,秦汉以后,博士垄断学术,是以多数民族天才或因失学而昏盲,或因趋利而灭智,不能专心致志,寻求真理,即有杰特学人,倾心真理,又多忸于惯例,姝姝媛媛,抱持师说,谬袭经生习法,饾饤琐屑,不图依据逻辑原理建立精审方法。如是立说,理无所据,证难确立,微茫恍惚,常堕智障。

(6)中国伟大哲学智慧,往往出于绝顶天才。天才本身,神乎其技,每创新义,辄以短简直觉方式发抒名言,隐示至理,不事辛勤立量,细译理论效果,致令后人无法体验原有之真实证据,如遇疑谬之处,更难指摘弱点,破除迷惑,转生真理。

(7)中国哲学家之思想向来寄于艺术想象,托于道德修养,只图引归身心,自家受用,时或不免趋于艺术诞妄之说,囿于伦理锢蔽之习,晦昧隐曲,偏私随之。原夫艺术遐想,道德慈心,性属至仁,意多不忍,往往移同情于境相,召美感于俄顷,无科学家坚贞持恒之素德,颇难贯穿理体,巨细毕究,本末兼察,引发逻辑思想系统。

丙、判效果

1. 吾于首段敷陈信念，标出智慧一词，据为哲学典要，藉以证验多种境界之情理，复在上部凭所浅知，剖析希腊、欧洲、中国三种哲学之体相用，略显其在文化生活中之影响，并就个别思想主潮，衡论其得失。兹当悬揣将来，预测哲学发展之前途。

2. 哲学之在今世，尚犹有前途否？并世学人颇多疑惑。吾尝遐想过去，觉哲学实为民族文化生活之中枢，现前种种纵有抛弃智慧，削弱哲学势用之倾向，终亦不能灭绝人类智种，阻遏伟大新颖哲学思想之重光，然则吾又何难据前世之已验，测未来之可能。

3. 时间狂澜，汹涌前趋，越过去以入现在，现在又奔腾勇往，引进于将来。吾人寄迹世宙，体时序之创化，感慧心之振历，自不能拘墟束缚，回向过去，默守旧闻。是则指点前程，触发新机，光大哲理，助益文化，事属份内，责无旁贷也已。

4. 希腊思想实慧纷披，欧洲学术善巧迭出，中国哲理妙性流露，然均不能无弊。希腊之失在违情轻生，欧洲之失在驰虑逞幻，中国之失在乖方敷理。矫正诸失，约分两途。一者自救，二者他助。希腊人应据实智照理而不轻生，欧洲人当以方便应机而不诞妄，中国人合依妙悟知化而不肤浅，是为自救之道。抑有进者，希腊人之所以逃禅，欧洲人之所以幻化，中国人之所以穿凿，各有历史根由深藏于民族内心，仅凭自救，或难致果，他山取助，尤为切要。希腊之轻率弃世，可救以欧洲之灵幻生奇，欧洲之诞妄行权，可救以中国之厚重善生，中国之肤浅蹈空，又可救以希腊之质实妥帖与欧洲之善巧多方，是为他助之益。

5. 尼采生当欧洲末世，伤痛智慧之衰颓，文化之式微，于是提出理想超人，冀其壁立万仞，振奋绝世天才，触发旷代行谊，高标美妙价值，创造新奇境界，预为人类生命前途展布无穷远景，显现至上希望。吾尝端居幽思,深佩其理想之高超,转患其实现之乏术。盖尼采所意想之超人,须践踏一切过去,在世宙为狂魔,于人类属新种,揆诸优生学理,殊难忽幻奇迹,顿现灵才。苟既存人类都应灭绝,何缘忽来怪异超人,完成空前伟业?提神太虚,故作空幻奇想不难,侧身现世犹能实抒卓见匪易。

6. 超人负荷人间世之意义,一切价值自应重加估量,排除过去一切污秽,洗涤现世一切溷浊,“果然现存人类尽人横流,污染不净,愿身作海,疏濯一切横流,犹能芳洁自持,泥而不滓。噫戏!我今提示超人,超人现身为海,腾波尽洗世之滋垢,玮意瑰行,珍重若是,谁能契会此境?祝尔高标志行,俯临流俗,鄙弃一切。”

7. 尼采之超人理想真切不虚,但据其臆断,超人应鄙夷一切过去人类,毋乃诬妄特甚。据余所知,希腊人,欧洲人,中国人各在生命领域中创获如许灿烂文化价值,堪受推崇,殊难抹煞。超人空洞理想更当以希腊欧洲中国三人合德所成就之哲学智慧充实之,乃能负荷宇宙内新价值,担当文化大责任。目前时代需要应为虚心欣赏,而非抗志鄙夷。所谓超人者,乃是超希腊人之弱点而为理想欧洲人与中国人,超欧洲人之缺陷而为优美中国人与希腊人,超中国人之瑕疵而为卓越希腊人与欧洲人,合德完人方是超人。试请澄心遐想,此类超人若能陶铸众美,起如实智,生方便巧,成平等慧,而无一缺憾,其人品之伟大,其思想之优胜,其德业之高妙,果何如者!

准此可知哲学未来发展,不难以历史智慧之总摄受推进之,使底于完美境界也。

(选自《生生之德》,台北黎明文化事业公司 1979 年版)

《哲学三慧》是体现方东美哲学思想的重要著作之一。作者依“共命慧”，剖析希腊、欧洲、中国三种哲学之慧，彰显其在文化生活中之影响，并评论其得失，以预测哲学发展之未来。作者“依如实慧，运方便巧，成平等慧”的表述，实际隐含了一种文化认同上的中国乃至儒家取向。

中国人文精神之发展(节选)

唐君毅

(一)人文,非人文,次人文,超人文及反人文之概念

从一方面说,一切学术思想,都是人的思想,一切文化,都是人创造的。因而一切文化之精神,都是人文精神。讨论任何种之学术思想,都是讨论一种人文中之思想。但是,这样说,则人文思想人文精神一名之涵义,无所对照,而彰显不出。我们当说,在人的人文思想人文精神以外,尚有人的非人文、超人文,或次人文、反人文的思想或精神。

我所谓"非人文的思想",是指对人以外的所经验对象,或所理解对象,如人外的自然、抽象的形数关系等的思想,此即如自然科学数学中所包括之思想。

我所谓"超人文的思想",是指对人以上的,一般经验理解所不及的超越存在,如天道、神灵、仙佛、上帝、天使之思想。

我所谓"次人文的思想",是指对于人性、人伦、人道、人格、人的文化与文化的历史之存在与其价值,未能全幅加以肯定尊重,或忽略人性、人伦、人道、人格、人文与其历史之某一方面之存在与价值的思想。

我所谓"反人文的思想",是指对人性、人伦、人道、人格及人之

文化历史之存在与价值,不仅加以忽略,而且加以抹杀曲解,使人同化于人以外、人以下之自然生物、矿物,或使人入于如基督教所谓魔鬼之手,使人沦至佛家所谓饿鬼道、地狱道之思想。

由上,故知我们所谓人文的思想,即指对于人性、人伦、人道、人格、人之文化及其历史之存在与其价值,愿意全幅加以肯定尊重,不有意加以忽略,更决不加以抹煞曲解,以免人同于人以外、人以下之自然物等的思想。

人文的思想与非人文的思想,或超人文的思想之不同处,在人文的思想之发自人,而其对象亦是人或属人的东西。非人文的思想与超人文的思想之对象,则为非人或超人。人与非人或超人,可以同时存在。故人文的思想,与非人文或超人文思想,亦可同时存在,而二者之关系,是一逻辑上之相容之关系。但是在人去反省他对自然神灵等非人或超人之存在的思想时,人同时可自觉此思想,亦是属于人的,是人的科学思想,宗教思想。则人可思想:他自己对于非人超人的思想何以会发生?此思想对人有何影响?会把人带到那里去?当此非人文超人文的思想本身,成人之思想的对象时,则非人文的超人文的思想,亦即包含在人之人文的思想之内。因而在人之人文的思想中,亦当求肯定尊重非人文的超人文之思想或学术之价值。否则人之人文的思想,亦不能圆满完成,而成次人文的思想。由此而人的人文的思想,对人之非人文、超人文的思想之逻辑关系,又可是前者包涵后者,前者亦依赖于后者的关系。

一切次人文的思想与人文思想的关系,亦都是后者包涵前者之关系。此乃由全体之思想包含偏面之思想。其理易明,不须多说。

至于人文的思想与反人文的思想,则从逻辑上看,二者是不相容的矛盾关系。如人文的思想为真,则反人文思想为妄。如反人文思想为真,则人文思想为妄。故讲人文思想,则必须反反人文思想。但是反人文思想,亦是人的思想。从学术史上看,人文思想之兴盛,恒由超人文、非人文、次人文的思想之先行,亦恒由反人文思想之先行。于是人之反省其人文思想,亦须反省:反人文思想之何以发生。此反省本身,仍是人之人文思想中应有之一部。由此而人之最高的人文思想中,必须一方包括反“反人文思想”之思想,另一方又必须包括,对反人文思想何以发生加以说明的思想。

我们了解人文思想与非人文、超人文、次人文及反人文思想之分别与关系,才可讨论中国人文思想之发展。人文思想之发展,一方由人对于人文本身,逐渐加深加广的思想,同时亦即由人文思想与非人文、超人文、反人文等思想,互相发生关系,而相依相函或相反相成以发展。在此发展历程中,我们可以看见非人文的思想之扩大人文思想的领域,超人文的思想之提升人文的思想,次人文的思想之融会于人文的思想,及人文的思想之不断以新型态出现,以反反人文之思想。此相续不断的人文思想发展历程中,便显出一种人类之精神的向往。这种精神,我们称之为人文精神。而本文之论中国人文思想之发展,亦即可名为论中国人文精神之发展。并非泛论中国之思想与文化也。

本文论中国人文精神之发展,即论中国人文思想之发展。而论中国人文思想,又要牵涉到非人文超人文之思想,此又无异于要论到整个之中国思想史。这当然非一短文之所能及。所以本文只打算将中国人文思想之发展历程中,几个较大阶段之转捩的关键与特质所在,加以指出,这似是一些中国文化思想史家与我过去,未能斩截分明的。今从“人”与“文”及“超人文”“非人文”“反人文”之概念去看,便更明白了。最后我再由历史的联续,以指出今日中国之人文精神,未来发展的方向。许多话都是只说出结论,而理由与根据,亦不拟多说。希读者谅之。

(二)中国人文精神之起原

中国人文精神之发展的第一阶段,乃孔子以前之一时期,此时期我们可称之为中国人文精神表现于具体文化之时期。在此时期中,严格说并没有多少人文思想。但是中国文化之根源形态,即在此时期中确定。此形态即为人文中心的。中国后来之人文思想,亦多孕育于此时期之中国人之心灵中。此所谓人文中心,不是说此时期人之宗教性信仰不浓,亦不是说此时期之人对于自然不重视。重要者在对宗教性的天帝与对自然物之态度。这只要与当时印度希腊文化情形一比,便完全明白。人对自然物,简单说有三种态度。一种是利用厚生的态度。一种是加以欣赏或以之表现人之情感德性之审美的艺术态度。一种是视之为客观所对,而对之惊奇,求加以了解的态度。只有第三种态度,可产生纯粹的客观的自然思想。而此则是希腊之科学与自然哲学之所自始。这个态度所生之思想是直倾向自然,而初是趋于忘掉人自己的。据说希腊之第一个科学家兼哲学家泰利士,曾仰观天象而落掉井里。又说有一哲学家看了天上太阳,于是想道:如果他能到太阳中去,而知太阳之构造,虽葬身烈焰,亦所不惜。这才是真倾向于对非人文的自然的思想,而不惜姑忘掉人自己的精神态度。这种态度,正是中国古代人所缺乏的。中国古代人对物只偏在利用厚生的态度与审美的艺术态度。中国古人主要是依此二态度,成就其文物之发明与礼乐生活。中国古代的圣人,如伏羲、神农、尧、舜,皆兼被视为文物之发明者,人伦政制之订立者。以文物或利用厚生的工具之发明及制造之多而精巧上说,在二百年前,中国实超过于西方。但这却不能证明,中国文化原是重自然思想富于科学精神的。这是我不能同意一些朋友的意见的。因为真正的自然思想或纯科学精神,是应为了解自然而了解自然,为求真而求真的。此即希腊哲人之所以看不起技术工作,亚基米特之羞于记述其所发明之器物。反之,中国古代之重文物或利用厚生之工具之发明,却可证其缺乏纯粹的自然思想客观的科学精神。中国古人发明文物或利用厚生之工具,当然亦要对自然用思想。但对其所成之器物,则只视为供人之求生存于自然之用,与成就礼乐与生活之用者。则此思想,根本是人文中心的,而隶属于人文思想之下。

其次,中国古代人对上帝、天、鬼神之信仰亦非不笃。"文王陟降,在帝左右",即人死后可与上帝同在之思想。但是如印度宗教家之思及人死后之有无尽的轮回,而产生种种如何解脱之思想,明是中国古人所未有。如希伯来人由视上帝有其不可测之独立意志,而生之寅畏,如西方中古神学家,对上帝本身属性、内向动作、外向动作等之讨论,中国古人亦是不了解的。总而言之,即纯视一死后之世界或神界,为一独立自存之对象,而对之加以思索之超人文思想,是中国古人之所缺乏。同时觉人生如幻而不实在之感,在神前充满罪孽之感,亦中国古人所缺。由此而专为神人之媒的僧侣巫觋之地位,亦较不重要。中国古代帝王之直接祀天,而上承天命以施政,以及"天视自我民视,天听自我民听""天意"见于"民意"之思想,天之降命于人,视人所修德而定之思想,即使"天"、"君"、"民"与"人之德性",四观念相融摄而难分。亦即使中国古人之宗教意识、政治意识、道德意识,相容摄而难分。中国古代之宗教思想,亦即隶属于一整体之人文思想中,不能自成一超人文之思想领域。

我们了解中国古代之缺乏对非人文之纯自然的思想,对超人文之死后世界及神界之思想,便知中国文化乃是一在本源上即是人文中心的文化。此文化之具体形成,应当在周。古人说"夏尚忠,殷尚质,周尚文"。因至周而后有礼乐之盛。古代圣人之创制器物，大禹之平水土，表示中国人之先求生存于地上，能制御万物。此中器物之价值，多在实用的方面。在周代有礼乐之盛后，实用器物乃益化为礼器乐器，物之音声颜色，亦益成表现人之情意、德性之具，而后器物之世界，乃益有其审美的艺术的人文意义。夏殷之较重祀鬼神，表示中国人之先求与神灵协调。此时之礼乐，当主要是和神人之礼乐。至周而后礼乐之意义，更重在通伦理，成就人与人间之秩序与和谐。故文之观念之自觉，亦当始于周。文王之谥为文王，与后来公羊家之说“人统之正，托始文王”，《礼记》之说“三年之丧，人道之至文也”，《易传》之说“观乎人文，以化成天下”，都当是指周代礼乐之盛所表现之人文中心的精神。

我们方才所引之几句话，都是春秋以后人才自觉的说出的。毕竟春秋以前的人，对其所生息之周代文化中之人文精神，究竟自觉至何程度，颇难说。大约在西周之封建贵族的礼乐之文化，是一生命力极健康充盛而文雅有度的文化。这时人之精神或内心的德性，即直接表现于其文化生活中。因而自觉反省的思想，亦不需要很多。我现在只引《国语·周语》中一段话，以为此种人文精神之说明。

“言敬必及天，言忠必及意，言信必及身，言仁必及人，言义必及利，言智必及事，言勇必及制，言教必及辩，言孝必及神，言惠必及和，言让必及敌。……敬，文之恭也。忠，文之实也。信，文之孚也。仁，文之德也。义，文之制也。智，文之兴也。勇，文之帅也。教，文之施也。孝，文之本也。惠，文之慈也。让，文之材也。”

此段话之将人之一切德性如敬等，视为属于礼文，并与天等事物连贯而说，正是一种“人内心德性，直接表现于文化生活的精神”之一种最好的说明。这一段话中的思想发生的时间，虽仍不能十分确定，但是我相信，用以说成周盛世之人文精神，当是最切合的。

(三)孔子孟子之人文思想与墨子之次人文庄子之超人文及法家之反人文思想

真正对于中国传统之人文中心的文化精神,加以自觉了解,而抒发其意义与价值者,乃孔子所开启之先秦儒家思想。而由孔子至秦之一时期,即可称为中国人文思想之自觉的形成时期。孔子一生之使命,不外要重建中国传统之人文中心的文化。当时的时代问题,是周衰而夷狄之力量兴起,是贵族阶级之堕落与无礼,是士庶人之逐渐要求提高社会地位。总而言之,是传统的礼之坏乐之崩。即中国人文世界之内部败坏,与反中国人文的夷狄势力,对中国人文的威胁。孔子一方佩服周公,佩服倡尊王攘夷、使他不致被发左衽的管仲,一方即要当时居贵族与平民间的士人,负起保护与重建中国人文的责任。士本是武士,武士本是执干戈以卫社稷的。而孔子则教士人"忠信以为甲胄,礼义以为干橹","仁以为己任,死而后已",以卫"文王既没"后之"斯文"。这正是解决当时的时代问题,唯一的呼召。孔子作《春秋》寓褒贬,不同于耶稣之说要再来作末日的审判。这是一对当时时代之政治人物之一直接的审判。末日的审判,是超人文世界的事业。直接的审判,则是人文世界中的事业。耶稣反对法利赛人的伪道德伪法律,因而归到我们的国在天上。孔子则痛心于当时贵族阶级人物之僭窃礼乐,因而说"礼云礼云,玉帛云乎哉? 乐云乐云,钟鼓云乎哉?"他要人知内心仁德,乃为礼乐之本。孔子虽以质胜文则野,文胜质则史,文质彬彬,然后君子;但我们从孔子之屡说"巧言令色,鲜矣仁","巧言令色足恭,左丘明耻之。丘亦耻之",又说"先进于礼乐,野人也……如用之,则吾从先进","行有余力,则以学文","敏而好学,不耻下问,是以谓之文也",便知孔子这所谓文并非重在礼乐之仪文，而尤重在成此礼乐之文之德。此德即文之质。“虞夏之质，不胜其文。殷周之道，不胜其敝”。孔子明是要特重“文之质”或“文之德”，以救当时之文敝。简言之，即孔子之教，于人文二字中，重“人”过于重其所表现于外之礼乐之仪“文”，而要人先自觉人之所以成为人之内心之德，使人自身先堪为礼乐之仪文所依之质地。这才是孔子一生讲学之精神所在。亦是孔子之人文思想之核心所在。这样一来，孔子遂在周代传下的礼乐仪文之世界的底层，再发现一人之纯“内心的德性世界”。而由孔子与弟子之以德性相勉，孔门师弟遂自成一“人格世界”。孔门师弟与后儒关于德性与人格之如何形成的智慧思想，亦自成一人文思想之新天地。其意义与价值，亦可比孔子之尚论古代之人物与文化，及作《春秋》以寓对当时人褒贬，尤为广远。

孔子以后，把孔子之人文思想，再推进一步者是孟子，而激发孟子之人文思想者，则是墨子之次人文的思想。

我们说墨子之思想，是次人文的。这是因为墨子承认人民的经济生活之重要，尚贤尚同的政治社会组织之重要，亦承认兼爱的道德，无攻伐的国际和平之重要。但是他忽略礼乐之重要，儒家所重之孝弟之重要。他主节葬非乐以非儒，他不能对全面人文之价值，皆加以肯定。这即使他之思想，只成次人文的。而他之重天志与明鬼，则又似为一超人文的思想。不过其动机仍为实用的，故不能真发展为宗教。他之以利害为是非善恶之准绳，则尚可使他之思想成反人文的，不过此点，可姑不多论。

孟子之人文思想，所以能答复墨子对儒家之攻击，而重新说明儒家所重礼乐及家庭伦理之价值，则在孟子之能肯定心性之善，而由人之心性要求，以言礼乐之表现，为人情之所不容已。他由人性之仁爱之流行之次序，必由近及远，以论人人亲其亲长其长而天下平。并由人性之为天所与我者，以言尽心知性则知天，把人道与天道通贯起来。中国儒家之人文思想发展至孟子，而后孔子所言之人文价值，与人内心之德性，乃有一先天的纯内在的人性基础。而“人之心性的世界”之存在，亦可谓首由孟子自觉的加以树立。

中国先秦之人文思想，再进一步之发展，则为荀子之思想。荀子之思想之重点在言礼制，即言文化之统类，或人文世界之结构。孔子重言礼乐之意，孟子重言礼乐之原。荀子言礼制，而后重礼乐制度之实效。此实效即树立人文世界，以条理化自然之天地与自然之人性。“天地生君子，君子理天地”，而后“自然之世界为人文之世界所主宰”。此乃庄子之“以天为宗”尚自然而薄人文的超人文思想之一倒转。至于《中庸》、《易传》、《乐记》之言诚为天之道，言尽其性即尽人性以及物性，言天地具元亨利贞之德，言礼乐中之和序即天地万物之和序，则皆为以人文世界中之概念，去说明“超人文之天地”之价值意义。这是先秦儒家人文思想之由人道以通天道之发展。

我们说墨子思想是“次人文的”。庄子思想是“超人文的”。至于如邹衍之言大九州，言天地开辟之历史，则我们可称之“非人文的”。这都不必是反人文的。先秦思想中之“反人文的思想”，乃法家由商鞅至韩非之思想。这种思想与墨子庄子等思想之所由起，都是由于周之文敝。墨子鉴于礼乐之为王公大人奢侈品，而非礼乐。庄子鉴于礼法之束缚人性命之情，鉴于人之立功立名之心，使人失去自己，而要与造物者游，以成天人。商鞅、韩非、李斯，则由要富国强兵，而反封建反宗法，以及一切维系封建宗法制度之礼乐、仁义、孝悌等由周传下之文化；亦反对当时一切驰骋谈辩以取富贵之游士，而连带反对儒墨道之学术思想。但是他们之富国强兵之人文目标何在，他们却说不出，亦未说是为人民百姓之福利。他们视富国，只是“搏力”，强兵而向外攻战，只是“杀力”。要杀力必须搏力，已“搏力”又必须“杀力”（《商君书》所说）。故必须兼重耕战或富国强兵，求富强而又以“权为君之所独制”，“其行制也天，其用人也鬼”(韩非一些文章中所说)，这即成一纯粹之反人文的思想。而此反人文的思想，经李斯秦始皇之手，即形成了他们之焚书坑儒，而统制思想，统制言论，戕贼民力的极权政治。此政治暂时结束了先秦之人文思想之发展。

(四)汉人之通古今之变之历史精神

先秦之人文的思想与一切非人文、超人文、次人文的思想，经秦代法家之反人文的思想与政治力量之压迫，而沉入社会底层，自然互相混杂。超人文的道家思想所化出的神仙思想，非人文的阴阳家思想，与儒家之人文思想，三者互相混杂的产物，即始于秦汉之际而盛于西汉之谶纬思想。这种思想附托于儒家之经与孔子之人格，而将孔子神格化，并造成若干对未来世界之预言，及对于宇宙开辟人类原始之历史之推测的神话。这是人的思想受了现实上的压迫，无法直接伸展而出以向外表现，便只有向过去与未来遥望猜想的结果。而当汉代秦兴，原来被压伏的思想，得重新表现时，人之不杂迷信的回顾过去，以复活之于现在之精神，则为汉代人求通古今之变的历史精神。此“通古今之变的历史精神”，亦即形成汉代人文精神之进一步发展。

中国文化自来是重历史的。但是先秦以前的史官与各国春秋之纪事，只是直接就事纪事。孔子作《春秋》，亦只是就事论事。真正的历史精神，应当是一种由现在以反溯过去，而对古今之变，沿源溯流，加以了解的精神。这种历史精神只在中国人文之发展，经了秦之一顿挫，汉代人再来求加以承续时，才能真正显出。此秦之一顿挫，对中国人文之发展言，如依辩证法说，是由正面转至反面。汉之反秦，是一反之反。此反之反，同时即回抱回顾原先之正面。

此回抱回顾，即真正的历史精神，所以为历史精神之本质所在。而司马迁之《史记》，即一划时代历史著作，而表现汉人之历史精神最好的一部书。司马迁作这部书，其意在承继孔子作《春秋》之精神。但是他此书之历史价值，实已超过了《春秋》。历史书之最大价值在回顾过去，重述过去，而复活过去，如在目前。《史记》能使过去中国之人文世界人格世界，复活于一切读其书者之心灵之前。而《春秋》不能。自此点说，即《史记》之历史价值，超过了《春秋》。

历史精神是一回顾过去，复活已逝去之人文世界人格世界，同时亦即一承载负戴过去至今人文发展之一切成果的精神。承载与负戴，乃中国《易》之哲学中所谓地道。汉人之厚重、朴实、敦笃，正处处表现地德。汉人在哲学思想中，如在董仲舒思想中，尊天而视天如有人格，如人之曾祖父，而要人体天心，法天道，及各种天人感应之论，同是一种"高度的承载负戴的精神"之表现。汉人之天人感应论，非一种人卑逊战栗于天帝前，认罪求赐恩之宗教意识，亦非要成就一种对天帝本性，作客观了解之神学。而只是原自一种认定人之行为，负担着天地间祥瑞灾变的责任意识。过去之历史文化，人须要负担在身上。自然世界之风调雨顺，海晏河清，亦负担在人身上。这种愚不可及的汉人精神，正与汉人之所以能在地上，造成坚实而博大的统一国家，依于同一的厚重、朴实、敦笃的德性基础。

汉末之王充思想，是批评汉人一切阴阳五行、天人感应，及是古非今的思想的。他以天地为自然之气，以历史传说，多不可靠，他是一自然主义者。但是他之自然主义的思想，只是用来作怀疑批判一切虚妄之说之用。他亦非为了解自然而了解自然的科学家。他之怀疑批判一切虚妄之说，是要归到一种平情近理的自然主义的人文观。这种人文观，恰足为清理汉代思想中，一切牵强比附与迷信的成份之用，解除汉人精神上不必要而过重的负担，而结束了汉代思想。

(五)魏晋人之重情感之自然表现

汉代以后的魏晋清谈所开启的思想,通常称为玄学思想。这种思想,大体上是轻名教而贵自然,故亦被视为自然主义。但这种自然主义,并非如近代西方根据自然科学,来建立之自然主义。此所谓自然,初只为指人所自然表现的情感之哀乐等。贵自然,初只是说作人要率真。阮籍、嵇康之非尧舜、薄汤武,以礼岂为我辈设,只因他们看清当时之汉魏晋间之禅让,与世之君子之"委曲周旋仪",整个是一假借,一文饰,一虚伪。因而宁作一任情适志的自然人。这只是重人过于重文。大约中国人文思想之发展,即在重人与重文间,畸轻畸重。周公重"文",孔子重"人"略过于重"文"。孟子重"人",荀子重"文"。汉儒略重"文",魏晋思想初期,则是重"人"。不过孔子重"人",是重"人之德性"。孟子重人,乃重"此德性所本之心性"。魏晋思想重人,则初是重"人情感之自然表现"。由重情感表现,而重人之风度、仪表、谈吐,而成过江名士之清谈。此清谈中,有人物的才性、风度、仪表互相欣赏,亦有玄言妙论互相称美。魏晋人对自然物对人,都能以一艺术性的胸襟相与。于是自然物与人物的个性、特殊性,都由此而易于昭露于人之心目之前。这使魏晋六朝,成一文学艺术的时代。亦是在人生社会政治思想中,尚自然,尚无为,尚放任,尚自得,尚适性的时代。王弼、何晏、郭象、向秀之思想,即此时时代精神的注释。此时代精神,与汉人精神相比,正全相反。汉代人是厚重、朴实、博大、敦笃。学者之精神,要负戴历史,尊天崇圣,通经致用,整个社会文化,在要求凝结、坚固。这使汉人完成了抟合中国民族为一大一统的地上国家的历史任务。魏晋六朝的时代,在政治社会上看,明是衰世。整个中国之世界在分裂。于是人之个人意识,超过民族意识国家意识。人要求表现自我,发抒个性,不受一切礼法的束缚,政治的束缚,这时代最特出的诗人、艺术家、思想家,都可说是比较缺乏对整个天下国家之责任感的人,或有责任感,而自觉无法负责任的人。而这时人之精神之最好的表现,则是人在减轻了卸掉了责任感之后,人的精神亦可变得更轻灵、疏朗、飘逸、清新、潇洒。这种精神之表现于魏晋时代之文学艺术中者,是汉人无论如何亦梦想不到的。魏晋人谈名理玄学的哲学文字之清通、朗澈、透辟、简要、隽永,亦同是人的思想上去掉了传统学术的负担,亦暂不要求负担什么治国平天下移风易俗之大责任后,自由挥洒运用其智慧,才能达到的境地。我们如果说,汉人精神表现厚重之地德,汉人之精神与思想之毛病,在太滞碍大质实,如有泥土气;则魏晋之文学艺术哲学中,却可说是脱净了此泥土气,而优游于自然界与人间世,望之"飘飘然若神仙中人者"。这是中国人文精神之另一种形态之新发展。

(六)佛学之超人文思想之兴起

从南北朝到隋唐,是佛学入中国,为中国学术思想之主流的时代。佛学之思想,应当说是超人文的。因而佛学之精神,并不一定能与南北朝隋唐之一般社会文化精神相配合。汉代之思想,能与汉代之文化配合。我上文论魏晋之玄学思想,亦与魏晋人生活及文学艺术之精神,合并讨论。由南北朝至隋唐,则是中国民族由分散再到凝合成大一统的国家时代。唐代文化,整个来说,是表现孟子所谓充实之谓美,而光辉及于世界的文化。此时代之政治上人物与诗人艺术家,多皆是有规模,有局度,有风骨,富才情的。这与魏晋人之潇洒优游之精神不同,亦与佛家之超人文的出世精神不同。故对佛家超人文之思想之所以注入中国思想,其理由当在魏晋南北朝以来，中国当时之学术思想与文化之缺点与流弊中求之。

当时中国文化之缺点，在失去固有之宗教精神，道德精神。表达思想之文字多为散文断句，而缺组织构造。魏晋之玄学中之言无，言自然，言独化，根底上是一观照欣赏优游的艺术精神之表现。一切观照欣赏优游的艺术精神，都不能使人生自己有最后的安身立命之地。这种精神之本质，可以当时王羲之《兰亭序》一段话说完。即“当其欣于所遇，暂得于己，快然自足，曾不知老之将至。……及情随事迁，感慨系之矣。……死生亦大矣，岂不痛哉”这种精神，善随于所遇而欣赏之。但亦正因其善于随所遇而欣赏之，则其欣赏之事，亦“随所遇”之去而俱去。于是人生无常之感，在所必生。死生之问题，在所必有。而此种欣赏之精神，在遇着人生无常或死生问题时，又一无办法。佛学之所以入中国，则正是要解决之生死问题，满足中国人之宗教要求。佛学经论较长于组织与构造，亦为才智之士所甘低首降心，加以研究者。至于佛学在南北朝隋唐之盛兴，则我们可说其原因之一，在佛学之超人文之精神，亦正可纠正南北朝之文人“连篇累牍，不出月露之形；积案盈箱，唯是风云之状”的浮华之习。此种浮华，是又一种文弊。周之文弊，使孔子重质，使墨子反礼乐，使庄子要游于人世之外，终于有商鞅韩非李斯之反人文思想。汉之人文思想与阴阳家言之混杂纠缠，使王充之自然主义出现，使魏晋人反名教，而任情感重个性。魏晋至南北朝文人之尚风花雪月的文敝，亦宜有主张超语言文字超人文，以求证寂净之涅槃境界的佛家思想，来清洗文人之色相，以满足人求向上一着之精神要求。

佛学入中国，在中国建设了无数的庙宇，带来无数新的人生宇宙之思想，亦帮助开拓了中国文学艺术之新境界。而佛教中之高僧大德，亦常不免兼为诗人与画家，这是一种佛教之超人文精神与中国之人文精神之互相渗透。而佛教之出世精神出家生活，与儒家之在家生活入世精神，互相渗透成的佛家思想，则有由天台华严之中国佛学之教理，逐渐转化出之禅宗思想。而再进一步复兴中国固有之人文精神之思想，则为宋明之理学。

（七）宋明理学中之立人极之精神

说宋明理学，受佛家道家思想之影响，是可以的，但宋明理学之本原，则只是儒家之人文思想。而其思想之内容与精神，从一方面说，亦确有超过以前儒家的地方。汉儒尊天崇圣，视圣人如天降而不可学。宋明儒之共同信仰，则劈头一句，便是圣人人人可学。第二句是圣人能与天合德，天或天地并不高于圣人。这是真复兴了先秦儒家孔、孟、《中庸》、《易传》的思想，而超过了汉儒。本来先秦儒家之发展到《易传》，即成立了一个对于宇宙之究极的概念，是为太极。汉儒用元气来注解太极，魏晋人或用无来说明太极。宋儒则在太极之外再立一个“人极”，并逐渐以理来说明在天之太极。理在人即为性。人极之立，亦即由人之尽其性而天理流行以立。以理来贯通天与人，太极与人极，而人道人文，遂皆一一有形而上的究极的意义。此外宋明儒如陆王之言心，乃即“人心”即“天心”，亦有一形而上的绝对意义。这中间的哲学，是人道透视天道，以天道保证人道。于是宋明儒之“人文精神”，即透到“超人文非人文之世界”，而“超人文非人文之世界”，亦可视如“人文世界”之根原所在。宋明理学家，可谓在超人文非人文之世界与人文世界间，真看见一直上直下的道路。所以宋明儒一方是反对佛老之忽人道，而在另一方，他们所最喜言的，却是去人欲，存天理。这个思想颇为清代以后人反对。去了人欲，岂不成非人？只存天理，人又到那里去了？但是这些问题，不是这样简单。如要简单说，则“存天理”，是“人要去存天理，使天理下来”，“去人欲”是“人自己内部之天理要去人欲”。人欲去了,人才成一与天合德的人。这不是汉人之外在的天与人感应之说。这亦不是悬空的哲学玄想。这是一种最诚敬的道德生活中,所感之一种实事的叙述。这种最诚敬的道德生活,因是要立人极,使人道有形而上的究极意义,所以其中涵有一宗教性。惟从此宗教性上看,才知宋明理学,是中国文化经了佛学之超人文的思想刺激后,进一步的儒家精神的发展。这发展,是发展出一种“自觉能通贯到超人文境界之人文精神”。这种人文精神之最高造诣,亦是“人”重于其所表现之“文”。“尧舜事业,何异浮云过太虚”,宋明理学家在一个时候,都可如此看。自宋明理学家看,如魏晋人所尚的人之情感生活,汉唐人所尚的人之气质之美,都不足见人之所以为人之真心真性所在。此真心真性,要把人之一般情感生活中之“嗜欲”,天生的“气质”中之驳杂成份,与真志相混之“意气”,与真知相杂之“意见”,层层剥落,然后能见到。而此真心真性,亦天心天理之直接呈露。孔子五十知天命,又有知我其天之感,孟子有尽心知性则知天之言。《中庸》、《易传》亦同有天人合德思想,而由人文以通超人文境界。但先秦儒者之悟此境界,似由充达人之精神、至乎其极而悟。宋明儒者则由不断把人的生活中,心地上,一切不干净的渣滓污秽,一一扫除而得。这便开辟出另一条“由人文世界,以通超人文世界之天心天理”的修养道路。

(八)清代学术之重文物文字及人文世界与自然世界之交界

对于清代之人文精神,我们如果专自其异于以前各时代之人文精神或所偏重之点而言,我们可说清代人对中国学术之最大贡献,在考证,训诂,音韵,校刊,辑佚等,以整理古代传来之文献。这一种精神,自最高处言,乃依于一种由文物文字之研究,以重构已往之人文世界之图像,为求当今之治平事业之用。自其最低处言,则不免以文物文字所在,为文化或思想之所在,而或使人玩物以丧志。除此以外,清代人在学术思想方面,则大均反对宋明儒之忽略人之自然情欲之地位,重静而轻动,重先天之心性之会悟,而忽略后天之习惯之养成,又忽略民生日用及现实社会中之种种问题。如颜李戴焦之思想,皆由此等处反对宋明儒。从此二者看,则我们可说清代之人文精神,比以前各时代之人文精神,是更能落到人之"感觉经验可直接把握的实际"。文物文字,是感觉可直接把握的,情欲行动习惯及民生日用之问题,亦是一般的感觉经验世界的问题。我们须知"感觉经验世界",亦即"人文世界与自然世界之交界"。在感觉经验世界中之文物,或饮食男女之事,究竟属于人文世界与自然世界,是很难分的。譬如考证文物,而至于发掘出古物,问到究竟这一块具石斧形状之物,是由人所造成或自然长成,是很难辨的。自然世界的风霜水火,对于古人所遗留下之文物,究竟有些什么影响,是考证学家亦最须要了解的。人之饮食的方式,男女结婚的方式,那些是原于自然情欲本能,那些是由于人文之陶冶,亦是很难辨的。由此我们要了解此感觉经验中之事物,即除须有人文历史之知识外,兼须有种种对非人文的自然之知识。而清代人之注重感觉经验世界的问题之人文精神,便同时是一必然要引人注意到"非人文的自然世界的人文精神",专研究非人文的自然世界之思想,即自然科学之思想。由此而由清代之人文精神,即理当接到,对西方输入之自然科学思想之重视。而清代大学者,亦多已能重视天文舆地与数学等科学。民国以来之中国人,更无不承认中国文化应吸收西方之科学,其中即包含人文科学与自然科学。

（九）……（略）

（十）中国人文精神当有之发展

但是中国民族是一有数千年历史经验的民族。中国人文精神之发展，亦经了多次的顿挫与曲折。……（略）但是人类文化与学术思想之发展，自来都是在艰难中求奋斗，迷津中求出路。道高一尺，魔高一丈是常事。但魔高一丈，道亦可再高十丈。光明与黑暗，对照而显。道亦由与魔对照而显。人眼可看见黑暗，则眼中自有光明。人知魔是魔，便会更去求道。一切反面的东西，必再被反。这是依于人性总是要向光明向道的必然。……（略）这样说来，则中国人文精神之未来发展之更远大的前途，说可正由此而可望见。关于这一层，我只简单的提出几点意见，以供人之进一步的研究（第六、第七、第八、第九四条，读者可以参考拙著《人文精神之重建》一书，及本书其他文）。

（一）我们从中国数千年的人文精神的发展，每一时代皆表现一新阶段，但并未与过去之历史截断，即可使我们相信中国未来之人文精神之发展，亦可能届一新阶段，而将不能与过去之历史截断。

……（略）

（三）对于中国传统的人文精神如周代的“礼乐精神”，孔子之重“人德”，孟子之重“人性”，荀子之重“以人文世界主宰自然世界”，汉人之“历史精神”，魏晋人之“重情感表现之具艺术的风度”，唐人之“富才情”，宋明人之重“立人极，于人心见天心，于性理见天理”，清人之重“顾念人之日常的实际生活”，这些精神，皆可互相和融，互为根据。我看不出其不能保存于中国未来文化中之理由。

但是我们认为情感或才情之发抒及人日常生活之安排，如真要求合理，而表现人文价值，以助人德性之养成，必须赖于人对人之天性与本心，有切实之觉悟。故孟子与宋明理学之中之心性之学，吾人必须对之先有认识，而发挥光大之。否则我们无论讲中国过去或未来之人文思想，皆为无根之木、无源之水。

（四）我们看魏晋人在思想上尚放任尚自由，而文学艺术哲学，皆能表现个性。然在政治上，则为衰世。汉代人在学术思想上，能力求承继古人加以融合，而社会政治上，则为大一统之盛世。然汉人之才情，又不如魏晋人之焕发而清俊，思想亦不如魏晋人之朗澈而新颖。故知一时代精神之重群体之统一，与重个性之发抒，乃各有所长，各有所短，而极不易兼备者。然我们看唐代之盛世，则一方国力充盈，德威远播，而一方则文人、诗人、艺术家与高僧大德，皆能卓尔成家，自抒怀抱。是又足证此二者未尝不可兼备于一时代之文化中。而吾人真欲综合兼重群体之统一，与重个性之发抒之精神，则宜兼悬唐文化之规模，以资向往。

（五）我们从一时代文化之文敝来看，大皆原于文胜质，即“人”自身之德，不足以持其所成之“文”。西周之文敝，始于礼乐仪文只存形式，诸侯大夫之“僭窃礼乐之仪文”。魏晋南北朝之文敝，为“尚浮华绮丽之辞藻”。禅宗与理学末流之文敝，“为袖手谈心性”。清学之文敝，为“沉溺于名物训诂之末”。礼乐之仪文、文学之辞藻，及谈说与文字名物，皆人类文化生活之表现于外者。凡对此等等人类文化生活之表现于外者，过度着重，无不可导致文敝。故救文敝之道，莫如尚“质”。尚质即重“人”过于其所表现于外之“文”。以人为主而言文，是为“摄末归本”。以文为主而忘人，是为“忘本徇末”。忘本徇末，不知重人重质，以救此敝，则必有超人文与反人文思想之生。此皆理有必至，势所必然，可证之中西古今之历史而不诬者。故未来之中国人文思想，必须重“人”过于重“文”。

（六）我们看超人文之佛学，可与唐代之盛世文化配合。佛学亦终为中国人文精神所感染，佛学复能间接引发力求上达之宋明儒学之兴，便可知超人文之宗教，同时为引人之精神，向上撑开，而趋于高远阔大者。因而我们对任何宗教，皆可容其存在于未来之中国文化中，并相信其亦一方可助中国人之精神之提升，一方亦将为中国人文精神所感染而变质，且将间接引发中国之新儒学，与中国文化固有宗教精神之复兴。

（七）我们说历史考证之学，发展到清代，而研究古代器物，与边疆史，史前史，便更接触到自然世界与人文世界之交界，同时亦发展至对于自然科学之不能不重视。而且我们从科学之原自人之思想而生的一方面看，我们亦明可说无论为研究人文之人文科学思想，与研究非人文之自然的自然科学思想，皆为人文之一部。人之能研究非人文之自然，表示人自己思想之能伸展开拓于人自身之外。亦即表示人之思想自身之伟大。而应用科学知识，以制造器物，与建立社会秩序，亦即使人文世界，得以主宰自然世界，并使人文世界显灿烂之条理者。故中国未来之人文精神之发展，即当包括对研究非人文的自然或人文的科学之尊重。

（八）人之从事学术文化之创造，与成就其个人之道德人格，皆系于人有精神上的自作主宰之自由。在过去中国社会，素少宗教信仰上，阶级制度上，对个人之束缚，即使中国过去社会，较西方或印度之过去社会，更为一自由之社会。但此中国过去社会中所允许之个人自由之多，乃中国文化本身所具之宽容性等所形成，而非由个人自觉的加以争取而得。故亦未一一订之为具体的人权，而以客观的法律保障之。……（略）然亦正由于此，而使吾人今更重新认识中国文化所具之宽容性，与中国过去社会中，个人所享自由之足贵。同时知人之主观上所要求之自由，必须一一被自觉而订为具体的人权，而由客观的法律以保障之。……（略）

（九）人依于关切其所在之国家民族社会兴亡盛衰之道德意识，而有真正之政治意识。而政治事业，政治活动，即为人之客观的道德实践中之一种事业或活动。故依于人与人道德人格上之平等，即当求人与人之政治上之平等。而人与人之政治上之平等，即客观的表现人之人格上之平等者。而由求政治上平等之理想而立之政治制度，即民主的政治制度。在中国过去之君主政治制度下，人皆可以为圣人——此与基督教一派中有注定不能得救之人不同，与佛教一派中以有永不能成佛之一阐提亦不同——然政权只由君主世袭，君民间终缺一真正的政治之平等。民国成立，而政权在民之义被公认。此不仅为中国政治思想之一大改变，亦为中国固有之道德人格平等之思想当有的涵义之一引申。而如何使此民主思想，体现于一有实效而表现中国人文精神之民主制度，及民主的政治生活，亦即为发展中国人文精神之一要务。

（十）吾人承认欲谋中国今后人文精神之发展，必须肯定人向往"超人文境界"之宗教，与人研究"非人文之自然"之科学之价值，并肯定自由社会及民主政治之保障人权与表现人格平等之价值。但吾人复须知，如离人而言宗教，则超人文之宗教思想，亦可导至"反人文"。如离人而言科学，则冷静的去研究非人文之科学的心习，亦或可使人"视人如非人"，而或助人之对人冷酷无情，科学技术亦可成为极权者之统治工具。如离人之"精神上之自作主宰"，言自由人权，则此自由恒只为"消极的摆脱外在的束缚"，人权之有法律保障，亦不必能有助于人之学术文化上之创造与人格之形成。如离"道德意识"、"人格平等"，而言民主，则民主政治亦可化为"分权力"或"分赃"之政治。此之谓"道不远人"，"不可远人以为道"。

吾人能见此诸义而深信不疑，并求去除一切"譬诸耳目口鼻，皆有所明，而不能相通"之"一曲之见"，然后吾人能承中国人文精神过去之发展，以融受世界之文化，而推进至或开创出中国人文精神发展之新阶段。

（原载《祖国周刊》1954年5月第十卷第九期）

唐君毅（1909—1978），四川宜宾人。早年就读于中俄大学、北京大学，毕业于南京中央大学哲学系。曾任教于华西大学、中央大学、金陵大学。1949年赴香港，与钱穆等创办新亚书院，兼教务长、哲学系主任。1963年受聘为香港中文大学，首任文学院院长和哲学讲座教授。1967年任新亚研究所所长。现代新儒家第二代代表人物之一。主要著述有《中西哲学比较研究集》、《道德自我之建立》、《心物与人生》、《人文精神之重建》、《中国文化之精神价值》、《中国人文精神之发展》、《中国哲学原论》、《生命存在与心灵境界》等。

本文由分析人文、非人文、超人文、次人文及反人文思想的涵义出发，概要论述了中国人文精神之发展的历程。作者认为，中国文化自起源上即是以人文为中心，中国人文精神之发展，大体经历了孔子之前之起源、由孔子至秦代之自觉形成、两汉之历史精神、魏晋之重情感之自然表现、南北朝至隋唐之超人文思想兴起、宋明理学之立人极精神以及清代学术之重文物文字及人文世界与自然世界之交界等阶段。他期望今人能通过融合世界文化，承续中国人文精神过去之发展，开创出中国人文精神发展之新阶段。

附：

为中国文化敬告世界人士宣言

牟宗三　徐复观

张君劢　唐君毅

案　此宣言之缘起，初是由张君劢先生去年春与唐君毅先生在美谈到西方人士对中国学术之研究方式，及对中国与政治前途之根本认识，多有未能切当之处，实足生心害政，遂由张先生兼函在台之牟宗三、徐复观二先生，征求同意，共发表一文。后经徐牟二先生赞同，并书陈意见，由唐先生与张先生商后，在美草定初稿，再寄徐牟二先生修正。往复函商，遂成此文。此文初意，本重在先由英文发表，故内容与语气，多为针对若干西方人士对中国文化之意见而说。但中文定稿后，因循数月，未及迻译。诸先生又觉欲转移西方人士之观念上之成见，亦非此一文之所能为功。最重要者仍为吾中国人之反求诸己，对其文化前途，先有一自信。故决定先以中文交《民主评论》及《再生》二杂志之一九五八年之元旦号，同时发表。特此致谢。

一、前言——我们发表此宣言之理由

在正式开始本宣言正文之前，我们要先说明，我们之联名发出此宣言,曾迭经考虑。首先,我们相信:如我们所说的是真理,则用一人的名义说出与用数人的名义说出,其真理之价值毫无增减。其次,我们之思想并非一切方面皆完全相同,而抱大体相同的中西人士,亦并不必仅我们数人。再其次,我们亦相信:一真正的思想运动文化运动之形成,主要有赖于人与人之思想之自然的互相影响后,而各自发出类似的思想。若只由少数已有某种思想的人,先以文字宣称其近于定型的思想,反易使此外的人感觉这些思想与自己并不相干,因而造成了这些思想在传布上的阻隔。

但今从另一方面想,我们至少在对中国文化之许多主张上,是大体相同,并无形间成为我们的共信。固然成为一时少数人的共信的,不必即是真理,但真理亦至少必须以二人以上的共信为其客观的见证。如果我们不将已成为我们所共信的主张说出,则我们主张中可成为真理的成份,不易为世人所共见。因此,亦将减轻了我们愿为真理向世人多方采证的愿望。至于抱有大体相同思想的中西人士,我们在此宣言上未能一一与之联络,则为节省书疏往返之繁。但我们决不愿意这些思想只被称为我们几个人的思想。这是在此宣言正文之前,应当加以预先声明的。

在此宣言中,我们所要说的,是我们对中国文化之过去与现在之基本认识及对其前途之展望,与今日中国及世界人士研究中国学术文化及中国问题应取的方向,并附及我们对世界文化的期望。对于这些问题,虽然为我们数十年来所注意,亦为中国及世界无数专家学者政治家们所注意;但是若非八年前中国遭遇此空前的大变局,迫使我们流亡海外,在四顾苍茫,一无凭借的心境情调之下,抚今追昔,从根本上反复用心,则我们亦不会对这些问题能认得如此清楚。我们相信,真正的智慧是生于忧患。因为只有忧患,可以把我们之精神,从一种定型的生活中解放出来,以产生一超越而涵盖的胸襟,去看问题的表面与里面、来路与去路。

如果世界其他国家的学者们，及十年前的我们，其他中国学者们，莫有经过同类的忧患，或具同一的超越而涵盖的胸襟，去看这许多问题，则恐怕不免为一片面的观点的限制，而产生无数的误解，因而不必能认识我们之所认识。所以我们必须把我们所认识者，去掉一些世俗的虚文，先从结论上宣告世界，以求世界及中国人士之指教。

我们之所以要把我们对自己国家文化之过去现在与将来前途的看法，向世界宣告，是因为我们真切相信：中国文化问题，有其世界的重要性。我们姑不论中国为数千年文化历史，迄未断绝之世界上之极少的国家之一，及18世纪以前的欧洲人对中国文化的称美，与中国文化对于人类文化已有的贡献。但无论如何，中国现有近于全球四分之一的人口摆在眼前。这全人类四分之一的人口之生命与精神，何处寄托，如何安顿，实际上早已为全人类的共同良心所关切。中国问题早已化为世界的问题。如果人类的良心，并不容许用核子弹来消灭中国五亿以上的人口，则此近四分之一的人类之生命与精神之命运，便将永成为全人类良心上共同的负担。而此问题之解决，实系于我们对中国文化之过去现在与将来有真实的认识。如果中国文化不被了解，中国文化没有将来，则这四分之一的人类之生命与精神，将得不到正当的寄托和安顿；此不仅将招来全人类在现实上的共同祸害，而且全人类之共同良心的负担，将永远无法解除。

二、世界人士研究中国学术文化之三种动机与道路及其缺点

中国学术文化之成为世界学术研究的对象，被称为所谓中国学或汉学，已有数百年之历史。而中国之成为一问题，中国文化之

成为一问题，亦已为百年来之中国人士及世界人士所注意。但是究竟中国学术文化之精神的中心在哪里？其发展之方向如何？中国今日文化问题之症结何在？顺着中国学术文化精神之中心，以再向前发展之道路如何？则百年来之中国人，或有不见庐山真面目，只缘身在此山中之处，此姑不论。而世界人士之了解中国与其学术文化，亦有因其出发之动机不同，而限于片面的观点，此观点便阻碍其去作多方面的更深入的认识。此有三者可说。由此三者，我们可以知道中国文化，并未能真被世界人士所认识，而获得其在世界上应得的地位。

（一）中国学术文化之介绍入西方，最初是三百年前耶稣会士的功绩。耶稣会士之到中国，其动机是传教。为传教而输入西方宗教教义，及若干科学知识技术到中国。再回欧洲即将中国之经籍，及当时之宋明理学一些思想，介绍至西方。当然他们这些使中西文化交流的功绩，都是极大的。但是亦正因其动机乃在向中国传教，所以他们对中国学术思想之注目点，一方是在中国诗书中言及上帝，与中国古儒之尊天敬神之处，而一方则对宋明儒之重理重心之思想，极力加以反对。此种反对之著作，可以利玛窦之《天主实义》，孙璋之《性理真诠》作代表。他们回到欧洲介绍宋明儒思想，只是报导性质，并不能得其要点。故不免将宋明儒思想，只作一般西方当时之理性主义、自然主义以至唯物主义思想看。故当时介绍至欧洲之宋明思想，恒被欧洲之无神论者、唯物主义者引为同调。照我们所了解，宋明儒之思想，实与当时西方康德以下之理想主义哲学更为接近。但是西方之理想主义者，却并不引宋明儒为同调。此正由耶稣会士之根本动机，是在中国传教，其在中国之思想战线，乃在援六经及孔子之教，以反宋明儒，反佛老，故他们对宋明儒思想之介绍，不是顺着中国文化自身之发展去加以了解，而只是立足于传教的立场之上。

(二)近百年来,世界对中国文化之研究,乃由鸦片战争,八国联军,中国门户逐渐洞开,而再引起。此时西方人士研究中国文化之动机,实来自对运入西方及在中国发现之中国文物之好奇心。例如斯坦因、伯希和等,在敦煌所发现之文物,所引起之所谓敦煌学之类。由此动机而研究中国美术考古,研究中国之西北地理,中国之边疆史,西域史,蒙古史,中西交通史,以及辽金元史,研究古代金石甲骨之文字,以及中国之方言,中国文字与语言之特性等,皆由此一动机一串相连。对此诸方面之学问,数十年来中国及欧洲之汉学家,各有其不朽之贡献。但是我们同时亦不能否认,西方人从中国文物所引起之好奇心,及到处去发现、收买、搬运中国文物,以作研究材料之兴趣,并不是直接注目于中国这个活的民族之文化生命、文化精神之来源与发展之路向的。此种兴趣,与西方学者要考证已死之埃及文明,小亚细亚文明,波斯文明,而到处去发现、收买、搬运此诸文明之遗物之兴趣,在本质上并无分别。而中国清学之方向,原是重文物材料之考证。直到民国,所谓新文化运动时整理国故之风,亦是以清代之治学方法为标准。中西学风,在对中国文化之研究上,两相凑泊,而此类之汉学研究,即宛成为世界人士对中国文化研究之正宗。

(三)至最近一二十年之世界之对中国文化学术之研究,则又似发展出一新方向。此即对于中国近代史之兴趣。此种兴趣,可谓由中日战争及中国大陆之共产党政治所引起。在中日战争中,西方顾问及外交界人士之来中国者,今日即多已成为中国近代史研究之领导人物。此种对中国近代史研究之动机,其初乃由西方人士,与中国政治社会之现实的接触,及对中国政治与国际局势之现实的关系之注意而引起。此种现实的动机,与上述由对文物之好奇心,而作对文物之纯学术的研究之动机,正成一对反。而此种动机,亦似较易引起人去注意活的中华民族之诸问题。但由现实政治之观点去研究中国历史者,乃由今溯古,由流溯源,由果推因之观点。当前之现实政治时在变化之中,如研究者对现实政治之态度亦各不一致,而时在变化之中。如研究者之动机,仅由接触何种之现实政治而引起,则其所拟定之问题,所注目之事实,所用以解释事实之假设,所导向之结论,皆不免为其个人接触某种现实政治时之个人之感情,及其对某种现实政治之主观的态度所决定。此皆易使其陷于个人及一时一地之偏见。欲去此弊,则必须顺中国文化历史之次序,由古至今,由源至流,由因至果之逐渐发展之方向,更须把握中国文化之本质,及其在历史中所经之曲折,乃能了解中国近代史之意义,及中国文化历史之未来与前途。由此以研究近代史,则研究者必须先超越其个人对现实政治之主观态度,并须常想到其在现实政治中所接触之事实,或只为偶然不重要之事实,或只为在未来历史中即将改变之事实,或系由中国文化所遇之曲折而发生之事实。由是而其所拟定之问题,当注目之事实,及用以解释事实之假设,与导向之结论,皆须由其对中国文化历史之整个发展方向之认识,以为决定。然因世界汉学者,研究中国近代史之兴趣,本多由其对中国政治社会之现实的接触,及对中国政治,与国际局势之现实关系之注意而起,则上述之偏弊,成为在实际上最难除去者。我们以上所说,并无意否认根据任何动机,以从事研究中国学术文化史者所作之努力,在客观上之价值。此客观价值,亦仅可超出于其最初研究时之主观动机之外。而研究者在其研究过程中,亦可不断改变其原来之主观动机。但是我们不能不说此诸主观动机,在事实上,常使研究者只取一片面的观点,去研究中国之学术文化,而在事实上亦已产生了不少对于中国学术文化之过去现在与未来之误解。故我们不能不提出另一种研究中国学术文化动机与态度,同时把我们本此动机与态度,去研究所已得的关于中国学术文化之过去现在与未来的结论,在大端上加以指出,以恳求世界人士的注意。

三、中国历史文化之精神生命之肯定

我们首先要恳求:中国与世界人士研究中国学术文化者,须肯定承认中国文化之活的生命之存在。我们不能否认,在许多西方人与中国人之心目中,中国文化已经死了。如斯宾格勒,即以中国文化到汉代已死。而中国五四运动以来流行之整理国故之口号,亦是把中国以前之学术文化,统于一“国故”之名词之下,而不免视之如字纸篓中之物,只待整理一番,以便归档存案的。而百年来中国民主建国运动之着着失败,更似客观的证明,中国文化的生命已经死亡。于是一切对中国学术文化之研究,皆如只是凭吊古迹。这一种观念,我们首先要恳求大家将其去掉。我们不否认,百年来中国民主建国运动之着着失败,曾屡使爱护中国的中国人士与世界人士,不断失望。我们亦不否认,中国文化正在生病,病至生出许多奇形怪状之赘疣,以致失去原形。但病人仍有活的生命。我们要治病,先要肯定病人生命之存在。不能先假定病人已死,而只足供医学家之解剖研究。至于要问中国文化只是生病而非死亡之证据在哪里?在客观方面的证据,后文再说。但另有一眼前的证据,当下即是。就是在发表此文的我们,自知我们并未死亡。如果读者们是研究中国学术文化的,你们亦没有死亡。如果我们同你们都是活的,而大家心目中同有中国文化,则中国文化便不能是死的。在人之活的心灵中的东西,纵使是已过去的死的,此心灵亦能使之复活。人类过去之历史文化,亦一直活在研究者的了解、凭吊、怀念的心灵中。这个道理,本是不难承认的极平凡的道理。亦没有一个研究人类过去历史文化的人,不自认自己是活人,不自认其所著的书,是由他的活的生命心血所贯注的书;不自认其生命心血之贯注处，一切过去的东西如在目前。但是一个自以为是在用自己之生命心血，亦人类过去之历史文化作研究者，因其手边只有这些文物，于是总易忘了此过去之历史文化之本身，那是无数代的人，以其生命心血，一页一页的写成的；总易忘了这中间有血，有汗，有泪，有笑，有一贯的理想与精神在贯注。因为忘了这些，便不能把此过去之历史文化，当作是一客观的人类之精神生命之表现。遂在研究之时，没有同情，没有敬意，亦不期望此客观的精神生命之表现，能继续的发展下去；更不会想到：今日还有真实存在于此历史文化大流之中的有血有肉的人，正在努力使此客观的精神生命之表现，继续发展下去，因而对之亦发生一些同情和敬意。这些事，在此种研究者的心中，认为是情感上的事，是妨碍客观冷静的研究的，是文学家，政治宣传家，或渲染历史文化之色彩的哲学家的事，不是研究者的事。但是这种研究者之根本错误，就在这里。这一种把情感与理智割裂的态度，忽略其所研究之历史文化，是人类之客观精神生命之表现的态度，正是原于此种研究者之最大自私，即只承认其研究工作中，有生命、有心血，此外皆无生命、无心血。此是忘了人类之历史文化，不同于客观外在的自然物，而只以对客观外在之自然物之研究态度，来对人类之历史文化。此是把人类之历史文化，化同于自然界的化石。这中间不仅包含一道德上的罪孽，同时也是对人类历史文化的最不客观的态度。因为客观上的历史文化，本来自始即是人类之客观精神生命之表现。我们可以说，对一切人间的事物，若是根本没有同情与敬意，即根本无真实的了解。因一切人间事物之呈现于我们之感觉界者，只是表象，此表象之意义，只有由我们自己的生命心灵，透到此表象之后面，去同情体验其依于什么一种人类之生命心灵而有，然后能有真实的了解。我们要透至此表象之后面，则我们必须先能超越我们个人自己之主观的生命心灵，而有一肯定尊重客观的人类生命心灵之敬意。此敬意是一导引我们之智慧的光辉，去照察了解其他生命心灵之内部之一引线。只有此引线，而无智慧之运用，以从事研究，固然无了解。但是莫有此敬意为引线，则我们将对此呈现于感觉界之诸表象，只凭我们在主观上之习惯的成见，加以解释，以至凭任意联想的偶发的奇想，加以解释。这就必然产生无数的误解，而不能成就客观的了解。要成就此客观的了解，则必须以我们对所欲了解者的敬意，导其先路。敬意向前伸展增加一分，智慧的运用，亦随之增加一分，了解亦随之增加一分。敬意之伸展在什么地方停止，则智慧之运用，亦即呆滞不前。人间事物之表象，即成为只是如此如此呈现之一感觉界事物，或一无生命心灵存在于其内部之自然物；再下一步，便又只成为凭我们主观的自由，任意加以猜想解释的对象，于以产生误解。所以照我们的意思，如果任何研究中国之历史文化的人，不能真实肯定中国之历史文化，乃系无数代的中国人，以其生命心血所写成，而为一客观的精神生命之表现，因而多少寄以同情与敬意，则中国之历史文化，在他们之前，必然只等于一堆无生命精神之文物，如同死的化石。然而由此遂推断中国文化为已死，却系大错。这只因从死的眼光中，所看出来的东西永远是死的而已。然而我们仍承认一切以死的眼光，看中国文化的人，研究中国文化的人，其精神生命是活的，其著的书是活的精神生命之表现。我们的恳求，只是望大家推扩自己之当下自觉是活的之一念，而肯定中国之历史文化，亦是继续不断的一活的客观的精神生命之表现，则由此研究所得的结论，将更有其客观的意义。如果无此肯定，或有之而不能时时被自觉的提起，则一切对中国历史文化的研究，皆似最冷静客观，而实则亦可能只是最主观的自由任意的猜想与解释，在根本上可完全不能相应。所以研究者切实把自己的研究动机，加以反省检讨，乃推进研究工作的重大关键。

四、中国哲学理想在中国文化中之地位及其与西方哲学之不同

如上所说，我们研究中国之历史文化学术，要把它视作中国民族之客观的精神生命之表现来看。但这个精神生命之核心在哪里？我们可说，它在中国人之思想或哲学之中。这并不是说，中国之思想或哲学，决定中国之文化历史。而是说，只有从中国之思想或哲学下手，才能照明中国文化历史中之精神生命。因而研究中国历史文化之大路，重要的是由中国之哲学思想之中心，再一层一层的透出去，而不应只是从分散的中国历史文物之各方面之零碎的研究，再慢慢的综结起来。后面这条路，犹如从分散的枝叶去通到根干，似亦无不可。但是我们要知道，此分散的枝叶，同时能遮蔽其所托之根干。这常易使研究者之心灵，只是由此一叶面，再伸到另一叶面，在诸叶面上盘桓。此时人若要真寻得根干，还得要翻到枝叶下面去，直看枝叶之如何交会于一中心根干。这即是说，我们必须深入到历史留传下之书籍文物里面，探求其哲学思想之存在，以此为研究之中心。但我们在了解此根干后，又还须顺着根干，延伸到千枝万叶上去，然后才能从此千枝竞秀，万叶争荣上，看出树木之生机郁勃的生命力量与精神的风姿。

我们之所以要用树木之根干与枝叶之关系，来比喻中国历史文物之各方面，与中国之哲学思想，对于中国文化精神生命之关系，同时是为表明中国文化之性质，兼表明要了解中国哲学思想，不能只用了解西方哲学思想之态度来了解。我们此处所指之中国文化之性质，乃指其“一本性”。此一本性乃谓中国文化，在本原上，是一个体系。此一本并不否认其多根。此乃比喻在古代中国，亦有不同之文化地区。但此并不妨碍，中国古代文化之有一脉相

承之统绪。殷革夏命而承夏之文化，周革殷命而承殷之文化，即成三代文化之一统相承。此后秦继周，汉继秦，以至唐、宋、元、明、清，中国在政治上，有分有合，但总以大一统为常道。且政治的分合，从未影响到文化学术思想的大归趋，此即所谓道统之相传。

中国历史文化中道统之说，或非中国现代人与西方人所乐闻，但无论乐闻与否，这是中国历史上的事实。此事实，乃源于中国文化之一本性。中国人之有此统之观念，除其理论上之理由，今暂置不说外，其事实上的原因，是因中国大陆与欧洲大陆，其文化历史，自来即不一样。欧洲古代之希腊城邦，势力分布于希腊本土，及诸海上殖民地，原无一统的希腊世界。而近代西方文化，除有希腊之来源外，尚有罗马，希伯来，日耳曼，回教等之来源。中国文化，虽亦有来源于印度文化，阿拉伯文化，及昔所谓四夷者，亦有间接来自希腊罗马者；然而在百年以前之中国，在根本上只是一个文化统系一脉相传，则是没有问题的。西方文化之统，则因现实上来源之众多，难于建立，于是乃以超现实世界之宗教信仰中之上帝，为其统。由希伯来宗教与希腊思想罗马文化精神之结合，乃有中古时代短期存在的神圣罗马帝国之统。然此统，不久即告分裂。今欲使西方诸国家及其文化复归于统一，恐当在全人类合归天下一家之时。而中国文化则自来即有其一贯之统绪的存在。这是中西文化在来源上的根本分别，为我们所不能忽略的。

这种西方文化之有各种文化来源，使西方文化学术之内容，特显复杂丰富，同时亦是西方之有明显的分门别类，而相对独立之学术文化领域之原因。西方之科学哲学源于希腊，法律源于罗马，宗教源于希伯来，其文化来源不同，研究之方法、态度、目标亦不必相同，而各自成范围，各成界限。而单就哲学说，西方之哲学自希腊以来，即属少数哲学家，作遗世独立之思辨(Speculation)之事。故哲学家之世界，恒自成一天地。每一哲学家，都欲自造一思想系统,穷老尽气,以求表现于文字著作之中。至欲表现其思想于生活行事之中者,实寥寥可数。而此类著作,其界说严,论证多,而析理亦甚繁。故凡以西洋哲学之眼光,去看中国哲人之著作,则无不觉其粗疏简陋,此亦世界之研究中国学术文化者,不愿对中国哲学思想中多所致力的原因之一。

但是我们若果首先认识此中国文化之一本性,知中国之哲学科学与宗教、政治、法律、伦理、道德,并无不同之文化来源。而中国过去,亦并无视一个人哲学之思辨,可自成一天地之说。更无哲学说必须一人自造一思想系统,以全表之于文字著作中之说。则中国哲学著作以要言不繁为理想,而疏于界说之厘定,论证之建立,亦不足为怪。而吾人之了解中国哲学思想,亦自始不当离哲学家之全人格,全生活,及其与所接之师友之谈论,所在之整个社会中之行事,及其文化思想之渊源,与其所尚论之古今人物等,而了解,亦彰彰明甚。而人真能由此去了解中国哲人,则可见其思想之表现于文字者,虽似粗疏简陋,而其所涵之精神意义、文化意义、历史意义,则正可极丰富而极精深。此正如一树之根干,虽极朴质简单,而透过其所贯注之千条万叶以观,则生机郁勃,而内容丰富。由此我们可知,欲了解中国文化,必须透过其哲学核心去了解,而真了解中国哲学,又还须再由此哲学之文化意义去了解。以中国文化有其一本性,在政治上有政统,故哲学中即有道统。反之,如果我们不了解中国文化之一本性,不知中国之哲人及哲学,在中国文化中所处之地位,不同于西方哲人及哲学,在西方文化中所处之地位,则我们可根本不从此去看:中国哲学思想,与中国文化之关系及多方面之意义,更不知中国哲学中,有历代相传之道统之意义所在,而将只从中国哲学著作外表之简单粗疏,以定为无多研究之价值,并或以道统之说,为西方所谓思想统制之类。而不知其以看西方哲学著作之眼光,看中国哲学著作,正由于其蔽于西方文化历史之情形，而未能肯定中国文化之独立性；未知中国文化以其来源为一本，则其文化之精神生命之表现方式，亦不必与文化来源为多元之西方文化相同也。

五、中国文化中之伦理道德与宗教精神

对于中国文化，好多年来之中国与世界人士，有一普遍流行的看法，即以中国文化，是注意人与人间之伦理道德，而不重人对神之宗教信仰的。这种看法，在原则上并不错。但在一般人的观念中，同时以中国文化所重的伦理道德，只是求现实的人与人关系的调整，以维持社会政治之秩序；同时以为中国文化中莫有宗教性的超越感情，中国之伦理道德思想，都是一些外表的行为规范的条文，缺乏内心之精神生活上的根据。这种看法，却犯了莫大的错误。这种看法的来源，盖首由于到中国之西方人初只是传教士、商人、军人与外交官，故其到中国之第一目标，并非真为了解中国，亦不必真能有机会，与能代表中国文化精神之中国人，有深切的接触。于是其所观察者可只是中国一般人民之生活风俗之外表，而只见中国之伦理规范，礼教仪节之维持现实社会政治秩序之效用的方面，而对中国之伦理道德，在人之内心的精神生活上之根据，及此中所包含宗教性的超越感情，却看不见。而在传教士之心中，因其目标本在传教，故其目光亦必多少不免先从中国文化之缺乏宗教精神之方面看。而传教士等初至中国之所接触者，又都是中国之下层民众。故对于中国民间流行宗教性之迷信，亦特为注意。此种迷信中，自更看不出什么高级的宗教精神。又因近百年来西方人在中国之传教事业，乃由西方之炮舰，先打开了中国门户，再跟着商船来的。中国之传统文化，自来不崇拜武力与商人，因而对于随炮舰商船来之传教士，旋即视之为西方文化侵略的象征。由

此而近代中国之学术界，自清末到五四时代之学者，都不愿信西方之宗教，亦不重中国文化中之宗教精神。五四运动时代领导思想界的思想家，又多是一些只崇拜科学民主，在哲学上相信实用主义、唯物主义、自然主义的人，故其解释中国之学术文化，亦尽量从其缺宗教性方面看。而对中国之旧道德，则专从其化为形式的礼教风俗方面看，而要加以打倒。于是亦视中国之伦理道德，只是一些外表的行为规范，而无内在之精神生活之内容者。至后来之共产主义者，因其为先天的无神论者，并只重道德之社会效用者，更不愿见中国文化精神中之宗教性之成份，而更看不见中国之伦理道德之内在的精神生活上的根据。此与西方传教士等初到中国之观感所得，正可互相配合，而归于同一之论断。

但是照我们的看法，则中国莫有像西方那种制度的宗教教会与宗教战争，是不成问题的。但西方所以有由中古至今之基督教会，乃由希伯来之独立的宗教文化传统，与希腊思想，罗马文化，日耳曼之民族气质结合而来。此中以基督教之来源，是一独立之希伯来文化，故有独立之教会。又以其所结合之希腊思想，罗马文化，日耳曼之民族气质之不同，故有东正教、天主教及新教之分裂，而导致宗教战争。然而在中国，则由其文化来源之一本性，中国古代文化中，并无一独立之宗教文化传统，如希伯来者，亦无希伯来之祭司僧侣之组织之传统，所以当然不能有西方那种制度的宗教。但是这一句话之涵义中，并不包含中国民族先天的缺乏宗教性的超越感情，或宗教精神，而只知重现实的伦理道德。这只当更由以证明中国民族之宗教性的超越感情，及宗教精神，因与其所重之伦理道德，同来源于一本之文化，而与其伦理道德之精神，遂合一而不可分。这应当是非常明白的道理。然而人们只以西方文化历史的眼光看中国，却常把此明白的道理忽视了。照我们的看法，中国诗书中之原重上帝或天之信仰，是很明显的。此点，三百年前到中国之耶稣会士亦注意到，而祭天地社稷之礼，亦一直为后代儒者所重视，历代帝王所遵行，至民国初年而后废。而中国民间之家庭，今亦尚有天地君亲师之神位。说中国人之祭天地祖宗之礼中，莫有一宗教性的超越感情，是不能说的。当然过去中国之只有皇帝，才能行郊祀之礼，便使此宗教感情在民间，缺乏礼制以维持之，而归于薄弱。而皇帝之祭天，亦或是奉行故事，以自固其统治权。皇帝祭天，又是政教合一之事，尤为西方人及今之中国人所呵责。但是中国人之只以皇帝祭天，亦自有其理由。此乃以天子代表万民祭天，亦犹如西方教皇之可代表万民，向上帝祈祷。而政教合一之所以被西方人视为大忌，亦根本上由于西方教权所在之教会，与西方历史中政权所在之政府，原为不同之文化来源之故。因其来源不同，故无论以教权统制政权，或以政权统制教权，皆使一方受委屈，因而必归于政教分离。而此政教分离，亦确有其在客观上使政治宗教各得其所之价值。此亦为我们在理论上所承认者。但以中西文化之不同，则在西方之以政教合一为大罪者，在中国过去历史中，则未必为大罪。而在西方，以宗教可与政治以及一般之社会伦理道德皆分离，固特见其有宗教。然在中国，则宗教本不与政治及伦理道德分离，亦非即无宗教。此二点，仍值得吾人研究中国文化者之注意。

至于纯从中国人之人生道德伦理之实践方面说，则此中亦明涵有宗教性之超越感情。在中国人生道德思想中，大家无论如何不能忽视，由古至今中国思想家所重视之天人合德、天人合一、天人不二、天人同体之观念。此中之所谓天之意义，自有各种之不同。在一意义下，此天即指目所见之物质之天。然而此天之观念，在中国古代思想中，明指有人格之上帝。即在孔孟老庄思想中之天之意义，虽各有不同，然无论如何，我们不能否认他们所谓天之观念之所指，初为超越现实的个人自我，与现实之人与人关系的。

而真正研究中国学术文化者，其真问题所在，当在问中国古代人对天之宗教信仰，如何贯注于后来思想家之对于人的思想中，而成天人合一一类之思想，及中国古代文化之宗教的方面，如何融和于后来之人生伦理道德方面，及中国文化之其他方面。如果这样去研究，则不是中国思想中有无上帝或天，有无宗教之问题，而其所导向之结论，亦不是一简单的中国文化中无神、无上帝、无宗教，而是中国文化能使天人交贯，一方使天由上彻下以内在于人，一方亦使人由下升上而上通于天。这亦不是只用西方思想来直接类比，便能得一决定之了解的。

此外中国人之人生道德伦理之实践方面之学问，此乃属中国所谓义理之学中。此所谓义理之学，乃自觉的依义理之当然以定是非，以定自己之存心与行为。此亦明非只限于一表面的人与人之关系之调整，以维持政治社会之秩序，而其目标实在人之道德人格之真正的完成。此人格之完成，系于人之处处只见义理之当然，而不见利害、祸福、得失、生死。而此中之只求依义理之当然，不求苟生苟存，尤为儒者之学之所特注重。我们须知，凡只知重现实的功利主义者，自然主义者，与唯物主义者，都不能对死之问题正视。因死乃我的现实世界之不存在，故死恒为形上的宗教的思想之对象。然而中国之儒家思想，则自来要人兼正视生，亦正视死的。所谓杀身成仁，舍生取义，志士不忘在沟壑，勇士不忘丧其元，都是要人把死之问题放在面前，而把仁义之价值之超过个人生命之价值，凸显出来。而历代之气节之士，都是能舍生取义，杀身成仁的。西方人对于殉道者，无不承认其对于道有一宗教性之超越信仰。则中国儒者之此类之教，及气节之士之心志与行为，又岂无一宗教性之信仰之存在？而中国儒者之言气节，可以从容就义为最高理想，此乃自觉的舍生取义。此中如无对义之绝对的信仰，又如何可能？此所信仰的是什么，这可说即是仁义之价值之本身，道之本身。亦可说是要留天地正气，或为要行其心之所安，而不必是上帝之诫命，或上帝的意旨。然而此中人心之所安之道之所在，或天地正气之所在，即使人可置死生于度外，则此心之所安之道，一方内在于此心，一方亦即超越过个人之现实生命之道，而人对此道之信仰，岂非即宗教性之超越信仰？

我们希望世界人士研究中国文化，勿以中国人只知重视现实的人与人间行为之外表规范，以维持社会政治之秩序，而须注意其中之天人合一之思想，从事道德实践时对道之宗教性的信仰。这是我们要大家注意的第一点。

六、中国心性之学的意义

我们从中国人对于道之宗教性信仰，便可转到论中国之心性之学。此心性之学，是中国古时所谓义理之学之又一方面，即论人之当然的义理之本原所在者。此心性之学，亦最为世之研究中国学术文化者，所忽略所误解的。而实则此心性之学，正为中国学术思想之核心，亦是中国思想中之所以有天人合德之说之真正理由所在。

中国心性之学，乃至宋明而后大盛。宋明思想，亦实系先秦以后，中国思想第二最高阶段之发展。但在先秦之儒家道家思想中，实已早以其对心性之认识为其思想之核心。此我们另有文讨论。古文《尚书》所谓尧舜禹十六字相传之心法，固是晚出的。但后人之所以要伪造此说，宋明儒之所以深信此为中国道统之传之来源所在，亦正因为他们相信中国之学术文化，当以心性之学为其本原。然而现今之中国与世界之学者，皆不能了解此心性之学，为中国之学术文化之核心所在。其所以致此者，首因清代三百年之学术，乃是反宋明儒，而重对书籍文物之考证训诂的。故最讨厌谈心谈性。由清末西化东渐，中国人所羡慕于西方者，初乃其炮舰武器，进而及其他科学技术，政治法制。五四运动时代之中国思想界，一方讲科学民主，一方亦以清代考证之学中有科学方法，而人多喜提倡清代颜习斋、戴东原之学，以反对宋明儒。后来共产主义讲存在决定意识，亦不喜欢讲心性。在西方传入之宗教思想，要人自认本性中涵有原始罪恶。中国传统的心性之学，则以性善论为主流。此二者间亦至少在表面上是违反的。又宋明儒喜论理气，不似中国古代经籍中尚多言上帝。此乃自耶稣会士以来之基督教徒，亦不喜宋明儒的心性之学之故。由清末至今之中国思想界中，只有佛家学者是素重心性之学的。而在清末之古文学家如章太炎，今文学家如龚定庵，及今文学家康有为之弟子如谭嗣同等，亦皆重视佛学。但佛家心性之学，不同于中国儒家心性之学。佛学之言心性，亦特有其由观照冥会而来之详密之义。故佛学家亦多不了解中国儒家心性之学。由是中国传统的心性之学，遂为数百年之中国思想界所忽视。而在西方，则耶稣会士把中国经籍及宋明理学介绍至西方时，乃把宋明理学只当作一般西方之理性主义、自然主义、唯物主义看，此在上文已说。所以宋明理学在西方亦只被理性主义者如来布尼兹，唯物主义者如荷尔巴哈(Holbach)等引为同调。后来虽有人翻译朱子语录中之人性论及其他零碎的宋明儒之文章，但亦似无人能对宋明心性之学作切实的研究者。而宋明儒之语录，又表面上较先秦诸子更为零碎，不易得其系统所在，亦与西人治哲学者之脾胃不合，于是中国心性之学，遂同为今日之中国人与西方人所忽略。

中国心性之学，在今日所以又为人所误解之主要原因，则在于人恒只把此心性之学，当作西方传统哲学中之所谓理性的灵魂 Rational Soul 之理论，或认识论形上学之理论，或当做一种心理学看，而由耶稣会士下来的西方宗教家的观点，则因其初视宋明理学为无神论的自然主义，所以总想像其所谓人心人性，皆人之自然的心、自然的性。由他们直至今日，中国之性字总译为 Nature。此 Nature 一名之义，在希腊斯多噶哲学、近代之浪漫主义文学，与斯宾诺萨及少数当今之自然主义哲学家如怀特海之思想中，皆颇有一深厚之意义，足与中国之性字相当。但自基督教以 Supernature 之名与 Nature 之名相对后，则 Nature 之名之义，在近代日沦于凡俗。而在西方近代之一般自然主义唯物主义哲学兴起以后，我们谈到 Human Nature，通常总是想到人之自然心理、自然本能、自然欲望上去，可以卑之无甚高论。人由此以看中国的心性之学，亦总从其平凡浅近处去解释，而不愿本西方较深入于人之精神生活内部之思想去解释。

然而照我们的了解，则认为把中国心性哲学，当作西方心理学或传统哲学中之理性的灵魂论，及认识论形上学去讲，都在根本上不对。而从与超自然相对之自然主义的观点，去看中国心性之学，因而只从平凡浅近处去加以解释，更属完全错误。西方近代所谓科学的心理学，乃把人之自然的行为，当作一经验科学研究的对象看。此是一纯事实的研究，而不含任何对人之心理行为，作价值的估量的。传统哲学中之理性的灵魂论，乃将人心视作一实体，而论其单一不朽，自存诸形式的性质的。西方之认识论，乃研究纯粹的理智的认识心，如何认识外界对象，而使理智的知识如何可能的。西方一般之形上学，乃先以求了解此客观宇宙之究极的实在，与一般的构造组织为目标的。而中国由孔孟至宋明儒之心性之学，则是人之道德实践的基础，同时是随人之道德实践生活之深度，而加深此学之深度的。这不是先固定的安置一心理行为或灵魂实体作对象，在外加以研究思索，亦不是为说明知识如何可能，而有此心性之学。此心性之学中，自包含一形上学。然此形上学，乃近乎康德所谓的形上学，是为道德实践之基础，亦由道德实践而证实的形上学。而非一般先假定一究竟实在存于客观宇宙，而据一般的经验理性去推证之形上学。

因中国此种由孔孟至宋明之心性之学，有此种特殊的性质，所以如果一个人其本身不从事道德实践，或虽从事道德实践，而只以之服从一社会的道德规律、或神之命令、与新旧约圣经一章一句为事者，都不能真有亲切的了解。换句话说，即这种学问，不容许人只先取一冷静的求知一对象，由知此一对象后，再定我们行为的态度。此种态度，可用以对外在之自然与外在之社会，乃至对超越之上帝。然不能以之对吾人自己之道德实践，与实践中会觉悟到之心性。此中我们必须依觉悟而生实践，依实践而更增觉悟。知行二者，相依而进。此觉悟可表达之于文字，然他人之了解此文字，还须自己由实践而有一觉悟。此中实践如差一步，则觉悟与真实之了解，即差一步。在如此之实践与觉悟，相依而进之历程中，人之实践的行为，固为对外面之人物等的。但此觉悟，则纯是内在于人自己的。所以人之实践行为，向外面扩大了一步，此内在之觉悟，亦扩大了一步。依此，人之实践的行为及于家庭，则此内在之觉悟中，涵摄了家庭；及于国家，则此内在之觉悟中，涵摄了国家；及于天下宇宙，及于历史，及于一切吉凶祸福之环境，我们之内在的觉悟中，亦涵摄了此中之一切。由此而人生之一切行道而成物之事，皆为成德而成己之事。凡从外面看来，只是顺从社会之礼法，或上遵天命，或为天下后世，立德、立功、立言者，从此内在之觉悟中看，皆不外尽自己之心性。人之道德实践之意志，其所关涉者无限量，而此自己之心性亦无限量。对此心性之无限量，却不可悬空去拟议，而只可从当人从事于道德实践时，无限量之事物自然展现于前，而为吾人所关切，以印证吾人与天地万物实为一体。而由此印证，即见此心此性，同时即通于天。于是人能尽心知性则知天，人之存心养性亦即所以事天。而人性即天性，人德即天德，人之尽性成德之事，皆所以赞天地之化育。所以宋明儒由此而有性理即天理，人之本心即天心，人之良知之灵明，即天地万物之灵明，人之良知良能，即乾知坤能等之思想，亦即所谓天人合一思想。此中精微广大之说，自非我们今所能一一加以论列者。然由先秦之孔孟，以至宋明儒，明有一贯之共同认识。共认此道德实践之行，与觉悟之知，二者系相依互进；共认一切对外在世界之道德实践行为，唯依于吾人之欲自尽此内在之心性，即出于吾人心性，或出于吾人心性自身之所不容自已的要求；共认人能尽此内在心性，即所以达天德，天理，天心而与天地合德，或与天地参。此即中国心性之学之传统。今人如能了解此心性之学，乃中国文化之神髓所在，则决不容许任人视中国文化，为只重外在的现实的人与人之关系之调整，而无内在之精神生活，及宗教性形上性的超越感情之说。而当知在此心性学下，人之外在的行为，实无不为依据；亦兼成就人之内在的精神生活，亦无不兼为上达天德，而赞天地之化育者。此心性之学，乃通于人之生活之内与外及人与天之枢纽所在，亦即通贯社会之伦理礼法，内心修养，宗教精神，及形上学等而一之者。然而在西方文化中，言形上学、哲学、科学，则为外于道德实践之求知一客观之对象，此为希腊之传统；言宗教则先置定一上帝之命令，此为希伯来之传统；言法律、政治、礼制、伦理，则先置定其为自外规范人群者，此主要为罗马法制伦理之传统。中国心性之学，于三者皆不类。遂为今日世界与中国之学人，习于以西方文化学术观点，看中国之学术文化者所忽略，或只由一片面之观点去看，而加以误解。此不知不了解中国心性之学，即不了解中国之文化也。

七、中国历史文化所以长久之理由

我们如果能知中国心性之学的重要，我们便可以再进而讨论，中国民族之历史文化,何以能历数千年而不断之问题。以文化历史之不断而论,只印度可与中国相比。但印度人以前一直冥心于宗教中之永恒世界,而缺历史之意识。故其文化历史虽长久,而不能真自觉其长久。中国则为文化历史长久,而又一向能自觉其长久之唯一的现存国家。然则中国文化、历史何以能如此长久?这不能如斯宾格勒之以中国文化自汉以后即停滞不进来作解说。因汉以后中国文化并非停滞不进,若其真系停滞不进,即未有不归于死亡消灭者。有的人说,中国文化历史之所以长久,乃以中国文化注重现实生活的维持,不似西方文化之喜从事超现实生活之理想或神境之追求,故民族现实生命,能长久保存下去。又有人说,此乃以中国文化重保守,一切生活皆习故蹈常,不须多耗力气,故民族生命力,得因节约而长久不弊。又有人说,此因中国人重多子多孙,故历代虽迭遭天灾人祸,但以生殖繁多,人口旋即恢复,民族遂不致绝灭。此外还有各种不同之说法。这些说法,我们不能一概抹煞,说其全无理由。但皆未能从中国学术之本身,以求此问题之解答。照我们的了解,则一民族之文化,为其精神生命之表现,而以学术思想为其核心。所以此问题之解答,仍应求之于中国学术思想。

如从中国之学术思想去看此一问题,则我们与其说中国文化,因重视现实生活之维持,遂不作超现实生活的追求;不如说中国之思想,自来即要求人以一超现实的心情,来调护其现实的心情,来调护其现实生活。与其说因中国文化偏重保守,致其生活皆习故蹈常,不须多耗气力;不如说中国之思想,自来即要求人不只把力气,向外表现,而耗竭净尽,更要求人把气力向内收敛。以识取并培养生命气力的生生之原。与其说中国民族,因重多子多孙,而民族不易灭绝;不如说在中国之极早思想中,即重视生命的价值,因而重视生命之传承不绝。总而言之,我们与其说中国民族文化历史之所以能长久,是其他外在原因的自然结果,不如说这是因中国学术思想中,原有种种自觉的人生观念,以使此民族文化之生命,能绵延于长久而不坠。

我们之所以要说,中国思想中原有种种人生观念,以使此民族之文化生命长久,其客观的证据,是此求"久"之思想,在中国极早的时代中已经提出。中国古代之宗教思想中,有一种天命靡常的思想。此思想是说上帝或天,对于地上之各民族各君王,并无偏袒。天之降命于谁,使之为天下宗主,要视其德而定。周代的周公,即是深切认识天之降命于夏、于殷之无常,由是而对周之民族,特别谆谆告诫,求如何延续其宗祀的。此即是求民族文化之"久"的思想,而周代亦竟为中国朝代中之最久者。此中不能说没有周公之反省告诫之功。至于久之哲学观念的正式提出,则在儒家之《易传》、《中庸》中,有所谓"可大可久"及"悠久成物"之观念,《老子》中有人要法"天长地久"及"深根固蒂长生久视"之观念。《易传》、《中庸》、《老子》,皆成于战国时代。战国时代是中国古代社会,发生急剧变化,一切最不能久的时代。而此时代正是久之哲学观念,在儒家道家思想中,同时被提出的时代。可知求久先是中国古人之自觉的思想中的事,而此后之汉唐宋等朝代之各能久至数百年,皆由其政治上文化上的措施,有各种如何求久的努力。而中国整个民族文化之所以能久,则由于中国人之各种求久的思想。这些思想,由古代的史官之记载与训诫,后来历史家所叙述的历代成败兴亡之故,及哲学家指出久与不久之原理,而散布至中国之全民族,其内容是非常复杂丰富的。

简单说,这些思想,以道家形态表现的,是一种功利主义的,以退为进的,"不自生故能长生""后其身而身先,外其身而身存"的思想。此种以退为进的思想,正是以一种超越一般人对其现实的生命身体之私执,及一往向外用力之态度,而使力气向内收敛凝聚,以求身存及长生之态度。这一种态度，要人少私寡欲，要人见素抱朴，要人致虚守静，要人专气致柔，以归根复命。这是可以使人达于自然的生命力之生生之原，而保持长养人之自然生命力的。

至于这些思想，以儒家形态而表现的，则儒家亦有要人把自然生命之力气，加以内敛之一方面，其动机初是要成就人与人间之礼。儒家承周之礼教，以温其如玉，表示君子之德。玉之特色是外温润而内坚刚。坚刚在内，则一切生命力量，都积蓄起来。《中庸》所崇尚之南方之强，与北方之强之不同处，正在北方之强，是力量都在外，而南方之强则"宽柔以教，不教无道"，力量都向内收敛。所谓外温润而内坚刚及南方之强，本是指人在道德上人所当有的德性。但是此种德性，能附带把人之生命力量，收敛积蓄于内，亦即使人之德性，更能透过身体之内部，而表现出来。则德性兼能润泽人之自然身体之生命，此即所谓"德润身""心广体胖"。在西方伦理学上谈道德，多谈道德规则，道德行为，道德之社会价值，与宗教关系，但很少有人特别注重道德之彻底变化我们自然生命存在之气质，以使此自然的身体之态度气象，能表现我们之德性，同时使德性能润泽此身体之价值。而中国之儒家传统思想中，则自来即重视此点。同时中国儒者所讲之德性，依以前我们所说，其本原乃在我们之心性，而此性是天理，此心亦通于天心。此心此性，天心天理，乃我们德性的生生之原。此德性既能润泽我们之身体，则此身体之存在，亦即为此心此性之所主宰，天理天心之所贯彻，因而得被安顿调护，以真实存在于天地之间。

至于克就中国民族生命之保存而言，则中国人之重视多子多孙，亦不能仅自生物本能之欲保存种族，以为解说。因中国人之重视子孙，自周代起，即已自觉此乃所以存宗祀。存宗祀之观念的事，乃兼有宗教道德与政治之意义的。人顺其自然的生命本能，是只知男女夫妇之爱，与对所生之子女之爱的。此自然的生物本能之欲延续其生命的要求，乃一往向前流，向下流的。人只有依其能超越此向前流向下流之自然生命的趋向，而后能对其生命之所自来之父母祖宗，有其孝思。由此孝思，而虑父母祖宗之无人祭祀。此正为一超现实的求上慰父母之心、祖宗之灵之要求。由此而谓“不孝有三，无后为大”乃重生子孙，以求现实生命之继续，而其望子孙之万代不绝，亦复为一超越的理想。这不可只以生物之种族保存的本能，来作说明。这正当以贯通于中国人之思想之中，原以人之心当上通千古、下通万世，乃能显发此心之无限量，来加以说明的。

我们说中国文化中之重子孙，及承宗祀之思想，不应只以保存种族之生物本能来说明。同时认为中国人之求保存文化于永久，亦不应只以保守之习惯来说明。此二者同有一客观的证据。即在中国古代之儒家思想中，明白的以亡他人之国，灭他人之宗祀为不义。在儒家思想中，不仅须保存周公传下之文化，而且望存二王之后，以保存夏殷之文化。《春秋》所谓“兴灭国、继绝世”乃一客观普遍的原则，而不只是为孔子所在之鲁国。孔子周游列国，亦明是求当时整个之天下之有道。这不应说儒家之重保存民族与文化之思想，只是种族主义，或狭隘的国家思想，或只出于一保守习惯之动机。至于孔子之宗周攘夷，及历代中国儒者之要讲夷夏之辨，固然是一事实。但此中亦有“夷狄而中国，则中国之”的思想。依于中国文化核心的心性之学来说，则心之量无限，故凡为人之心性所印可的文化学术，即为吾人心性之所涵容摄取，而不加排斥。此即《中庸》上之所谓道并行而不相悖。由此以成就中国文化的博大的性格，而博大亦是悠久的根源。所以中国是对宗教最为宽容的国家。佛教的三武之难，及义和团事案，其原因皆由政治因素而来，而不来自文化自身。这是不消多说的。

所以只用种族本能与保守习惯一类名词，来解释中国人之重民族的文化生命之保存，解释中国历史之所以长久，我们绝对不能接受。如果要解释中国古人何以如此重夷夏之辨,其真正之理由,只在中国之文化之客观价值,是较古代之四夷为高,故不应用夷变夏。至于其他民族中文化之好的部分,依此道理,中国人则当接受而保存之。所以现在之马列主义者,要否认佛教基督教之价值,与西方文化之价值,真正之中国人仍愿为保存之而奋斗。保存到何时?要到亿万斯年。这依于什么?这还是依于我们之心量,应为上通千古,下通万世之心量。这是中国人重视历史文化保存之自觉的思想中核心理由之所在,亦是中国之历史文化,所能实际存至数千年而有一贯之传统保存下来之核心理由所在。

我们以上所讲的数点,是针对世界及中国人士对于中国文化之一些流行但并不真实之观念,而把中国文化根本上的几点性质加以指出,以端正一般人研究中国学术文化的基本认识。这几点亦是中国文化之正面的价值之所在。至于中国文化理想有所不足之处,及其在现实上的缺点,我们当然承认。此俟以下再说。但是我们必须认清:看任何文化,如果真能视之为人类之客观的精神生命之表现,则我们首当注目而加以承认的,当是其原来理想所具备的正面价值的方面。我们须知,理想之不足,是在理想伸展为更大之理想时,才反照出来的。现实上的缺点与坏处,是在我们实现理想时,受了限制阻碍,及其他牵挂而后反照出来的。此乃属于第二义。我们能对于个人先认识其理想的长处,则我们可先对人有敬意。再继以认识其理想之不足与现实上之缺点,则可使我们想方法补救其理想之不足与现实上之缺点,以表现我们对他的爱护。对于为人类客观精神生命之表现的文化,也应当如此。

八、中国文化之发展与科学

我们方才说中国文化理想之不足,必待于理想之伸展,为更高大之理想时,乃能反照出来。这亦即就是说,我们不能只以一外在的标准,来衡量中国文化之价值,指导中国文化之前途。我们要论中国文化理想之不足,我们必需先了解中国文化之理想,其本身应向什么方向伸展,才能更高更大,以反照出以前文化之缺点。要使此理想更高大,一般的想法,总是最好把其他文化之理想,亦包括于中国文化的理想之中。但是这种想法,只是想由加添法,来扩大中国文化之理想,而没有注意到此文化之本身,要求向什么方向伸展其理想之问题。如依此加添法的想法,则世界上所有的好东西,最好中国文化中都有,这亦未尝不是一理想的扩大。如中国有通哲学道德宗教以为一之心性之学,而缺西方式之独立的哲学与宗教,我们亦愿意中国皆有之,以使中国文化更形丰富。但是如依中国之传统文化之理想说,则我们亦可认为中国无西方式之独立的宗教与哲学,并非如何严重的缺点。而西方之哲学、宗教、道德之分离,缺少中国心性之学,亦可能是西方文化中之一缺点。此点我们后当论之。故我们今不采加添法以扩大中国之文化理想。我们只当指出中国文化依其本身要求应当伸展出之文化理想是什么。

我们说中国文化依其本身之要求,应当伸展出之文化理想,是要使中国人不仅由其心性之学,以自觉其自我之为一"道德实践的主体",同时当求在政治上,能自觉为一"政治的主体",在自然界、知识界成为"认识的主体"及"实用技术的活动之主体"。这亦就是说中国需要真正的民主建国,亦需要科学与实用技术,中国文化中须接受西方或世界之文化。但是其所以需要接受西方或世界之文化,乃所以使中国人在自觉成为一道德的主体之外,兼自觉为一政治的主体、认识的主体,及实用技术活动的主体。而使中国人之人格有更高的完成,中国民族之客观的精神生命有更高的发展。此人格之更高的完成、与民族之精神生命之更高的发展,正是中国人之要自觉的成为道德实践之主体之本身所要求的,亦是中国民族之客观的精神生命之发展的途程中,原来所要求的。

我们承认中国文化历史中,缺乏西方之近代民主制度之建立,与西方之近代的科学,及各种实用技术,致使中国未能真正的现代化工业化。但是我们不能承认中国之文化思想,没有民主思想之种子,其政治发展之内在要求,不倾向于民主制度之建立。亦不能承认中国文化是反科学的,自来即轻视科学实用技术的。关于民主一层,下文再论。关于科学与实用技术一层,我们须先承认中国古代之文化,分明是注重实用技术的。故传说中之圣王,都是器物的发明者。而儒家亦素有形上之道,见于形下之器的思想,而重"正德""利用""厚生"。天文数学医学之知识,中国亦发达甚早。在18世纪以前,关于制造器物与工农业上之技术知识,中国亦多高出于西方,此乃人所共知之事。然而我们仍承认中国的文化,缺乏西方科学者,则以我们承认西方科学根本精神,乃超实用技术动机之上者。西方科学精神,实导源于希腊人之为求知而求知。此种为求知而求知之态度,乃是要先置定一客观对象世界,而至少在暂时,收敛我们一切实用的活动,及道德实践的活动,超越我们对于客观事物之一切利害的判断,与道德价值之判断;而让我们之认识的心灵主体,一方如其所知的观察客观对象,所呈现于此主体之前之一切现象;一方顺其理性之运用,以从事纯理论的推演;由此以使客观对象世界之条理,及此理性的运用中所展现之思想范畴、逻辑规律,亦呈现于此认识的心灵主体之前,而为其所清明的加以观照涵摄者。此种科学之精神,毕竟为中国先哲之所缺。因而其理论科学,不能继续发展;而实用技术之知识,亦不能继续扩充;遂使中国人之以实用技术,利用厚生之活动,亦不能尽量伸展。中国人之缺此种科学精神,其根本上之症结所在,则中国思想之过重道德的实践,恒使其不能暂保留对于客观世界之价值的判断,于是由此判断,即直接的过渡至内在的道德修养,与外在的实际的实用活动。此即由“正德”，直接过渡至“利用厚生”。正德与利用厚生之间，少了一个理论科学知识之扩充，以为其媒介；则正德之事，亦不能通到广大的利用厚生之事，或只退却为个人之内在的道德修养。由此退却，虽能使人更体悟到此内在的道德主体之尊严，此心此性之通天德天理——此即宋明理学之成就——然而亦同时闭塞了此道德主体之向外通的门路，而趋于此主体自身之寂寞与干枯。由是而在明末之王船山、顾亭林、黄梨洲等，遂同感到此道德主体只是向内收缩之毛病，而认识到此主体有向外通之必要。然因中国之缺理论科学之精神传统，故到清代，其学者之精神虽欲向外通，其对外面世界所注意及者，仍归于诸外在之文物书籍，遂只以求知此书籍文物，而对之作考证训诂之功为能事。终乃精神僵固于此文物书籍之中，内既失宋明儒对于道德主体之觉悟，外亦不能正德以利用厚生，遂产生中国文化精神之更大闭塞。但由明末清初儒者之重水利、农田、医学、律历、天文，经颜元、戴东原，以直至清末之富强运动，此中仍一贯有欲由对自然之知识，以达于正德兼利用厚生之要求，贯注于其中。至其根本之缺点所在，则只在此中间之西方理论科学之精神之媒介，为中国文化所缺，而不能达其目标。中国人欲具备此西方理论科学精神，却又须中国人之亦能随时收敛其实用的活动，暂忘其道德的目标，而此点则终未为明末以来思想家所认清。今认清此点，则中国人不仅当只求自觉成为一道德的主体，以直下贯注于利用厚生，而为实用活动之主体；更当兼求自觉成为纯粹认识之主体。当其自觉求成为认识之主体时，即须暂忘其为道德的主体，及实用活动之主体。而此事，则对在中国之传统文化下之中国人，成为最难者。但是中国人如不能兼使其自身，自觉为一认识的主体，则亦不能完成其为道德的主体，与实用活动之主体。由是而中国人真要建立其自身之成为一道德的主体，即必当要求建立其自身之兼为认识的主体。而此道德的主体之要求建立其自身之兼为一认识的主体时,此道德主体,须暂忘其为道德的主体。即此道德之主体,须暂退归于此认识之主体之后,成为认识主体的支持者。直俟此认识的主体,完成其认识之任务后,然后再施其价值判断,从事道德之实践,并引发其实用之活动。此时人之道德的主体,乃升进为能主宰其自身之进退,并主宰认识的主体自身之进退,因而更能完成其为自作主宰之道德的主体者。然而我们可以说,人之道德的主体,必须成为能主宰其自身之进退,与认识的主体之进退者,乃为最高的道德的主体。此即所谓人之最大之仁,乃兼涵仁与智者。在当其用智时,可只任此智之客观的冷静的了解对象,而放此智以弥六合,仁乃暂退隐于其后。当其不用智时,则一切智,皆卷之以退藏于密,而满腔子是恻隐之心,处处是价值判断,而唯以如何用其智,以成己成物为念。依此精神以言中国文化之发展,则中国文化中,必当建立一纯理论的科学知识之世界,或独立之科学的文化领域;在中国传统之道德性的道统观念之外,兼须建立一学统,即科学知识之传承不断之统。而此事,正为中国文化中之道德精神,求其自身之完成与升进所应有之事,亦即中国文化中道统之继续所理当要求者。至由理论科学之应用,以发展实用技术,以使中国工业化,则本与中国数千年文化中,重利用厚生之精神一贯者,其为中国人所理当要求,自更无庸论。

九、中国文化之发展与民主建国

至关于民主建国之问题,我们上已说过,中国文化历史中,缺乏西方近代之民主制度之建立。中国过去历史中,除早期之贵族封建政治外,自秦以后即为君主制度。在此君主制度下,政治上最高之权原,是在君而不在民的。由此而使中国政治本身,发生许多不能解决之问题。如君主之承继问题,改朝易姓之际之问题,宰相之地位如何确定之问题,在中国历史上皆不能有好的解决。中国过去在改朝易姓之际,只能出许多打天下的英雄,以其生命精神之力,互相搏斗,最后归于一人为君,以开一朝代。但在君主世袭之制下,遇君主既贤且能时,固可以最政治上之安定;如君主能而不贤,则可与宰相相冲突,亦可对人民暴敛横征;如君主不能不贤,则外戚、宦官、权臣皆觊觎君位,以至天下大乱。然贤能之君不可必,则一朝代终必衰亡。以致中国之政治历史,遂长显为一治一乱的循环之局。欲突破此循环之唯一道路,则只有系于民主政治制度之建立。故四十六年前,亦终有中华民国之成立。而现在之问题,则唯在中国民族迄今尚未能真正完成其民主建国之事业。

但是中国今虽尚未能完成其民主建国之事业,然我们却不能说中国政治发展之内在要求,不倾向于民主制度之建立。更不能说中国文化中,无民主思想之种子。首先我们应当知道,中国过去政治,虽是君主制度,但此与一般西方君主制度,自来即不完全相同。此种不同,自中国最早的政治思想上说,即以民意代表天命。故奉天承命的人君,必表现为对民意之尊重,且须受民意之考验。所以在政治制度上,遂"使公卿至于列士献诗……百工谏,庶人传语,近臣尽规,亲戚补察,瞽史教诲",以求政府成为通上下之情的机构。同时史官的秉笔直书,人臣对于人君死后所共同评定的谥法,都是使人君的行为有多少顾忌。这些都是对君主所施之精神上之限制。中国政治发展到后来,则有代表社会知识分子之在政府中的力量之宰相制度,谏诤君主之御史制度,及提拔中国知识分子从政之征辟制度、选举制度、科举制度等。这些制度,都可使君主在政府内部之权力,受一些道德上的限制。并使政府与社会民间,经常有沟通之桥梁。而这些制度之成立,都表示中国社会之知识分子,所代表之中国文化之力量。只是这些制度之本身,是否为君主所尊重,仍只系于君主个人之道德。如其不加尊重,并无一为君主与人民所共认之根本大法——宪法——以限制之。于是中国知识分子,仍可被君主及其左右加以利用,或压迫、放逐、屠杀。而在此情形下,中国知识分子,则只能表现为气节之士。在此气节之士之精神中,即包涵对于君主及其左右之权力与意志之反抗。由此反抗之仍无救于政治上之昏乱,国家之败亡,即反照出:中国政治制度中,仅由政府内部之宰相御史等,对君主权力所施之限制,必须转出而成为:政府外部之人民之权力,对于政府权力作有效的政治上的限制。仅由君主加以采择与最后决定,而后施行之政治制度,必须化为由全体人民所建立之政治制度,即宪法下之政治制度。只是由篡窃战争,始能移转之政权,必须化为可由政党间,作和平移转之政权。此即谓由中国君主制度本身之发展,及中国文化对于君主制度下政治之反抗与要求,中国政治必须取消君主制度,而倾向于民主制度之建立。

至于我们不能说中国文化中无民主思想之种子者,则以儒道二家之政治思想,皆认为君主不当滥用权力,而望君主之无为而治,为政以德。此固只是一对君主之道德上的期望,但儒家复推尊尧舜之禅让,及汤武之革命,则是确定的指明"天下非一人之天下,而是天下人之天下"及"君位之可更迭",并认为政治之理想,乃在于实现人民之好恶。此乃从孔孟到黄梨洲,一贯相仍之思想。过去儒家思想之缺点,是未知如何以法制,成就此君位之更迭,及实现人民之好恶。禅让如凭君主个人之好恶,此仍是私而非公,而儒家禅让之说,后遂化为篡夺之假借。而永远之革命,亦不能立万世之太平。儒家所言之革命,遂化为后来之群雄并起,以打天下之局。但是从儒家之肯定:天下非一人之天下,并一贯相信在道德上,人皆可以尧舜为贤圣,及民之所好好之,民之所恶恶之等来看,此中之天下为公,人格平等之思想,即为民主政治思想根源之所在,至少亦为民主政治思想之种子所在。

我们所以说中国过去儒家之“天下为公”“人格平等”之思想，必须发展为今日之民主建国之思想与事业者，则以此思想之发展，必与君主制度相矛盾。因君主之家天下，毕竟仍是天下为私。同时人民在政治上之地位，不能与君主平等，所谓“臣罪当诛，天王圣明”；则在道德人格上，亦不能与君主平等。反之，如君主与人民在道德人格上，真正平等，则人民在政治上，应亦可言“人民圣明，君罪当诛”。若欲使此事成为可能，则君主制度必须化为民主制度。故道德上之天下为公、人格平等之思想，必须当发展至民主制度之肯定。

此种政治上之民主制度之建立，所以对中国历史文化之发展成为必须，尚有其更深的理由。在过去中国之君主制度下，君主固可以德治天下，而人民亦可沐浴于其德化之下，使天下清平。然人民如只沐浴于君主德化之下，则人民仍只是被动的接受德化，人民之道德主体仍未能树立，而只可说仅君主自树立其道德主体。然而如仅君主自树立其道德主体，而不能使人民树立其道德的主体，则此君主纵为圣君，而其一人之独圣，此即私“圣”为我有，即非真能成其为圣，亦非真能树立其道德主体。所以人君若真能树立其道德的主体，则彼纵能以德化万民，亦将以此德化万民之事本身，公诸天下，成为万民之互相德化。同时亦必将其所居之政治上之位，先公诸天下，为人人所可居之公位。然而肯定政治上之位，皆为人人所可居之公位，同时即肯定人人有平等之政治权利，肯定人人皆平等的为一政治的主体。既肯定人人平等的为一政治的主体，则依人人之公意而制定宪法，以作为共同行使政治权利之运行轨道，即使政治成为民主宪政之政治，乃自然之事。由是而我们可说，从中国历史文化之重道德主体之树立，即必当发展为政治上之民主制度，乃能使人真树立其道德的主体。民主之政治制度，乃使居政治上之公位之人，皆可进可退。而在君主制度下，此君主纵为圣君，然其一居君位，即能进而不能退。纵有圣人在下，永无为君之一日，则又能退而不能进。然本于人之道德主体对其自身之主宰性，则必要求使其自身之活动之表现于政治之上者，其进其退，皆同为可能。此中即有中国文化中之道德精神，与君主制度之根本矛盾。而此矛盾，只有由肯定人人皆平等为政治的主体之民主宪政，加以解决，而民主宪政，亦即成为中国文化中之道德精神自身发展之所要求。今日中国之民主建国，乃中国历史文化发展至今之一大事业，而必当求其成功者，其最深理由，亦即在此。

十、我们对中国现代政治史之认识

我们以上论中国历史文化精神之发展至今，必然要求民主建国，使我们触及中国之现代史。所以我们须一略述我们对中国现代史之一些基本认识。

在怀疑中国能否民主建国的人，常由中华民国史以举证。中华民国之历史，从民国初年之一度袁世凯称帝，一度张勋复辟，及十余年之军阀割据，到民国十五年国民革命成功，即开始国民党二十年之训政，训政刚结束，表面行宪选举完成，在中国大陆即有共产党之取国民党而代之，今已九年。这都似可证明中国政治永不能真正走上民主宪政之路，以至使人可根本怀疑，中国人民之是否真要求民主政治。

照我们之看法，关于中国人民之要求民主政治，根本是不成问题的。因袁世凯称帝，亦要先伪造民意，而洪宪之命运，亦只有数月。张勋复辟之命运更短。而国民党之训政，在中山先生之思想中，亦自始只以之作为宪政之准备工作。共产党所宗之马列主义，必以“人民民主”之名置于专政之上，并首先以新民主主义为号召，则仍证明其未能真正否定民主，可见中国人民之要求政治民主，是不成问题的。

现在的问题是何以中国人民要求民主,而民主宪政终不能在此数十年之中国历史中实现?则此中有现实社会的理由,亦有学术思想上之理由。就民国初年一段时期说,则辛亥革命之成功,本来主要系依于清末变法图强运动之失败,而汉民族之民族主义意识之兴起,遂将满清推倒。变法图强运动,虽亦要求立宪,然当时立宪之目标,只重在用新人才以求富强。而汉民族之民族主义意识之兴趣,则是要雪所受于满清的三百年之耻辱。当时的思想中,虽亦有民权民主之观念,但这些观念之涵义,中国人民并不清楚,或视民国之成立,只为中国历史上改朝换代之类。而中国社会又自来缺乏各种宗教、经济、学术、文化之团体与地方自治之组织,及各阶级之对峙。于是民国初年之议员,多只是一种纯粹之知识分子,无社会之客观力量以为其基础,亦不能真正代表社会某一组织某一阶层之利益。我们看西方民主政治之起源,分明由于社会之各组织各阶层之利益,互相限制,互相争取而成立。而西方之议员,亦恒有社会之客观力量,以为其言论所以有效之基础。中国则一向唯以知识分子作为社会之中心,而此知识分子又素未与工商界结合,亦无教会之组织,则民国初年之议会,必只成为社会中浮游无根知识分子之结合;其终于不能制裁袁世凯之称帝,不能抵制曹锟之贿选,亦无足怪。至于从民主之思想方面说,则由中山先生之民权主义思想,民国初年之代议政治之理论,以至陈独秀办《新青年》之标出科学与民主之口号,固皆是民主思想。但是陈独秀等一方标科学与民主之口号,一方面亦要反对中国之旧文化,而要打倒孔家店。这样,则民主纯成为英美之舶来品,因而在中国文化中是无根的。以民主与科学之口号,去与数千年之中国历史文化斗争,中国文化固然被摧毁,而民主亦生不了根,亦不能为中国人共信,以成为制度。于是陈独秀终于转向社会经济方面,而重视西方帝国主义与资本主义对中国之侵略。由是而改谈马克思主义,不再谈所谓资产阶级之民主。以陈独秀这种特别标榜民主口号的人,终于一度抛弃了民主口号,这即是民国初年之民主思想之最明显的自我否定。于是民国十二三年后的中国思想,便一步步的走入马克思之旗帜下去。这不仅共产主义者为然,即当时之三民主义者如胡汉民、廖仲恺等,亦同样是唯物史观之信徒。1924 年国民党改组,归于联俄容共,亦重在共建立一革命组织,以为北伐之准备,而不在直接实现民主制度。中山先生与陈独秀之不同,只在他始终有一由军政训政,以达民主宪政之理想。然在国民革命的实际行动中,此民主宪政之观念,并不能凸显,为人所注意。而在国民党训政的廿年中,此观念亦几为党治观念所代替。

至于国民党之训政,何以延至廿年之久?此固可说是由于国民党人,在主观上之不愿轻易放弃其政权。但在客观上的原因,则由 1931 年日本侵占东三省后,即特别唤起了中国人之民族思想。民族思想,常不免要求集中力量意志,以便对外,因而一时有各种仿效希特勒、莫索里尼等思想之兴起。及中日战争起,政体自更不易轻于改变。然人欲由此推论中国人民愿长为训政下之人民,则并无是处。故在民主政治以外之任何努力,对于解决中国问题,终皆一切归于无效。

自 19 世纪末以来,中国受西方资本主义的侵略与帝国主义的压迫。共产主义之思想,乃由住在租界中的亭子间的知识分子,因深感此侵略压迫之存在,而后介绍至中国的。这种思想之介绍至中国,并非由中国民族文化思想中,所直接发展而出,而只是由于中国民族与其文化,因受侵略压迫,不能一直发展,然后才由外输入的。对中国共产党之所以能取得政权,我们不能忽视二重大的事实。第一、即共产党之坐大,初由于以共同抗日为号召,这是凭借中华民族之民族意识。第二、共产党在中国大陆能取国民党之政权而代之，其初只是与其他民主党派联合，以要求国民党还政于民，于是使国民党之党治，先在精神上解体。这是凭借中国人民之民主要求，造成国民党精神之崩溃。由此二者，即可证明中共所以有此成功，仍正由于它凭借了中国人民之民族意识及民主要求。

十一、我们对于西方文化之期望及西方所应学习于东方之智慧者

西方文化是支配现代世界的文化，这是我们不能否认的事实。自19世纪以来，世界各民族的文化，都受到西方文化的影响，都在努力学习西方之宗教、科学、哲学、文艺、法律、实用技术，亦是不能否认的事实。但是毕竟西方文化之本身，是否即足够领导人类之文化？除东方人向西方文化学习以外，西方人是否亦有须向东方文化学习之处？或我们期望西方人应向东方文化学习者是什么？由此东西文化之互相学习，我们所期待于世界学术思想之前途又是什么？这是一个大问题。我们于此亦愿一述我们之意见。

照我们对于西方文化的看法，我们承认西方文化精神之最高表现，主要在其兼承受了希腊的科学哲学精神，与希伯来之宗教精神。希伯来之宗教精神，使西方人之心灵直接通接于上帝。希腊的科学哲学精神，使西方人能对宇宙间之数理秩序，对各种事物存在之普遍范畴与特殊法则，对人类思考运行所遵守之逻辑规律，都以清明之心，加以观照涵摄，而人乃得以其认识的主体，居临于自然世界之上，而生活于普遍的理性之世界。近代之西方人最初是北方蛮族，而此蛮族又以其原始朴质之灵魂，接受此二文化精神之陶冶，而内在化之。于是此近代西方人之心灵，乃一面通接于唯一之上帝之无限的神圣，一面亦是能依普遍的理性，以认识自然世界。由此而转至近代文艺复兴时代，人对其自身有一自觉时，此二

者即结合为个人人格尊严之自觉，与一种求精神上的自由之要求。由此而求改革宗教，逐渐建立民族国家，进而求自由运用理性，形成启蒙运动；求多方面的了解自然与人类社会历史，并求本对自然之知识，以改造自然；本对人类社会政治文化之理想，以改造人间。于是政治上之自由与民主、经济上之自由与公平、社会上之博爱等理想，遂相缘而生。而美国革命、法国革命、产业革命、解放黑奴运动、殖民地独立运动、社会主义运动，亦都相继而起。由科学进步之应用于自然之改造，及对社会政治经济制度之改造，二者相互为用，相得益彰；于是一二百年之西方文化，遂突飞猛进，使世界一切古老之文化，皆望尘莫及。凡此等等，盖皆有其普遍永恒之价值，而为一切其他民族所当共同推尊、赞叹、学习、仿效，以求其民族文化之平流竞进者也。

然此近代之西方文化，在其突飞猛进之途程中，亦明显的表现有种种之冲突，种种之问题。如由宗教改革而有宗教之战争；由民族国家之分别建立而有民族国家之战争；由产业革命而有资本主义社会中劳资之对立；为向外争取资源，开发殖民地，而有压迫弱小民族之帝国主义行动；及为争取殖民地而生之帝国主义间之战争；为实现经济平等之共产主义之理想，而导致苏俄之极权政治；而20世纪以来，亚洲非洲之民族主义兴起，既与西方国家之既得利益相冲突，又因其对欧美之富强而言，整个之亚洲非洲，无异于一大无产阶级，于是亚非民族，既受西方政治上经济上之压迫侵略于前，故共产主义之思潮最易乘虚透入。亚洲非洲之民族主义与共产主义相结合，以反抗西方国家，又适足以遂苏俄一国之野心。在今日科学已发展至核子武器，足以毁灭人类之时期，人类之前途乃惶惶不可终日。此皆近代西方文化之突飞猛进所带来之后果。则我们今日对西方文化，毕竟应如何重新估价？并对之应抱有何种希望？应为吾人所认真思考之问题。

从一方面看,由近代西方文化进步所带来之问题,亦多西方人自身所逐渐解决。如由宗教自由原则之确立,宗教战争已可不再起。对劳资之冲突,西方文明国家,亦有各种政治上、经济上、社会上之措施。对狭隘的民族国家观念,亦先后有国际联盟、联合国之成立,希望由此加以破除。而自美国由殖民地成为独立国家以来,世界人类的良心,在20世纪亦皆同趋向于谋一切殖民地之独立。但是照我们的看法,这许多问题虽多已解决,但其问题之根源于西方文化本身之缺点者,则今日依然存在。

在今日苏俄与西方民主国家之对立中,居于举足重轻之地位者,分明系亚非之民族之何去何从。本来亚洲之中国文化、印度文化,及横贯亚非之回教文化,在先天上皆非唯物主义,在理论上正应与西方之自由民主文化相结合,然其今日何以尚未如此,实值得西方人士作深刻的反省。

西方人士初步之反省,是归其原因于19世纪以来西方对亚洲非洲之侵略,以致今日尚有历史遗下之殖民地存在于亚洲及非洲。此种反省之进一步,是如罗素、斯宾格勒之说:西方人在其膨胀其文化力量于世界时,同时有一强烈的权力意志、征服意志,于是引起被征服者之反感。但是照我们之意见,此权力意志还是表面的。真正的西方人之精神之缺点,乃在其膨胀扩张其文化势力于世界的途程中,他只是运用一往的理性,而想把其理想中之观念,直下普遍化于世界;而忽略其他民族文化的特殊性,因而对之不免缺乏敬意与同情的了解,亦常不从其他民族文化自身之发展的要求中,去看西方文化对其他民族文化之价值。此义在我们研究中国文化的态度时,已提到而未加说明。本来这种运用一往的理性,而想把理想中之观念直下普遍化出去,原是一切人之同有的原始的理性活动之形态。但因西方文化本源于希伯来与希腊之文化传统,而近代西方人又重实用技术之精神,于是近代西方人遂特富于此心习。因为依希腊文化之传统,人之理性的思维,须自觉的把握一切普遍者,而呈现之于人心之前。又依希伯来之宗教文化传统,则人信上帝是有预定之计划,乃由上至下以实现其计划于世界者。而本近代之实用技术之精神,则人对自然社会之改造,都是把由我们之理性所形成之普遍理想,依一定之方法,而实现之于现实者。由是而上信上帝,又有依理性而成之普遍理想,而兼习于实用技术精神之西方人,遂有一种自觉或不自觉的心习,即如承上帝之意旨,以把其依理性所形成之理想,一直贯注下去之心习。这个心习,在一个人身上表现,后果还不严重。但在一群人身上表现,以形成一宗教社会政治经济之改革运动时,则依此心习所积成之一群人之活动,遂只能一往直前,由是而其力量扩张至某一程度,即与另一群抱不同理想之人,互相冲突。此乃近代之宗教战争,民族国家之冲突,经济上阶级之冲突,各种政治上主义信仰者间之斗争,恒归于非常剧烈,无从避免之原因。亦是各西方国家之政治经济文化之力量,必须转而向亚非各洲膨胀,以暂缓和其内部之冲突,遂再转而为对弱小民族之侵略压迫,并造成争殖民地之战争之原因;同时亦即是西方人今日之良心,虽已认殖民地为不当有,在亦愿与亚洲非洲民族结合,但仍不能对亚洲民族文化之特殊性,加以尊重与同情的了解,而仍貌合神离之原因。

又据我们东方亚洲人之所感觉,西方之个人,在本其此种心习,来与东方人办理外交政治事务,以及传教或办教育文化之事务,而同时又在对东方作研究工作时,更有一种气味,为我们时时会接触,觉其不好受,而又不易表诸文字者。此即在其研究的态度中,把其承继希腊精神而来之科学的理智的冷静分析态度,特为凸出;而在此态度之后,则为其所存之于心的理想计划,预备在研究之后,去实施或进行者。于此情形下,东方人一方自觉成为西方人之冷静的研究对象,一方又觉其正预备以其理想计划,自上贯注下来,到自己身上。东方人在觉其自身只为一冷静的研究对象时,即觉为被西方人所推远,而感到深细的冷酷;而在其觉西方正以其预定之理想贯注下来时,则感一精神上的压迫。而此种感觉,则更使东方人与西方人之直接的交接关系,亦归于貌合神离。而在西方人方面,如自信其理想是公的好的,亦是为东方人本身想的,则恒以此种东方人之貌合神离,乃由东方人之不知其好意,或东方人对西方人有距离感、自卑感,以及仇恨心,或为东方人之狭隘的民族国家意识,及文化意识,从中为梗。这些东西,我们亦不能完全否认东方人之莫有,而且亦可能有得很多。但是西方人本身之态度,亦正有极大的关系。而此种态度,在根本上正由西方所承受之希腊文化精神、希伯来精神,及近代之实用技术精神,三者之一种方式的结合之产物。此乃与西方文化之好处,西方人之长处,难于分别者。当我们东方人了解到此点时,亦应当对西方人之此种态度,加以谅解。然而西方人如真欲其对人之态度,与其自身之精神,再进一步。或真欲与东方人,亚洲人及非洲人接触以调整人类关系,谋取世界和平,以保西方文化本身之永远存在于人间世界;则我们认为西方人之精神理想,尚可再上升进一步,除由承继希腊精神、希伯来精神,而加以发展出之近代西方之精神以外,尚可有学习于东方之人生智慧,以完成其自身精神思想之升进者。此有五点可说。

西方人应向东方文化学习之第一点,我们认为是“当下即是”之精神,与“一切放下”之襟抱。西方文化精神之长处,在其能向前作无限之追求,作无穷之开辟。但在此向前追求、开辟之精神状态中,人虽能以宗教上之上帝为托命之所,而在真实生活中,其当下一念,实是空虚而无可在地上立足。由此念念相续,亦皆实空虚而无可在地上立足。于是西方之个人与国家,必以向前之追求开辟,填补其当下之空虚。当其追求开辟之力量,随自然之生命之限制,或外来之阻限，而不能不停顿时，其个人之生命，国家之生命亦可能同时倒下。故西方之老人，多为凄凉寂寞之老人；而西方历史上之强国，常为一仆不起，或绝灭不世之强国。中国文化以心性为一切价值之根源，故人对此心性有一念之自觉，则人生价值，宇宙价值，皆全部呈显，圆满具足。人之生命，即当下安顿于此一念之中，此即所谓"无待他求，当下即是"之人生境界。中国以知进而不知退，为人生之危机，而此正西方文化之特点。其所以不知退，则因在其当下精神中，实无可立足之地。则由当下即是之生活智慧，可与西方人以随时可有立足之地，此即可增加西方文化自身之安全感与坚韧性。

其次，西方以承希腊精神之重智而来之文化活动，必表现为概念之构成。此为成就知识之必需条件。但西方人士之沉浸于概念知识之积累者，无形中恒以概念积累之多少，定人生内容之丰富与否。此固有其一面之意义。但概念之本身，对具体之人生而言，本有一距离，且有其局限，易造成阻隔。人之精神中如时时都背负一种概念的东西，则胸襟不能广大空阔。此缺点，首表现为西方人之不易与东方人有真实的 Authentic 接触。我们与他人之真实接触，首先要我们心中全莫有东西，形成一生命之直接相照射。一有此概念的东西，则此东西，虽亦可为媒介，以使我们得同其他与此概念发生关系的人接触；但是此种概念的东西，却同时可成为人与人的真实接触之阻隔。此种概念的东西，包括我们预定的计划目标，用以联系人之抽象理想，用以衡量人之抽象标准、成见、习见等。这些东西在我们求与人有真实接触时，都应一切放下。唯由此放下，而后我与人才有彼此生命间直相照射，直相肯定，而有真实的了解。此事似易而实难，必须极深的修养。此中有各层级之工夫可用。而皆须在平时用，然后我在接触人时，才有真实的接触，与真实的了解。此平时之工夫，是在我平日生活中，随时在自觉有东西时,随时超越之而放下之。此放下之智慧,印度思想中名之为空之智慧,解脱之智慧,在中国道家称之为虚之智慧,无之智慧。中国儒家称之为“空空如也”“毋意、毋必、毋固、毋我”“廓然大公”之智慧。由此种智慧之运用,去看生活中之一切经验事物,理想事物,都要使之成为透明无碍。于是人虽可照常的有概念的知识、理想,但他可以无执著,无执著则虽有而能超越此有,若无若有。这种智慧,要使百万富翁,觉其身无长物;使大政治家,觉“尧舜事业何异浮云过太虚”;使一切大科学家、大哲学家之口,如“挂在壁上”;使一切大传教师,自觉“无一法与人”;使一切外交家,自觉只是临时的宾客。这种放下的智慧之表现于印度之哲学宗教中,中国之儒道禅宗之人物之思想与风度中,及中国之文学与艺术中者,实值得西方人之先放下其文化传统中之观念,去体会、欣赏、涵泳,然后知其意味之无穷。而其根源仍在于当下即是、一切平等之人生境界。此是西方人应向东方文化学习之第一点。

西方人应向东方文化学习之第二点,是一种圆而神的智慧。上所谓一切放下之智慧,是消极的。圆而神的智慧,则是积极的。所谓“圆而神”,是中国《易经》里的名词,与“方以智”对照的。我们可说,西方之科学哲学中,一切用理智的理性所把握之普遍的概念原理,都是直的。其一个接一个,即成为方的。这些普遍的概念原理,因其是抽象的,故其应用至具体事物上,必对于具体事物之有些方面,有所忽,有所抹杀;便不能曲尽事物之特殊性与个性。要能曲尽,必须我们之智慧,成为随具体事物之特殊单独的变化,而与之宛转俱流之智慧。这种智慧之运用,最初是不执普遍者,把普遍者融化入特殊,以观特殊,使普遍者受一特殊者规定。但此受某一种特殊之规定之普遍者,被人自觉后又成一普遍者;仍须不执,融入特殊中,而空之。于是人之心灵,得再进一步,使其对普遍者之执,可才起即化,而只有一与物宛转之活泼周遍之智慧之流行。

因此中对普遍者之执，才起即化，即如一直线之才向一方伸展，随即运转而成圆，以绕具体事物之中心旋转。此即为一圆而神之智慧，或中国庄子思想所谓“神解”“神遇”，孟子所谓“所过者化，所存者神，上下与天地同流”。此神非上帝之神，精神之神。神者，伸也，人只以普遍之抽象概念原理观物，必有所合，亦有所不合。有不合处，便有滞碍。有滞碍，则心之精神有所不伸。必人能于其普遍抽象之概念原理，能才执即化，而有与物宛转俱流之圆的智慧，而后心之精神之运，无所不伸。故谓之圆而神之智慧。此种智慧不只是一辩证法的智慧，而略近于柏格森之所谓直觉。辩证法之智慧，是以一普遍者规定一具体实在后，即再观其限制，而更涌现一较具体化之普遍者以观物。此中之普遍，仍是一一凸出于意识之前的。而此种圆而神之智慧，则可对一切普遍者之执，才起而不待其凸出，即已在心灵之内部超化。于是在人之意识之前者，唯是一与物宛转，活泼周运之圆而神的智慧之流行。故略近于柏格森之所谓直觉。但柏格森之直觉，只是其个人之哲学观念。而中国人则随处以此圆而神之智慧，体会自然生命，观天地化几，欣赏赞美活的人格之风度，以至以此智慧观时代之风会气运之变，并本此智慧，以与人论学，而应答无方，随机指点，如天籁之流行。而我们在中国之文学艺术，与《论语》、《孟子》、《世说新语》、禅宗语录、宋明语录，及中国先儒之论学书信中，皆可随处发现此种智慧之流行。是皆待于人之能沉潜涵泳于中国文化之中，然后能深切了解的。西方人亦必须有此圆而神之智慧，乃能真与世界之不同民族，不同文化相接触，而能无所阻隔，并能以同情与敬意与之相遇，以了解其生活与精神之情调与心境；亦才能于其传统文化中所已认识之理型世界、知识世界、上帝世界、技术工业世界，分门别类的历史人文世界之外，再认识真正的具体生命世界，与人格世界与历史人文世界中一切，而与之感通。而西方之学者，亦才能于各自著书立说，自成壁垒之外，有真正的交谈，而彼此随时能相悦以解。

西方人应向东方文化学习之第三点，是一种温润而恻怛或悲悯之情。西方人之忠于理想，及社会服务之精神，与对人之热情与爱，都恒为东方人所不及，这是至可宝贵的。但是人对人之最高感情，不只是热情与爱。人之权力意志与占有之念，都可透入于人对人之热情与爱之中。要使此权力意志与占有之念不透入，在西方主要赖其宗教信仰，所陶冶之谦卑，及视自己之一切功德，皆所以光荣上帝，服务于上帝，亦由上帝之恩典而来之种种心情。但是人之权力意志，亦可借上帝作后盾，自信自己之所行，已为上帝所嘉许，而更向前施展。人亦可以私心想占有上帝，如在战事中与人冲突时，祈祷上帝帮助自己。此处上帝之道与人心之魔，又可俱生并长。于是基督教又有对敌人及一切罪人之宽赦 Forgiveness，以求去此病。但是对人之绝对的宽赦，亦可化为对世间一切之"放弃"Renunciation，而只求自己个人之道福。如要去此"放弃"之病，则仍须再重视爱与热情。此成了一圆圈，而爱与热情中，仍可有权力意志与占有之念，问题仍无究竟之解决。要使此问题有究竟之解决，只有人在开始对人之热情与爱中，便绝去其权力意志与占有之念之根。要去此根，则爱必须真正与敬同行。爱与敬真正同行，其涵义之一，是如我觉我对人之爱，是原于上帝，其泉源是无尽的上帝之爱，则我们对他人之敬，亦同样是无尽之敬。而此中对人之敬，亦可是敬人如敬上帝。中国所谓仁人之"事亲如事天""使民如承大祭"，即此之谓。此处不容许一个回头自念，自己是信上帝的，知道上帝之爱的，而对方却不是。如此一想，则觉对方比我低一级，而我对人之敬，则必有所不足。对人若须有真实之敬，则必须对人有直接的、绝对的、无条件的、真视"人之自身为一目的"的敬。能有此敬，则人对人之爱，皆通过礼而表现之，于是爱中之热情，皆向内收敛，而成温恭温润之德。而人对人最深的爱，则化为仁者之恻怛之情。此可通于佛家之悲悯。恻怛悲悯,与一般之爱之不同,在一般之爱,只是以自己生命精神之感情,视人如己的向人流注。此处之视人如己,即可夹杂"对人加以占有之念"之泥沙并下。而恻怛悲悯,则只是自己之真实存在之生命精神,与他人之生命精神间之一种忐忑的共感,或共同的内在振动。此中,人对人自然有真正的同情,亦有情流,向人流注。但这些情流,乃一面向外流注,一面亦为自己所吞咽,而回到自己,以感动自己;遂能将此情流中之夹杂的泥沙,加以清洗。这中间有非常微妙的道理。而更哲学的说,则西方人所重之爱,要真化为恻怛与悲悯,必须此爱之宗教的根原之上帝,不只是一超越于一切人精神之上,而为其贯通者,统一者,为人之祈祷之对象者,而须视同于人之本心深心,而透过我们之肉躯,以表现于一切真实存在之生命精神之间,直接的感通关系中者,然后可。但详细讨论此中问题,则非今之所及。

西方人应向东方学习之第四点,是如何使文化悠久的智慧。我们以前已说,中国文化是世界上唯一历史久而又自觉其久,并原于中国人之自觉的求其久,而后久的文化。现代西方近代文化,固然极精彩灿烂,但如何能免于如希腊罗马文化之衰亡,已有不少的人忧虑及此。照我们的意思,文化是各民族精神生命之表现。依自然的道理,一切表现,都是力量的耗竭。耗竭既多,则无一自然的存在力量能不衰。人之自然的精神生命之力,亦然。欲其不衰,人必须一方面有一由上通古今,下通万世之历史意识,所成之心量,并由此心量,以接触到人心深处,与天地万物深处之宇宙生生之原。此宇宙生生之原,在西方人称为上帝。由西方之宗教生活,人亦可多少接触此宇宙之生生之原。但是一般宗教生活,只赖祈祷与信仰,来接触上帝。上帝之对于人,终不免超越而外在。而人只想上帝之永恒,亦尚未必即能直下有上通千古,下通万世之历史意识所成之心量。且由祈祷信仰,以与此宇宙生生之原之上帝接触，乃是只以人之超越向上的心灵或精神，与之接触，此尚非直下以吾人生命存在自身与之接触。要使生命之存在自身与之接触，吾人还须有一段大工夫。此一段大工夫之开始点，乃在使吾人生活中之一切向外表现之事，不只顺着自然的路道走，而须随时有逆反自然之事，以归至此宇宙生生之原，而再来成就此自然。这正是我们以前所说之中国历史文化，所以能长久所根之智慧。这个智慧不只是一中国哲学的理论，而是透到中国之文学、艺术、礼仪之各方面的。依这种智慧，中国人在一切文化生活上，皆求处处有余不尽，此即所以积蓄人之生命力量，使之不致耗竭过度，而逆反人之自然的求尽量表现一切之路道，以通接于宇宙生生之原者。而以此眼光，看西方近代文化之只求效率之快速，这中间正有一大问题存在。在当前的世界，以中国人从前之尚宽闲从容之态度来应付，固然很多不适宜之处。但是近代西方世界，带着整个人类奔驰。人纵皆能乘火箭到星球世界，而一人飞上一个星球，还是终沉入太空之虚无。此并未得人类文化以及西方文化自身，真正长久存在之道。西方人亦终当有一日会感到只有上帝之永恒，而无历史文化之悠久，人并不能安居乐业于此世界，到星球中，亦不可久居。这时西方人当会发展出一上通千古下通万世之心量。并本此心量，以接触宇宙生生之原，而生活上处处求有余不尽之价值，并会本此心量，而真重视到父母祖宗之孝，并为存宗祀而生子孙，为承继祖宗遗志而求文化之保存与延续，以实际的实现文化历史之悠久。但这些问题，亦不是我们在此文中，所能一一详细讨论的。

西方人应向东方人学习之第五点是天下一家之情怀。我们承认人类现在虽然有许多国家，而凡未能民主建国之国家，皆须一一先走上民主建国之路道。但是人类最后必然归于天下一家。所以现代人，在其作为一国家之公民之外，必须同时兼备一天下人之情怀，而后世界真有天下一家之一日。在这点上说，东方人实更富于天下一家之情怀。中国人自来喜言天下与天下一家。为养成此情怀，儒家、道家、墨家、佛家之思想，皆有所贡献。墨家要人兼爱，道家要人与人相忘，佛家要人以慈悲心爱一切有情，儒家要人本其仁心之普遍涵盖之量，而以"天下为一家，中国为一人"，本仁心以相信"人皆可以为尧舜"，本仁心以相信"东西南北海，千百世之上，千百世之下之圣人心同理同"。儒家之讲仁，与基督教讲爱，有相通处，因基督教之爱，亦是遍及于一切人的。

但是基督教要先说人有原罪，其教徒是本上帝之意旨，而由上至下，以救人。儒家则多信人之性善，人自身可成圣，而与天合德。此是一冲突。但教义之不同处，亦可并行不悖，而各有其对人类与其文化之价值。但在养成人之天下一家之情怀上，则我们以为其只赖基督教思想，不如更多赖儒家思想。此乃由以基督教为一制度的宗教，有许多宗派之组织，不易融通。基督教有天堂观念，亦有地狱观念；异端与不信者，是可入地狱的。则各宗派间，永不能立于平等之地位，而在自己之教会者与不在者，即分为二类，而一可上天堂，一可入地狱。如此，则基督教对人之爱虽似一无条件，仍可以有一条件，即信我的教。此处实有一极大之问题。照儒家的意思，则只要是人，同有能成圣而与天合德之性。儒家并无教会之组织，亦不必要人皆崇拜孔子，因人本皆可成圣而同于孔子。此即使儒家之教，不与一切人之宗教成为敌对。儒家有天地之观念，而无地狱之观念，亦无地狱以容异端。"万物并育而不相害，道并行而不相悖"，乃儒家之信仰。则人类真要有天下一家之情怀，儒家之精神实值得天下人之学习，以为未来世界之天下一家之准备。此外，东方之印度之佛教婆罗教，同有一切人可成佛，而与梵天合一之思想，而可足养成人之天下一家之情怀者。此各种东方之思想，亦同连系于东方之文学艺术礼仪，而同值得西方人加以研究而学习者。

我们以上所说西方人应向东方学习者,并不能完备。尽可由人再加以补充。我们以上说的是西方文化如要完成其今日欲领导世界的目标,或完成其自身之更向上的发展,求其文化之继续存在,亦有须要向东方学习者。而这些亦不是在西方文化中全莫有种子的。不过我们希望西方文化中这些种子,更能由对东方之学习,而开花结果而已。

十二、我们对世界学术思想之期望

我们如承认西方文化亦有向东方学习的地方,则我们对于中国与世界之学术之方向,还有几点主张可以提出。

(一)由于现在地球上的人类,已经由西方文化之向外膨胀,而拉在一起,并在碰面时彼此头破血流。我们想现代人类学术的主要方向,应当是我们上面所谓,由各民族对于其文化缺点之自己反省,把人类前途之问题,共同当作一整个的问题来处理。除本于西方文化传统之多元,而产生的分门别类的科学哲学之专门研究之外,人类还须发展出一大情感,以共同思索人类整个的问题。这大情感中,应当包括对不同民族,不同文化之本身之敬重与同情,及对于人类之苦难,有一真正的悲悯与恻怛之仁。由此大情感,我们可以想到人类之一切民族文化,都是人之精神生命之表现,其中有人之血与泪,因而人类皆应以孔子作《春秋》之存亡继绝的精神,来求各民族文化有价值方面之保存与发展,由此以为各种文化互相并存,互相欣赏,而互相融合的天下一家之世界之准备。

(二)人类要培植出此大的情感,则只是用人之理智的理性,去对各种自然社会人类历史,作客观的冷静的研究,便只当为人类学问之一方面。人类应当还有一种学问,这不是只把自然与人类自己所有之一切,客观化为对象,加以冷静的研究之学问;而是把人类自身当作一主体的存在看,而求此主体之存在状态,逐渐超凡入圣,使其胸襟日益广大,智慧日益清明,以进达于圆而神之境地,情感日益深厚,以使满腔子是恻怛之仁与悲悯之心的学问。这种学问不是神学,亦不只是外表的伦理规范之学,或心理卫生之学,而是一种由知贯注到行,以超化人之存在自己,以升进于神明之学。此即中国儒者所谓心性之学,或义理之学,或圣学。此种学问,在西方宗教之灵修中,印度之所谓瑜珈行中亦有之。而西方由开现代存在哲学之杞克果(Kierkegaard)之注重人如何成为基督教徒,而不注重人之入教会祈祷上帝之外表的宗教行为,亦是向人生存在自己之如何超化,而向上升进上用心的。但因西方之传统文化,是来源于以理智之理性,认识客观世界之条理之希腊精神,承受上帝之诫命,而信托上帝之启示之希伯来精神,注重社会国家之法制组织之罗马精神;所以这一种学问,并未成西方之学术之核心。而人不能超化其存在之本身,以向上升进于神明,则人之存在本身不能承载上帝,而宗教信仰亦随时可以动摇。同时人亦承载不起其自身所造成之知识世界,与科学技术所造成之文明世界,故核子弹似随时要从人手中滑出去,以毁灭人类自己。人亦承载不起由其自身所定之政治社会之法制组织,对个人自由所反施之压迫。此即为现代之极权国家,对个人自由所反施之压迫。而今之产业社会之组织对个人自由,亦同有此压迫。人类之承载不起人类自身之所信仰及所造的东西,此根本毛病,正在人类之只求客观的了解世界,以形成知识,本知识以造理想,而再将此理想,不断客观化于自然与社会,成为如存在于人生以外之文化物财。其不断积累加重,而自成一机械的外在桎梏,遂非人力之所能主宰。此处之旋乾转坤的学问,则在人之主体的存在之真正自作主宰性之树立,而此主宰性之树立,则系于人生存在自身之超化升进。此一种学问,亦即中国之所谓立人极之学问。人极立而后人才能承载人之所信仰,并运用人之所创造之一切,而主宰之。这是这个时代的人应当认识的一种大学问。

(三)从立人极之学所成之人生存在,他是一道德的主体,但同时亦是超化自己,以升进于神明的,所以他亦是真能承载上帝,而与天合德的。故此人生之存在,即兼成为“道德性与宗教性之存在”。而由其为道德的主体,在政治上即为一民主国家中之一真正的公民,而成“政治的主体”。到人类天下一家时,他即成为天下的公民,即孟子所谓天民,而仍为天下中之政治的主体。在知识世界,则他成为“认识的主体”,而超临涵盖于一切客观对象之世界之上,而不沉没于客观对象之中;同时对其知识观念,随时提起,亦能随时放下。故其理智的知识,不碍与物宛转的圆而神的智慧之流行。而在整个的人类历史文化世界,则人为一“继往开来,生活于悠久无疆之历史文化世界之主体”。而同时于此历史文化世界之悠久无疆中,看见永恒的道,亦即西方所谓上帝之直接显示。这些我们以为皆应由一个新的学术思想之方向而开出。即为立人极之学所向往的究极目标。亦即是我们前文论中国文化,及西方人所当学习于东方智慧者时,所望于中国文化之发展,与世界文化之发展之目标之所在。而此目标之达到,即希腊文化中之重理智,理性之精神,由希腊之自由观念,罗马法中之平等观念,发展出之近代西方文化中民主政治的精神,希伯来之宗教精神,与东方文化中之天人合德之宗教道德智慧,成圣成贤之心性之学义理之学,与圆而神之智慧悠久无疆之历史意识,天下一家之情怀之真正的会通。此理想要何时实现,我们不知道。但要有此理想,则我们当下即可有。当下有此理想,而回到我们各人自己现实上之存在地位来作努力,则依我们中国人之存在地位,仍是如何使中国能承其自身文化发展的要求,而完成其数十年来之民主建国的事业,及中国之科学化工业化,以使中国之人生存在兼为一政治的主体与认识的主体。而西方人则应自反省其文化之缺点，而求有以学习于东方，同时以其今日之领导世界的地位，便应以兴灭国、继绝世之精神，来护持各民族文化之发展，并完成一切民族之民主建国之要求，使其今日先成为真正之公民，而在未来天下一家之世界成为天民。而其研究中国等东方民族之学术文化历史之态度，亦当如我们前面所说，应加以改变。

我们记得在18世纪前的西方曾特别推崇过中国，而19世纪前半的中国，亦曾自居上国，以西方为蛮夷。19世纪的后半以至今日，则西方人视东方之中国等为落后之民族，而中国人亦自视一切皆不如人。此见天道好还，丝毫不爽。但是到了现在，东方与西方到了应当真正以眼光平等互视对方的时候了。中国文化，现在虽表面混乱一团，过去亦曾光芒万丈。西方文化现在虽精彩夺目，未来又毕竟如何，亦可是一问题。这个时候，人类同应一通古今之变，相信人性之心同理同的精神，来共同担负人类的艰难，苦难，缺点，同过失，然后才能开出人类的新路。

按：此文之英文译本，先有现任瑞士苏黎世大学教授Kramer先生之节译，在香港道风山之英文《中国宗教》杂志发表。全译本，在台湾出版英文《中国文化》杂志刊载。后更作为附录，刊载于张君劢先生在美国出版之英文《中国新儒家思想史》第二卷中。甲寅二月君毅附志。

（原载香港《民主评论》及台湾《再生》1958年元旦号）

本文的副标题为“我们对学术研究及中国文化与世界文化前途之共同认识”，是代表第二代新儒家集体思想倾向的纲领性文献。它由唐君毅、张君劢构想起草，经牟宗三、徐复观修正定稿,于 1958 年元旦四人联名发表于香港《民主评论》和台湾《再生》杂志。《宣言》长达四万言,分为十二节,系统阐述了中国文化的诠释方法、精神生命、超越意义及未来发展途径等多方面的问题。

现象与物自身(节选)

牟宗三

论两层存有论

形上学底统一:道德的形上学:本体界的存有论(无执的存有论)与现象界的存有论(执的存有论)。

在以上的区分所分出的各支形上学中,康德所充分作出的是超越的哲学(现象界的存有论)与内在的形上学。至于超绝的形上学,则因其不承认吾人可有智的直觉,故并未作成。

他说以上的区分是思辨意义的(较狭意义的)形上学。他还有"道德底形上学"(Metaphysic of morals)。他由道德底形上学来契接那思辨形上学中的"超绝的形上学"(共三支)。超绝的形上学在思辨理性(理性之思辨的使用)中不能证成,此其所以为"超绝",然而可由实践理性(理性之实践的使用)来证成之,因而可成为"内在的"(实践地内在的,不是思辨地或观解的或知识地内在的)。但因为道德底形上学(此不同于"道德的形上学"Moral metaphysics)中的"意志自由"是一设准,并无智的直觉以朗现之,故其契接的超绝形上学中的上帝与灵魂不灭亦只是一设准,故绝超形上学仍未充分地被作成。

上帝与灵魂不灭可是信仰,但自由意志不能只是信仰。康德并未于"自由"处说信仰,但视之为一设准,而不是一知识之对象,则同。纵使不是知识之对象,亦只不是以感触直觉为底子所成的知识之对象。而感觉直觉所成的知识不是唯一的知识。因此,除感觉直觉所成的知识外,未必没有智的直觉所成的知识。康德只承认一种知识,这是很有妨碍的。

我依中国的传统,可把形上学底全部重新调整如下:

我们依"人虽有限而可无限"底预设,承认两种知识:

(1)智知,智的直觉所成者。

(2)认知,感觉直觉所成者。

我们将依道德的进路先展露道德的实体以直接地开道德界,此相当于康德的"道德底形上学"——道德之"形上学的解释"(此词义同于时空之形上学的解释,或范畴之形上学的推述,乃是对于道德一概念作分解的推演者)。

但此道德的实体虽由人的道德意识而显露,但却不限于人类而为一"类名",因而亦不只开道德界。它是无限的实体,是生化之原理,因此,同时亦开存在界。

就此两开而统一于一实体说,我们建立一圆教下的"道德的形上学"(实践的形上学)——依道德的进路对于万物之存在有所说明。"道德底形上学"重点在道德一概念之分析;"形上学"是借用、义同于"形上的解释",而此等于分解的推演,即说明道德之先验性。"道德的形上学"重点的形上学,说明万物的存在。此是唯一的一个可以充分证成的形上学。此独一的形上学,我们将名之曰"本体界的存有论",亦曰"无执的存有论",此将证成"物自身"之确义与实义。

我们将依那道德的同时亦是形上学的绝对实体之自我坎陷而开出"识心之执"(感性与知性)。对于此识心之执本身底超越分解便可含有但不只是康德所说的纯粹知性之分解。此将含有两层:

(1)"识心之执"底逻辑意义,由此说明逻辑,数学,与几何,并说明在知性底统思中只有“超越的运用”而无“超越的决定”的那些逻辑概念。

(2)“识心之执”之存有论的意义(存有论是现象界的存有论),此即康德所说的“超越哲学”,“纯粹知性之超越的分解”。

由此两层合观,我们开“现象界的存有论”,亦曰“执的存有论”。在此识心之执所成的“执的存有论”之下,我们确定“现象”之意义:现象是识心之执所挑起或绉起的东西,是有而能无,无而能有的。

依此,我们只有两层存有论:对物自身而言本体界的存有论;对现象而言现象界存有论。前者亦曰无执的存有论,“无执”是相应“自由的无限心”(依阳明曰知体明觉)而言。后者亦曰执的存有论,“执”是相应“识心之执”而言。康德所说的“内在的形上学”(现象界的理性物理学与理性心灵学,或现象界的自然学)收摄于“执的存有论”下。他所说的“超绝的形上学”(共三支)则收摄于“无执的存有论”下;但吾人不再分别言超越的神学,超越的宇宙学(世界学),超越的灵魂论,而只有一“无执的存有论”。不再分别地言“超越的神学”者,以不须再分别言上帝故,自由的无限心即上帝。不再分别地言“超越的灵魂论”者,以“自由的无限心”即永恒常在故,外此,无别言个体灵魂之必要。不再分别言“超越的宇宙学(世界学)”者,以无执的存有论即函一超越的宇宙学故。现象底全部由识心之执所挑起,它们可间接地统摄于无限心而为其权用。心外无物。识心之外无现象,真心之外无物自身。如果识心与现象俱是真心之权用,则他们皆因依止于真心而得其归宿以及其必然性。

今别言之,**只无执的存有论**方是真正的形上学。**执的存有论**不可言形上学。统而为一言之,视识心与现象为真心之权用,则亦可以说是一个“**道德的形上学**”而含有**两层存有论**。道德的形上学不但上通本体界,亦下开现象界,此方是全体大用之学。就“学”

言，是道德的形上学；就儒者之教言，是内圣外王之教（外王本只就政治说，然同是识心之执层，此书不论），是成德之教。哲学，自其究极言之，必以圣者之智慧为依归。

论无执的存有论

知体明觉是道德的实体，同时亦即是存有论的实体。自其为存有论的实体而言，它是万物底创生原理或实现原理，是乾坤万有之基，是造化底精灵。由此开存在界。

"存在"是对知体明觉而为存在，是万物自在相之存在，因此，即是"物之在其自己"之存在，不是对感应知性即识心而为存在，即不是当"现象"看的存在。

因此，知体之为存有论的实体，其所说明的存有即是"物之在其自己"之存有，在此，存有与存在是一。因此，其所成的存有论是"本体界的存有论"，亦曰"无执的存有论"，此亦曰"道德的形上学"。"道德的形上学"云者，由道德意识所显露的道德实体以说明万物之存在也。因此，道德的实体同时即是形而上的实体，此是知体之绝对性。知体有三性：一曰主观性，一曰客观性，一曰绝对性。主观性者，知体之为"良心"也，即"独知"之知，知是知非（道德上的是非）之知也。客观性者，其本身即理也。绝对性者，其本身即"乾坤万有之基"也，亦王龙溪与罗近溪依《易传》"乾知大始"所说之"乾知"也。阳明说良知是乾坤万有之基，意即天地万物之基。《易传》说"乾知大始"，是以天之乾健之德（即生德）作为万有之大始，即由之以创生万物也。"乾知"之知，字面上的意义，是"主"义，即乾主始也。乾之所以可主万物之始，以其为生道也。而生道之所以为生道之实则在"心"也，故历来皆以"仁"说此生道也，此亦表示仁是道德的，同时亦即是形而上的。此即是仁体仁心之绝对性。

在王学,即以知体明觉说此仁,故即以知体明觉实“乾主始”之主也,因此,遂有“乾知”之说。即于乾主大始处说良知也。此显然是说良知之绝对性,即其存有论的意义也,即“乾主始”意义的良知也,亦即以创始万物的乾健之德之身份说此良知也,故简单化之,即曰“乾知”,遂由动词之“知”转而为名词之知矣。“乾知”者即乾健之天心之知也。王龙溪虽云不必以“主”字训知,然在语句上,若说“乾知道大始”,则不通顺也。王龙溪又云:“乾以易知,以易知易主可乎?”实则乾主始,其主也是以易的方式而主,亦未尝不可。以易的方式而主即其主之甚自然而容易也。与“坤以简能”相对而言。“以易知”,“以易主”,固皆可通,因知与主皆动词也。……

……

“彻天彻地,贯古贯今,要皆一知以显发而明通之”。此既函“心外无性”,性体之显发即是心体之显发;“心外无命”,命之明通即是心之明通;同时亦函“心外无物”,心之所显发而明通者即是物之所在。心外无性,心即是性;心外无命,心就是命;心外无理,心即是理。心,性,命,理,乃是同一实体之不同表示也。但“心外无物”,我们不能说心就是物,其意只是说物之存在即在心体之显发而明通中存在;离开心之显发而明通,物即为非有;物为非有,心之显发而明通亦不可说矣。此只是说心体与物一起朗现。王阳明说:“明觉之感应为物”,即此义也。心,性,命,理,乃同一概念之分析地自一;而心与物则只是一起朗现也。此一起朗现勉强可说为在感应中统摄而为一也。此种统摄乃是形而上的统摄,非认知的综和也。形而上的统摄亦是统而无统,摄而无摄,只是在明觉感应中如如地一起朗现也。“知之显发与明通”是浑一说。在此浑一的显发与明通中,知体呈现,物亦呈现。“心外无物”是终穷地说者。“寂然不动,感到遂通天下之故”。寂是心体之自寂,感是心体之自感。具体的知体明觉自如此。并不是有一个既成的天地万物来感而后应之也。若如此,则是心外有物。是故在明觉感应中一起朗现,由此而言,“心外无物”,此是存有论地终穷之辞也。即物而言,心在物;即心而言,物在心。物是心的物,心是物的心。譬如“扬眉瞬目浑全只是知体著见”(罗近溪语),说是“扬眉瞬目”亦可,说是知体流行亦可。全知体即在扬眉瞬目处著见流行,而扬眉瞬目亦全在知体流行处动作呈现也。此即曰无分别的心,亦曰无分别的物也。然而无分别亦不碍分别地言之。反之亦然。

由此“心外无义”之义,吾人言心之无限性,即绝对性,由此开存在界。“存在”者物之在其自己而存在也,意即非“现象”之谓也。现象者乃对知性与感生合用之识心而言也。识心者有限心也。知体明觉之感应乃无限心也。

……

心外无物,在知体明觉之感应中,心与物一起朗现。即在此知体明觉之感应中含有一种智的直觉。罗近溪所谓“要皆一知以显发而明通之”,即在此知体之显发与明通中即含有一种智的直觉。

知体明觉之感应“圆而神”,故是“神感神应,其机自不容已”(王龙溪语)。它不是物感物应。物感者既成的外物来感动于我也。物应者我之感性的心被动地接受而应之也,因此,此感性的心之接应亦只是一“物应”耳。知体明觉之感应既是无限心之神感神应(伊川所谓“感非自外也”),则感无感相,应无应相,只是一终穷说的具体的知体之不容已地显发而明通也。即在此显发明通中,物亦如如地呈现。物之呈现即是知体显发而明通之,使之存在也。故知体明觉之神感神应即是一存有论的呈现原则,亦即创生原则或实现原则,使一物如如地有其“存在”也。如果于此显发明通中说智的直觉,意即非感触的直觉,则此智的直觉即只是该知体明觉自身之“自我活动”(意即非被动的活动,因此其活动为纯智的,非感性的)。即于其“自我活动”中,一物即呈现。是以智的直觉之觉照此物即呈现此物，而呈现此物非感性直觉之被动的接受之认知地呈现此物，故呈现之即实现之，即创生之。是即智的直觉之存有论的创生性。感性直觉只能认知地呈现一物，而不能存有论地创生一物，故只为呈现原则，而非创生原则。

于智的直觉中，物如如地呈现即是物以"在其自己"之身份而存在，此即是物之自在相。自在相是静态地说。其自在也，是源于知体明觉之呈现之即创生之，故其自在是内在的自在，不与知体明觉为对也。故此时之物无"对象"相，即不可以"对象"（Object）说也。而海德格所谓"Eject"意即"内在的自在相"。康德于智的直觉处，亦方便说"对象"，实则此时之物无"对象"义也。对象只是现象，亦只于现象始可说对象。对象者置定于彼而对反于知性与感性也。亦只于知性感性处始可说对象：知性与感性面对着对反于其自己而客观地或观解地认知之或决定之，但并非创生之，故其所面对者为外来的对象也。于智的直觉处，物既是内在的自在相，则是摄物归心，不与心对，物只是知体之著见，即知体之显发而明通：物处即知体流行处，知体流行处即物处，故冥冥而为一也。因此之故，物无对象义。亦因此故，物是"在其自己"之自在相，亦即如相，非"现象"相也。如相无任何相，只是在与知体流行冥冥为一中而如如地呈现：此即向、郭注《庄》所谓"自尔独化"，独化无化相也；亦即程明道所谓"万物静观皆自得"，自得即自在也；亦佛家所谓"实相"，实相一相，所谓无相，亦即如相也；言此"在其自己"之自在相之背景（教路）各不同，然皆为"在其自己"之自在相或如相则无异也。物既无对象义，非现象，则智的直觉亦无直觉相，即无认知相，此即所谓"无知之知"也。纯智的直觉即是圆而神的直觉。圆而神的直觉无知相，无觉相，然而亦无不知无不觉也。此即所谓"独觉"，亦曰"圆觉"。盖此种直觉只负责如如地去实现一物之存在，并不负责辩解地去理解那已存在者之曲折之相。此后者是知性与感性之事,这是有“知”相的。何谓知相?在能所底结构中依时空之形式条件去感触地直觉一物,并依概念之综和去辨解地决定一物,这便是知相。有知相之知限于经验,故有所知即有所不知;而圆而神的直觉则无此知相,故亦可说无所知也,而因其是一存有论的实现原则(万物要皆一知以显发而明通之),故又可说无不知也。此“无不知”之知正是“无知”之知也。此无知之知正是通彻于一切物而润生之,使之为如如地存在,此正是知之至也。知之至者只是冥冥为一而一起朗现也。此之谓“彻知”,亦曰“证知”。“证”者直接冥而为一之谓也。并无瞻前顾后,憧憧往来之相。是故证知彻知中之物正是物之“在其自己”之自在相即如相也。而如相无相,即是实相。

……

知体明觉神感神应,亦即自由自律。吾何以能知此“知体”本身耶?即依此知体明觉在随时呈露中(如乍见孺子入井,人皆有怵惕恻隐之心),其自身之震动可以惊醒吾人,遂乃逆觉而知之。其震动之惊醒吾人,如海底涌红轮,并不是感性的。因此,此逆觉而知之之“逆觉”乃即是其自身之光之返照其自己,并不是以一个不同于其自身之识心感性地被动地来认知其自己而又永不能及于其自己之本身也。因此,此逆觉而知之,是纯智的,不是感性之被动的。此种逆觉之知即是该知体明觉之光所发的智的直觉之自照。“见孺子入井”是一机缘,“见”是眼见,故是感性的,然在这儿之机缘上,本心呈现,这却不是感性的识心在作直觉之摄取以摄取那孺子入井之事象,亦不是辨解的知性在作概念的思考以思考那事象,而乃是本心呈现自决一无条件的行动之方向。故此心之光之自照即是智的直觉也。所谓惊醒吾人者,这乃是虚说。其实是那“本心”一动而惊醒其自己,故即以其自身之光而逆觉其自己也。此谓本心之“自我震动”。震动而惊醒其自己者即自豁然而自认其自己，此谓本心之自肯；而吾人遂即随之当体即肯认此心以为吾人之本心，即神感神应自由自律之本心，此种肯认即所谓逆觉体证”。即在此逆觉体证中，即含有智的直觉，如是，遂得谓吾人虽是一有限的存在，而亦可有“智的直觉”也。

本心之自我震动而返照其自己，此无能觉与所觉，乃只是其自己觉自己，“a⊂a”之方式：能觉即是其自己之光，是即能觉即所觉；所觉即是此能觉之光，是即所觉即能觉：结果，能觉融于所而无能觉，所觉融于能而无所，只是一本心之如如地朗现也。

言及儒家的“无执的存有论”，则当集中于阳明所言之“知体明觉”而言之。本书开始由道德的进路展露本体，本即是依阳明而言的。

儒家立教本就是一个道德意识，无有如此明确而显豁者。儒家不像佛家那样生灭流转向上翻，亦不像道家那样从“执、无”向上翻，而是直接由道德意识（慎独）呈露形而上的实体（本体）的。道德进路是不能由“把眼前不道德活动加以否定即可显出道德”这一程序而形成的。眼前不道德的活动，我们所以能判断它是不道德的，也是依一内在的标准而始可如此判断。而此内在的标准并不能由眼前不道德的活动之否定而直接被显示。徒否定人家，自己未见得是道德。因此，我们必须舍此否定之遮诠，直接由我们的道德意识呈露那内在的道德实体。这是四无傍依而直接觌体挺立的，不是来回旋转，驰骋妙谈，以求解脱或灭度的。在这样面对所呈露的实体而挺立自己中，这所呈露的实体直接是道德的，同时亦即是形而上学的。因此，此实体所贯彻的万事万物（行为物与存在物）都直接能保住其道德价值的意义。在此，万事万物都是其自己之万事万物。此“在其自己”是具有一显著的道德价值意义的。此如康德说视任何物，不但是人，其自身即为一目的，而不是一工具。视之为一目的，它就是“在其自己”之物。此“在其自己”显然有一丰富的道德意义。康德说吾人的实践理性(即自由)可以契接这个“在其自己”,显然这个“在其自己”是有道德价值意味的,它不只是认识论上的有条件与无条件底直接对翻。这个有道德价值意味的“在其自己”不是由条件底否定(如时空与范畴之泯寂)所可直接分析出的。时空与范畴当然不能应用于其上,即是说,它当然不能以识而被知。然而当吾人泯除了时空与范畴,即是说,泯除了识之执知,并不能直接达至这有道德意味的“在其自己”。这必须有泯除识之执知这一种遮显,再进至道德实体之挺立这一种表诠,始其显出道德意味的在其自己。依康德,这是“在其自己”之本义。而儒家正好能维持住这个本义,这是释道两家所不能至的。不但能维持住这个本义,而且能朗现之,不像康德那样视“自由”为设准,只由这设准意义的自由来虚笼接近之。

直接由道德意味所呈露的道德实体有种种名。依孔子所言的仁,可曰仁体。依孟子所言的心,可曰心体,而此本心即性,因而亦可曰性体。依《中庸》所言的诚,可曰诚体。依其与自客观方面言的天道合一而为一形而上的实体而言,亦可曰道体,神体,寂感真几,于穆不已之体。依阳明,则曰知体明觉。依刘蕺山,则曰独体,涉指心体(意体)与性体两者而言者。虽有种种名,而今特愿就阳明所言之知体明觉而言之。何以故?因良知特显内在的道德决断故,与具体的道德生活能密切地相连接故。

良知在具体道德生活中的裁决知是知非,它能给吾人的现实生活决定一方向。有是有非(有善有恶)者是吾人意念底活动,而良知是判断之三标准。良知本身自有准则,而其本身亦是绝对的善,绝对的是。绝对的善,无恶与之相对;绝对的是,无非与之相对。因此,它本身只是一个天理底如如呈现,在其明觉中的如如呈现,不,其全部明觉就是一天理,其为天理(准则)就是明觉之自身。这样的一个良知(知体明觉),对意念之动而言,自是超越的。意念之动所以有善有恶，有是有非，是因为吾人有感性故，此王阳明所谓随躯壳起念也。因此，意念之动显然是落在感性的经验层上的。意念在感性的经验层上的活动，因涉及外物，必有其内容。此内容即是阳明“意之所在或所用为物”也。如意在于事亲，事亲便是一物。此物是意念底内容，因此，我们名之曰“行为物”，亦即所谓“事”也。就“意之所在”说物，那物就是事。此意念是道德生活中的意念，不是纯认知中的意指，指向，指向于一个纯然的对象。道德生活中的意念很少纯然地指向一个外物的。它是因着涉及外物而想到吾人可作或应作什么事。这是对物所起的一种反应态度，或如何处之之态度，但不是认知的反应态度，亦不是认知地处之之态度。此后者是指向于“物”本身的，此大体是朱子所谓“格物”。指向于物本身而认知地处理之，即是朱子所谓“即物而穷其理”。不管这所穷之理是科学的，抑是形上学的，皆是认知地指向于物本身而言之的。但是阳明所说的物是吾人意念之内容，不是指向于物本身而穷其理，乃是反重在吾人之行事，因着涉及物而引起的吾人之行为方面的态度，因此，它是事，不是物，它就是“行为物”。它既是行为物，则吾人所直接而本质地关心的乃是它的道德上的对与不对，以及如何使之为对，如若不对，又如何能转化之而使之为对。这样，乃直接由认知意义的格物回转到行为底实践上，而求如何使此行为合理或正当。使之为合理或正当即是求有以正之，或正其不正以归于正也。因此，阳明必训“格”为正，此则使无认知的意义。正之之标准与能力不在外物，亦不在此行为物之本身，乃在超越的“知体明觉”。因此，只要把吾人的知体明觉呈露出来，便能使此行为物为正，即意念之发动无不正当。此即所谓致知以正物。倘或意念发动有不正，良知明觉亦能照察之。照察而化之，此后不再犯，这便是正其不正以归于正，此亦是致知以正物也。致知以正物，则意念之发动亦无不善矣。此即为“诚意”，即意皆真实无妄，而无自欺处也。良知自有此力量来诚意,来正物。在此,正物即函是“成物”,即成就或实现一正当之行为物。良知是实现一正当之行为物之最根源的动力,亦即道德实践之最根源动力。致知正物不间断,便是德行之“纯亦不已”。故吾常说良知是“道德创造”(德行之纯亦不已)之最高的原则也。

当致知以诚意正物即成物时,则有善有恶之意即转为纯善之意而纯从明觉而发,亦即还归于明觉而与明觉为一,而成为“无意之意”,而行为物之为事(德行)亦系于明觉而为事之在其自已,亦即如如之事之自在相,并非是明觉之对象,而只是明觉之直接引生,直承明觉而来之自在物,此即是“无物之物”。王龙溪云:“无意之意则应圆,无物之物则用神。”所谓“无意之意”即意无意相也。“无物之物”即物无物相也。主要是无对象相,而只是自在相,亦即是如相,而无任何相也。因为它系属于明觉,而非系属于识心(知性)故。“无意之意则应圆”,即无意相之意其应物也,并不像初为意念时那样胶着于物,歧为异情之两在(有善有恶即情之两在,刘蕺山云“念两在而异情”),而是纯善无定在而圆应无方也。此时意之应物即是明觉之应物,故阳明亦从明觉之感应说物也。此时,物系于明觉,即是“无物之物则用神”也。明觉应物,应无应相。就行为物言,并非有一外在的既成的行为物为其所应,而只是知体明觉之具体地不容已地流行,即在此流行中,知体明觉与行为物一体呈现也。“意之所在为物”,此物既是行为物,本由意念之所引发,于此似亦可言意念之创造性(意念不创造物,但可创造事,对事负责)。只因此意念本身之活动有胶着性,因而两在而异情,而且把其所意在的物(行为物)刺出去而为其对象,因此,此物遂为外在的有物相之物矣。及其系于明觉之感应,则即不成为外在的有物相之物,故云:只在知体明觉之具体地不容已地流行中,知体明觉与行为物一体呈现也。

当意为“无意之意”，物为“无物之物”时，则知体明觉即无善恶可知。此时，知体明觉即为无知之知，无觉之觉。“无知之知”即是知无知相；无觉之觉即是觉无觉相。只是一明体之不容已地寂寂朗朗而流行也。故王龙溪云：“无知之知则体寂。”当意念动时即觉之，觉之即化之（王龙溪称颜子不贰过为“才动即觉，才觉即化”），此时，即有觉相。有觉相即有知相也。有知相，即随意念之动而浮现一动相，故其体不寂也。然此不寂只是为意念之动所带起，并非其自身尚有浮动也。其自体还仍是寂静如如的。当意为无意之意，无意念之动带起其觉相、动相时，它即归于其本身之寂矣。其本身之寂静如如，即是周濂溪所谓“动而无动，静而无静，神也”，亦是庄子所谓“其一也一，其不一也不一”也。

以上是就致知以诚意与正物而言，物是意之所在之行为物。在此步工夫中，吾人彰知体明觉之道德的意义。现在，再就明觉之感应说“物”以彰知体明觉之存有论的意义。王阳明云：“理一而已。以其理之凝聚而言，则谓之性。以其凝聚之主宰而言，则谓之心。以其主宰之发动而言，则谓之意。以其发动之明觉而言，则谓之知。以其明觉之感应而言，则谓之物。”（《传习录》卷二，《答罗整庵少宰书》）在此，阳明从“明觉感应”处说物。就字义而言，“感应”本身并不是物，这只是知体明觉之具体的活动。“以其明觉之感应而言，则谓之物”，实即于明觉之感应中，就其所感应者或感应处而言，则谓之物。感应是能所合一的，故如此浑沦说之。无知之知的知体明觉并不是空悬的，它乃是寂寂朗朗具体地不容已地在流行。说流行，更浑沦，故实之以感应。说感应及浑沦，故分疏之以能所，即就其所感应处言物也。此“所”无对象义，故分疏之以能所是方便之权言；因此，仍须合之，而言一体呈现也。在浑沦的感应中，明觉与物不分而分，分而不分，一体朗显也。此亦如智者所云：“如如之境即如如之智，智即是境。说智及智处，皆名为般若。亦例云：

说处及处智，皆名为所谛。是非境之境而言为境，非智之智而言为智。亦名心寂三昧，亦名色寂三昧。”（《四念处》卷四）在此浑沦的感应中说物，此彰知体明觉之存有论的意义。

意之所在为物，此物是事（行为物）。此一件行为之事（例如事亲或读书）而引起的。此时吾人只注意事而不注意物，物只是被涉及，非重点之所在。事亲之事，即这一件行为，如何才算正当？如何是不正当？孝为正当，不孝为不正当。如何实现这孝行？此乃是良知之力量。在此，吾人所注意的是“事亲”，而不是亲这个存在物。亲之为存在物是在事亲中被带进来的。当然我亦可注意这个存在物。这注意是在“如何实现事亲这一孝行”之问题中注意。这一注意是认知的注意，即我们需要了解亲本身身心之状况。如是，这显然显出良知是实现孝行底“形式因”与“动力因”，只此还不够，还需有“材质因”，即经验的知识。在事亲之行为中，我们注意亲之为存在物是认知地注意之，这样注意之，以为实现事亲这一孝行提供一经验的条件，即提供一材质因，而此是副属的。在此副属层上，我们有一现象界，有一认知的活动，有一执的存有论。而就事亲这一层说，当事亲这一孝行实现而系属于知体明觉，在知体明觉中一体而化时，我们即有一无执的存有论。此时，我的事亲之行与亲之为存在物俱是“在其自己”者。因此，我们有一本体界全朗现，而认知活动亦转为明觉之朗照，即所谓智的直觉是。至此，我们不再说意之所在为物，而只说明觉之感应处为物。

在浑沦的感应中，就感应处说物，我们此时是事物双彰。感应于亲，而有事亲之行；感应于兄，民，书，君，讼，等等，而有从兄，治民，读书，事君，听讼，等等之事。亲，兄，民，书，君，讼等，则所谓物也。事亲，从兄，治民，读书等，则所谓事也。（视亲，兄，民，君等为物，好像有点不敬，但此只就其为一独立的存在，所谓存在物或个体物而言。讼本亦是事，但就听讼而言，则讼即指两造之对质，可视为一物,即客观的两造身上的事。从我而言,听讼是事,讼是物。从他而言,讼是事,各对方是物。因此,事有是主观地说者,有是客观地说者。今只就主观而言事。)事是感应于物而有以对之或处之之态度或方式。这些态度或方式便就是我的行为。真诚恻怛之良知,良知之天理,不能只限于事,而不可通于物。心外无事,心外亦无物。一切盖皆在吾良知明觉之感应的贯彻与涵润中。事在良知之感应的贯彻中而为合天理之事,一是皆为吾之德行之纯亦不已。而物亦在良知之感应的涵润中而如如地成其为物,一是皆得其位育而无失所之差。此即所谓事物双彰也。

此义更可就阳明之《大学问》而言之。《大学问》中有云:"大人者,以天地万物为一体者也。……大人之能以天地万物为一体也,非意之也,其心之仁本若是其与天地万物为一也。岂惟大人,虽小人之心亦莫不然,彼顾自小之耳。是故见孺子入井而必有怵惕恻隐之心焉,是其仁之与孺子而为一体也。孺子犹同类者也。见鸟兽之哀鸣觳觫而必有不忍之心焉,是其仁之与鸟兽而为一体也。鸟兽犹有知觉者也。见草木之摧折而必有悯恤之心焉,是其仁之与草木而为一体也。草木犹有生意者也。见瓦石之毁坏而必有顾惜之心焉,是其仁之与瓦石而为一体也。是其一体仁也,虽小人之心亦必有之。是乃根于天命之性而自然灵昭不昧者也。"(《阳明全集》卷二十六)由真诚恻怛之仁心之感通,或良知明觉之感应,而与天地万物为一体。盖此感通或感应并不能原则上划一界限也。其极必与天地万物为一体。散开说,感应于孺子,即与孺子为一体,而孺子得其所。感应于鸟兽,草木,瓦石,亦皆然。"亲亲而仁民,仁民而爱物",亦皆然。"老者安之,少者怀之,朋友信之",亦皆然。感应于物而物皆得其所,则吾之行事亦皆纯正而得其理。就事言,良知明觉是吾实践德行之道德的根据;就物言,良知明觉是天地万物之存有论的根据。故主观地说,是由仁心之感通而与天地万物为一体,而客观地说,则此一体之仁心顿时即是天地万物之生化之理。仁心如此,良知明觉亦如此。盖良知之真诚恻怛即此真诚恻怛之仁心也。

《中庸》言:“诚者物之终始,不诚无物。”此物字亦可事物两赅。一切事与物皆是诚体之所贯而使之成始而成终。此明是“本体宇宙论的”纵贯语句。《中庸》又言:“诚者非自成己而已也,所以成物也。成己仁也,成物智也,性之德也,合外内之道也。”诚体既成己,亦成物。“成己”是就事言,“成物”则是就物言。成己是内,成物是外。就此内外而言,则有仁智分属之权说。然仁与智皆是“性之德”(本质的内容),亦即皆是诚体之内容,故此成己成物之诚体便是合内外而为一之道。《中庸》言诚,至明道而由仁说,至阳明而由良知明觉说,其实皆是说的这同一本体。是故就成己与成物之分而有事与物之不同,然而其根据则是一本而无二。就己而言,是道德实践;就成物而言,是自我实践之功化。即在此功化中含有一道德的形上学,即无执的存有论。此是合内外而为一,依诚体而实践,这实践之下,亦即是在圆教之下的形上学,故是实践的形上学,因而亦曰道德的形上学,在本书,即名曰无执的存有论。是故阳明落在《大学》上言格物,训物为事,训格为正,是就“意之所在为物”而言。若就明觉之感应而言,则事物兼赅,而格字之“正”义,在事在物,俱转而为“成”义。成非字义之训,乃是就义理之转进而言。落在此感应上予“格物”一训诂,则格是感格之格。此则倒反较近于原初降神之义:在祭祀之时,以诚敬感神而使之降也。此义若用于格物,就明觉之感应而言,便是明觉感应于物而并物并来一切行事也。来之即成之。故引伸而就理言,此时格物最终即成己成物之谓也。此时格物不但无认知的工夫义,亦且无“正其不正以归于正”之诚意实践之后天工夫义(依王龙溪,诚意为后天之学)。格物转成“成物”。成者实现之之谓也。此示良知明觉是实现原理也。

就成己言，它是道德创造原理，即引生德行之“纯亦不已”。就成物言，它是宇宙生化之原理，亦即道德形上学中的存有论的原理，使物物皆如如地得其所而然其然，即良知明觉之同于天命实体而“于穆不已”也。在圆教下，道德创造与宇宙生化是一，一是皆在明觉之感应中一体朗现。是故象山云“宇宙内事即己分内事”，此全物从事也，而事彰物彰。明道云“只此便是天地之化，不可离此个别有天地之化”，此全事从物也，而物彰事亦彰。盖物之存有必在吾之行事中存有，吾之行事亦必在成物中完成也。此感应无外之一体朗现，遂使格物后天工夫义，此是“即本体便是工夫”，而王龙溪喜说此义也。其所谓“四无”亦就此而说。然皆是阳明学应有之义也。

在感应无外之一体朗现中，事是“在其自己”之事，是“实事”，亦是“德行”；物是“在其自己”之物，其自身即为一目的。此时，事与物俱不可作现象看，因为它们系属于明觉之感应，而不系属于识心（知性）之认知。它们可以是知体明觉之“用”，因其感应而为用，但是用不必是现象。如罗近溪云“抬头举目浑全只是知体著见，启口容声纤悉（细）尽是知体发挥”。此时之抬头举目，启口容声，便是实事，实德，而不可以作现象看。它们只是在其自己之如相。如相无相，是即实相：不但无善恶相，并亦无生灭常断一异来去相，焉得视为现象，它们是知体之著见，即是如如地在知体中呈现。此时全知体是事用，全事用是知体。全知体是事用，则知体即在用；全事用是知体，则事用即在体。儒者所谓体用，所谓即体即用，所谓体用不二等，并不可以康德所说的智思物（本体界者）与感触物（现象界者）以及其所说物自身与现象而视之。因为用不是现象，而是“在其自己”之如相。因此，此所谓体用倒有点类康德所说的上帝与物自身之关系（上帝只创造物自身，不创造现象）。只是知体明觉之为体与上帝不同而已。然而在阳明，既言知体明觉为究极实在,即不须再言上帝矣。至于说到物自身与现象,此亦不是此处所谓体用。因为物自身并不是体(知体明觉之体),而现象亦不是这里所谓用。依康德,现象与物自身之分可以到处应用,知体明觉亦可以现象与物自身视。当其是内部感触直觉底对象时,它是现象;当其不是感触直觉底对象,进而是非感触直觉的对象,即智的直觉之对象时,它便是物自身,即知体明觉之在其自己。知体明觉之在其自己,即我们现在所谓"体",不是一个存在物。我们视之为物自身,此"物自身"中的物是虚说,故落实了,即是知体明觉之在其自己。我们现在所谓体用是就"知体明觉之在其自己"与其所感应的物与事而言,不是就它自身之可分现象与物自身而言。任何一物之分为现象与物自身,这现象与物自身间的关系并不是体用关系。现象与物自身之分是对应主体而言,如对应认知心而言,即为现象,对应知体明觉而言,即为物自身(依本书,物自身取积极意义)。现象与物自身间的关系颇难言。我们只说它是凭依关系,即现象是由感性的认知心凭依物自身而挑起的,这并不能说是体用。体用只就知体明觉之感应无外而言,因此,其所感应的物,与由此应物而引来的事(德行),俱是用。而物与事俱是在其自己者。物之在其自己,其自身即是一目的,而不是一工具;事之在其自己,其自身即是吾人之德行,知体之著见。凡此俱不可视作现象。

只有当物与事转为认知心底对象时,它们才是现象。他们此时是在时空中,而为概念所决定。因此,物即丧失其"在其自己"之意义,而被拉扯在条件串系中,而不复其自身即是一目的;而事亦丧失其"在其自己"之意义,而被拉扯于条件串系中,它们都在缘起中。但既是条件串系中,它们既是有定相的缘起,即是现象意义的缘起,而不是空无自性的缘起,即不是如相无相之实相的缘起。但缘起,如就其为缘起而观之,而不加以任何执着,它本就是无自性的(因为有自性即不须缘起),因而亦就是无定相的。定相是概念所决定成的,因而显然是属于遍计执的。儒家对于事物无缘起底说法,但此不能逃,不在说不说。当事与物对见闻之知而言,即必须在缘起中。缘起系属于见闻之知而有定相,即是现象;缘起系属于知体明觉而归于事与物之在其自己,即丧失其缘起义。物之在其自己,其自身即是一目的,此时即不作缘起观;事之在其自己,其自身是实德,是知体之著见,是一个道德意义的"实事",此时亦不作缘起观。事与物既都是在其自己,不在时空中,亦不在概念决定中,它们当然无定相,亦即是如相。我们可以空却它们的由计执而成的定相,但却并不因此空却其自身即是如幻如化的假名法(此是实相的缘起)。儒者在此说是"实事",这是系于知体明觉而有道德意义的实事,事因着知体明觉之感应,良知之天理,而为实而非幻。就知体明觉,良知之天理,说实理,并不是就空却执着而说空理。因此,儒者说实理实事,此是真体用。事如此,物亦然。物之在其自己,其自身即是一目的,我们可以空却它的由计执而成的定相,然而它本身却是一自在的"目的",而不是一幻化的假名。就其自身为一目的而言,我们亦可以说物是"实物",是因着知体明觉之感应,良知之天理,为实而非幻。此是儒者的道德意义的无执的存有论。

论"自我坎陷"

1. 科学知识之必要:在中国是无而能有,有而能无,在西方是无者不能有,有者不能无。

知体明觉之感应(智的直觉,德性之知)只能知物之如相(自在相),即如其为一"物自身"而直觉之,即实现之,它并不能把物推出去,置定于外,以为对象,因而从事去究知其曲折之相。"万物静观皆自得",在此静观中,是并不能开出科学知识的。上帝不能造原子炸弹;他虽无不知,但没有科学知识,或换言之,他并不以科学的方式知。佛有一切种智,但佛并不造亦造不出原子炸弹来。“一色一香无非中道”,此中道之知只知实相;实相一相,所谓无相。它只能使你解脱,而不能使你有科学知识。然则科学知识有无必要?在上帝根本没有,亦无必要。依西方传统,上帝是上帝,人是人,两不相属。就科学知识言,上帝无而不能有,人有而不能无。依中国传统,人可以是圣,圣亦是人。就其为人言,他有科学知识,而科学知识亦必要;就其为圣而言,他越过科学知识而不滞于科学知识,科学知识亦不必要,此即有而能无,无而能有。在佛家,“心佛与众生,是三无差别”,则众生可是佛,佛亦是众生。佛家的重点在于转识成智,而其言识又特别重在言其心理意义的烦恼,然而他亦言俗谛,言比量,言“不相应行法”,原则上它是可以有亦需要有科学知识的。如是,它亦无而能有,有而能无。在道家,其重点虽在玄智,而鄙视“成心”,然而和光同尘,与天为徒,亦与人为徒,真人是天亦是人,如是,原则上它与科学知识亦无而能有,有而能无。三家在以前,于科学知识这一环,虽皆可有,尤其儒家易有,然而因为皆重视上达,故皆未能重视这一环。吾人今日须开而出之。上达下开,通而为一,方是真实圆满之教。问题是在如何由知体明觉开知性?

2. 知性之辩证的开显

此步开显是辩证的(黑格尔意义的辩证,非康德意义的辩证)。此步辩证的开显可如此说明:(1)外部地说,人既是人而圣,圣而人(人而佛,佛而人,亦然),则科学知识原则上是必要的,而且亦是可能的,否则人义有缺。(2)内部地说,要成就那外部地说的必然,知体明觉不能永停在明觉之感应中,它必须自觉地自我否定(亦曰自我坎陷),转而为“知性”;此知性与物为对,始能使物成为“对象”,从而究知其曲折之相。它必须经由这一步自我坎陷,它始能充分实现其自己,此即所谓辩证的开显。它经由自我坎陷转为知性,它始能解决那属于人的一切特殊问题,而其道德的心愿亦始能畅达无阻。否则,险阻不能克服,其道德心愿即枯萎而退缩。《易传》云:“夫乾,天下之至健也,德行恒易以知险。夫坤,天下之至顺也,德行恒简以知阻。”良知良能至简至易,然而它未始不知有险阻。知有险阻而欲克服之,它必须转为知性。故知险知阻中即含有一种辩证的申展。故其自我坎陷以成认知的主体(知性),乃其道德心愿之所自觉地要求的。这一步曲折是必要的。经过这一曲,它始能达,此之谓“曲达”。这种必要是辩证的必要,这种曲达是辩证的曲达,而不只是明觉感应之直线的或顿悟的达,圆而神的达。这种开知性即名曰辩证的开。如是,则知性之开显有其辩证的必然性。此不能由知体明觉之分析所可逻辑地分析出者。

知性既开立,则感应中之物即被推出去而为“对象”,而对象即现象,而不复是那“在其自己”之如相或自在相,由明觉之感应之所显发而明通之者。

3. 自我坎陷,执,与认知主体

知体明觉之自觉地自我坎陷,即是其自觉地从无执转为执。自我坎陷就是执。坎陷者,下落而陷于执也。不这样地坎陷,则永无执,亦不能成为知性(认知的主体)。它自觉地要坎陷其自己,即是自觉地要这一执。这不是无始无明的执,而是自觉地要执,所以也就是“难得糊涂”的执,因而也就是明的执,是“莫逆于心相视而笑”的执。

这一执就是那知体明觉之停住而自持其自己。所谓“停住”就是从神感神应中而显停滞相。其神感神应原是无任何相的,故知无知相,意无意相,物无物相。但一停住则显停滞相,故是执也。执是停住而自持其自己即是执持其自己。但它并不能真执持其自己;它一执持,即不是它自己,乃是它的明觉之光之凝而偏限于一边,因此,乃是它自身之影子,而不是它自己,也就是说,它转成“认知主体”。故认知主体就是它自己之光经由一停滞，而投映过来而成者，它的明觉之光转成认知了别的活动，即思解活动。

经由这一执所成的认知主体(知性)是一个逻辑的我，形式的我，架构的我，即有“我相”的我，而不是那知体明觉之“真我”(无我相的我)，同时它亦不是那由心理意义的刹那生灭心态串系所虚构成的心理学的假我。它的本质作用是思，故亦曰“思的有”(Thinking being)，“思维主体”(Thinking Subject)，“思维我”(Thinking Self)。它由知体明觉之停住而成。它一旦成了，它正恰如其性地而不舍其自性，因而也就自持其自己而为一“思的我”。此时，它的本质作用是思，也就是执的思，它的本质就是“执”，不必再说它是由知体明觉之自觉地要执而成者。此后一语是说它的来历，而前一语则是说它本身。知体明觉之自觉地要这一执，这执即转而就是“思的我”之自己，故“思的我”之本质就是执，它以执为其自性。

以执思为自性的“思的我”空无内容，定常而为形式的我，形式的有(Formal Self，Formal being)。它之所以为形式的，是因为它的“执的思”不能不是逻辑的；因为是逻辑的，它不能不使用概念(就基本而先在者说，或是逻辑概念，或是存有论的概念)，因而亦是架构的我。架构者，因使用概念把它自己撑架起来而成为一客观的，形式的我之谓也。这不是说它本身是一个结构或构造(心理学的假我，虚构我，是一个结构或构造，见下)，亦不是说他本身的形构作用或组构作用(Formative or Constitutive function)，但只说它本身是因着使用概念而把自己撑架成一个形式的我。就其为“形式的我”而言，它是纯一的定常的；它是一个常住不变的我(Abiding Self)。它是纯一的(one and the same，simple and unique)，是因为它只是那明觉之光之停滞，而别无其他，故不是一结构或架造。它是定常的(Constant)，因为它一旦形成，它即常住不变，它是自身同一者：它可被解消，归于无执即被解消；它亦可被形成，有执即形成；但一旦形成，其自身无生灭变化。这一切说法只在说明它是一个“形式的有”，决不可把它认为是那知体明觉之无我相的真我。这一切皆是由那一执而可先验地分析出者。

既有此停住而自持其自己的“形式的我”，则明觉感应中之物即被推出去而成为一所思之对象，此对象即是现象义的对象，我与对象之对偶性是由一执而同时形成者，这是认识论的基本的对偶性。

4.“平地起土堆”

陆象山云：“千虚不搏一实。吾平生学问无他，只是一实。”

又云：“吾之学问与诸处异者，只是在全无杜撰。”

又云：“某从来不尚人起炉作灶，多尚平。”

又云：“做得工夫实，则所说即实事，不话闲话；所指人病，即实病。”

又云：“人心只爱去泊著事。教他弃事时，如鹘孙失了树，更无住处。”

又云：“人不肯心闲无事，居天下之广居，须去逐外，着一事，印一说，方有精神。”

又云：“后世言道理者终是粘牙嚼舌。吾之言道，坦然明白，全无粘牙嚼舌处，此所以易知易行。或问：先生如此谈道，恐人将意见来会，不及释与谈禅，使人无所措其意见。先生云：吾虽如此谈道，然凡有虚见虚说皆来这里使不得，所谓德行恒易以知险，恒简以知阻也。今之谈禅者，虽为艰难之说，其实反可寄托其意见。吾于百众人前开口见胆。”

又云：“且如世界如此，忽然生一个谓之禅，已自是无风起浪，平地起土堆了。”

案以上所引俱见象山《语录》。象山所谓平，实，俱是根据本心之实事实理而说。知体明觉之感应中皆是实事实理,坦然明白。这里容不得任何“杜撰”,任何“闲话”,任何“粘牙嚼舌”,因为这些俱是虚头。“一实了,万虚皆碎。”在明觉感应中,吾之行事皆实事,皆是天理之著见,故理即此天理之实理;而感应处之物亦是实物,此即是物之在其自己,亦即物之如相,无任何波浪也。世界只如此,这就是“平地”。在此处皆平皆实。凡于此“起炉作灶”,“粘牙嚼舌”,“闲话,议论”,“做个道理”,皆是“虚见虚说”,皆是“无风起浪,平地起土堆”。禅家那些姿态,机窍,可以“寄托意见”的“艰难之说”,皆是虚的。他们本也是藉着这些虚的来归于另一意义的实,佛家意义的实,或只是一实之另一不同的表示,然而那些机窍,姿态,艰难之说,其本身终是虚的也。故总归于无说无示,而一切皆平平也。象山说“忽然生一个禅,已自是无风起浪”,这是因为道德意识中实事实理最易显虚实两层也。“天之所以予我者,至大至刚,至直至平至公。如此私小,做甚底人!须是放教此心公平正直。无偏无党,王道荡荡。无党无偏,王道平平。无反无侧,王道正直。”(亦见《语录》)儒家最易显这平实。其实禅家亦知虚实两层也。

吾人必须知这平实是最高的层次。一离乎此,便是虚见虚说。凡是显示这平实的一切言说,机窍,轨辙,亦皆是虚见虚说,而终须归消,权说亦须归实。有相应的权说,有不相应的权说。前者销而不销,不销而销。后者若是杜撰,则须废除;但亦有虽不相应,而却是客观地必要者,则纵使是“无风起浪,平地起土堆”,亦须开显,此即认知主体与其所对之现象是也。

承上第三节而言,那停住而自持其自己的认知主体对那知体明觉之真我而言,亦是一现象,不过这不是被知的对象义的现象,而是能知的主体意义的现象。此一现象是那知体明觉之凸起,由自觉地一执而停住而起者,此即所谓“平地起土堆”。知体明觉是平地，无任何相，如视之为“真我”，则真我无我相。而此凸起的认知我是土堆，故我有我相。此有我相之我是一形式的有。它虽是一凸起的现象，但却不能以“感觉的直觉”来觉摄。它既不是真我，当然亦不能以“智的直觉”来冥证。凡是“形式的有”者，吾人如依康德的词语说，皆须以“纯粹的直觉”来觉识。其为现象只就其为“凸起”而言。此是知体明觉之自觉地一执停住即坎陷而凸起者。此不是感觉的直觉所觉摄之杂多而待概念以决定之者，因此处只是一形式的有，思维的我，无杂多故。

此思维的我既有我相，故明觉感应之“物”亦凸起而为一对象，即成为对象相的物，此即为现象义的对象，此亦是“平地起土堆”也。“物之在其自己”是平地，平地无相。而现象是土堆，土堆有相。此作为土堆的现象虽凭依“物之在自己”而凸起，却不是“物之在其自己”之客观的存有论的自起自现，而乃是为知性（认知主体）所认知地挑起或挡起者。此是认识论意义的现象，而不是存有论意义的现象。康德以知性底超越分解，所谓超越哲学，代替存有论，就是想把传统的存有论系于知性之认知活动上讲，因此，现象只是认知意义的现象。如果于此仍说存有论，那只是现象界的存有论，即吾所谓“执的存有论”。平地上之实事实理则是本体界的存有论，即吾所谓“无执的存有论”。

我们只有一个认知意义的现象。那“物之在其自己”并不自起这现象。“物之在其自己”并不是实体，因此，并不能就此而客观地亦即存有论地说它自起这现象。我们如果真想客观地亦即存有论地说自起自现（自起现者不必是现象），那存有论必是无执的存有论。无执的存有论是就知体明觉这实体说。知体明觉所起现而著见者是实事实理，亦是实物：感应中之物是实物（如一色一香无非中道），感应中之行事是实事（如抬头举目事亲从兄等皆是知体之著见），感应中之天理贯注是“良知之天理”这实理。如是，如果知体明觉是体(理体),则实事实物皆是用,而此用并非“现象”。实事是事之在其自己,事不作事观,乃是知体之著见,即非现象也。实物是物之在其自己,物不作物观,乃是明觉之感应,物无物相即是无物之物,故亦非现象也。凡此皆是一知之显发与明通,故一切皆如也。此方真是大客观地无执之存有论地自起自现也,而起无起相,现无现象,而一切皆平平也。平常依存有论的方式说明本体现象,或依中国传统说体用时亦把用视为现象,那是不检之辞,忘记了“认知度向”之插入。现象(依康德此词之严格的意义)只在“认识度向”之介入上而起,即只对认知主体而起,而此起是认知主体之执所挑起或挡起,即于“物之在其自己”而永不能至之,这样虚即地即于“物之在其自己”而挑起或挡起。吾人并不可在无执的存有论之体用上说现象。故现象即是象山所谓“平地起土堆”,乃是虚层者。实事实理则是平地实,此层上无现象也。

能知义的认知我之为现象与所知义的对象之为现象,如果亦说它们是知体明觉之用,则此用名曰“权用”,是经由知体明觉之自我坎陷而间接地辩证地开出者,它虽是虚的,却是客观地必要的。无执的存有论上之体用,体是实体,用是实用,此实用可名曰“经用”。经用无进退:只是如,不可以有无言。权用有进退:有而能无谓之退,无而能有谓之进。

论执的存有论

知性只能思辨对象,而不能给予对象。给予对象者是感性。感性摄取对象,在此摄取中,对象始能被给与。

感性底摄取名曰“感触的直觉”。

感觉的直觉是一“呈现原则”(Principle of presentation),它是将一现实而具体的存在物呈现给吾人者,但它不能创生这存在物,因此，它是认知地呈现之，而不是存有论地创生之。明觉感应中之智的直觉是存有论地创生一存在物，但此存在物是当作“物之在其自己”而观之者，它是内在的自在相，而不是对象相。明觉感应创生地实现此存在物亦即呈现此存在物，此是存有论地呈现之即实现之，而不是只认知地呈现之而不实现之。明觉感应之所以实现者经过感性之摄取即转为对象，因此，感觉的直觉所认知地呈现给吾人的存在物便转为现象义亦即对象义的存在物。

“现象”者，一存在物对一定样式的感性主体而现为如此者之谓也。

“对象”者，一存在物为感觉直觉所面对而取著之之谓也。

人的感性之摄取外物是在一定样式下摄取。此一定样式依以下两义定：

（1）人的官觉之特殊构造，譬如只有五官。

（2）在此特殊构造下，其摄取外物必依时空形式而摄取之，如此，其所摄取者方是一具体而现实的存在，亦即有时空相的现象的存在。

依此，时空就是标识人的感性之特殊模式或一定样式之形式条件。因此，感觉直觉固取著一现象义的对象，而亦即在其取著中著之以时间相与空间相，故感觉直觉是取象而著相之认知机能也。

感觉直觉即是认知心（亦曰识心）之陷于感性中。所谓陷于感性即是随顺感觉而起用，起用者起直接的摄取之用也。凡随顺官觉而觉者皆是一直的（直而无曲），故曰直觉。以随官觉故，故曰感觉的直觉：五官为外物所影响（所感动）而吾心被动地起而接受之即摄取之，此即曰感触的直觉。当此认知心脱离感性而为思维主体即知性时，它即须使用概念而显思想之用。故思辨的知性是辩解的（Discursive），而不是直觉的。

辩解的知性只能思辨对象，而不能给与对象。它所思辨者是感性所给与的。它的思辨是使用概念而思辨。因此,它所使用的概念必须有直觉以实之。若无直觉以实之,它们是空洞的概念,而思辨亦只是空洞的思辨,这便无“观解的知识”(Theoretic Knowledge)。因而,对知性底思辨而言,吾人亦可说感觉的直觉是一个“具体化之原则”(Principle of embodiment, or concretion),它是那能使概念有内容者,能使概念的形式的思想具体化亦即实化者。有直觉,这概念便有一“真实的可能”,否则只有“形式的可能”。例如:“太阳不从东方出”,这是可能的,但如无经验的直觉以实之,则此命题所述者便只是一逻辑的可能,而不是一真实的可能。

如果我们从感性起,我们说感性给与吾人以对象,而知性则思辨一对象;但我们所以知感性之所给与知性之所思者为现象,乃是因为我们已知明觉感应中之物为“物自身”故。我们自始即未空头说感性与知性。感性与知性只是一认知心之两态,而认知心则是由知体明觉之自觉地自我坎陷而成者,此则等于知性。如是,首先出现者为知性。如果我们从认知心之知性义开始,则我们说知性当其一成时,它即把明觉感应中之物推出去作为一对象而思之,而感性则把知性推出去者作为一对象而给与于我们,此所思与所给与者,因其是对象,故即是现象也。此义若简单地言之,即是:知性概念地思之,感性直觉地触之(即摄取之)。因此,其为现象也必矣。那明觉感应中之物,或涵润而明通于,亦即渊渟于明觉中的自在物本身,则永不能作为对象而为知性之所思与感性之所触者。一经思与触之,便是现象矣。因此,所执心之认知地所及者为现象,凡无执心之存有论地所明通而显发者为物自身。现象与物自身之超越的区分最后是以执与无执来决定也。

……

6. 感性,想象,与知性

"时空是属于心之主观建构"——由超越的想象而形构成。

感觉直觉所摄取者,康德名之曰"未决定的对象"。此是外物之认识论地现于感性者,故亦名之曰"现象"。

现象经过知性之概念的决定,康德名之曰"决定了的对象",此亦可曰"法定象"(Phenomena),此是概念化或客观化了的"现象"(Appearance)。知性底概念思辨活动即是一种客观化或对象化底活动。凡经过对象化底活动而成一决定了的对象者即是一个可以客观地肯断的对象。由此而成的知识即是积极的观解知识,亦曰经验的知识,亦即是关于现象的知识。

时间与空间,康德名之曰感性底形式,或感触直觉底形式。

时空本由识心之执而成,形成之以用于感性。

形成时空的那识心之执当该是"纯粹的想象",或曰"超越的想象"。康德未如此说,他只说:"时空是属于心之主观建构。"此"心"当该即是"想象心"也。康德说"外部感觉上的一切量度之纯粹影像是空间,而感觉一般底一切对象之纯粹影像则是时间"(《纯粹理性批判》原则分析,规模章)。时间空间既是内外感觉上的一切量度,或甚至说一切对象(量度视之的对象)底纯粹影像,则此纯粹影像之形成即由"纯粹想象"而形成。想象是心之活动,所想之像即是影像或图画式的形象。纯粹的想象无经验的内容,因此,其所想的图画式的形象(影像)即是纯粹的影像,此没有别的,不过就是时间与空间。"纯粹的影像"一词是图画性的语言,是对当其用于感性而为感触直觉之形式条件时,它即被名曰"纯粹的形式"。它是"超越的想象心"所形式地形构成或涌现地执成者,故它是"心之主观建构",因此而亦为"先验的"。它用于感觉直觉,而却不是此感觉直觉本身所形构成者。因为凡直觉皆囿于当下,它只不过自觉地带着这本已有之的形式去摄取现象,这是它的唯一功解,它并不能再跳出其当下之囿而前后左右综览而形成一纯粹的影像,即时间与空间；它带着这本已有之的，而此本已有之的却不是它所形成的。能跳出而不囿于当下者是想象。故时间空间之超越的根源即是“超越的想象心”也。想象心之所以为超越的，正因其形构时间与空间故。感性论之所以为超越的感性论（亦曰超越的摄物学），亦正因其所发的感触直觉以先验的时空形式为形式条件故。想象而犹具体也，它只形成一图像式的时间与空间，它尚不能尽概念的思考之作用。尽此作用者曰“知性”。认知心的活动从感性起，步步向后跃起，跃至知性而后止。从知性步步向下趋，趋至感性而后止。感性，想象，知性，此三者是同一认知心之三态，是因着摄取现象，形构时空（兼形构规模），以及使用概念去思辨对象（现象义的对象），这三种不同的作用而被分成，并被注定。

康德论纯粹的想象主要地是在对应概念（范畴）而说规模（Schema 亦译为图式）。是则纯粹想象之作用一在对应外部感觉上的量度而形构成空间这个纯粹影像，并对应内外感觉一般底一切对象之量度而形构成时间这个纯粹的影像；另一则是对应纯粹概念（及范畴）而形构成它们的规模以为其实化之感触条件（Sensible condition）。

我们现在由他说感觉上的量度底纯粹影像此是时空根源的解释。康德缺此解释。他只笼统说：“时空是属于心之主观建构。”（他所作的“时空之形上的解释”，说明时空为先验的形式，并为一纯粹的直觉而非一辨解的概念者，无问题。至于其所作的“时空之超越解释”，我们只取其使现象底时空性之表象为可能以及使运动变化等之表象为可能，而不取其使数学与几何为可能，因本书不从时间与空间说数学与几何学故。）

说感觉上的量度之纯粹影像是时间与空间，这是倒映的说法。感觉对象在直觉摄取中本已被置定并被排列于时空中，因为感触直觉是以时空为其形式条件故。是则当直觉摄取一对象时，此对象之量度即为时空这一形式条件所表象。时空这一形式条件在直觉之摄取中直接地表象所摄取者之时间性与空间性,同时亦即表象了它们的量度性。这个量度性只为时空所表象,尚未为量概念(范畴)所决定。因此,如果我们以感觉上的对象之量度(在直觉之摄取中所表象者)为首出,我们即可说此量度底纯粹影像,我们即可把那量度具体地形象化出来。是则说时间空间为纯粹影像是由其所原表象者而倒映回去说也。即,以其所表象之量度为首出,再倒映回去,复说此时间与空间是那感觉上的量度之纯粹影像也。我们就感触直觉以及此直觉之对象而言,我们说时空是感触直觉底形式,并同时亦即是感触直觉底对象之形式。但是就直觉对象之量度而言,我们不能说时间空间是此量度之形式。对象底量度是由我们以时空去表象对象时把它示现出,控制出,或烘托出,泛言之,亦可以说是表象出。但是当我们说我们以时空去表象对象,以及以时空去表象量度,这两个表象其意义并不相同。在前者,时空可为对象之形式,但在后者,我们不能说时空是量度之形式。因为量度并非一独立的具体物或具体事件故。因此,我们说以时空去表象量度,实即以时空去表象对象而把此对象之量度示现出,控制出,或烘托出。因此,我们不能说时空复是量度之形式。这亦犹之乎我们以范畴去决定现象,而说范畴是现象之法则,但我们不能说量范畴复是其所决定的现象之量性之法,因为量性就是量范畴之实化,其本身就是现象之法则性故。因此,我们在直觉摄取中的对象之量度上,如若倒映回去,我们只能说时间空间是此量度之纯粹影像,而不复能说是此量度之形式。因此,就感触直觉以及直觉之对象而言,我们就说时间和空间是它们的先验形式;就感觉对象之量度而言,我们就说时空是量度底纯粹影像。

但是一说“影像”(Image),其相应的机能便是想象。就时空为感觉上的量度之纯粹影像言,我们就说这纯粹影像是由纯粹而超越的想象所形构成。我们即依此义而可予时空一“根源的解释”，说它们的根源是超越的想象，而不是“心之主观建构”这一笼统的说法。时空为超越的想象所形构成，用之于感性而为感触直觉之形式。

……

依康德，感性，想象，与知性是灵魂底三种根源的能力或机能，它们含有一切经验之所以可能之条件，它们自身不能再从心灵底任何其他机能而引申出。康德说灵魂或心灵，我们现在则直接说为识心或认知心。基于这三种机能上，有三层综和出现，此即：

(1)通过感觉(Sense)而来的先验杂多之综摄(Synopsis)；

(2)通过想象而来的此杂多之综和(Synthesis)；

(3)通过统觉(Apperception)而来的此种综和之统一。

感觉发自感性。通过感觉，我们说感触的直觉。感觉只是我们的生理机体与外物相接触。就感觉而带有时空形式直接地觉知之，即是感觉的直觉。统觉发自知性。知性底作用亦可以说是“思”，亦可以说是“统觉”。

这三种机能皆有一超越的表现以及一经验的表现。超越的表现只有关于形式，而且是先验地可能的。上列三层综和是就其超越的表现而言，故从先验杂多(即纯粹杂多)说起：先就感觉或感触直觉之形式面(即时空)而说先验杂多之综摄，次就想象(纯粹而超越的想象)而说此种先验杂多之综和，最后就超越的统觉而说此种综和之统一(即对于想象所形成的综和再予以统一)。

兼顾超越表现与经验的表现两层而言，康德又把那三层综和说为：

(1)直觉中摄取(领纳)之综和。此相应通过感性而来的先验杂多之综摄而言。在那里说综摄(Synopsis)，在这里说摄取之综和(Synthesis of apprehension)，通直觉之超越表现与经验表现两面而言。如为前者,则为摄取之纯粹的综和。如为后者,则为摄取之经验的综和。

(2)想象中重现之综和。此相应通过想象而来的对于先验杂多之综和而言,此亦兼顾想象之两种表现而言。如为超越的表现,则为超越的想象。如为经验的表现,则为经验的想象。经验的表现为重现的综和,超越的表现为产生性的综和。

(3)概念中重认之综和(Synthesis of recognition)。此相应通过统觉而来的对于想象所形成的先验杂多之综和再予以统一而言。知性的作用是思,是统觉。而无论是思或统觉,皆必须使用概念而后始能成其为思或统觉。故此处所成的综和是一"在概念中重认之综和"。此亦兼顾统觉之两种表现而言。如为超越的表现,则统觉为超越的统觉,其所使用之概念是先验概念,即范畴。如为经验的表现,则为经验的统觉,其所用之概念为经验概念。

……

如果这三层综和都是识心之执,则至超越统觉底统一便成概念的定执,所定执者是现象底量度相,实在相,虚无相,限制相,常体相,因果相,共在相,乃至可能相,现实相,以及必然相。这些相都成了决定相,亦即皆是决定性的概念,因而亦是所谓有自性的相,有自性的概念。直觉中先验杂多底综摄执成现象底杂多相,纯粹想象则执成十二规模相。经由此十二规模相,而至概念的定执,则成了十二定相。此十二定相,若用龙树的说法,便是生相,灭相,常相,断相,一相,异相,来相,去相。这八相不出三层综和之外,亦不出十二定相之外。此皆由执而成,是经验以及经验对象可能底根据。

概念底综和统一甚显豁,而直觉底综摄与想象底综和则隐微而难彰,吾故顺康德的原文而予以彰显,以明识心之执之贯彻性。

……

感性可以外在地被感动，亦可以内在地被感动。由前者，它摄取外部现象；由后者，它摄取内部现象。摄取外部者成外部直觉，摄取内部者成内部直觉，皆以时间空间为形式条件。(康德说空间是外部直觉之条件，时间直接地是内部直觉之条件，间接地亦是外部直觉之条件，因而是一切直觉之条件。但我们现在可不必作此分别。内部直觉所觉摄心象既有时相，也有方相。此处此时，今兹，是一切心象物象所不能离的。惟在心象方面说空间象是图画式的说而已。)

内部直觉所摄取的心象名曰"心态"(Mental states)。例如喜怒哀乐等即是心态，佛家名曰"心所"。心所者与心相应，叶合为一而为心所有也。此等心态实即是心象，张横渠所谓"存象之心亦象而已"。而黄道周则名之曰"心边物"，非直正是心也。黄道周与张横渠所说的非象之心，乃指超越的本心即道德的真心而言，此不可以"象"视。"心象"之心实只是一条流。佛家说心与心所，心只是总说(集聚义为心)，"心所"则是散开说，故其所说的心实只是识心之流也。

心象刹那生灭，成一串系。吾人如将此串系底连续不断孤总于一起而以概念决定之，吾人即名之曰心理学意义的我，此是有我相的虚构的假我。佛家所破的那个我，即是这心理学意义的假我。阿赖耶识等流无间，喻如瀑布，末那识凭依之而执为自身同一，此即成为虚构的假我。佛家言唯识为泛心理主义，只知就末那底"我执"而说心理意义的我，未能就意识而撑开一认知的我，即逻辑的我。

吾人现在则如此说：知体明觉自我坎陷所成的识心，当通过感性而为外物所影响或左右时，即起现一些小波浪式的心态或种种意念。在此感性影响下，识心即返而接受或摄取这些心态，此种摄取即名曰内部的感触直觉，即摄取其自己所起的心象。此种摄取即是通过感性对于识心自己底摄取或直觉。康德名之曰心自我影响而内部地直觉其自己。实则心纵使能自我影响而起现心象,然其自我影响亦实由于为外物所影响而被激动起而然,并非真能无端而起而内部感触地直觉其自己也。康德又把那自我影响的心很快地视为"超越的我",而此超越的我其自我影响而起的又只是一些心象,即作为内部感觉之对象者,故通过此内部感觉而感触地所直觉的仍只是这些心象,而并不是那"超越的我"之自己。此后者乃是永不能感触地被直觉者。吾人如想真能直觉及之,则必须是智的直觉,而不能是感触的直觉。但吾人又无智的直觉。是故吾人或者根本不能知道那"超越的我"之我自己,或者如想知之,只能通过感触的直觉而知之,而如此所知者又只是现象,而不是它自己。

吾人现在则不如此说,因为这太笼统。吾人现在如此说:心自我影响而起现心象而可为内部直觉所觉者不可直视为超越的我,而仍但属于识心,即"认知我"。识心本就是经由一执而成者;对知体明觉而言,吾人本亦说它是"能知的主体"意义的现象。此一现象之所以为现象是由凸起而为一"形式的有"而规定,是一无象可现而却有相的权说或喻说的现象。它是"认知的我",仍是有"我相"的我;而不是那真我,无"我相"的我。对此认知的我,我们可以辩证思辨地知之,但不能感触直觉地知之,当然亦不能智的直觉地知之。

所谓辩证思辨地知之,即是把它当作是由知体明觉之自我坎陷之一执而成者。此时,它是无内容的,无杂多的,因而亦无象可现;它的自性是形式意义的纯一定常,此形式意义的纯一定常是那知体明觉之坎陷,由坎陷而停住其自己,而直接透映过来者,透映过来而成为识心(认知我)之停住而自持其自己,因而遂有形式意义的纯一与定常。此不是那知体明觉自身之纯一而真常,因为知体明觉是无执无着,无对无相的。此有执有相而为形式意义的纯一与定常之识心即为一“认知我”。此我只能被思而不能感触地被直觉。它虽是对知体明觉言而为现象(能知的主体意义的无象可现而却有相的权说的现象,平地起土堆,土堆式的凸起之现象),但却是不能被直觉的。如果它可为智的直觉所知,则它顿时即复化归而为知体明觉,因而亦即丧失其为“认知我”之意义。如果它可为感触直觉所知,那只有当它为外物所影响而起心象(波浪)时,它始能如此直觉。但如此所直觉的又只是它的心象串系,足以代表它,而不是它之为“认知我”之意义。此足以代表之串系,如以概念决定之,便即是心理学意义的假我,虚构我。此则严格讲并无自身同一性,常住不变性;同一定常乃是由概念而决定成即执成者,故为一虚构也。此即康德所谓现象意义的“我”,亦可说是对象意义的我,其为现象是对象意义的现象。但是“认知我”则是主体意义的无象可现但却有相的现象,是对反着知体明觉由知体明觉之自我坎陷而成的认知主体;它不能作为感触直觉底对象;它是形式地自身同一而定常的。因此,故为形式的我,逻辑的我,架构的我也。此我即是笛卡尔所说的“我思我在”之我,其“在”只是“形式的有”意义的“在”,既不是现象身份的“在”,亦不是“物自身”身份的在。……

……

由以上的分际,我们肯定(1)知体明觉之真我,此由智的直觉以应之;(2)认知我,此由形式直觉以应之;(3)心理学意义的虚构我,此由感触直觉以应之。康德是由“我思我在”之同一我而以三种态度视之,故含混笼统而复有差谬也。以上的分析曲折较多,但能厘清各种分际,使吾人对于各种有意义的我可有明确的规定。

……

识心之执与科学知识是知体明觉之所自觉地要求者。依此义而说“无而能有”,即它们本是无的,但依知体明觉之自觉要求其有,它们便能有。但依上第四节,它们既是权用,则仍可把它们化而归于知体明觉之感应而不失知体圣德之本义。即依此义而说“有而能无”。即它们已经有了,然既是由自觉的要求而有,则它们亦可经自觉的撤销而归于无。进一步,若以明觉而通之,则虽有不断碍,亦不必撤销,此亦是有而能无。无而能有,有而能无,由于是这样进退自如,故此两者是一个轮子在知体明觉这个“天钧”上圆融无碍地转。

无而能有,则识心之执之出现是为的说明亦即成就科学知识。吾人于此不说烦恼。但既是识心之执,则即含有烦恼之种子(佛家),私欲之种子(儒家),是非争辩之种子(道家)。

善乎郭象注《庄》之言曰:“学者非为幻怪也,幻怪之生必由于学。礼者非为华藻也,而华藻之兴必由于礼。斯必然之理,至人之所无奈何,故以为己之桎梏也。”(《庄子·德充符篇》“至人以是为己桎梏”之注语)又曰:“今仲尼非不冥也,顾自然之理,行则影从,言则响随。夫顺物,则名迹斯立,而顺物者非为名也。非为名,则至矣,而终不免乎名,则孰能解之哉?故名者影响也,影响者形声之桎梏也。明斯理也,则名迹可遗。名迹可遗,则尚彼可绝。尚彼可绝,则性命可全矣。”(《庄子·德充符篇》“天刑之,安可解”之注语)

吾人亦可仿之曰:知性非为烦恼也,而烦恼之兴必由于知性。由明觉而下开知性,是“菩提即烦恼”,此是无而能有也。由知性而上返于明觉,是“烦恼即菩提”,此是有而能无也。

幻怪由于学,华藻由于礼,烦恼由于知(知性之知)。而学,礼,与知,此三者乃“游方之内者”所必不可免者。《庄子·大宗师篇》云:“孔子曰:彼游方之外者也,而丘游方之内者也。”郭象注云:“夫理有至极,外内相冥。未有极游外之致而不冥于内者也,未有能冥于内而不游于外者也。故圣人常游外以宏内,无心以顺有。故虽终日挥形而神气无变,俯仰万机而淡然自若。夫见形而不及神者,天下之常累也。是故睹其与群物并行,则莫能谓之遗物而离人矣。睹其体化而应务,则莫能谓之坐忘而自得矣。岂直谓圣人不然哉?乃必谓至理之无此!是故庄子将明流统之所宗,以释天下之可悟(案“可悟”语不甚明)。若直就称仲尼之如此,或者将据所见以排之。故超圣人之内迹,而寄方外于数子。宜忘其所寄,以寻述作之大意,则夫游外宏内之道坦然自明,而庄子之书故(固)是涉俗盖世之谈矣。”

……

学,礼,与知,此三者乃“游方之内”所必不可免,故幻怪,华藻,与烦恼,亦必随之而来。此所谓“不断烦恼而证菩提”也。

胡五峰云:“天理人欲同体而异用,同行而异情。”无而能有,是“天理即人欲”。有而能无,是“人欲即天理”。天理即人欲,是天理在权用中。权而生弊,则一念警策。有而能无,是则人欲即天理。人欲即天理,则一切权用皆实矣,不必废也。有而能无者,明觉通化之,无其欲弊,而此事不废也。此即佛家所谓“去病不去法”,“行于非道,通达佛道”(《维摩诘经》)。

道家原只知“彼是莫得其偶,谓之道枢”(《庄子·齐物论》),而不知“偶性”之重要。开“偶性”,是自然而人为。知“天刑”,则人为而自然。如是,则充实而圆矣。

天台宗言“法门不改”,“除无明有差别”。三个世间法有净善法,亦有秽恶法,皆是性德中之法。就秽恶而言,则是“性德恶”,故言“性恶”。“性恶”者性德中本具此秽恶法门而不废也,非智如不二法性心是恶也。例此,吾人亦可言识心之执是“性德执”。学,礼,知皆是性德中之事也。“行则景从,言则响随”,带来的烦恼亦是必然的。要在明体不失,则烦恼不为碍,故视为“天刑”也。

西方文化,无者不能有,则上帝为虚设;有者不能无,则人欲不可遏。故消化康德而归于儒圣也。此亦是“明流统之所宗”,为此时代所应有之“判教”也。

（选自《现象与物自身》，台湾学生书局1984年版）

牟宗三（1909—1995），字离中，山东栖霞人。1927年入北京大学。初从张申府治西方哲学，后长期追随现代新儒家熊十力。1933年毕业后曾在中学、大学任教，并主编《再生》，创办《历史与文化》杂志。1949年后历任台湾师范大学、东海大学、香港大学、香港中文大学、中国文化大学、中央大学教授或荣誉讲座教授。现代新儒家第二代代表人物。著有《认识心之批判》、《道德的理想主义》、《心体与性体》、《从陆象山到刘蕺山》、《佛性与般若》、《现象与物自身》、《圆善论》等。《现象与物自身》是作者以儒家心性义理之学为主体，通过融会康德智性哲学而建立其儒家“道德的形上学”思想体系的重要著作。作者认为，真正完善的“道德的形上学”应含有本体界的存有论和现象界的存有论两层存有论，道德的形上学不但上通本体界，亦下开现象界，并提出“自我坎陷”说以联络两层存有论，作为沟通本体界与现象界、由道德理性转出知性及科学民主的中心枢纽。

研究中国思想史的方法与态度问题

——《中国思想史论集》代序

徐复观

一

这里所收的十一篇文章,都是已经在刊物上发表过的。因研究的对象——中国思想史——大体相同,所以现在略加补正,汇印成这本《中国思想史论集》。其中"象山学述",是没有到东海大学以前所写的。我到东海大学,经已四年。前两年所写的这类的文章,已收入在《学术与政治之间》的乙集。仅乙集里面"中庸的地位问题"一文,因与此集所收的"中国思想史中的若干问题"一文,有直接关系,所以也汇印在这里。此外收集在《学术与政治之间》甲乙两集的若干同性质的文章,未能放在一起汇印,实系一大缺憾。所以后面特附存一个篇目。同时,在这两年内,除了收在这里的九篇及收在《东海学报》一卷一期的"文心雕龙的文体论"一篇以外,尚有几篇关于现代文化评论性的文章,或者更值得这一时代的人们看看;但因为性质的关系,所以都未加收录。至于这两年内发表过的若干杂感性的文章,那本来是不足爱惜的。

二

我的看法，对于中国文化的研究，主要应当归结到思想史的研究。但一直到现在为止，还没有产生过一部像样点的综合性的著作。这一方面固然是因为分工研究的工作做得不够；但最主要的还是方法与态度的问题。

五四运动以来，时贤特强调治学的方法，即所谓科学方法，这是一个好现象。历史上，凡是文化的开山人物，总多少在方法上有所贡献。不过，凭空的谈方法，结果会流为几句空洞口号。方法是研究者向研究对象所提出的要求，及研究对象向研究者所呈现的答复，综合在一起的一种处理过程。所以真正的方法，是与被研究的对象不可分的。今人所谈的科学方法，应用到文史方面，实际还未跳出清人考据的范围一步，其不足以治思想史，集中已有专文讨论。

一个思想家的思想，有如一个文学家的文章，必定有由主题所展开的结构。读者能把握到他的结构，才算把握到他的思想。西方哲学家的思想结构，常即表现为他们的著作的结构。他们的著作的展开，即是他们思想的展开；这便使读者易于把握。但中国的思想家，很少是意识的以有组织的文章结构来表达他们思想的结构，而常是把他们的中心论点，分散在许多文字单元中去；同时，在同一篇文字中，又常关涉到许多观念，许多问题。即使在一篇文章或一段语录中，是专谈某一观念某一问题；但也常只谈到某一观念，某一问题对某一特定的人或事所须要说明的某一侧面，而很少下一种抽象的可以概括全般的定义或界说。所以读的人，不仅拿着一两句话推论下去，常会陷于以偏概全；容易把针对某一具体情况的说法,当作是一般性的说法;例如看到孔子曾主张"拜下"①,便误认孔子系以卑下为臣道,这当然是非常危险的结论。即使是把多数材料汇集在一起,但若不能从这些材料中抽出可以贯通各材料的中心观念,即是若不能找出黄梨洲所说的学者的"宗旨"②,则那些材料依然是无头无尾的东西。西方的思想家,是以思辨为主;思辨的本身,必形成一逻辑的结构。中国的思想家,系出自内外生活的体验,因而具体性多于抽象性。但生活体验经过了反省与提炼而将其说出时,也常会澄汰其冲突矛盾的成分,而显出一种合于逻辑的结构。这也可以说是"事实真理"与"理论真理"的一致点,接合点。但这种结构,在中国的思想家中,都是以潜伏的状态而存在。因此,把中国思想家的这种潜伏着的结构,如实的显现出来,这便是今日研究思想史者的任务;也是较之研究西方思想史更为困难的任务。我在写"象山学述"一文时,先是按着象山的各种观念,问题,而将其从全集的各种材料中抽了出来;这便要把材料的原有单元(如书札、杂文、语录等)加以拆散。再以各观念,各问题为中心点,重新加以结合,以找出对他所提出的每一观念,每一问题的比较完全的了解。更进一步把各观念,各问题加以排列,求出它们相互间的关连及其所处的层次与方位,因而发现他是由那一基点或中心点(宗旨)所展开的思想结构(或称为体系)。这种材料的拆散与结合,及在再结合中所作的细心考量比较,都是很笨的工夫。此后我所写的与思想史有关的文章,都是以这种笨工夫为基底。当然,在这种笨工夫中,还要加上一种"解释"的工作。任何解释,一定会比原文献上的范围说得较宽,较深,因而常常把原文

① 《论语·子罕》"子曰:拜下,礼也;今拜乎上,泰也。虽违众,吾从下。"按此语乃针对当时鲁之三家而发。

② 见黄梨洲《明儒学案凡例》。此凡例对治思想史者极富有启发性。

献可能含有,但不曾明白说出来的,也把他说了出来。不如此,便不能尽到解释的责任。所以有人曾批评我,“你的解释,恐怕是自己的思想而不是古人的思想。最好是只叙述而不解释”。这种话,或许有一点道理。但正如卡西勒(Carsirer)所说,“哲学上过去的事实,伟大思想家的学说与体系,不作解释便无意味”(An essay on man 日译本 257 页)。并且没有一点解释的纯叙述,事实上是不可能的。对古人的,古典的思想,常是通过某一解释者的时代经验,某一解释者的个性思想,而只能发现其全内涵中的某一面,某一部分;所以任何人的解释,不能说是完全,也不能说没有错误。但所谓解释,首先是从原文献中抽象出来的。某种解释提出了以后,依然要回到原文献中去接受考验;即须对于一条一条的原文献,在一个共同概念之下,要做到与字句的文义相符。这中间,不仅是经过了研究者舍象抽象的细密工作,且须经过很细密地处理材料的反复手续。

三

戴东原曾说:“义理者,文章考核之源也。熟乎义理,而后能考核,能文章。”(《戴东原集》段玉裁序)此处的义理,可以泛解作“思想”,这本是很平实的话。但段玉裁却接着说“义理文章,未有不由考核而得者”(同上),这便把他先生的意思完全弄颠倒了。今人表面上标榜戴氏,实则并不足以知戴氏,而仅承段氏之末流。凡研究与文献有关的东西,必须先把文字训诂弄清楚,这还有什么疑问?但由段氏以至今日标榜考据的人所犯的毛病是:一则把义理之学与研究义理之学的历史(研究思想史),混而不分;一则不了解要研究思想史,除了文字训诂以外,还有进一步的工作。仅靠着训诂来讲思想,顺着训诂的要求,遂以为只有找出一个字的原形,原音,原义，才是可靠的训诂；并即以这种训诂来满足思想史的要求。这种以语源为治思想史的方法，其实，完全是由缺乏文化演进观念而来的错觉。从阮元到现在，凡由此种错觉以治思想史的，其结论几无不乖谬。现在我引20世纪语言学权威耶斯柏孙（Otto Jespersen）在《Mankind, Nation and Individualfrom a Linguistic Point View》（日译为《人类与言语》）大著中的几句话来破除这种错觉。他说"在下宗教、文明、教育等某些概念的定义时，多数人总爱先问'它的语源是什么'？以为由此而对于它本来的性质可投给以光明；这实在是最无意义的事。这是迷信名号之力的学者；他们与相信名号有魔术能力的（按如念真言咒语之类）原始迷信，有其关联。我们即使知道'悲剧'（tragedy）曾经指的是'山羊之歌'，这对于悲剧本质的理解，不曾前进一步。又知道'喜剧'（Comedy）的希腊语Kōmos的语源是'祭之歌''宴飨之歌'的意味，对于喜剧本质的理解，更无所进步"（日译本304页）。因中国文字的特性，从语源上找某一思想演变的线索，并不是没有一点益处；但不应因此而忽略了每一思想家所用的观念名词，主要是由他自己的思想系统来加以规定的。即使不是思想家，也会受他所处的时代流行用法的规定。

四

其实，决定如何处理材料的是方法；但决定运用方法的则是研究者的态度。有人强调科学方法，而常作陷于主观的论证，这种令人困惑的情形，大概不是在方法上可以求得解答，而关系到隐藏在运用方法后面的态度。所以科学方法，与科学态度，是不可分的。但所谓态度，是整个现实生活的自然流露。在研究自然科学方面，因为研究的对象和研究者的实生活，有一个距离，于是他的实生活的态度，和他走进实验室时的态度，也可以形成一个自然的隔限，而不易受到实生活态度的影响。所以有不少的自然科学者，其实生活的态度，和在实验室中的态度，无妨其有相反的现象；例如实生活是固执的，而作实验时则是客观的；在实生活中带有迷信，而在实验室中则全系理智。这也不大妨碍他的研究工作。并且自然科学的真理，其证明是来自对象的直接答复。所以一经证明以后，便没有多大的争论。研究人文科学，则研究的对象与研究者实生活的态度，常密切相关；于是在实生活中的态度，常能直接干涉到研究时的态度。譬如假使有人对跳舞有兴趣，便可以把孔子的“游于艺”解作即是他的进跳舞场；而不知孔子的游于艺，是和他的“志于道，据于德，依于仁”连在一起，所以和今人的跳舞，在精神上会有些两样。因此，便很难把自己的跳舞，解释是在师法孔子。并且在人文这一方面的证明，常常是间接性的证明；任何简单明白的道理，也可以容许人的诡辩。所以在这方面的困惑，许多是和研究者的现实生活的态度有其关连。要使我们的实生活态度能适合于研究时的态度，最低限度，不太干涉到研究时的态度，这恐怕研究者须要对自己的生活习性，有一种高度的自觉；而这种自觉的工夫，在中国传统中即称之为“敬”。敬是道德修养上的要求。但黄勉斋称朱元晦是“穷理以致其知，反躬以践其实；居敬者所以成始成终也。谓致知不以敬，则昏惑纷扰，无以察义理之归；躬行不以敬，则怠惰放肆，无以致义理之实”（黄勉斋《朱熹行状》）。这段话便说明敬乃贯彻于道德活动、知识活动之中的共同精神状态。在求知的活动中，为什么须要这种精神状态？因为求知的最基本要求，首先是要对于研究对象，作客观的认定；并且在研究过程中，应随着对象的转折而转折，以穷究其自身所含的构造。就研究思想史来说，首先是要很客观的承认此一思想；并当着手研究之际，是要先顺着前人的思想去思想；随着前人思想之展开而展开；才能真正了解他中间所含藏的问题,及其所经过的曲折;由此而提出怀疑,评判,才能与前人思想的本身相应。否则仅能算是一种猜度。这本是很寻常的事。但一般人在实际上所以作不到这一点,只是因为从各个人的主观成见中,浮出了一层薄雾,遮迷了自己的眼睛,以致看不清对象;或者把自己的主观成见,先涂在客观的对象上面;把自己主观成见的活动,当作是客观对象的活动。这自然就容易作出指鹿为马的研究结论。此种主观成见的根源,是因为有种人在自我的欣赏、陶醉中,把自己的分量,因感情的发酵而充分的涨大了;于是常常会在精神的酩酊状态下看问题,也在精神的酩酊状态中运用方法;所以稍为有了一点声名地位的人,更易陷于这种状态而不自觉。敬是一个人的精神的凝敛与集中。精神的凝敛与集中,可以把因发酵而涨大了的自我,回复到原有的分量;于是先前由涨大了的自我而来的主观成见所结成的薄雾,也自然会随涨大部分的收缩而烟消云敛,以浮出自己所研究的客观对象,使自己清明的智性,直接投射于客观对象之上;随工夫之积累,而深入到客观对象之中,即不言科学方法,也常能暗合于科学方法。例如朱元晦本人,并不曾标榜什么校勘学;但其校勘方法的谨严精密,正是出于他的居敬工夫。兹摘录他《与张钦夫论程集改字书》以作一例证。

"夫所谓不必改者(按指程集旧本之文字而言),岂以为文句之间,小小同异,无所系于义理之得失而不必改耶?熹所论出于己意,则用此说可也。今此乃是集诸本(按指程集旧刻诸本)而证之,按其旧文,然后刊正。虽或不能尽同,亦是类会数说而求其文势语脉所趋之便,除所谓疑当作某之外,未尝敢妄以意更定一点画也。……若圣贤成书,稍有不惬己意处,便率情奋笔,恣情涂改,恐此气象亦自不佳。盖虽所改尽善,犹启末流轻肆自大之弊,况未必尽善乎。伊川先生尝语学者,病其于己之言有所不合,则置不复思，所以终不能合(原注：答杨迪及门人二书，见集)。今熹观此等改字处(按系指胡刻程集所改旧本之字)，窃恐先生之意，尚有不可不思者，而改者未之思也。并非特己之不思，又使后人不复得见先生手笔之本文，虽欲思之以达于先生之意，亦不可得。此其为害，岂不甚哉。夫以言乎己，则失其恭敬退让之心；以言乎人，则启其轻肆妄作之弊。以言乎先生之意，则恐犹有未尽者而绝人之思。姑无问其所改之得失，而以是三者论之，其不可，已晓然矣。……大抵古书有未安处，随事论著，使人知之，可矣。若遽改之以没其实，则安知果无未尽之意耶？汉儒释经，有欲改易处，但云某当作某，后世犹或非之，况遽改乎。……窃以为此字(按指旧刻本程集中所用之“沿”字)，决当从旧，尤所当改(按此指胡刻本将旧本“沿”字改作“泝”字，故朱子主张改从旧本)。若老兄必欲存之，以见“泝”字之有力，则请正文只作沿字，而注其下云某人云沿当作泝字。不则云胡本沿作泝。不则云或人可也。如此两存，使读者知用力之方，改者无专辄之咎……岂不两全其适而无伤乎。……计老兄之意，岂异于此。但恐见理太明，故于文意琐细之间，不无阔略之处。用心太刚，故于一时意见所安，必欲主张到底。所以纷纷未能卒定。如熹则浅暗迟钝，一生在文义上做窠窟，苟所见未明，实不敢妄为主宰。……”

按胡刻二程全集，将旧本之“沿”字改为“泝”字，将旧刻之“侄”改为“犹子”；张钦夫重刻程集，欲遵用胡刻所改之字，而朱元晦以长凡二千二百五十二字之书札争之，其对校勘方法之谨严，可以概见。其所以能如此者，乃出自其“恭敬退让”之心；亦即来自其居敬之精神状态。今人好作毫无根据的翻案文章，乃至先存一种看假把戏的心情来标榜他的研究工作，其病根正在缺少此一敬字。《说文》“忠，敬也”，无私而尽己之谓忠。因不曾无私而尽己，所以自会流于不敬；因为肆无忌惮，所以也自然会不忠于所事。忠与敬是不可分的。

五

儒家思想,为中国传统思想之主流。但五四运动以来,时贤动辄斥之为专制政治的维护拥戴者。若此一颠倒之见不加平反,则一接触到中国思想史的材料时,便立刻发生厌恶之情,而于不知不觉中,作主观性的恶意解释。这与上述的研究态度相关连,也成为今日研究思想史的一大障碍。从历史上看,学术思想若与现实政治处于分离状态,则其影响力常系局部的,慢缓的。若与现实政治处于对立状态,复无有力之社会力量加以支持,以改变当时之现实政治,则现实政治之影响于学术思想者,将远过于学术思想之影响于现实政治。若在本质上系与现实政治相对立,而在形势上又须有某程度之合作时,则现实政治对学术思想之歪曲,常大过于学术思想对现实政治之修正。学术思想的力量,是通过时间的浸润而表现;现实政治的力量,则在空间的扩张中而表现;所以学术思想常无法在某一空间内与政治争胜。政治是人类不得已的一种罪恶,它是由现实中的权力关系生长起来,开始时并不靠什么学术思想。而学术思想,则一开始便会受到现实政治的干扰。近代民主主义与社会主义,其所以能改变现实政治,是因为先有了市民阶级,工人阶级,及立基于此种阶级之上的强大政党。换言之,即是结合上另一政治力量以改变原有的政治力量。至于可以不受到现实政治的干扰而自由发展其与人自身有关的学术思想,只有在民主政治之下,才有其可能。民主政治,在交通通讯尚未发达以前,仅有在地小人少而又集中的城邦,始能实现。中国从古代以至近代,都是以散漫的农业生产为社会经济的基础,而黄河流域的广大平原的实力,使它可以向四周辐射,以建构一个庞大的农业帝国;这便促进了封建政治向大一统的专制政治的发展。而大一统的专制政治建立起来以后，虽不断的改朝换代，但卒无一种社会力量可以支持建立专制以外的政治形式；于是中国专制政治的规模之大，时间之久，在人类历史中殆罕有其匹。处于此种历史条件之下，一切学术思想，不作某程度的适应，即将归于消灭。五四运动以来，有人反儒家而崇尚道家，以为道家富有自由精神；殊不知先秦各家思想，除法家本为统治阶级立言以外，最先向专制政治投降者即系道家。以出世为目的，并主张不拜王者的佛教，传入中国后，亦必依附帝王以伸张或保存其势力，所以从前藏经的扉页，首先要印上"皇图巩固，帝道遐昌"八个大字。儒家思想，乃从人类现实生活的正面来对人类负责的思想。他不能逃避向自然，他不能逃避向虚无空寂，也不能逃避向观念的游戏，更无租界外国可逃。而只能硬挺挺的站在人类的现实生活中以担当人类现实生存发展的命运。在此种长期专制政治之下，其势须发生某程度的适应性，或因受现实政治趋向的压力而渐被歪曲；歪曲既久，遂有时忘记其本来面目，如忘记其"天下为公"，"民贵君轻"等类之本来面目，这可以说是历史中的无可奈何之事。这只能说是专制政治压歪，并阻遏了儒家思想正常的发展，如何能倒过来说儒家思想是专制的护符。但儒家思想，在长期的适应、歪曲中，仍保持其修正缓和专制的毒害，不断给与社会人生以正常的方向与信心，因而使中华民族，度过了许多黑暗时代，这乃由于先秦儒家，立基于道德理性的人性所建立起来的道德精神的伟大力量。研究思想史的人，应就具体的材料，透入于儒家思想的内部，以把握其本来面目；更进而了解它的本来面目的目的精神，在具体实现时所受的现实条件的限制及影响；尤其是在专制政治之下，所受到的影响歪曲，及其在此种影响歪曲下所作的向上的挣扎，与向下的堕落的情形，这才能合于历史的真实。梁启超住在租界里面写《异哉所谓国体问题者》，却在《中国历史研究法》中，大骂无租界可住的古人，何以会由临文不讳，变而为临文有讳？今人常在他们所不愿意的宣言上签上自己的名，常在他们所不愿意的场合说上连自己也不相信的话；却怪无外国可跑，无宪法可引的古人，何以不挺身而起，对专制政治作革命性的反抗？此皆由颠倒之见未除，所以常常拿自己在千百年以后所不能作之事，所不敢自居之态度，以上责于千百年前之古人，这如何能与古人照面呢？对古人的不忠不恕，正因为今日知识分子在其知识生活中，过于肆无忌惮。

我中年奔走衣食，不曾有计划的做过学问。垂暮之年，觉得古代思想堡垒之门，好像向我渐渐开了一条隙缝，并从缝隙中闪出了一点光亮；所以这几年作了若干尝试性的工作。此一工作对我个人说，仅仅算是开端；就全般工作自身说，几乎并未开始，而依然是一片广漠的处女地。因此，我对下一代的人在此一工作中的期待，远过对我自己的期待；所以当本集付印之际，不敢阿附时贤，而率直写出这些感想。

(选自《中国思想史论集》，台湾学生书局 1983 年版)

徐复观(1903—1982)，字佛观，湖北浠水人。早年就读于武昌师范、武昌国学馆。1926 年参加国民革命军。1928 年留学日本，学习经济和军事。“九·一八”事变后回国，先后在国民党军队中任团长、荆宜师管区司令等职。1946 年退役。1949 年去台湾，并在香港创办《民主评论》杂志。1955 年任台湾东海大学中文系教授兼主任。1970 年赴香港任中文大学、新亚研究所教授等职。现代新儒家第二代代表人物之一。主要著作有《学术与政治之间》、《中国人性论史·先秦篇》、《中国思想史论集》、《两汉思想史》等。本文是徐复观《中国思想史论集》的序言。作者由政治转向学术，以治思想史名家，其研究中国文化的观点与方法，于此文中作了较详细阐述。

“理一分殊”的现代解释

刘述先

一、引　　言

二次战后，诺斯陆普出版了他的《东西的会合》①，他断定西方思想倾向于分析，而东方思想倾向于玄同，两方面应该可以寻求一个综合之道。诺斯陆普的说法曾经流行一时，但不久以后影响就消退了。我想主要的原因是他把复杂的问题简单化了，所以得不到广大学者的支持。举例说，宋明儒学流行“理一分殊”的说法，朱熹（1130—1200）就学于李侗时，延平就对他说：“吾儒之学，所以异于异端者，理一而分殊也。理不患其不一，所难者分殊耳。”（《宋元学案》，北京，中华书局，4 册，第 2 册，页 1291）由此可见，中国哲学并非不重分殊，只不过所重视的是另一类的分殊罢了！诺斯陆普的说法虽然很有问题，但也并非一无是处。如果重新加以解释，我们可以承认，从一个比较的观点来说，西方的确比较强调分殊，而东方比较强调玄同。然而对于理一分殊，必须要用相应于东方的思想方式来理解，不可以用诺斯陆普那种外行的方式来理解。诺斯陆普的学生摩尔（Charles A. Moore）秉承乃师的宗旨，在夏威夷

① F.S.C. Northrop, The Meeting of East and West (New York; Macmillan, 1946).

创办了“东西哲学家会议”。1964年,我初离国门,跟着东美师去参加了第四届会议。1969年,摩尔已逝世,我在南伊大教书,去参加了第五届会议。摩尔死后,群龙无首,会务弄得一塌糊涂,第五届以后,会议停开了二十年,一直到今年才复会,由7月30日至8月12日,开第六届会议。我应邀主讲一节,即以理一分殊之新释为题,对于中国传统思想稍为有所推陈出新,对于当代西方哲学也有所批评回应,而与诺斯陆普所提出的宗旨遥相呼应。论文先以英文写成,经过删削改易的手续,才写成本文,对于“现代性之挑战与中国文化的前景”,表示一些个人的意见。

我一贯的想法是,世界如今已渐进入一种全球情况,东西的会合根本不是问题,成问题的是,所作成的是怎样的东西的会合。东西的会合自可以有各种不同的形态。有人可以由现实的角度,指出东西会合的得失。但这并不是我的中心关怀所在,一个哲学家的关心首要是在理念的层面上。我所要做的工作是如何往自己的传统之内去觅取资源,加以现代的解释,以面对现代性之挑战,而寄望于未来。当前的课题是给与“理一分殊”以崭新的现代的解释,以回应当代哲学所提出的一些问题的挑战。

二、“理一分殊”观念提出来的历史背景

如所周知,“理一分殊”最早是程颐答杨时问有关《西铭》的问题所提出来的一个重要观念,他说:“《西铭》之论则未然,横渠立言诚有过者,乃在《正蒙》。《西铭》之为书,推理以存义,扩前圣所未发,与孟子性善、养气之论同功。(原注、二者亦前圣所未发。)岂墨氏之比哉!《西铭》明理一而分殊,墨氏则二本而无分。(原注、老幼及人,理一也;爱无差等,本二也。)分殊之蔽私胜而失仁,无分之罪兼爱而无义。分立而推理一以止私胜之利,仁之方也;无别而述

兼爱至于无父之极，义之贼也。子比而同之，过矣。且谓言体而不及用，彼欲使人推而行之，本为用也，反谓不及，不亦异乎！?”(《二程全书》，台北，台湾中华书局，3册，第2册，伊川文集第5，《答杨时论西铭书》，页12后)

横渠《西铭》与濂溪《太极图说》是北宋以来最有影响力的两篇文章。《西铭》讲民胞物与，龟山误以之为墨氏兼爱之旨，并评之为言体而不及用，故伊川复书加以弹正。值得注意的是，《西铭》原文根本没有讲到理一分殊，是伊川根据他自己的了解作了创造的阐释，才提出了这样的观念，从此以后被接受而成为宋明儒学的共法。儒家讲爱有差等，既推爱故理一而分殊，与墨氏兼爱之旨有根本的分别。伊川的根据仍在孟子，孟子有与墨者夷之的辩论(《孟子·滕文公章句上》)。夷之的说法是：“爱无差等，施由亲始”，这样不免自己陷于矛盾，故孟子以之为二本。伊川的义理精熟，故能够明白地指出儒家的立场是理一而分殊，根本有异于墨家的立场之二本而无分。伊川此辩并没有逾越伦理的范围，“分”字读去声，意思是指分位，好像身分、职分上的区别。

但二程发展出了理的观念，由龟山而延平，自然而然对于“理一分殊”有了更新颖更丰富的了解：所谓一理化为万殊，显然进一步增添了形上学、宇宙论上的涵义。这当然是儒学可以有的一种发展，所谓推理以存义，扩前圣所未发——这正是宋明儒者在自觉层次上所作的努力。论者指出，宋明理学曾经受到佛学的刺激与影响，特别是华严，宣讲理事无碍法界观的玄旨，曾经起到先导的作用。事实上，宋明儒者思想开放，从不隐晦向二氏借一些资源为己使的事实，但对于“理”的了解，则仍与佛家有本质上的差别(参拙著：《朱子哲学思想的发展与完成》，台北，学生书局，1982，页415——420)。朱子尤其把理学发展成为一整套的观念：阴阳是气，是分殊原则；太极是理，是统一原则。一理化为万殊，所谓人人一太极,物物一太极。月印万川,恰正是"理一分殊"的写照。以后儒者,在细节方面固然有各种不同的讲法,但在大纲领上来说,则并无异议。这便是对于"理一分殊"观念的提出与流行的一个极简单的回叙。

三、"理一分殊"的现代解释

1984年,陈荣捷教授在新亚作钱穆讲座,讨论到朱子与世界哲学。他指出朱子哲学与世界哲学可以并行不悖,甚至对于世界哲学有所增益,他所特别提出的,就是朱子的"居敬穷理"以及"理一分殊"之说①。以下我将以我自己的方式尝试为"理一分殊"提出一个现代的解释。

从方法学来看,对于"理一分殊"提出新释,就必须在同时像当代基督教的神学家那样,要做"解消神话"(Demythologization)的手续(Cf. Rudoif Bultmann, Jesus Christ and Mythoiogy (New York, Charles Scribner's Sons, 1958,) and John B. Cobb, Jr Living Options in Protestant Theology (Philadelphia: The Westminter Press, 1962), pp. 231—232),才能够把儒家的中心信息,由一套中世纪的世界观解放出来。下面我就用朱子的仁说为例加以解析,作为一个示范。

朱子的理一分殊观在他的《仁说》之内得到了充分的表达,他说:

"天地以生物为心者也,而人物之生又各得夫天地之心以为心

① Wing-tsit Chan, Chu Hsi: Life and Thought (Hong Kong: The Chinese University Press, 1987), pp. 83—101. 我对"理一分殊"的现代解释与陈教授容有不同,但肯定这个观念有其现代意义,用心的方向是一致的。

者也。故语心之德,虽其总摄贯通、无所不备,然一言以蔽之,则曰仁而已矣!请试详之。盖天地之心,其德有四,曰元亨利贞,而元无不统。其运行焉,则为春夏秋冬之序,而春生之气无所不通。故人之为心,其德亦有四,曰仁义礼智,而仁无不包。其发用焉,则为爱恭宜别之情而恻隐之心无所不贯。故论天地之心者,则曰乾元坤元,则四德之体用不待悉数而定。论人心之妙者,则曰仁人心也,则四德之体用亦不待遍举而该。盖仁之为道,乃天地生物之心即物而在,情之未发而此体已具,情之既发而其用不穷。诚能体而存之,则众善之源,百行之本,莫不在是。此孔门之教所以必使学者汲汲于求仁也。其言有曰:克己复礼为仁。言能克去己私,复乎天理,则此心之体无不在,而此心之用无不行也。又曰:居处恭、执事敬、与人忠,则亦所以存此心也。又曰:事亲孝、事兄弟、及物恕,则亦所以行此心也。又曰:求仁得仁,则以让国而逃,谏伐而饿,为能不失乎此心也。又曰:杀身成仁,则以欲甚于生,恶甚于死,为能不害乎此心也。此心何心也?在天地则坱然生物之心,在人则温然爱人利物之心,包四德而贯四端者也。(下略)"(《朱子大全》,台北,台湾中华书局,12册,第8册,文集67,页20)

就一个传统中国的思想家来说,朱子是十分富于分析力的,他分解出天人两个层面。通天下只是一个理,在天地是坱然生物之心,在人就是那一颗仁心。天地的生德内在于人即是仁德,这显然是一种天人合一的模式。而一理化为万殊,故天有元亨利贞四德,而元无不统;季节有春夏秋冬四季,而春生之气无所不通;人有仁义礼智四德,而仁无不包。人的行为千变万化,但合乎圣道而为,最后发生作用的正是那一颗仁心。朱子的说法有一个完整的系统,元朝以来即奉他对古典的解释为正统,他的思想对于后世的巨大影响力是难以估计的。

我们试从两个不同的方向来审查朱子的思想:一方面看他的

思想在古典之中找不找得到根据？另一方面看他的思想到了现代还能不能够应用？先从第一个角度来看，朱子把仁和生关连在一起，这并不是朱子的创举，自二程以来即乃是宋明儒者接受的共法，文献上的根据则在《易经》。北宋由濂溪开始，会通易庸，在思想上开辟出一条新的路径，这是儒学可以发展的一条线索，并无背于孔孟的宗旨。宋明新儒学与先秦儒学之间本来就有一种既传承而又创新的关系，朱子的哲学正是一个典型，在内容上取资于二氏，在精神上则继承孔孟，这才能把新的生命注入儒学之中，而开创出一个新的局面。

朱子无疑是个综合性的大心灵，他能够兼容并包，所以成其大；但也因为他吸纳了许多异质的成分，结果不免逾越范围，造成了驳杂不纯的效果。仁是全德，孔子虽然没有亲口这样说，但现实如此，这是不成问题的。孟子又发挥出四端之说，孟子七篇文字具在，也是不成问题的。但把天的四德与气候上的四季以及人的四德排比起来，编织成为一个系统，这是孔孟原来所没有的东西，乃朱子取之于阴阳家、杂家所发展出来的思想。天之四德见之于乾文言，但原文并没有说为何天只能有四德；人之四德自源出孟子，但孟子也没有说为何人只能有四德，这些德性与季节更拉不上关系。但自阴阳家以后，秦汉之际，吕览，淮南，喜欢把宇宙、人事的现象编织成为一个复杂的秩序，也就是象数派最喜欢弄的那些东西。如此，天人合一不再是“天命之谓性”那样德性上的关连，而是天象、人事有着严格的互相对应的关系。这样弄得既繁琐而又迹近迷信，致此到了王弼注易，乃尽扫象数。伊川易传也是只讲义理。有趣的是，朱子在哲学上完全服膺伊川居敬穷理之说，独独对于易,却不取伊川之说①。他著《周易本义》,认为周易本来是卜筮之书,并兼采康节之说。朱子的用心本来不差,也不只对于易的历史的发展有所了解,而且把他那个时代的宇宙论与科学的成就都吸纳到了他的系统之中。七百年来他的思想居于正统的地位,阴阳五行,天人感应一直笼罩着中国人的思想。但是这一套东西在孔孟根本就找不到根据,象山以孟子学为根据,早就批评朱子支离,但当时的时代却站在朱子那一边。一直要到西风东渐,现代西方科学大量输入,这才取代了传统阴阳五行、天人感应的那一套东西。

如此,从现代的角度来看,如果朱子的思想指的是他的宇宙论和科学的了解,那么这样的思想无疑是过时了。这里面最重要的一个关键在,现代人不再相信自然与人事之间有一定的关连。天人感应根本无法在经验之上取得实证,自然季节的变化怎么可以和人的德性拉得上关系呢?但是朱子思想的精华并不需要建筑在这样的中世纪的世界观之上。通过解消神话的手续,我们就可以把他所体悟得极为真切的中心的儒家的信息,由那些过时的神话解放出来。只有如此,"理一分殊"才能够得到现代的新释,以下我想简单地分开三点来说:

首先,朱子追随孔孟,肯定仁为全德。在传统中国人的思维模式之中,一元与多元,在中国道德伦理思想之内根本并不构成矛盾。仁的狭义仅是诸德之一,仁义礼智各有不同的特性。但仁的广义却是一切德性的泉源,因为缺乏了仁心,光只是外表的合模并不足以构成真正道德的行为。由这样看来,狭义的仁与义礼智,都是广义的仁的表现。由此可见理一而分殊。中国的文字最忌用一

① 关于朱子的易说,参拙著:《由朱熹易说检讨其思想之特质、影响与局限》,《东吴大学哲学系传习录》第6期(1987,10)页79—117。

种死的方式去理解。譬如孟子固然讲四端,但有时他也喜欢只谈仁义。仁义对举的时候,仁便是统一原则,而义(宜)是分殊原则。它们好像同一个钱币的两面,无须强分轩轾。但在西方,讲仁,就好像倾向于目的论(Teleology)的思路,讲义,就好像倾向于义务论(Deontology)的思路,但在中国,却缺少这样二元分割的思想。孟子虽严义利之别,似乎是义务论者,但他也讲众乐乐,又好像是效益论者,事实上根本不能作这样斩截的分类。对中国人来说,把自己性分中所有的充分发挥出来,即所谓尽性(自我实现),这就是人生最大的义务和责任。儒家的道德必须建筑在心性论的基础之上。是人,才可以要求他为善,才可以要他根据自己的良知来反省。现代人各色各样的伦理学、后设伦理学,终不能回答:“人为什么要道德?”的问题。儒家的传统直下肯定一颗仁心,当下树立了道德的基础。朱子以仁为“心之德、爱之理”,正是以他自己的方式肯定了每一个人都有仁心的事实。而这是超越的心性论的断定,并不是经验实然的断定。正因为人在经验实然上经常为恶,却不能不肯定人可以为善,这才显发了超越心性论的根据,以及在现实上作心性修养工夫的重要性。

其次,朱子断定天地以生物为心,也就是说,流行在天壤间是一个生生不已的天道。这显然是根据易经的传统。天道在不断生成变化的过程之中产生万类,而人得其秀而最灵。人是唯一自觉到生命的意义和价值的生物,他所禀赋的乃是一颗能够与天地生生之德互相呼应的仁心。亲亲而仁民,仁民而爱物,仁心的扩充是无封限的。朱子所把握的乃是一个生意盎然的宇宙,用李约瑟的术语来说,朱子所建立的是一有机自然观(Cf. Joseph Needham, Science and Civilization in China〔Cambridge:Cambridge University Press,1954 ff.〕, Vol, Ⅱ, pp. 339—340)。这样的观点自与机械唯物论的观点有很大的距离。在科学发展的过程中,科学唯物论可能是一个必经的阶段,因为只有这样才能够化繁为简,用抽象量化的方式处理数学物理的问题。但科学发展到一个更高的阶段,机械唯物论的局限性就暴露无遗了。李约瑟预言科学在未来的发展是有机自然观的复苏,这样的预言当然要有待经验的实证,但中国先哲的自然观并没有完全过时,尽可以有其现代的意义,却由此得到明证。

再次,朱子断定,这个宇宙乃是理气结合产生的结果。理气究竟是一,还是二?这是宋明儒学之中引起许多争论的大问题,我们无需卷入这一纷争之内。要紧的一点是,无论那一派观点,都肯定理蕴涵在气之中:理虽然是超越的,同时也是内在的。故此在传统中国哲学之中,不会发生像柏拉图那样理型与事物分离、打断成为两截的问题。超越的理本身是纯善,但理的具现不能不通过气的摩荡,自然而然就有了恶。所谓"一阴一阳之谓道",在经验的层面上阴阳、善恶是不能截然分离的。就在这样的情况之下,个体形成,所谓"继之者善,成之者性也"。只有人能够自觉到性分之内的价值,主动参与天地万物创造的过程,如此而可以有限而通于无限。儒者相信《中庸》所谓"天命之谓性,率性之谓道,修道之谓教"。此生能够努力率性、合道而行,那就自然而然能够体现《西铭》结尾所谓"存吾顺事、殁吾宁也"的境界。

"仁"、"生"、"理"的三位一体是朱子秉承儒家传统所把握的中心理念,这样的理念并不因朱子的宇宙观的过时而在现代完全失去意义。朱子吸纳了他的时代的宇宙论以及科学的成就,对于他所把握的儒家的中心理念(理一),给与了适合于他的时代的阐释(分殊),获致了超特的成就。七百年来,他的思想被奉为正统,决非幸致之事。也可以说,在12世纪,作为一个知识分子,他的确尽到了他的责任。但到了今天,我们要尝试给与"理一分殊"以现代的解释时,却遭逢到全然不同的问题。不只我们要解构,把朱子思想中过时的部分加以清除，事实上我们需要对整个儒家乃至中国传统的思想，作彻底的批评和检讨，才可望与时推移，打开一个全新的境界，以适应于现代的情势。以下也可以分开几点来说：

一

当形上道德智慧被认为是最根源最重要的东西，感觉经验知识和科学知识自然而然落到了第二义的地位。中国传统过分强调德性之知，轻视见闻之知，不免造成一种偏向。

二

天道生生不已，任何已创造完成的价值都不能穷尽它于万一，此所以即尧舜事业亦如浮云一点过太空。但这决不是说我们可以不重视当下的开创与表现。我们的生命是完成于不完成之中，过化存神，有限是无限的表现。如果只执著于生的玄境，而完全缺乏具体的生命的表现与创造，那就会变成有体而无用，一样可以造成生命力衰退的不良后果。

三

诚于中，形于外，内在充沛的生命力，必外现而为可以触摸得到的具体的创造。但任何具体的成就都有一定的特殊时空的限制。圣人制礼作乐，在人类历史上无疑是极为超卓的成就，有它们不可磨灭的意义和价值。不幸的是，后世以之为不可改易的天经地义，于是产生了一种禁锢的作用，造成负面的效果。儒家的价值在汉代被固着化成为三纲（君臣、父子、夫妇）之说，这在当时固然有其需要，到了后世，却成为了专制、父权、男权一类抵制进步思想的根据，而受到了时代的唾弃。这是误把分殊当作理一。超越的理虽有一个指向，但不可听任其僵化固着，王船山所谓“不以理限事”,应该对我们有一种巨大的警惕的作用。

四

中国传统似乎倾向于直接去表现生道、仁道,所以偏爱有机论,排斥机械论;《大学》所谓修齐治平,一贯而下,把政治当作伦理的延长。这样不免抑制了其他可能的表现形式,梁漱溟曾经指出,中国文化的发展过分早熟,的确有其卓识(梁漱溟:《中国文化要义》(台北,正中,1963),页25—303)。

由以上的分析,我们可以看到,尽管到了今天,我们仍然可以维持我们对于仁、生、理的终极关怀,但我们要觅取它的现代表现,就不能不对传统展开彻底的批判,才能够走得上现代化的道路。我们在今日虽仍然认为生命是神圣的,仁心的扩充有一定的理,我们感谢古人给我们指点了一个方向,但我们今日所面临的时势已完全不同于孔孟所面临的时势,同时我们也了解,理想与事实之间有巨大的差距。在漫长的历史过程之中,中国哲学的理想虽然是发扬生生不已的天道,但在事实上中国文化却已经变得衰老不堪,《红楼梦》所谓的“百足之虫,死而不僵”最足以描写它的相状。在这样的情况之下与西方接触,面对一个现代化的强势文化的挑战,丧权辱国,可以说是必然的结果。

我们回过头来看,中国未能产生现代民主与科学,固然有各方面辐辏的原因,但也的确有思想方面的因素,决不是完全偶然的结果。光由科学方面说起。李约瑟穷半生之力,专门研究中国科技发展的历史。他发现中国传统在科技方面有超特的成就,决不只是指南针、火药、印刷术等寥寥数项而已!世界科学曾深受惠于中国的贡献。但中国终无法跨越过现代科学的门槛,其中一个主要的原因就是中国完全缺少机械论的思想。李约瑟的看法是有相当道理的。机械论当作一个哲学来说是一个错误的哲学,怀德海批评科学的唯物论犯了他所谓"错置具体性的谬误"(Fallacy of Misplaced Concreteness)(Alfred North Whitehead, Science and the Modern World〔New York: Teh macmillan Co.〕, pp. 74—75)。中国人不取这样的说法在哲学上表现了很深的智慧。但机械论当作一个方法论的设施来看,却有很大的用处。生命是有机的,不可以为抽象的数量所穷尽,这是中国人的睿识。活泼的生命通过手术刀的解剖的确会变成死物,但没有理由我们不能在观念上把人的身体由其他的方面抽离开来,而成立解剖学的学问。中国传统的限制在,只容许人去找有机生命的直接表现,以至抑制了生命发展的其他的可能性。他们不了解,十分吊诡地,有时必须采取一种间接曲折的方式,才能够进一步扩大生命的领域。从这一个角度来看,我不相信中国如果没有受到西方的冲击,会发展出现代科学来。但西方既已发展出现代科学,却没有任何理由中国不能够吸收西方的成就。经过了一时的震惊与挫败之后,中国人终必会作出必要的适应。他们必须放弃传统天人感应的思想模式以及中世纪的宇宙观,但他们没有理由放弃他们对于生、仁、理的终极关怀。他们所必须体悟到的是应该容许乃至鼓励人们去追求对于生、仁、理的间接曲折的表现方式,这样才能更进一步使得生生不已的天道实现于人间。吊诡的是,中国人必须打破自己传统的窠臼,才能够在一种更新颖更丰富的方式之下体现传统的理念。

同样的解析也适用于民主政治和中国文化的关系。不错,中国传统有根深蒂固的民本思想!这是我们可以取资的一个重要的泉源。但在另一方面,我们却不可以自欺,以为传统的民本思想在本质上不异于现代的民主思想。事实上,两个是完全不同的典范。尽管孟子曾说"民为贵,社稷为次,君为轻",但民本思想仍然是与君主制度紧密地关连在一起的。一般老百姓的利益要靠圣君贤相来卫护,政府依然是一种阶层制度的形式。而礼运大同篇所谓"选贤与能”是指英明的领袖选拔出贤能来为人民服务，这样的方式并没有建立起民主选举的制度，更没有三权分立的设施，而法理不外人情，也缺乏人权的醒觉与法治的观念。故此，如果以西方的民主政治为判准，在中国传统中可以利用的资源是很少的。故此，我同样怀疑，如果中国不是受到西方的冲击会自己发展出西方式的民主制度来。然而我也同样相信，没有理由中国不能够把西方的民主吸收过来。中国的传统政治理念是“仁政”。当经验显示，事实上难得有圣君贤相的时候，就不能不幡然改图，接受西方民主的制度，建立一个“民治、民有、民享”的政府。诚然民主并不一定能产生最好的效果，但集思广益，避免把权力集中在一家一姓之手，的确是我们所知制度里面可能产生最少恶果的一种方式。民选出来的领袖不是哲王，也不是圣贤，只是有能力处理众人之事的政治领袖。这样，政治不再是伦理的延长，它本身是一个独立自立的范围，有它自己的游戏规则。但它也不是完全和道德伦理切断关系，因为我们仍然必须选出有最低限度道德操守的政治领袖，而我们投票给他，主要是看他的政府是否真正能够照顾到大多数人民的利益，为人民服务。由此可见，我们并不需要改变我们对于仁政的向往而继续把它当作规约原则，但我们必须改变过去“天无二日，民无二王”那样的传统观念，由臣服(Subordination)的思想改变成为平列(Coordination)的思想。中国人过去喜欢用直接的方式表现仁，于是以伦理的方式来看政治，以家庭的方式来看国家。这样的方式或者可以适用于传统的农业社会，却断然不能够适用于现代的工商业社会。理一而分殊，今日要卫护仁政的理想就必须要采取反传统的方式才能够找到符合仁政的超越理念的现代表现。

由科学和民主这两个例子，就可以看到，十分吊诡地，我们必须要打破传统的窠臼，才能够以现代的方式来表现传统的理念。

我们今日乃可以清楚地体悟到，在许多范围之内，我们必须采取一种间接曲折的方式，才能够更适切地表现出生、仁、理的超越理念，而决没有理由抱残守缺，丧失活力，麻木不仁，违反理性，为时代所唾弃。这才是当代新儒家必须努力的方向。

《中庸》有曰：“其次致曲，曲能有诚；诚则形，形则著，著则明，明则动，动则变，变则化；唯天下至诚为能化。”

照传统的解释，“致曲”是次于“至诚”的境界。曲的意思是一偏，由偏至入手，最后也终可以达到诚的境界。但我们不妨给与这段话一种全新的解释。“至诚无息”是可以向往而不可以企及的超越境界（理一），要具体实现就必须通过致曲的过程（分殊）。生生不已的天道要表现它的创造的力量，就必须具现在特殊的材质以内而有它的局限性。未来的创造自必须超越这样的局限性，但当下的创造性却必须通过当下的时空条件来表现。这样，有限（内在）与无限（超越）有着一种互相对立而又统一的辩证关系。我们的责任就是要通过现代的特殊的条件去表现无穷不可测的天道。这样，当我们赋与“理一分殊”以一全新的解释，就可以找到一条接通传统与现代的道路。

四、由“理一分殊”的原则对于当代西方哲学的回应

如果对于“理一分殊”给与现代化的解释只是为了现代化的目标，那么问题就很严重。论者指出，现代科学、民主系孕育自西方，与中国的传统关系不大，似乎了解中国传统，并不能够帮助我们更深一层地了解科学、民主。而现代中国人很少了解什么叫做“理一分殊”，为了现代化，还要回头对于“理一分殊”作出现代的解释，似乎多此一举，完全没有这样的必要。但这样的说法只看到问题的

表面,不免失之于浅薄。不只中国人的思维方式,经过几千年的发展,已经自成一个型态,常常在一种“习焉不察”的方式之下支配我们的思想,我们要吸收西方的思想,要它们在我们的文化里生根,就必须深入地检讨自己的传统。而且我们试图去把握传统的睿识,并不完全为了现实功利的目的。我们要去卫护一些开启于我们民族文化的万古常新的智慧。在一个国际学术研讨会之中,友人张灏曾经提出,我们要以现代来批判传统,也要以传统来批判现代,可谓深得吾心。

如果我们不能够把握到定盘针,那么我们就会在千变万化的时潮之中,完全迷失自己,不知道何去何从,而陷入一种手足无措的境地之中。正当我们往现代化的方向走去,西方却已经在对“现代性”(modernity)加以严厉的批评和检讨,而进入到一个“后现代”(post-modern)的世代。当前西方一方面走进一个从前无法想象的未来主义世界,另一方面却又重新肯定一些一度为现代所唾弃的古老的东方的精神价值,使得人掉进一种极为惶惑的心理状态之内。今天外在的情势根本就不容许我们去跟风,所谓“全盘西化”,根本就不知道如何化法。短短数年,时代潮流就一变,以有涯随无涯,殆矣!在这种情况之下,“理一分殊”的再阐释,乃可以给我们一盏明灯,指引我们往一条康庄大道走去,以免误入歧途之中。

为了方便起见,我提议用《哲学以后》(After Philosophy)一书(Kenneth Baynes,James Bohman,and Thomas McCarthy ed.,After Philosophy:End or Transformation,'Cambridge,Massachusetts The MIT Press,1987),当作我讨论的焦点,由“理一分殊”的原则,对于当代五花八门哲学的思潮,作出回应。此书一共收了十四位有代表性的当代哲学家的作品,大体可以分成两派意见。一派认为哲学的行程已经走到尽头,将来已经没有什么哲学可说;另一派则认为哲学虽然陷入困境，但还可以努力加以再造，为它注入新的生命，如何加以转变则又有分析哲学与解释学的途径的差异。以下我即借助于新儒家“理一分殊”的观点，对于这些哲学时潮作一回应。

当代西方哲学家走上背离他们的传统的思考方式的道路，有一些想法是中国人很容易理解的。譬如说，罗蒂(Richard Rorty)宣称：“实用主义者认为柏拉图的传统已经过时，不再有用。”(Ibud.,p.27)柏拉图相信有超越的理型脱离时间巍然独存，而中国传统从来没有发展出类似希腊的存有(Being)的观念，人必须在流变之中体道。罗蒂又批评由笛卡儿以来割裂主客的传统，把观念当作真实的影象。中国却缺少这样的二元对立的思想，同时也没有把脑和心，理论和实践打成两截。事实上实用主义与中国人的思想确有相通之处，杜威就被比作当代的孔子，他既重视教育，也强调人对社会的责任。然而两方面的道路毕竟不同。中国哲学提出接近实用主义的观点是墨家，但孟子则拒杨墨，严义利之别。儒者深信实行仁义会产生治平的结果，但我们却不可以倒果为因，专讲实用以至沦为逐利之徒。当然实用主义的哲学家不至于浅薄到只顾到眼前的利益，而我们证实一个科学的假设所能做到的最大限度也不过只是杜威所谓的“既经证实的可断定性”(warranted assertability)而已！不错，我们的确要像杜威那样要利用我们的智力(intelligence)在问题情况出现的时候，努力寻求实际解决问题的方案，但是任何恶棍也可以用同样的方法解决他们的问题。由此可见，光诉之于智力是不足的，故儒者必须要讲良知。良知可以解作所谓“理智的深层”(depth of reason)，智力乃是它发用的一个层面。正如王阳明所说的：“良知不杂于见闻，而也不离于见闻。”(《传习录》中)见闻相当于今日我们所谓的经验之知，良知却是自家本心本性的体现。良知的发用当然离不开经验知识，但它仍是与经验知识不同层次的证悟。牟宗三先生指出,中西哲学最大的分别在,中国哲学儒释道三教都肯定他所谓"智的直觉",而西方哲学则缺少这样的肯定。① 当然我们必须体悟到,牟先生所说的其实与西方所谓对象的直觉没有什么关系。

依康德的《纯粹理性批判》,人只能有感性的直观,只有上帝才能有智的直觉;人既然不能离开感觉形成概念,当然不可能有智的直觉。康德依据这样的思路乃进一步推论,我们只能把上帝存在当作实践理性的基设(postulate)看待,牟先生是不满于这样的思路。中土三教都肯定人凭借自力可以证悟终极的解脱道,无限的道当下具现在有限的生命之内,这才是牟先生所谓智的直觉的涵义。牟先生乃批评康德仍拘限在基督教的视域之内,天人打成两截,故不能作成道德的形而上学。儒家则可以。我们不可以把他的意思误解为,人可以不通过感觉而对个别的事物形成智的直觉,那是一个无法卫护的论点。儒家的思路乃是一种既内在而又超越的观点,实用主义的限制在只见内在,不见超越,事实上当代欧洲哲学也有着类似的问题。

我们试检讨由海德格到高达美(Hans-George Cadamer)以至德里达(Jacques Derrida)所发展出来的一条解释学的思路。海德格所开出的一些睿识无疑可以为中国人所吸纳。他一方面由从笛卡儿以来把心灵当作纯粹意识的思路翻了出来,另一方面又拒绝把科学的世界观当作唯一可能的世界观。他以人为"此有"(Dasein),被投掷在那里。他是一个"在世界中的存有"(being-in-the world),同时也是一个"走向死亡的存有"(being-toward-death)。世界对海德格来说不再只是外在的环境,而是一个意义系络。我

① 参牟宗三:《智的直觉与中国哲学》(台北,商务,1971)。

们可以生活在科学的世界之中,在数理公式的推概之中,逃脱在时间的流逝之外;我们也可以生活在历史的世界之中,存在的焦虑并不只是我们主观的心理的反应,而是我们生存的模式。这样看来,语言并不只是一个工具而已!它是存有的基本构成分。剥开了海德格的艰涩的术语的外壳,中国人并不难了解这样的思路。事实上王阳明在四百年前就有了把世界当作一种意义系络的思路。他说:

> "人一日间,古今世界都经过一番,只是人不见耳。夜气清明时,无视无听,无思无作,淡然平怀,就是羲皇世界。平旦时,神清气朗,雍雍穆穆,就是尧舜世界。日中以前,礼仪交会,气象秩然,就是三代世界。日中以后,神气渐昏,往来杂扰,就是春秋战国世界。渐渐昏夜,万物寝息,景象寂寥,就是人消物尽世界。学者信得良知过,不为气所乱,便常做个羲皇以上人。"(《传习录》下)

尽管我们看到传统中国哲学与海德格有若合符节之处,但它们之间也有相当重大的差别。比较王阳明与海德格,最明显的差别在,海德格只是作现象学的描绘,而拒绝作价值上的判断。但阳明除了作现象学的描绘之外,明白地提出了价值判断,吁我们要把"终极托付"建立在良知之上。正所谓"差之毫厘,谬以千里"。儒家思想的方式是理一分殊,当代欧洲哲学却陷落在相对主义的回流之内。

海德格最大的问题在,他的说法突出了存有的语言性与历史性虽有一定的道理,但他只能建立一"现象的存有论"(phenomenological ontology),故牟宗三先生批评他缺乏超越的信息。① 表面上海德格有些观念如 Gelassenheit(一切放下)非常接近道家的观念,但海德格显然缺乏道家那样的终极关怀。到了沙特,超越的信息的缺乏就变得十分明白了。他把“超越”(transcendence)一词解作“不守故常”的意思,故此他把人了解为:“是他所不是而非他所是的存有。”(Jean-Paul Sarte, Being and Nothingness, Hazel E. Barnes trans.〔New York:Philosophical Library,1956〕,p.58)沙特只是肯定变的事实不可逃避而已,故此根本没有出路(No exit)。沙特就明白宣称他本人是个无神论者。既然上帝不存在,人也没有固定的本性,人只有接受命令的自由,承担起自己的责任,在存在的焦虑之下创造自己的生命。中国哲学家虽也不信在变化之外有一纯粹超越的上帝,但道乃是变易之中的不易,超越就要内在之间,人可以参与天地创生的过程,而且德不孤,必有邻,不会陷落在一种与天完全切断的疏离的状态之中。正如王阳明所说的:

> “良知即是易,其为道也屡迁,变动不居,周流六虚,上下无常,刚柔相易,不可为典要,惟变所适,此知如何捉摸得,见得透时,便是圣人。”(《传习录》下)

---

① 有的学者认为晚年的海德格有很大的改变,参 Graham Parkes ed., Heidegger and Asian Thought (Honolulu:University of Hawaii Press,1987)。但在文集之内,多数东方学者也都异口同声,承认在海德格与传统东方哲学之间仍存在着相当的距离。牟先生主要的根据虽只是海德格前期的作品,但我觉得他的批评是不错的。西方的神学和日本的禅学都可以在海德格的思想之中找到一些亲和的因素,这不在话下。但他并没有清楚地传达给我们一种超越的信息,至多只给与我们一些模糊的指向。日本学者批评他过分重视时间,忽视空间,这就说明了海德格与禅的境界是有阂隔的。海德格的徒从如高达美,后学如德里达都偏向在内在的一面,也是一种旁证,说明海德格思想在超越一面之乏力。

通过良知体现的道是不可以通过概念来捕捉的。就这一点来说,德里达提倡"解构"(deconstruction)(Kenneth Baynes, James Bohman, and Thomas Mccarthy ed., After Philosophy: End or Transformation, Cambridge, Massachusetts The MIT Press, 1987. 页119—158)彻底摧毁一切建筑在不可持的二元论的基础之上的人为理论架构,中国人是可以欣赏的。但是圣道的超越性与普遍性虽然是难以企及的理想,却是不容许堕了下来的。而当代欧洲哲学却堕入到一股激进的相对主义的回流之中,这是中国哲学者不能不感到深切忧虑的一个趋势。

麦金泰(Alasdair MacIntyre)对于相对主义的问题提出了适切的反省(同上,页385—411)。作为一个理论来说,相对主义是不值得一驳再驳的,而人们一直为相对主义的问题所吸引,就不能不审视这一理论背后所隐涵的一些合理的因素。从一个意义下来说,人是不可能超越相对主义的。高达美指出,人的了解不能不预设一个特定的水平线(horizion)(同上,页319—350)。解释学的精髓正在于明白指出人是一历史的存有,而水平线的会合造成视域的扩大与意见的交流,这样的看法的确有它深刻的睿识。但高达美进一步推论,正由于人不可能没有某种"先见"(preconception),他就不可能没有"成见"(prejudice)。这样的推论却是我们所不能够接受的。成见在一般语言之中的意思是带着有色眼镜的偏见。人不能脱离一定的视域看问题是一回事,但说人不能不带着有色眼镜看问题,无论如何也脱离不了自己的偏见,却是另一回事。高达美的说法初看起来十分新鲜,但却不免使人抛弃了追求真理的规约原则,而产生了极为恶劣的后果。再把成见和权力结合在一起,情况就更为不利。当代西方哲学者受到尼采、佛洛伊德与马克思的影响,深切地了解到,观念并不只是观念而已,它们往往是行动的前奏。哲学家也并不能够真正超然物外,常常变成了某种特殊利益的代言人,甚至沦为权势的工具。福柯(Michel Foucault)认为,就是像医院那样的机构也是一个权力机构。(同上,页95—117)福柯的研究突破了传统哲学的故域,也的确接触到了一些重要的问题。但不幸的是,他又走上了一条极端的道路。如果权力宰制是普泛的,那我们岂不是无所逃于天地之间,还有什么希望呢?当代西方哲学家戳穿了一切神圣的外衣,他们发现人都免不了成见与权力的宰制,故此立论过高不免造成烟雾,让一些见不得天日的东西假借着真理、公义之名以行,造成了许多过恶。今日的知识分子的确有着前所未有的觉醒,所以他们反建制、反正统,也不能不说是有他们深刻的地方。但他们不免走得太过,以至批判的意识单方面的扩展,压盖过了健康的创造、积健为雄的精神。不错,我们对于理性(rationality)的观念是应该加以进一步的反省与批评,传统的理性的涵义已经不能够适用于现代。但解构的措施像是服清泻剂,身体里藏污纳垢,有了太多的积淀,就不能不加以对治。但是身体经过适度的涤清之后,就要吸取养分,才能够造成健全的体魄;否则用了虎狼之剂之后,不识得调养,一样会把生命带往危殆的境地。我们断不可以因噎废食,或如西谚所言,把婴儿连同脏水一起倒掉了。我们尽可以重新考虑"理性"的内容,但把理性的规约原则也加以舍弃,却使得我们陷落在相对主义的深渊之中。难道我们也毫无选择,跟着时流去搞权力宰制的把戏吗?既识穿了这一套把戏,就必须提高我们思想的警觉,设置一套制度,减少狡黠者利用权力宰制他人的祸害。福柯的毛病正在于他只能看到内在,不见超越;他看到人为的组织的毛病,却看不到任何希望为未来找到出路。

由这样的思路追溯下去,无怪乎哲学要走上穷途末路,碰到所谓"哲学的终结"(the end of philosophy)的情况。但并不是所有当代西方的哲学家都同意这样的说法。譬如说,哈柏玛斯(Jürgen

Habermas)就不赞成这个观点(同上,页291—315)。他承认启蒙时代是把许多问题简单化了,但并不因此我们需要完全背弃启蒙的理想。"理性"在今日仍然有其不可磨灭的意义与价值,只不过我们需要改造理性的观念,需要发展一套全新的沟通理性的概念。哲学不会走上终结的道路,我们所需要的乃是"哲学的转化"(transformation of philosophy)。哈柏玛斯的战友阿培尔(Karl-Otto Apel)也发表了类似的意见(同上,页245—290)。他吸收了英美分析哲学与实用主义的一些睿识,而希望在英美与欧陆哲学之间建造一道沟通的桥梁。阿培尔认为自己的观点比较接近皮尔士(C. S. Peirce)的"先验实用论"(transcendental pragmatics)。我们在实质内容上可能有许多歧见,不可避免地会产生许多争辩。但任何理性的论辩必预设追求真理的形式的判准,这是一项先验的普遍的原则,不但不为经验所否认,而是从事任何经验检证或否证的手续不能不预设的起点。阿培尔同意高达美认为世间没有纯客观的东西,必定有解释的成份在内,但他不同意高达美的历史主义的见解。我们不断在追求真理的过程中,不能不假定理性沟通的理想,他认为如果我们由语义分析的层次转到语用学(pragmatics)的层次,许多烟雾就可以被驱散。这样我们就不会犯"抽象主义的谬误"(abstractive fallacy),而所谓的无可逾越的"三难情况"(the so-called Münchhausen trilemma)并不是不可以克服的,也就是说,凡追求终极基础的努力莫不落入"循环论证"、"无穷后退"或"武断终结"的陷阱并没有必然性。在语用的层次,我们不能不预设一些共认的规则,即使是承认"可误主义"(fallibism)的原则也不能排除这些规则之作为理性论议的基石。阿培尔由此而企图建立一沟通伦理,反对情意主义认为伦理判断只是主观的好恶的看法。我觉得哈柏玛斯与阿培尔的方向是正确的。但"沟通理性"毕竟预设了"理性"的观念,我们必须改造传统理性的观念,希腊那种超越永恒的理性观念是过时了。但理性不能只是论议所预设的形式原则而已,它必有一些实质内容,虽然我们不能给它一个简单的定义。譬如说,仁义是它的外显的表征,各代仁义的表征不同,但仍有一贯的线索把它们贯串在一起,中国人由理一分殊的方式的确肯定了一些比哈柏玛斯和阿培尔更多的东西。有关这一类的问题还需要我们作进一步的探索。

现在让我们转到分析哲学的线索。如果分析哲学还停留在逻辑实征论的阶段,那么中国哲学与它之间恐怕不会有什么很有意义的交流。但分析哲学已经有了长足的发展,事实上欧陆的哲学家像阿培尔已经吸收了分析哲学的技巧而发展出了一些新的思路,弃绝了像艾耶(A. J. Ayer)那种情意主义的伦理观。而美国新一代的分析哲学家由于受到蒯因(W. V. Quine)的影响,质疑分析与综合命题二分的教条,也反对认知语言与情绪语言截然有异的看法。譬如蒯因的弟子戴维森(Donald Davidson)就尝试要改造塔斯基(A. Tarski)对于真理的界说,将之扩大应用在自然语言之上,并重新考虑形上学的问题,(同上,页 161—183)这是很有意义的尝试。卜特南(Hilary Putnam)既扬弃实在论,也批评相对主义,他认为理性是不能加以自然化的(同上,页 217—244)。他说:

> "如果不能把规范的[层面]取消,不可能将之化约为我们所喜欢的科学,不论是生物学、人类学、神经学、物理学或其他学科,那么我们站在哪里呢?我们可以尝试去搅一套规范自身的宏伟的理论,一套形式认识论,然而这样的做法肯定是野心过大了。同时却有很多哲学工作要做,如若我们能够避免损害晚近哲学至巨的化约主义与历史主义的残障,就可以减少错误。如果理性是既超越而内在,那么哲学既是与文化不可分割的反省以及有关永恒问题的论辩,它既在时间之中,也在永恒之内。我们并没有一个阿基米得点;我们所讲的永远

只能是一时一地的语言;然而我们所说的内容的对错却并不限于一时一地。”(同上,页242)

卜特南的见解是完全蕴育自现代西方的观点,却与中国传统的观点不谋而合,简直是提供了“理一分殊”的一个现代阐释。由这个角度看,中国哲学也可以在分析哲学内部寻觅未来哲学的曙光。只有哲学完全丧失了对于超越的祈向与信息,完全陷落在内在之中,才会造成哲学的终结。今日东西哲学内部的怀疑与反动的危机是深重的,但我们仍将锲而不舍,谋求哲学的改造,既有所传承,也有所创新,遵循理一分殊的线索,为之谋求一条未来的出路①。

五、结　　语

由以上所述,可以看到,中国哲学必须一方面与时推移,吸收当代西方哲学的睿识,扩大自己的视野,加入现代的阵营;另一方面却又要保留自家传统哲学的智慧,给与崭新的阐释,对于现代采取一种批评的态度,指出其偏向以及不足之处,决不可以随便跟风,陷入没有必要的困境之内。这样我们至少可以向往一种传统与现代、东方与西方的结合。对于扩大我们传统的视野来说,我们需要吸收西方分析哲学的技巧,解释学的睿识,增益其所不能,开发一个前所未有的新境界。另一方面,对于走向世界来说,我们并

① 由于我研究文化哲学有年,深深被卡西勒(Ernst Cassirer)的功能统一观所吸引,参拙著:《文化哲学的试探》(台北,学生书局新版,1985)。可惜的是现代人智短,卡西勒的观点并不流行。除了终极关怀方面有憾之外,卡西勒的文化哲学恰正是“理一分殊”之一详细的现代阐释,很值得我们顺着他所提供的线索作进一步的探索。

不只是单纯的摄受,同时也要对世界作出我们自己的贡献:从我们的特殊的角度来印证现代世界所把握到的一些真知灼见,却又要指出其偏向与错误之处,在我们的传统之中觅取资源,补偏救弊,在整个世界走向未来的过程之中,烛照机先,发挥出一定的作用。

未来的世界并不需要发展成为一个无差别的统一世界。尽管东西方的交流可以加剧,但这不必一定妨害到保留东西方分别的特色。每一个文化要由它自己的角度去吸收它所需要的营养,来充实自己的生命,而这需要自己不断作智慧的抉择。譬如说,德里达讲解构,欣赏我们道家的智慧,这是因为西方的理论架床叠屋,已经发展到了一种令人难以忍受的地步,就有必要拆散这些人为的理论架构,不至于以抽象的品目来代替具体的真实。但中国传统两千年前就了解"道可道,非常道"的智慧,然而我们却缺少形式逻辑、高度抽象的理论架构,这对于我们科学的发展造成了一定的障碍,我们就必须现代化,学习西方架构式的思考,这才能够增益其所不能。我们并不需要特别去引进德里达的思想,虽然他是在一种崭新的方式之下重新印证了我们的民族早已体认到的智慧。当然我们也没有什么理由去重复西方的错误,把抽象的品目当作具体的真实。我们引进架构式的思考是为了发展我们的逻辑与科学,而在形上学与道的体证方面,我们反而可以向西方输出我们传统的智慧,当然首要的条件是我们并没有遗忘我们的传统所开出的智慧,才能对之作出全新的再阐释。而这恰正是全盘西化派所看不到或者拒绝去看的一个角度。

依我之见,中国文化最深刻处在无论儒、释、道,都体现到一种"两行"的道理,不妨在此略加疏释,看看我们民族可以对世界哲学提供怎样的资源。

"两行"一词源出庄子《齐物论》,其言曰:

“是亦彼也,彼亦是也。彼亦一是非,此亦一是非,果且有彼是乎哉?果且无彼是乎哉?彼是莫得其偶,谓之道枢。枢始得其环中,以应无穷,是亦一无穷,非亦一无穷也。故曰:莫若以明。……

道通为一。其分也,成也;其成也,毁也。凡物无成而毁,复通为一。惟道者知通为一。……是以圣人和之以是非,而休乎天钧,是之谓两行。”

依照传统的解释,是非为两行,能够超越两行,就能够与道合而为一。这样的解释是有它的根据的,但接受了这样的解释,就明显地偏向“理一”那一边,而忽视了“分殊”。我在这里提议给与一种新的解释,“理一”与“分殊”才是两行,兼顾到两行,这才合乎道的流行的妙谛。从天道的观点看,一定要超越相对的是非,道通为一,这是“理一”的角度。但道既流行而产生万物,我们也不能抹煞“分殊”的角度,如此燕雀有燕雀之道,无须去羡慕大鹏。既独化(分殊)而玄冥(理一),这才真正能够体现两行之理。庄子内部本来可以含藏这样的道理,但需要通过现代的创造的阐释,才能够真正把道家的智慧发挥到淋漓尽致的地步。

佛教输入中国,经过华化之后,也同样兼顾超越与内在的层次。三论讲“二谛(真、俗)圆融”、天台讲“三谛(空、假、中)圆融”,都涵摄了两行之理。圆教的教义也是容许我们作现代的创造的阐释的。

儒家更不必说,理一分殊之旨如本文所述,本来就是宋明儒发挥出来的道理。从超越(理一)的观点看,虽尧舜事业不过如浮云一点过太空,过化存神,不容沾滞一时一地,或者一人一事。从内在(分殊)的观点看,则尧舜、孔孟、程朱、陆王,各有各的精彩。各人只有本着自己的时代、空间,照着自己的禀赋、际遇,尽量努力,知其不可而为。这样自然而然能够体证到张载《西铭》所谓“存吾顺事,殁吾宁也"的道理。

理一分殊的精神尤其可以用程明道《定性书》中的两句话清楚地表达出来,他说:

"廓然而大公,物来而顺应。"

前一句讲的是理一,后一句讲的是分殊。这样的说法与周易所蕴涵的一套哲学是相通的。一般说易有三义:变易(分殊)、不易(理一),易简(两行)而得天下之理。

我们既有普遍的规约原则,又有各时各地不同的具体的设施。所谓"寂然不动(理一),感而遂通(分殊)",每一个个人受到自己时空的限制不能不是有限的,但有限而通于无限,参与天地创造的过程,生生不已,与时俱化。这样的哲学当然不会是精确的,但却足以作为指导我们生命的普遍原则,我们的责任就是在这样的精神的指导之下作创造性的努力,追求适合于我们的时代的表征。

(原载《法言》二卷4、5期,1990年8月、10月)

刘述先(1934—),祖籍江西吉安。台湾大学哲学硕士,美国南伊利诺大学哲学博士。曾任职于台湾东海大学、美国南伊利诺大学、香港中文大学和台湾中央研究院中国文哲研究所。当代新儒家第三代代表人物之一。主要著作有《文学欣赏的灵魂》、《中国哲学与现代化》、《朱熹哲学思想的发展与完成》、《文化与哲学的探索》、《传统与现代的探索》、《当代中国哲学论》等。

本文通过对宋明儒学"理一分殊"观念的现代阐释,探讨分析了现代哲学思潮及中国哲学发展的有关问题。作者指出,未来的世界并不需要发展成为一个无差别的统一的世界,每一个文化要由它自己的角度去吸收它所需要的营养来充实自己的生命。中国哲学必须一方面与时推移,吸收当代西方哲学的睿智,扩大自己的视野,加入现代的阵营;另一方面又要保留自家传统哲学的智慧,给予崭新的阐释,对于现代采取一种批评的态度,并对世界作出自己的贡献。

儒学第三期发展的前景问题

杜维明

前 言

“五四运动”以来,中国知识分子对古今中西之争进行了一系列的反思。一般的理解是,这种争执是环绕着西方现代文化对中国传统文化的撞击和挑战的主题而展开的。西方现代文化,根据这一理解,是以“启蒙运动”为代表,重视科学实征、民主建国;强调个性解放、人格尊严;提倡法治、人权;主张以商品经济和市场机制来调动生产力的文化。相反地,中国传统文化则是以“封建社会”为代表,由三个互相依赖的系统而组成:以家长官僚制度为核心的政治文化,以宗法家族纽带为纲领的社会文化,以小农自然生产为基础的经济文化。由这三个系统所孕育出来的政治、社会和经济文化以权威主义、保守倾向和集体方式为其特色,造成了压抑个体性、扼杀创造性,和消解积极性的不良后果。如何拥抱西方现代文化、消除中国传统文化便成为有识之士的当务之急。

把古今中西之争界定为西方现代文化和中国传统文化的冲突是“五四运动”以来绝大多数中国知识分子的共同认识。本来,中国有中国的古今,西方有西方的古今是显而易见的道理。只从古老文明来理解中国,或只从现代文明来理解西方,在学术上既不能言之成理又不能持之以故,但居然在知识界拥有相当大而且为期相当久的说服力,其中必有深厚的历史原因。

19世纪中叶,鸦片战争以来,西方的坚船利炮破门而入,中国从天朝礼仪之邦只经过一个甲子便沦为次殖民地和东亚病夫。这段令人悲愤、辛酸的近代史激发了中国有血性的青年志士的使命感和爱国心。我们应该从这种危机意识所引起的强烈的振兴中华的意愿来掌握现代中国主流知识分子把古今中外截然二分的极端思想。

表面上,西方现代文化对中国传统文化的撞击和挑战,曾在中国知识界激起了各式各样的反应。比较突出的是两种自相矛盾的论点:一方面是认定中国传统文化不能振兴中华,不仅不能促进中国走向现代化,而且是中国现代化的阻力,必须彻底摧毁才能为拥抱西方现代文化创造有利的条件;另一方面则是极力排斥欧风美雨,把西化当作人心不古、道德沦丧的祸源,进而宣扬国粹,为维护传统文化而效命。在这种极端的西化论与本位论之间还有各种类型的折中论及调和论。不过,从总的倾向来看,在现代中国思想界,程度不同的西化论是主流,本位论虽有几次回潮,但并没有改变西潮的大趋势,至于折中论及调和论,因为一厢情愿的意味太重,就更显得柔软无力了。

马克思主义在中国大行其道也是西化论战胜本位论的例证。不过马克思主义既是西方的,又因列宁的创造转化而坚决反对和西方资产社会紧密连系的帝国侵略,能在中国知识界引起很大的共振是很可以理解的。五四时代还只是李大钊、蔡和森等少数学人所引进的西学,经过十多年便成为现代中国的显学,这个惊人的现象更说明了西化论是现代中国思想界的主流。

今天我们对中国传统文化进行反思,也必须正视这个历史事实。如果我们再回到本位论的格套,保守反动之讥尚且难免,还谈什么创新?

儒家传统的现代命运

美国加州大学柏克莱校区历史系的列文森教授曾以《儒教中国及其现代化命运》为题，写了一本分三册出版的巨著。他的结论是：儒家这个源远流长的人文传统因经不起西化的考验，逐渐在现代中国销声匿迹了。这个悲惨的命运可以从哲学思想、政治文化、社会心理、官僚制度和理想人格等层面去理解。列文森是史学家，他用现象描述和个案分析的方法生动地刻画了近现代儒家传统走向衰亡的历程。借用他书中的一个例子即可说明问题。

在利玛窦的时代，西方传教士为了宣扬天主教不得不精研儒学，因为只有把基督教义翻译成中国士大夫认为天经地义的语言，才有被接纳的可能。但是到了全盘西化的时代，即使最保守的国粹派也常常不自觉地把孔孟之道披上民主科学的外衣来显示它的进步性。这两个时代的不同可以用文法和辞汇来说明。利玛窦用儒家的文法来讲天主教，基督教义并没有取代儒学，只不过是丰富了儒家传统的辞汇而已。五四以来的知识分子即使宣扬孔孟之道，他们运思的文法已经西化了；儒学变成了一些散离的辞汇，在他们的心目中已丧失了有机整体的生命力。

儒家传统在中国近代的没落是有目共睹的。“同治中兴”的失败意味着运用儒家经世致用之学以自强的局限性；“戊戌政变”的夭折显示日本“明治维新”以传统精神指导改革的典范不适用于当时中国的现实政治；1905 年废除科举之后，取士标准大变，儒家经典和培养领袖人才逐渐脱离关系；“辛亥革命”摧毁了以儒家伦理为大经大法的专制政体；20 世纪初期袁世凯企图推尊儒家为国教的复辟导致一连串“打倒孔家店”的新文化运动。儒家传统在中国近代的没落不仅是西方文化破门而入的必然归趋，也是中国主流知识分子共同努力的结果。

也许可以这样说,“五四运动”以来,中国第一流的知识分子,由于救亡图存的使命感和爱国心的激励,形成了一股打倒孔家店、反对儒家传统的浪潮。社会主义的陈独秀、自由主义的胡适、马列主义的李大钊、无政府主义的吴稚晖和巴金、文学家鲁迅、四川才子吴虞都是这股新文化热浪的成员。他们接受西化的层次和内容尽管不同,但他们不约而同地组织了一个和儒家传统彻底决裂的联合阵线,一而再再而三地痛击孔家店,把儒家的价值系统拆散,然后各别击破。他们的策略可以分为正反两面。从正面,他们强调传统文化中非儒家主流思想的积极因素:墨子的兼爱,墨经的逻辑,韩非的法治,老庄的自由,道家的科技,乃至民俗学方面的神话、格言、传说、口头文学等。从反面,他们抹杀儒家在传统文化中的影响。譬如从知识社会学的观点把先秦儒家界定为百家争鸣、百花齐放中的一鸣一放或从文化人类学的角度把宋明理学归约为官学,属于上层社会控制系统中的意识形态和一般人民的信仰结构迥然异趣。儒家被相对化和等级化之后即变成一套专制政体为了自身利益而强制执行的礼教。如何狠批“吃人的礼教”便成为青年志士的首要任务。

西化知识分子对儒家传统的迎头痛击虽是今天儒门淡泊的原因之一,但使得孔孟之道一蹶不振的杀伤力不是来自学术文化的批判,而是来自非学术、非文化的腐蚀。确实,假借孔孟之名而行复辟之实的军阀和政客,才是儒家遭受奚落的罪人。这里存在着一个发人深省的悖论。西化知识分子对儒家传统进行学术文化的批判,其结果对孔孟之道的精义不无厘清的积极作用。相反地,企图利用先圣先贤以维护既得利益的军阀政客,不仅没有达到推行孔教的目标,反而把儒家的象征符号污染了。由非学术、非文化的野心家来提倡“忠孝节义”和“尊孔读经”,正是激发热血青年痛斥礼教、甚至把线装书抛进茅坑的根由。儒家传统受到最有影响力的知识分子的打击,同时又受到最有权势的军阀政客的蛀蚀,其现代命运是可想而知的。

中国现代化的坎坷道路

其实,儒家传统的现代命运和中国面临西方文化的冲击和挑战而不得不回应却又不知如何回应的困境,有密切的关系。回溯鸦片战争以来,从魏源“师夷之长技以制夷”,历经曾、左、李洋务运动的片面适应,康、梁、谭变法维新的极力改革,孙中山辛亥革命的彻底更新,到“全盘西化”的全面适应,不过一个甲子,中国知识分子就从基本思想和体制不变只需加强海防,引进工业即可阻挡西潮的乐观心理,转为不脱胎换骨改变国民性则无以自救的危机意识。

本来,幅员如此辽阔、人口如此众多、历史如此悠久、文化如此深厚、经济如此落伍、社会如此复杂、政治又如此腐化的文明大国,不能靠一个单线的模式来达到富强康乐的目标,这应是显而易见的道理。高瞻远瞩的知识分子,亦应洞察这三千年未有的大变绝不能靠激情主义来应对。然而救亡图存的迫切感,使有血性的青年放弃深思熟虑的智性事业而投身于“气魄承担”的革命行动,以燃烧自己生命来发光发热。在革命洪流中,不参与即是堕落,针对民族自救的大课题进行全面而深入的反思,无形中变成了不可契及的理想主义。

中国主流知识分子把古今中外截然二分的极端思想正是这种危机意识的体现。既然振兴中华的当务之急是富强,一切与富强没有直接关系的价值都可以暂时舍弃。科学,尤其是实用性较高的军工技能,自然应当优先引进,民主建国也不从自由、平等和博爱的原则来设想,而是从发挥群众潜力以达到政治统一的角度来考虑。解放个性和尊重人格并非终极关切而是提高国民的主观能动性以加强推动建国大业的力量和作用。提倡法治,乃至强调人权,都是从社会实效的立场着眼。商品经济和市场机制既然可以调动生产力,价值就更高了。露骨地说,西方现代文化所以在知识分子心目中有如此崇高的地位和如此美好的形象,不是因为其内涵的真善美而是因为其中颇有实用的价值;同样地,中国传统文化被贬得一钱不值,也是因为在富强的前提之下它丧失了利用的价值。

不过,现代化是一个多层次、多元素、多方面的复杂过程,单线的富强模式往往只是一条欲速而不达的捷径。表面上,集中目标以富强为奋斗的焦点好像合乎事半功倍的原则。殊不知民族心理结构错综复杂,其所显示的价值系统千头万绪,如果不能从根源处掌握其内核,很难了解其运作原则,更无从窥得其发展趋向。对民族心理结构缺乏分析,对其价值系统缺乏认识,即不能把富国强兵之道建筑在深厚的文化基础上,这种无源之水、无本之木终必枯亡殆尽。从严复介绍社会达尔文主义以来,知识分子即大声疾呼富强之道,经过几代的努力,用心不可谓不苦而成效极为有限,理由何在?

一种看法认为,中国现代化的坎坷道路应从国民性的层面去理解。具体地说,中华民族保守、落伍、封密、陈旧乃至惰性的心理结构是富强之道不能落实的根本理由。胡适和鲁迅都坚持这种观点。他们和国粹派以及本位论划清界线,正是要说明,如果不继续狠批民族心理结构中潜存的积习,而以含情脉脉的态度对待传统文化,很多历史糟粕就会藉国粹和本位的形式在社会里发挥消极的作用。这种顾虑在目前还有深刻的现实主义。然而,国民性不能只从病理学的角度去剖析。假若中华民族的心理结构只有落伍和惰性，那么势必导致是中国的即非进步的和创发的（或者说是中国的即非现代的）结论。

严格地说，胡适和鲁迅都不是实质的全盘西化论者。固然，他们为了和国粹派以及本位论划清界线，有时不免提出较偏激的主张。在特殊情况之下，他们也可能赞同全盘西化的口号。不过，他们即使宣扬西方文化，却并不鄙视中国传统的价值。相反地，他们在整理国故、发掘文物、解析历史和提供方法等学术文化的领域里有着启迪新知的贡献。

可是，不必讳言，以全盘西化的极端态度来对抗狭隘的国粹主义，不仅没有达到目的，反而助长了义和团心理的发展。全盘西化及义和团心理的互相激荡，导致媚外与仇外两种态度反应，结果对西方文化造成了免疫性和过敏性同时并存的矛盾现象。列文森在分析现在中国知识分子的两难困境时曾指出，他们虽然在理智上接受西方文化的价值，但在感情上因迷恋中国的历史而不能心悦诚服地学习外来的精神文明。譬如，“中学为体、西学为用”的提法就是一种把西学当作“无体之用”的拿来主义。中国古代的知识分子曾排除万难把印度的佛教通过各种渠道移植中土，在人类文化交流史上，创造了光辉的一页。如果没有鸠摩罗什、法显、玄奘之类的大师大德，没有全国上下因宗教信仰而心甘情愿的奉献，没有积年累月的坚苦工夫，这项伟大的文化事业显然无法顺利推展。以佛教输入的历史经验来衡量现代知识分子接受西化的情况，也许在基本态度上就出了问题，有了偏差。中国现代化的道路如此坎坷是可以想见的。

反传统主义的“强人政策”

由于全盘西化及义和团心理的互相激荡而导致媚外与仇外两

种变态反应,知识界摇摆于两极化的倾向之中,很难超脱是非善恶的责难以进行全面而深入的反思。

拥抱西方文化而不了解西方文化,难免产生一厢情愿的盲目性。主张西化论的知识分子,根据列文森的分析,都面临了进退维谷的挑战:一方面在理智上全盘接受西方文化的价值,但在感情上却排拒西方;另一方面在感情上和中国的历史文化难分难解,但在理智上又扬弃传统。王国维决心摆脱哲学的藩篱,因为他所爱的(叔本华和尼采的唯意志论)不可信,而他所信的(科学的实征主义)又不可爱。积郁在西化论知识分子心中的大苦也有类似的情况:势在必行的富强之道并不可安身立命,而源远流长的精神资源又不能经世致用。不过,极端的西化论者已彻底否认传统文化有什么源远流长的精神资源。在他们心目里,必须用西方现代的精华来取代中国传统的糟粕才是自救之途。

在比较文化学上有所谓"强人政策",也就是以自己文化的精华和敌对的文化糟粕进行比较,为的是突出自己文化的优越性。在现代化的历程中,以强调自己文化传统的优点来提高民族意识、达到调动群众积极性的例子比比皆是。日耳曼民族,从黑格尔到希特勒,都使用过"强人政策"。即使在文化多元主义盛行的今天,西欧和美国的学者在进行古今东西的比较研究时,也还常常不自觉地陷入狭隘的"唯我独尊"的格套之中。日本明治维新以后,"国学"大盛,颇有以东洋大和魂取代西方浮士德精神的野心。日本学人对中国文化实行"强人政策"的个案极多,不胜枚举。

值得注意的是,五四以来西化论者,在比较中西文化时,也采取了"强人政策",可是他们所用的"强人政策"却和一般运作的程序恰恰相反,也许可以说是地道的"弱者政策":用中国文化的糟粕和西方文化的精华比较,为的是突出自己文化的劣根性。胡适以缠足、娶妾和抽鸦片为国粹,鲁迅把自私、敷衍、无聊、妥协、愚昧、狂傲、庸俗、陈腐等等社会心理中的“奴性”部分归结为国民性。把胡适所理解的国粹和鲁迅所认识的国民性与西方现代文化的民主、科学、自由、平等、博爱、人权、进步、公义、法治乃至个性解放等价值相提并论，西方的优越性和中国的劣根性便了若指掌，无可争议。但是，如果中华民族竟堕落至此，根据社会达尔文主义的提法，理应在生存竞争中屈居下流，向优胜者低头。但是，胡适和鲁迅都是爱国主义者，他们的“弱者政策”是在浓郁的悲剧意识中沉痛反思的结果。

鲁迅在他父亲临死前的呐喊，体现出一个痛苦孩子对昏睡中的祖国连声呼唤着：“醒来吧！站起来吧！”的悲切情感。西化论知识分子对国粹和国民性如此严峻的剖析，当然不是“丑化、歪曲人民”；相反地，他们强烈的反对传统，把批判的刀锋指向积淀在民族文化心理结构中的“封建遗毒”，为的是扫除进步的障碍。他们沉痛地感受到，中国深远的文化已经“发霉发烂了”。不仅抱残守缺无济于事，即使动心忍性地在传统文化的基础上进行灵根再植的工程也是徒然。振兴中华，使人口众多的文明古国腾飞，和传统决裂是先决的条件。

西化论的认识局限

五四以来的主流知识分子，树起反传统的鲜明旗帜，除了沉痛的悲剧意识之外，至少还有两个认识层次的理由。

当时还没有“现代化”的提法，因此也无所谓把现代化和西化混为一谈的谬误。西化即是“现代化”，这是当时知识分子的共识。因此西方现代文化也就是振兴中华的典范。如何从中国传统较迅速、较顺利地进展到西方式的现代社会，变成为大家共同奋斗的目标。目标厘定之后，总体方向也就判然明确。任何阻碍我们通过既定的渠道来完成任务的势力都是保守的、落伍的、反动的。复古派居然想恢复黑暗腐朽的封建价值体系，那是反动；本位论者梦想以传统文化之体统摄西方科技之用，那是落伍；国粹主义的卫道之士不忍和过去的光荣一刀两断，那是保守。如何通过富强之道以振兴中华，也就是如何引进西方的民主科学以达到中国的独立自主，便成为知识分子的主导思想。“三纲五常”那种吃人的礼教，是使得中国人民不能昂首阔步于现代的包袱，必须铲除。“尊孔读经”那种僵化的德育，是箝制开放心灵和创造精神的枷锁，必须扬弃。线装书和机关枪大炮相比，其价值实在微不足道，因此也不妨冷藏三十年，等到国家富强之后，再从冰窖里取出来解冻不迟。

第二次世界大战结束后，以色列为了建国，决定恢复只在宗教仪式中才使用的希伯来文作为日常通行的语言。这就好像要把天主教徒举行隆重弥撒大典时才使用的古拉丁文起死回生，变成今天在意大利人人都可说、可写、可读、可看的语言。经过一两代专家学者配合政府国策的努力，这个艰巨的文化事业竟已成绩斐然：希伯来语不仅已成为耶路撒冷大街小巷中的生活工具，而且也逐渐成为纽约犹太人追寻文化根源的凭借。新兴的马来西亚共和国，为了强调文化的统一性，坚持以马来文为国语。这个本来并无书写文字的口头语便应运而生，大有成为东南亚的一种通行语文的趋势。同样的现象在世界各地都可以找到例证。这种在近二三十年产生的“怪”现象，当然不是五四时代的西化知识分子所能理解的。

文字改革是五四新文化运动的组成部分。新文化运动者认为，中国的落伍保守和方块汉字有不可分割的关系。他们提倡白话文，强调口语文字，进行简化汉字的工作，甚至主张汉字拉丁化，以达到废除汉字的最后目标。今天我们回溯这段历史，站在现代化趋向多元模式的基础上，可以断言，这种努力是混西化与现代化为一谈的特例。譬如,日本无条件投降并由美国占领之后,曾有一度因受美国语文专家的影响把小学生的汉字减少到八百左右。朝鲜战争,特别是越南战争以来,日本的现代化突飞猛进,在工业制造方面大有凌驾西欧及美国的趋势,可是通行语言中的汉字不仅没有废除,反而增加了一倍以上。目前电脑处理汉字的技术问题基本解决,从普及教育和大众传播的实用观点来批评汉字的言论更缺乏说服力了。

如果现代化与西化之间的混淆是使得五四主流知识分子不能和国粹派或本位论妥协的理由,文化的有机整体观是使得他们无法接受任何层次和形态的折衷主义或调和倾向的理由。站在文化为有机整体的观点,要拥抱西方现代文化就不能挑三拣四。所谓"学其长处而去其缺陷"、"取其精华而去其糟粕",乃至"融会东西"都是讨便宜的心理在作祟。西化是要付出代价的。固然,西方的基本文化内涵不限于"德先生"和"赛先生"两个项目;其中如以动力横决天下的浮士德精神造成了弱肉强食的人间悲剧,过分膨胀的个人主义养成了六亲不认的社会风气,极度扩展的竞争机制带来了唯利是图的掠夺和自相残杀的抗衡,强调权利而轻视义务的诉讼制度导致紧张、冲突、霸道、计较等等心理状态,也都是当代西方文化的表现。但是,为了"挣脱千百年来的封建礼教束缚,打碎宗法社会所特有的种种有形无形的精神枷锁",这些代价即使不可免除,也是值得偿付的。

梁启超和张君劢在第一次世界大战之后欧游返国,他们目睹了西方世界浩劫之余的惨状,领会到弥满于整个社会的悲观情绪和史宾格勒所描绘的没落感,于是对国内的西化论者提出警言,掀起了所谓科学和人生观的论战。姑且不问他们的论据是否确凿、运思是否缜密,他们所提出的问题是发人深省的。回顾"科玄之战"这一段历史公案,我们可以心平气和地说,站在实证科学的立场,把不能证验的人生观问题消解成不可理喻的玄学,和不可知论乃至神秘主义等而同之,未免太偏颇了。但是,这种偏颇之论,居然在辩难中占了上风,也许和当时知识界混西化与现代化为一谈、并且坚持西方现代文化为有机整体的观点有密切的关系。

既然代表唯一现代典范的西方富强之道是振兴中华的必经途径,而民主与科学(富强之道的内涵)又是西方文化的组成部分,那么彻底西化和全盘西化便是救亡图存的康庄大道。这个结论是沉痛的,含着多少无可奈何的感觉和悲怆的情怀。王阳明七绝中的两句正是这种思路的归趋:"抛却自家无尽藏,沿门托钵效贫儿!"

近年来在批判地继承传统的论争上,最平实的提法要算如何"善于把传统中的科学性、民主性的因素提取出来,加以发扬"了。和这个提法相对应的,即是如何彻底消除封建遗毒。把中华民族的优秀传统规定为科学和民主同构的因素,正是用西方现代文化的典范来评价中国传统文化。结论是可以预期的:值得继承的优秀传统,经过知识社会学的大力发掘之后,还是微乎其微。相反地,必须彻底消除的封建遗毒却比比皆是。如果要把还在中国人的行为、态度和信仰各种层面仍起着消极作用的封建遗毒列一清单,虽非罄竹难书,也相去不远了。如果我们把疯狂破坏传统的文化大革命也理解为"封建旋风",和六十年来的反传统主义了无关涉,那么可以继承、值得继承的就更少了。

假若中国传统文化绝大部分是封建遗毒和糟粕,而通过哲学史的解析,从故纸堆里寻找遗忘多年而尚有进步意义的思想,所获得的文化遗产(如荀子的自然观),又是极为粗糙的历史陈迹(像朴素的唯物论),那么五四西化论者要求我们把传统像包袱般一丢了之,或像赘疣般割得个干干净净,不是很合情理吗?

今天,中国的青年才俊一窝蜂地学理工、学企管、学国贸、学外语,视中国哲学为畏途,视中国历史为死巷。致力于中国传统文化研究的队伍已出现老成凋谢、后继无人、资金短缺、士气消沉等弊病。即使和专攻美国印地安土著文化的学人相比,也难免有窘迫之感。这不是偶然的现象,是值得我们思考的。

文化认同的现代涵养

五四以来的西化知识分子,由于把20世纪的欧美社会理解成独一无二的现代模式,同时又把西方文化认定为有机整体,必须全盘接受。他们对传统的批判是尖锐的、彻底的、极端的。据说那时还出现过"四万万同胞、一个个浑蛋"的对联。那种恨铁不成钢、爱之深而责之切的急迫感、沉痛感,在类似的自嘲、自咎的文字中表露无余。中国传统文化既然和世界潮流不相容,适应西方现代文化也就成为不可抗拒的趋势。

然而,西化论者所理解的中国传统文化,除了封建遗毒之外,还有什么内容呢?把传统文化等同于封建遗毒,固然可以产生振聋发聩的一时效验,但忧国的沉痛感若不能引发创造转化的智慧,那么,无可奈何的悲观主义便应运而生。五四西化论者痛斥国人的"奴性",甚至把中华民族忍辱负重的美德讥刺为麻木不仁,固然表现了爱国的悲情,有其健康的意义。但是文化的开新终究不能从悲愤的绝望之情处起步。有人说中国传统文化必须置之死地而后生,这不失为有感而发的论点。必须详扣的是,"生"的基础和泉源究竟在哪里?如果说,传统文化的根必须枯萎之后才有再生的可能,那么这再生的文化是否以引进的外来思想为种子,和传统的关系只是在共同的土壤上先后成胚胎、发芽而已?如果说,传统文化的根已腐烂,枯萎是不可避免的,我们不如自觉地将其铲除,让新种早日开花结果,那么这是否意味着我们已置身传统文化之外,只是观赏者而非参与者了?这类设想使我们不能不正视"文化认同”的问题。

“认同”在英文里和逻辑术语“同一性”或“一致性”是同一辞。这个专有名辞在50年代末期由新弗洛依德学派的心理分析大师艾律森(E.Erikson)所采用,作为描述青少年在人格发展过程中危机感特别强烈的阶段,即所谓的“认同危机”。在欧美社会,“认同危机”的出现虽因人而异,但大半是在十七岁左右,也就是在刚进大学必须面临塑造自己成人形象的挑战的年龄。通常“认同危机”的出现和人生意义等哲理问题紧密联系,又和生理发展、特别是性机能的成长有不可分割的关系。因此在心理分析学里,“认同危机”是一个多方面、多因素的复杂课题。艾律森在研究马丁路德的少年时期就用了这个概念来剖析路德改教的心理背景。注重客观条件的史学家多半认为艾律森的“心理历史”(以心理分析的方式来阐述历史中举足轻重的人物)是一种心理学上的归约主义,也就是片面地夸大了心理分析的解释力。不过,“认同”一辞从60年代就在欧美学术界广为流传,几乎贯穿人文学和社会科学的各种领域。目前,应用更广泛:学科有学科的认同,譬如美国的建筑学乃至哲学都遭遇过“认同危机”;社群有社群的认同,譬如美国的民主党,经过兼容并包的扩展历程之后,最自由、最保守的成员都纳入其中,目前也有“认同危机”的迹象;文化当然也有文化的认同。如果我们追问一个特殊文化的基本价值取向是什么,我们也就接触到该文化的认同内核了。

“文化”一辞的指涉极广。凡是经过人工处理的,如新石器时代的石斧,即属文化。因此,经济、政治、社会、民俗、艺术、宗教、哲学等都与文化有关。50年代美国人类学家克罗伯和支拉孔,检视了一百六十多个关于“文化”的定义之后,把文化看作“成套的行为系统”,而文化的内核则由“一套传统观念,尤其是价值系统所构成”。为了论说的方便,我们也许可以从三个层次来认识文化的内涵:一、实物(如石斧);二、社会的风俗习惯;三、“自我意识”的体现(如文史哲乃至科学技术的创造)。讨论“文化认同”应同时顾及到其理想的观念形态和其现实的具体结构,既不能无视其历史过程,又不能轻忽其有机整体。

“文化认同”概念的提出,说明了文化的特殊性和具体性。世界上不存在任何普遍而抽象的文化;固然,作为西方文化特色的民主和科学可以用超越欧美特殊文化现代的理型标出(在此我们必须进一步区分民主和科学在普通化和抽象化可能性上的歧异),但是严格地说,西方文化应当落实到英国文化、法国文化、德国文化和美国文化的层次才能分析得比较精当。既然每个文化都有其特殊性和具体性,那么一个特殊而具体的文化应当有其个性。从一个文化的基本价值取向来掌握其个性,便成为探索该文化的内在统一性(也就是文化认同)的课题。

在把现代化等同于西化的时代,大家相信现代化这股西化浪潮势必把古今中西的差异熔为一炉,将来只有西方的现代文化,不可能有任何其他类型的现代文化。殊不知,在所谓现代化即是西化的历程中,英国、法国、德国和美国都有其特殊而具体的文化认同。在菲希德发表告德意志同胞书时(相当中国洋务运动的阶段吧),德国和英法相比是较落伍的势力,可是德国的现代化不仅不是英法化,而且在意识形态和政治结构方面还和英法长期保持抗衡的关系。其实,英国由不流血革命而发展成君主立宪的稳定结构,和法国经过大革命之后政局一直动荡不安的共和制度,代表两种极不相同的政治文化。五四时代知识分子所认识的都属进取的西方先进大国,其中最典范的要算殖民地遍布全球的大英帝国了。曾几何时,今天英国已变成历尽沧桑的没落王朝。照目前的趋势看来,如果英国在处理劳资纠纷、爱尔兰独立运动、种族冲突及青年人的享乐主义等大问题上不得法,将来要想和西班牙在国际经济竞争中较一短长就不很乐观;不必提美国、日本和西德等工业强人了。这些散离的印象并没有什么特殊的信息可言,但至少说明了一点:在现代化的历程中,西方多元化所代表的是一些特殊和具体的实例(各有各的文化认同)而不是放诸四海皆为准的一般原则。

今天现代化的多元倾向已是有目共睹的事实。但是即使迟至60年代,美国专门研究现代化的结构——功能学派的社会学家仍坚持现代化是一单元的模式,甚至把现代化和美国化当作同义词来使用。无怪乎直到目前还有不少人把美国文化特殊现象误认为现代化的必然归趋。现代化一名词取代西化而在学术界广泛应用,是近三十年的现象。要等到所谓后期工业社会出现了许多文化矛盾的现象,欧美学人对现代化的价值和意义问题进行反思。这种反思被提到西方社会科学的日程上也只是近二十年的事。最近又有后期工业社会即由工业社会转化为信息社会的过渡阶段的提法。现代化是否必须经过工业社会的阶段也变成了争论的课题。这个争论很有现实意义。假若我们判定农业人口减少和工业人口增加是现代化的重要指标,同时又决定以美国的农工比例作为高度现代化的准则,那么要等几个世纪中国的农民才会像美国一样降到不及全国人口百分之三的数字?假若必须如此才算先进,是否中国的现代化就遥遥无期了呢?难道中国一定走不出一条和西欧、美国乃至日本大异其趣的现代化途径来?

应当指出,在今天国际风云变幻莫测的现代化进程中,19世纪实征主义者把人类文明的发展规定为从迷信的宗教时代经过形而上的哲学时代而进入科技时代的观点已不适用了。的确,任何单线的历史命定论都不能解释现代化的多元倾向。一般的理解是,现代化的推进必须建构在崭新的硬件(发达的交通电讯网、灵活的工业企管制度、稳固的财政金融系统、高效的中央地方政府等等)和软件(开放的社会心理、丰富的文化生活、多样的文艺活动等等)两者之间巧妙配合的基础上。硬软两件如何在一个具体的文化中配合就必须关注民族性格、社会心理和价值取向等因素。

从“文化认同”的角度来检视我们的民族性格、社会心理和价值取向,就不能武断地判决传统文化为封建遗毒,不能用“强人政策”(或“弱者政策”)来丑化曾在塑造民族性格、培养社会心理、规定价值取向方面发挥巨大作用的精神资源,不能以西方现代文化的标准为标准,不能把传统文化当作业已死亡或僵化的历史陈迹,更不能盲目的反对传统。我们应当培养自知之明,对传统进行全面而深入的反思:认识其个性、了解其内含、体会其动源、掌握其来龙去脉,如此方可争取到评价的资格,才能开展批判继承的文化事业。儒学第三期发展的前景问题就是以此为先决条件而提出的。

儒学、儒家传统与儒教中国

儒教中国的现代命运极为悲惨,这已可以说是不争之论了。但儒教中国是否因为科举制度的废除、专制政体的瓦解、宗法组织的崩溃就消亡殆尽了呢?文革时代所高唱的破四旧的口号,认为二十年的社会主义教育不仅没有慑服封建的牛鬼蛇神,而且孔家店的幽灵还大有借尸还魂的趋势,是否纯属虚构?今天,不少理论家和学者经过对十年浩劫的沉痛反思,竟得出文革的反封建其实是最落伍、最狠毒的封建意识的突出表现,这又是什么原因?五四时代打倒孔家店的呐喊,在当代深受反传统主义祸害的知识分子中仍能引起如此巨大的共鸣,究竟是什么道理?

一般的理解是,阻碍中国强大、进步的潜势都和儒教中国的惰性有关:自然经济的保守思想是儒教中国重农轻商的组成部分,家族社会的近亲繁殖是儒教中国重礼轻刑的现代模式,权威政治的官僚主义是儒教中国重人轻法的必然结果。儒教中国的现代命运虽然悲惨,但它赖以残存的余威却像一条死而不僵的百足之虫,紧紧缠住苦难的中国,使它不能腾飞。今天有血性的青年谁不真切的体察到礼教的约束、权威的压迫、思想的禁锢和宗法的腐蚀?更严重的是,在民族的文化心理结构之中(也就是渗入我们的血液之中,对我们的行为、态度以及信仰各层次起着决定性作用的领域),还残存着许多有形无形的封建遗毒。这种在民族的"集体下意识"中根深蒂固的精神枷锁,用理智将其照察就困难重重,要想根本铲除更是谈何容易?只有通过知识分子群体的、批判的、自我意识的涌现才能达成任务。这就牵涉到如何正确对待儒家传统的问题了。

列文森判定儒教中国的没落,但他似乎忽视了没落的儒教中国在中华民族的文化心理结构中尚潜存着无比的威力。当他在60年代初期得悉国内举行孔子学术讨论会,并对孔子作出肯定评价时,他断言这不过是儒教中国寿终正寝之后,把孔子"博物馆化"的一项没有什么现实意义的措施罢了。可是等到文化大革命突然爆发,运动的矛头又指向儒家传统的时候,他困惑了:难道早就宣告死亡的历史陈迹居然也有如此巨大的现实涵义?即使批判儒家传统纯属政治斗争,这个传统的象征意义和当今中国的政治文化仍有密切的关系。可惜列文森在文革前期就去世了,如果他能亲睹中国近十年在意识形态方面的发展,他还会坚持《儒教中国及其现代命运》的结论吗?

"儒教中国"可以理解为以政治化的儒家伦理为主导思想的中国传统封建社会的意识形态,及其在现代文化中各种曲折的表现。这也是国内一般所理解的封建遗毒。根据前面所提从三个层次来认识文化内涵的观点,"儒教中国"或封建遗毒是属于风俗习惯的课题,和儒家传统应有分疏。

社会的风俗习惯，由于长期的积累和沉淀，有一种沉重的惰性，很不容易彻底变革。同时，一种价值、一个观点或一组行为既然成为风俗习惯，必有其合理的成分，而且已在广大的群众中树立起神圣的权威，要想自觉主动地移风易俗，需要通过精心设计的教育秩序，只靠说理是不能达成任务的。譬如我们认识到培养开拓型的人才在改革事业中有举足轻重的作用，决定大力宣传。但要想改变社会上认为好孩子是“乖、听话、顺从”的风气，不能只停留在盲目批判孔夫子讲究“温、良、恭、俭、让”的层次上。试问我们如果真相信文明礼貌和开拓型的人才不相容，那么我们是否应当提倡不排队买票、不爱惜公物、不体谅他人的现代伦理来取代谦虚、朴实的“落伍”道德？据说开拓型的人才必须在性格上有强烈的竞争意识，在思维方法上有强烈的求异欲望，而且有一种强烈要求表现的本能，表面上这些素质似乎和儒家谦谦君子、求同存异和慎独修身的教言截然相反。但是，我们应当注意，竞争意识不应堕落到欧美青年习称的“老鼠竞赛”，因为如果竞争意识的格调不高，即使名列前茅也还是只老鼠；求异欲望固然可以另创天地，但是有深厚基础（也就是有训练有纪律）的创造精神毕竟和哗众取宠的出怪大不相同；表现的本能是有积极意义的，但缺乏自知之明的炫耀和实事求是的精神也有距离。这些例子足以说明移风易俗绝不是一时兴之所致即能讲得清楚的课题。要想攻击已经成为风俗习惯的常识，我们不能不从正反两方面设想。

深一层来看，清除封建遗毒的利器不仅来自西方的现代文化，而且来自儒家传统的本身。首先，我们必须认清，儒家传统和儒教中国既不属于同一类型的历史现象，又不属于同一层次的价值系统。儒教中国随着专制政体和封建社会的解体，也就丧失了既有的形式，目前在中国人的文化心理结构中仍有无比威力的封建遗毒，很可以理解为儒教中国在政治文化中仍发生消极作用的幽灵亡魂。要对治这些牛鬼蛇神，靠西方请来的洋道士也许还不能胜任，必须借助中土独具的至大至刚的正气。这个话怎么讲呢？禅宗的《指月录》中有一段很有启发性的语录：

> 法眼问大家："老虎脖子上的金铃谁能解下来？"大家回答不出。正好泰顺禅师来了。法眼又问这个问题。泰钦禅师来了，"系上去的人能解下来"。

如果封建遗毒确是儒教中国惹的麻烦，那么这个症结还是要靠儒家传统来解决。不过，解铃和系铃人虽然都是通称的儒家，但一个是尚未经历自觉反思（也就是没有开悟）的凡夫俗子，一个是能主动批判、创造人文价值的知识分子。

儒学在汉武帝时定为一尊，《白虎通义》以三纲五常为主线所建构的儒教中国，和孔孟之道所体现的人文精神确有千丝万缕的联系。但我们反思历史，总不能得出孔子仁智双修的为己之学，和孟子深造自得的大丈夫精神必然导致汉代王霸杂用的政治文化吧？董仲舒以天人感应的学说，为专制政体厘定一套超越王权的大经大法，和公孙弘以曲学阿世的手段开辟利禄之途，也应当有所区分吧？元代王室尊奉朱学为官学，我们不能说朱子的哲学是在意识形态上为蒙古入主中原预先作准备吧？如果说宋明理学是为封建社会服务的奴化人民的礼教，那么王阳明乃至其后学，包括王艮、何心隐、李卓吾，竟掀起反对礼教的狂风暴雨，又作何解释？17世纪启蒙运动的健将黄宗羲、顾炎武和王夫之不是明末三大儒吗？如果儒教中国是提倡吃人礼教的恶魔，那么戴震的儒家传统即是唤起知识良心正视"以理杀人"的先知。

孔子、孟子、荀子、董仲舒、周敦颐、张载、程颢、程颐、朱熹、许衡、吴澄、王阳明、刘宗周、王夫之、黄宗羲、顾炎武、戴震等等都是通过自觉反思、主动地批判地创造人文价值的优秀知识分子。他们是儒家传统的塑造者。要想彻底清除封建遗毒，我们不妨先认识他们的真面目，了解他们的价值取向，体会他们的精神资源，这样我们才有评价他们历史功过乃至现实涵义的权利，只有如此我们方能展开批判继承的文化事业。

儒家传统具有两千多年的历史，源远流长，不仅是中华民族文化认同的基础；而且，根据日本京都大学岛田虔次的提法，也是东亚文明的体现。这个传统，既成为中国学术思想的主流和中国知识分子的共信，又通过各种渠道（包括“贤妻良母”的身教和“乡约社学”的潜移默化）渗入民族文化的各个阶层。即使民间的说唱文学、戏曲、格言、善书也都深受其影响。可以说，儒家传统是中国民族文化的构成要素，在人伦日用之间起着决定性的作用。

不过，儒家传统在先秦百家争鸣的诸子时代，只和道、墨、法等家并列，没有成为一枝独秀的显学。就是在罢黜百家、独尊儒术的汉代，儒家的五经虽然获得官学的正统地位，阴阳五行、养生方伎和黄老治术等思想在朝野都有极大的影响力。魏晋南北朝时代，即使门阀名教势力犹存，儒学寖微则是有目共睹的史实。在魏唐佛学大盛时期，儒家经学和礼学的发展并没有中断，但中土最杰出的思想家多半是皈依佛法的大师大德，儒门淡泊的现象竟维持了好几个世纪。宋元明清是理学鼎盛的阶段，但在儒学复兴的宋代，中国南北分裂长达百年，北方的经学和文学（金代文化）和周程张朱的身心性命之学了无关涉。元代把朱熹的《四书集注》定为取士的标准，其官吏制度也打上了儒家文治的烙印，但道教、喇嘛教乃至各种民间宗教都大行其道，儒家传统的影响并不突出。明清两代颇有以儒术治国的倾向；科举取士，圣谕乡校，尊孔读经都是崇尚儒学的表现。但描述当时的宗教气候和精神文明，不能忽视净土佛教、禅宗、白莲教以及林兆恩的三教等在社会基层广为流传的情况。这些例证明确表示，儒家传统虽是中国学术思想的主流，但绝不能以儒学来涵盖中国民族文化。

应当指出，儒家传统因为只是中国民族文化的构成要素，所以它所指涉的范围远较中国民族文化要狭隘，然而正因为儒家传统也是东亚文明的体现，它的影响圈又不仅限于中国民族文化的圆周里。因此，儒家传统不但是中国的，也是朝鲜的、日本的和越南的。如果把海外华人社团的价值取向也列入考虑，那么，广义地说，儒家传统也是新加坡的、东南亚的、澳洲的、欧美的。其实，儒家传统在中国民族文化范围内发展的态势，固然对其现代命运有决定性的影响，但儒家传统既然已有更普遍的意义，它在中国民族文化圆周内运作的轨迹，就不应是其历史进程的全部内容。我们要想一窥全豹，还得拓展更广阔的视野。

举一个历史现象即可说明问题。在中国宋明儒学发展的过程中，朱学成为官学之后，阳明心学在16、17世纪以解放思想、培养开拓人才的姿态横扫思想界，取代了程朱理学的统治地位。这个史实曾诱导中国哲学史家得出心学兴起而理学衰颓的结论，甚至认为程朱理学那套僵化的教条主义是抵挡不住强调主观能动性的陆王身心之教的。可是我们如果检视朝鲜儒学的发展趋势，便会发现16、17世纪的李朝大儒，如李滉（退溪）和李珥（栗谷），不仅创造地转化了程朱理学，而且站在认识中国陆王心学大盛的基础上，继续承接并发扬了程朱理学。不管我们如何评价朝鲜儒学，有了这层理解，我们至少不能武断地判定程朱理学被陆王心学所取代是儒学发展的必然规律。

我们正视儒学研究的重要性，一方面想要指出儒家传统是和中国民族文化中许多其他的大、小传统之间，经历了既排斥又吸收既抗争又融合的长期过程，才使其文化认同的内核变得丰富、变得博大精深的。我们应当以平实的史学家的态度，配合开放的哲学家的心灵，来对这人类文明史中多彩多姿的一页作全面而深入的描述；另一方面，为了把儒家传统（主要是由孔子以来用全副生命在现实人生中体现儒学精义的知识精英通过群体的、批判的自我意识而创造出来的)和儒教中国区分开来。把儒教中国弄成半封建半殖民,也就是东亚病夫这步田地,儒家传统是要负责任的。但,别忘了,儒家传统也是使得中华民族“日新、日日新、又日新”的泉源活水;它是塑造中国知识分子涵盖天地的气度和胸襟的价值渊源,也是培育中国农民那种坚韧强毅的性格和素质的精神财富。

儒学第三期的发展

提出儒学第三期发展的前景问题,是针对列文森在《儒教中国及其现代命运》一书中断定儒家传统业已死亡一结论而发。列文森的观点前面已简略的介绍过。值得强调的是他根据特别观点而获得明确结论的思想背景。列文森是虔诚的犹太教徒。他分析儒家传统在中国近代史中没落的现象,作出悲观的评价,不仅没有任何幸灾乐祸或隔岸观火的心理,而且是在极沉痛和哀悼的心情之下进行的。的确,他是在深深地忧虑自己关切的犹太传统如何接受现代化挑战的悲愿中研究《儒教中国及其现代命运》。列文森虽然是一位从来没有旅游过中国的汉学家,但他对中国文化,特别是儒家传统,却有浓厚的感情,他的学生说他在敲撞儒家丧钟时常有流泪泣血的悲痛之感,也许没有夸张。他深刻的意识到,儒家人文主义,经不起现代化、科学化、专业化和技术化的考验,正意味着犹太传统也势必遭到类似的命运。推广来说,列文森所忧虑的是所有人类精神文明的传统,包括基督教、回教、印度教乃至希腊哲学的现代命运。

列文森曾引用过一个发人深省的犹太故事。当传统尚未开始没落的时代,在进行祭祀的当儿,主祭者一举一动的象征意义,参与祭祀的人都能一目了然。他们都知道怎样行礼,也都知道为什么要那样行礼。经过了一段时间,传统逐渐没落了,主祭者和与祭者虽然还能循规蹈矩地进行祭祀,他们对于为什么要那样作的理由已相当模糊。等到传统已衰亡的时代,祭祀不再举行了,大家只剩下了祖先们曾如此这般的记忆而已。现代化是一把摧毁传统的利器,没有任何精神文明可以幸免。

最近二十年来,欧美学界掀起一股重新估价各种现代化理论的浪潮,好像"现代化"概念的本身也出现了严重的认同危机。至少,坚持下列观点的学人明显地锐减了:代表现代化的科技、企管等各式各样的新兴专业必然取代精神传统,而把全世界浓缩成一个统一规范化的物质文明。相反地,愈来愈多的社会科学家,或从宏观的现象分析,或从个人的价值取向,不仅肯定而且强调源远流长的精神传统。他们一致认定德国哲学家雅士伯所称"轴心时代"的主流思想,如印度的兴都教(印度教)和佛教、中东的犹太教和以后发展出来的基督教及回教、希腊哲学,以及中国的儒家和道教,既然是人类共有的精神遗产,就应当成为现代文明的组成要素。60年代以前对精神传统所作的反思多半是从配合现代化这股不可抗拒的大趋势而设想的。好像精神传统的价值必须从其对现代化过程的积极作用这个功能的坐标系统中才能获得确定。

今天,站在某种精神传统的基础上,对现代化进行批判认识的学者却大有人在。传统和现代已不是绝然分割的两个概念;从传统到现代也不能理解为单线的进程。我们固然可以站在现代科技文明的高度来评价传统的得失,我们也不妨以传统的理想人格来批判现代专家学者的狭窄。人类文明的发展是曲折的、辩证的。肤浅的现代主义和顽固的传统主义都不足以照察这曲折而辩证的洪流。

雅士伯提出"轴心时代"一概念时,是站在一个哲学史家的立场,对在公元前一千年即已开始的人类文明的大突破进行提示性的考察。70年代的初期,美国艺术及科学学院以雅士伯的提法为基调,举行了一个以欧美学者为主的国际会议。哈佛大学的史华慈教授提出“超越的突破”一概念来描述轴心时代主流思想的特色。根据他的论点,上帝、梵天和天命等大观念的出现,显示了这一阶段人类文明发展史的共同趋向:即是把思想的焦点集中在体现“超越”的价值上。不过,近五年以来,学者们对这个论点提出了异议。突出超越性的解析模式既不能适用于中国的儒道,也和佛教的舍离与证空大不相契。“超越的突破”一概念似乎是立基于犹耶回三教而提出的论据,颇有以“一神论”为中心的意味。比较平实的提法是把“对终极问题进行反思”这个文化色彩不鲜明的心智活动作为轴心时代主流思想的特色。由于反思的途径不同,表现的精神文明的形式也大异其趣。犹太教突出“上帝”观念,以之为一切价值的泉源是一种形式;希腊哲学家从追寻宇宙的最初根源和物质的最后基础而导出“罗格思”和“第一因”的观念是另一种形式。兴都教的真我、梵天,以及佛教的苦寂灭道,虽然都是印度文化的体现,但其间的分别似较联系更为紧要。至于兴都教或佛教的价值取向都不能用“一神论”的观点来涵盖,这一点是更可以肯定的。中国的儒道两家也有类似的情况。因此,轴心时代的主流思想,是多元的这个命题逐渐为大家所接受。

假若多元的“轴心文明”在20世纪的末期都还有历久弥坚的生命力;甚至放眼21世纪,它们好像仍然方兴未艾,那么列文森的忧虑,乃至他对儒家传统的哀悼是否过分悲观了呢?提出儒学第三期发展的前景问题正是要说明,从五四时期的西化论知识分子到列文森一代痛惜传统没落的知识分子,对现代化和传统之间的复杂关系好像隔了几重公案,这既是时代的局限性,也是学术界主动自觉地坚持一种观点,即现代化必然和传统决裂的结果。列文森的悲观(在感情上不愿意看到传统的没落,在理智上又不能不得出传统必然没落的结论)和五四知识分子的乐观(传统可以像包袱般一丢了之),虽然形成一个鲜明的对比,但他们对传统,特别是儒家的传统的理解,和对现代化,特别是以科技为核心的现代文明的认识,颇有相似之处。在他们看来,儒学绝对不可能有第三期发展的前景。

所谓第三期,是以先秦两汉儒学为第一期,以宋元明清儒学为第二期的提法。这种分期并没有历史的必然性,也未必是最妥善的方法。先秦和两汉的儒学之间就有法家和黄老之术所造成的鸿沟。魏晋南北朝是儒学寝微的时代,但坚持名教的领导权威固然相尊儒学,即使崇尚自然的哲人如王弼、郭象和贤士如阮籍、嵇康也都不妄薄周孔,至于南渡的士族大姓更自觉地以叙族谱、定家法的措施来维系礼教(这里的礼教是指以发挥礼乐教化的感染作用来延续华族文化生命的社会机制)。另外,儒家的经学研究在这个时代里也有显著的成绩。隋唐儒学以经学和礼学为特色,正是魏晋南北朝儒学进一步的发展。隋末大儒王通(文中子)的历史性曾在中外汉学界引起争议,不过《贞观政要》所体现的儒术很值得我们精心剖析。即使魏征等唐初杰出的政治家,不必是把王通的经世思想付诸实行的儒门信徒,他们以礼治国的精神,和以王者师、至少是以帝皇诤友自立的气魄,在中国政治文化史中是儒家传统的光辉表现。这点应当没有什么争议。

北宋的儒学复兴必须渊源到韩愈和李翱。他们提出道统和心性的课题,确为北宋六先生(周敦颐、司马光、张载、邵雍、程颢、程颐)打开了一条从儒学发展的内核谈身心性命之学的先河。不过,唐末和宋初是中国经济、政治、社会和文化各方面都发生巨变的关键时期。根据日本汉学家内藤湖南(虎次郎)的解析,唐宋之交是中国古代和近代的分水岭:贵族制度的崩溃、士大夫阶层建立、专制政体的完成、江南地区的繁荣、商业资本的兴起、都市化现象的出现都是例证。宋代儒学的复兴究竟象征什么？象征后期封建社会官方意识形态的强化，还是象征贵族制度崩溃后，由通过科举考试而参与政权的士大夫阶层所代表的新社会的共同意识？

再说，北宋六先生的儒学虽然因为集大成的朱熹而成为南宋的显学，北方的金代儒学在辞章和注经方面有特殊的贡献也不容忽视。元代统一中国，把程朱理学带到北方，而且以朱熹的《四书集注》为考试的标准之一，开明朝以朱学为科举取士之蓝本的先河。平常，我们习称宋明理学，殊不知宋明之间的元代儒学（连同金代儒学）曾有一个多世纪独立发展的历史。如果我们把和明代同时的朝鲜儒学也列入考虑范围之内，情况就更复杂了。一般的印象是，儒家传统是个庞大（有人说庞杂）的系统，这点是可以肯定的。

近年来，海内外的学者不约而同地，比照西方近代史的发展阶段，把17世纪中国思想的蓬勃现象称之为“启蒙运动”。根据这个看法，满清入关之后，以程朱理学为官方意识形态的控制系统便成为启蒙运动遭受“挫折”（岛田虔次：《中国现代思维的挫折》）的重大理由。固然，17世纪的“实学”（包括从西方引进的实测之学和关心家国天下大事的经世之学）可以理解为对空谈性命的王学末流的批判，但是如果把实学家和宋明儒学家当作对立面来处理，那就难免不犯范畴错置的谬误了！至于清代儒学，特别是乾嘉朴学的兴起，应当从宋明理学发展的内部规律（譬如程朱和陆王有关尊德性及道问学的争议）或从满洲高压控制的外部条件来理解，那就更是众说纷纭了。

像以上所提有关儒家传统中尚无定论的课题还相当多，可谓俯拾即是。有这么些必会继续引起争议的历史悬案，显示儒学的多样性，真是“横看成岭侧成峰，远近高低各不同”了。可是，我们虽然“不识庐山真面目”，但既然对其发展的大关节有所认识，也有把先秦两汉及宋元明清当作儒学史中的两个高峰峻岭。如果有人根据不同的观点把儒学史分成四、五乃至更多的阶段,并且提议大家来讨论第五、第六或第九期发展的前景为题,我们也不必执着“第三期”的提法。本来,分期是为了讨论方便起见而运用的权宜之计,并没有定然的客观有效性。

不过,我们必须正视宋元明清时代,儒学的复兴(也就是我们所界定的儒学第二期的发展)在比较哲学、比较宗教学和比较文化学的领域里都有深厚的意义。在欧洲史中,只有马丁路德的新教改革堪与伦比。60 年代,当时在哈佛任教目前担任加州大学柏克莱校区社会系讲座教授的罗勃特·贝拉先生,在一篇极有影响的论文中指出,从比较宗教学的立场来看人类文明的进化,只有基督教经过了宗教的改革,才从中世纪的信仰转化为推动西欧资本主义的精神泉源。其他的历史宗教(也就是前面所提的“轴心时代”的精神文明),好像都没有起过促进现代化的作用。这个解说的理论根据来自麦思·韦伯。我们现在不必详扣韦伯名著《新教伦理和资本主义精神》的理论体系。值得一提的是他把宗教改革以来出现的基督教的工作伦理作为西欧工业资本主义兴起的重大原因。这种推理是建构在一个极为精巧的悖论上:卡尔文教派因强调宿命论,反而激发了教徒们在拓展企业上奋勉精进而在日常生活中刻苦耐劳的清教徒精神。这种发自内心深处的律己和勤奋原是为了体现上帝恩宠的,但其非神学所预期的社会效验却是资本主义的形成和发展。我们姑且不问韦伯理论的功过,但他把新教伦理和资本主义精神联系起来,确有发人深省之处。

近年来,贝拉教授已修正了他唯独基督教才和现代文明有特殊关系的论点。宋明理学,根据他已修正的看法,可以说也是一种有创造转化功能的意识形态,因此和中国乃至东亚的现代化有密切的关系。把宋明儒学理解成阻碍中国“启蒙运动”向前推进的精神枷锁，是把儒教中国和儒家传统混为一谈所导致的结论。其实，“启蒙运动”的健将无一不是儒家传统的成员。晚明三大思想家黄宗羲、王夫之、顾炎武不待说，躬行实践的颜元及其弟子李塨，和痛斥“以理杀人”的戴震也不例外。要想把十七八世纪开拓型的知识分子划到儒家门墙以外，就好像要把狠批教会腐化的丹麦神学大师齐尔克伽德排出基督徒的行列。

不必讳言，儒学第二期的发展，是中国19世纪中叶以来因受西方的撞击和挑战而被迫走上一条曲折坎坷的现代化道路的重要“背景理由”。然而，若要进行比较深刻的历史反思，我们不能只注视19世纪后期才出现的困境，就得出宋明儒学在中华民族文化中所起的作用以及所有的功能都属消极的结论。概括地说，儒家传统成为东亚文明的体现，是经过了13世纪的中国、15世纪的朝鲜、16世纪的越南和17世纪的日本几个漫长而坚苦的阶段。儒家传统所塑造的价值取向：其内在逻辑是什么？其本体——宇宙论的基础又是什么？其理想人格如何培养？其认知方法又如何掌握？都是很值得探索的。我们可以从认识儒家的价值取向着手，来理解儒家的文化认同；也许我们永远没有一窥儒家真面目的福分，但既然身在其中，我们不能放弃提升自我意识和加强自知之明的权利，也不能逃避承担过去和策划将来的义务。

前景问题

环视我们这个变幻多端的世界，一种忧患意识的出现，确是20世纪人类自我认识的特色。凡是科技万能和资源无穷等人定胜天的乐观主义，在成长极限和生态平衡等新人文主义的照察之下，即显得肤浅而片面。人既是万物之灵，又是足使天地同归于尽的恶魔。轴心时代主流思想所体现的精神文明经过几近三千年的努力所积累的人生智慧,很可能被掌握在我们手中的爆破力毁之一炬。以动力横决天下的西方现代文化,为人类创造了史无前例的富强,但也把人类带到了永劫不复的地狱边缘。因此,为人类的继续生存和全体福祉寻求一条可行之道,已成为东西方知识分子进行比较文化研究的共同意愿。

由于交通电讯、大众传播、旅游观光和商品供销等现代企业的急速发展,地球显得愈来愈缩小。人种与人种,社会与社会,文化与文化之间的交流和渗透频繁之后,求同存异的普通性和求异存同的特殊性都一起涌现。综观人类文明发展的全幅历程,我们生存的20世纪可以说是大整合及大分裂都达到史无前例的程度。远在天边即近在眼前的经验通过卫星电视已是世界各地人民司空见惯的常识。不论从能源枯竭、环境污染乃至核战威胁的危机意识,或从和平共存、同舟共济乃至天下为公的大同精神立论,全球各地已普遍出现了整合的倾向,意味着东西南北表面上迥然异趋的地带都将成为一个复杂而庞大的世界体系中的有机组成部分。跨国公司不过是这种倾向的侧面之一。

和这种倾向冲突、矛盾但却同时出现而且继续并存的另一现代文明特色即是大分裂。在纽约,足不出户毫无旅游经验的坐贾可能和经常奔波道途每月往访东亚的行商住在同一层楼的公寓里;诺贝尔物理奖得主的邻居可能是深信上帝在七天之内创造世界的基督教根源主义的信徒;情同手足的兄弟因为政见上的歧异或商业利益的冲突而成为路人的现象也相当普遍。这都表示,像纽约那样体验现代文明的大都会,不是一个有机整合的社群,而是由无数不同价值、不同信仰、不同种族、不同语言的群体和个人所形成的社会。在60年代初期,美国知识界还强调大熔炉的观点。近来,取而代之的是寻根意愿的强化。因此,象征美国精神的图案已不是被主流同化,也就是被以盎格鲁·撒克逊后裔为主的信仰基督新教的白种人的文化所消解的大熔炉，而是由各种族、各文化共同镶嵌的多彩多姿的艺术精品。这种不求必同而希望在异中发现共性的意愿是向综合特殊性和普遍性所作的一种努力。

置身于目前全球各地都出现了整合与分裂两种冲突乃至矛盾现象互相影响、互相转化的情境中，来考虑儒学第三期发展的前景问题，既非含情脉脉地迷恋过去，也不是一厢情愿的憧憬将来，而是想从一个忧虑意识特别强烈的人文传统的现代命运来认识、了解和体会今天中国、东亚乃至世界的文化认同。既然儒学第三期发展的前景是以问题的形式标出，我们就提出三个具体的问题，作为本文的结语：

一、在中国，为了坚持开放政策，为了推展四个现代化，为了赶上西方先进诸国的经济水平，为了建设中国式的社会主义文明大国，深入广泛地批判封建意识形态是有浓厚现实意义的思想工作。儒家传统能否超脱保守主义、权威主义和因循苟且的心理而成为有志青年的价值泉源，是其能否进一步发展的必要条件。这项工作极为艰巨，真可谓头绪纷繁无从下手。但如何引得其源头活水来是中心课题。

譬如，社会上流行着批判“中庸之道”的观点，以为这是“我们几千年来的‘大国粹’，随大流，怕冒尖，取法于中”。其实，用这种“人怕出名猪怕壮”的世俗观点来责备儒学精义，是把孔孟痛恨的“乡愿”当作中庸之道的见证者；把刺而不痛、麻木僵化的“德之贼”和体现“择善固执”的道德勇气和在复杂的条件中取得最佳配合的道德智慧的儒者混为一谈。如果我们不甘愿停留在文革时代的理论水平，我们就不应盲目地把“枪打出头鸟”之类的俗见和儒家传统中的金科玉律相提并论。当然，即使是儒家传统中的金科玉律可以乃至应当扬弃的必然很多。不过，这要靠较高水平的理论解析才能达成任务。扬弃的工作必须立基于批判继承的事业上才不致堕入莎翁所谓“满足音响和愤怒，毫无意义可言”的格套之中。“中庸之道”确是儒家传统中值得汲取的源头活水，但“哀莫大于心死”，如果一个人已经死心塌地坚信他所理解的“中庸之道”是正确的，而且作为儒家《四书》之一的《中庸》是不屑一顾的老古董，那么至少对他而言，“中庸之道”已经没有任何说服力了。

二、在东亚，不少知识分子(特别是在经济发展、政治文化、社会心理、价值系统等学术领域里从事科研的专家学者)已意识到儒家传统在工业东亚的五个地区：日本、南朝鲜、台湾、香港和新加坡发挥了导引和调节的作用。具体地说，儒家传统从重视全面人才教育、提倡上下同心协力、培养刻苦耐劳的工作伦理，和强调为后代造福等方面树立了一个东亚企业精神的典范。目前，因为国际市场的外在压力和国内企业结构本身的弊端，除日本之外的东亚四条龙正面临着二次世界大战以来最严重的经济危机。儒家传统所体现的勤劳、沉毅、坚韧及勇猛精进的优点更是不可或缺的精神资源。

儒学研究在今天东亚的学术界已蔚然成风，但是，如何摆脱政治化的枷锁(也就是说，不成为少数既得利益者控制人民的官方意识形态)和狭隘的实用观点，站在较高的思想水平，以较广的文化视野来探究儒学传统的价值取向，是儒学能否进一步发展的先决条件。

三、在欧美，儒学，作为一种哲学的人学，不仅是学术界的科研课题，也是注意通才教育、道德推理和人文思潮的知识分子所关切的学说。但，和耶、犹、回、印、佛及希腊哲学相比，儒学在西方可以说还是个未知数。不过，正因为如此，儒学研究可以在和现实牵连较少的“象牙塔”里推展，不失为一种养精蓄锐、隔离沉思的机缘。可是，儒学研究必须从不探求价值、不深扣哲理、不研究宗教的传统汉学的实征和实用主义里解脱出来，和西方的社会学家、哲学家、神学家和比较宗教学家进行长期而全面的对话。严格地说,儒学能否对今天国际思潮中提出的大问题有创建性的反应,是决定其能否在欧美学术界作出贡献的重大因素。

儒家传统是入世的,但又不属于任何现实的权力结构。它和中国乃至东亚社会复杂的关系网络有千丝万缕的联系,但它又不只是中国和东亚社会的反映。儒家传统没有教会、庙宇、道观之类的组织,但它却成为塑造中国知识分子文化认同的主导思想。儒学是对人的反思,是知识分子自我意识的体现。从事儒学研究不能离世而独立,只作个自了汉,但更不能随俗浮沉,沦为政治权力结构中的奴仆。儒学要有进一步的发展,必须接受西化的考验,但我们既想以不亢不卑的气度走向世界,并且以兼容并包的心胸让世界走向我们,就不得不作番掘井及泉的工夫,让儒家传统(当然不排斥在中国文化中源远流长的其他传统,特别是道家和佛教)的源头活水涌到自觉的层面。只有通过知识分子群体的、批判的自我意识,儒学才有创新和进一步发展的可能。

(原载香港《明报月刊》1986 年第一、二、三期)

杜维明(1940—　　),祖籍广东南海。美国哈佛大学哲学博士。曾先后任教于美国普林斯顿大学、加州大学、哈佛大学,并担任美国夏威夷东西文化中心文化与传播研究所所长、哈佛燕京社社长。美国人文科学院院士。新儒家第三代代表人物之一。著有《今日儒家伦理》、《儒家思想:创造转化的人格》、《新加坡的挑战》、《现代精神与儒家传统》等。本文认为,儒学、儒家传统与儒教中国应有分疏。儒家传统没落的现代命运和中国主流知识分子古今中外绝然二分、现代化与西化混淆的思想及其反传统主义的"弱人政策"等,有密切的关系;

儒学第三期发展的前景问题是针对列文森的儒家传统业已死亡的观点而提出的;在目前全球整合与分裂的情境下考虑该问题,是从儒家传统的现代命运来认识和体会当代中国、东亚乃至世界的文化认同。

《现代精神与儒家传统》后记

杜维明

1989 年 5 月我获得鲁斯基金会的支助，在美国人文社会科学院（The American Academy of Arts and Sciences）的康桥总部召开了一个超时代、跨文化和多学科的工作会（“脑力震荡”），专门讨论儒家传统的现代意义①。在北美，集中神学家、哲学家、历史学家、人类学家、社会学家、政治学家、经济学家及比较宗教学研究专家一起来探讨同一文化课题的例子虽屡见不鲜，但以当代儒家为对象，这恐怕是开风气之先了。

以“儒家人文主义”命名的工作会，不仅是多学科，而且因参与学人的专业有古有今，并包括中、日、韩三地，也超越了时代的限制，打破了华夏中心的格局。再说，由于人类学家重视民间信仰，社会学家关注实际功能，政治学家强调权力结构和意识形态，工作会所接触的课题不只是精英、典籍和理念，也涉及普罗大众、口语传说、政权势力和社会实践。从议题范围：一、文化认同及社会涵义；二、性别与家庭；三、社群与教育；四、政治文化与经济伦理；五、民间思想与宗教；即可窥得论谈的多元性格。

① 见 Tu Weiming, Milan Hejtmanek and Alan Wachman (eds.), *The Confucian World Observed: A Contemporary Discussion of Confucian Humanism in East Asia* (Honolulu: The East-West Center, 1992).

其实,早在80年代初期,我就意识到若想对儒学的发展前景有较全面而深入的估量,闭门造车的揣度绝不济事,必须进行广结善缘的调查研究;一方面开拓自己的洞识,另一方面也培养自己的耐性。

我的脾性是喜静厌动,宁默勿语,就简避繁。如果依照我自己的性向,闭门读书,尚友千古,精心撰述,常和二三同道论学,享受天伦之乐,偶尔借题发挥,是最称心快意的生活方式,因此程伊川所谓"半日静坐,半日读书"对我有很大的吸引力。但是,我心里有数,在这个现代西方以动力横决天下,西学大盛,家国天下事事错综复杂的末法之世,一个对儒家身心性命之学稍有"体知"的人,不得不效法亚里斯多德学派的"漫步讲学"(Peripatetic),状似逍遥的不厌其烦地走动、说话。

1982年参加新加坡教育部推行的儒家伦理工作之后,我曾应新成立的"东亚哲学研究所"董事会的邀请,提出了有关儒学第三期发展的"设想"。我要特别申明,"设想"本是一种期待、希望,并具有前瞻性的构思,既非现象描述又非理论建言,能否实现不仅靠主观的努力也依赖许多客观条件。但是"设想",特别是立基于既有群体性又有批判性的自我意识的设想,不必即是个人一厢情愿的幻觉,而且可能形成共识并作为同仁道友们相互勉励的事业①。

我当时的设想共分五个步骤,可以逐步完成也可同时并进:

一、究竟"儒学发展的前景如何?""儒学有没有第三期发展的可能?""儒学应否发展?"之类的设问是属于哪一种型态的课题?为了提高我们在方法论上的反思能力,我们必须把这类设问摆在

① 参考 Tu Weiming (ed.), *The Triadic Accord: Confucian Ethics, Industrial Esat Asia and Max Webèr* (Singapore: The Institute of East Asian Philosophies, 1991), Foreword, xv—xix.

全球社群的宏观背景中。也许采取高屋建瓴的视野、从理解"现代精神"下手,比较容易突破大中华沙文主义的限制。这项工作是艰巨的。要想在方法学上有所突破确实困难重重,但如求速效而采捷径则必然不能达到目的。我们应邀请在欧美学术界对现代化理论、现代性主义和现代精神内涵有深刻理解的大师大德,如芝加哥的希尔斯(Edward Shils)、希伯莱的爱森斯达(Shimuel N. Eisenstadt)、海德堡的史鲁克特(Wolfgang Schluchter),及波士顿的伯格(Peter Berger)积极参与其事,和他们进行长期互惠的沟通,以细水长流的方式提升现代儒学论说的理论水平①。

二、具体考察作为文化资源的儒家传统,在"儒教文化圈",特别是工业东亚社会中运作的实际情况。我们必须对儒家传统在今天日本、台湾、韩国、香港及新加坡各地错综复杂的曲折表现有如实(甚至基于调查研究而有数据资料为证)的认知,才能争取到儒家伦理和东亚经济发展有否"亲和"(affinity)关系的发言权。不过这类课题不只局限于经济文化的范畴之内,大凡政治民主化的儒家因素(可以从积极、消极、中立等各方面进行考虑),儒家传统在家庭、社会和政府所起的作用,儒家伦理对道德教育、人际关系、商业行为的影响,乃至儒家价值在民间信仰、秘密结社、新兴宗教,和本土化佛教、基督教及伊斯兰教中所扮演的角色都是值得系统分

① 希尔斯已于1995年1月23日过世。在《纽约时报》的报道中,他被称誉为当代最有影响力的社会学家之一。爱森斯达是希伯莱大学和芝加哥大学社会思想委员会合聘的教授。史鲁克特是哈伯玛斯的"亲密战友",曾主持韦伯研究计划十多年,目前在海德堡及柏克莱两校任教。伯格是波士顿大学讲座教授,曾任职纽约社会研究新学院,有"社会学先生"的美称。

析的研究项目①。

三、设法了解儒家传统在大陆的存在条件,特别是经过"文革"破除"四旧"之后,还有什么再生的契机。1980年我获得美国国家科学院中美学术交流委员会的奖助,在北京师范大学历史系进修了一学年,不仅有机会向资深教授如赵光贤、白寿彝、何兹全、张岱年、贺麟、冯友兰、朱光潜、邱汉生、金景芳、梁漱溟、冯契、蔡尚思、熊伟、王玉哲和赵俪生请教,还结识了好几位直、谅、多闻的中年益友。更难能可贵的是经常和老三届(1977、1978、1979)的大学生及研究生论学。我深知将来儒学发展的艰巨任务必由北京、天津、上海、武汉、广州、长沙、成都和昆明等地的好学深思之士来承担,但当时儒学究竟能否从在中华民族各级人士潜存的心灵积习转化为知识分子主动自觉的文化认同,还是悬案,如何从有权势的马列主义和有影响的西化思潮两股意识形态的夹缝之中取得成长的空间更是难题。

不过我坚信,只要儒学的真消息能传递中华大地,不怕没有知音。可惜陷溺于自五四运动以来即自以为是的激进氛围中,包括儒家在内的"传统文化"已成为遥远的回响;在知识分子中起作用的"文化传统"不外由物质主义、科学主义、功利主义和现实主义所塑造的"意底牢结"(ideology)。因此,我认为儒家的真消息要经过纽约、巴黎和东京才能更有生命力和说服力。既然是真消息为什么又要"曲线就教"呢?面对现代西方文明的挑战,儒家传统若不能作出创建性的回应,为人类社群当下的困境提出解决之道,那么

① 参考 Tu Weiming(ed.), *Confucian Traditions in East Asian Modernity: Exploring Moral Authority and Economic Culture in Japan and The Four Mini-Dragons* (Cambridge, MA: Harvard University).(出版日期定为1996年初春)

儒学发展的前景必然黯淡。所以我认为儒学能否有第三期的胜境取决于儒家学者能否从美国、欧洲和日本汲取丰富的精神资源以壮大其生命力,吸收深厚的智慧结晶以淬砺其说服力。儒家传统能对现代西方文明作出创建性回应的先决条件是其自身必须通过以现代西方文明为助缘的现代转化。这是一种循环论证(circular argument),但其逻辑既非恶质(vicious)又非怪圈而是良性的互动。也就是说,儒家传统因受现代西方文明的影响而进行创造性的转化和扎根现代新儒学(因受西化挑战而新思勃起的儒家学说)而对人类社群当下的困境作出创建性的回应,正是相辅相成的良性互动的循环逻辑。

可是大陆的知识精英,由于长期深陷古今中西之争的论说,而且厚今薄古崇西贬中的心态已根深柢固,把儒家传统藐视为封建遗毒早已蔚然成风。1985 年,我在北京大学哲学系开设"儒家哲学"课程,在新成立的中国文化书院介绍儒家,也在人民、北京师范、南开、复旦、华东师范、华南师范、兰州等大学和上海空军政治学院提出有关儒家现代意义的学术报告,并通过会议、讲座和讨论的方式把儒家论说提上文化议程。虽然在公开场面,我的儒家话语受到各种责难,但是面对面的沟通(或是对话,或是小型会谈,或是沙龙)确给我带来信念和喜悦:儒学已从门可罗雀的淡薄逐渐获得一阳来复的生机①。

不过,使我感到惊讶的是港台学人(包括认同"新儒家"的道友)对大陆学术、知识和文化界 1979 年以来风起云涌的盛况不仅懵然无知,而且缺乏最低的好奇和起码的兴趣。1988 年 8 月 27 日到 9 月 3 日,我协助东亚哲学研究所在新加坡的滨华饭店举办

① 参考杜维明:《儒学第三期发展的前景问题》(台北,联经,1988)。

了一个以“儒学发展的问题和前景”为主题的研讨会。从大陆来参加的有萧箑父(武汉)、庞朴(社科院)、汤一介(北大)、朱维铮(复旦)、方克立(南开)、余敦康(南京)、孙长江(《科技报》)、金观涛(《廿一世纪杂志社》)、陈来(北大)、甘阳(《文化:中国与世界》)、包遵信(社科院)、王守常(北大)、金春峰(人民出版社)和吴光(浙江社科院);台湾方面邀得张亨(台大)、戴琏璋(师大)、蔡仁厚(东海)、沈清松(政大)、韦政通(《中国论坛》)、梅广(清华)和傅佩荣(台大);香港出席的有劳思光(中大)、刘述先(中大)、唐端正(中大)和赵令扬(港大);北美远道而来的有余英时(普林斯顿)、张灏(俄亥俄)、林毓生(威斯康辛)、秦家懿(多伦多)和傅伟勋(天普);新加坡当地的有吴德耀、刘蕙霞、林徐典、苏新鋈、郭振羽、梁元生、李焯然和刘国强等。研讨会开得生动活泼,大家都能畅所欲言,极为投契,显示儒学确已进入一阳来复的阶段①。会议期间,我获得方克立的同意,把大陆“七五计划”(第七个五年计划)中唯一的哲学项目——新儒家研究的资料影印分发,并组织会外座谈,把情况介绍给台港学人。当时我即深深地感到香港的新亚,台湾的东海、辅仁和台大都培养了好几代从事儒学研究的人才,但今天在台港竟没有一个具有国际水平的儒学研究中心。新加坡刚成立不久的东亚哲学研究所竟暂时成为海外儒学研究的阵地。将来真能持之以恒的儒家学术道场恐怕只有指望大陆了②!

四、探讨儒学研究对欧美知识界可能提供思想挑战的线索。二十多年来我虽对这一课题密切关注,但总觉精力有限,而且认识到即使采取退而结网的平实策略,也绝不可我行我素,因为单干不

---

① 论文集《儒学发展的前景》(暂定)已由台湾正中书局发排。

② 1994年12月在香港中文大学举办的第三届新儒家国际会议已颇显示这一发展趋势的迹象。

济事。文化工作必须众志成城才能打下艰苦的基础，不能靠一枝独秀来达到转世的功效。

18世纪欧洲启蒙的创导者，像伏尔泰、奎内(Francois Quesnay，1694—1778)和莱布尼兹，都是敬重儒家传统的先知。姑且不问儒家的圣贤如孔孟在法、英、意、德诸国哲学家心目中所象征的意义是什么，以儒家伦理为核心价值的中华文化为西欧知识界提供自反的借镜则是无可争议的史实。19世纪欧洲因工业革命带来社会的剧变、生产力的普遍提高和政治制度的彻底更新，为哲学界开创了史无前例的局面。黑格尔晚年的历史哲学，以全球的宏观视野，把东方思想规约为人类文明的曙光而判定世界精神已体现西方，并武断地声称人类文明的日落伴随着历史的终结必然归宿西欧，特别是普鲁士的德国。这套历史发展的必然规律逐渐成为欧洲中心论的理据；在马克思、韦伯乃至哈伯玛斯的论著中已是不言而喻的共识。

不过，这一偏颇的观点虽为五四运动以来中国西化知识分子所深信不移，但在现代西方则常受严厉的批判。尼采对基督教文化的排拒，对希腊哲学的向往，并且彻底解构以理性为基础的道德哲学，即是突出的例证。第一次世界大战之后，梁启超和张君劢曾因亲睹现代西方文明的弊病而提出国人自救的新途径；创办《学衡》的一批学者，受到哈佛大学白璧德的感召，想结合中西人文学的优良传统为当代中国知识分子提供精神资源；第一代新儒家如贺麟、梁漱溟和冯友兰，或借助理想主义，或涉猎社会思潮，或嫁接新实在论，都致力于为儒家传统创造再生的机缘。熊十力的新唯识论虽脱胎于中土佛学的法相宗，但也曾参照柏格森的生命哲学和怀德海的过程哲学。可是，在中国先进知识分子之中，极端而肤泛的科学主义终于凌驾各种西方思潮而成为现代文明的唯一标志。

马列主义能在中华大地独领风骚,固然和反帝反霸的民族自救有密切关系,但五四以来中国知识分子的心态与其说是"救亡压倒了启蒙",不如说启蒙的科学、物质、功利、现实及进步观念所铸模而成的工具理性变为救亡图存的不二法门了。马列主义强调科学性、物质性、功利性、现实性及进步性,正是要说明辩证唯物论是人类思维水平的高峰;掌握了这种现代西方文明中最精致的方法,当然在思想斗争上可以拥有攻无不克、战无不胜的优势。殊不知,一戴上从黑格尔以来欧洲中心色彩极为浓郁的眼镜,儒家精神价值、传统中国文化、东方文明,乃至人类从新石器以来点滴凝聚的一切智慧都顿然成为糟粕,弃之唯恐不够彻底,更无庸细述保存或弘扬了。

要想从价值根源处寻求扭转此一意识形态的灾难,我们必须深沉反思代表现代西方精神的启蒙心态,并从其基本的生命取向掌握其论据的来龙去脉。只有如此,我们才能为儒学的第三期发展创造广阔的空间。

五、儒学若有第三期发展的可能,它不仅是中国的和东亚的,也应该是世界的精神资源。但,面向 21 世纪,儒家传统不会也不必唯我独尊。因此我们应效法荀子以"仁心说,学心听,公心辩"的平正胸襟,和世界各地的精神传统进行互惠互利的对话、沟通。

第一次儒—耶对话的国际会议于 1988 年 6 月在香港新亚书院的祖尧堂举行,成绩甚佳。第二次会议于 1991 年夏天在柏克莱的联合神学研究院举行,据说也相当成功。我参加了第三次会议的筹划,而且由主持人柏爽(J. Berthrong)和李景雄(Peter Lee)教授的安排,在 1994 年 6 月 28 日(会议期间)和伯格(Peter Berger)公开对话,环绕世俗伦理、个人主义及礼仪三大问题,往复辩难,虽用辞尖锐而不伤和气,且带来彼此有益的快感。如果不是十多年来和伯格教授经常交谈合作,积得不少善缘,这种结果很难想见。

去年，为了回应亨廷顿“文明冲突”的论说，我和纳瑟（Seyyed Hossein Nasr）教授合作，在康桥举行了伊斯兰教和儒家的对话。这是一项意义深长的文化事业，如能令其细水长流，必会在比较宗教学的领域中浇溉出几块思想田地。至于和佛教、印度教、犹太教、耆那教、锡克教、神道，乃至各种原住民的本土宗教进行对话，那就更有待将来逐步开展了。在多元文化各显精彩的“后现代”社会，儒家应该以不亢不卑的胸怀，不屈不挠的志趣和不偏不倚气度，走出一条充分体现“沟通理性”的既利己又利人的康庄大道来。

我设想儒学第三期发展的五个步骤，原来只是为新加坡的东亚哲学研究所提供一个长期发展的议案：先在方法取径上获得共识，再具体研究工业东亚的现况；以此为基础，可以把范围扩展到大陆和整个东亚（包括北朝鲜和越南）；假以时日，还可涉足欧美，并进行各种类型的文明对话。在80年代初期我完全没有预料到五个步骤竟然成为五条同时并进的长河。最值得兴奋的是大陆的“文化热”所带来的澎湃思潮。1982年《中国论坛》在台湾召开的新儒家座谈，颇有哀悼儒门淡泊于今为甚的情怀，甚至有痛惜儒家传统因与现代化无关或相左而被葬送历史垃圾之中的论调。带有反讽意味的是，80年代也正是新加坡在高中大力推行儒家伦理教学，日本文部省支援大专院校从事探讨儒家伦理与东亚现代化关系十年计划，韩国退溪学会全面展开儒学国际化活动，美国人文社会科学院开始组织儒学研究队伍的时期。

1990年夏天，我应“夏威夷东西中心”总裁李浩的邀请，从哈佛告假一年前往檀岛担任文化与传播研究所的职务。因为获得洛克菲勒夫妇（Lawrence and Mary Rockefeller）提供的基金，并配合研究所本身相当充裕的人力、制度和经济资源，我发展了两个科研项目：一、文明对话（Dialogue of Civilizations），二、文化中国（Cultural China）。

文明对话的重点是探讨轴心时代的精神传统和本土宗教之间健康互动的可能。我因曾受师友之间的比较宗教学权威史密斯(Wilfred Cantwell Smith)教授之托,主持哈佛宗教学研究三年,并长期参加复敦(Fordham)大学神学教授克森(Ewert Cousins)所主持的“世界精神:宗教的探索”(World Spirituality:The Religious Quest),一项气势恢宏包罗万象的国际性出版计划,结识了几位在宗教学界有突出贡献的道友,数月之间便拟定了三年计划:

一、轴心文明,如印度教、佛教、儒家、道家、犹太教、基督教及伊斯兰教之中的本土宗教因素。以儒家为例,这个在中国绵延两千多年的精神长河和华夏民族的民间信仰的关系究竟如何?人类学家雷德费(Robert Redfield)的大小传统之分能否适用中国以全民福祉为政治理想的精华文化?深奥微妙的(sophisticated)文化素质和识字能力(literacy)有必然关系吗?(譬如,在中国社会中负责身教的母亲是如何通过口传心传而完成陶铸人格的艰苦任务的!)

二、本土宗教,如夏威夷、美国印第安各族,太平洋的毛利,非洲、印度的森林地带居民(forest dwellers),爱斯基摩,及台湾原住民的精神传统。后来根据朗格(Charles Long,芝加哥学派专攻本土宗教和初民宗教的学术权威)的建议,以“物质的精神性”(the Spirituality of Matter)为主题,集中讨论本土宗教的生命取向。这一个在哲学上彻底否认笛卡尔式心物二分的理念,不仅刻划了本土宗教的精神面貌,而且也勾勒出轴心文明的基本信仰,和儒家打破身心、主客、天人、心物绝然二分的价值取向一致。相形之下,现代西方文明为创造一个干枯无味的物质世界(吴稚晖语)而大闹天宫,破坏全球生态,是亘古未有的例外,世界宇宙观中的异数,人类精神生命的歧出!

三、世界精神的新方向(World Spirituality:New Directions)。

邀请宗教学研究中思想深细、观察敏锐的学者，如史密斯（Huston Smith）、凯思（Steve Katz）和班尼克（Raimundo Panikkar），一起来探讨面向21世纪，人类社群中精神世界所扮演的角色和所发挥的作用①。

文明对话的研究项目不仅主办了三次国际学术研讨，还安排了一系列的工作会。对我启发最大的是和夏威夷的精神领袖（多半是女性）进行持续而多样的沟通；从她们的诵诗、舞艺、祭歌和礼仪，当然也包括衣食住行的细节，可以窥得几分“气韵生动”的神情，也迫使我重新体究儒家礼乐教化的实质意义。

“文化中国”则是我近年来特别关注的课题。一些构想也已散见报章杂志。既然从宏观的文化视域来理解广义的中华世界是动态的过程而不是静止的结构，还有许多正在发展的趋势和刚出现不久的情况在这里无法逐一加以说明。值得提出的是，“文化中国”的精神资源理应除儒家传统外还有许多取之不尽、用之不竭的源头活水，因此儒家传统的意义再宽广，绝不能涵盖“文化中国”。把儒学第三期发展规定为“文化中国”成长壮大的唯一任务是狭隘的、偏激的、错误的。不过，我们必须清楚地认识到，“文化中国”的范围不论怎样扩大也无法包括儒家传统的全幅内容。其实儒学在第二期（宋元明清时代）即已成为东亚文明的体现，因此儒家传统不仅是中国的，也是朝鲜的、日本的和越南的，而且由于东亚社群（除散布世界各地的华人社会之外，韩裔、日裔和越裔在欧美各处“落地生根”的例子也需列入考虑）已普及全球，也可以是北美的、欧洲的、俄罗斯的、澳洲的、新西兰的、非洲的、拉美的、南亚的、东南亚的和太平洋岛屿的。严格地说我们即使把儒家传统的相关性

① 参考 Ewert H. Cousins, *Christ of The 21st Century*（Rockport, MA: Element, 1992）, pp. 132-162.

如此包容地界定，仍难免没有遗漏之处。

1990 年我有幸参加在星洲举行的第一届世界华商大会，出席的企业家来自三十四国七十二地区，不少关切文化命脉的学会代表和我交换有关“儒商”的构想，使我感到体现儒家精神在企业界也许比在学术界更多彩多姿。的确，长年究心于海外华人文化认同的王赓武教授 1993 年夏天和我同往意大利科木湖开会之前，曾走访一家米兰的中餐馆，我们聊天时他慨叹地表示，每到欧洲旅行必设法和中国餐馆的老板和伙计交谈，因为每位散居世界各角落的华裔都是文化价值的体现者。我想在他们的言行中所流露的儒家精神，绝非把孔孟之道和丑恶中国人当作同义辞的“先进”知识分子所能想见的。儒家伦理在北美的中国城，东南亚的华人群体，大陆的工农兵阶层和台湾的民间社会里，乃至在香港的市井小民身上，似乎还很有生命力，只是在知识分子的批判意识中缺乏说服力而已！

不过我多年来自知任重道远而不敢稍事松懈地工作，正是要在知识分子的批判意识中为儒学一陈辞。固然，在今天，像陈独秀、鲁迅、李大钊、胡适或陈序经这样的论敌已不可求，但每当“文化中国”(大陆、台湾、港澳、星洲，散布世界各地的华人社会，以及关切中华民族福祉的国际社群)的知识分子发表有关儒家传统的偏颇议论——反民主的权威政治，小农经济保守意识的突出表现，宗族等级思想的典型代表，大男性中心主义的样板，封建遗毒，缺乏理性的黑箱作业，藐视客观法律规章的人治，以孝子贤孙灌输奴性教育的专制控制，斲丧性灵的纲常名教，标榜父权君权与夫权的反动伦理，吃人的礼教——我总尽量以同情的共鸣，凝敛的沉思和平实的自反来理解发议者的用心所在。

我认为，目前“文化中国”的精神资源如此薄弱，而价值领域如此稀少，和近百年来儒家传统在中华大地时运乖蹇有很密切的关系。我并不坚持唯有光大儒学才能丰富“文化中国”的精神资源(我前面已提到,“文化中国”据理应有取之不尽、用之不竭的源头活水),才能开辟“文化中国”的价值领域。但我深信,重新确认儒家传统为凝聚中华民族灵魂的珍贵资源,是学术、知识和文化界的当务之急。

(选自《现代精神与儒家传统》,三联书店 1997 年版)

1988 年 5—6 月间,杜维明为台湾大学哲学系和历史系开设以“现代精神与儒家传统”为题的短期讲座,讲授内容后由海峡两岸分别出版,此即《现代精神与儒家传统》。在本书后记中,作者提出了有关儒学第三期发展“设想”的五个步骤以及文明对话、“文化中国”的两大课题,反映了他自 80 年代以来该领域的基本思路与观点。

读梁漱溟先生的《东西文化及其哲学》

胡　适

> “我是自己有一套思想，再来看孔家诸经的；看了孔经，先有自己意见，再来视宋明人书的：始终拿自己思想作主。”

我们读梁漱溟先生的这部书，自始至终，都该牢牢记得这几句话。并且应该认得梁先生是怎样的一个人。他自己说：

> “我这个人本来很笨，很呆，对于事情总爱靠实，总好认真。……我自从会用心思的年龄起，就爱寻求一条准道理，最怕听‘无可无不可’的话，所以对于事事都自己有一点主见，而自己的生活行事都牢牢的把定着一条线去走。”

我们要认清梁先生是一个爱寻求一条“准道理”的人，是一个“始终拿自己思想作主”的人。懂得这两层，然后可以放胆读他这部书，然后可以希望领会他这书里那“真知灼见”的部分，和那蔽于主观成见或武断太过的部分。

（一）

梁先生第一章绪论里，提出三个意思。第一，他说此时东方化与西方化已到了根本上的接触，形势很逼迫了，有人还说这问题不很迫切，那是全然不对的。第二，那些人随便主张东西文化的调和融通,那种“糊涂,疲缓,不真切的态度,全然不对”。第三,大家怕这个问题无法研究,也是不对的。“如果对于此问题觉得是迫切,当真要求解决,自然自己会要寻出一条路来。”

这三层意思是梁先生著书的动机,所以我们应该先看看这三层的论点如何。

梁先生是“始终拿自己思想作主”,故我们先讨论那关于他自己思想的第三点。他说,“我的生活与思想见解是成一整个的。思想见解到那里,就做到那里。”又说,“旁人对于这个问题自己没有主见,并不要紧,而我对于此问题,假使没有解决,我就不晓得我作何种生活才好!”这种知行合一的精神,自然是我们应该敬仰佩服的。然而也正因为梁先生自己感觉这个问题如此迫切,所以他才有第一层意思,认定这个问题在中国今日果然是十分迫切的了。他觉得现在东方化受西方化逼迫得紧的形势之下,应付的方法不外三条路:

> (一)倘然东方化与西方化果真不并立而又无可通,到今日要绝其根株,那么,我们须要自觉的如何彻底的改革,赶快应付上去,不要与东方化同归于尽。
>
> (二)倘然东方化受西方化的压迫不足虑,东方化确要翻身的,那么,与今日之局面如何求其通,亦须有真实的解决,积极的做去,不要作梦发呆,卒致倾覆。
>
> (三)倘然东方化与西方化果有调和融通之道,那也一定不是现在这种“参用西法”可以算数的,须要赶快有个清楚明白的解决,好打开一条活路,决不能存疲缓的态度。

梁先生虽指出这三条路,然而他自己只认前两条路;他很严厉的骂那些主张调和融通的人,说“不知其何所见而云然!”所以我们此时且不谈那第三条路。

对于那前两条路,梁先生自己另有一种很奇异的见解。他把东西文化的问题写成下列的方式：

> 东方化还是要连根的拔去，还是可以翻身呢？

接着就是他自己的奇异解释：

> 此处所谓“翻身”，不仅说中国人仍旧使用东方化而已；大约假使东方化可以翻身，亦是同西方化一样，成一种世界的文化——现在西方化所谓科学和德谟克拉西的色彩，是无论世界上那一地方人皆不能自外的。
>
> 所以此刻问题，直截了当的，就是
>
> 东方化可否翻身成为一种世界文化？
>
> 如果不能成为世界文化，则根本不能存在。若仍可以存在，当然不能仅只使用于中国，而须成为世界文化。

这是梁先生的书里的最主要问题，读者自然应该先把这问题想一想，方才可以读下去。

我们觉得梁先生这一段话似乎不免犯了笼统的毛病。第一，东西文化的问题是一个很复杂的问题，决不是“连根拔去”和“翻身变成世界文化”两条路所能完全包括。至于“此刻”的问题，更只有研究双方文化的具体特点的问题，和用历史的精神与方法寻求双方文化接触的时代如何选择去取的问题，而不是东方化能否翻身为世界文化的问题。避去了具体的选择去取，而讨论那将来的翻身不翻身，便是笼统。第二，梁先生的翻身论是根据在一个很笼统的大前提之上的。他的大前提是：

> 凡一种文化，若不能成为世界文化，则根本不能存在；若仍可存在，当然不能限于一国，而须成为世界文化。

这种逻辑是很可惊异的。世界是一个很大的东西，文化是一种很复杂的东西。依梁先生自己的分析，一种文化不过是一个民族生活的种种方面。他总括为三方面：精神生活，社会生活，物质生活。这样多方面的文化，在这个大而复杂的世界上，不能没有时间上和空间上的个性的区别。在一个国里,尚且有南北之分,古今之异,何况偌大的世界？若否认了这种种时间和空间的区别,那么,我们也可以说无论何种劣下的文化都可成为世界文化。我们也许可以劝全世界人都点“极黑暗的油灯”,都用“很笨拙的骡车”,都奉喇嘛教,都行君主独裁政治;甚至于鸦片,细腰,穿鼻,缠足,如果走运行时,何尝都没有世界化的资格呢？故就一种生活或制度的抽象的可能性上看来,几乎没有一件不能成为世界化的。再从反面去看,若明白了民族生活的时间和空间的区别,那么,一种文化不必须成为世界文化,而自有他存在的余地。米饭不必成为世界化,而我们正不妨吃米饭;筷子不必成为世界化,而我们正不妨用筷子;中国话不必成为世界语,而我们正不妨说中国话。

所以我们在这里要指出梁先生的出发点就犯了笼统的毛病,笼统的断定一种文化若不能成为世界文化,便根本不配存在;笼统的断定一种文化若能存在,必须翻身成为世界文化。他自己承认是“牢牢的把定一条线去走”的人,他就不知不觉的推想世界文化也是“把定一条线去走”的了。从那个笼统的出发点,自然生出一种很笼统的“文化哲学”。他自己推算这个世界走的“一条线”上,现在是西洋化的时代,下去便是中国化复兴成为世界文化的时代,再下去便是印度化复兴成为世界文化的时代。这样“整齐好玩”的一条线,有什么根据呢？原来完全用不着根据,只须梁先生自己的思想,就够了。梁先生说:

> 我并非有意把他们弄得这般整齐好玩,无奈人类生活中的问题实有这么三层次,其文化的路径就有这么三转折,而古人又恰好把这三路都已分别走过,所以事实上没法要他不重走一遭。吾自有见而为此说,今人或未必见谅,然吾亦岂求谅于今人者？

是的。这三条路,古人曾分别走过;现在世界要走上一条线了,既不能分别并存，只好轮班挨次重现一次了。这种全凭主观的文化轮回说，是无法驳难的，因为梁先生说“吾自有见而为此说，吾亦岂求谅于今人者！”

凡过信主观的见解的，大概没有不武断的。他既自有见而为此说，又自己声明不求谅于今人，我们还有什么话可说呢？他这种勇于自信而倾于武断的态度，在书中屡次出现。最明显的是在他引我论淑世主义的话之后，他说：

> 这条路（淑世主义）也就快完了。……在未来世界，完全是乐天派的天下，淑世主义过去不提。这情势具在。你已不必辩，辩也无益。

我也明知“辩也无益”，所以我沉默了两年，至今日开口，也不想为无益之辩论，只希望能指出梁先生的文化哲学是根据于一个很笼统的出发点的，而这种笼统的论调只是梁先生的“牢牢的把定一条线去走”，“爱寻求一条准道理”的人格的表现。用一条线的眼光来看世界文化，故世界文化也只走一条线了。自己寻得的道理，便认为“准道理”，故说“吾自有见而为此说”，“你不必辩，辩也无益”。

不明白这一层道理的，不配读梁先生的书。

（二）

上文只取了梁先生的绪论和结论的一部分来说明这种主观化的文化哲学。现在我们要研究他的东西文化观的本身了。

梁先生先批评金子马治、北聆吉论东西文化的话，次引陈独秀拥护德谟克拉西和赛恩斯两位先生的话，认为很对很好。梁先生虽然承认“西方文化即赛恩斯和德谟克拉西两精神的文化”，但梁先生自己是走“一条线”的人，总觉得“我们说话时候非双举两种不可，很像没考究到家的样子”。所以他还要做一番搭题的工夫，要把德赛两先生并到一条线上去，才算“考究到家”了。这两位先生若从历史上研究起来，本来是一条路上的人。然而梁先生并不讲历史，他仍用他自己的思想作主，先断定“文化”只是一个民族的生活样子，而“生活”就是“意欲”；他有了这两个绝大的断定，于是得着西方文化的答案：

> 如何是西方化？西方化是以意欲向前要求为其根本精神的。

我们在这里，且先把他对于中国印度的文化的答案，也钞下来，好作比较：

> 中国文化是以意欲自为调和持中为其根本精神的。
>
> 印度文化是以意欲反身向后要求为其根本精神的。

梁先生自己说他观察文化的方法道：

> 我这个人未尝学问，种种都是妄谈，都不免“强不知以为知”，心里所有只是一点佛家的意思，我只是本着一点佛家的意思裁量一切，这观察文化的方法也别无所本，完全是出于佛家思想。

我们总括他的说法，淘汰了佛书的术语，大旨如下：

> 所谓生活，就是现在的我（即是现在的意欲）对于前此的我（即是那殆成定局的宇宙）之奋斗，……前此的我为我当前的“碍”。……当前为碍的东西是我的一个难题；所谓奋斗，就是应付困难，解决问题。

这点总纲，似乎很平易，然而从这里发出三个生活的样法：

> （一）向前面要求，就是奋斗的态度，这是生活本来的路向。
>
> （二）对于自己的意思变换，调和，持中；回想的随遇而安。
>
> （三）转身向后去要求，想根本取消当前的问题或要求。

依梁先生的观察，这三条路代表三大系的文化：

(一)西方文化走的是第一条路。

(二)中国文化走的是第二条路。

(三)印度文化走的是第三条路。

以上所引,都是本书第二第三两章中的。但梁先生在第四章比较东西哲学的结果,又得一个关于三系文化的奇妙结论。他说:

(一)西洋生活是直觉运用理智的。

(二)中国生活是理智运用直觉的。

(三)印度生活是理智运用现量的。

“现量”就是感觉(Sensation),理智就是“比量”,而直觉乃是比量与现量之间的一种“非量”,就是“附于感觉——心王——之受,想,二心所”。

以上我们略述梁先生的文化观察。我们在这里要指出梁先生的文化观察也犯了笼统的大病。我们也知道有些读者一定要代梁先生抱不平,说:“梁先生分析的那样仔细,辨别的那样精微,而你们还要说他笼统,岂非大冤枉吗?”是的,我们正因为他用那种仔细的分析和精微的辨别,所以说他“笼统”。文化的分子繁多,文化的原因也极复杂,而梁先生要想把每一大系的文化各包括在一个简单的公式里,这便是笼统之至。公式越整齐,越简单,他的笼统性也越大。

我们试先看梁先生的第一串三个公式:

(一)西方化的根本精神是意欲向前要求。

(二)中国化的根本精神是意欲自为调和持中。

(三)印度化的根本精神是意欲反身向后要求。

这岂不简单?岂不整齐?然而事实上全不是那么一回事。西方化与印度化,表面上诚然很像一个向前要求,一个向后要求;然而我们平心观察印度的宗教,何尝不是极端的向前要求?梁先生曾提及印度人的“自饿不食,投入寒渊,赴火炙灼,赤身裸露,学着牛狗,龁草吃粪，在道上等车来轧死，上山去找老虎。”我们试想这种人为的是什么？是向后吗？还是极端的奔赴向前，寻求那最高的满足？我们试举一个例：

释宝崖于益州城西路首，以布裹左右五指，烧之。……并烧二手。于是积柴于楼上，作干麻小室，以油润之。自以臂挟炬。麻燥油浓，赫然火合。于炽盛之中礼拜。比第二拜，身面焦坼，重复一拜，身踣炭上。（胡寅《崇正辨》二，二三）

试想这种人，在火焰之中礼拜，在身面焦坼之时还要礼拜，这种人是不是意欲极端的向前要求？梁先生自己有时也如此说：

大家都以为印度人没法生活才来出世，像詹姆士所说，印度人胆小不敢奋斗以求生活，实在闭眼瞎说！印度人实在是极有勇气的，他们那样坚苦不挠，何尝不是奋斗？

是的！印度人也是奋斗，然而“奋斗”（向前要求）的态度，却是第一条路。所以梁先生断定印度化是向后要求的第三条路，也许他自己有时要说是“实在闭眼瞎说”呢！

以上所说，并非为无益之辩，只是要指出，梁先生的简单公式是经不起他自己的反省的。印度化与西洋化，表面上可算两极端了，然而梁先生说他俩都是奋斗，即都是向前要求。

至于那“调和持中”“随遇而安”的态度，更不能说那一国文化的特性。这种境界乃是世界各种民族的常识里的一种理想境界，绝不限于一民族或一国。见于哲学书的，中国儒家有《中庸》，希腊有亚里士多德的《伦理学》，而希伯来和印度两民族的宗教书里也多这种理想。见于民族思想里的，希腊古代即以“有节”为四大德之一，而欧洲各国都有这一类的民谣。至于诗人文学里，“知足”“安命”“乐天”等等更是世界文学里极常见的话，何尝是陶潜白居易独占的美德？然而这种美德始终只是世界民族常识里的一种理想境界，无论在那一国，能实行的始终只有少数人。梁先生以为：

> 中国人的思想是安分知足，寡欲摄生，而绝没有提倡要求物质享乐的；却亦没有印度的禁欲思想。不论境遇如何，他都可以满足安受，并不定要求改造一个局面。

梁先生难道不睁眼看看古往今来的多妻制度，娼妓制度，整千整万的提倡醉酒的诗，整千整万恭维婊子的诗，《金瓶梅》与《品花宝鉴》，壮阳酒与春宫秘戏图？这种东西是不是代表一个知足安分寡欲摄生的民族的文化？只看见了陶潜白居易，而不看见无数的西门庆与奚十一；只看见了陶潜白居易诗里的乐天安命，而不看见他们诗里提倡酒为圣物而醉为乐境，——正是一种"要求物质享乐"的表示：这是我们不能不责备梁先生的。

以上所说，并不是有意吹毛求疵，只是要指出梁先生发明的文化公式，只是闭眼的笼统话，全无"真知灼见"。他的根本缺陷只是有意要寻一个简单公式，而不知简单公式决不能笼罩一大系的文化，结果只有分析辨别的形式，而实在都是一堆笼统话。

我们再看他那第二串的三个公式：

> (一)西洋生活是直觉运用理智。
>
> (二)中国生活是理智运用直觉。
>
> (三)印度生活是理智运用现量。

这更是荒谬不通了。梁先生自己说：

> 现量，理智，直觉，是构成知识的三种工具。一切知识都是由这三种作用构成。虽然各种知识所含的三种作用有成分轻重的不同，但是非要具备这三种作用不可，缺少一种就不能成功的。

单用这一段话，已可以根本推翻梁先生自己的三个公式了。既然说，知识非具备这三种作用不可，那么，也只是因为"各种知识"的性质不同，而成分有轻重的不同；何至于成为三种民族生活的特异公式呢？例如诗人赏花玩月，商人持筹握算，罪人鞭背打屁股，这三种经验因为性质不同，而有成分的轻重，前者偏于直觉，次者偏于理智，后者偏于现量，那是可能的。但人脑的构造，无论在东在西，决不能因不同种而有这样的大差异。我们可以说甲种民族在某个时代的知识方法比乙种民族在某个时代的知识方法精密的多；正如我们说近二百年来的西洋民族的科学方法大进步了。这不过好像我们说汉儒迂腐，宋儒稍能疑古，而清儒治学方法最精。这都不过是时间上，空间上的一种程度的差异。梁先生太热心寻求简单公式了，所以把这种历史上程度的差异，认作民族生活根本不同方向的特征，这已是大错了。他还更进一步，凭空想出某民族生活是某种作用运用某种作用，这真是"玄之又玄"了。

试问直觉如何运用理智？理智又如何运用直觉？理智又如何运用现量？

这三个问题，只有第一问梁先生答的稍为明白一点。他说：

> 一切西洋文化悉由念念认我向前要求而成。这"我"之认识，感觉所不能为，理智所不能为，盖全出于直觉所得。故此直觉实居主要地位；由其念强，才奔着去求，而理智则其求时所用之工具。所以我们说西洋生活是以直觉运用理智的。读者幸善会其意而无以词害意。

梁先生也知道我们不能懂这种玄妙的话，故劝我们"善会其意而无以词害意"。但我们实在无法善会其意！第一，我们不能承认"我"之认识全出于直觉所得。哲学家也许有发这种妙论的；但我们知道西洋近世史上所谓"我"的发现，乃是一件极平常的事件，正如昆曲《思凡》里的小尼姑的春情发动，不愿受那尼庵的非人生活了，自然逃下山去。梁先生若细读这一出"我"的发现的妙文，或英国诗人白朗吟（Browning）的 Fra Lippo Lippi，便可以知道这里面也有情感，也带理智，而现量（感觉）实居主要。第二，即使我们闭眼承认"我"之认识由于直觉，然而"我"并不即等于直觉；正如哥仑布发现美洲,而美洲并不等于哥仑布。故“我之认识由于直觉”一句话,即使不是瞎说,也决不能引出“直觉运用理智”的结论。

此外,梁先生解释“理智运用直觉”一段,我老实承认全不懂得他说的是什么。幸而梁先生自己承认这一段话是“很拙笨不通”(页 209),否则我们只好怪自己拙笨不通了。

最后,梁先生说“理智运用现量”一层,我们更无从索解。佛教的宗教部分,固然是情感居多,然而佛家的哲学部分却明明是世界上一种最精深的理智把戏。梁先生自己也曾说:

> 在印度,那因明学唯识学秉一种严刻的理智态度,走科学的路。

何以此刻只说印度生活是“理智运用现量”呢?梁先生的公式热,使他到处寻求那简单的概括公式,往往不幸使他陷入矛盾而不自觉。如上文梁先生既认印度化为奋斗,而仍说他是向后要求;如这里梁先生既认印度的因明唯识为走科学的路,而仍硬派他入第三个公式。“整齐好玩”则有余了,只可恨那繁复多方的文化是不肯服服帖帖叫人装进整齐好玩的公式里去的。

(三)

我们现在要对梁先生提出一点根本的忠告,就是要说明文化何以不能装入简单整齐的公式里去。梁先生自己也曾说过生活就是现在的我对宇宙的奋斗,“我们的生活无时不用力,即是无时不奋斗。当前为碍的东西是我的一个难题;所谓奋斗就是应付困难,解决问题。”当梁先生说这话时,他并不曾限制他的适用的区域。他说:

> 差不多一切有情——生物——的生活,都是如此,并不单是人类为然。

我们很可以用这一点做出发点:生活即是应付困难,解决问题。而梁先生又说:

> 文化并非别的,乃是人类生活的样法。

这一句话,我们也可以承认(梁先生在这里又把文化和文明分作两事,但那个区别是不能自圆其说的,况且和梁先生自己在页13上说的话互相矛盾,故我们可以不睬他这个一时高兴的辨析)。梁先生又说:

> 奋斗的态度,遇到问题都是对于前面去下手,……改造局面,使其可以满足我们的要求:这是生活本来的路向。

这也是我们可以承认的。但我们和梁先生携手同行到这里,就不能不分手了。梁先生走到这里,忽然根本否认他一向承认的"一切有情"都不能违背的"生活本来的路向"!他忽然说中国人和印度人的生活是不走这"生活本来的路向"的!他忽然很大度的把那条一切有情都是如此的生活本路让与西洋人去独霸!梁先生的根本错误就在此一点。

我们的出发点只是:文化是民族生活的样法,而民族生活的样法是根本大同小异的。为什么呢?因为生活只是生物对环境的适应,而人类的生理的构造根本上大致相同,故在大同小异的问题之下,解决的方法,也不出那大同小异的几种。这个道理叫做"有限的可能说"(The principle of limited possi bilities)。例如饥饿的问题,只有"吃"的解决。而吃的东西或是饭,或是面包,或是棒子面,……而总不出植物与动物两种,决不会吃石头。御寒的问题,自裸体以至穿重裘,也不出那有限的可能。居住的问题,自穴居以至广厦层楼,根本上也只有几种可能。物质生活如此,社会生活也是如此。家庭的组织,也只有几种可能:杂交,一夫多妻,一妻多夫,一夫一妻,大家族或小家庭,宗子独承产业或诸子均分遗产。政治的组织也只有几种可能:独裁政治,寡头政治,平民政治。个人对社会的关系也有限的:个人主义与社会主义;自由与权威。精神生活也是如此的。言语的组织,总不出几种基本配合;神道的崇拜,也不出几种有限的可能。宇宙的解释,本体问题,知识的问题,古今中外,可曾跳出一元,二元,多元;唯心,唯物;先天,后天,等等几条有限的可能?人生行为的问题,古今中外,也不曾跳出几条有限的路子之外。至于文学与美术的可能方式,也不能不受限制:有韵与无韵,表现与象征,人声与乐器,色彩是有限的,乐音是有限的。这叫做有限的可能。

凡是有久长历史的民族,在那久长的历史上,往往因时代的变迁,环境的不同,而采用不同的解决样式。往往有一种民族而一一试过种种可能的变法的。政治史上,欧洲自希腊以至今日,印度自吠陀时代以至今日,中国自上古以至今日,都曾试过种种政治制度,所不同者,只是某种制度(例如多头政治)在甲民族的采用在古代,而在乙民族则上古与近代都曾采用;或某种制度(例如封建制度)在甲国早就消灭了,而在乙国则至最近世还不曾铲除。又如思想史上,这三大系的民族都曾有他们的光明时代与黑暗时代。思想是生活的一种重要工具,这里面自然包含直觉,感觉,与理智三种分子,三者缺一不可。但思想的方法不是一朝一夕可以完备的。往往积了千万年的经验,到了一个成人时期,又被外来的阻力摧折毁坏了,重复陷入幼稚的时期。印度自吠陀时代以至玄奘西游之时,几千年继续磨练的结果,遂使印度学术界有近于科学的因明论理与唯识心理。这个时代,梁先生也承认是"严刻的理智态度,走科学的路"。但回教不久征服印度了,佛教不久就绝迹于印度,而这条"科学的路"遂已开而复塞了。中国方面,也是如此。自上古以至东周,铢积寸累的结果,使战国时代呈现一个灿烂的哲学科学的时期。这个时代的学派之中,如墨家的成绩,梁先生也不能不认为"西洋适例"。然而久长的战祸,第一个统一帝国的摧残,第二个统一帝国的兵祸与专制，遂又使个成熟的时期的思想方法逐渐退化，陷入谶纬符命的黑暗时代。东汉以后，王充以至王弼，多少才士的反抗，终久抵不住外族的大乱与佛教(迷信的佛教，这时候还没有因明唯识呢)的混入中国！一千年的黑暗时代逐渐过去之后，方才有两宋的中兴。宋学是从中古宗教里滚出来的，程颐朱熹一派认定格物致知的基本方法。大胆的疑古，小心的考证，十分明显的表示一种"严刻的理智态度，走科学的路"。这个风气一开，中间虽有陆王的反科学的有力运动，终不能阻止这个科学的路重现而大盛于最近的三百年。这三百年的学术，自顾炎武阎若璩以至戴震崔述王念孙王引之，以至孙诒让章炳麟，我们决不能不说是"严刻的理智态度，走科学的路"。

然而梁先生何以闭眼不见呢？只因为他的成见太深，凡不合于他的成见的，他都视为"化外"。故孔墨先后并起，而梁先生忍心害理的说"孔子代表中国，而墨子则西洋适例！"故近世八百年的学术史上，他只认"晚明泰州王氏父子心斋先生东崖先生为最合我意"，而那影响近代思想最大最深的朱熹竟一字不提！他对于朱学与清朝考据学，完全闭眼不见，所以他能说：

> 科学方法在中国简直没有。

究竟是真没有呢？还是被梁先生驱为"化外"了呢？

我们承认那"有限的可能说"，所以对于各民族的文化不敢下笼统的公式。我们承认各民族在某一个时代的文化所表现的特征，不过是环境与时间的关系，所以我们不敢拿"理智""直觉"等等简单的抽象名词来概括某种文化，我们拿历史眼光去观察文化，只看见各种民族都在那"生活本来的路"上走，不过因环境有难易，问题有缓急，所以走的路有迟速的不同，到的时候有先后的不同。历史是一面照妖镜，可以看出各种文化的原形；历史又是一座孽镜台，可以照出各种文化的过去种种经过。在历史上，我们看出那现在科学化(实在还是很浅薄的科学化)的欧洲民族也曾经过一千年的黑暗时代,也曾十分迷信宗教,也曾有过寺院制度,也曾做过种种苦修的生活,也曾极力压抑科学,也曾有过严厉的清净教风,也曾为卫道的热心烧死多少独立思想的人。究竟民族的根本区分在什么地方?至于欧洲文化今日的特色,科学与德谟克拉西,事事都可用历史的事实来说明:我们只可以说欧洲民族在这三百年中,受了环境的逼迫,赶上了几步,在征服环境的方面的成绩比较其余各民族确是大的多多。这也不是奇事:本来赛跑最怕赶上;赶上一步之后,先到的局面已成。但赛跑争先,虽然只有一个人得第一,落后的人,虽不能抢第一,而慢慢走去终也有到目的地的时候。现在全世界大通了,当初鞭策欧洲人的环境和问题现在又来鞭策我们了。将来中国和印度的科学化与民治化,是无可疑的。他们的落后,也不过是因为缺乏那些逼迫和鞭策的环境与问题,并不是因为他们的生活方式上有什么持中和向后的根本毛病,也并不是因为他们的生活上有直觉和现量的根本区别。民族的生活没有不用智慧的。但在和缓的境地之下,智慧稍模糊一点,还不会出大岔子;久而久之,便养成疏懒的智慧习惯了。直到环境逼人而来,懒不下去了,方才感发兴起,磨练智慧,以免淘汰。幼稚的民族,根行浅薄,往往当不起环境的逼迫,往往成为环境的牺牲。至于向来有伟大历史的民族,只要有急起直追的决心,终还有生存自立的机会。自然虽然残酷,但他还有最慈爱的一点:就是后天的变态大部分不致遗传下去。一千年的缠足,一旦放了,仍然可以恢复天足!这是使我们对于前途最可乐观的。

梁先生和我们大不相同的地方,只是我们认各种民族都向"生活本来的路"走,而梁先生却认中国印度另走两条路。梁先生说:

> 中国人不是同西方人走一条路线,因为走的慢,比人家慢了几十里路。若是同一路线而少走些路,那么,慢慢的走,终

究有一天赶的上。若是各自走到别的路线上去，别一方向上去，那么，无论走好久，也不会走到那西方人所达到的地点上去的！

若照这样说法，我们只好绝望了。然而梁先生却又相信中国人同西洋人接触之后，也可以科学化，也可以民治化。他并且预言全世界西方化之后，还可以中国化，还可以印度化。如此说来，文化的变化岂不还是环境的关系吗？又何尝有什么"抽象的样法"的根本不同呢？他既不能不拿环境的变迁来说明将来的文化，他何不老实用同样的原因来说明现在的文化的偶然不同呢？

这篇文章，为篇幅所限，只能指出原书的缺陷，而不及指出他的许多好处（如他说中国人现在应该"排斥印度的态度，丝毫不能容留"一节），实在是我们很抱歉的。

十二，三，二十八。

（原载《读书杂志》第8号，1923年4月1日。收入《胡适文存》二集，卷二）

胡适（1891—1962），字适之，安徽绩溪人。早年就读于上海中国公学。1910年留学美国，获哥伦比亚大学哲学博士学位。1917年回国后任北京大学教授，参与编辑《新青年》，是新文化运动的代表人物之一。五四时期，与李大钊等展开"问题与主义"辩难，参与"科学与人生观"论战。后长期从事中国古典文学的研究考证。1938年出任中国驻美国大使。1946年任北京大学校长。1957年任台湾"中央研究院"院长。主要著述有《胡适文存》、《中国哲学史大纲》（上卷）、《白话文学史》、《胡适论学近著》等。本文结合梁著《东西文化及其哲学》

批评了梁氏的文化观。作者认为,东西文化问题是一个很复杂的问题,梁氏文化观的出发点"犯了笼统的毛病",从"拢统的出发点,自然生出一种很笼统的文化哲学"。作者还指出,梁氏西、印、中文化系统三路向说的根本缺陷,是有意寻找一个简单的公式,把复杂的文化装进去。

《科学与人生观》序

胡　适

亚东图书馆主人汪孟邹先生近来把散见国内各种杂志上的讨论科学与人生观的文章搜集印行，总名为《科学与人生观》。我从烟霞洞回到上海时，这部书已印了一大半了。孟邹要我做一篇序。我觉得，在这回空前的思想界大笔战的战场上，我要算一个逃兵了。我在本年三四月间，因为病体未复原，曾想把《努力周报》停刊；当时丁在君先生极不赞成停刊之议，他自己做了几篇长文，使我好往南方休息一会。我看了他的《玄学与科学》，心里很高兴，曾对他说，假使《努力》以后向这个新方向去谋发展，——假使我们以后为科学作战，……《努力》便有了新生命，我们也有了新兴趣，我从南方回来，一定也要加入战斗的。然而我来南方以后，一病就费去了六个多月的时间，在病中我只做了一篇很不庄重的《孙行者与张君劢》，此外竟不曾加入一拳一脚，岂不成了一个逃兵了？我如何敢以逃兵的资格来议论战场上各位武士的成绩呢？

但我下山以后，得遍读这次论战的各方面的文章，究竟忍不住心痒手痒，究竟不能不说几句话。一来呢，因为论战的材料太多，看这部大书的人不免有"目迷五色"的感觉，多作一篇综合的序论也许可以帮助读者对于论点的了解。二来呢，有几个重要的争点，或者不曾充分发挥，或者被埋没在这二十五万字的大海里，不容易引起读者的注意，似乎都有特别点出的需要。因此，我就大胆地作这篇序了。

(一)

这三十年来,有一个名词在国内几乎做到了无上尊严的地位;无论懂与不懂的人,无论守旧和维新的人,都不敢公然对他表示轻视或戏侮的态度。那个名词就是"科学"。这样几乎全国一致的崇信,究竟有无价值,那是另一问题。我们至少可以说,自从中国讲变法维新以来,没有一个自命为新人物的人敢公然毁谤"科学"的。直到民国八九年间梁任公先生发表他的《欧游心影录》,科学方才在中国文字里正式受了"破产"的宣告。梁先生说:

> ……要而言之,近代人因科学发达,生出工业革命,外部生活变迁急剧,内部生活随而动摇,这是很容易看得出的。……依着科学家的新心理学,所谓人类心灵这件东西,就不过物质运动现象之一种。……这些唯物派的哲学家,托庇科学宇下建立一种纯物质的纯机械的人生观。把一切内部生活外部生活都归到物质运动的"必然法则"之下。……不惟如此,他们把心理和精神看成一物,根据实验心理学,硬说人类精神也不过一种物质,一样受"必然法则"所支配。于是人类的自由意志不得不否认了。意志既不能自由,还有什么善恶的责任?……现今思想界最大的危机就在这一点。宗教和旧哲学既已被科学打得个旗靡帜乱,这位"科学先生"便自当仁不让起来,要凭他的试验发明个宇宙新大原理。却是那大原理且不消说,敢是各科的小原理也是日新月异,今日认为真理,明日已成谬见。新权威到底树立不来,旧权威却是不可恢复了。所以全社会人心,都陷入怀疑沉闷畏惧之中,好像失了罗针的海船遇着风雾,不知前途怎生是好。既然如此,所以那些什么

乐利主义强权主义越发得势。死后既没有天堂,只好尽这几十年尽情地快活。善恶既没有责任,何妨尽我的手段来充满我个人欲望。然而享用的物质增加速率,总不能和欲望的升腾同一比例,而且没有法子令他均衡。怎么好呢?只有凭自己的力量自由竞争起来,质而言之,就是弱肉强食。近年来甚么军阀,甚么财阀,都是从这条路产生出来。这回大战争,便是一个报应。……

总之,在这种人生观底下,那么千千万万人前脚接后脚的来这世界走一趟住几十年,干什么呢?独一无二的目的就是抢面包吃。不然就是怕那宇宙间物质运动的大轮子缺了发动力,特自来供给他燃料。果真这样,人生还有一毫意味,人类还有一毫价值吗?无奈当科学全盛时代,那主要的思潮,却是偏在这方面,当时讴歌科学万能的人,满望着科学成功,黄金世界便指日出现。如今功总算成了,一百年物质的进步,比从前三千年所得还加几倍。我们人类不惟没有得着幸福,倒反带来许多灾难。好像沙漠中失路的旅人,远远望见个大黑影,拚命往前赶,以为可以靠他向导,那知赶上几程,影子却不见了,因此无限凄惶失望。影子是谁,就是这位"科学先生"。欧洲人做了一场科学万能的大梦,到如今却叫起科学破产来。(《梁任公近著》第一辑上卷,页19—23)

梁先生在这段文章里很动情感地指出科学家的人生观的流毒:他很明显地控告那"纯物质的纯机械的人生观"把欧洲全社会"都陷入怀疑沉闷畏惧之中",养成"弱肉强食"的现状,——"这回大战争,便是一个报应。"他很明白地控告这种科学家的人生观造成"抢面包吃"的社会,使人生没有一毫意味,使人类没有一毫价值,没有给人类带来幸福,"倒反带来许多灾难",叫人类"无限凄惶失望"。梁先生要说的是欧洲"科学破产"的喊声,而他举出的却是科学家的人生观的罪状;梁先生摭拾了一些玄学家诬蔑科学人生观的话头,却便加上了"科学破产"的恶名。

梁先生后来在这一段之后,加上两行自注道:

> 读者切勿误会,因此菲薄科学,我绝不承认科学破产,不过也不承认科学万能罢了。

然而谣言这件东西,就同野火一样,是易放而难收的。自从《欧游心影录》发表之后,科学在中国的尊严就远不如前了。一般不曾出国门的老先生很高兴地喊着,"欧洲科学破产了!梁任公这样说的。"我们不能说梁先生的话和近年同善社悟善社的风行有什么直接的关系;但我们不能不说梁先生的话在国内确曾替反科学的势力助长不少的威风。梁先生的声望,梁先生那枝"笔锋常带情感"的健笔,都能使他的读者容易感受他的言论的影响。何况国中还有张君劢先生一流人,打着柏格森倭铿欧立克……的旗号,继续起来替梁先生推波助澜呢?

我们要知道,欧洲的科学已到了根深蒂固的地位,不怕玄学鬼来攻击了。几个反动的哲学家,平素饱餍了科学的滋味,偶尔对科学发几句牢骚话,就像富贵人家吃厌了鱼肉,常想尝尝咸菜豆腐的风味:这种反动并没有什么大危险。那光焰万丈的科学,决不是这几个玄学鬼摇撼得动的。一到中国,便不同了。中国此时还不曾享着科学的赐福,更谈不到科学带来的"灾难"。我们试睁开眼看看:这遍地的乩坛道院,这遍地的仙方鬼照相,这样不发达的交通,这样不发达的实业,——我们那里配排斥科学?至于"人生观",我们只有做官发财的人生观,只有靠天吃饭的人生观,只有求神问卜的人生观,只有《安士全书》的人生观,只有《太上感应篇》的人生观,——中国人的人生观还不曾和科学行见面礼呢!我们当这个时候,正苦科学的提倡不够,正苦科学的教育不发达,正苦科学的势力还不能扫除那迷漫全国的乌烟瘴气,——不料还有名流学者出来高唱“欧洲科学破产”的喊声，出来把欧洲文化破产的罪名归到科学身上，出来菲薄科学，历数科学家的人生观的罪状，不要科学在人生观上发生影响！信仰科学的人看了这种现状，能不发愁吗？能不大声疾呼出来替科学辩护吗？

这便是这一次“科学与人生观”的大论战所以发生的动机。明白了这个动机，我们方才可以明白这次大论战在中国思想史上占的地位。

（二）

张君劢的《人生观》原文的大旨是：

> 人生观之特点所在，曰主观的，曰直觉的，曰综合的，曰自由意志的，曰单一性的。惟其有此五点，故科学无论如何发达，而人生观问题之解决，决非科学所能为力，惟赖诸人类之自身而已。

君劢叙述那五个特点时，处处排斥科学，处处用一种不可捉摸的语言——“是非各执，绝不能施以一种试验”，“无所谓定义，无所谓方法，皆其身良心之所命起而主张之”，“若强为分析，则必失其真义”，“皆出于良心之自动，而决非有使之然者”。这样一个大论战，却用一篇处处不可捉摸的论文作起点，这是一件大不幸的事。因为原文处处不可捉摸，故驳论与反驳都容易跳出本题。战线延长之后，战争的本意反不很明白了（我常想，假如当日我们用了梁任公先生的“科学万能之梦”一篇作讨论的基础，我们定可以使这次论争的旗帜格外鲜明，——至少可以免去许多无谓的纷争）。我们为读者计，不能不把这回论战的主要问题重说一遍。

君劢的要点是“人生观问题之解决，决非科学所能为力”。我们要答复他，似乎应该先说明科学应用到人生观问题上去，曾产生什么样子的人生观；这就是说，我们应该先叙述“科学的人生观”是什么，然后讨论这种人生观是否可以成立，是否可以解决人生观的问题，是否像梁先生说的那样贻祸欧洲，流毒人类。我总观这二十五万字的讨论，终觉得这一次为科学作战的人——除了吴稚晖先生——都有一个共同的错误，就是不曾具体地说明科学的人生观是什么，却去抽象地力争科学可以解决人生观的问题。这个共同错误的原因，约有两种：第一，张君劢的导火线的文章内并不曾像梁任公那样明白指斥科学家的人生观，只是笼统地说科学对于人生观问题不能为力。因此，驳论与反驳论的文章也都走上那“可能与不可能”的笼统讨论上去了。例如丁在君的《玄学与科学》的主要部分只是要证明

> “凡是心理的内容，真的概念推论，无一不是科学的材料。”

然而他却始终没有说出什么是“科学的人生观”。从此以后，许多参战的学者都错在这一点上。如张君劢《再论人生观与科学》只主张：

> “人生观超于科学以上”，“科学决不能支配人生”。

如梁任公的《人生观与科学》只说：

> “人生关涉理智方面的事项，绝对要用科学方法来解决；关于情感方面的事项，绝对的超科学。”

如林宰平的《读丁在君先生的玄学与科学》只是一面承认“科学的方法有益于人生观”，一面又反对科学包办或管理“这个最古怪的东西”——人类。如丁在君《答张君劢》也只是说明：

> “这种(科学)方法，无论用在知识界的那一部分，都有相当的成绩，所以我们对于知识的信用，比对于没有方法的情感要好；凡有情感的冲动都要想用知识来指导他，使他发展的程度提高，发展的方向得当。”

如唐擘黄《心理现象与因果律》只证明:

“一切心理现象都是有因的。”

他的《一个痴人的说梦》只证明:

“关于情感的事项,要就我们的知识所及,尽量用科学方法来解决的。”

王抚五的《科学与人生观》也只是说:

“科学是凭借‘因果’和‘齐一’两个原理而构造起来的;人生问题无论为生命之观念,或生活之态度,都不能逃出这两个原理的金刚圈,所以科学可以解决人生问题。”

直到最后范寿康的《评所谓科学与玄学之争》,也只是说:

“伦理规范——人生观——一部分是先天的,一部分是后天的。先天的形式是由主观的直觉而得,决不是科学所能干涉。后天的内容应由科学的方法探讨而定,决不是主观所应妄定。”

综观以上各位的讨论,人人都在那里笼统地讨论科学能不能解决人生问题或人生观问题。几乎没有一个人明白指出,假使我们把科学适用到人生观上去,应该产生什么样子的人生观。然而这个共同的错误大都是因为君劢的原文不曾明白攻击科学家的人生观,却只悬空武断科学决不能解决人生观问题。殊不知,我们若不先明白科学应用到人生观上去时发生的结果,我们如何能悬空评判科学能不能解决人生观呢?

这个共同的错误——大家规避“科学的人生观是什么”的问题——怕还有第二个原因,就是一班拥护科学的人虽然抽象地承认科学可以解决人生问题,却终不愿公然承认那具体的“纯物质,纯机械的人生观”为科学的人生观。我说他们“不愿”,并不是说他们怯懦不敢,只是说他们对于那科学家的人生观还不能像吴稚晖先生那样明显坚决的信仰,所以还不能公然出来主张。这一点确是这一次大论争的一个绝大的弱点。若没有吴老先生把他的“漆黑一团”的宇宙观和“人欲横流”的人生观提出来做个押阵大将，这一场大战争真成了一场混战，只闹得个一哄散场！

关于这一点，陈独秀先生的序里也有一段话，对于作战的先锋大将丁在君先生表示不满意。独秀说：

“他（丁先生）自号存疑的唯心论，这是沿袭赫胥黎斯宾塞诸人的谬误；你既承认宇宙间有不可知的部分而存疑，科学家站开，且让玄学家来解疑。此所以张君劢说，‘既已存疑，则研究形而上界之玄学，不应有丑诋之词。’其实我们对于未发见的物质固然可以存疑，而对于超物质而独立存在并且可以支配物质的什么心（心即是物之一种表现），什么神灵与上帝，我们已无疑可存了。说我们武断也好，说我们专制也好，若无证据给我们看，我们断然不能抛弃我们的信仰。”

关于存疑主义的积极的精神，在君自己也曾有明白的声明（《答张君劢》，页21—23）。“拿证据来！”一句话确然是有积极精神的。但赫胥黎等在当用这种武器时，究竟还只是消极的防御居多。在19世纪的英国，在那宗教的权威不曾打破的时代，明明是无神论者也不得不挂一个“存疑”的招牌，但在今日的中国，在宗教信仰向来比较自由的中国，我们如果深信现有的科学证据只能叫我们否认上帝的存在和灵魂的不灭，那么，我们正不妨老实自居为“无神论者”。这样的自称并不算是武断；因为我们的信仰是根据于证据的；等到有神论的证据充足时，我们再改信有神论，也还不迟。我们在这个时候，既不能相信那没有充分证据的有神论，心灵不灭论，天人感应论，……又不肯积极地主张那自然主义的宇宙观，唯物的人生观，……怪不得独秀要说“科学家站开！且让玄学家来解疑”了。吴稚晖先生便不然。他老先生宁可冒“玄学鬼”的恶名，偏要冲到那“不可知的区域”里去打一阵。他希望“那不可知区域里的假设,责成玄学鬼也带着论理色彩去假设着"(《宇宙观及人生观》,页9)。这个态度是对的。我们信仰科学的人,正不妨也做一番大规模的假设。只要我们的假设处处建筑在已知的事实之上,只要我们认我们的建筑不过是一种最满意的假设,可以跟着新证据修正的,——我们带着这种科学的态度,不妨冲进那不可知的区域里,正如姜子牙展开了杏黄旗,也不妨冲进十绝阵里去试试。

(三)

我在上文说的,并不是有意挑剔这一次论战场上的各位武士。我的意思只是要说,这一篇论战的文章只做了一个"破题",还不曾做到"起讲"。至于"余兴"与"尾声",更谈不到了。破题的工夫,自然是很重要的。丁在君先生的发难,唐擘黄先生等的响应,六个月的时间,二十五万字的煌煌大文,大吹大擂地把这个大问题捧了出来,叫乌烟瘴气的中国知道这个大问题的重要,——这件功劳真不在小处!

可是现在真有做"起讲"的必要了。吴稚晖先生的《一个新信仰的宇宙观及人生观》已给我们做下一个好榜样。在这篇《科学与人生观》的"起讲"里,我们应该积极地提出什么叫做"科学的人生观",应该提出我们所谓"科学的人生观",好教将来的讨论有个具体的争点。否则你单说科学能解决人生观,他单说不能,势必至于吴稚晖先生说的"张丁之战,便延长了一百年,也不会得到究竟"。因为若不先有一种具体的科学人生观作讨论的底子,今日泛泛地承认科学有解决人生观的可能,是没有用的。等到那"科学的人生观"的具体内容拿出来时,战线上的组合也许要起一个大大的变化。我的朋友朱经农先生是信仰科学"前程不可限量"的,然而他定不能承认无神论是科学的人生观。我的朋友林宰平先生是反对科学包办人生观的,然而我想他一定可以很明白地否认上帝的存在。到了那个具体讨论的时期,我们才可以说是真正开战。那时的反对,才是真反对。那时的赞成,才是真赞成。那时的胜利,才是真胜利。

我还要再进一步说:拥护科学的先生们,你们虽要想规避那“科学的人生观是什么”的讨论,你们终于免不了的。因为他们早已正式对科学的人生观宣战了。梁任公先生的“科学万能之梦”,早已明白攻击那“纯物质的,纯机械的人生观”了。他早已把欧洲大战祸的责任加到那“科学家的新心理学”上去了。张君劢先生在《再论人生观与科学》里,也很笼统地攻击“机械主义”了。他早已说“关于人生之解释与内心之修养,当然以唯心派之言为长”了。科学家究竟何去何从?这时候正是科学家表明态度的时候了。

因此,我们十分诚恳地对吴稚晖先生表示敬意,因为他老先生在这个时候很大胆地把他信仰的宇宙观和人生观提出来,很老实地宣布他的“漆黑一团”的宇宙观和“人欲横流”的人生观。他在那篇大文章里,很明白地宣言:

> “那种骇得煞人的显赫的名词,上帝呀,神呀,还是取消了好。”(页12)

很明白地宣言:

> “开除了上帝的名额,放逐了精神元素的灵魂。”(页29)

很大胆地宣言:

> “我以为动植物且本无感觉,皆止有其质力交推,有其辐射反应,如是而已。譬之于人,其质构而为如是之神经系,即其力生如是之反应。所谓情感,思想,意志等等,就种种反应而强为之名,美其名曰心理,神其事曰灵魂,质直言之曰感觉,其实统不过质力之相应。”(页22——23)

他在《人生观》里,很"恭敬地又好像滑稽地"说:

"人便是外面止剩两只脚,却得到了两只手,内面有三斤二两脑髓,五千零四十八根脑筋,比较占有多额神经系质的动物。"(页 39)

"生者,演之谓也,如是云尔。"(页 40)

"所谓人生,便是用手用脑的一种动物,轮到'宇宙大剧场'的第亿垓八京六兆五万七千幕,正在那里出台演唱。"(页 47)

他老先生五年的思想和讨论的结果,给我们这样一个"新信仰的宇宙观及人生观"。他老先生很谦逊地避去"科学的"的尊号,只叫他做"柴积上,日黄中的老头儿"的新信仰。他这个新信仰正是张君劢先生所谓"机械主义",正是梁任公先生所谓"纯物质的纯机械的人生观"。他一笔勾销了上帝,抹煞了灵魂,戳穿了"人为万物之灵"的玄秘。这才是真正的挑战。我们要看那些信仰上帝的人们出来替上帝向吴老先生作战。我们要看那些信仰灵魂的人们出来替灵魂向吴老先生作战。我们要看那些信仰人生的神秘的人们出来向这"两手动物演戏"的人生观作战。我们要看那些认爱情为玄秘的人们出来向这"全是生理作用,并无丝毫微妙"的爱情观作战。这样的讨论,才是切题的,具体的讨论。这才是真正开火。这样战争的结果,不是科学能不能解决人生的问题了,乃是上帝的有无,鬼神的有无,灵魂的有无,……等等人生切要问题的解答。

只有这种具体的人生切要问题的讨论才可以发生我们所希望的效果,——才可以促进思想上的刷新。

反对科学的先生们!你们以后的作战,请向吴稚晖的"新信仰的宇宙观及人生观"作战。

拥护科学的先生们!你们以后的作战,请先研究吴稚晖的"新信仰的宇宙观及人生观":完全赞成他的,请准备替他辩护,像赫胥黎替达尔文辩护一样。不能完全赞成他的，请提出修正案，像后来的生物学者修正达尔文主义一样。

从此以后，科学与人生观的战线上的押阵老将吴老先生要倒转来做先锋了！

（四）

说到这里，我可以回到张丁之战的第一个“回合”了。张君劢说：

> “天下古今之最不统一者，莫若人生观。”（《人生观》页1）

丁在君说：

> “人生观现在没有统一是一件事，永久不能统一又是一件事，除非你能提出事实理由来证明他是永远不能统一的，我们总有求他统一的义务。”（《玄学与科学》页3）
>
> “玄学家先存了一个成见，说科学方法不适用于人生观；世界上的玄学家一天没有死完，自然一天人生观不能统一。”（页4）

“统一”一个字，后来引起一些人的抗议。例如林宰平先生就控告丁在君，说他“要把科学来统一一切”，说他“想用科学的武器来包办宇宙”。这种控诉，未免过于张大其词了。在君用的“统一”一个字，不过是沿用君劢文章里的话；他们两位的意思大概都不过是大同小异的一致，罢了。依我个人想起来，人类的人生观总应该有一个最低限度的一致的可能。唐擘黄先生说的最好：

> 人生观不过是一个人对于世界万物同人类的态度，这种态度是随着一个人的神经构造，经验，知识等而变的。神经构造等就是人生观之因。我举一二例来看。
>
> 无因论者以为叔本华（Schopenhauer）哈德门（Hartmann）

> 的人生观是直觉的,其实他们自己并不承认这事。他们都说根据经验阅历而来的。叔本华是引许多经验作证的,哈德门还要说他的哲学是从归纳法得来的。
>
> 人生观是因知识而变的。例如,柯白尼太阳居中说,同后来的达尔文的人猿同祖说明以后,世界人类的人生观起绝大变动;这是无可疑的历史事实。若人生观是直觉的,无因的,何以随自然界的知识而变更呢?

我们因为深信人生观是因知识经验而变换的,所以深信宣传与教育的效果可以使人类的人生观得着一个最低限度的一致。

最重要的问题是:拿什么东西来做人生观的"最低限度的一致"呢?

我的答案是:拿今日科学家平心静气地,破除成见地,公同承认的"科学的人生观"来做人类人生观的最低限度的一致。

宗教的功效已曾使有神论和灵魂不灭论统一欧洲(其实何止欧洲?)的人生观至千余年之久。假使我们信仰的"科学的人生观"将来靠教育与宣传的功效,也能有"有神论"和"灵魂不灭论"在中世欧洲那样的风行,那样的普遍,那也可算是我所谓"大同小异的一致"了。

我们若要希望人类的人生观逐渐做到大同小异的一致,我们应该准备替这个新人生观作长期的奋斗。我们所谓"奋斗",并不是像林宰平先生形容的"摩哈默得式"的武力统一;只是用光明磊落的态度,诚恳的言论,宣传我们的"新信仰",继续不断的宣传,要使今日少数人的信仰逐渐变成将来大多数人的信仰。我们也可以说这是"作战",因为新信仰总免不了和旧信仰冲突的事;但我们总希望作战的人都能尊重对方的人格,都能承认那些和我们信仰不同的人不一定都是笨人与坏人,都能在作战之中保持一种"容忍"(Toleration)的态度;我们总希望那些反对我们的新信仰的人,也能用"容忍"的态度来对我们,用研究的态度来考察我们的信仰。我们要认清:我们的真正敌人不是对方;我们的真正敌人是"成见",是"不思想"。我们向旧思想和旧信仰作战,其实只是很诚恳地请求旧思想和旧信仰势力之下的朋友们起来向"成见"和"不思想"作战。凡是肯用思想来考察他的成见的人,都是我们的同盟!

(五)

总而言之,我们以后的作战计划是宣传我们的新信仰,是宣传我们信仰的新人生观。(我所谓"人生观",依唐擘黄先生的界说,包括吴稚晖先生所谓"宇宙观"。)这个新人生观的大旨,吴稚晖先生已宣布过了。我们总括他的大意,加上一点扩充和补充,在这里再提出这个新人生观的轮廓:

(1)根据于天文学和物理学的知识,叫人知道空间的无穷之大。

(2)根据于地质学及古生物学的知识,叫人知道时间的无穷之长。

(3)根据于一切科学,叫人知道宇宙及其中万物的运行变迁皆是自然的,——自己如此的,正用不着什么超自然的主宰或造物者。

(4)根据于生物的科学的知识,叫人知道生物界的生存竞争的浪费与惨酷,——因此,叫人更可以明白那"有好生之德"的主宰的假设是不能成立的。

(5)根据于生物学,生理学,心理学的知识,叫人知道人不过是动物的一种,他和别种动物只有程度的差异,并无种类的区别。

(6)根据于生物的科学及人类学,人种学,社会学的知识,叫人知道生物及人类社会演进的历史和演进的原因。

(7)根据于生物的及心理的科学,叫人知道一切心理的现象都是有因的。

(8)根据于生物学及社会学的知识,叫人知道道德礼教是变迁的,而变迁的原因都是可以用科学方法寻求出来的。

(9)根据于新的物理化学的知识,叫人知道物质不是死的,是活的;不是静的,是动的。

(10)根据于生物学及社会学的知识,叫人知道个人——“小我”——是要死灭的,而人类——“大我”——是不死的,不朽的;叫人知道“为全种万世而生活”就是宗教,就是最高的宗教;而那些替个人谋死后的“天堂”“净土”的宗教,乃是自私自利的宗教。

这种新人生观是建筑在二三百年的科学常识之上的一个大假设,我们也许可以给他加上“科学的人生观”的尊号。但为避免无谓的争论起见,我主张叫他做“自然主义的人生观”。

在那个自然主义的宇宙里,在那无穷之大的空间里,在那无穷之长的时间里,这个平均高五尺六寸,上寿不过百年的两手动物——人——真是一个藐乎其小的微生物了。在那个自然主义的宇宙里,天行是有常度的,物变是有自然法则的,因果的大法支配着他——人——的一切生活,生存竞争的惨剧鞭策着他的一切行为,——这个两手动物的自由真是很有限的了。然而那个自然主义的宇宙里的这个渺小的两手动物却也有他的相当的地位和相当的价值。他用的两手和一个大脑,居然能做出许多器具,想出许多方法,造成一点文化。他不但驯伏了许多禽兽,他还能考究宇宙间的自然法则,利用这些法则来驾驭天行,到现在他居然能叫电气给他赶车,以太给他送信了。他的智慧的长进就是他的能力的增加;然而智慧的长进却又使他的胸襟扩大,想象力提高。他也曾拜物拜畜生,也曾怕神怕鬼,但他现在渐渐脱离了这种种幼稚的时期,他现在渐渐明白:空间之大只增加他对于宇宙的美感;时间之长只使他格外明了祖宗创业之艰难;天行之有常只增加他制裁自然界的能力。甚至于因果律的笼罩一切,也并不见得束缚他的自由,因为因果律的作用一方面使他可以由因求果,由果推因,解释过去,预测未来;一方面又使他可以运用他的智慧,创造新因以求新果。甚至于生存竞争的观念也并不见得就使他成为一个冷酷无情的畜生,也许还可以格外增加他对于同类的同情心,格外使他深信互助的重要,格外使他注重人为的努力以减免天然竞争的惨酷与浪费。——总而言之,这个自然主义的人生观里,未尝没有美,未尝没有诗意,未尝没有道德的责任,未尝没有充分运用"创造的智慧"的机会。

我这样粗枝大叶的叙述,定然不能使信仰的读者满意,或使不信仰的读者心服。这个新人生观的满意的叙述与发挥,那正是这本书和这篇序所期望能引起的。

(原载《科学与人生观》上册,亚东图书馆 1923 年 12 月初版)

1923 年底,上海亚东图书馆将散见于各种杂志上关于"科玄论战"的文章汇集成册,名为《科学与人生观》,本文是胡适应邀为之作的序言。在该序中,作者认为,站在科学立场上参加论战的人都犯了一个共同的错误,即不曾说明什么是科学的人生观,而去抽象地力争科学可以解决人生观的问题。作者由此提出了所谓建筑在科学常识基础之上的一个大假设的"自然主义的人生观",并把其称为"科学的人生观"或"新人生观",作为以后宣传的新信仰。

《科学与人生观》序

陈独秀

亚东图书馆汇印讨论科学与人生观的文章，命我作序，我方在病中而且多事，却很欢喜的做这篇序。第一，因为文化落后的中国，到现在才讨论这个问题（文化落后的俄国前此关于这问题也有过剧烈的讨论，现在他们的社会科学进了步，稍懂得一点社会科学门径的人，都不会有这种无常识的讨论了，和我们中国的知识阶级现在也不至于讨论什么天圆地方、天动地静、电线是不是蜘蛛精这等问题一样），而却已开始讨论这个问题，进步虽说太缓，总算是有了进步；只可惜一班攻击张君劢梁启超的人们，表面上好像是得了胜利，其实并未攻破敌人的大本营，不过打散了几个支队，有的还是表面上在那里开战，暗中却已投降了（如范寿康先天的形式说，及任叔永人生观的科学是不可能说）。就是主将丁文江大攻击张君劢唯心的见解，其实他自己也是以五十步笑百步，这是因为有一种可以攻破敌人大本营的武器，他们素来不相信，因此不肯用。"科学何以不能支配人生观"，敌人方面却举出一些似是而非的证据出来；"科学何以能支配人生观"，这方面却一个证据也没举出来，我以为不但不曾得着胜利，而且几乎是卸甲丢盔的大败战，大家的文章写得虽多，大半是"下笔千言离题万里"，令人看了好像是"科学概论讲义"，不容易看出他们和张君劢的争点究竟是什么，张君劢那边离开争点之枝叶更加倍之多，这乃一场辩论的最大遗憾！

第二，因为适之最近对我说，“唯物史观至多只能解释大部分的问题”，经过这回辩论之后，适之必能百尺竿头更进一步！因为这两个缘故，我很欢喜的做这篇序。

数学物理学化学等科学，和人生观有什么关系，这问题本用不着讨论。可是后来科学的观察分类说明等方法应用到活动的生物，更应用到最活动的人类社会，于是便有人把科学略分为自然科学与社会科学二类。社会科学中最主要的是经济学，社会学，历史学，心理学，哲学(这里所指是实验主义的及唯物史观的人生哲学，不是指本体论宇宙论的玄学，即所谓形而上的哲学)。这些社会科学，不用说和那些自然科学都还在幼稚时代，然即是幼稚，已经有许多不可否认的成绩，若因为还幼稚便不要他，我们不必这样蠢。自然科学已经说明了自然界许多现象，这是我们不能否认的；社会科学已经说明了人类社会许多现象，这也是我们不能否认的。自然界及社会都有他的实际现象：科学家说明得对，他原来是那样；科学家说明得不对，他仍旧是那样；玄学家无论如何胡想乱说，他仍旧是那样；他的实际现象是死板板的，不是随着你们唯物论唯心论改变的；哥白尼以前，地球原来在那里绕日而行，孟轲以后，渐渐变成了无君的世界；科学的说明能和这死板板的实际一一符合，才是最后的成功；我们所以相信科学(无论自然科学或社会科学)也就是因为“科学家之最大目的，曰摈除人意之作用，而一切现象化之为客观的，因而可以推算，可以穷其因果之相生”(张君劢语)，必如此而后可以根据实际寻求实际，而后可以说明自然界及人类社会死板板的实际，和玄学家的胡想乱说不同。

人生观和(社会)科学的关系是很显明的，为什么大家还要讨论？哈哈！就是讨论这个问题之本身，也可以证明人生观和科学的关系之深了。孔德分人类社会为三时代，我们还在宗教迷信时代；你看全国最大多数的人，还是迷信巫鬼符咒算命卜卦等超物质以上的神秘;次多数像张君劢这样相信玄学的人,旧的士的阶级全体,新的士的阶级一大部分皆是;像丁在君这样相信科学的人,其数目几乎不能列入统计。现在由迷信时代进步到科学时代,自然要经过玄学先生的狂吠;这种社会的实际现象,想无人能够否认。倘不能否认,便不能不承认孔德三时代说是社会科学上一种定律。这个定律便可以说明许多时代许多社会许多个人的人生观之所以不同。譬如张君劢是个饱学秀才,他一日病了,他的未尝学问的家族要去求符咒仙方,张君劢立意要延医诊脉服药;他的朋友丁在君方从外国留学回来,说汉医靠不住,坚劝他去请西医,张君劢不但不相信,并说出许多西医不及汉医的证据;两人争持正烈的时候,张君劢的家族说,西医汉医都靠不住,还是符咒仙方好;他们如此不同的见解,也便是他们如此不同的人生观,他们如此不同的人生观,都是他们所遭客观的环境造成的,决不是天外飞来主观的意志造成的,这本是社会科学可以说明的,决不是形而上的玄学可以说明的。

张君劢举出九项人生观,说都是主观的,起于直觉的,综合的,自由意志的,起于人格之单一性的,而不为客观的,论理的,分析的,因果律的科学所支配。今就其九项人生观看起来:第一,大家族主义和小家族主义,纯粹是由农业经济宗法社会进化到工业经济军国社会之自然的现象。第二,男女尊卑及婚姻制度,也是由于农业宗法社会亲与夫都把子女及妻当作生产工具,当作一种财产,到了工业社会,家庭手工已不适用,有了雇工制度,也用不着拿家族当生产工具,于是女权运动自然会兴旺起来。第三,财产公有私有制度,在原始共产社会,人弱于兽,势必结群合作,原无财产私有之必要与可能(假定有人格之单一性的张先生,生在那个社会,他的主观,他的直觉,他的自由意志,忽然要把财产私有起来,怎奈他所得的果物兽肉无地存储,并没有防腐的方法,又不能变卖金钱存在银行，结果恐怕只有放弃他私有财产的人生观）；到了农业社会，有了一定的住所，有了仓库，谷物又比较的易于保存，独立生产的小农，只有土地占有的必要，没有通力合作的必要，私有财产观念，是如此发生的；到了工业社会，家庭的手工的独立生产制已不能存立，成千成万的人组织在一个通力合作的机关之内，大家无工做便无饭吃，无工具便不能做工，大家都没有生产工具，生产工具已为少数资本家私有了，非将生产工具收归公有，大家只好卖力给资本家，公有财产观念，是如此发生的。第四，守旧维新之争持，乃因为现社会有了经济的变化，而与此变化不适应的前社会之制度仍旧存在，束缚着这变化的发展，于是在经济上利害不同的阶级，自然会随着变化之激徐，或激或徐的冲突起来。第五，物质精神之异见，少数人因为有他的特殊环境，一般论起来，慢说工厂里体力工人了，就是商务印书馆月薪二三十元的编辑先生，日愁衣食不济，那有如许闲情像张君劢、梁启超高谈什么精神文明东方文化。第六，社会主义之发生，和公有财产制是一事。第七，人性中本有为我利他两种本能，个人本能发挥的机会，乃由于所遭环境及所受历史的社会的暗示之不同而异。第八，悲观乐观见解之不同，亦由于个人所遭环境及所受历史的社会的暗示而异，试观各国自杀的统计，不但自杀的原因都是环境使然，而且和年龄性别职业节季等都有关系。第九，宗教思想之变迁，更是要受时代及社会势力支配的：各民族原始的宗教，依据所传神话，大都是崇拜太阳，火，高山，巨石，毒蛇，猛兽等的自然教；后来到了农业经济宗法社会，族神祖先农神等多神教遂至流行；后来商业发达，随着国家的统一运动，一神教遂至得势；后来工业发达，科学勃兴，无神非宗教之说随之而起；即在同一时代，各民族各社会产业进化之迟速不同，宗教思想亦随之而异，非洲美洲南洋蛮族，仍在自然宗教时代，中国印度，乃信多神，商工业发达之欧美，多奉基督；使中国圣人之徒生于伦教,他也要奉洋教,歌颂耶和华;使基督信徒生在中国穷乡僻壤,他也要崇拜祖宗与狐狸。以上九项种种不同的人生观,都为种种不同客观的因果所支配,而社会科学可一一加以分析的论理的说明,找不出那一种是没有客观的原因,而由于个人主观的直觉的自由意志凭空发生的。

梁启超究竟比张君劢高明些,他说:"君劢列举'我对非我'之九项,他以为不能用科学方法解答者,依我看来什有八九倒是要用科学方法解答。"梁启超取了骑墙态度,一面不赞成张君劢,一面也不赞成丁在君,他自己的意见是:

"人生问题,有大部分是可以——而且必要用科学方法来解决的。却有一小部分——或者还是最重要的部分是超科学的。"

他所谓大部分是指人生关涉理智方面的事项,他所谓一小部分是指关于情感方面的事项。他说:"既涉到物界,自然为环境上——时间空间——种种法则所支配。"理智方面事项,固然不离物界,难道情感方面事项不涉到物界吗?感官如何受刺激,如何反应,情感如何而起,这都是极普通的心理学。关于情感超科学这种怪论,唐钺已经驳得很明白。但是唐钺驳梁启超说:"我们论事实的时候,不能羼入价值问题。"而他自己论到田横事件,解释过于浅薄,并且说出"没有多大价值"的话,如此何能使梁启超心服!其实孝子割股疗亲,程婴杵臼代人而死,田横乃木自杀等主动,在社会科学家看起来,无所谓优不优,无所谓合理不合理,无所谓有价值无价值,无所谓不可解,无所谓神秘,不过是农业的宗法社会封建时代所应有之人生观。这种人生观乃是农业的宗法社会封建时代之道德传说及一切社会的暗示所铸而成,试问在工业的资本主义社会,有没有这样举动,有没有这样情感,有没有这样的自由意志?

范寿康也是一个骑墙论者,他主张科学是指广义的科学,他主张科学决不能解决人生问题的全部。他说:“人生观一部分是先天的,一部分是后天的。先天的形式是由主观的直觉而得,决不是科学所能干涉。后天的内容应由科学的方法探讨而定,决不是主观所应妄定。”他所谓先天的形式,即指良心命令人类做各人所自认为善的行为。

什么先天的形式,什么良心,什么直觉,什么自由意志,一概都是生活状况不同的各时代各民族之社会的暗示所铸而成:一个人生在印度婆罗门家,自然不愿意杀人,他若生在非洲酋长家,自然以多杀为无上荣誉;一个女子生在中国阀阅之家,自然以贞节为她的义务,她若生在意大利,会以多获面首夸示其群;西洋人见中国人赤膊对女子则骇然,中国人见西洋人用字纸揩粪则惊讶;匈奴可汗父死遂妻其母,满族初入中国不知汉人礼俗,皇太后再嫁其夫弟而不以为耻;中国人以厚葬其亲为孝,而蛮族有委亲尸于山野以被鸟兽所噬为荣幸者;欧美妇女每当稠人广众吻其所亲,而以为人妾为奇耻大辱;中国妇人每以得为贵人之妾为荣幸,而当众接吻虽娼妓亦羞为之;由此看来,世界上那里真有什么良心,什么直觉,什么自由意志!

丁在君不但未曾说明“科学何以能支配人生观”,并且他的思想之根底,仍和张君劢走的是一条道路。我现在举出两个证据:

第一,他自号存疑的唯心论,这是沿袭了赫胥黎斯宾塞诸人的谬误;你既承认宇宙间有不可知的部分而存疑,科学家站开,且让玄学家来解疑。此所以张君劢说:“既已存疑,则研究形而上界之玄学,不应有丑诋之词。”其实我们对于未发见的物质固然可以存疑,而对于超物质而独立存在并且可以支配物质的什么心(心即是物之一种表现),什么神灵与上帝,我们已无疑可存了。说我们武断也好,说我们专制也好,若无证据给我们看,我们断然不能抛弃我们的信仰。

第二，把欧洲文化破产的责任归到科学与物质文明，固然是十分糊涂，但丁在君把这个责任归到玄学家教育家政治家身上，却也离开事实太远了。欧洲大战分明是英德两大工业资本发展到不得不互争世界商场之战争，但看他们战争结果所定的和约便知道，如此大的变动，那里是玄学家教育家政治家能够制造得来的。如果离了物质的即经济的原因，排科学的玄学家教育家政治家能够造成这样空前的大战争；那末，我们不得不承认张君劢所谓自由意志的人生观真有力量了。

我们相信只有客观的物质原因可以变动社会，可以解释历史，可以支配人生观，这便是"唯物的历史观"。我们现在要请问丁在君先生和胡适之先生：相信"唯物的历史观"为完全真理呢，还是相信唯物以外像张君劢等类人所主张的唯心观也能够超科学而存在？

（原载《科学与人生观》上册，亚东图书馆1923年12月初版。又载《新青年》季刊第2期，1923年12月20日）

陈独秀（1879—1942），字仲甫，安徽怀宁人。早年留学日本。1915年起主编《新青年》，倡导新文化运动。1917年春任北京大学文科学长，次年与李大钊等创办《每周评论》。五四运动后，接受和宣传马克思主义。1920年组织上海共产主义小组并发起成立中国共产党。1921年7月在中共一大上被选为中央局书记。后又被选为中共第二至五届中央委员会委员长、总书记。1927年因右倾主义错误被停职，后被开除出党。主要著述编为《独秀文存》等。本文是为上海亚东图书馆汇辑的关于"科玄论战"的文集《科学与人生观》所作的序言。

作者从唯物论的角度指出，时代不同人生观也就不同，人生观是客观的环境造成的，是社会科学可以说明的，不同的人生观都为种种不同的客观因果所支配；只有客观的物质的原因可以变动社会，可以解释历史，可以支配人生观。

《新唯识论》序*

蔡元培

佛法传入中国,二千余年。六朝隋唐,译经论至富,中国佛教徒所著论说注解语录,亦有汗牛充栋之观。在佛教徒之立足点,以信仰为主,与其他宗教家无异,对于经论,一字一句,皆视为神圣不可侵犯;其有互相予盾之点,则以五时说教方便法门等调剂之而已。其非佛教徒,而且斥佛教为异端者,则又有两种态度:其一,并不读佛教之书,而以佛教徒之无人伦无恒业为诟病,以焚其书。人其人、庐其居为对待方法,韩昌黎之徒是也。其二,读佛家之书而好之,且引以说儒家之《大学》《中庸》《孟子》之义,而又以涉佛为讳,如程朱、陆王两派之宋明理学家是也。

现今学者,对于佛教经论之工作,则又有两种新趋势:其一,北平钢和泰、陈寅恪诸氏,求得藏文、梵文或加利文之佛经,以与中土各译本相对校,胪举异同,说明其故;他日整理内典之业,必由此发轫;然今日所着手者,尚属初步工夫,于微言大义,尚未发生问题也。其二,欧阳竟无先生之内学院,专以提倡相宗为主,相宗者,由论理学心理学以求最后之结论,与欧洲中古时代之经院哲学相类似;内学院诸君,尚在整理阐扬之期,未敢参批评态度也。当此之

* 蔡元培应熊十力之请,为其所著《新唯识论》撰写序文。原稿撰就后,他又在序文后用毛笔加写“此等非佛教徒……”一段。

时，完全脱离宗教家窠臼，而以哲学家之立场提出新见解者，实为熊十力先生之《新唯识论》。

熊先生寝馈于宋明诸儒之学说甚深，而不以涉佛为讳，研求唯识论甚久，颇以其对于本体论尚未有透彻之说明，乃发愿著论以补充之；近岁多病，稍间则构思削稿如常，历十年之久，始写定境论一卷，其精进如此。

熊先生认哲学(即玄学)以本体论为中心，而又认本体与现象决不能分作两截，当为一而二、二而一之观照，易之兼变易与不易二义也。庄子之齐物论也，华严之一多相容、三世一时也，皆不能以超现象之本体说明之，于是立转变不息之宇宙观，而拈出翕、辟二字，以写照相对与绝对之一致。夫翕、辟二字，《易传》所以说坤卦广生之义，本分配于动静两方；而严幼陵氏于《天演论》中，附译斯宾塞尔之天演界说，始举以形容循环之动状，所谓翕以合质，辟以出力，质力杂糅，相剂为变是也。熊先生以《易》之阴阳，《太极图说》之动静，均易使人有对待之观，故特以翕、辟写照之。

熊先生于新立本体论而外，对于唯识论中各种可认否认之德目，亦多为增减数目，更定次序。诸所说明，皆字字加以斟酌，愿读者虚衷体会，勿以轻心掉之，庶不负熊先生力疾著书之宏愿焉。

中华民国二十一年八月三十一日　蔡元培

此等非佛教徒，完全以孔教徒自命，而又完全以佛家经论为纯粹宗教性质，故态度如此。其实，佛典中宗教色彩固颇浓厚，而所含哲学成分，亦复不少。盖宗教本以创教者之哲学思想为基本，犹太、基督等教，均有哲理，惟佛教则更为高深耳。仁者见仁，智者见智，视读者之立场。惜二千年来，为教界所限，未有以哲学家方法，分析推求，直言其所疑，而试为补正者。有之，则自熊十力先生之

《新唯识论》始。

（据蔡元培手稿）

（选自《蔡元培选集》，浙江教育出版社 1993 年版）

蔡元培（1868—1940），字鹤卿，号孑民，浙江绍兴人。光绪进士。授翰林院庶吉士，补编修。曾组创中国教育会、光复会，分别任会长，并加入同盟会。1907 年留学德国莱比锡大学。辛亥革命时任南京临时政府教育总长。1913 年与吴玉章等在法国创办留法勤工俭学会。1917 年任北京大学校长。五四运动中反对北洋政府镇压学生。1924 年当选国民党“一大”候补中央监察委员。1927 年后历任国民政府大学院、中央研究院、监察院院长兼代司法部部长等职。九·一八事变后与宋庆龄、鲁迅等发起成立中国民权保障同盟，任副主席。1937 年移居香港。有《蔡元培全集》。本文是为熊十力《新唯识论》所作的序言。作者认为，熊氏《新唯识论》完全摆脱了宗教家的窠臼，而从哲学家的立场提出了新见解。

一个唯心论者的文化观

——评贺麟先生著《近代唯心论简释》

胡　绳

站在唯物论的立场上，批评一个公开的唯心论者，倘从基本点上来争论，那么我们不能不再提起在这哲学上的两大营垒之间已经不知道争论过多少次的许多问题，但在这个书评中却不打算这样做。我们所要评论的这本书，从其题目看，虽然像是本系统地解释唯心论哲学的书，但实际上却是一本论文集。其所以引起我们兴趣的地方是在于它的作者所企图进行的"文化批评"的工作。作者说："批评文化"可以说是思想界最亲切，最有兴趣，对于个人和社会，对于物质生活和精神生活最有实际影响和效果的工作，因为文化批评一方面要指导实际生活，一方面又要多少根据一些哲学理论。所以文化批评乃是使哲学与人生接近的一道桥梁"（第257页）。我们在这里要讨论的也是：这书的作者从他的唯心论的观点与立场出发，在文化批评上到底进行了怎样的工作。

事实上，和本书同样观点与立场，并企图进行同样工作的著作目前也还不少，我们之所以独选择这一本者，是因为第一，本书作者非常正确地把自己归于唯心论阵营中，不像有些扭扭捏捏装做什么物心综合论者那样叫人作呕；其次则因为本书在同类著作中是算得比较有见解的，比较的能成一系统的。

现在我们就来讨论贺自昭先生——这一唯心论者的文化观，但我们还不得不先说明一下他到底是怎样的一个唯心论者。

直觉论的神秘主义

在本书中，有一篇附录，是德国 Heinrich Meier 的分析近五十年来西洋哲学的论文，其中说得好，“由注重直觉而陷于无理性，由理性的绝对主义，而走到无理性主义，此实现时哲学界最显著的事”（第 349 页）。虽然这位德国教授对于这种反理性思潮的分析是非常不完备的，但他正确地指出了直觉论与神秘主义和反理性主义相连接，认为这是“对于真理之反叛”，并且他指出这种倾向是肇端于 19 世纪末年，而“自欧洲大战后愈益流行”。在我们看来，这种思潮正是大资产阶级腐败没落的表现，当然是代表不了这五十年的整个哲学界的。站在古典唯心论立场的这位德国教授却不能不对唯心论的这种没落痛心疾首，认为“自此种哲学流行以来，哲学界显然弄成一种可怕的无批判无指针的状况”。

奇怪的是中国的贺麟教授在翻译了这一篇德国教授的论文后，并不能断然否认直觉的反理性的意义，却又自白道：“我个人对于此问题也异常徘徊迟疑，但经过很久的考虑，我现时的意思仍以为直觉是一种经验，复是一种方法。”（第 92 页）终于说：“我们谓直觉方法与抽象的理智方法不同则可，谓直觉方法为无理性或反理性则不可。”（第 94 页）然则这到底是怎样的一种方法呢？他又用不确定的口气说：“直觉法恐怕更是基于天才的艺术。”（第 94 页）并且直觉又可以是“先理智的”，就是说，在运用理智前，先可以用直觉来慧眼一瞥地得到“对于实在对于理念的整个印象”（第 96 页）。而理智的作用却不过是分析这种印象而已。

唯物论者认为感性的认识是先于理性的认识的，人们透过感觉的认识才能对于外物实行理智的思考。多数的唯心论者则相反,把理智置于感觉之前。但没有从感觉中所得到的实在的经验做基础,所谓理智岂不是完全落空了么?于是当唯心论发展到其最后阶段,就索性把理智也推翻了,在理智之前,更设一个所谓"直觉"的阶段,而这直觉是"天才"的"艺术",平常人所无法企及的。这样他们就更远地离开实在的知识,而更深地进入神秘的境界了。

所以,贺麟先生虽自认为绍述康德与黑格尔,但实际上却是那些把整个康德、黑格尔学说神秘化,反理性化的新黑格尔学派——德国的 Kroner、意大利的 Croce 之流的同盟弟兄。这些侮辱了那位伟大的辩证法哲人的名字的德意学者,现在已经成为法西斯主义思想上的保护人,而我们的贺麟教授也跟随着把黑格尔学说和辩证法神秘化起来。他对辩证法的描写是"辩证法一方面是一种方法,一方面又不是方法,是一种直观","这需要天才的慧眼","理智的直观每为大诗人、小说家、戏剧家、政治家、宗教家所同具,且每于无意中得之","无论获得辩证观也好,运用辩证观也好,都需要艺术式的创造天才"(均见本书《辩证法与辩证观》一文中)。

很显然的,假如这样的"直观",这样解释的辩证法,是成为方法的话,这种方法就只是神秘主义的方法,这种方法不能引我们到真理,而只能引我们到混沌。

想用这样解释的辩证法当做武器来攻打唯物论的辩证法,那不过是想以一个无处着落的黑影子来对敌辉煌的阳光罢了。

超历史的范畴

但要以慧眼的洞观,天才的直觉来在瞬息之间,了悟过去与当代的文化,这怎样能办得到呢?唯物论者从实际历史发展中讨论过去的人类文化是经过怎样的历程,以后又将是怎样发展下去,但这种讨论,在贺先生看来是“形而下的”,与哲学无关。哲学却是要“单就理论上先天地去考察”社会文化所“应取的步骤或阶段”(第232页)。这就是说,可以不顾过去历史“是”怎样,而专从理论上来讨论它“应该是”怎样;因而也就是不从现实的发展趋势来推究以后将“是”怎样,而只是从理论上推断其“应该是”怎样。这所谓理论是先天的,先经验的,先理智的。——这是何等奇怪的理论啊! 对于主张这种理论的人,我们只好说:你愿意白昼做梦,你就去白昼做梦吧。你不管真理,真理也不会来理你!

但一种理论既和事实无关,到底有什么用处呢? 与社会进化的事实无关的社会进化的逻辑,对于文化能起什么批评作用呢? ——贺先生回答道,理论(先天的逻辑)与事实虽不相关,但却能往往相符合。为什么呢? 他又告诉我们,这是因为理论本身既是合法则的,则虽是先于经验,经验的事实却不会违背它。这实在是很奇怪的。依照此说,则我们可以完全不知道历史,光凭空洞的逻辑,就能设想出社会进化的历程,而历史事实却刚好与这设想相符。这是无论如何也令人难以想象的。于是贺先生又补充说,事实之所以符合理论,原来是因为“事实本来是经理论逻辑,先天范畴加以组织整理而成”(第249页)。我们先有对于社会发展的幻想的公式(对不起,我们只好称这是幻想的公式),然后根据这公式去整理事实,于是结果事实就符合了理论。这固然是明白易晓的事,但如此做法,我们对于事实了解了一些什么呢? 我们对于社会的发展了解了一些什么呢? 那不过是任意改造事实来迁就理论罢了。

目前流行的对唯物史观的“批评”是说,唯物史观只依照主观的公式来安排历史材料。但这批评,如上所述,恰恰倒正是这些唯心论者为自己的写照。本来,一切唯心论者——特别是进入其腐败时期的直觉论者,无例外的,是绝对的主观主义者。他们假设了

“先天的范畴”而把历史硬装进去。

既然是依照“先天的逻辑”来纯主观地批评社会文化，当然他们就可以十分自由地，不顾古今中外的不同(用贺麟先生的话，就是“超时空”地)任意搬弄一切文化历史的现象。像在这本论文集中把17、18世纪欧洲的人本主义和中国古代儒家之注重人伦混为一谈(第275页)。具体的文化历史条件，和由而产生的，在仿佛相似的面貌下的相反本质是完全被弃置不论的。这样一来，一切发展进步也就毫无意义了。所以贺麟先生说：“从旧的里面去发现新的，这就叫做推陈出新。必定要旧中之新，有历史有渊源的新，才是真正的新。”(第274页)固然我们也从不以为，新的事物是与旧的事物完全无关，突然跳出来的，但这并不是说，“从旧的里面去发现新的”(这是承认新早已存在在旧里面)，而是从旧的里面发展出新的：旧经过发展，变革而成为新的。

市面上现在流行着许多新字号的产品——新理学，新世训，新人生观，其所谓新，就正是如贺麟先生所解释的。在基本上，他们都是用超历史的范畴来抹煞新旧的差别，把旧货改装一下，当做新货来出卖。

人与天的关系

什么是文化？贺麟先生说，文化是“精神自觉的活动之直接产物”(第2页)，文化的本质是精神。而精神呢，则是“指道或理之活动于内心而言”(第263页)。总起来说，“道之凭借人类的精神活动而显现者谓之文化”(第262页)。很明白的，在这里的意见不过是黑格尔学说中适合于神秘主义者脾胃的一部分的抄袭。其所谓“道”是超越文化，超越一切自然与社会的物的，这实在是不可捉摸的东西，而要加以捉摸，就只有乞怜于宗教。所以贺麟先生在一切文化物中,特别重视宗教,他说:“宗教以调整人与天(此所谓天,就是所谓‘道’的注解——引者)的关系为目的,道德以调整人与人的关系为目的。在此意义下,我们不能不说,宗教为道德之体,道德为宗教之用。”(第 265 页)既然说不从社会关系上来说明道德,而是把道德看成天意在人事上的反映,则道德自然要受宗教的支配。而现实社会中的道德——为了固定一定的社会关系而产生的道德,也就要被看成是神秘的东西,是由不可抗的天意所决定的了。在一定的社会中产生一定的人与人的支配关系,这种人与人的支配关系,在贺麟先生手里却被解释为天对于人的支配关系。经过这种解释,人与人的支配关系就被合理化、神圣化起来了。——这正是在神秘主义外貌中的本质。

最清楚地表现这种本质的是贺麟先生对三纲五常的新解释。所谓君君、臣臣、父父、子子的五常,所谓君要臣死不得不死,父要子亡不得不亡的三纲,本是反映着封建等级社会中人与人的支配关系的道德教条,而贺麟先生则以为从这里发现了“新”的东西。他说:“三纲是说将人对人的关系,转变为人对理,人对位分,人对常德的片面的绝对的关系。故三纲说当然比五伦说来得深刻而有力量。”(第 284 页)他以为臣必须尽忠于君并不是表示君支配臣,而是“对名分,对理念尽忠,不是作暴君个人的奴隶”(第 285 页)。——这正是向一切奴隶说教,你不必苦恼,要知道你并非服从你的主人,你不过是服从那个在主奴之间的天理罢了。

然而贺麟先生却以为五常说和西洋的人本主义相当(第 275 页),三纲说更是和“西洋向前进展向外扩充的近代精神相符合”(第 286 页)。——他既然对于西欧思想,只是抄袭了其末期的发着腐尸气味的糟粕,他根本就呼吸不到那与无神论相结合着的人本主义,与唯物论相联系着的健康的精神。“近代基督教是整个西洋文化的缩影与反映”(第 267 页)。——贺麟先生所看到的西洋近代文化就是如此。

那么,我们在关于中国现代的文化问题上还能向贺麟先生要求什么呢?他固然批评了中学为体、西学为用说,批评了全盘西化论,批评了本位文化论,然而当他自己主张说"应该以道,以精神或理性作本位,换言之,应该以文化主体作为文化之本位"(第272页)时,其实和那些说法是一丘之貉,甚至还要更落后一点。假如还不懂贺先生的意思,那么请读下面这句子吧:"现在的问题是如何从旧礼教的破瓦颓垣里,去寻找出不可毁坏的永恒的基石,在这基石上,重新建立起新人生新社会的行为的规范和准则。"(第288页)

从欧洲贩运来大资产阶级的腐败时期的直觉论和神秘主义思想,回来加入到旧礼教的复古营垒里去——这倒的确是目前中国文化中的一个值得我们深思的现象。

1942年9月21日

(原载于1942年9月21日《新华日报》(重庆),署名沈友谷。选自胡绳《理性与自由》,华夏书店1946年版)

胡绳(1918—1996),江苏苏州人。早年就读于北京大学。青年时期即致力于马克思主义哲学的普及工作,曾发表哲学通俗读物《新哲学的人生观》(1936)、《辩证法唯物论入门》(1938)。1938年加入中国共产党。后一直从事哲学、历史、文化思想等方面的研究。1949年后,历任中共中央宣传部秘书长、党史研究室主任、《红旗》杂志副总编、中国社科院院长等职,还曾任中国历史学会、中共党史学会、孙中山研究学会会长。1982年当选为中共中央委员。主要著述有《理性与自由》、《帝国主义和中国政治》、《从鸦片战争到五四运动》等。本文站在唯物论的立场上批评了作为新儒家唯心论者贺麟的文化观。作者以唯物主义认识论批判唯心主义的直觉论，以唯物史观批驳唯心论者超历史的先验的唯心史观，剖析了唯心论者神秘主义文化观的本质。

评钱穆著《文化与教育》

胡　绳

冯友兰先生在其所著“贞元三书”中的一本——《新世训》的序言中曾说：

> 承百代之流，而会乎当今之变，好学深思之士，心知其故，乌能已于言哉？……当我国家民族复兴之际，所谓贞下起元之时也。我国家民族方建震古铄今之大业，譬之筑室，此三书者，或能为其壁间之一砖一石欤？是所望也。

和这样的口吻相似的是钱穆先生的《国史大纲》引论中所说的：

> 继自今，国运方新，天相我华，国史必有重光之一日，以为我民族国家复兴前途之所托命。则必有司马氏其人者出（指司马光——引者按），又必有刘范诸君子者扶翼之，又必有贤有力者奖成之，而此书虽无当，终亦必有悯其意，悲其遇，知人论世，恕其力之所不逮，许其心之所欲赴。有开必先，若使此书得为将来新国史之马前一卒，拥彗而前驱，其为荣又何如耶。

是的，我们现在正是在中国民族发展史中的一个伟大的承先启后、革旧开新的时期。旧的时代就要结束，新的时代就要起来，但是究竟怎样结束旧的时代，怎样开辟新的时代呢？这自然是每个人必须追问清楚的事。

冯友兰先生向我们献出了他的哲学，说这是探索“无字天书”

(见《新理学》)。钱穆先生向我们献出了他的历史学,说这是上继司马光的《资治通鉴》的事业。虽然一个自谦是"一砖一石",一个自谦是"马前一卒",但显然他们是都深信中国的过去、未来的一切奥秘都已藏在他们的拟无字天书和新资治通鉴之中了。我们不能不来看一下,他们到底告诉我们些什么?指点给我们些什么?

在仔细读过他们的书后,我们不能不直率地说,他们的书的内容和他们的自负,相距是太远了,而且竟或许可说是南辕北辙,因为他们预约向我们指点出中国前进之路,但实际上我们所读到的却是向后转的方向。

也应该指出,类似于冯先生或钱先生的意见的,我们从别的许多出版物中也常可读到。而所以特别指出这两位先生的名字,无宁说是因为对他们的尊重。我们尊重他们在学术研究上所曾付出的劳力,以及他们在一二十年来坚持着清寒的教育生活的精神。正因为我们有着这一分尊重,所以对他们意见中不能苟同的部分——尤其是直接有关现实问题与整个民族命运的,更不能不认真地提出商榷和批评了。何况这些意见恰好又正是那些不学无术,唯知帮闲起哄的人们所得而利用的东西,这更使严正的批评成为必要的了。至于那些帮闲起哄的作品,我们是常觉得,连回头嘘一下的兴趣,都很不容易提起来的。

对于冯友兰先生的哲学,已经有过很多批评,这里试来评一下钱穆先生从他的历史学中提出的意见。——《国史大纲》虽然是一本讲义式的中国通史,但是在这里面,实际上是包含着著者对于中国政治与文化的现状及其发展前途的许多看法。不过为了可以更直接了当地看到钱先生在现实问题上的主张,我们不妨先来读一下《文化与教育》这本论文集。这本集子是在1933年8月出版,包含钱先生分别在报纸杂志上发表过的29篇论文。以下虽然只能从这里面抽出几个根本问题来讨论,但我想,只要弄清楚了这几个问题,也足够使我们懂得钱先生对中国历史的全部看法了。

一、"中国式的民主"

在这本论文集中有一篇《革命教育与国史教育》,其中提到两点对中国历史的看法。第一点是说,中国历史上自秦到清末的政治并不是专制政体;第二点是说,中国的传统文化至今仍有优异的价值。这两点也正是在《国史大纲》中全部内容所要证明的主要东西。关于第二点我们留到下面再说,先说第一点。钱穆先生在那篇论文中是这样说的:

> 我常听人说,中国自秦以来二千年的政体,是一个君主专制黑暗的政体,这明明是一句历史的叙述,但却绝不是历史的真相。中国自秦以下二千年,只可说是君主一统的政府,却绝不是一个君主专制的政府。(第 115 页)

我们首先应该指出,像这样的翻案文章,并不是钱先生一个人独倡的。近几年来"学者"、"教授"中已有很多人纷纷著论,从各个方面来企图证明中国秦汉以来的政治并非专制政治(如张其昀先生、萨孟武先生)。很显然的,这种看法倒还不只是学术研究上的一种"新"见解,而且是和现实政治中的某种要求相呼应的,但为了现实政治的反动企图歪曲了历史的真相,那却是从根本上丧失了学术的态度和精神。

何以见得这是歪曲历史的真相呢?只要看一看在这本书中钱穆先生是怎样说明汉代政治的。

> 汉王室虽起于丰沛,汉国都虽建于长安,然非江苏人或陕西人得天下而宰制的,实系中国全国民众共同结合,组织中央政府,设首都于长安,而拥戴刘氏为天子。当时所谓关东出相,关西出将,明由全国各地人才,操使全国之政权。不仅服

官从政之机会公开于全国,他如教育兵役赋税各项权利义务莫不举国平等,彼此一致。(第11页)

说是在二千年前,全国民众曾“结合”起来,“拥戴”刘邦做皇帝,这哪里有什么事实的根据?刘邦即帝位后,和他臣下讨论何以能得天下,他自己和他臣下也只说是由于他能“用人”,还不敢说是由于全国民众“拥戴”。钱穆先生以为刘邦能用全国各地方的人才,就足以表明他的政权代表全国人民,这更是把社会横断面的地区问题来代替了社会纵断面的等级问题。假如必须是从皇帝一直到将相僚吏都是同一个地方的人,才算是专制政治,那么可以说中外古今都没有过专制政体了。问题是在:他虽然用了全国各地的人才,但这些“人才”究竟是些什么人,他们是从哪个阶级中产生的,并且更重要的是,他所施行的政策是对于哪一个阶级有利?必须从这些问题上看,才能看到汉代以及每一个时代的政治的真象。在汉代不但社会中有着大量的奴隶(家僮、奴婢),并且在汉代统治下,“富者连田千顷,贫者无立锥之地”的现象日渐严重,而汉王室及其官僚就在这过程中,使自己成为大地主,纵然也曾企图实行社会改良政策,但其一切政策本不为了生产人民大众(农民)的利益,因此农民失掉土地,卖身为奴的现象,在整个汉代是只有一天天严重。以汉代的这种社会情形而说,“举国平等,彼此一致”虽是贾谊、晁错之流从九泉下再生起来也不敢承认的吧。

钱穆先生及其他先生们不仅捏造了汉代的政治情形,而且把“一部二十四史”都照这样地改造了,他们所根据的理由不外乎钱穆先生所述的以下两点:

第一个根据是关于宰相制度,照钱穆先生的意思是有了宰相分掉皇帝的权,那就不能算是专制政治,而且他认为,纵在无宰相之时,也仍不是专制政治。他说:

明代以前,宰相为政府领袖,与王室俨成敌体,帝王诏命,

非经宰相副署，即不生效。（第116页）

中国传统政制，虽在明代废止宰相以后，而政府传统组织，亦非帝王一人大权独揽，今人力斥中国政体之专制，明为无据。（第139页）

是不是有了宰相制度，在君主国家中就不是专制政体呢？这个问题值得我们来分析一下。

假如政体是指政权构成的形式，那么在政体问题前先得把国体问题弄清楚。由国体上来看，汉唐宋明无非都是地主阶级占统治地位的国家。所谓政体问题就是指他们采取怎样的方式来组织其政权机关，行使其政权力量。我们说，中国过去是君主专制政体，就是说，当时的统治政权是集中化在皇帝个人的人格上，通过皇帝个人的意志来执行地主阶级的统治。因此，脱离了国体问题来单纯谈政体问题，是捉摸不到中国历史的真相的。孙中山先生领导辛亥革命，所要推翻的不仅是传统的君主专制政体，而且是那种传统的国体，这正是孙中山先生比戊戌党人更进步的地方，因为戊戌党人所要改革的至多不过是政体而已。

并且在与国体问题分隔开来讲时，所谓君主专制政体也就弄不清楚了。钱先生以为君主专制政体的意义就是全国一切统治权力都由皇帝一个人直接行使，"大权独揽"。但这在事实上是不可能的。于是看见有宰相的设置，有六部的分设，有御史制度，有有系统的庞大官僚机构等等时，便以为这是证明其实当时政体并不是君主专制。但要知道，在君主专制政体下，地主阶级虽是通过皇帝个人的意志来执行政权，可是单靠个人的力量固然不够，而个人的意志有时也会胡作乱为，以致连地主阶级看了也不满意。因此就要设立宰相御史及各种政治制度来辅助，来牵制，甚至有些时候，地主阶级由于内部在政治上的分裂使他们中有一部分人起来把他们所不满意的皇帝去掉另换一个。但无论如何，君主专制政体还是君主专制政体,这是因为地主阶级为了本身的利益,必须维持并巩固皇帝个人的威权,而使整个国家机构在他个人的名义下圆滑地进行。

从实际历史事实看,宰相与王室成为敌体也只是在个别时期的事实(在王室已经无力维持当时地主阶级的利益时),而且宰相的废立,权仍操在君主手里。钱穆先生把宰相当做政府的领袖,把君主看做只是皇室的领袖,这样的分析是根本违背了历史事实的。钱先生书中常讥笑旁人袭用欧美民主政体的观念,但我看他提出这种说法也是偷袭来的。大概是因为欧洲近代民主政制中有三权分立,所以也把中国传统政制看做是二权分立,这样就抹煞君主专制政体的真实内容了。

还有第二个根据是关于考试制度。在《国史大纲》中钱穆先生也充分发挥了这一点,他认为科举制度就表明了当时的"政权"是向全国上下人民公开的:谁只要读书应举,谁就可以做官。根据这点,钱穆先生甚至抹煞那二千年来国体的实质了。《文化与教育》一书中也说得很明白,他说:

> 中国传统政治,既非君主专制,同时亦非阶级专制,此等不须再说。然则中国传统政体,自当属于一种民主政体,无可非难。吾人若为言辞之谨慎,常名之曰,中国式之民主政治。当知中国虽无国会,而中国传统政府中之官员,则完全来自民间,既经公开的考试,又分配其额数于全国各地,又按照一定年月,使有新分子参加,是不啻中国政府早已全部由民众组织。……(第143页)

用学者的口吻来抹煞事实,混淆名词,恐怕是再没有更胜过于这一段话的了。难道用官员的来源就可说明一个国家的国体了?钱先生虽未用国体的名词,但这段话所说的意思显然是关涉到笔者前面所讲的国体问题的。又难道中国历代的官员真是大多数出自民间么？而且所谓“民间”是什么意思呢？照钱先生的前后之所说，其所谓“民间”就是在王室及其姻戚以外的社会，那么在那里面不需要至少分别一下地主农民的不同么？科举考试制度在名义上固然是公开于一切人的面前的，但是有机会受教育，有可能投考应举的人大半是属于地主阶级的。专制时代的科举制度的意义其实就是从地主阶级中经常选择出一批可用的人才来行使政权，那正表明这是地主阶级专政的国体。而在那时代一切考试用人之权又集中在君主一人手里，这又正表明这是一个不折不扣的君主专制的政体。

固然，在科举制度下，也未始没有出身下层社会，苦读应举，“一举成名”的人，但其出身如何与其在实际政治中代表什么人，并不就是一件事。正如我们不能根据刘邦、朱元璋的出身来判断汉与明的政权性质一样，我们也不能因为范仲淹出身贫寒，就以为他在政治上是贫苦人民的代表。因为在那样社会中，必须在受教育期，完全接受统治者的思想，才能应举考中，在出仕时期，更必须完全维护统治者的利益，才能够“步步高升”。

但科举制度的实行，自也反映了中国封建政治的一个特质，非世袭贵族政治，而是官僚政治。这就是说，操行政实权的不是世袭的贵族，而是经过科举及其他方法而产生的官僚——这些官僚从上到下，一级一级地像金字塔一样地压在人民身上，而居于最高的顶点的则是专制君主。因此官僚制度之存在并不足以否定君主专制，恰恰相反，它只是在这样庞大的国土上中央集权的君主专制得以维持的有力支柱。用官僚制度来补足的君主专制，这就是中国封建时代的政体的全貌。

照钱先生在全书中各处所述，是甚至把当时有一定的法令规章，一定的铨叙规则，一定的赋税制度，都拿来做当时不是君主专制政体的证明，那更是不值一驳的说法。难道君主专制政体就是一切无秩序、无规则的意思么？任何国体、政体下都有法律制度规章，问题是，这些法律规章是为保护什么人的利益而设的，是怎样制定起来的，是通过什么方式而行使的。而且在中国过去历代，虽然有成套的法律规章等，但正因为是君主专制政体，因此君主就有权随时加以改变或公然违背。这些事实，熟悉史实与掌故的钱穆先生所知道的应该比我们更多吧。

钱穆先生及其他同调的先生们，对于人人熟知的历史硬要来一个"翻案"，其真实意思到底是什么呢？难道只是为了告诉我们，中国现在所当行和能行的民主政治就是那在两汉隋唐宋明历代所行使的政治么？所谓"中国式的民主"就是我们一般常人所称为君主专制政体的那种东西么？我很奇怪，想出这些意见的先生们都不公开反对孙中山先生的革命理论与事业，甚至还加以赞扬。但实际上他们是应该反对孙中山先生的，因为孙中山先生所要推翻的就是两汉隋唐宋元明清的那种国体与政体。假如孙中山先生还在，他听到人们说，他所毕生与之斗争的君主专制政体，其实是"中国式的民主政治"，不知道他会作何感想！

二、"孝"与"中庸"

赞扬中国旧时代的传统文化，看做是今后中国民族文化生活的中心，这种论调，更是到处听得到的。像林语堂先生最近曾说，中国之所以能抗战就靠了传统文化的力量。但林语堂不过是随着旁人做应声虫而已。钱穆先生在这本书中也有类似的说法：

> 说到中国传统文化之价值问题，这本可不证而自明，中国文化是世界绵延最久，扩展最广的文化。只以五千年来不断绵延不断展扩之历史事实，便足证明中国文化优异之价值。……只看此次全国抗战精神之所表现，便是其明证，试问若非

> 民族传统文化蕴蓄深厚,我们更用何种力量团结此四万万五千万民众对此强寇作殊死的抵抗?(第121页)

此外,钱穆先生又说,在中国传统文化后面藏着“一种特有的战斗心理”。捷克、波兰、法国在这次大战中“论其战斗精神乃下吾甚远,此何故,曰惟战斗心理相异故”(第15页)。这也就是说,从这次世界大战中,更证明了中国传统文化的优越与神奇。

这种说法的错误,才真可说是“不证而自明”的。假如法、波、捷之为纳粹侵占就是他们没有中国的这种传统文化之故,那么苏联、英美是靠的什么呢?至于中国自己,假如抗战七年,所靠的全是传统文化,而前一百年的迭遭侵略,不能振作,就是因为丧失了传统文化,那么又为什么抗战一起,传统文化忽然能再兴了呢?假如已经再兴了,又何劳诸公如此疾声厉色地大喊恢复固有的文化呢?

这些问题实也值不得多讲。我们还是来看一下,钱先生所说的中国在“五千年来”赖以立国,而在现在又赖以抗战的“传统文化”到底指些什么内容。

全书第一篇文章就是《中国文化与中国青年》,其中以中国文化与印度文化、欧洲文化对比,据说这三种文化各有特点,相互不同:

> 大抵中国主孝,欧洲主爱,印度主慈。故中国之教在青年,欧西在壮年,印度在老年。我姑锡以嘉名,则中国乃青年性的文化,欧西乃壮年性的文化,而印度则老年性的文化也。又赠之以美谥,则中国为孝的文化,欧西为爱的文化,而印度为慈的文化。(第3页)

这就是说,中国传统文化的优异就在于“孝”的主张。钱先生更斩钉截铁地说:“然则中国人不言孝,何来有中国五千年绵历不断之文化?”

抄了钱先生的这些话后，笔者心里不能不无限感慨。四川的吴又陵先生在二十年前曾“只手打倒孔家店”，高举“非孝”的旗帜，但在二十年后，就在吴先生的家乡，我们还不得不再来批评这样赞扬“孝的文化”的议论。时间是在跟谁开玩笑啊！

传统文化中的所谓“孝”确不只是用在家庭关系中的概念，而且还被用来推演到一般的社会政治关系上面。所以历代专制君主及其策士们最喜讲“以孝治天下”和“爱民如子”一类的话。而其实的意义却无非是说：我做君主的人把你们老百姓看做我的儿子，因此你们也要像孝敬父亲一样地孝敬我，可别把我当做压迫你们的人。他们以为这一来，天下就自然“治”了。二千年来的专制统治，就是像这样地利用“孝”的观念，利用“孝”的文化的。二三十年来的一切复古论者所追怀不置的也就是这种“孝”的观念还为一般人所承认的好时代。钱穆先生的议论到底有什么新的意义呢？

我看，钱先生立论新颖的地方不过是，在说法上他把“孝的文化”说做是“青年性的文化”。这话却是向来一切讲孝的人所不敢说的。因为传统文化中“孝”的道理，本决不是从青年人，做下辈的人的立场上来讲的。“三年无改于父之道”这种说法，以及把“孝”延长到政治上去的主张，那都只是为做长辈的人打算，全不是考虑到青年人自身的进步发展的。使一切都遵循着旧的标准，使新的埋葬在古老之中，这正是“孝的文化”的特色。因此用钱先生的比喻，倒应该说，“孝的文化”是老年性的文化才对。

既把“孝”说做是“青年性”的，于是钱先生就来向今日的中国青年批评和说教了：

> 我窃观于今日中国之青年……其所拜蹈歌颂者则曰平等，曰自由，曰独立，曰奋斗，曰恋爱，曰权利，此皆壮年人事也。然则如何而为青年？孔子曰：“弟子入则孝，出则弟，谨而信。泛爱众，而亲仁。”子夏曰：“贤贤易色，事父母能竭其力，

> 事君能致其身，与朋友交，言而有信。”孔子，青年之楷模，论语，青年之宝典也。（第10页）

由这段话，我们更不难看出钱先生的这种议论的真实目的是什么了。不过要青年们不要去争什么自由平等，求什么独立奋斗，只要安安分分地回家去孝顺父母，服侍长上，就是你们的最好的去处了！

关于钱先生之论欧西与印度文化的说法，也不是我们所能同意的。全书论及中国时常以西洋对比，如另一篇文章中说：“中国为一行使人才政治之文化国家，西洋为一行使武力统治之侵略国家。”（第12页）也与“恋爱”、“慈悲”之说同样不经。“西洋”竟说成是一个国家，更是不成话了。但这些且都搁开不谈。这里仍只讲他对中国传统文化的说明。除了上举“孝的文化”论外，另有《东西人生观之对照》一篇，也还值得一述。

据钱先生说，人生观有两种，一种是现实的人生观，一种是理想的人生观。前者发展至极点是科学，后者发展至极点是宗教。而“我中华适处其两极端之中心”，所以不发展为宗教而只是“崇拜历史”，又不发展为科学而只有艺术。他说：

> 中国史只似一部西洋史的中和。因此，中国没有大起大落，没有激剧变化。儒家精神代表了中国文化之最高点，儒家精神之礼乐，便是希伯来式的礼拜与祈祷，羼和着希腊式的歌唱兼跳跃。（第41页）

中国为什么没有发展科学与宗教，那是一个较大的问题，此地不必讨论。中西人生观与文化的对比，此地也不谈。单以人生观中的对现实与理想的态度来看，那么我们可以说：一方面只匍匐在现实前面，没有理想的那种态度，是守旧的态度，这并不就是科学，只有最庸俗的科学，才是如此的。而另一方面，脱离了现实，一味高谈理想，其理想其实只是幻想——宗教似乎可以说是如此，但宗教在实际上却又是匍匐在现实前的。因此,结合现实和理想诚然是一件很重要的事,但结合并不是中庸。而儒家精神恰恰如钱先生所说,是调和,是中庸,它是企图在现实与理想之间求得调和折中的道路。一方面只是匍匐在既成现实的前面,对旧秩序尽其歌颂的任务,一方面又拉来一些自命为理想的东西,而其实质却只是粉饰旧秩序,永远无伤于旧秩序。这样的中庸主义的人生观是绝对不能成为新时代中国人的合理的人生观的。

也许有人说,我们既然把钱穆先生所指为传统文化的精华的“孝”与“中庸”都否定了,那就不免大大损害民族的自信了。因为钱穆先生说:“当知无文化便无历史,无历史便无民族,无民族便无力量,无力量便无存在。”(第122页)

我们必须郑重地回答说:纵然我们民族历史的精神文化方面,有的只是“孝”与“中庸”,那么当我们发现了它们已不合于新时代的生存时,就要毫不容情地加以抛弃,这才能使我们对于民族的新生有充分的自信。敝帚自珍并不就是自信的表现。而且我们更应指出,“孝”与“中庸”也不是二千年来民族文化的唯一代表,它们只是二千年来民族文化中占着统治地位的一部分,而在被统治的方面,代表了广大的人民大众的,也有反孝与反中庸的文化传统。虽然因为那是处于被压制的地位而不能充分发展,但我们在回顾民族的历史时,却只能从后一方面获得前进的力量。因为今后民族的生存,必然是以人民大众为主体的。

是的,从这古老的民族中必须产生新的力量,争取新的生存,但在初生的过程中就有死亡,让新生的东西新生起来,让死亡的东西死亡下去。这才是我们所应该有的态度。难道因为民族还要生存下去,所以,两千年来的祖传疔疮也有要求生存的权利么?

三、再来一个"新黑暗"

钱穆先生对西洋文化的看法，我们不可能来详细讨论，因为跟着钱先生从印度跑到欧美，从古希腊跑到苏联新社会，一一批评其所提出的混乱的意见，绝不是这一篇短文章中可以做到的。而且这其实也不必要，钱穆先生是以本国史的讲授驰名的教授，其对外国历史与文化的知识与见解，从一年前他为了中西文学比较问题与梁实秋先生的论争中已可略见一斑了。只凭猜测，一笔抹煞西洋文学，那实在是令人吃惊的事。在这本书中，钱穆先生为了反对马克思思想竟也有这样大胆的判断说："就欧洲中心的帝国内部而言，劳资对立，只是一个经济问题，只要分配平均，阶级对立即行取消。"(第58页)假如此话当真，则不但马克思要被打倒，而且从亚当·斯密到孙中山先生都会茫然若失了吧！难道中国传统文化竟有这样大的灵效，可以帮助钱穆先生用一句话来解决了二百年来使欧洲一切资产阶级的经济学家、社会学家和政治家焦头烂额的问题么？

说世界上只有殖民地与帝国主义的矛盾而否定了在每一国家内部的矛盾，这论调本是出于那些不学无术的"社会价值论"的先生们之口的，但以学者风度的钱穆先生竟也用耳朵来代替思想，却不能不使人惋惜。那些"社会价值论"者为什么如此主张，我们已曾略加提出过(见《这就算是批评么》)，而钱穆先生是怎样地把这主张发挥到文化问题上也值得我们来看一下。

从下引这几句话中可以看出钱先生对于近代欧洲文化的看法：

自此(按指这次世界大战)以前四百年，世界文化传统为欧洲中心之传统。此种文化以四百年来欧洲各国新兴中层资

产阶级为主干，其对内为争得代议制度，对外为殖民地之经营……（第55页）

所谓“四百年”是指16、17、18、19这四个世纪，把这四百年的复杂的欧洲历史——其中包括资产阶级初兴向封建势力斗争的时期，资本主义的恐慌、危机和没落的时期，以殖民地的获得为条件的资本帝国主义时期，笼统地用一两个概念来说明，这是何等非历史学的态度！把资产阶级的民主主义文化简单化成“代议制度”这一个概念，已经是非常不充分的了。而且在钱先生心目中，“代议制度”还不是其所重视的。他说：“请国人放大心胸……把当前四百年来欧洲中心的殖民文化放在一个他所应占之篇幅与地位。”（第65页）这正是用“殖民文化”这一个概念来笼括了四百年来的全部资本主义社会的西洋文化。但纵然只说明资本主义没落期的文化也不是用这一个概念就够了的，何况要用这一个概念来抹煞四百年来的西洋文化，那就更是不公允的事了。

但在这里，我们倒不必来为四百年来的西洋文化诉冤，重要的是，把对“西洋文化”的这种估价与其对中国传统文化的估价连结起来，我们就完全懂得钱先生的真实意义了。他既然认定现代世界有的只是殖民地与帝国主义间的矛盾，而“在这矛盾中，经济问题尚在其次，更宝贵、更深刻者则为文化问题”（第59页），这就是说，这里有着两种文化的对立，一面是“四百年来欧洲中心的殖民文化”，一面是那最伟大、最优越的以“孝”与“中庸”为精髓的中国传统文化。那么今后中国文化的何去何从，钱先生的意思是再明白不过的了。——文化上的复古主义与排外主义在这里便得到了最狡猾的化妆！

自然，我们也要从根本上反对那种充分浸透了阶级统治和殖民地剥削的气味的资本主义——特别是在其帝国主义时期的统治文化；但是我们同时要看出，就在欧洲资本主义的四百年历史中

——特别是在资产阶级初兴后的向上时期,在文化上也发展起来了一种进步的因素,这就是民主主义文化的进步因素。这种因素虽然本身仍带有消极的一面,但是比了在它以前一切时期的人类文化却是更进步的。假如用“殖民地经营”一句话来抹煞了这四百年来的资本主义文化,否定了其中一切比封建文化更进步的地方,这只足以表明其对人类文化史的无知而已。

而且,从现实的世界文化来看,更应该看出西洋文化已不是单一的东西。有继承着资产阶级民主主义的传统的文化,有资本主义文化腐烂因素集大成的法西斯文化,更有否定了资产阶级文化的社会主义文化。这三种文化在西方固然可以拿英、美、德、苏联等国来分别代表,但事实上,在每一个资本主义国家本身中,也表现着这三种文化因素在不同方式下的对立。不了解这点,是弄不清楚今日西方的文化及其发展前途的。——而恰恰也在这点上,钱先生再度表现了其观点的混乱。比如他说:“以政治言,或主英美民治,或主苏联共产,或主德意独裁。不知溯其渊源,三者貌异而神同,其本仍出于一。”(第72页)这三者之所以“神同”,在钱先生看来,乃是因为它们同出于“四百年来的殖民文化”!

假如英、美民主主义文化的根本不过是殖民文化,我们怎么能在战争中和英美合作?而目前正是反法西斯的中心力量的社会主义国家,其在政治上与文化上竟也是与德国“貌异神同”,这更是稍有常识的人所说不出来的话!

是的,法西斯的政治与文化是在中国前进之途上所必须彻底根绝的,但是倘和这同时,一面根本排斥了民主主义的政治与文化,另一面又根本排斥了社会主义的政治与文化,那么留给中国的前途除了回到所谓“中国式的民主”的专制政治和“孝”与“中庸”的封建文化里去,还有什么别的出路呢?——绝灭了前进的道路,就只有向后退去。

但是历史到底是不能退后的。假如硬是要朝这样的方向退后,那么实际上所得到的也绝对不可能是汉唐的政治与文化,而只是法西斯政治文化的一种变种。——这正是极端的排外和复古所必然引导出来的一个趋向。这是我们所必须严正地指出来的。

或者还有人在通读钱穆先生全书时,会说我们评论钱穆先生的主张为文化上的排外主义,是不公平的,因为他也说到西洋文化在这次战后还能有光辉的前途,而中西文化将有更进一步的交流。

那么让我们来看看,关于这些,钱先生是怎样说的吧。他说的是:

新欧洲的将来,定要重新汲源于古希腊之艺术哲学及中古时期之宗教信仰,渐次凝结成一单位,再来贡献于更远大的世界新文化。(第62页)

欧美人的再生,无疑的仍将于其已往旧历史里得胎。彼辈亦将一洗畴昔民族优秀之观念之傲态,转而面对东亚新世界之古文化。彼辈无论是再修正的新希腊人生,抑是新基督教,均将大量吸收东方古文化之精液。说不定他们要有一个东行求法的新运动。(第74页)

从这些说法中,我们所看到的中西文化的前途是什么呢?不过只是这样五个大字:

一齐向后转

中国回到我们的文武周公、汉唐宋明和儒教里去,欧洲回到他们的古希腊和中世纪去!

在这里,我们可以看到一切老的复古排外论者和这些新的复古排外论者不同的地方,这是值得我们来多说两句的。

老的复古排外论者以为一切中国旧的东西都是好的,而一切外国的东西都是坏的,都是要不得的。和这种见解相反的,就有所谓“全盘西化”论,那是把一切外国东西不管是基督教还是实际科学,不管中世纪还是资本主义时代,都当做好的,都要照原样地捧到中国来。这两种见解根本无法表现到实际中去,因为一方面,在外国有了新的东西,在中国,要来的一定非来不可;而另一方面,把外国的上下数千年的文化积累当做一个杂拌儿,也根本无法搬来。于是才又产生如钱穆先生所主张的这种新的见解。

这种新的见解,在根本上是复古也是排外,因为它是把一切外国的东西,从中国旧文化传统的立场上看去是新的,不适宜的东西都加以排斥,它排斥一切现代西洋文化中对于当前中国的现实具有进步意义的东西。但它却看出了在西洋文化史上也还有时期的不同,也曾有过一个时期,西洋文化和中国传统文化只是"貌异神同"——看出这点倒是对的,因为中国传统文化是封建时代的文化,而欧洲也有过它的封建时代,也有过它的封建时代的文化。但从此出发,认为中国文化自己要向后转,并和向后转的西洋文化合作,这却是拿人类文化史来开玩笑了。

对西洋文化史特别赞扬其中世纪文化的并不是钱穆先生一人。如贺麟先生就也是一面赞扬欧洲中世纪文化,一面捧着那产生于资本主义腐败时期,又直接引导到法西斯思想去的新黑格尔主义。他们都是从直到今日为止一部西洋文化史中找出其坏的、落后的成分,而剔除了其好的、进步的成分。所以向来的文化史家都把欧洲中世纪看做是"黑暗时期",而钱穆先生却认为这"黑暗"其实倒是光明,而且他说:"我们可以疑心欧洲或许在最近将来要来一个耶稣复活,再来一个新黑暗!"(第39页)

呵,伟大的预言家啊!假使人类的文化真会跟着钱穆先生的指示走,那么不论是东方还是西方,便都一齐跌进了一个黑暗时期了!

由这里,我们也可以懂得,为什么钱穆先生、冯友兰先生、贺麟先生等等都不约而同地对于满清大臣张之洞所提出的"中学为体,西学为用”之说发生兴趣，并都自以为是从一个新的意义上来再提出这口号。（钱先生之说见《理性与自由》第44页，冯先生之说见《新事论》，贺先生之说见《近代唯心论浅释》，对冯、贺二先生之说均另有文批评。）因为张之洞实际上弄不清楚“西学”到底是什么，所以不免弄成“体用两橛”，无法自圆其说。但新的复古论者们所看到的“西学”只是欧洲中世纪的封建文化和资本主义腐败时期的某种思想，因此就自然能和那中国封建时代统治者的传统文化和洽一致，体用相合了。

四、“攀龙附凤”

因为我们批评钱穆先生的这本书，不过是借以指出在今天有许多人在努力宣传着一些有害的观点，所以在说明了以上各点之后，对于本书中所涉及的其他问题都可暂置不论了。然而最后，我们还不能不指出，使得钱穆先生对于中西文化的历史、现实及其前途各方面都得出了许多糊涂而混乱的结论的原因是什么。

首先，我们必须指出，这一切混乱与错误都出发于唯心论的观点。

钱穆先生是公开地反对唯物论、唯物史观的人，在他的著作中，对于历史的解释，也是直率地用唯心论的观点来立论的。在《国史大纲》中，他直率地说：“国家本是精神的产物”（《国史大纲》上册第154页），例如在该书中论及在两汉的“统一国家”以后继之以四百年的长期分裂，然后又是隋唐的“统一国家”这样的发展过程的原因时，钱先生以为，乃是由于那种支持一个“大一统国家”的精神理论先是失掉了，后来又复活了。

钱先生对于唯物论与唯物史观根本没有经过认真的考虑，这是我们敢于断言的，因为他对此二者的了解不过是接受了一些恶意的批评者的唾余,他所认识的唯物论只是尊崇物欲的思想,他所认识的唯物史观不过是最朴素的经济决定论,而二者在他看来,又都是根本否定人类精神生活的。

我们在这里不可能来和钱穆先生讨论哲学与历史哲学的问题。但既然是根据某种哲学观点来说明历史,那么正确的观点就只是那能对一切历史现象作出恰当而完满的说明,并对历史的发展指出可能实现的方向的观点。从以上所指出的那种对于历史文化问题的糊涂混乱见解,就已经足够证明其所据以出发的哲学观点是何等无用的武器啊!

我们还要着重地指出,这一切混乱与错误,又都出发于脱离民众反对民众的立场。

钱穆先生之站在这一立场上,在他的著作中也是非常公开的。所以他在《国史大纲》的序言中明白说出他的著作是上继司马光的《资治通鉴》的事业的。因此他也毫不掩饰地和历代的治者站在同一立场上指斥历史上每一次的农民起义(包括太平天国的起义在内)是“叛乱”,是对于社会的进步毫无好处的。在《文化与教育》这一本书中也同样贯彻着这个立场。所谓“中国式的民主”所包含着的,其实是反人民的内容,那已不必再说。更明显地表现这个立场的,还有《建国三路线》一文。

在这篇文章中,钱穆先生反对“民众建国论”,虽然他说:“国家基础在于民众,为民众而有国家,国家的一切代表着民众,这是天经地义,无须讨论”;但又断然决然地说,“无论如何,中国的建国工作,一时还无法径行推到全体民众的肩上去,这是显然的事实”(第126页)。

我们已知道,钱穆先生是对于汉唐宋明的政治十分满意的人,他以为那样的国家就已可算是“基础在于民众”,“一切代表着民众”的了。因此他当然不赞同民众建国论。但我们只要能不用“传统文化”的偏见来看一看现代的民主国家，那么就不能不看出，假如不是人民直接参加建国工作，真正的以民众为基础、代表民众的国家是绝对产生不出来的。自古以来，一切专制魔王，何尝不以为自己的国家是为了民众、代表民众的，但他们永远不肯承认民众做国家的主人。钱穆先生之反对民众建国论岂不正和他们一鼻孔出气么？

正因为钱先生是用这样的立场来看政治，因此在本书中另一篇论政治家的文章中就明快地说：“政治事业，乃彻底的一种英雄领袖的事业。”（第160页）既然如此，在《建国三路线》一文中，反对民众建国论之后，虽也反对“领袖建国论”，但其驳论却只能是非常无力的了。他说：

> 自袁世凯以至吴佩孚……他们还来做秦始皇、唐太宗所不能做也不敢做的事。他们想用一个狭窄的部分的势力来统治中国，结果只有失败，他们似乎做了民众建国论的反动思想。（第131页）

袁世凯、吴佩孚的企图自然是应该揭破与打击的，但应该看出，袁吴的企图，实际上正是想走秦始皇、唐太宗的路。拿秦始皇、唐太宗来教训袁吴之流，会有什么效果呢？秦始皇在历史上为功为罪，我们且勿作断言。唐太宗，诚然不能不说是中国历史上有才略、有作为而又能用人的一个皇帝，但是历史不能拉回到汉唐时代，而唐太宗在二千年的封建历史上也只有一个。生在现代而想做唐太宗，结果就只能是袁世凯、吴佩孚。钱穆先生反对袁吴，而又主张唐太宗的路线，不能不说是自相矛盾的。

我们懂得，钱穆先生在讨论建国论时，其正面意思乃是说，建国的基本力量既不属于民众，也不属于领袖，而是属于“中层阶级”，他说：

> 建国的力量，逃不出此三者（民众、领袖、中层阶级）之外，

而且必待此三项势力之协调与融和。其机括实操于中层阶级之手。必待中层阶级先走上协调融和的路，而后才能拥护出全国一致的真领袖，而后他们才能领导全国民众以建国的真路向。（第134页）

对于这种议论，我们且不来做理论的批评。只说，假如以为从中国历史上可以得出这个结论，实在太谬不然。像唐太宗，钱穆先生之所以深加赞扬，是因为他能用人，而所用又皆贤人。但是在那样的政体下面，毕竟是唐太宗任用房玄龄、杜如晦、魏征、王珪，而不是房杜魏王拥戴出了唐太宗。假如这些人所遇的不是唐太宗，而是宋高宗、明神宗之流，则结果如何，是也不难设想的吧？而且如钱先生所说的"中层阶级"，在全国人民中何尝不是一个"狭窄的部分"，有什么根据说，从他们中可以产生全国一致的领袖——假如置广大人民的要求于不顾？

谁也不否认，中层阶级在建国中也占重要地位，但是有一个最切实不过的教训摆在中层阶级的每一个人的面前：倘不能认真信任并依靠基层人民的力量，就只有成为领袖建国论的俘虏！

钱先生说得很明白："大政治家之成就，并不系在其自身，其更重要者，实在其攀龙附凤之一集团。"（第155页）由此可见，钱穆先生把中层阶级的作用如此强调，以为只有他们能拥戴出真领袖，领导民众，但实际上却也不过是自许为"攀龙附凤"的集团而已！

1944年1月

（原载于1944年2月25日《群众》〔重庆〕第9卷第3、4期，署名沈友谷。选自胡绳《理性与自由》，华夏书店1946年版）

本文站在马克思主义唯物史观的立场上，对钱穆《国史大纲》所主要证明的中国古代政治不是专制政体、中国传统文化至今仍有优异价值的历史文化观进行了批判。作者指出，中国政治并非专制政体的观点，实际是模糊或脱离了政体与国体的关系；所谓传统精华的“孝”与“中庸”，有其历史的实质和局限，已不合于新时代的生存。作者并对钱穆及其他新儒家人物东西文化观中的复古倾向作了深入分析。最后，作者指出，钱氏之所以得出“许多糊涂而混乱的结论”，一是出自于唯心论的观点，二是出自于脱离民众、反对民众的立场。

论《新理学》的哲学方法

洪　谦

一、问题之所在

我们如列举中国现代富于学术性而且有普遍影响的哲学著作,那么自然不能不推冯芝生先生的名著《新理学》了。冯先生去年在《哲学评论》第八卷第一、二两期中又发表一篇谈他的《新理学》的哲学方法的文章。这篇文章名为“新理学在哲学中的地位及其方法”。在这篇文章里有许多地方谈到现代欧洲一个新兴的哲学学派维也纳学派。冯先生在这篇文章里之所以谈到维也纳学派的原因,主要的是在于藉维也纳学派对于玄学的批评来证明他个人的玄学(冯先生称他的新理学的哲学系统为“真正的玄学”)在理论上的根据以及在哲学中的地位。因为如冯先生所言:一切似是而非的传统的玄学,已被“现代批评玄学最力的维也纳学派”“取消”了,但是他的玄学不但没有被“取消”,反而它的本质因之“益形显露”。所以维也纳学派对于玄学的批评,不但与真正的玄学无关,而且对于真正的玄学有“显正摧邪”的功用。由此方面说:维也纳学派不但不是玄学的罪人,而且是玄学的功臣。

本文所引为问题的对象,就在于冯先生这种对于维也纳学派对玄学批评的看法,是否从维也纳学派立场所能承认的,所能解释的。具体点说:本文所欲提示的问题,就在于维也纳学派只能“取消”传统的玄学,而不能取消冯先生的玄学么?冯先生的玄学不但不能被维也纳学派“取消”,反而把它的本质因之“益形显露”么?假如我们对于这些问题有了答复,那么冯先生的玄学能否借维也纳学派证明这个问题也能同时明白了。

二、传统的玄学与冯先生的玄学

冯先生所谓维也纳学派只能“取消”传统的玄学而不能“取消”他的玄学的主要理由,是在于他认为这是两种根本的玄学。这两种玄学的根本不同点,就如冯先生所言:传统的玄学是以“对于事实为积极的肯定”的综合命题为根据,他的玄学则以“对于事实为形式的解释”的分析命题为根据。“对于事实为积极的肯定”的综合的玄学命题,就是哲学上所谓“上帝存在”“灵魂不死”“意志自由”一类的命题。“对于事实为形式的解释”的分析的玄学命题,则如冯先生所谓“山是山,水是水。山不是非山,水不是非水。山之所以是山而不是非山,水之所以是水而不是非水,必因山有山之所以为山,水有水之所以为水一类”的命题。

所谓“对于事实为积极的肯定”的综合命题者,就是一种对于事实有所传达(mitteilen,communication)的命题。自然科学社会科学以及日常生活中的经验命题,都是此一综合命题。综合命题既然在原则上必须对于事实有所叙述,有所传达,于是这一类命题之为真为伪以及有无实际的意义,就不能不以它所叙述所传达的事实在实际上之有无,为之标准,为之根据。假如一个综合命题名虽对于事实有所述叙有所传达,而实际上我们根本就不能证实这样的事实之有无,那么这样的综合命题只有综合命题之名,而无综合命题之实了。属于这类的命题无论其本来意义如何的动人视听,无论对于我们的感情方面如何的刺激,但是对于事实总不能为客观的叙述,真实的传达的。它们只是一些名为综合命题而实非综合命题的一种命题,是如维也纳学派所谓“似是而非的命题”(die Scheinaussage)而已。

维也纳学派之所以必须“取消”传统的玄学者,即因传统的玄学命题如“上帝存在”“灵魂不死”“意志自由”一类的命题,虽然在感情方面具有深厚的意义,但是严格的分析起来,是一种变相的所谓“桌子是爱情”“炮台是道德”的命题,是一些如维也纳学派所谓“似是而非的命题”。传统的玄学既然以这样无实际意义的“似是而非的命题”为之根据,既然是一个这样命题的理论体系,那么它如何能对于事实有所叙述有所传达呢?它如何能成为一种关于实际的知识理论的体系呢?

冯先生认为维也纳学派之所以不能“取消”他的玄学的惟一理由,即在于他的玄学根本就不是一个这样的综合命题的理论体系,而是一种所谓“对于事实的形式的解释”的理论系统。所以维也纳学派既不能以“取消”传统的玄学的理论根据而“取消”它,同时也不能因它之为分析命题如数学逻辑以及一般的分析命题,根本就无实际方面的意义,而摈诸玄学范围之外了。

三、维也纳学派与冯先生的玄学

冯先生认为维也纳学派只能“取消”传统的玄学而不能“取消”他的玄学的理由,大体上是如此。不过这个问题从维也纳学派立场而言,则就根本不同了。从维也纳学派立场而言:它的“反玄学”(Antimetaphysik)的主要点,并不是如冯先生所言将玄学从哲学上加以“取消”,只想将玄学在哲学中的活动范围加以指示,在哲学中的真正地位加以确定。换句话说:维也纳学派虽然否定玄学之为一种关于实际的知识理论的体系,但并不否定它在人生哲学方面的伟大意义。所以某种玄学之能被“取消”或不能被“取消”，与某种玄学之以某种命题为根据，毫不相关。某个玄学家视他的玄学是否为一种关于实际的知识理论的体系，才是其惟一的标准了。冯先生的玄学虽然与传统的玄学有上述的不同，但是冯先生亦如其他的玄学家视他的玄学亦是一种关于实际的知识理论的系统。而且在冯先生所谓人类四种知识(一)数学逻辑，(二)玄学，(三)科学，(四)历史中，冯先生所代表的玄学还身居其第二位呢。

从哲学史上看到玄学的发展，最易于感觉到无论古今中外的玄学家，无论他们的玄学理论如何的不同，但总同样的对于科学知识有所歧视：他们不是对于科学之为关于实际的知识理论的体系表示怀疑，就是表示不满意。欧洲著名的玄学家无论为叔本华里格尔露灼柏格森甚至于哈德曼海德歌尔，虽然各有各的思想方法和玄学系统，但无一而不假定了一个特殊的知识对象和实际范围，以与科学的知识对象和实际对象相对立。这个特殊的玄学的知识对象和实际范围，他们或者以实际的“那一边”(Jenseits der Wirklichkeit)或者以经验的“那一边”来区别科学的实际和科学的知识。冯先生这位玄学家虽未如欧洲一般的玄学家假定了在实际“这一边”(Diesseits der Wirklichkeit)之外还有所谓实际的“那一边”或经验的“那一边”。但是他认为在“这一边”实际之内有两方面的实际知识。冯先生称这个两方面的实际知识为“积极的实际知识”和“形式的实际知识”。所谓实际的积极方面的知识，就是一些“对于事实为积极的肯定”的综合知识。所谓实际的形式方面的知识，则是如冯先生所谓“对于事实为形式的解释”的分析知识，就是冯先生所主张的玄学知识了。

由此而论，我们即不难明了玄学之所以产生以及玄学家对于玄学的要求，不只是对于实际得到理解和认识，此外还想从中得到感情上的满足和内心中的安慰。难怪乎创立划时代的“批评哲学”

的哲学家康德曾慨乎言之:我们对于玄学问题是无能为力的,因为“人类根本未具有解决玄学问题的理性”。不过这个康德视为非人类理性所能解决的玄学问题,到了冯先生所誉为“现代批评玄学最力”的维也纳学派,则就得到新的解决方法和途径了。我们之所以称维也纳学派对于解决玄学问题有新的方法和途径者,即因它认为玄学问题在哲学上的对象,并不在于某种“玄学的客体”(metaphysisches Objekt)在实际上之有无的确定,而在于基本的玄学命题在实际上有无意义的分析。维也纳学派认为所谓玄学问题确为一个关于实际的问题,那么它必须从分析上而能了解其在实际上的意义,假如它根本未具有任何关于实际的意义,那么它就不成其为一个实际的问题,只是一种如维也纳学派所谓“似是而非的问题”(die Scheinfaage)了。

我们以上曾经说过:一个关于实际的命题在原则上必须对于事实有所叙述,有所传达,同时它对于事实所叙述所传达的对象,就是这个命题惟一的实际意义的根据。所以一个关于实际的命题对于事实有无叙述,有无传达,或者说有无实际上的意义,就不能不以这个命题之有无证实方法(Methode der Verifikation)为之标准。所谓证实方法者,就是指示我们对于某个命题与实际的比较手续,了解某个命题在实际上的事实根据,换句话说:就是说明某个命题在某种实际条件之下是真的,在某种实际条件之下是伪的。因为一切关于实际的命题既然在原则上必须对于事实有所叙述,有所传达,那么这样的命题之为真为伪,之有无实际上的意义,自然有与实际比较的可能,自然有实际上的证实的必要。假如一个关于实际的命题无论在任何实际条件之下,不能证实其为真的,无论在任何实际条件之下,不能证实其为伪的,那就等于说这个命题之为真为伪,之有无意义,与实际毫不相关,那么这个命题自然对于事实既无所叙述,也无所传达,自然是一种无任何实际上的意义的命题,是一种如维也纳学派所谓“似是而非的命题”了。

固然维也纳学派所谓实际命题的证实方法,有原则上和事实上的两种。凡是具有原则上的证实方法如“月球反面有三千米达高的山”一类的命题,虽然我们不能立时从事实上证实它之为真为伪,之有无实际上的意义,但是这一类的命题的证实方法,在原则上是能够想象的,能够捉摸的。可是一个未具有原则上证实方法的命题如“电子内有一种无任何外在现象的核子”一类的命题,我们对之不只不能从事实上证实它之为真为伪,之有无实际上的意义,就是这一类的命题的证实方法,在原则上亦无法想象无法捉摸了。因为我们对于这个命题的与实际的比较手续以及它在实际上的事实根据,只能以那个核子及在电子中的“外在现象”为之标准:我们只有根据这一点才能确定它在实际上之有无,它是否具有实际的意义。但是这个证实方法的惟一可能性,从那个核子的定义中就完全被否定了。所以我们对于这样命题所叙述的所传达的对象,在原则上就无法加以肯定或否定,所以未具有实际意义的命题,或者说是一种“似是而非的命题”了。

维也纳学派之所以能“取消”传统的玄学而认为玄学问题不成其为关于实际的问题者,即因传统的玄学命题如“上帝存在”“灵魂不死”“意志自由”一类的命题,都是些未具有原则上证实方法的命题,都是属于“电子内有一种无外在现象的核子”一类的命题。我们对于这些玄学命题既不能知其与实际的比较手续,亦不能知其在实际上的事实根据,我们只知其在感情方面似有所叙述,似有所传达,但并不知其在实际方面所叙述的所传达的如何?我们只知其在信念中似有这样的问题,但并不知在实际方面之为问题何在?我们对于这一类的命题不只是不能知其事实上与实际的比较手续和在实际上的事实根据,就是在原则上对于这样的命题与实际的比较手续和实际上的事实根据的可能性,也是无法想象的,无法捉摸的。传统的玄学命题既然是属于这一类命题，那么它自然不能对于事实有所叙述有所传达，自然不能具有任何实际的意义，自然是些“似是而非的命题”。传统的玄学既然以这样“似是而非的命题”为之根据，既然为一种“似是而非的命题”的理论体系，那么它不能成一种关于实际的知识理论的体系，就是所谓“非人类理性所能解决的玄学问题”之为关于实际的问题，也毫无事实根据和逻辑意义可言了。

不只是“对于事实为积极的肯定”的综合玄学之不能成其为一种关于实际的知识理论的体系，是由于传统的玄学命题根本未具有实际上的意义，是由于这些命题都是一种似是而非的综合命题。就是冯先生的“对于事实为形式的解释”的分析玄学之不能成其为一种关于实际的知识理论的体系，也是由于这样的玄学命题亦无法对于事实有所叙述有所传达，它一如传统的玄学命题都是一些空洞无实际上的意义的命题。固然冯先生的玄学命题之无实际上的意义，并非如传统的玄学问题因其为“似是而非的命题”而不能有实际的意义，而是因为“重复叙述的命题”(tautalogische Aussage)而不能有实际的意义。一个所谓“重复叙述的命题”之所以不能有实际上的意义者，即因这一类的命题与一个关于实际的命题，在原则上就不相同。我们曾经说过：一个关于实际的命题原则上必须对于事实有所叙述有所传达，同时这个命题所叙述的所传达的事实对象，就是它之为真为伪之有无意义的标准。但是一个“重复叙述的命题”对于事实所叙述的所传达的事实对象，我们根本从事实方面就无法加以肯定或否定，同时它之为真为伪之有无意义亦无须有从事实方面加以肯定或否定之必要：这一类的命题之为真为伪之有无意义是在一切实际以外的，是有其独立性的。这一类命题既然在一切实际以外而能真或伪而能有其意义，那么它自然与一切实际无关，自然是一些空洞无任何实际的意义的命题了。

冯先生的“对于事实为形式的解释”的玄学命题如“山是山，水是水。山不是非山，水不是非水。山是山不是非山，必因有山之所以为山，水是水不是非水，必因有水之所以为水”，在原则上就是一些对于事实无所叙述无所传达的“重复叙述的命题”，因为这样的命题对于事实所叙述的传达的对象，我们从事实方面亦不能有所肯定或否定的，同时这样的命题亦不因其在事实方面不能有所肯定或否定而失去它的真性，而失去其原有的意义的。换句话说：我们只知一个对于“山”或“水”有所叙述有所传达的命题，是“山是什么或不是什么”“水是什么或不是什么”而不是“山是山”“山不是非山”“水是水”“水不是非水”一类的命题。我们从“山是什么或不是什么”“水是什么或不是什么”中，就能推论“山是山不是非山，必因山之所以为山”，“水是水不是非水，必因水之所以为水”。可不能借“山是山不是非山，必因有山之所以为山”“水是水不是非水，必因有水之所以为水”一类命题，对于“山之所以为山”“水之所以为水”还有所了解还有所认识了。所以假如我们称传统的玄学命题是一些变相的“桌子是爱情”“炮台是道德”或者“电子内有一种无外在现象的核子”一类无事实根据的“似是而非的命题”，那么我们亦可称冯先生的玄学命题是一些变相的“今天是星期三就不是星期四”“今天是晴天就不是雨天”“戴有色眼镜的人就不是戴无色眼镜的人”一类根本对于事实无所叙述无所传达的“重复叙述的命题”（今天是星期三就包含了不是星期四或星期二，今天是晴天就包含了不是雨天或雪天，戴有色眼镜的人就包含了不是戴无色眼镜的人或不戴眼镜的人，这还有什么可说，这分明是无所说是“空话”（leeres Wort）。不过这就是我们所谓对于某种意义以重复的叙述，就是我们所谓重复叙述的分析命题。康德对于这一点已经有完善的说明了）。

冯先生的分析的玄学命题之不能有实际上的意义，就是我们从一个对于实际命题的证实方法方面，亦不难说明的。我们曾经说过：一个实际命题的有无意义，是在于其有无原则上的证实方法。不过一个无原则上证实方法的命题不只是如传统的玄学命题在任何实际条件之下不能真或伪，就是在任何实际条件之下，永不失其真或伪的命题，也是同样的无原则上的证实方法的。因为所谓证实方法者，在原则上不外是指出某个命题在某种实际条件之下是真的，在某种实际条件之下是伪的，假如一个命题无论在任何实际条件之下是不能真或伪的，那么就是表示这个命题永远与实际无关。这个命题既然与实际毫不相关，那么对于它自然不能从事实上加以肯定或否定，对于它自然无所谓证实方法可言了。但是假如一个命题无论在任何实际条件之下是永不失为真或伪，那么这个命题就是一种重复叙述的命题。这个命题既然是一种"重复叙述的命题"，那么它自然在证实方法以外而能真或伪，那么对于它在原则上亦无所谓证实方法可言了。属于前一种无原则上证实方法的命题，自然是似是而非的传统的玄学命题，属于后一种无原则上证实方法的命题，则是重复叙述的冯先生的玄学命题了。

固然一个为真或为伪的命题未具有原则上的证实方法与一个不能真或伪的命题之未具有原则上的证实方法，是具有了不同的逻辑意义的。我们曾经说过：所谓证实方法者，在原则上只是指出某个命题在某种实际条件之下是真的，在某种实际条件之下为伪的，但不能指出在任何实际条件之下是真的，在任何实际条件之下为伪的，或者无条件的真的或伪的。传统的玄学命题之无原则上的证实方法，是因其无论在任何实际条件之下不能真或伪的，但是一个有原则上的证实方法的命题，是必须在某种实际条件之下是真的或伪的，绝对不能在任何实际条件之下既不能真或伪的。冯先生的玄学命题之无原则上的证实方法，则因其无论在实际条件之下是永不失其为真的：这就与证实方法之为指出某个命题在某种实际条件之下之为真为伪冲突了，这就是一种在任何实际条件之下为真的了，这就是一种无条件的真的了。这两种不同的逻辑意义的无原则上的证实方法的命题之不同点，我们亦可称为似是而非的综合命题与重复叙述的分析命题之为无实际的意义的命题的不同了。

综以上所言而论：无论传统的玄学或冯先生的玄学之为一种关于实际的知识理论的体系，从维也纳学派立场而言，都是根本不可能的。关于实际的知识，在原则上既无所谓"这一边"的科学知识和"那一边"的玄学知识，也无所谓如冯先生所指"这一边"实际之内有积极的科学方面的知识和形式的玄学方面的知识，只有一种关于实际的知识，这就是科学知识。只有科学知识才是真正的关于实际的知识，只有科学才是真正的关于实际的知识体系和真理系统了。传统的玄学和冯先生的玄学之为一种关于实际的知识理论的体系或真理系统，总而言之，都是原则上充满了矛盾的。因为无论某一种关于实际的知识必须对于事实有所叙述，有所传达，但是传统的玄学家不只想对将根本不能叙述的不能传达的，加以叙述加以传达，而且还以为对于事实已有所叙述，已有所传达了。于是乎传统的玄学命题都成了无事实根据的"胡说"(sinnleer)了，玄学都成一种"胡说"的理论体系了。冯先生的玄学虽然不包含任何"胡说"成分，但是冯先生的玄学命题根本就对于事实一无所叙述一无所传达，而冯先生这位玄学家也认为对于事实已有所叙述已有所传达，于是乎冯先生的玄学命题都成了与实际毫不相关的一种"空话"(sinnleer)了，冯先生的玄学也成了一种"空话"的理论系统了。

四、冯先生的玄学在哲学中的地位

冯先生的玄学在理论上的根据,从维也纳学派而言,已经如上面所说。现在我们对于它在哲学中的地位,还须加以说明。我们曾经说过传统的玄学之所以不能从哲学上加以"取消",即因它虽不能成为一种关于实际的知识理论的体系,但在人生哲学方面则具有深厚的意义和特殊的作用的。所以维也纳学派中人就说:"玄学家所能引为自慰的:玄学虽不能成为一种关于实际的知识体系或真理系统,但对于生活方面感情方面则具有科学所未有的作用。就是我们能从玄学的体验中和玄学理想中确能得到内心中的满足和精神上的安慰,确能弥补生活上的空虚,扩张我们体验中的境界。所以人称玄学为'概念的诗歌',同时它在文化上的意义和作用,我们亦只能以艺术诗歌譬之了。"

冯先生的玄学虽与传统的玄学同样不成其为一种关于实际的知识体系或真理系统,但对于生活方面感情方面的意义和作用则并不同。我们从传统的玄学命题如"上帝存在""灵魂不死""意志自由"中,可以得到在理想上的许多丰富的感觉,优美的境界,得到许多满足许多安慰。但是我们从冯先生的玄学命题如"山是山,水是水","山不是非山,水不是非水","山是山不是非山,必因有山之所以为山,水是水不是非水,必因有水之所以为水"中不仅无有如此的感觉境界,满足和安慰,甚至于似乎有点"无动于衷"之感。所以维也纳学派假如欲"取消"玄学,那么冯先生的玄学之被"取消"的可能性较之传统的玄学为多。因为传统的玄学虽不能成其为一种关于实际的知识理论的体系,但有其在人生哲学方面的深厚意义。但是冯先生的玄学似乎是两者俱无一借。虽然冯先生的玄学也如传统的玄学一样,想对于"人生境界"方面有所贡献,不过事实上传统的玄学已经有了收获,冯先生的玄学似乎须有新的努力,须有待于将来了。

五、结　论

现在将本文的主要点作一概括的结论,同时将它分作三点:

第一点　冯先生想借维也纳学派对于玄学的批评以证明他的玄学在理论上的根据以及在哲学中的地位。从维也纳学派而言,与冯先生的看法是完全相反的。我们可以说:传统的玄学经此一批评不但未被"取消"而且它的本质因之"益形显露",但是冯先生的玄学则有被维也纳学派"取消"之虑了。

第二点　冯先生认为从形式主义的玄学上能建立一个从"觉解"上达到"最高的人生境界"的玄学。从维也纳学派而言,他的玄学在这一方面的贡献,不但不能超过传统的玄学,而且远不如传统的玄学之既伟且大的。

第三点　关于玄学的方法问题:从维也纳学派而言,只有应用直觉主义的方法,才能保持玄学在人生哲学方面的伟大意义。但是应用冯先生所谓形式主义的方法,则似乎有失去玄学这个伟大意义的危险了。

一九四四,十二,十五,昆明脱稿。

〔附记〕本文是作者于本年十一月十一日在中国哲学会昆明分会第二次讨论会中一个讲演,不是为一般读者而写的。读者如对于这个问题有兴趣,则请详阅冯先生的《新理学》《新原人》,尤其是"新理学在哲学中的地位及其方法"这篇文章。还有拙作"维也纳学派与玄学问题"(《哲学评论》第八卷第三期)、"维也纳学派的基本思想”(《学术季刊》第四期)、“维也纳学派与现象学派”(《思想与时代》第卅五期)。程衡的《现代哲学的新趋势》(学术季刊第一期),也都有参阅的必要的。

(原载《哲学评论》第10卷第1期,1946年12月)

洪谦(1909—1992),安徽歙县人。早年曾在德国柏林大学、耶拿大学和奥地利维也纳大学学习,获维也纳大学哲学博士学位,并参加了维也纳学派。回国后曾任教于清华大学、西南联大、武汉大学,还曾担任牛津大学新学院研究员。1949年后曾任武汉大学、燕京大学、北京大学教授,中国现代外国哲学学会名誉理事长,中国社科院研究员等职。主要著作有《维也纳学派哲学》、《石里克和现代经验主义》、《论确证》等。本文是从维也纳学派逻辑实证主义的立场,针对冯友兰认为的维也纳学派只能“取消”传统的玄学而不能“取消”其“真正的玄学”(新理学)的论点,对冯氏《新理学》哲学所作的批评。

关于现代新儒家研究的几个问题

方克立

一年来,关于现代新儒家的研究已经引起学术界的普遍关注和重视,见诸报刊的论文不下十数篇,各种不同观点都摆了出来。"现代新儒家思潮研究"课题被列入国家哲学社会科学"七五"规划重点项目,已有十多个省市的近五十名学者积极地投入了这项研究工作。今年9月,在安徽宣州召开了第一次全国性的"现代新儒家思潮"学术讨论会,围绕着现代新儒家的定义(对象、范围)、产生背景、阶段划分、理论特征、历史评价等问题,展开了热烈的讨论。我有幸参加并和李锦全教授共同主持这一课题研究,这里,我想就现代新儒家研究的几个问题,结合讨论中的各种意见,谈点我个人的看法。

一、现代新儒家的界定

这项研究尚处于起步的阶段,我们无意于也没有能力给"现代新儒家"下一个大家都能接受的完善而准确的定义。但是,它首先涉及到研究的对象和范围问题,事实上由于对现代新儒家的概念和标准的理解不同,人们对哪些人是现代新儒家、哪些人不是都未能取得一致的意见。有的学者认为熊十力、梁漱溟、冯友兰、牟宗三是现代新儒家最典型的代表(李泽厚:《略论现代新儒家》,《文化:中国与世界》第3期),有的学者则选择了熊十力、方东美、唐君毅、牟宗三四人作为主要论述对象(刘述先:《当代新儒家的探索》,《传习录》第5期);有的学者认为方东美不是新儒家(陈鼓应先生持这种观点),还有的学者认为说梁漱溟、熊十力、冯友兰、贺麟是现代新儒家是"不妥当"的(张岱年:《中国传统哲学的批判继承》,《理论月刊》1987年第1期)。有的文章论述现代新儒学的演变,上溯到康有为、梁启超企图把封建儒学转换成资产阶级儒学的尝试;有的文章则把现代新儒家的上限明确地界定为"五四"以后,论述了它在六十多年历史演进中的三个发展阶段;还有的文章着重评介了以余英时、杜维明为代表的当代海外新儒学的思想(何新:《对现代化与传统文化的再思考——评海外新儒学》,《社会科学辑刊》1987年第2期)。总之,学术界对现代新儒家的定义、标准、范围的看法是很不一致的,有的甚至大相径庭。不把这个问题讨论清楚,作为一个统一课题的研究工作就无法开展,至少在我们课题组内应该有一个基本上一致的意见。

经过讨论,我们得到了初步的共识,即认为:现代新儒家是产生于本世纪20年代、至今仍有一定生命力的,以接续儒家"道统"、复兴儒学为己任,以服膺宋明理学(特别是儒家心性之学)为主要特征,力图以儒家学说为主体为本位,来吸纳、融合、会通西学,以寻求中国现代化道路的一个学术思想流派,也可以说是一种文化思潮。根据这一认识,我们在界定现代新儒家时,不能不考虑到以下几个方面:

(一)从学脉传承来说,现代新儒家是现代中国的儒家,具有尊孔崇儒、以儒家学说为中国文化的正统和主干、以继承儒家道统、弘扬儒家学术为己任等儒家的一般基本特征。他们有感于儒学在近代的衰落,怀着"为往圣继绝学,为万世开太平"的强烈的使命感,力图上承孔孟程朱陆王之"道统",重建儒家的价值系统,使儒学在当今得到“第三期之发扬”。所谓“第三期”是针对“第一期”（先秦儒学）和“第二期”（宋明新儒学）而言的，即是指现代新儒学的发展阶段。儒学发展三期论正是其道统观念之最明显的写照。现代新儒家的代表人物在致思趋向和哲学观念上也表现出千差万别，但在尊孔崇儒、以儒家圣贤自命这一点上是共同的，这正是决定其为现代中国的儒家而不是墨家、道家或其他什么“家”的根本原因所在。

（二）尊崇宋明理学是现代新儒家的共同精神取向。他们所理解的儒学的基本精神，其实就是宋明理学的精神，即以儒家心性之学为中国学术文化之本源大流，强调以“内圣”驭“外王”，通过提高道德以追求“天人合一”的精神境界。现代新儒家的主流派（从熊十力到牟宗三）似乎是更重视宋明理学中的陆王心学一派，但却不能以是否推重陆王心学为绝对标准；冯友兰的新理学就是“接着”程朱讲的，方东美也更推重程朱理学，不能否认他们也是现代新儒家的重要代表人物。有的学者如熊十力，曾宣称“余平生于宋学无甚好感”（熊十力：《乾坤衍》，1961 年自印本，下册第 58 页），但是他极力阐扬、绍述的“尽己性以尽物性”的“圣学血脉”（熊十力：《新唯识论》壬辰本，癸巳赘语），正是体现了宋明理学的根本精神。现代新儒学和宋明理学（新儒学）之同一个“新”字，一是指它们皆非简单地复归先秦儒学，而是表现了能够融合佛道以至会通西学的开放性，二是指它们都特重儒家“内圣”之学，不离“内圣”为体、“外王”为用的思想格局。

（三）从时代特征来看，现代新儒家区别于先秦儒家亦区别于宋明新儒家，它是生活在 20 世纪的中国，深切地感受到西方文化的挑战和中国面临着迫切的现代化问题，其对应现实的方法是力图以儒家思想为主体，来吸收、融合、改造西方近现代的思想和文化，力图找到一条使传统中国通向现代化的较平稳的道路。它一方面认同传统文化，一方面迎接西方新潮以适应时代需要。港台新儒家提出了“返本开新”的思想纲领，所谓“返本”就是返传统儒学之本，所谓“开新”就是开当代科学、民主之新。现代新儒家的代表人物都在不同程度上受到西方近代哲学和文化的影响，“援西学入儒”、“儒化(华化)西洋文化”是他们共同致力的工作，而且后来者在接受西学方面表现出越来越开放的态度。

(四)从时间界限来说，我们认为现代新儒家思潮产生于本世纪20年代初，它是对于“五四”新文化运动激烈反传统的一种保守的回应，也代表了中国传统哲学力图适应现代、走向世界的一种努力。这个时间界限与我们通常所说的从“五四”开始的中国现代思想史是一致的，所以叫“现代新儒家”可能比称“当代新儒家”更确当一些①。我们在考虑现代新儒家产生的文化背景时，自然不能忽略他们和康有为、梁启超等人的思想联系，但康、梁在戊戌以后的保守思想却不能归入现代新儒家的范畴，辛亥前后的国粹派同它也有显著的思想特征的差异。至于下限，谁也不能否认，现代新儒家在今天仍然是一个活着的思想派别。恐怕在整个社会主义初级阶段，在社会主义制度的优越性充分显示出来之前，不仅“全盘西化”论总会有一定市场，希望中国走“儒家资本主义”道路的理论也总会有人欣赏。

(五)现代新儒家是现代中国的一个重要学术流派，是一种广泛的文化思潮，而不仅仅是一种哲学思潮。有的学者认为钱穆是史学家，徐复观是思想史家，张君劢是政治家，都不能算是现代新儒家的代表人物。这是把现代新儒家仅仅看作是一种哲学思潮，甚至以是否重视终极关怀、安身立命问题为主要选择标准。我们

① “当代”一般指1949年中华人民共和国建立以后。海外称“当代新儒家”，虽然也提到梁漱溟、熊十力等前期代表人物，但主要是突出50年代以后港台新儒家的地位。

认为这样理解就太狭窄了。例如,钱穆先生虽然是一个史学家,但是他首先提出中国历史文化精神为一活的生命,这就是儒家的精神;他极其推崇宋明理学,以宋明理学为指导思想来编纂历史,同时又以叙述历史的方式来阐发宋明理学的基本思想。他无疑是广义的现代新儒家学派的重要代表人物之一。把现代新儒家作为一个完整的"思潮"来研究,似乎很难越过梁漱溟、熊十力、冯友兰、贺麟等前期代表人物;研究他们前期的新儒家思想,并不等于对其一生学术活动作结论,也不否定他们后来学术思想的转变和进步。

正是根据对"现代新儒家"概念的上述理解,我们课题组初步确定以梁漱溟、张君劢、熊十力、冯友兰、贺麟、钱穆、方东美、唐君毅、牟宗三、徐复观十人为重点研究对象。他们基本上属于现代新儒家的第一代和第二代,有的则是跨两代的人物(如张君劢、钱穆等)。1976年在傅乐诗编的《变革的限制——论民国时代的保守主义》一书中提到的"新儒家"的代表人物,1982年在台湾《中国论坛》召开的"当代新儒家和中国现代化"座谈会上所提到的代表人物,大体上均不出此范围。至于现代新儒家的第三代,大都活跃在当今港台和海外学术思想界,他们的思想表现出更多新的特点,并且正在发展变化中,研究他们可能更饶有兴味和更富现实意义,但只能俟诸来日。

二、现代新儒家在中国现代哲学史中的地位

前面已经提到,现代新儒家不仅是一种哲学思潮,而且有更加广泛的文化意义。但是必须肯定,现代新儒家的代表人物都是有哲学的,其实尊崇宋明理学就是一种哲学倾向,也是一种哲学观点。他们中不少人都有重要的哲学创造,自成体系,堪称大家;加

上他们在哲学路线、倾向上的共同性,以及相互之间表现出某种内在的逻辑联系,使这派哲学在中国现代哲学史上具有不可忽略的重要地位。

20 世纪的中国处在激剧的变动之中,作为社会政治、经济变动的反映的思想文化领域,也呈现出十分复杂的情况。

西方资产阶级学者通常把中国近现代思想概括为激进主义、自由主义、保守主义三大流派。激进主义是对马克思主义的攻击,通常提到的有李大钊、陈独秀等人。自由主义是指以胡适、吴稚晖等人为代表的西化派。现代新儒家则被归属于保守主义,并且提出一个新名词,叫做“文化的保守主义”,以区别于所谓“社会政治的保守主义”。保守主义除了现代新儒家之外,还包括孔教派、国粹派以至国民党戴季陶、陈立夫的哲学。

在 20 世纪的中国,马克思主义是最强大的思想潮流,马克思主义和中国革命的具体实践相结合,从根本上改变了中国的面貌,并从而影响了整个人类的历史进程。尽管学者们对马克思主义是不是中国现代哲学发展的“主线”还有争论,对马克思主义中国化过程中的成功经验和失败教训正在从不同角度进行探索和总结,但是,经过七十年的传播和发展,马克思主义以其强大的政治优势和最终胜利而占据了中国现代历史舞台的中心这一事实,却是有目共睹、谁也否认不了的。只有正确地解决了中国现代社会的主要矛盾、正确地回答了“中国向何处去”这个历史课题的哲学,才能够称得上是时代精神的精华。

除了马克思主义之外,西方近现代的各种资产阶级哲学和社会政治学说都先后传入中国,其中主要有实用主义、马赫主义、新实在主义、柏格森的生命哲学、尼采的权力意志论、新康德主义、新黑格尔主义、逻辑实证主义等等。对于这些流派在中国现代哲学中的地位和作用,需要进行实事求是的具体分析。其中有的确如过眼烟云，稍现即逝，其影响所及，始终没有超出几所大学的讲坛。有的被现代新儒家学者吸收和改造，成为他们铸造自己的中西合璧的哲学体系的要素和有机组成部分。值得指出的是，实证主义思潮在中国的传播和发展，从严复、胡适到金岳霖，似乎可以找到一条前后可循的线索，他们在研究认识论和逻辑学问题、改变中国传统思维方式方面作出了自己独特的贡献。但是，从总体上来说，相对于马克思主义这种“西学”，上述思想流派的力量、作用和影响都可以说是微不足道的，“自由主义在中国始终没能创造出自己的真正独立的哲学”（李泽厚：《略论现代新儒家》），我们不能把它在中国现代哲学史上的地位和作用估计过高。

站在保守主义立场上的保皇派、孔教派、国粹派、学衡派、本位文化派、戴季陶主义、陈立夫的唯生论、蒋介石的力行哲学等等，不但政治上的落后性和反动性十分明显，而且在理论上也谈不上有什么重要创造，因而在学术界的影响是很小的。

可以说，在现代中国的各种思想潮流中，除了马克思主义之外，比较具有继往开来意义、在理论上有一定创造性、影响较大而且生命力较长久的，唯有现代新儒家。这是一个很值得研究的现象，其原因恐怕在于它比西化派和顽固守旧派都更好地解决了传统和现代的关系问题。任何植根深厚并能有效地发挥其现实功能的哲学，都不能完全抛弃传统，“全盘西化”在中国是根本不可能的。但是如果不把传统推进到现代，使之有创造性的转换，那么它就只能成为阻碍历史前进的包袱。从维护儒家传统、反对全盘西化（也反对马克思主义）这个意义来说，现代新儒家属于保守主义的传统派；但是它又并不绝对排拒西学，而是主张在认同儒学传统的基础上，有选择地吸收西方哲学和文化，以适应时代发展的需要。从这个意义来说，现代新儒家又不同于孔教会、国粹派等其他保守主义的派别。它在本质上属于中体西用派，比较各执一端的西化派和顽固守旧派具有更大的号召力,因而其影响和作用也是这些派别所不可比拟的。

有的同志提出了现代新儒家哲学是“五四以后地主资产阶级思想体系的主线或主干”的命题,认为:“五四以来的地主资产阶级思想体系并不是一团没有头绪的乱麻,而是有一条主线贯穿其中的,这条主线就是‘新儒家’哲学”;“如果把五四以来的地主资产阶级思想体系比作一棵大树,其他流派好比枝叉,‘新儒家’哲学才是主干”(宋志明博士论文:《五四以来的“新儒家”哲学思想研究》,油印本)。这是有一定道理的。早在四十多年前,贺麟先生在《儒家思想的新开展》一文中曾经写道:“根据对于中国现代的文化动向和思想趋势的观察,我敢断言,广义的儒家思想的发展或儒家思想的新开展,就是中国现代思潮的主潮。”(贺麟:《文化与人生》,商务印书馆 1947 年版,第 1 页)主线论或主潮论可能渊源于此。贺麟先生当时是站在现代新儒家的立场,在观察、总结五四以来的中国现代思想史时,有意忽视和否定马克思主义思潮的威力和影响;但是这一概括和总结,如果仅就五四以来的中国资产阶级哲学来说,把现代新儒家看作是主线或主潮,还不能说是毫无根据的。贺先生作为一个通晓西方哲学、努力译介黑格尔和新黑格尔主义的学者,他看到了,任何西方传入的思想学说,如果不和中国传统思想相结合,就不可能在中国扎根,得到广泛深入的传播和发展。他在抗日战争时期力图把新黑格尔主义和陆王心学结合起来,以谋求“儒家思想的新开展”;他还系统地总结了五四以来新儒家思潮的发展状况和理论得失,确立了它在中国现代资产阶级哲学中的“主潮”的地位。如能排除对马克思主义的偏见,用这种观点去清理中国现代哲学史,是有可能把脉络搞得更清楚一些的。当然,作为一个勇于追求真理、不断进步的学者,贺先生早已改变了自己的哲学立场,但不能否认他在四十年前的论断仍包含着部分的真理。

明确现代新儒家在中国现代资产阶级哲学中的主线或主潮的地位，对于深入开展中国现代哲学史的研究是有重要意义的。它可以改变过去那种把五四以后的地主资产阶级哲学一概看成是腐朽的没落的，把反马克思主义和非马克思主义的思想流派一概说成是反动的简单僵化观念；它可以使我们的研究更注意那些融合中西、富有中国特色因而也更具有世界意义的独创性的哲学体系，更注意我们民族传统思维方式向现代转换过程中的哲学创造和理论思维经验教训；它可以帮助我们了解今日思想战线的复杂情况，了解各种思潮的来龙去脉，预计今后的发展趋势，以便采取正确的态度和方针。特别是现代新儒家思潮在今天还不能算是完全过去了的历史，它还活着，还在发展，我们对它进行历史性的研究就具有更加重要的现实意义。

三、关于研究的态度和方法

"现代新儒家思潮研究"课题一上马，就碰到了为什么要开展这项研究和怎样开展研究的问题，前者在"课题论证"中初步解决后，研究的态度和方法问题便突出了起来。经过讨论，我们认为在研究中要注意以下几个问题：

(一)老老实实地从搜集、整理资料的基础工作做起。

起初，曾有同志提出，这是一项极有意义的开拓性工作，目前人们对什么是现代新儒家，有哪些代表人物和主要理论观点，其产生背景、发展阶段和今后趋势如何等均不甚了了，如能组织一个精干的班子，分工合作，两三年内就能写出一本《现代新儒学概论》或《现代新儒家思潮史》之类的专著来。我们认为，这不失为一条早出成果、早见效益的"捷径"，但目前这方面的研究基础很差，没有扎实的资料准备，没有一批专人专题的局部研究成果做基础，要写出真正有科学性的“概论”或“思潮史”来，事实上是不可能的，至少目前条件还不成熟。对于梁漱溟、熊十力、冯友兰等现代新儒家前期代表人物，近年来才有人开始注意研究，还没有拿出系统的研究成果来；而对50年代以后在港台大力宣传新儒学的唐君毅、牟宗三等人，大陆学界因多年隔绝，知之甚少，近年来进口了一批台港版图书，对他们始有所知，但掌握的资料仍很不完全。因此，我们的工作必须从最基础的资料收集整理做起，按照统一计划，分工协作，一个人一个人、一个专题一个专题地分别收集、整理第一手资料，包括必要的调查访问，编写传记、年谱等，通过“知人论世”进而研究思想学说，写出专人专题研究的系列论著来，在局部、微观研究基础上，然后才有可能宏观地把握整个思潮和弄清一些更深刻的本质问题。我们期以十年，通过课题组全体成员的扎实工作，将陆续推出《现代新儒学研究丛书》、《现代新儒学研究论集》、《现代新儒家学案》等成果来，为后来者更高层次的研究打下一点基础。

(二)要以马克思主义的立场、观点、方法为指导。

对于现代新儒家的研究、分析和评论，可以有不同的立场和态度。有批评的态度，也有赞赏的态度或同情地了解的态度。在批评的态度中，有站在西化派立场的批评，有站在更保守的国粹派立场的批评，也有站在马克思主义立场上的力求客观、实事求是的批评。提倡哲学史研究的多层次、多角度、多方法、多途径，并不意味着肯定真理多元论，而是力图把握真理的全面性。过去那种简单僵化的哲学史研究模式，是不符合真理的客观性和全面性的要求的，也从根本上违背了马克思主义辩证法的精神。

要正确揭示现代新儒家思潮的实质、产生根源、社会作用和发展前景，离开马克思主义的阶级分析方法，离开社会存在决定社会意识的历史唯物主义基本原则是不行的。因为它确实是在阶级社会和复杂的阶级斗争背景下产生的思想文化现象，相信它宣传的抽象人性、超越的道德本体、不变的“历史文化精神”等等是幼稚的。我们还是要把现代新儒家放到中国现代社会和思想斗争中来考察,从它所代表的阶级的特殊利益来了解它所提出的一切思想主张,肯定其中所包含的有价值的理论创造,合理的思想成分,批评其错误和保守落后的方面。对于它的文化保守主义的实质、中体西用的基本态度、唯心主义的历史观和道统论、高扬道德理性的伦理本位主义,以及攻击“五四”运动、反对马列主义、诋毁大陆中共的政策、鼓吹走“儒家资本主义”道路等等,我们当然不能肯定,而是必须加以批评。现在有一种倾向,似乎马克思主义的阶级分析方法已经过时了,对于现代新儒家和其他有成就的资产阶级学者,都只能捧而不能批评,否则就会被指责为“左”和“僵化”。这是很不正常的。哲学社会科学包括历史科学的研究,离开从社会存在到思想的历史唯物主义原则,就很容易走到邪路上去。

(三)要重视现代新儒家为解决传统和现代化关系问题所作的探索和贡献。

现代新儒家学者有一共同特点,就是爱国主义,热爱中国的历史文化,念念不忘民族文化的复兴。他们又都是具有时代感的学者,并不拒绝学习外国的先进文化,都在连结传统和现代、融合中西文化方面做了一些探索和试验,其中有许多宝贵的经验教训是值得总结和借鉴的。马克思主义者也重视民族文化传统的批判继承,并且主张学习一切外来的优秀文化,明确提出了“古为今用,洋为中用”的方针。尽管二者对历史传统和外来文化的选择标准不同(区分“精华”和“糟粕”的标准不同),处理古今、中西关系问题也有辩证综合和折衷调和的差异,但是,时代课题的共同性和解决继往开来问题态度上的某些相似性,使这两个学派有了互相借鉴的可能。例如,现代新儒家学者对“现代化即等于西化”观点的批评,在马克思主义者看来,有的也是说得相当中肯的,不无借鉴意义。

特别值得注意的是现代新儒家在传统哲学现代化和西方哲学中国化方面所作的探索和贡献。例如,冯友兰的新理学,它是“接着”程朱理学讲的,讲的是中国传统哲学的问题,用的是“理”、“气”、“道体”、“大全”等传统哲学概念、范畴,而他用以架构新理学哲学体系的方法,主要是新实在论的逻辑分析方法,因此使这种哲学完全没有传统哲学的那种缺乏严密的逻辑论证和形式系统的弱点。在理论观点上,它还吸收了柏拉图的理念论、亚里士多德的“四因”说、斯宾诺莎的实体学说、杜威的实用主义真理论等西方哲学要义,以及中国名家、道家、禅宗、玄学的某些思想,共同熔铸到新理学的客观唯心主义体系中去。应该说,它是融合中西哲学的一次成功的尝试,无论在内容上还是形式上,都超越了传统哲学,取得了现代哲学的属性,而它又是连接着传统、不离传统的。其他现代新儒家学者的论著,如唐君毅的《中国哲学原论》、牟宗三的《心体与性体》等,都采用了近乎西方哲学的方法,来分析讲论中国哲学问题,都有某种程度的创造,因而有其一定的学术价值。马克思主义哲学也有一个中国化的问题,它要和中国革命和建设的具体实践相结合,也要和中国哲学优良传统相结合,在内容和形式上都成为真正是中国化的马克思主义。显然,在这方面,现代新儒家学者在探索中创造的经验,有些对我们是有启发的,不应加以抹煞或视而不见。例如,我国现在通行的马克思主义哲学教科书,有哪一本在中国化(包括批判继承中国传统哲学遗产)方面是比较成功的呢?仅就“中国化”这一点来说,有哪一本能超过冯友兰的《新理学》这本解放前的“大学教程”呢?由此可见,学习和借鉴不是耻辱,而是提高自己的最好方法。

(四)克服各种主观情绪的偏执,尽量客观、科学地分析和评价。

“现代新儒家思潮研究”课题确立后,有几位长辈学者,听说我们把唐君毅、牟宗三等人列进了研究计划,很不以为然地说:他们在解放前都是二、三流的学者,其学术地位比留在大陆的一些成绩卓著、思想进步的学者低得多,现在把他们列为重点研究对象,写专论,立学案,不是过分地抬高了他们的地位吗?这种意见有其合理的方面,但也有偏狭之处。我们是把现代新儒学作为一个学术思潮来研究,而唐、牟等人是这个思潮发展一个阶段的主要代表人物,1958年著名的新儒家"宣言",就是由他们几人联名发表的;三十年来,他们在港台和海外出版了大量著作,培养了一大批学生,使新儒学的影响远及东南亚和全世界,以至"儒家资本主义"在今天仍然是海内外关心的热门话题,从学术思潮史和现实思想斗争这两个角度,无疑地都应该加强对他们的研究。当然,对他们的研究和评价应该实事求是,不故意抬高,也不故意贬低,恰当地评估他们在现代新儒家思潮发展史中的地位和作用,并且摆到整个中国现代思想史中来作横向比较,那么,他们和一些进步的马克思主义学者的比较就不是什么学术地位高低的问题了,我们完全不必顾虑有失公正。同时,为了推进中国现代哲学史学科的发展,我认为也应该加强对中国大陆现、当代哲学家的研究,在研究中同样应坚持实事求是的原则。

主观情绪的偏执往往来自各个方面。在哲学史研究中,我们还要注意一种解释学的成见,那就是专门研究某个思想家,往往就自觉不自觉地过分强调他的地位和作用,评价中有过多的溢美之辞,不能完全客观公允。这是由于在研究过程中熟悉了解而注入了主观的感情,如对其人格的仰慕,身世遭遇的同情,哲学倾向的认同等,有的还带有对乡邦先哲的表彰之意,或者也有见木不见林的认识偏颇。总之,这些主观情绪的因素都有可能影响客观的科学的评价,我们在对现代新儒家的研究中也要特别加以注意。众所周知,现代新儒家是一个敏感的问题,它牵涉到中国人的传统文化心理,牵涉到过去政治运动(如"批林批孔")的观念影响,牵涉到一些在世的学者，也牵涉到某些现行政策问题，因此，我们的研究更要科学严谨，不为各种情绪的偏执所左右，才能使我们交出的答卷经得起历史的检验。

现代新儒家研究是一个新课题，对它感兴趣的人很多，许多同行都在进行扎实的研究工作，并且已经拿出一些很有见地的学术论著来。我们热切地期望和所有同行同好进行这方面的交流与合作，特别希望得到专门研究中国现代哲学史的在座诸君的指导和帮助。即将由中国社会科学出版社出版的《现代新儒学研究论集》和《现代新儒学研究丛书》，不仅发表、出版本课题组成员的研究成果，而且也将为诸位和全国同好的精湛之作提供园地。我们还希望和港台以及海外的同行同好加强联系与交流。把现代新儒学这个带有一定国际性的思潮放到国际范围来研究，对它的现实意义和历史命运可能又会有更深一层的认识。

谢谢诸位。

（选自《现代新儒学研究论集》〔一〕，中国社会科学出版社 1989 年）

方克立，曾任南开大学、中国社会科学院研究生院教授。由其提议的“现代新儒家思潮研究“曾被列入国家哲学社会科学“七五”和“八五”规划重点项目。著有《现代新儒学与中国现代化》，主编《现代新儒家学案》（三册）、《现代新儒学研究论集》及“现代新儒学辑要丛书”等。本文是作者 1987 年 12 月 28 日在中国现代哲学史首届全国学术讨论会上的发言，作者就现代新儒家的界定、现代新儒家在现代哲学史上的地位及现代新儒家思潮研究的态度和方法等问题，提出了自己的看法。

新儒家：一个走向消解的群体

——从第三届当代新儒学国际学术会议谈起

郑家栋

在台北召开的第一、二届当代新儒学国际学术会议，大陆方面的学者因故未能出席。此番有机会出席1994年底在香港中文大学举行的第三届当代新儒学国际会议，感触最深的一点是：大陆的新儒学研究与台港及海外新儒学的现实发展之间，实际上仍是相当的隔膜。此种隔膜所导致的主要后果，亦并非是对新儒家缺乏同情的了解（如某些人——主要是《鹅湖》方面所批评的），而是大陆学者在很大程度上仍然停留于对熊十力、牟宗三等人的了解来把握今天的“新儒家”。

换句话说，如果我们仍然拘泥于对早期新儒家某些一般性思想特征的了解把握（如花果飘零的心态、时代的悲情、强烈的道统意识等等），来说明当代新儒学在后牟宗三时期的发展，就难免会遇到许多问题或出现误导。实际上，以熊十力、牟宗三为典范的新儒家群体已经或正在走向消解，代之而起的是一批经过现代知识和方法的洗礼，对儒家思想持有同情的了解和终极价值层面的某种基本的信诺，同时亦对前辈的陈义太高进行检省和修正，“在现代社会之内讲圣学的学人”①。

一、生命承当让位于理性探求

第三届当代新儒学国际学术会议上虽然也不时听到几声喧闹,但大体保持了一种述之于理性探求的开放宽松的气氛,这可以说在刘述先教授的主题演讲中已定下了基调。

如果说生命的气魄承当必须以拒斥理性的探求为前提,那么后牟宗三时代的儒者大约会毫不迟疑地选择后者。理性的探求必然要拒斥那种标准苛刻的判教和陈义过高的承诺,当有人在会上提出对儒家之道的领悟只能是百分之百,而不能是百分之九十九的时候,正是在当代儒家的阵营中居于重要地位的杜维明教授对这一判断的真实性及所谓百分之百醇儒存在之可能性提出质疑。

在许多大陆学者的心目中,以牟门弟子为主的“鹅湖”一系中似乎不乏狂热的卫道士,且他们正力图倡导和推动一场把现实的儒学研究转变为某种卫道的狂热的运动②。事实上,就此次会议而言,毋宁说他们是相当的理性而平和。以围绕李泽厚教授论文发表的讨论为例:李先生不赞同当代新儒家仍然把“内圣”与“外王”连贯起来讲,批评所谓“内圣开出新外王”的理路。几位提问和发言者中唯林安梧教授属“鹅湖”一系。林先生把牟宗三先生的

① 刘述先教授曾用这句话指称熊、牟等人,其实并不十分确切,我们毋宁把此语视为新一代儒者的自我定位。引文见刘述先《如何正确理解熊十力》,载《当代新儒家人物论》,台北文津出版社1994年版,第8页。

② 此类印象的产生,既来自某些人对《鹅湖》一系的批评,更来自某些人对《鹅湖》一系的褒扬。

"良知坎陷"解释为不是由儒学开出民主与科学,而是在民主化与科学化的过程中,儒学如何扮演一个调节者、参与者的角色。而按照此种解释,牟先生的观念实际上已没有什么特别的涵义,它既无涉于所谓"纵贯创造"的系统,更谈不上什么为现代化指引"精神方向",至多只是一种后设的理论,在儒家的道德精神与西方的民主、科学之间进行某种心理的、观念的调适而已。在 1994 年 10 月于北京举行的纪念孔子诞辰 2545 周年国际研讨会上,笔者曾着眼于处理儒家思想与现代化之关系问题的不同方式,用"实现说"(即把现代化视为中国文化之内在精神的自我实现)来指谓牟宗三一系新儒家的思想观念,以区别于把儒家思想与现代化对立起来的"冲突说"和一般地主张儒家思想与现代化之间可以相通、互补、调和的"相容说"。若依照林安梧的解释,此一区分亦不必要,种种讨论、批评、辩难亦属多余。

变化当然不是产生于、开始于此次会议之间。我认为刘述先教授提交1992年底在台北召开的第二届当代新儒学国际会议的论文——《如何正确理解熊十力——读〈长悬天壤论孤心〉有感》,可视为一个转折点。我们据此可以在当代新儒学发展的两个不同时期——熊、牟时代与后牟宗三时代之间划开一条明确的界限。

刘述先的文章本是为了回应翟志成对于熊十力先生的批评而作,但如何认识熊先生固然重要,更重要的却是透过此种认识所反映出的新一代儒者的自我反省和自我定位。刘先生不赞同依据宋明儒的圣贤标准来评价和取舍熊先生,他直截地指出:"熊先生的贡献不在立德、立功,而在于思辨、立言方面 ","熊先生的中心关注乃是'苟全'于乱世,做他著述讲学的工作"。"用牟先生的概念来说,他们担负的虽是'道统',但真正有所开拓的却是'学统','政统'的新外王事业则根本就沾不上边"①。

我并不认为刘述先先生的陈述尽合于熊、牟两先生的自我抱负,应当说引发别人"仍把他们当作传统的宋明儒那样的期待"的重要原因之一,是熊、牟等人常常会自觉或不自觉的流露出"传统的宋明儒那样的"自我期待。我们毋宁把刘先生的陈述视为新一代儒者的自我定位,此种定位使他们不仅与宋明儒家且与熊、牟等前辈之间划开了界限。换句话说,新一代儒者已清楚地意识到他们所从事的只是一种"学",此所谓"学"只是代表了对儒家思想之一种可能的诠释。在此种意义上,"内圣外王"仍然可以讲,但不是就个体实践方面所谓由内而外、由道德而事功的涵义上讲,也不是如牟宗三先生所言由"内圣"下开民主科学之所谓"纵贯"的理路来讲,而只是在十分宽泛的意义上讲,在肯定就历史发展的长过程而言,超越的文化理念终将对现实社会的发展演变产生某种规范作用的意义上讲。

耐人寻味的是:鹅湖一系中颇具功力,且在学问理路乃至个人才性方面似乎都颇近于牟先生的李明辉教授,在论及刘述先的文章时采取了全然肯定的态度,他并且发挥道:

> "在当代新儒家看来,传统儒学的重大缺失之一是无法建立"学统",亦即一个在现代意义下的独立的学术传统。在这方面,当代新儒家自觉地要弥补传统儒学的这项缺失,故其'重思辨'乃出于他们在现代社会中的自我定位。在这种新的自我定位中,个人的道德修养问题势必要从公共论述的领域中撤出。换言之,个人的道德修养将成为自证自知之事,而不再适合作为其学问(尽管是生命的学问)之印证。因此,当代

① 刘述先:《如何正确理解熊十力》,《当代新儒家人物论》,第2、16、8页。

新儒学予人以‘重思辨而轻践履’的印象，乃是极自然之事。如果我们承认当代新儒家建立学统的要求是合理的，我们就应该有一套与传统儒学不同的标准，来衡量当代新儒家的学术成就。”(《当代新儒家人物论》导言，第3页)

主张“个人的道德修养问题势必要从公共论述的领域中撤出”，“个人的道德修养将成为自证自知之事，而不再适合作为其学问(尽管是生命的学问)之印证”，这当然不是传统儒家的精神。儒家精神的首要之点就是知与行、为人与为学的统一、合一，在儒者的学问中应当能够看到他那个人，学问的高低最终也必须落实到修养境界上来说。问题在于：就现实而言，儒与非儒(乃至反儒)的分判早已成为纯粹理论层面的问题或者说成为某种哲学、文化立场的选择问题，而与个人的道德修养没有必然的联系。这并不是说所谓当代儒家的群体中没有身体力行者，而是说对于当代儒者更为契合的题目或许是有没有一个基本的操守，而不是达到了怎样的高明境界，因为此所谓“境界”完全可以是某种与工夫相脱离的纯粹主观的东西。当“实践”也被言说化了之后，知与行之间的内在联系也就不再具有某种必然的、普遍的意义。

人们常常谈到政治儒学与心性儒学之间的解构，实际上对儒学的发展产生更本质的影响乃至改变其方向的，倒是“知”与“行”之间的解构与分裂。新一代儒者与其前辈们的根本区别在于：他们已经清楚地自觉到并能够充分地正视此种分裂，而此一点将意味着他们必须进行全新的自我定位，意味着他们所期承担的角色及对儒家精神的理解，都会发生实质性的改变。

二、来自史学界的批评及其意义

众所周知，当代新儒家近年来受到来自传统文化研究群体内部的批评,确切地说是受到同样对儒家传统采取卫护立场的某些专家学者的激烈批评。此类批评与来自自由主义方面的批评可以说有实质性的差异,因为在自由主义者的有关批评中通常已经预设了新儒家思想与儒家传统之间的一致性,而来自传统营垒内部的批评则恰恰是针对新儒家思想能否体现儒家传统的内在精神这一点表示怀疑并提出诘难。后一类批评中又以余英时教授的《钱穆与新儒家》一文,最具影响力和系统性。

余英时文章的要害并不在于某些具体观点,而在于他所推重的"史学立场"。换句话说,余先生是从他所尊崇的"史学立场"出发,批评以哲学名家的熊十力、牟宗三等。在他看来,熊、牟等人采取一种哲学的、超越的、准宗教的进路,实际上是把中国文化精神架空了。他们仅只是从中国文化中抽取出几个超越的观念加以肯定之,而"在现实的层面,从制度到习俗,他们毋宁是反传统的,而且其反传统意识的激烈有时不在'五四'主流派之下"(余英时:《犹记风吹水上鳞》,台北三民书局 1991 年版,第 79 页)。余先生特别举出熊十力在 1951 年致梁漱溟的一封信中全盘否定中国家庭制度这一极端的例子,以说明熊、牟等人"确是对中国文化的一切有形的现实都无所肯定,所肯定的仅是无形的精神"(同上,第 80 页)。而为了使得被架空了的"无形的精神"有所附依,则不能不乞灵于"超理性的证悟","良知呈现"。

余英时先生的观点或许有许多值得商榷之处,文中所引证的某些材料也未必都具有典型意义。但是,如果我们突破所谓学派之争的狭隘界限,就不难发现:余先生强调从"学"的层面、从历史知识的层面契入和把握中国文化的精神义理,这与我们在本文上一部分谈到的新儒家自身所发生的转变——强调建立"学统"的意义和主张为人与为学之间的适度区分,表现出内在的一致性,只不过余先生把问题表述的更明确、更尖锐罢了。

如果我们不纠缠于某些具体观点或细微末节，那么可以肯定地说，余英时的《钱穆与新儒家》一文所表现的史学家向哲学家(或者说"史学立场"向哲学立场)的挑战，具有某种普遍的象征意义：它在一定意义上反映出当代学术思潮乃至儒学发展趋向的某种转向——由气魄承当转向知性探求；由个体化的、与个人的气禀和才具关系甚大的英雄主义的进路，转向客观化的知识的进路；由精英主义转向反精英主义。这在某种意义上即是由哲学回到史学。

余英时的文章过分夸大了钱穆先生与熊、牟之间的对立。实际上他所表述的与其说是钱先生与熊、牟一系的分歧，不如说是新一代儒者与其前辈们之间的分歧。就所谓"史学的偏见"而言，余先生无疑较之其业师钱穆先生走得更远；而此所谓"史学的偏见"或许正代表了当代学术思潮的某种转向或走向。

我们再来看李明辉站在新儒家立场上对余英时先生的回应。李先生抓住了余氏有关新儒家道统论的批评这一核心问题，但他的立论方式却令笔者殊感惊异。简要地说，李明辉是在肯定和接受余先生所称许的以为"整个文化大传统即是道统"这样一种"思想史家的道统观"的前提下，来论证和说明新儒家所坚持的"哲学家的道统观"实际上与前者并无实质性的差异，也无非是主张"整个文化大传统即是道统"(参见李明辉《当代新儒家的道统论》，《鹅湖月刊》第224期，1994年2月)。可是，以笔者粗浅的认识，可以说李明辉先生的论述并不符合于熊、牟等人超越心性论的理路，相比较而言，余英时所言新儒家"是以对'心性'的理解和体证来判断历史上儒者是否见得'道体'"，倒似乎更接近于熊、牟哲学本有的判教尺度和精神义理。

鉴于上面的分析，我们同样有理由不是简单地把李明辉文章中的论述视为对牟宗三等前辈的卫护，而应当把之看作是新儒家内部的一种自我调整。此所谓自我调整在很大程度上同样关涉到如何认识和处理"学"与"道"、历史知识与哲学思考、知识理性与价值理性的关系问题。如果着眼于"学"的层面,则不能不注意到中国文化整体性的、多层面、多向度的展开,超越的道统观念能否确立以及如何确立,便成为问题。

三、"新儒学"与"新儒家"的区分

成中英教授在提交第三届当代新儒学国际会议的论文中,明确区分了"新儒学"与"新儒家"两个概念,他指出:

> "新儒学是指当代学者对儒家学说的学术研究并在此一研究基础上作出力图公平而恰当的评价以为个人理解、行为或公共政策改革的参考;新儒家却是当代哲学思考者的一家之言,在已经确认或坚信的价值基础上发展和创立一套思想的体系或命题,倡议其普遍真理性和必要性。前者以历史观察与理性分析为方法,后者则往往诉之于个人体验、憬悟与直觉。"

此种区分对于我们厘清一些概念上的混淆确有助益。就总体而言,可以说"新儒家"是指谓一个学派,"新儒学"则只是指谓一个大致的学术方向,或者说是指谓一种广义的学术思潮;"新儒家"更多地关涉到价值层面的选择、取舍与认同,"新儒学"则更侧重于知性的探求与客观的研究;"家"是实践的、主观的、排他的,"学"则是理性的、知识的、多元展开的,必然表现出各自的差异性。在作出这样的分判后,我们不难发现早年冯友兰、钱穆、贺麟等人所曾使用的"新儒学"(或"新儒家")概念,基本上是就后一方面("学")的意义而言,与指称某一特定学派的"新儒家"概念关系不大。

成中英的区分本来是就逻辑的、义理的层面而言,却不期然地揭示出以熊、牟等人为代表的新儒家与新一代儒者所表现出的不同特征。就基本趋向而言,可以说当代儒学的发展正在经历着由“新儒家”向“新儒学”的演变,“家”的统一性正让位于“学”的多元性。事实上,如果我们着眼于当代儒学在后牟宗三时代的发展,那么不仅不能够把它简单地视为早期新儒家思想的延续,而且也很难于其中理出一条相互统属的线索。

大陆开展新儒家研究以来,关于新儒家之“儒”与新儒家之“新”都曾有过形形色色的界定。在我看来,新儒家之谓“儒”主要表现在他们是接着宋明儒家超越的心性论(道德的形上学)之传统讲的,此方面当然以熊十力、牟宗三两人的理论学说最为典型,亦最有成就。事实上,正是由于熊、牟二人的学术成就和其思想的笼罩力,人们往往会把他们的某些思想特征加以普泛化,因而自觉或不自觉地把其他新儒家(或新儒学)人物的思想理论纳入熊、牟思想的模式加以诠释之。此方面余英时先生的澄清自然有其重要意义。

关于新儒家之“新”,依照牟宗三先生及其门人的解释,当主要是指他们对内圣与外王之关系作出了不同于传统儒家的说明,即把二者之间的“直通”转变为“曲通”,也就是在内圣与外王之间加入了“良知坎陷”这一过渡环节。但此种说明有一被忽略了的理论难题:如果依据此一标准,熊十力亦应被排除在新儒家之外,因为按照熊先生即用即体的理路,“性智”与“量智”之间并不存在“坎陷”的问题,量智(知性主体、认知心)乃是性智(良知)之发用,且是“经用”,而不是如牟先生所说由良知坎陷所开出之“权用”①。就是说,在熊先生那里内圣与外王之间的关系也仍然是“直通”,而不

① 牟宗三先生有所谓“经用”、“权用”之分。他说:“于无执的存有论处,说经用(体用之用是经用)。于执的存有论处,说权用,此是有而能无,无而能有的。”见《现象与物自身》“序”,台湾学生书局1984年8月四版。

是“曲通”,至少依据牟先生的理论加以判释只能如是说。当然,这并不是本文所拟讨论的主要问题。

我们这里所要提出的问题是:熊、牟之后作为一个统一的学派的新儒家还是否存在?亦或是只有“新儒学”而无“新儒家”?

新一代儒者中最直截地接着牟宗三哲学讲的是刘述先教授。刘先生的努力方向在于:在肯认熊、牟等前辈超越的心性论(或称之为超越的唯心论)系统的理想性追求的前提下,强调和凸显理想与现实、法性与无明、“理一”与“分殊”之间的距离与紧张关系,谋求通过对“理一分殊”的现代诠释,“在宰制划一的‘绝对一元主义’与分崩离析的‘相对主义’的对立的两极之外,另觅第三条路”(刘述先:《理想与现实的纠结》“自序”,台湾学生书局1993年版)。他通过抉发道家所谓“两行”的普遍意义,并加以现代的解释,主张兼顾超越的道与当下的我,“在超越到内在、内在到超越的回环之中”,“通过既尊重内在又尊重超越的两行之理的体证,而找到安身立命之道”(同上书,第239、227页)。牟宗三的“一心开二门”是“从上面说下来”,刘述先对“两行之理”的阐释则是旨在谋求从上面说下来与从下面说上去的统一与互动。

就总体而言,可以说刘述先先生的着力之处乃在于对熊、牟哲学下一转语,使之接得上现当代的多元化格局。他确实是接着牟先生的哲学讲的,同时也向人们昭示出牟先生所建构的系统已不可能按其本来的面目传下去,从而宣布了一个过程的终结。他并明确指出唐、牟、徐等人的真实角色不是传统的圣贤,而只是“以儒家为终极关怀的学者”(刘述先:《传统与现代的探索》,台北正中书局1994年版,第174页),所以必须解消“一些流行的当代新儒家的神话”(刘述先:《如何正确理解熊十力》,《当代新儒家人物论》,第6页)。

杜维明教授是最先在大陆讲儒家第三期发展的海外学者,他也被公认为是当代新儒家继唐君毅、牟宗三、徐复观之后最主要的代表人物之一。在大陆学术界,“儒学第三期发展”通常被用为“现代(当代)新儒学思潮”的同义语。而事实上,杜先生所谓儒学第三期发展当是指称一涵盖广泛的文化运动或努力方向,其与熊、牟的超越心性论系统已相去甚远。就总体而言,可以说杜维明所关注的重心不在于某种体系的建构,而在于儒学作为一种思想资源对于现代人的生活、社会之可能发生的影响。近年来他一方面积极地倡导和推动儒学与基督教之间的对话,另一方面也一再提醒人们必须充分注意到历史上儒家思想自身发展的复杂性、多层次性及在不同区域(如日本、朝鲜、越南等)多向性的展开。而杜先生思想的开放性则更是与熊、牟一系苛刻的判教格格不入。

大陆有以成中英为新儒家之说。但是,就我们上文所谈到的成先生有关新儒家与新儒学之间的厘定与区分而言,他实际上是认同于广义的“新儒学”而非狭义的“新儒家”。近年来,成中英在对当代新儒家哲学进行超越性思考的前提下,致力于知识与价值、理性与生命之关系的重新阐释,强调二者之间的动态依持关系与不可分割的内在统一性,并由此形成了他对于当代新儒家哲学的检省与批评:

> “当代新儒家往往把人文精神与道德精神等同起来,正如把道德理性与人性等同起来一样。这是把人文精神狭隘化了。”
>
> “当代新儒家往往就价值的理想层次进行了思考与冥想,往往忘却了广大与精微知识理论与现实的重要相关性,更蔑视了知识所包含的主体的客体(观)性与客体的主体(观)性,也就未能理解客体性像主体性一样具有同等的本体性。”
>
> “牟宗三先生甚至对重视客观的理的世界的朱熹提出批评,以为他并非承继正统。此一观点更显出了儒家生活世界

的萎缩(也许对某些当代新儒家而言是一种净化吧)。在局限于自我道德性的高明与中庸实践中,自然也就丧失了知识性的广大与精微了。如何面对及真正掌握与解决现实世界中的问题(其中包含民主化与法律制度化等问题)也就变成一项最大而又无法在理论上真正克服的挑战。”

这几段文字均见于成中英在第三届当代新儒学国际学术会议上发表的《当代新儒学与新儒家的自我超越:一个致广大与尽精微的追求》一文,其在上一届新儒学国际会议上亦有相近的表述①,但此番的批评较之两年前似更为尖锐和更具整体性。

四、儒家角色的转换:从精神世界到思想资源

人们通常用“思想资源”一语来表述儒家思想与我们现实的精神生活的关系,此种表述在今天似乎已习以为常,因而也不会有人去追索(事实上也无从追索)它始于何人、何时、何地,以及其所表述的确切涵义。但有一点是可以肯定的,这就是:在熊、牟等人那里,儒家所扮演的角色绝不只是“思想资源”,而是“精神世界”——前者是可分的、多元的,经由主体的选择与发掘的;后者则是整体的、统一的,直接与主体存在地相呼应的。“思想资源”一语的引入同样体现了儒家角色的某种实质性转变。

融会中西通常被认为是当代新儒家区别于传统儒家最显著的特征之一,实际上代表熊、牟等人思想方向的乃是重建传统(或曰重建道统)而非融会中西,西方哲学、文化对他们的冲击只具有较

① 参见成中英《儒学的探索与人文世界构成的层次问题》,载《中西哲学的会面与对话》,台北文津出版社 1994 年版。

为表层的意义,至少不足以影响到儒家思想的完满自足与内在和谐。常有人指出牟宗三先生的理论有以康德哲学套解儒家哲学之嫌。事实上,牟氏有取于康德的只是一套论说架构,就深层的思想内涵而言,康德哲学对牟宗三的理论学说谈不上什么实质性的影响。

对熊、牟而言,儒家思想不仅是他们的终极关怀,而且是整全的精神世界。他们确信儒家思想仍然具有整合世界的功能。因而在他们看来,理想与现实之间的背离及现实生活中的种种分裂、对抗、非理性等等都只具有主观的、偶然的意义,只是由于观念上的误导和混乱造成的。所以牟宗三哲学最后落脚于"圆教"与"圆善":他从"心性"与"存有"相统一的意义上讲圆教,从"物随心转"的意义上讲圆善,认为儒家所成就者不仅关涉于主观的境界,而且也关涉于客观的存在;不仅提供某种超越的人文理想,而且也决定我们在现实层面的努力方向。

相比较而言,新一代儒者思考问题的角度有很大不同:他们不再幻想儒家的理论学说能够为现实社会的发展提供某种理想的蓝图,它只能作为一种思想资源融入多元化思考的格局之中;他们较能够正视理想与现实之间的紧张关系及法性与无明之间的诸多纠缠;他们表现出更为鲜明的问题意识,着眼于思考人类在现当代社会所遭遇的普遍性问题,而不再期图建立某种终极的判教系统和形上体系;他们理智、平和,但灵魂深处却有更多难以开释的纠结,更多的"噪音"与不和谐;他们儒雅、谦和,同时又不免"文"胜"质",失去了作为人格典范的魅力。

从以上的分析可以看出,作为一个特定学派的"新儒家"(以熊、牟为主干,亦可以包括同作为熊门弟子的唐君毅、徐复观及其追随者)已经或正在成为历史。新一代儒者中即便是某些激烈地卫护师说的学者,实际上也自觉或不自觉地离开了其本来的出发点。新儒家的本质特征本不在于“为学”,而在于“弘道”;一旦学术、知识的探求成为其主导方面,作为特定学派的新儒家也就失去了其特有的规定性,而消融在当代儒学多元发展的视域中。

(选自《新儒家评论》第二辑,中国广播电视出版社1995年)

郑家栋(1956—　　),哲学博士,曾任教于吉林大学、南开大学哲学系,现为中国社会科学院哲学所研究员。著有《现代新儒学概论》、《当代新儒学史论》等。本文认为,以熊十力、牟宗三为典范的新儒家群体已经或正在走向消解,代之而起的是一批以理性知性探求自我定位的新一代儒者;当代儒学的发展正在经历着由“新儒家”向“新儒学”的演变,“家”的统一性正让位于“学”的多元性;新儒家的本质特征本不在于“为学”,而在于“弘道”,一旦学术、知识的探求成为其主导方面,作为特定学派的新儒家也就失去了其特有的规定性,而消融在当代儒学多元发展的视域中。

论著目录索引

一、现代新儒家论著索引

(一)梁漱溟

印度哲学概论　商务印书馆 1919 年
唯识述义(第一册)　北大出版部 1920 年
东西文化及其哲学　商务印书馆 1922 年
漱溟卅前文录　商务印书馆 1923 年
漱溟卅后文录　商务印书馆 1930 年
中国民族自救运动之最后觉悟　北京《村治》月刊社 1932 年
乡村建设论文集　山东邹平乡村书店 1934 年
梁漱溟先生教育文录　山东邹平乡村书店 1935 年
乡村建设理论　山东邹平乡村书店 1937 年
朝话　山东邹平乡村书店 1937 年
梁漱溟最近文录　中华正气出版社 1944 年
梁漱溟教育论文集　开明书店 1945 年
中国文化要义　成都路明书店 1949 年
梁漱溟先生近年言论集　龙山书局 1949 年
人心与人生　学林出版社 1984 年
东方学术概观　巴蜀书社 1986 年
我的努力与反省　漓江出版社 1987 年

梁漱溟教育文集 江苏教育出版社 1987 年
忆往谈旧录 文史出版社 1987 年
勉仁斋读书录 人民出版社 1988 年
梁漱溟全集 山东人民出版社 1989—1993 年

(二)张君劢

国宪议 上海时事新报馆 1922 年
中国与欧洲的人生问题 德国莱比锡 1922 年
武汉见闻录 国立政治大学 1926 年
民族复兴之学术基础 再生社 1935 年
明日之中国文化 商务印书馆 1936 年
全民族战争论(译) 国民经济研究所 1937 年
立国之道 广西桂林 1938 年
云南各夷族及其语言研究(译) 商务印书馆 1941 年
印度复国运动 商务印书馆 1942 年
中华民国民主宪法十讲 商务印书馆 1947 年
比较中日阳明学 台北中华文艺出版事业委员会 1955 年
义理学十讲纲要 台北华国出版社 1955 年
新儒家思想史(英文版) 于美国出版 1957,1963 年
辩证唯物主义驳论 香港友联出版社 1958 年
张君劢新大陆言论集 香港自由出版社 1959 年
中国哲学家——王阳明 美国圣约翰大学 1962 年
张君劢先生开国前后言论集 台北再生杂志社 1971 年
中西印哲学文集(程文熙编) 台北学生书局 1981 年
新儒家思想史(程文熙译) 台北弘文馆出版社 1986 年

(三)熊十力

熊子真心书　自印 1918 年
唯识学概论　北京大学 1923 年
因明大疏删注　商务印书馆 1926 年
新唯识论(文言文本)　浙江省立图书馆 1932 年
破《破新唯识论》　北京大学 1933 年
十力论学语辑略　北京出版社 1935 年
佛家名相通释　北京大学 1937 年
中国历史讲话　中央陆军军官学校 1938 年
新唯识论(语体文本)　商务印书馆 1944 年
读经示要　商务印书馆 1945 年
十力语要　湖北“十力丛书”版 1947 年
与友人论张江陵　自印 1950 年
摧惑显宗记　大众书店 1950 年
论六经　大众书店 1951 年
原儒　上海龙门联合书局 1956 年
体用论　上海龙门联合书局 1958 年
明心篇　上海龙门联合书局 1959 年
乾坤衍　中国科学院 1961 年
熊十力全集　湖北教育出版社 2001 年

(四)冯友兰

一种人生观　商务印书馆 1924 年
人生哲学　商务印书馆 1926 年
中国哲学史(上册)　上海神州国光社 1931 年
中国哲学小史　商务印书馆 1933 年

中国哲学史(下册) 商务印书馆 1934 年
中国哲学史(合订本) 商务印书馆 1935 年
中国哲学史补 商务印书馆 1936 年
新理学 商务印书馆 1939 年
新世训 开明书店 1940 年
新事论 商务印书馆 1940 年
新原人 商务印书馆 1943 年
新原道 商务印书馆 1945 年
新知言 商务印书馆 1946 年
中国哲学简史(英文本) 美国麦克米伦公司 1948 年
中国哲学史(英文版) 美国普林斯顿大学 1952 年
中国哲学史论文集 上海人民出版社 1958 年
四十年的回顾 科学出版社 1959 年
中国哲学史论文二集 上海人民出版社 1962 年
中国哲学史史料学初稿 上海人民出版社 1962 年
中国哲学史新编(第一、二册) 人民出版社 1962、1964 年
论孔丘 人民出版社 1975 年
中国哲学史新编(修订本第 1—6 册) 人民出版社 1982—1989 年
三松堂学术文集 北京大学出版社 1984 年
三松堂自序 三联书店 1984 年
三松堂全集 河南人民出版社 1985—1989 年
中国现代哲学史 香港中华书局 1992 年

(五)贺 麟

德国三大哲人处国难时之态度 独立出版社 1934 年
黑格尔学述(译) 商务印书馆 1936 年
黑格尔 商务印书馆 1936 年

知难行易说与知行合一说　青年书店 1943 年
近代唯心论简释　重庆独立出版社 1943 年
致知篇(译)　商务印书馆 1945 年
当代中国哲学　南京胜利出版公司 1947 年
文化与人生　商务印书馆 1947 年
儒家思想新论　重庆正中书局 1948 年
黑格尔的小逻辑　商务印书馆 1950 年
小逻辑(译)　北京三联书店 1954 年
伦理学(译)　商务印书馆 1958 年
哲学史讲演录(译)　商务印书馆 1959 年
博士论文(马克思著,贺译)　人民出版社 1961 年
康德哲学述论(黑格尔著,贺译)　商务印书馆 1962 年
精神现象学(黑格尔著,贺译)　商务印书馆 1962 年
现代西方哲学讲演集　上海人民出版社 1984 年
法哲学原理(黑格尔著,贺译)　台湾新竹市仰哲出版社 1984 年
黑格尔哲学讲演集　上海人民出版社 1986 年
文化与人生(新版)　商务印书馆 1988 年
德国三大哲人歌德黑格尔费希特的爱国主义　商务印书馆 1989 年
哲学与哲学史论文集　商务印书馆 1990 年

(六)马一浮

舜水遗书四种(二十八卷,附录一卷)　上海铅印 1913 年
老子道德经注　未刊 1920 年
泰和会语　绍兴、桂林活字本 1939 年
宜山会语　收入《泰和会语宜山会语合刻》1940 年
复性书院讲录　复性书院刻书处 1940—1942 年
尔雅台答问　复性书院刻书处 1941 年

尔雅台答问续编 复性书院刻书处 1943 年
濠上杂著初集、二集 复性书院刻书处 1947 年
蠲戏斋诗前集 复性书院刻书处 1947 年
蠲戏斋诗编年集 复性书院刻书处 1947 年
芳杜词賸 复性书院刻书处 1947 年

(七)钱 穆

论语文解 商务印书馆 1918 年
论语要略 商务印书馆 1925 年
孟子要略 上海大华书店 1926 年
周公 商务印书馆 1929 年
墨子 商务印书馆 1930 年
王守仁 商务印书馆 1930 年
国学概论 商务印书馆 1931 年
惠施公孙龙 商务印书馆 1931 年
老子辨 上海大华书店 1932 年
先秦诸子系年 商务印书馆 1935 年
中国近三百年学术史 商务印书馆 1937 年
国史大纲 商务印书馆 1940 年
文化与教育 重庆国民图书出版社 1942 年
刘向歆父子年谱 中国文化服务社 1943 年
政学私言 商务印书馆 1945 年
中国政治与中国文化 航空委员会政治部 1946 年
中国文化史导论 重庆正中书局 1947 年
孟子研究 上海开明书店 1948 年
中国人之宗教社会及人生观 香港自由中国出版社 1949 年
湖上闲思录 香港人生出版社 1950 年

中国传统政治　香港中国问题研究所 1950 年
中国社会演变　香港中国问题研究所 1950 年
中国知识分子　香港中国问题研究所 1951 年
中国历史精神　台北国民出版社 1951 年
庄子纂笺　香港东南印务公司 1951 年
文化学大义　台北正中书局 1952 年
中国历代政治得失　香港自印本 1952 年
中国思想史　台北中国文化出版事业委员会 1952 年
国史新论　香港自印本 1953 年
宋明理学概论　台北中国文化出版事业委员会 1953 年
四书释义　台北中国文化出版事业委员会 1953 年
人生十论　香港人生出版社 1953 年
阳明学述要　台北正中书局 1955 年
中国思想通俗讲话　香港自印本 1955 年
秦汉史　香港新华印刷公司 1957 年
庄老通辨　香港新亚研究所 1957 年
学籥　香港南天书业公司 1958 年
两汉经学今古文平议　香港新亚研究所 1958 年
民族与文化　台北联合出版中心 1960 年
中国历史研究法　香港孟氏教育基金会 1961 年
史记地名考　香港太平书局 1962 年
孔子论语新编　台北商务印书馆 1963 年
中国文学讲演集　香港人生出版社 1963 年
论语新解　香港新亚研究所 1963 年
中国文化传统的潜力　台北幼狮文化事业出版社 1968 年
中华文化十二讲　台北三民书局 1968 年
中国文化丛谈(一)(二)　台北三民书局 1969 年

史学导言　台北中央日报社 1970 年
朱子新学案　台北三民书局 1971 年
中国史学名著　台北三民书局 1973 年
理学六家诗钞　台北中华书局 1974 年
孔子传　台北孔孟学会 1974 年
孔子与论语　台北联经出版事业公司 1974 年
孔子传略《论语》新编　台北广学社 1975 年
八十忆双亲　香港中文大学出版社 1975 年
中国学术通义　台北学生书局 1975 年
灵魂与心　台北联经出版事业公司 1976 年
中国学术思想史论丛(一至八册)　台北东大图书公司 1976—1980 年
世界局势与中国文化　台北东大图书公司 1977 年
从中国历史来看中国民族性及中国文化　香港中文大学 1979 年
历史与文化论丛　台北东大图书公司 1979 年
双溪独语　台北学生书局 1981 年
中国通史参考资料　澳门东升出版事业公司 1981 年
古史地理论丛　台北东大图书公司 1982 年
中国文化论丛　台北东大图书公司 1983 年
八十忆双亲师友杂忆合刊　台北东大图书公司 1983 年
中国文化特质　台北阳明山庄印行 1983 年
宋明理学三书随札　台北东大图书公司 1983 年
现代中国学术论衡　台北东大图书公司 1984 年
晚学盲言　台北东大图书公司 1987 年
中国史学发微　台北东大图书公司 1989 年
新亚遗铎　台北东大图书公司 1989 年
钱宾四先生全集　台北联经出版事业公司编辑

(八)唐君毅

中西哲学思想之比较研究集　重庆正中书局 1943 年
人生之体验　中华书局 1944 年
道德自我之建立　商务印书馆 1944 年
爱情之福音　重庆正中书局 1945 年
中国文化之精神价值　台北正中书局 1953 年
心物与人生　香港亚洲出版社 1954 年
人文精神之重建　香港新亚研究所 1955 年
中国人文精神之发展　香港人生出版社 1958 年
文化意识与道德理性　香港友联出版社 1958 年
青年与学问　香港人生出版社 1960 年
哲学概论　孔孟教育基金会 1961 年
人生之体验续篇　香港人生出版社 1961 年
中国哲学原论(导论篇)　香港人生出版社 1966 年
中国哲学原论(原性篇)　香港新亚研究所 1968 年
中国哲学原论(原道篇)　香港新亚研究所 1973 年
中国哲学原论(原教篇)　香港新亚研究所 1975 年
说中国文化之花果飘零　台北三民书局 1974 年
中华人文与当今世界　台北学生书局 1975 年
生命存在与心灵境界　台北学生书局 1977 年
病里乾坤　鹅湖月刊社 1980 年
致廷光书　台北学生书局 1983 年
中华人文与当今世界补编　台北学生书局 1988 年
日记　台北学生书局 1988 年
英文论著汇编　台北学生书局 1988 年

(九)牟宗三

从周易方面研究中国之玄学与道德哲学 天津大公报社 1935 年
逻辑典范 香港商务印书馆 1941 年
理性的理想主义 香港人文出版社 1950 年
历史哲学 香港强生出版社 1955 年
理则学 台北正中书局 1955 年
认识心之批判(上下册) 香港友联出版社 1956、1957 年
道德的理想主义 台中东海大学出版社 1959 年
政道与治道 台北广文书局 1961 年
才性与玄理 香港人生出版社 1963 年
中国哲学的特质 香港人生出版社 1963 年
心体与性体(一、二、三册) 台北正中书局 1968—1969 年
生命的学问 台北三民书局 1970 年
智的直觉与中国哲学 台北商务印书馆 1971 年
现象与物自身 台北学生书局 1975 年
佛性与般若(上下册) 台北学生书局 1977 年
名家与荀子 台北学生书局 1979 年
从陆象山到刘蕺山 台北学生书局 1979 年
康德的道德哲学 台北学生书局 1982 年
康德《纯粹理性之批判》(译) 台北学生书局 1983 年
中国哲学十九讲 台北学生书局 1983 年
时代与感受 台湾鹅湖出版社 1984 年
圆善论 台北学生书局 1985 年
名理论(译) 台北学生书局 1987 年
五十自述 台湾鹅湖出版社 1989 年
中西哲学之会通十四讲 台湾学生书局 1990 年

康德判断力之批判(译)　台湾学生书局 1992—1993 年

(十)徐复观

学术与政治之间(甲集)　台北中央书局 1956 年
学术与政治之间(乙集)　台北中央书局 1957 年
中国思想史论集　台北中央书局 1959 年
中国人性论史(先秦篇)　台北中央书局 1963 年
中国文学论集　台中东海大学 1965 年
中国艺术精神　台北中央书局 1966 年
公孙龙子讲疏　台湾学生书局 1966 年
徐复观文录(四册)　台北环宇出版社 1971 年
两汉思想史(卷一)　香港新亚研究所 1972 年
两汉思想史(卷二)　台湾学生书局 1976 年
两汉思想史(卷三)　台湾学生书局 1979 年
儒家政治思想与民主自由人权　八十年代社 1979 年
周官成立之时代及其思想性格　台湾学生书局 1980 年
徐复观杂文集(四册)　台北时报文化出版公司 1980 年
徐复观文录选粹　台湾学生书局 1980 年
徐复观杂文续集　台北时报文化出版公司 1981 年
中国文学论集续编　台湾学生书局 1981 年
中国思想史论集续编　台北时报文化出版公司 1982 年
中国经学史的基础　台湾学生书局 1982 年
论战与译述　台北志文出版社 1982 年
徐复观最后杂文集　台北时报文化出版公司 1984 年
无惭尺布裹头归——徐复观最后日记　台北允晨文化实业公司 1987 年

(十一)方东美

科学哲学与人生　商务印书馆 1936 年
中国先哲人生哲学概要　商务印书馆 1937 年
中国人的人生观(英文)　台北联经出版事业公司 1956 年
哲学三慧　台北三民书局 1970 年
坚白精舍诗集　台北黎明文化事业公司 1978 年
方东美先生演讲集　台北黎明文化事业公司 1978 年
生生之德　台北黎明文化事业公司 1979 年
中国人的人生观(中译本)　台北幼狮文化事业公司 1980 年
在人与自然中之生生创造(英文)　台北联经出版事业公司 1980 年
中国哲学之精神及其发展(英文)　台北联经出版事业公司 1981 年
华严宗哲学(上下册)　台北黎明文化事业公司 1981 年
新儒家哲学十八讲　台北黎明文化事业公司 1983 年
原始儒家道家哲学　台北黎明文化事业公司 1983 年
中国哲学之精神及其发展(上)(中译本)　台北成均出版社 1984 年
中国大乘佛学　台北黎明文化事业公司 1984 年

(十二)刘述先

文学欣赏的灵魂　香港人生出版社 1960 年
语意学与真理　台北广文书局 1963 年
新时代哲学的信念与方法　台北商务印书馆 1966 年
文化哲学的试探　台北志文出版社 1970 年
生命情调的抉择　台北志文出版社 1974 年
中国哲学与现代化　台北时报出版公司 1980 年
马尔劳与中国　香港中文大学 1981 年
朱子哲学思想的发展与完成　台湾学生书局 1982 年

文化与哲学的探索　台湾学生书局1986年
黄宗羲心学的定位　台北允晨出版公司1986年
中西哲学论文集　台湾学生书局1987年
大陆与海外——传统的反省与转化　台北允晨出版公司1989年
熊十力与刘静窗论学书简　台北时报出版公司1984年
儒家伦理研讨会论文集　新加坡东亚哲学研究所1987年
哲学、文化与教育　香港中文大学1988年

(十三)杜维明

三年的畜艾　台北志文出版社1970年
人文心灵的震荡　台北时报文化出版公司1976年
青年王阳明——行动中的新儒家思想　加利福尼亚大学出版社1976年
中心与普遍——论中庸　夏威夷大学出版社1976年
人性与自我修养　亚洲人文出版社1979年
今日儒家伦理——新加坡的挑战　新加坡课程发展总署1984年
儒学第三期发展的前景问题　台北联经出版事业公司1989年
道·学·政——儒家知识分子论集　新加坡东亚哲学研究所1989年
中心与普遍——儒家宗教性论集　纽约州立大学出版社1989年
儒家自我意识的反思　台北联经出版事业公司1990年
文化中国的认知与关怀　台北稻乡出版社1990年
现代精神与儒家传统　三联书店1997年
一阳来复　上海文艺出版社1997年
杜维明:文明的冲突与对话　湖南大学出版社2001年
杜维明文集(五卷)　武汉出版社2002年

(十四)余英时

文明论衡　香港高原出版社 1955 年
方以智晚节考　台北允晨出版公司 1972 年
中国哲学思想论集(清代篇)　台北水牛出版社 1976 年
历史与思想　台北联经出版事业公司 1976 年
论戴震与章学诚　香港龙门书局 1976 年
红楼梦的两个世界　台北联经出版事业公司 1981 年
史学与传统　台北时报文化出版公司 1982 年
陈寅恪晚年诗文释证　台北时报文化出版公司 1982 年
中国知识阶层史论(古代篇)　台北联经出版事业公司 1984 年
中国近代思想史上的胡适　台北联经出版事业公司 1984 年
从价值系统看中国文化的现代意义　台北时报文化出版公司 1984 年
挑战与再生　台北幼狮文化事业公司 1985 年
中国近世宗教伦理与商人精神　台北联经出版事业公司 1987 年
中国传统的现代诠释　台北联经出版事业公司 1987 年
士与中国文化　上海人民出版社 1987 年
文化评论与中国情怀　台北允晨出版公司 1988 年

二、现代新儒学研究论著索引

(一)著作、文集

张君劢、丁文江等　科学与人生观　亚东图书馆 1925 年
郭湛波　近五十年中国思想史　人文书店 1936 年
贺　麟　当代中国哲学　胜利出版公司 1945 年
谢幼伟　现代哲学名著述评　山东人民出版社 1997 年新版

夏康农 论胡适与张君劢 上海新知书店 1948 年
江勇振 张君劢 台北台湾商务印书馆 1978 年
朱传誉编 钱穆传记资料 台湾天一出版社 1981 年
郭齐勇 熊十力研究 中国展望出版社 1985 年
马远程 冯友兰论中国哲学传统 台北光启社 1985 年
王鉴平 冯友兰哲学思想研究 四川人民出版社 1988 年
郭齐勇 熊十力与中国传统文化 天地图书公司(香港)1988 年
[美]艾恺 最后一个儒家:梁漱溟与现代中国的困境 郑大华等译 湖南人民出版社 1989 年
汪东林 梁漱溟与毛泽东 吉林人民出版社 1989 年
罗义俊 评新儒家 上海人民出版社 1989 年
封祖盛 当代新儒家 三联书店 1989 年
郑家栋 现代新儒学概论 广西人民出版社 1990 年
肖箑父编 玄圃论学集 三联书店 1990 年
田文军 冯友兰新理学研究 武汉出版社 1990 年
杨国荣 王学通论——从熊十力到牟宗三 上海三联书店 1990 年
方克立、李锦全编 现代新儒学研究论集(一、二) 中国社会科学出版社 1989、1991 年
景海峰 熊十力 台湾东大图书公司 1991 年
殷 鼎 冯友兰 台湾东大图书公司 1991 年
山东省政协文史资料委员会、邹平县政协文史资料委员会编 梁漱溟与山东乡村建设 山东人民出版社 1991 年版
余英时 犹记风吹水上鳞——钱穆与中国现代学术 台北三民书局 1991 年
李振霞主编 当代中国十哲 华夏出版社 1991 年
李振霞、傅云龙主编 中国现代哲学史人物评传 中共中央党校

1991 年
严耕望 钱宾四先生与我 台北商务印书馆 1992 年
江苏省无锡县政协编 钱穆纪念文集 上海人民出版社 1992 年
宋志明、赵德志著 现代中国哲学思潮 中国人民大学出版社 1992 年
马 勇 梁漱溟评传 安徽人民出版社 1992 年
王宗昱 梁漱溟 台北东大图书公司 1992 年
郑家栋 本体与方法——从熊十力到牟宗三 辽宁大学出版社 1992 年
[日]岛田虔次 熊十力与新儒家哲学 台北明文书局 1992 年
陈少明 儒学的现代转折 辽宁大学出版社 1992 年
韩 强 现代新儒学心性理论评述 辽宁大学出版社 1992 年
方克立主编 新儒学论著辑要丛书(第一、二辑) 中国广播电视出版社 1992 年
翟志成 当代新儒学史论 台湾允晨文化实业有限公司 1993 年
杨永乾 中华民国宪法之父——张君劢传 台北唐山出版社 1993 年
薛化元 民主宪政与民族主义的辨证发展:张君劢思想研究 台北稻禾出版社 1993 年
郑大华 梁漱溟与现代新儒学 台北文津出版社 1993 年
梁培宽编 梁漱溟先生纪念文集 中国工人出版社 1993 年
林安梧 存有·意识与实践 台湾东大图书公司 1993 年
宋志明 熊十力评传 百花洲文艺出版社 1993 年
郭齐勇 熊十力思想研究 天津人民出版社 1993 年
李中华编 冯友兰先生纪念文集 北京大学出版社 1993 年
黄克剑等编 当代新儒学八大家集(八卷) 群言出版社 1993 年
蔡仲德 冯友兰先生年谱初编 河南人民出版社 1994 年

程伟礼 信念的旅程——冯友兰传 上海人民出版社 1994 年
郭齐勇 天地间一个读书人——熊十力传 上海文艺出版社 1994 年
余英时 钱穆与中国文化 上海远东出版社 1994 年
郑大华 梁漱溟与胡适:文化保守主义与西化思潮的比较 中华书局 1994 年
马 勇 梁漱溟教育思想研究 辽宁教育出版社 1994 年
郑家栋、叶海烟编 新儒家评论(第一、二辑) 中国广播电视出版社 1994—1995 年
方克立、李锦全编 现代新儒家学案(上、中、下) 中国社会科学出版社 1995 年
施忠连 现代新儒学在美国 辽宁大学出版社 1994 年
武东生 现代新儒家人生哲学研究 辽宁大学出版社 1994 年
赵德志 现代新儒家与西方哲学 辽宁大学出版社 1994 年
卢升法 佛学与现代新儒家 辽宁大学出版社 1994 年
李 毅 中国马克思主义与现代新儒学 辽宁大学出版社 1994 年
李明辉 当代儒学之自我转化 台湾中央研究院中国文哲研究所 1994 年
邓尔群 钱穆与七房桥世界 社会科学文献出版社 1995 年
颜炳罡 整合与重铸——当代大儒牟宗三思想研究 台湾学生书局 1995 年 2 月
景海峰等 梁漱溟评传 百花洲文艺出版社 1995 年
曹跃明 梁漱溟思想研究 天津人民出版社 1995 年
郭齐勇、汪学群 钱穆评传 百花洲文艺出版社 1995 年
张庆熊 熊十力的新唯识论与胡塞尔的现象学 上海人民出版社 1995 年

王中江、高秀昌编　冯友兰学记　三联书店 1995 年
冯宗璞、蔡仲德编　冯友兰先生百年诞辰纪念文集　清华大学出版社 1995 年
启　良　新儒学批判　上海三联书店 1995 年
郭齐勇、龚建平　梁漱溟哲学思想　湖北人民出版社 1996 年
朱汉国　梁漱溟乡村建设研究　山西教育出版社 1996 年
善　峰　梁漱溟社会改造构想研究　山东大学出版社 1996 年
蔡仁厚　牟宗三先生学思年谱　台湾学生书局 1996 年
蔡仁厚、杨祖汉编　牟宗三先生纪念文集　东方人文学术基金会印行 1996 年
刘义林、罗庆丰　张君劢评传　百花洲文艺出版社 1996 年
吕希晨、陈莹　张君劢思想研究　天津人民出版社 1996 年
李中华　冯友兰传　百花洲文艺出版社 1996 年
郑大华　张君劢传　中华书局 1997 年
蔡仲德编　冯友兰研究(第一辑)　国际文化出版公司 1997 年
李宗桂　传统文化与人文精神　广东人民出版社 1997 年
方克立　现代新儒学与中国现代化　天津人民出版社 1997 年
郑家栋　当代新儒家史论　广西教育出版社 1997 年
范　鹏　道通天地:冯友兰　山东画报出版社 1998 年
颜炳罡　当代新儒学引论　北京图书馆出版社 1998 年
颜炳罡　牟宗三学术思想评传　北京图书馆出版社 1998 年
杨祖汉　当代儒学思辨录　台湾鹅湖出版社 1998 年
林安梧　儒学革命论　台湾学生书局 1998 年
郑大华　梁漱溟学术思想评传　北京图书馆出版社 1999 年
郑大华　张君劢学术思想评传　北京图书馆出版社 1999 年
宋志明、梅良勇著　冯友兰学术思想评传　北京图书馆出版社 1999 年

汪学群　钱穆学术思想评传　北京图书馆出版社 1999 年
丁为祥　熊十力学术思想评传　北京图书馆出版社 1999 年
郑家栋　断裂的传统——信念与理性之间　中国社会科学出版社 2001 年
郑家栋　学术与政治之间——冯友兰与中国马克思主义　台北水牛出版社 2001 年

(二)文章

冯友兰　梁漱溟的《东西文化及其哲学》　哲学杂志 1922 年 10 期
丁文江　玄学与科学——评张君劢的《人生观》　努力周报 1923 年 48—49 期
梁启超　关于玄学科学论战之“战时国际公法”《科学与人生观》　亚东图书馆 1923 年 12 月
梁启超　人生观与科学　晨报 1923 年 5 月 29 日
陈独秀　《科学与人生观》序　新青年 1923 年 12 月 2 期
胡　适　读梁漱溟先生的《东西文化及其哲学》　读书杂志 8 号 1923 年 4 月
胡　适　《科学与人生观》序　《科学与人生观》　亚东图书馆 1923 年 12 月
胡　适　孙行者与张君劢　《科学与人生观》　亚东图书馆 1923 年 12 月
任叔永　人生观的科学或科学的人生观　《科学与人生观》　亚东图书馆 1923 年 12 月
孙伏园　玄学科学论战杂话　《科学与人生观》　亚东图书馆 1923 年 12 月
朱经农　读张君劢论人生观与科学的两篇文章后所发生的疑问　《科学与人生观》　亚东图书馆 1923 年 12 月

林宰平 读丁在君先生的《玄学与科学》《科学与人生观》 亚东图书馆1923年12月
张东荪 劳而无功 《科学与人生观》 亚东图书馆1923年12月
唐 钺 “玄学与科学”论争所给的暗示 《科学与人生观》亚东图书馆1923年12月
王星拱 科学与人生观 《科学与人生观》 亚东图书馆1923年12月
吴稚晖 一个新信仰的宇宙观及人生观 《科学与人生观》 亚东图书馆1923年12月
陈独秀 答张君劢及梁任公 新青年1924年8月3期
蔡元培 《新唯识论》序 1932年8月23日
贺 麟 陆王之学的新发展——介绍熊十力及马一浮二先生的思想 建国导报1934年1卷17期
朱光潜 冯友兰先生的《新理学》 文史杂志1940年2期
李长之 评《新理学》《迎中国的文艺复兴》 商务印书馆1946年
李长之 评《新事论》和《新世训》《迎中国的文艺复兴》 商务印书馆1946年
胡 绳 评冯友兰著《新世训》《理性与自由》 华夏书店1946年
胡 绳 评冯友兰著《新事论》《理性与自由》 华夏书店1946年
胡 绳 一个唯心论者的文化观——评贺麟先生著《近代唯心论简释》《理性与自由》 华夏书店1946年
胡 绳 评钱穆著《文化与教育》《理性与自由》 华夏书店1946年
胡 绳 论历史研究和现实问题的关联——从钱穆先生的《国史大纲引论》中评历史研究中的复古倾向 《理性与自由》华夏书店1946年
唐君毅 复牟宗三先生书 人生1954年9卷总97号

唐君毅 钱宾四先生还历纪念 民主评论 1954 年 5 卷 23 期
冯友兰 批判梁漱溟先生的文化观和村治理论 人民日报 1955-5-11 新华半月刊 1955 年 9 期
冯友兰 批判梁漱溟所谓“周孔教化” 北京大学学报 1956 年 1 期
贺 麟 批判梁漱溟的直觉主义 新建设 1955 年 8 期
程文熙 立多形文化者——张君劢先生 再生(台)1 卷 4—6 期
程文熙 张君劢先生译著中之选举论 再生(台)2 卷 15—16 期
程文熙 张君劢先生的政治思想:从变法维新到民主社会 再生(台)3 卷 28—29 期
程文熙 张君劢先生在全民族抗日战争前后 再生(台)3 卷 4—5 期
程文熙 张君劢先生的复兴儒家论 再生(台)4 卷 7、8、10 期
程文熙 张君劢先生的孟子新论 再生(台)4 卷 33 期
程文熙 张君劢先生与英史学家陶尹皮氏 再生(台)5 卷 11 期
程文熙 新儒家张君劢先生与佛教 狮子吼(台)9 卷 3—4 期
唐君毅 读张君劢致丕理教授书有感 自由人(港)1957 年 6 月 11 期
钱 穆 答张君劢论儒家哲学复兴方案书 再生(台)1958 年 1 卷 22 期
钱 穆 介绍张君劢先生讲词 新亚生活 1958 年
唐君毅 张君劢先生《自唐宋迄明清儒家思想史话》书后 再生(台)1959 年
牟宗三 我与熊十力先生 中国学人 1970 年 1 期
徐复观 有关熊十力先生的片鳞只爪 中华杂志 1970 年 8 卷 1 期
徐复观 熊十力先生之志事 华侨日报 1972-6-11
唐君毅 从学术思想独立谈冯友兰 星岛晚报(星期专号)1972 年
唐君毅 从科学与玄学论战谈张君劢先生的思想 传记文学(台)

1976年28卷3期

程文熙 张君劢先生的政治十大译著 传记文学(台)1976年28卷3期

沈云龙 宪法之父——张君劢先生 传记文学(台)1976年28卷3期

劳 干 记张君劢先生并述科学与人生观论战的影响 传记文学(台)1976年29卷3期

唐君毅 有关方东美先生著述二三事 中央日报(台)1977年

胡秋原 张君劢先生之思想 中华杂志(台)总第272、273期

牟宗三 哀悼唐君毅先生 鹅湖1978年3卷9期

徐复观 良知的迷惘——钱穆先生的史学 华侨日报1978年12月16—20日

牟宗三 熊十力先生追悼会讲话 鹅湖1979年5卷2期

牟宗三 悼念徐复观先生 鹅湖1982年7卷10期

宋志明 宋明理学与柏格森哲学的合流——评梁漱溟先生的新儒学 长春师院学报1983年1期

宋志明 新理学简论 研究生论文集刊(社会科学)1984年1期

宋志明 "新形上学"述评 长春师院学报(哲社版)1984年2期

牟宗三 熊十力先生智慧方向 鹅湖1985年11卷5期

李惠让 《新理学》哲学思想述评 学术研究丛刊1985年2期

李惠让 一个哲学家的反思——冯友兰先生近况 人民日报(海外版)1985年7月14—19日

曹月堂 忆往昔,述旧闻,怀古人,望将来——冯友兰教授著《三松堂自序》一书评介 瞭望1985年29期

林 阳 旧邦新命——访冯友兰教授 人民日报(海外版)1985年7月19日

冯友兰 怀念熊十力先生 光明日报1986-1-6

牟宗三　生命的智慧与方向——从熊十力先生谈起　联合报 1986-1-12

黎洁华　关于二十年代“科玄论战”的研究　国内哲学动态 1986 年 1 期

陈　来　熊十力论哲学的体用论　哲学研究 1986 年 1 期

郭齐勇　一个独特的唯心辨证法思想体系——《熊十力论著集》第一卷读后　读书 1986 年 1 期

唐明邦　熊十力先生易学思想管窥——读《乾坤衍》　武汉大学学报 1986 年 1 期

李泽厚　关于儒学与现代新儒学　文汇报 1986 年 1 月 28 日

涂又光　《三松堂全集》简介　光明日报 1986 年 3 月 17 日

曹日堂　读《三松堂自序》　群言 1986 年第 2 期

景海峰　熊十力先生论著考略　中国哲学史研究 1986 年 2 期

刘建国　论熊十力本心论的唯心主义体系　长白学刊 1986 年 3 期

李维武　纪念熊十力先生诞生一百周年学术讨论会记略　中国哲学史研究 1986 年 3 期

忻剑飞　东西方文化大交汇的产儿——论“科学与人生关论战”在现代中国哲学中的地位　复旦大学学报 1986 年 3 期

齐　勇　熊十力先生散记　人物 1986 年 6 期

宋祖良　贺麟先生与黑格尔哲学　国内哲学动态 1986 年 7 期

罗义俊　钱穆先生传略　晋阳学刊 1986 年 4 期

罗义俊　钱穆与胡适关于《坛经》的一场争论　世界宗教研究 1986 年 4 期

杨念群　打破和谐——杜维明“儒学第三期发展说”驳议　青年论坛 1986 年 7 期

陈奎德　文化讨论的命运——兼与杜维明先生商榷　复旦大学学报 1986 年 3 期

方克立 要重视对现代新儒家的研究 天津社会科学1986年第5期 新华文摘1987年1期 当代(台湾)第21期1988年1月

包遵信 儒家思想和现代化——新儒家商兑 北京社会科学1986年5期 知识分子(美国)1987年冬季号

包遵信 现代化和西化——评新儒家“现代化不等于西化” 文汇报1986年9月23日

孔明安 记贺麟学术思想讨论会 国内哲学动态1986年12期

李书有 新儒家思潮和我们的儒家伦理研究 南京大学学报1987年1期

宋志明 “体用不二”论钩玄 社会科学战线1987年1期

宋志明 《新唯识论》的伦理思想 中国哲学史研究1987年1期

乌恩溥 新理学的逻辑发展及其范畴体系 社会科学战线1987年1期

王鉴平 冯友兰与新实在论——新理学逻辑分析法评述 社会科学研究1987年2期

景海峰 当代儒学思潮简论 深圳大学学报1987年1期

张岱年 中国传统哲学的批判继承 理论月刊1987年1期

何 新 对现代化和传统文化的再思考——评海外新儒学思潮 社会科学辑刊1987年第2期 书林1987年6期

杜维明 儒学传统的改建——钱穆《朱子新学案》评介 孔子研究1987年1期

方松华 梁漱溟的文化哲学述评 学术月刊1987年5期

熏 风 梁漱溟——最后的儒家 北京社会科学1987年3期

高瑞泉 梁漱溟意志主义哲学构架简析 华东师范大学学报1987年3期

王鉴平 冯友兰哲学史方法论述评 华东师范大学学报1987年

3 期

朱日耀等 传统儒学的历史命运 吉林大学学报 1987 年 3 期

李泽厚 略论现代新儒家 文化:中国与世界 1987 年 3 期

毛 丹 儒学是民主化的契机吗 社会科学 1987 年 1 期

杨炳章 韦伯“中国宗教论”与“儒学第三时期” 文史哲 1987 年 4 期 社会科学 1987 年 9 期

金少文 当今的新儒学思潮 民主政协报 1987-9-12

郭齐勇 论熊十力的中国文化观——《读经示要》《原儒》读后 孔子研究 1987 年 3 期

罗义俊 熊十力教诲徐复观 文史杂志(四川)1987 年 5 期

宋志明 试论熊十力《新唯识论》思想的形成 学术月刊 1987 年 8 期

田文军 冯友兰文化类型说刍议 江汉论坛 1987 年 8 期

[美]瓦顿特科 评《中国哲学之精神及其发展》 国外社会科学动态 1987 年第 8 期

杨君游 贺麟与新儒家 中国社会科学院研究生学报 1987 年 5 期

岑贤安 现代新儒家思潮研究中的几个问题 学术研究动态 1987 年 10 期

李宗桂 “现代新儒家思潮”讨论会在安徽举行 光明日报 1987-11-14

罗义俊 首次全国现代新儒家思潮学术讨论会在安徽宣州举行 哲学研究 1987 年 11 期

顾伟康 深入开展对现代新儒家的研究——“现代新儒家思潮研究”学术讨论会纪要 社会科学 1987 年 11 期

曹跃明 论梁漱溟哲学的非理性主义特征 南开大学学报 1987 年 6 期

李世家 略谈方东美在学术上的开放态度和开拓精神 中国哲学

史研究 1987 年 4 期

郭齐勇 熊十力传略 《中国当代社会科学家》第 10 辑 书目文献出版社 1987 年 12 月

杨 义 省察与超越——《中国文化要义》 人民日报 1988-1-16

郭齐勇 贺麟前期的中西文化观与理想唯心论试探 天津社会科学 1988 年 1 期

罗义俊 论钱穆先生的史学对象论 史林 1988 年 1 期

黄克剑 文化认同和儒学的现代命运——评杜维明《儒学第三期发展的前景问题》 读书 1988 年 3 期

罗义俊 钱穆佚文一则标校 史林 1988 年 3 期

叶秀山 中西文化之“会通融合”——读钱穆《现代中国学术论衡》有感 读书 1988 年 4 期

罗义俊 钱穆先生南走香港史实 团结报 1988 年 7 月

余秉颐 方东美逝世十周年学术研讨会在台举行 安徽日报 1988 年 5 月

罗义俊 台大方东美在东西方哲学会议上 文史杂志 1988 年 5 期

唐端正 唐君毅先生传略 晋阳学刊 1988 年 4 期

李宗桂 海外现代新儒家唐君毅文化思想简论 社会科学辑刊 1988 年 5 期

冯友兰 以发扬儒学为己任，为同情农夫而执言——悼梁漱溟先生 群言 1988 年 9 期

朱玉湘 试论梁漱溟与孔学——兼评“乡建派”的政治思想 山东大学学报 1988 年 1 期

钟 桂 “现代新儒家思潮”首次学术会议简况 浙江学刊 1988 年 1 期

闻继宁 试论科玄论战的双重性质 学术界(合肥)1988 年 1 期

唐明邦 熊十力论船山易学 船山学报 1988 年 1 期

宋志明　论中国现代哲学史的三个发展方向　中国哲学史研究 1988 年 1 期

范学德　新儒家、主线论及其他　中国哲学史研究 1988 年 1 期

包遵信　儒家伦理与亚洲四龙　改革 1988 年 1 期　文汇报 1988-5-12　中国论坛(台湾)301 期 1988 年 4 月

阮　青　现代新儒家概念置疑　理论信息报 1988-2-1

孙　琰　关于现代新儒家问题　人民日报 1988-2-15

王鉴平　冯友兰的中西文化观述评　上海社会科学院学术季刊 1988 年 1 期

赵德志　现代新儒家漫论　社会科学辑刊 1988 年 1、2 期

耿云志　近代文化与儒学　人民日报 1988-3-21

陈先初　评冯友兰的"新形上学"　中国哲学史研究 1988 年 2 期

赵德志　冯友兰的社会历史观　沈阳师院学报 1988 年 2 期

田文军　新理学研究五十年　哲学动态 1988 年 4、5 期

郑家栋　直觉思维与现代新儒学　吉林大学学报 1988 年 2 期

郑家栋　熊十力哲学思想的逻辑发展　求是学刊 1988 年 2 期

郑家栋　熊十力对中西哲学观的比较研究　学习与探索 1988 年 2 期

景海峰　熊十力早期著作《心书》研究　晋阳学刊 1988 年 2 期

景海峰　熊十力与中国现代哲学　东西方文化评论第 1 期　深圳大学学报编辑部 1988 年 4 月

罗义俊　张君劢传略　晋阳学刊 1988 年 2 期

郭齐勇　梁漱溟的文化比较模式析论　武汉大学学报 1988 年 2 期

郑大华　梁漱溟与中国传统文化　中州学刊 1988 年 3 期

李茂宗　冯友兰哲学论著简述　社会科学 1988 年 3 期

涂又光　冯友兰新理学通论　哲学研究 1988 年 6 期

金隆德　关于研究现代新儒学的几个问题　淮北煤炭师院学报

1988年2—3期

黄克剑等　返本体仁的玄览之路——从熊十力哲学的价值取向看当代新儒家的文化思致　哲学研究1988年5期

范　鹏　新理学的理论框架及其意义　中国哲学史研究1988年1期

韩　强　现代新儒学研究　哲学动态1988年5期

郑家栋　现代新儒家的主要特征　理论信息报1988-5-16

刚　建　新儒家与现代化——访包遵信　光明日报1988-6-16

许全兴　科学与人生观论战的性质之我见　中国哲学史研究1988年2期

范　鹏等　"与哲学无缘"的哲学家——记梁漱溟先生的最后一次公开学术活动　人民日报1988-7-9

陈正夫　儒学与现代化　江西大学学报1988年3期

滕　复　"五四"时期的东方文化思潮与现代新儒家　孔子研究1988年3期

田文军　冯友兰论共相　武汉大学学报1988年4期

朱义禄　近代中国的古今中西之争与梁漱溟的文化哲学　江海学刊1988年4期

费孝通　论梁漱溟先生的文化观　群言1988年9期

方克立　"援西学入儒"的现代新儒学　文史知识1988年6期

郑大华　梁漱溟对中国文化的认识与探索　北京师范大学学报1988年6期

郑家栋　现代新儒家的思想特质　哲学动态1988年6期

崔永东　台湾学者对传统文化的研究及对新儒家的评价　理论信息报1988-6-27

方克立　关于现代新儒家研究的几个问题　天津社会科学1988年4期

李宗桂 评“儒学复兴”说与中国文化精神的两重性 现代哲学 1988年4期

郭齐勇 内圣外王之间的困局 东岳论丛1988年4期

马振铎 儒家与现代化漫议 东岳论丛1988年4期

罗义俊 第三期儒学发展的回顾与展望 文汇报1988-8-2

郑家栋 中国现代哲学思潮探索 江汉论坛1988年10期

李宗桂 现代新儒家与儒学复兴说 中国文化概论 中山大学出版社1988年10月

吴 光 儒学研究的新契机——新加坡国际儒学研讨会述要 学术月刊1988年11期

郑家栋 现代新儒家概念及其他 中国哲学史研究1988年4期

方克立 现代新儒学的产生、发展及其基本特征 实事求是1988年6期

张岱年 儒学与现代化 东岳论丛1988年6期

范 鹏 开旧邦以辅新命,极高明而道中庸——三访冯友兰 人民日报(海外版)1988-12-2

郭齐勇 特立独行 一代直声——梁漱溟的人格和著作谈 社会科学报1989-1-5

高瑞泉 世界文化的预言家——读《人心与人生》 读书1989年1期

刘定祥 梁漱溟著述年谱 社会科学家1988年6期、1989年1期

陆荣春 《梁漱溟问答录》读后 求是1989年3期

许纪霖 在自由与权利之间——张君劢政治思想述评 华东师大学报1989年2期

纪树立 科玄论战:五四启蒙的价值偏转 文汇报1989-4-18

张学智 论贺麟前期思想的特点 中国哲学史研究1989年3期

雷 颐 从科玄论战看五四后的科学思想与人本思潮 近代史研

究 1989 年 3 期

涂又光 新理学的“理”论与方法 中州学刊 1989 年 1 期

田文军 冯友兰的中西文化观 孔子研究 1989 年 1 期

马德邻 选择的艰难——读《冯友兰哲学思想研究》 书林 1989 年 3 期

赵德志 冯友兰的哲学观 吉林大学学报 1989 年 3 期

杨 芳 冯友兰的思想人格述评 上海教育学院学报 1989 年 3 期

邢益海 作为知识分子的冯友兰 未定稿 1989 年 4 期

郑家栋 冯友兰新理学再评价 中州学刊 1989 年 6 期

范 鹏 冯友兰的境界说 中国现代哲学与文化思潮 求实出版社 1989 年 11 月

颜炳罡 五四与新儒家 山东大学学报 1989 年 1 期

唐昌黎 时代特征与儒家功能 东岳论丛 1989 年 1 期

包遵信 韦政通与当代新儒家 台湾研究 1989 年 1 期

林毓生 新儒家在中国推展民主与科学的理论所面临的困境 社科信息 1989 年 1 期

陈 莹 现代新儒家学案研讨会在津召开 理论信息报 1989-2-20

郭齐勇 熊十力年表 回忆熊十力 湖北人民出版社 1989 年 2 月

郭齐勇 唐君毅与熊十力 鹅湖(台北)1989 年 2 期

郭齐勇 熊十力的中西文化观 文化冲突中的抉择——中国近代人物的中西文化观 湖南人民出版社 1989 年 7 月

黄克剑 现代文化的儒学观照——评钱穆《文化学大义》 中国文化 1989 年创刊号

钱婉约 钱穆及其文化学研究 武汉大学学报 1989 年 5 期

张振杰 难忘的足迹——记一代大哲熊十力求索的一生 回忆熊十力 湖北人民出版社 1989 年 2 月

李宗桂 返本开新:现代新儒家的价值取向和文化观 中国文化

报 1989-3-1

李宗桂 现代新儒学思潮:由来、发展及其思想特征 人民日报 1989-3-6

郑家栋 儒家与新儒家的命运——五四以来文化论战的哲学思考 哲学研究 1989 年 3 期

包遵信 梁漱溟论 论传统与反传统——纪念五四七十周年论集 山东人民出版社 1989 年 3 月

王宗昱 评梁漱溟对科学与形而上学的态度 论传统与反传统——纪念五四七十周年论集 山东人民出版社 1989 年 3 月

刘晓晨等 梁漱溟人格中的人文主义和现实主义倾向 中国文化报 1989-4-12

郑德福 梁漱溟"文化三路向"剖析——兼评郑大华《梁漱溟与中国传统文化》 中州学刊 1989 年 2 期

李宗桂 评唐君毅的文化价值论和文化重构观 哲学研究 1989 年 3 期

景海峰 唐君毅的文化价值论和文化重构观 哲学研究 1989 年 3 期

肖箑父 唐君毅之哲学史观及其对船山哲学之解释——读《中国哲学原论》 哲学研究 1989 年 7 期 法言(香港)1989 年 2 期

方克立 唐君毅《中国哲学原论》评介 中国哲学史研究 1989 年 3 期

罗义俊 牟宗三先生与人文友会 文史杂志 1989 年 6 期

敏 泽 关于传统文化与现代化问题 哲学研究 1989 年 4 期

黄颂杰 当代哲学界的"大三角"——对"五四"以来中国哲学思想的反思 学术月刊 1989 年 4 期

杨国荣 在中西哲学的融合中重建儒学——梁漱溟新儒学思想探析 学术界 1989 年 3 期

王宗昱 梁漱溟与柏格森哲学 社会科学家1989年3—4期
高瑞泉 梁漱溟的中西文化观 文化冲突中的抉择——中国近代人物的中西文化观 湖南人民出版社1989年7月
杨玉清 关于熊十力 群言1989年8期
蒋国保 中国传统文化的现代走向——方东美论著抉奥 哲学研究1989年9期
许全兴 熊十力新唯识论述评 中国现代哲学与文化思潮 求实出版社1989年11月
李锦全 传统儒学能否适应现代化——兼对现代新儒家及反传统派思想观点的评述 中国哲学史研究1989年2期
单世联 五四·新儒学·人的现代化 学术研究1989年3期
颜炳罡 五四·新儒家·现代文化建构 文史哲1989年3期
方克立 第三代新儒家掠影 文史哲1989年3期
程伟礼 当代哲学发展的大趋势 复旦大学学报1989年3期
谢遐龄 重释五四精神,吸收儒学思想——论“科学与民主”的本真意义及其他 复旦大学学报1989年3期
崔永东 六十年代台湾的一场中西文化论战 哲学研究1989年6期
方克立 现代新儒学与中国现代化 南开大学学报1989年4期
卢升法 现代新儒家梁漱溟的儒佛会通观 南开大学学报1989年4期
郑大华 梁漱溟与五四时期的文化保守主义 求索1989年4期
杜 林 梁漱溟先生及其学说 晋阳学刊1989年4期
田 夫 现代新儒家研究近况 社会科学1989年8期
王宗昱 如何评价梁漱溟 群言1989年8期
盛巽昌 传统·新儒学·现代化——访广州中山大学李锦全教授 社会科学报1989-8-3

施忠连 新儒学与中华文化活精神 哲学研究1989年9期

张文彪 台湾融中西哲学的三大趋势 哲学动态1989年9期

关 东 “二十世纪中国哲学与文化思潮”学术讨论会综述 哲学研究1989年10期

吕希晨 论张君劢对传播现代西方哲学的贡献 中国现代哲学与文化思潮 求实出版社1989年11月

李锦全 论儒家人文思想的历史地位 哲学研究1989年11期

郑家栋 现代新儒学与传统哲学现代化 中国现代哲学与文化思潮 求实出版社1989年11月

郑大华 中国近现代文化保守主义思潮析 天津社会科学1989年2期

乐黛云 世界文化对话中的中国现代保守主义 中国文化1989年创刊号

罗义俊 从经济意义上论儒学与现代化的关系 史林1989年增刊

董德福 梁漱溟何以是佛家 社会科学报1990年1月11日

赵德志 冯友兰的哲学史观 辽宁大学学报1990年1期

张学智 论贺麟对斯宾诺沙思想的吸收与改造 文史哲1990年1期

黄克剑等 佛光烛照下的一代宗师——梁漱溟文化思想探要 哲学研究1990年3期

田文军 论冯友兰对新理学的反省和认同 武汉大学学报1990年2期

杨国荣 “新心学”探析 江海学刊1990年2期

郑大华 梁漱溟与阳明学 孔子研究1990年2期

陈正夫 试论现代新儒学 江西大学学报1990年3期

顾士敏 论现代新儒家 思想战线1990年3期

吕希晨 评张君劢新儒学的文化观 吉林大学学报1990年3期

何中华　现代新儒学演变的文化诠释　山东大学学报 1990 年 3 期

李善峰　梁漱溟对二十世纪的真正意义　东岳论丛 1990 年 4 期

[日]后藤延子　梁漱溟的佛教人生论——以《究元决疑论》为主对象　东岳论丛 1990 年 4 期

王宗昱　评梁漱溟早期的文化观　东岳论丛 1990 年 5 期

陈　晋　一九三八年毛泽东与梁漱溟的一次争论　中共党史研究 1990 年 6 期

何晓明　现代新儒家早期代表论略　天津社会科学 1990 年 5 期

方克立　现代新儒学的发展历程(上中下)　南开大学学报 1990 年 4—6 期

周炽成　现代新儒家对五四道德革命的批评与回应　华南师范大学学报 1990 年 4 期

许纪霖　封闭中的困顿——评新儒家的终极价值系统　文汇报 1990-11-7

颜炳罡　牟宗三的"道德优先于知识"说　山东大学学报 1990 年 3 期

方克立、郑家栋　传统·新儒家·现代化　光明日报 1990-12-24

王宗昱　评梁漱溟论《大学》及其对朱王的批评　北京大学学报 1990 年 6 期

李振纲　一位现代儒家的文化寻根意识——梁漱溟的东西文化比较研究评析　河北学刊 1990 年 6 期

高力克　现代化与儒家人生——梁漱溟文化哲学的困境　北京师范大学学报 1990 年 6 期

高瑞泉　熊十力意志理论评述　探索与争鸣 1990 年 4 期

郑家栋　熊十力的心性论及其与梁漱溟心性论比较　吉林大学学报 1990 年 6 期

陈晓平　关于冯友兰先生的形上学体系的出发点及其改进　中州学刊1991年1期

李耀先　新理学在中国哲学史上的地位　四川师院学报1991年1期

刘述先　也谈冯友兰:同情、评价、定位　九十年代月刊1991年2期

张岱年　冯友兰哲学思想的转变给我们的启示　高校理论战线1991年2期

张岱年　冯友兰"贞元六书"的历史意义　中州学刊1991年2期

许全兴　新理学与马克思主义哲学　中州学刊1991年2期

陈　来　"新理学"形上学之检讨　中州学刊1991年2期

冯　契　"新理学"的理性精神　学术月刊1991年2月号

陈　来　冯友兰先生的终极关怀　中国文化1991年春季号

洪晓楠　冯友兰"新理学"研究述评　哲学动态1991年5期

洪晓楠　冯友兰哲学思想及国际研讨会总述　哲学动态1991年7期

洪晓楠　简析冯友兰《中国哲学史新编》中的一般与个别　中州学刊1991年4期

涂又光　新理学简论　学术月刊1991年5期

将国保　公正地评价冯友兰哲学——评价《冯友兰新理学研究》　哲学研究1991年5期

萧箑父、田文军　旧邦新命 真火无疆　中州学刊1991年6期

赵　杰　新理学方法探源　中州学刊1991年6期

申光亚　也谈冯友兰所说"修辞立其诚"　中州学刊1991年6期

郑家栋　冯友兰与近代以来的哲学变革　哲学研究1991年12期

方克立　展望儒学的未来前景必须正视的两个问题　天津社会科学1991年1期

郭齐勇　熊、冯、金、贺合论　哲学研究1991年2期

汤一介 儒学的现代化问题 天津社会科学 1991 年 2 期
黎业明 梁漱溟的文化选择 深圳大学学报 1991 年 1 期
臧志军 试论梁漱溟的政治哲学 东岳论丛 1991 年 1 期
郑大华 文化的民族性与时代性——五四时期梁漱溟与胡适的东西文化之争初探 求索 1991 年 1 期
郑大华 自卑与自大:两种不健全的文化心态——胡适与梁漱溟文化心态比较论 中州学刊 1991 年 1 期
马小兵 试论梁漱溟的东西文化观 四川师范大学学报 1991 年 2 期
高国舫 梁漱溟与现代化 浙江大学学报 1991 年 3 期
岑贤安 梁漱溟的心性论 社会科学家 1991 年 2 期
朱义禄 论泰州学派对梁漱溟的影响 学术论坛 1991 年 4 期
武东生 梁漱溟早期人生哲学思想注要 东岳论丛 1991 年 1 期
刘长林 试评梁漱溟对东西人生态度的理解 学术界 1991 年 4 期
郑大华 精神文明与物质文明:论五四时期梁漱溟与胡适的中西文化之争 湖南师大学报 1991 年 4 期
陈 来 熊十力哲学的明心论 孔子研究 1992 年 3 期
高振农 梁漱溟的佛学思想简论 五台山研究 1992 年 1 期
龚喜春 评梁漱溟的乡村建设理论 湖北师院学报 1992 年 1 期
夏士清 梁漱溟生命化儒学对其乡村建设思想的影响 深圳大学学报 1992 年 2 期
郑大华 “评判的态度”与“同情的理解”——论胡适与梁漱溟对于传统文化的态度 中州学刊 1992 年 2 期
颜炳罡 试论现代新儒家的基本性质及其精神 文史哲 1992 年 3 期
李振霞 梁漱溟与现代新儒学 实事求是 1992 年 3 期
李振纲 一位现代儒家对“善”与“美”的探索——梁漱溟道德哲学

与艺术哲学述论 河北大学学报 1992 年 3 期
杨全昌 简析梁漱溟哲学体系的逻辑架构 四川师院学报 1992 年 4 期
郑大华 梁漱溟新儒学思想研究 近代史研究 1992 年 4 期
吕希晨 评梁漱溟的文化哲学观——重读《东西文化及其哲学》 新东方 1992 年 12 期
解见伟 “理世界”中的意义追求——冯友兰的人生境界说 天津师大学报 1992 年 1 期
杨国荣 人生理想的理性建构 南京社会科学 1992 年 1 期
张 跃 阐旧邦以维新，极高明而道中庸 社会科学战线 1992 年 1 期
洪晓楠 冯友兰与维也纳学派 中州学刊 1992 年 2 期
严书翔 冯友兰哲学的两种方法论析 中州学刊 1992 年 2 期
曾家华 冯友兰哲学研究方法浅见 广西师院学报 1992 年 2 期
孔 繁 读冯友兰先生《中国哲学史新编·自序》 孔子研究 1992 年 7 期
涂又光 《冯友兰英文著作集》评介 哲学研究 1992 年 7 期
金春峰 冯友兰中国哲学史研究的启示——兼论哲学与哲学史 中州学刊 1992 年 4 期
李约瑟 评冯友兰《中国哲学史》 中州学刊 1992 年 2 期
郑家栋 冯友兰“负的方法”论析 浙江学刊 1992 年 5 期
柴文华 中国哲学史方法论的近代化：胡适和冯友兰的中国哲学史方法 哲学研究 1992 年 9 期
柴文华 冯友兰的孔子研究述评 中州学刊 1992 年 6 期
何丽萍 民主革命时期的梁漱溟与中国共产党 社会科学家 1993 年 1 期
潘建漳 现代化与人性的困厄——论梁漱溟的文化难题 浙江大

学学报 1993 年 1 期

施忠连 当代新儒家的本体论与现代化 学术月刊 1993 年 6 期

柴文华 中国哲学系统化的完整形态:熊十力的“新唯识论” 学习与探索 1993 年 6 期

赵德志 梁漱溟与生命哲学 社会科学辑刊 1993 年 3 期

刘岳兵 梁漱溟思想胚胎之发育及其影响——从《究元决疑论》说起 人文杂志 1993 年 5 期

郑家栋 终极层面的探求与天人统一观的重建——熊十力哲学的思想内涵及其现代意义 学术月刊 1993 年 10 期

李道湘 梁漱溟意欲论研究 甘肃社会科学 1993 年 5 期

董德福 梁漱溟与冯友兰人生哲学及其方法之比较 中州学刊 1993 年 5 期

公茂虹 五四时期张君劢政治思想初探 河南大学学报 1993 年 2 期

公茂虹 张君劢三十年代政治思想略论 史学月刊 1993 年 2 期

吴汉全 “科学与人生观论战”中的张君劢与柏格森哲学 湖北师范学院学报 1993 年 4 期

汪先全 “天人合一”——冯友兰一以贯之的思想 中州学刊 1993 年 2 期

孙中超、何安志 冯友兰评传 南都学刊 1993 年 2 期

彭卫国 冯友兰易学思想初探 周易研究 1993 年 2 期

陈卫民 哲学家的足迹和沉思——冯友兰先生的两个“自序”和一个“总结” 读书 1993 年 6 期

柴文华 略论冯友兰的人生境界说 河北大学学报 1993 年 3 期

胡　军 冯友兰重建形上学之方法 求是学刊 1993 年 4 期

刘述先 读冯友兰《中国现代哲学史》有感 香港《联合报》1993-8-26

张永义 论冯友兰和金岳霖对形上学的重建——《新理学》和《论道》的比较研究 中州学刊 1993 年 5 期
方克立 冯友兰与中国哲学现代化 中国文化研究 1994 年 2 期
张立文 从宋明新儒学到现代新儒学 学术季刊 1994 年 1 期
陈 来 发展中国文化本位的哲学研究参与价值体系和民族精神的重建 北京大学学报 1994 年 4 期
吴 疆 如何接着新理学讲？——冯友兰与中国哲学的语言学转折 中州学刊 1994 年 4 期
林建华 由正入负——冯友兰哲学方法论的形成与运用 中州学刊 1994 年 4 期
陈庆坤 中国近代哲学与佛学的会通 吉林大学学报 1994 年 4 期
张庆熊 熊十力与胡塞尔的本体论学说 复旦大学学报 1994 年 6 期
赵 林 揭示奇哲文化个性之作 中国图书评论 1994 年 5 期
颜炳罡 现代新儒家研究的省察与展望 文史哲 1994 年 4 期
颜炳罡 徐复观的政治理念——兼论徐、牟政治理念之异同 齐鲁学刊 1994 年 6 期
杨 适 孔子的人论兼评徐复观先生的孔孟研究 北京大学学报 1994 年 3 期
张西平 儒家思想开展的新途径——贺麟新儒学思想简评 南京社会科学 1994 年 9 期
张能为 现代新儒学的文化之路 学术界 1994 年 6 期
杨思春 新儒学与现代人的精神家园 中国青年研究 1994 年 1 期
李 毅 马克思主义与现代新儒学互动关系简析 中国青年政治学院学报 1994 年 3 期
王中江 现代新儒学的视域限制 中州学刊 1994 年 5 期
朱义禄 对现代新儒学最新进展的追踪——评《现代新儒学在美

国》 社会科学战线 1994 年 6 期

郭齐勇 马一浮的人格境界与哲理诗 中国文化 1994 年 1、9 期

夏瑰琦 略论陆王心学在马一浮哲学中的地位 孔子研究 1994 年 3 期

范 兵 马一浮与儒学文化体系的重建 中国文化 1994 年 9 期

周炽成 贺麟:抗战时期的伦理学家 广东社会科学 1994 年 1 期

柴文华、姜华 贺麟的道德观片论 贵州社会科学 1994 年 3 期

柴文华、郑莉 真文化和真道德——贺麟的见解及其启示 理论探讨 1994 年 5 期

张西平 儒家思想开展的新途径——贺麟新儒学思想简评 南京社会科学 1994 年 9 期

王泽应 唐君毅的"伦理开新说"论评 求索 1994 年 1 期

陈 勇 从钱穆的中西文化比较看他的民族文化观 中国文化研究 1994 年 1 期

翁有为 钱穆的政治思想研究 史学月刊 1994 年 4 期

陈 勇 钱穆的文化学理论及其研究实践 社会科学 1994 年 7 期

刘德春 现代新儒家论"工作伦理" 道德与文明 1994 年 5 期

李 毅 国内现代新儒家研究的梳理与总结 高校理论战线 1994 年 5 期

李翔海 从"内圣外王"到"批判精神"——略论第三代新儒家的新动向 河北大学学报 1994 年 3 期

李振纲 救世意识与时代悲感——现代新儒家在中国与当代世界的命运 河北学刊 1994 年 5 期

武东生 现代新儒家伦理道德思想述评 南开大学学报 1994 年 1 期

马东玉 论当代新儒家的"无我"思想 辽宁师大学报 1994 年 1 期

李 毅 传统的现代转化与其困顿——第三代新儒家论析 齐鲁

学刊1994年4期

辛　华　话说余英时对新儒家的质疑　人文杂志1994年3期

赵景来　现代新儒家研究的深化与拓展——评《现代新儒家人生哲学研究》　天津社会科学1994年3期

庞世烨　新儒家论先哲忧患意识与中国人文精神　天津师大学报1994年3期

李翔海　“现代新儒家”概念之我见——兼论余英时思想之学派归属　天津师大学报1994年5期

许　明　新儒家:寻求中的价值重建　学术研究1994年2期

周炽成　德性之知与见闻之知:从宋明儒家到现代新儒家　学术研究1994年2期

宋志明　现代新儒学研究述要　哲学动态1994年2期

应　奇　论张君劢的政治哲学　浙江大学学报1994年2期

吕希晨　张君劢哲学思想论析　学习与探索1994年6期

雷　颐　殊途同归:胡适与张君劢的历史命运　近代史研究1994年3期

罗义俊　活泼泼的生命,活泼泼的心——钱穆历史观要义疏解　史林1994年4期

解见伟　张君劢的新儒家政治哲学　南开大学学报1994年5期

程彦武　冯友兰新理学之“理”论　长白学刊1994年1期

刘长城　《新理学》理学观　南部学报1994年2期

宋志明　孙中山现代新儒家思潮　学习与探索1994年6期

樊之君　本心与道德自我——唐君毅中心观念的确立及限制　中国民航学院学报1994年2期

乔清举　新儒家与儒学的现代转化　战略与管理1994年5期

陈　来　“新理学”的现代化论与“现代性”思维的检讨　北京大学学报1995年1期

郑家栋 冯友兰哲学思想研讨会述要 哲学研究 1995 年 3 期
陈 来 冯友兰中国哲学史研究的学术贡献 北京社会科学 1995 年 4 期
方克立、李翔海 现代新儒学发展的逻辑与趋向 中国社科院研究生院学报 1995 年 3 期
启 良 新儒学十评 湘潭大学学报 1995 年 1 期
郑潮波 超越与理想:唐君毅哲学的主题 海南师院学报 1995 年 1 期
赵德志 《生命存在与心灵境界》评述——兼论唐君毅与黑格尔哲学 孔子研究 1995 年 1 期
蒋 松 一代哲学宗师唐君毅 中华文化论坛 1995 年 1 期
樊志辉 唐君毅文化哲学的建构及其局限 南开大学学报 1995 年 3 期
杜维明 唐君毅的人文反思 中华文化论坛 1995 年 4 期
唐亦男 唐君毅先生对清代学术文化精神之省察 中华文化论坛 1995 年 4 期
刘长城 论冯友兰"人生哲学"的主旨 殷都学刊 1995 年 3 期
蔡仲德 冯友兰与"新儒学"一词在中国 东方文化 1995 年 3 期
蔡仲德 论冯友兰的思想历程 清华大学学报(台)1995 年 25 卷 3 期
程伟礼 中国哲学史:从胡适到冯友兰 学术月刊 1995 年 8 期
钱耕森、程潮 冯友兰与唐君毅的人生境界说之比较研究 中州学刊 1995 年 6 期
陈晓平 评冯友兰的新统——兼论冯友兰哲学的归属问题 哲学研究 1995 年 12 期
周澄宇 熊十力和近代文化 史林 1995 年 2 期
郑大华 熊十力研究的新成果——评《熊十力评传》 学习与探索

1995年3期

朱 哲 我们应如何对待传统文化中的遗宝——读郭齐勇教授《熊十力思想研究》 江汉论坛1995年8期

余秉颐 方东美的哲学观 学术界1995年2期

杜 巽 马一浮先生书法艺术 杭州师院学报1995年1期

刘光明 马一浮书品、书论及学术生涯评述 青海师大学报1995年2期

李明友 马一浮的儒佛会通观 孔子研究1995年3期

滕 复 马一浮的哲学思想 浙江学刊1995年3期

徐 迅 国学大师马一浮与弟子乌以风 江淮文史1995年5期

还学文 新儒学百年 中国青年研究1995年1期

还学文 新儒学百年(续) 中国青年研究1995年2期

张嘉丽 贺麟早期文化哲学思想初探 道德与文明1995年5期

孙明君 道统说辩难 北京大学学报1995年3期

董德福 "开新"还需"返本":现代新儒家一个基本信念析论 福建论坛1995年2期

李 毅 现代新儒家理论的根本缺陷论析——兼论中国现代化道路的实践方向 江海学刊1995年4期

程 潮 生命哲学的输入及其对现代新儒家的影响 嘉应大学学报1995年2期

高瑞泉 新儒学与民族价值的重建 开放时代1995年5期

马东玉 论梁漱溟的佛学文化观 辽宁师大学报1995年3期

刘述先 对于当代新儒家的超越内省 中国文化1995年2期

吴 疆 中国哲学现代发展的逻辑线索——论现代新儒学与中国哲学的三次转折 齐鲁学刊1995年2期

李 毅等 试析第二代新儒家的理论困境 中国青年政治学院学报1995年2期

郭齐勇、汪学群 钱穆的文化学理论 中州学刊 1995 年 1 期
汪学群 一代通儒钱穆先生 文史哲 1995 年 3 期
汤一介 读钱穆先生《中国文化对人类未来可有之贡献》 北京大学学报 1995 年 4 期
杨 岚 钱穆论中国现代文化的出路 中州学刊 1995 年 6 期
石小晋 论钱穆的史学思想 江汉论坛 1995 年 6 期
原 野 钱穆先生 东方艺术 1995 年 5 期
张凤江 现代新儒学的合理性及其再批判 绥化师专学报 1995 年 3 期
吴汉全 五四时期梁漱溟的新儒学哲学与柏格森哲学 松辽学刊 1995 年 4 期
罗义俊 经国济世,培养史心——钱宾四先生新儒学史学观论略 史林 1995 年 4 期
郑大华 熊十力研究的新成果——评《熊十力评传》 学习与探索 1995 年 3 期
李翔海 新理学与中国哲学的现代重建 中州学刊 1995 年 3 期
李翔海 从“科玄论战”到“良知自我坎陷” 天津师大学报 1995 年 4 期
秦英君 抗日战争与新儒学文化思潮 民国档案 1995 年 4 期
陈克艰 牟宗三与康德哲学散论 史林 1995 年 4 期
翁芝光 论柏格森生命哲学对梁漱溟新儒学思想的影响 东南学术 1995 年 5 期
翁芝光 论柏格森生命哲学对张君劢新儒学思想的影响 福建论坛 1995 年 5 期
唐亦男 从牟宗三的朱子研究看朱子思想的现代性 福建论坛 1995 年 6 期
王元明 现代新儒学研究的新进展——《中国马克思主义与现代

新儒学》简评 天津社会科学 1995 年 6 期

周溯源 现代新儒学述评 宁夏社会科学 1995 年 6 期

方克立 追求真善美的统一——从两位中国现代哲学家说起 哲学研究 1995 年 11 期

郑家栋 牟宗三思想的意义与当代儒学的转型 哲学研究 1995 年 11 期

冯耀明 判教与判准——当代新儒学之二判 哲学研究 1995 年 11 期

吴根友 徐复观与新儒学发展学术讨论会综述 哲学动态 1995 年 12 期

陈 来 论冯友兰哲学中的神秘主义 中国文化 1996 年 1 期

方克立 评大陆新儒家推出的两本书——《理性与生命》(1)(2) 晋阳学刊 1996 年 3 期

宋志明 现代新儒家与现代化 教学与研究 1996 年 2 期

吉贞杏 新发现的废名四篇著作 中国现代文学研究丛刊 1996 年 2 期

徐佑良 中国现代天才哲学家熊十力 黄冈师院学报 1996 年 3 期

程 潮 四位旅美新儒家论“儒家伦理与现代化” 嘉应大学学报 1996 年 5 期

李 智 探古今之通玄阐 儒释之会融——《佛学与现代新儒家》评介 人文杂志 1996 年 2 期

李 毅 以“道德理性”为理论基础的新儒学评析 学术季刊 1996 年 2 期

方松华 现代新儒家与中国现代化 社会科学 1996 年 5 期

王玉祥 张君劢与抗战时期的民主宪政运动探析 历史档案 1996 年 2 期

彭 泽 复活世纪沼泽地中的一代宗师——评潘荣才《现代新儒

家梁漱溟》 南方文坛 1996 年 1 期
朱汉国 从"文化路向"观到"老根新芽"说——重评梁漱溟关于中西文化的认识 中州学刊 1996 年 1 期
栗玉仕 诠释与创造:儒家的人生伦理——梁漱溟新儒学人生伦理思想研究 中国青年政治学院学报 1996 年 2 期
俞祖华 文化保守主义思潮的重要转向——从康有为的三世进化史观到梁漱溟的"文化三路向"说 烟台师院学报 1996 年 1 期
刘定祥 梁漱溟与现代化 桂林教育学院学报 1996 年 1 期
刘江船 梁漱溟乡村建设理论的主要特征 江西师大学报 1996 年 2 期
张利民 梁漱溟研究的新进展——评《梁漱溟思想研究》一书 天津社会科学 1996 年 2 期
李中军 毛泽东梁漱溟农民问题理论比较研究 史学月刊 1996 年 2 期
徐 勇 现代化中的乡土重建——毛泽东、梁漱溟、费孝通的探索及其比较 天津社会科学 1996 年 5 期
时广东 梁漱溟、毛泽东关于中国社会改造思想的趋同和差异 社会科学研究 1996 年 6 期
朱汉国 论梁漱溟的"中国社会结构特殊论" 齐鲁学刊 1996 年 6 期
栗玉仕 伦理本位与以德治国——梁漱溟社会伦理思想研究 齐鲁学刊 1996 年 6 期
朱汉国 一份可资借鉴的遗产——谈梁漱溟乡村建设的现实主义 北京师范大学学报 1996 年 6 期
江继海、赵亭富 梁漱溟抗战思想研究 长白学刊 1996 年 4 期
苏庆伟 梁漱溟在邹平 中国档案 1996 年 11 期

李可亭、李可东　论梁漱溟与传统思想现代化　商丘师院学报1996年8期
龚建平　略论梁漱溟人生哲学中的儒佛双重性　陕西师大学报1996年3期
董德福　晚年梁启超与现代新儒家　天津社会科学1996年6期
宋志明、刘喜君　贺麟对黑格尔哲学的会通　学习与探索1996年5期
钱胡美琦　读刘著《对于当代新儒家的超越内省》一文有感　中国文化1996年1期
刘　墨　“后儒家的挑战”——杜维明的新儒学著作　中国图书评论1996年1期
龙佳解　海外及台湾部分学者论新儒家及文化重建　哲学动态1996年8—9期
李翔海　评现代新儒家的中体西用论　哲学研究1996年1期
李翔海　内在与超越——论第三代新儒家的哲学取向　社会科学战线1996年1期
李翔海　方东美成中英刘述先合论　学术界1996年1期
孔祥宁、胡伯项　“极高明而道中庸”:冯友兰人生哲学的本质特征　南昌大学学报1996年1期
任继愈　冯友兰先生对中国哲学的继承和发展　齐鲁学刊1996年2期
田文军　冯友兰与文化保守主义　中国哲学史1996年3期
陆汉明　从“新理学”到“新原学”看冯友兰哲学思想　团结报1996年4期
潘德荣　“阐旧邦以辅新命”的冯友兰　北方论丛1996年3期
柴毅龙　冯友兰与柏拉图　中州学刊1996年3期
钱　逊　冯友兰关于辩证法思想的反思　清华大学学报1996年

2 期

蔡仲德　中国现代哲学家冯友兰　文史哲 1996 年 4 期

曹念明　洪秀全、曾国藩功过片论：评冯友兰《中国哲学史新编》中的一个论点　学术研究 1996 年 6 期

汪传发　思不可思之奥秘：冯友兰对智慧如何可能的思考　安徽师大学报 1996 年 3 期

李承宗　冯友兰人生境界的伦理思想摭谈　船山学刊 1996 年 2 期

孔凡岭　冯友兰中西文化观的演变　东方论坛 1996 年 1 期

陈为蓬　关于冯友兰思想进程的讨论——"中西哲学与文化的融合与创新"学术讨论会简介　哲学研究 1996 年 2 期

宋志明　贺麟对王夫之哲学的研究与借鉴　中国哲学史 1996 年 3 期

衣俊卿　评现代新儒学和后现代主义思潮　教学与研究 1996 年 2 期

居敬波　儒家传统及其现代取向——访知名学者杜维明教授　开放时代 1996 年 1 期

卢周来、曹树枚　解开"李约瑟难题"的一种努力——牟宗三论儒家文化与科学精神　南昌大学学报 1996 年 4 期

李　毅　以道德理性为理论基石的新儒学评析　学术季刊 1996 年 2 期

王其水　霍韬晦：当代新儒家　聊城大学学报 1996 年 3 期

韦　维　徐复观思想与现代新儒学发展学术讨论会纪要　武汉大学学报 1996 年 2 期

李培超　"高处不胜寒"——现代新儒学道德形而上的迷惘　湘潭师院学报 1996 年 1 期

赵吉惠　现代新儒学与东方现代化　西藏民族学院学报 1996 年 1 期

栗玉仕 诠释与创造:儒家的人生伦理——梁漱溟新儒学人生伦理思想研究 中国青年政治学院学报 1996 年 2 期
程 潮 王阳明心学在牟宗三哲学体系中的地位 嘉应大学学报 1996 年 3 期
杨海文 略论牟宗三的儒家道统观 学术研究 1996 年 6 期
蒋 庆 良知只可呈现而不可坎陷——王阳明与牟宗三良知学说之比较及“新外王”评议 中国文化 1996 年 2 期
王岳川 牟宗三的生命与学术之思 中华文化论坛 1996 年 3 期
方光华 试论中国近代新史学的守成派 学术研究 1996 年 3 期
赵建伟 “第二届唐君毅学术思想国际研讨会”综述 社会科学研究 1996 年 1 期
肖箑父 “富有之谓大业”——第二届唐君毅学术思想国际研讨会上的发言 中华文化论坛 1996 年 1 期
柴文华、李秀云 儒学的层面剖析与重建途径——论杜维明先生的儒学观 学术交流 1996 年 3 期
王金洪 新儒家政治文化取向面临的内在困境 华南师大学报 1996 年 2 期
余秉颐 简论方东美的宗教观 江淮论坛 1996 年 4 期
张允熠 方东美的《中国哲学之精神及其发展》 安徽史学 1996 年 4 期
汪学群 钱穆学术思想史方法论发微 孔子研究 1996 年 1 期
曹跃明 论梁漱溟的多元文化观 中国哲学史 1997 年 1 期
郑万鹏 梁漱溟与托尔斯泰 中国文化研究 1997 年 2 期
马国舫 浅论梁漱溟的乡村建设方略 浙江社会科学 1997 年 2 期
池 南 “最后的大儒”梁漱溟琐记 炎黄春秋 1997 年 2 期
朱汉国 简析梁漱溟的“社会主义” 史学集刊 1997 年 2 期
龚建平 试论梁漱溟哲学思想中的“理性” 人文杂志 1997 年 3 期

方述鑫 郭沫若在古文字考释方面的创见——兼驳梁漱溟、余英时先生 郭沫若学刊 1997 年 1 期

江 海 中西文化观的地平线——冯友兰、梁漱溟中西文化观上的方法论考察 船山学刊 1997 年 2 期

刘经邦 我的老师——梁漱溟 桂林市教育学院学报 1997 年 2 期

朱义禄 梁漱溟乡村建设思潮述评 史林 1997 年 4 期

熊吕茂 近十年来梁漱溟研究综述 湖南师大学报 1997 年 5 期

马佩英 梁漱溟政治思想论 河南大学学报 1997 年 4 期

高 胜 乡农学校模式:梁漱溟的政治体制构想及其实验 河北学刊 1997 年 5 期

周德丰 略论梁漱溟的中西印文化比较观 天津社会科学 1997 年 6 期

郭建宁 二十世纪中国哲学的总体审视 江海学刊 1997 年 2 期

陈 来 现代化理论视野中的东亚传统 读书 1997 年 3 期

陈 鹏 略论新理学——关于接着新理学讲的几点思考 哲学研究 1997 年 4 期

陈 鹏 超越理性的理性——也论冯友兰新理学“负的方法” 北京社会科学 1997 年 3 期

范燕宁 冯友兰与维也纳学派在形而上学观上的分歧:兼与郁振华同志商榷 哲学研究 1997 年 6 期

胡 军 冯友兰《新理学》方法论批判 中国哲学史 1997 年 1 期

汪传发 天地境界:冯友兰的哲学信仰 中国哲学史 1997 年 2 期

陈 媛 冯友兰新理学对传统儒学的发挥 天津党校学刊 1997 年 1 期

耿彦君 冯友兰与朱熹“理在气先说”之比较 锦州师院学报 1997 年 2 期

朱 哲 楚人精神浪漫哲学——冯友兰道家思想研究疏释 云南

社会科学 1997 年 2 期

杨翰卿 冯友兰融道于儒的人生哲学 哲学研究 1997 年 8 期

方克立 评大陆新儒家“复兴儒学”的纲领 晋阳学刊 1997 年 4 期

方克立 全面评价冯友兰 哲学研究 1997 年 12 期

洪晓楠 冯友兰文化哲学新论 中州学刊 1997 年 5 期

陈晓平 冯友兰的境界说与未来道德哲学 江海学刊 1997 年 3 期

刘仲林 冯友兰“负的方法”反思与重估 河北师大学报 1997 年 3 期

程彦武 冯友兰新理学对宋明理学的继承和发展 东北师大学报 1997 年 6 期

颜炳罡 评徐复观的学术态度与学术方法 孔子研究 1997 年 3 期

张元城 无法完成的超越——评当代新儒家“返本”“开新”之说 河北师大学报 1997 年 1 期

熊吕茂 近十年来梁漱溟研究综述 湖南师大学报 1997 年 5 期

王启康 再论道德自我 华中师大学报 1997 年 6 期

赵吉惠 论儒学的继承与超越 济宁师专学报 1997 年 2 期

程 潮 现代第三、四代新儒家的宋学观 开封大学学报 1997 年 1 期

于树贵 新儒家伦理思想研究的开山之作——评《现代新儒家伦理思想研究》 孔子研究 1997 年 4 期

吴宝珍 熊十力“体用不二”思想的宇宙论解释 西北师大学报 1997 年 2 期

周德丰 论熊十力的人生哲学 南开大学学报 1997 年 3 期

黄石声、黄晓阳 《乾坤衍》“辨伪”探微 兰州学刊 1997 年 3 期

陈友康 人文学者应捍卫独立的价值标准——读《天地之间一个读书人——熊十力传》 探索与争鸣 1997 年 10 期

马东玉 当代新儒家人文教育评述 辽宁师大学报 1997 年 4 期

程　潮　方东美与唐君毅的人生境界说之比较研究　南京大学学报 1997 年 2 期
冒　荣　“花自飘零水自流”——现代新儒家产生原因及其作用初探　南京理工大学学报 1997 年 3 期
叶赋桂　现代新儒家思想的特质　清华大学学报 1997 年 1 期
李翔海　民族本位的世界主义情怀——论新儒家对西方哲学的基本理论立场　学术季刊 1997 年 3 期
杨宏山　评说新儒家　学术论坛 1997 年 3 期
李佑新　21 世纪中国哲学的走向(论纲)　湘潭大学学报 1997 年 4 期
夏德勇　正确估价新儒家对中国现代文学研究的冲击　中国现代文学研究丛刊 1997 年 3 期
洪晓楠　也谈后新儒家时代　哲学动态 1997 年 7 期
丁　纪　保守主义的自由之基——评陈少明的思想史近作　学术月刊 1997 年 6 期
罗义俊　钱穆及其史学纲要　历史教学问题 1997 年 1 期
罗义俊　续牟宗三时代:新儒学的继承与开展——第四届当代新儒学学术会议侧记　学术月刊 1997 年 9 期
田文军　冯友兰的“生活方法新论”　中州学刊 1997 年 5 期
李培超　现代新儒学“返本开新”思想论评　船山学刊 1997 年 1 期
冯　辉　儒学·新儒学·现代新儒学　哈尔滨师专学报 1997 年 3 期
祁润兴、李继胜　论宋明理学和传统儒学的逻辑终结——现代新儒学思潮的历史反思与学术批评　内蒙古大学学报 1997 年 3 期
时　粤　现代新儒学:历史的困惑与现实的悖论　社会科学研究 1997 年 6 期
张永泉　回应新儒学的挑战　中国现代文学研究丛刊 1997 年 1 期

李亚宁　“科学人生观”辨析——兼评现代新儒学的哲学误区　自然辩证法研究 1997 年 3 期

邵汉明　现代新儒学研究十年回顾——方克立先生访谈录　社会科学战线 1997 年 2 期

方祖猷　王畿与聂豹关于本体良知之辩——兼对牟宗三先生《致知议辩》一文的补充和商榷　宁波大学学报 1997 年 1 期

唐文明　康德道德形上学及其意味辩释——兼及牟宗三先生有关康德伦理思想的理解　哲学研究 1997 年 6 期

成中英　本体与实践:牟宗三先生与康德哲学　中国哲学史 1997 年 2 期

静　林　一代宗师马一浮　世界文化 1997 年 2 期

杨卫东　简评现代新儒学的理论特色　济宁师专学报 1997 年 2 期

张茂泽　贺麟与胡塞尔的现象学　西北大学学报 1997 年 4 期

余秉颐　艺术与生命——方东美的艺术观述评　学术界 1997 年 5 期

徐复观　徐复观谈音乐艺术价值的根源　中国音乐 1997 年 3 期

徐复观　徐复观谈礼乐　中国音乐 1997 年 2 期

肖　滨　评徐复观对儒家道德政治理想的现代转进　学术研究 1997 年 9 期

李景林　读《钱穆评传》　中国哲学史 1997 年 1 期

吕希晨　评张君劢儒学与现代化的相容论　开封大学学报 1997 年 1 期

肖美丰　徘徊于学术与政治之间的张君劢　北方论丛 1997 年 5 期

陈先初　张君劢思想研究述评　湖南师大学报 1997 年 6 期

陈　来　二十世纪中国文化中的儒学困境　浙江社会科学 1998 年 3 期

陈　来　谁之责任？何种伦理？从儒家伦理看世界伦理宣言　读

书 1998 年 10 期

徐清祥　欧阳竞无与熊十力在佛学上的根本分歧　江西师大学报 1998 年 1 期

陈　赟　熊十力对哲学与科学的区分及其文化蕴含　江汉论坛 1998 年 2 期

方　用　熊十力:哲学与人生　枣庄师专学报 1998 年 1 期

郑家栋　从内在超越说起　哲学动态 1998 年 2 期

丁祯彦　冯友兰新理学历史观中的合理因素　贵州大学学报 1998 年 1 期

郭齐勇　形式抽象的哲学与人生意境的哲学——论冯友兰哲学及其方法论的内在张力　中州学刊 1998 年 3 期

单　纯　论冯友兰在中国哲学史上的地位　中州学刊 1998 年 1 期

楚明锟　试析冯友兰“新理学”中的逻辑思维法　郑州大学学报 1998 年 5 期

马全智　略论冯友兰先生的逻辑观　郑州大学学报 1998 年 5 期

楚明锟　简论冯友兰的逻辑分析法思想　哲学研究 1998 年 10 期

蔡仲德　关于冯友兰思想历程的几个问题——答方克立先生　哲学研究 1998 年 10 期

杨海文等　冯友兰的境界理论与人生实践　现代哲学 1998 年 4 期

徐仪明等　冯友兰“贞元六书”与民族精神　许昌师专学报 1998 年 1 期

楚明锟　再探冯友兰的类逻辑思想　西南师大学报 1998 年 5 期

朱伯昆　略论冯友兰学术思想研究的方法论问题　史学月刊 1998 年 4 期

于安澜　略忆先师冯友兰先生　史学月刊 1998 年 4 期

徐仪明　冯友兰与中国传统文化国际学术讨论会综述　孔子研究 1998 年 1 期

陈喜荣　冯友兰哲学的非理性倾向　华中理工大学学报 1998 年 4 期
刘卫东　青年冯友兰与河南大学　河南大学学报 1998 年 3 期
冷天吉　科学在冯友兰哲学思想中的地位　河南师大学报 1998 年 5 期
楚明锟　管窥冯友兰的类发展观　河南大学学报 1998 年 5 期
刘亚中　道通天地冯友兰　东岳论丛 1998 年 6 期
李明山　冯友兰学术思想论　学术月刊 1998 年 5 期
孟彩云　试论冯友兰的人生境界说　学术月刊 1998 年 5 期
彭启福　当代新儒家的先驱——梁漱溟　北方论丛 1998 年 4 期
王宗昱　乡村是文化之本——读善峰《梁漱溟社会改造构想研究》有感　东岳论丛 1998 年 3 期
孙继文　梁漱溟"乡村建设"述论　河南大学学报 1998 年 2 期
程恭让　梁漱溟的佛教思想述评　孔子研究 1998 年 2 期
郭可慈　梁漱溟、沈从文生平的一点辨正　中国图书评论 1998 年 2 期
田光烈　不可夺志的梁漱溟先生　贵州文史天地 1998 年 2 期
时广东　似圣非圣:梁漱溟早期思想探微　重庆师院学报 1998 年 2 期
李　翔　世纪之交的回观——后现代视野下的梁漱溟中西文化观　北京社会科学 1998 年 3 期
刘秀江　梁漱溟的生命哲学观与乡村教育理论述评　高等师范教育研究 1998 年 3 期
钱宗范　试论梁漱溟的教育思想和学术道路——纪念梁漱溟先生诞辰 105 周年　广西师大学报 1998 年 4 期
史炳军　梁漱溟晚期心性论研究　西北大学学报 1998 年 4 期
刘秀江　梁漱溟的文化思想述评　首都师大学报 1998 年 6 期

林存光　中国文化的问题性——梁漱溟的“文化问题论”的内在思维理路　齐鲁学刊 1998 年 6 期
李道湘　文化大师的心思历程——梁漱溟思想形成的发生学探讨　中央社会主义学院学报 1998 年 11 期
曾小五　现代新儒家伦理思想研究的一部力作　道德与文明 1998 年 1 期
韩钟文　现代新儒家与陆九渊散论　抚州师专学报 1998 年 1 期
周炽成　徐复观:20 世纪中国知识分子的杰出一员　华南师大学报 1998 年 6 期
黄见德　道德形而上学的重建与对康德哲学的融摄——评牟宗三先生会通中西哲学的导向　华中理工大学学报 1998 年 2 期
程　潮　现代新儒家的宋学观　嘉应大学学报 1998 年 2 期
刘　冰　传统与现代的契合——当代新儒家的现代观　辽宁师大学报 1998 年 1 期
龙佳解　论当代港台新儒家思想的特质　求索 1998 年 2 期
刘长林　梁漱溟生命化的人性本善论述评　上海大学学报 1998 年 3 期
翁有为　新儒家的“守身”与“舍身”——梁漱溟在“文化大革命”中的学术心路分析　史学月刊 1998 年 6 期
丁　原　海外新儒家及其外王学　天津社会科学 1998 年 5 期
陈江华　选择的困惑——评张君劢对国家模式的探索　合肥联大学报 1998 年 1 期
何中华　“科玄论战”与 20 世纪中国哲学走向　文史哲 1998 年 2 期
邝天舒　新儒家“返本开新”说的内在矛盾　五邑大学学报 1998 年 1 期
钭小东　新儒学返本开新说辩　温州师范学院学报 1998 年 4 期

段吉福　历史文化意识观照下的德性主体——钱穆人生价值论　西南民族学院学报 1998 年 1 期
龚鹏程　现代社会的礼乐文化重建　浙江社会科学 1998 年 1 期
黄黎星　乾坤大义的现代启示——当代新儒家易学思想综论(上下)　周易研究 1998 年 1—2 期
李　勇　儒佛会通与现代新儒家人间佛教的形成　社会科学战线 1998 年 4 期
惠　琴　运用马克思主义研究中国哲学史的典范——读《现代新儒学与中国现代化》　唯实 1998 年 1 期
刘长林　试析梁漱溟对中国传统人生态度的阐说　学术月刊 1998 年 2 期
程恭让　现代新儒学的佛教学缘　学术月刊 1998 年 8 期
李翔海　论现代新儒学与后现代主义　教学与研究 1998 年 9 期
李翔海　现代新儒学研究的回省与展望——写在《现代新儒学与中国现代化》出版之际　南开大学学报 1998 年 5 期
谷　方　展示现代新儒学研究风貌和历程的重要成果——读方克立著《现代新儒学与中国现代化》　高校理论战线 1998 年 5 期
袁良骏　超越五四,超越新儒学　江汉论坛 1998 年 11 期
王其水　鹅湖系:台湾新儒学的新趋向　孔子研究 1998 年 2 期
金　科　世纪之交的儒学研究——读方克立先生的《现代新儒学与中国现代化》　学术界 1998 年 3 期
柴文华　方克立与现代新儒学研究——兼评《现代新儒学与中国现代化》　学习与探索 1998 年 6 期
邹定宾　呈现与假定:牟宗三心性学与康德道德哲学的互释分析　中国人民大学学报 1998 年 4 期
余秉颐　近年海外新儒学的动向述介　哲学动态 1998 年 12 期

方祖猷 论牟宗三先生评王畿 宁波大学学报 1998 年 1 期
吴 洲 简释牟宗三圆教与圆善论的文化哲学 求是学刊 1998 年 1 期
王 煜 儒佛之间的怪杰马一浮 贵州文史天地 1998 年 1 期
张 毅、郭汾阳 竺可桢与马一浮 杭州师院学报 1998 年 4 期
龚鹏程 现代社会的礼乐文化重建 浙江社会科学 1998 年 1 期
孔明安 杜维明谈"现代性中的传统问题" 哲学动态 1998 年 11 期
宋开芝、胡传胜 儒学意义世界的挖掘与埋葬——评杜维明的哲学 学海 1998 年 6 期
陈丽智 传统儒学如何定位现代——访美国哈佛大学著名教授杜维明 台声 1998 年 7 期
杜维明先生访谈录(一)(二) 贵州大学学报 1998 年 3、4 期
卢 宁 感受北大寄望北大——著名汉学家杜维明先生访谈录 北京大学学报 1998 年 4 期
王剑峰 生命与艺术——方东美论中国艺术之精神 学术月刊 1998 年 11 期
魏群、宛小平 从比较朱光潜与方东美悲剧观之异同看艺术和道德的关系 学术界 1998 年 4 期
余秉颐 方东美的生命本体论 江淮论坛 1998 年 4 期
陈 来 史家本色是书生 读书 1999 年 6 期
陈 来 世纪末"中国哲学研究"的挑战 中国哲学史 1999 年 4 期
郭齐勇 当代新儒家对儒学宗教性问题的反思 中国哲学史 1999 年 1 期
杨丹荷 熊十力思想与儒、道、佛及西学的关系 华侨大学学报 1999 年 3 期
余品华、赖功欧 现代新儒家眼中的陆象山 抚州师专学报 1999

年2期

张祥浩　评牟宗三的道德形上学　江苏社会科学1999年1期

阎虹珏　现代新儒家对科学主义的反思　晋阳学刊1999年4期

冯崇义　现代新儒家的反思　开放时代1999年6期

陈晓平　冯友兰境界说的道儒思想辨析　中州学刊1999年3期

楚明锟　试评冯友兰的类逻辑观　中州学刊1999年3期

钱耕森　《道通天地冯友兰》评介　中国哲学史1999年1期

楚明锟　冯友兰的逻辑分析法思想　中国文化研究1999年2期

夏中义　世纪圣人的精神遗体——谒冯友兰书　当代作家评论1999年5期

张永义　道家思想对冯友兰"新理学"的影响　中国哲学史1999年4期

李中华　冯友兰与五四思潮——略论冯友兰文化观的演进　中国文化研究1999年4期

夏中义　论冯友兰的"圣人情结"　齐鲁学刊1999年6期

杨兆平　冯友兰的人生境界说　教育艺术1999年2期

沈　勇　浅析冯友兰、张岱年辩证法思想的异同　河南师大学报1999年2期

时广东　冯友兰思想方法的现代诠释　重庆师院学报1999年3期

钱广华　论冯友兰"新理学"的形上学方法——一种比较研究　复旦大学学报1999年4期

汪传发　冯友兰形上学的沉思　安徽师大学报1999年4期

田文军　冯友兰与中国哲学史学　学术月刊1999年4期

范　鹏　四通八达的冯友兰　兰州铁道学院学报1999年4期

宋志明　论狭义新儒家的发展脉络　南昌大学学报1999年3期

何　军　略论当代新儒家的传统观　现代哲学1999年2期

耿亮之　新儒学研究的里程碑——《现代新儒学与中国现代化》述

评 学术月刊 1999 年 5 期

吴 江 一位很值得纪念和研究的人物——新儒家事功主义者梁漱溟 炎黄春秋 1999 年 9 期

[德]H.G.梅勒 冯友兰新理学与新儒家的哲学定位 哲学研究 1999 年 2 期

骆 墨 张君劢传 党史研究与教学 1999 年 1 期

罗志田 从科学与人生观之争看后五四时期对五四基本理念的反思 历史研究 1999 年 3 期

陈先初 评张君劢“修正的民主政治”主张 湖南师大学报 1999 年 4 期

刘述先 从当代新儒家观点看世界伦理 中国哲学史 1999 年 4 期

张 颖 警惕社会主义建设中的新儒家思想 武警工程学院学报 1999 年 1 期

景海峰 简议牟宗三圆善论的理性主义困限 深圳大学学报 1999 年 1 期

张祥浩 评牟宗三的道德的形上学 江苏社会科学 1999 年 1 期

李翔海 后现代背景下的牟宗三新儒学思想 人文杂志 1999 年 5 期

韦政通 梁漱溟的人格特质与生命动力 南昌大学学报 1999 年 2 期

史炳军 评梁漱溟的文化理论 华夏文化 1999 年 3 期

陈宪光 梁漱溟的乡村建设运动与中国现代化之路的探索 华侨大学学报 1999 年 2 期

胡文辉 梁漱溟的勇气 民族艺术 1999 年 1 期

陈景良 论梁漱溟的法文化观 河南政法管理干部学院学报 1999 年 2 期

金尚理 梁漱溟:从文化学的角度研究中国问题及哲学 科学·经

济·社会 1999 年 4 期

栗玉仕　文化失调与儒者复出的呼唤——梁漱溟的东西伦理文化观研究　中南工业大学学报 1999 年 1 期

熊吕茂　是佛家还是儒家——梁漱溟的思想归宿辨析　湘潭师院学报 1999 年 4 期

熊吕茂　梁漱溟的心性理论评析　常德师院学报 1999 年 6 期

朱人求　梁漱溟先生的文化生命理论　深圳大学学报 1999 年 2 期

杨菲蓉　梁漱溟与社会主义　社会主义研究 1999 年 5 期

崔运远　论梁漱溟《东西文化及其哲学》对中国传统教育哲学的重建　中州学刊 1999 年 3 期

滕　复　梁漱溟与现代新儒学的大儒学学统——梁漱溟的“世界文化三期论”述评　浙江学刊 1999 年 5 期

柳友荣　梁漱溟心理学思想摭谈　心理科学 1999 年 5 期

刘国华　论梁漱溟的乡村建设理论的民粹主义性质　扬州大学学报 1999 年 5 期

董宝瑞　李大钊的挚友梁漱溟　文史精华 1999 年 9 期

黄黎星　德合天地　妙赞化育——方东美《易》学思想评述　福州师专学报 1999 年 2、4 期

李　毅　现代新儒学研究的可喜成果——《寻求德性与理性的统一》评介　哲学动态 1999 年 10 期

程恭让　牟宗三《大乘起信论》“一心开二门”说辨正　哲学研究 1999 年 12 期

丁冬红　精研慎择　刻意求真　东西会通　望塑华魂——“贺麟思想与西方哲学引进研讨会”纪要　哲学研究 1999 年 10 期

李立新　贺麟思想与西方哲学引进研讨会综述　哲学动态 1999 年 11 期

杜维明、张友云 家庭、国家与世界:全球伦理的现代新儒学探索 国外社会科学1999年5期
余秉颐 方东美论中国哲学的“机体主义” 学术月刊1999年3期
芮宏明 徐复观——无畏护义是真儒 北方论丛1999年5期
俞启定 钱穆人文主义教育思想述要 河北师大学报1999年1期
陈 勇 固守传统与融会中西——读钱穆先生《中国文化史导论》 上海大学学报1999年2期
刘 巍 二三十年代清学史整理中钱穆与梁启超胡适的学术思想交涉——以戴震研究为例 清华大学学报1999年4期
李冬君 钱穆的儒家本位文化观述评 华侨大学学报1999年4期
朱 贻 钱穆的历史观与文化自恋情结——读钱穆的《国史大纲》 历史教学问题1999年5期
洪 祝 割不断的两岸情——记钱穆先生与诸祖耿的深厚友谊 文教资料1999年6期
江 湄 钱穆:一生为中国文化续命的史家 历史教学1999年12期
陈 鹏 新理学与西方哲学 哲学研究2000年1期
蒋永青 冯友兰先生的《老子》意义论 中国文化研究2000年1期
郁有学 试论冯友兰的思想历程 中国文化研究2000年2期
李贵仓 冯友兰“抽象继承法”及其引起争议原因探析 中山大学学报2000年2期
周锡山 冯友兰的王国维研究述评 徐州师大学报2000年1期
杨柱才 孔颜乐处与天地境界——从“接着讲”看冯友兰的境界观 南昌大学学报2000年2期
朱荣英 冯友兰的人学思想与当代中国人学体系的建构 井冈山师院学报2000年3期
罗安宪 儒学心性论的历史进程 中国哲学史2000年2期

周铁项 评冯友兰的类逻辑思想 孔子研究2000年4期
王 路 从冯友兰的哲学观看中国哲学史研究 哲学研究2000年8期
方旭东 中国哲学史如何可能:冯友兰的回答 哲学研究2000年9期
杨海文 先秦两汉的著编体例——冯友兰《中国哲学史史料学》读后感 燕山大学学报2000年4期
杨丹荷 熊十力哲学人生论中的道家思想资源 哲学研究2000年1期
胡邦炜 熊十力哲学的价值与意义 人文杂志2000年1期
任俊华 熊十力的新易学 船山学刊2000年4期
郭美华 自我的凸现与消弭——论熊十力哲学对主观与客观关系的解决 学术月刊2000年8期
傅伯言、赖功欧 论熊十力的孔子观 江西社会科学2000年11期
陈 来 对新文化运动的再思考——从五四后期的梁漱溟说起 南昌大学学报2000年1期
陈先初 精神自由与民族文化——张君劢文化思想透视 求索2000年1期
马振操 不该遗忘的两栖奇才 21世纪2000年3期
田 晓、李玉林 张君劢与"科玄论战"的再审视 历史教学2000年5期
张继才 张君劢与民初联邦论之争 安康师专学报2000年4期
徐锦贤 张君劢政治哲学论析 南京社会科学2000年12期
邱若宏 解读张君劢——评《精神自由与民族复兴》 中国图书评论2000年12期
郑家栋 "中国哲学"与"哲学在中国" 哲学动态2000年5期
郑家栋 《牟宗三》后记 中国哲学史2000年5期

曹智频　解心释神:从现代新儒家看庄子的功夫论　安徽大学学报 2000 年 3 期

肖美丰、闫顺利　文化意识宇宙的巨人——唐君毅新儒家思想　北方论丛 2000 年 6 期

吴培显　当代新儒家的追求和局限管窥——从杜维明《现代精神与儒家传统》说起　常熟高专学报 2000 年 5 期

唐凯麟、曹刚　世纪之交儒学评价范式及立场的检讨　湖南农业大学学报 2000 年 1 期

蒋国保　儒学世俗化的现代意义　孔子研究 2000 年 1 期

魏义霞　贺麟的体用观——中国现代哲学重建之路　齐鲁学刊 2000 年 1 期

洪晓楠　儒家传统的现代转化——论杜维明的文化哲学思想　大连理工大学学报 2000 年 1 期

洪晓楠　论韦政道先生的文化哲学思想　大连理工大学学报 2000 年 2 期

洪晓楠　儒家思想与现代化——论刘述先的文化哲学思想　大连理工大学学报 2000 年 3 期

洪晓楠　批判继承　综合创新——论方克立先生的文化哲学思想　大连理工大学学报 2000 年 4 期

周桂钿　中国哲学研究一百年　东南学术 2000 年 4 期

刘国华　郭沫若与现代新儒家文化观之比较　郭沫若学刊 2000 年 3 期

周晓勇　试论牟宗三对宋明儒学研究的理论创新　华中理工大学学报 2000 年 4 期

刘　辉　现代新儒家兴起的条件　娄底师专学报 2000 年 2 期

谭吉华　试论梁漱溟文化思想的特点　娄底师专学报 2000 年 3 期

肖群忠　论现代新儒家对孝道的弘扬发展　齐鲁学刊 2000 年 4 期

唐凯麟、曹刚　儒学的再生是否可能——论儒学的当代命运　社会科学辑刊 2000 年 1 期

陈俊民　道学与宋学、新儒学、新理学通论　渭南师院学报 2000 年 3 期

汪子嵩　贺麟先生的新儒家思想　学术月刊 2000 年 4 期

胡　军　方东美哲学思想的道家精神　中国哲学史 2000 年 1 期

宋志明　巨擘·重镇·哲人——简论冯友兰的学术造诣　北华大学学报 2000 年 2 期

陈　来　对新文化运动的再思考——从“五四”后期的梁漱溟说起　南昌大学学报 2000 年 1 期

梁培宽　朱谦之与梁漱溟的半个世纪友谊　世界宗教文化 2000 年 1 期

朱从兵　梁漱溟的社会发展史动力观及对人类社会历史发展的总体把握　世纪桥 2000 年 1 期

朱　永　梁漱溟的经济思想　江淮论坛 2000 年 2 期

熊吕茂　梁漱溟与柏格森的生命哲学　常德师院学报 2000 年 2 期

熊吕茂　梁漱溟的佛学文化思想探略　郴州师专学报 2000 年 1 期

熊吕茂　梁漱溟的儒佛文化观之比较　湖湘论坛 2000 年 4 期

熊吕茂　梁漱溟的文化思想综论　湘潭师院学报 2000 年 4 期

吕熊茂　梁漱溟的乡村建设理论与实践评析　岭南学报 2000 年 3 期

柳友荣　再论梁漱溟的心理学思想　心理学报 2000 年 4 期

蔡志海　浅谈梁漱溟的寻根意识　华夏文化 2000 年 3 期

马　瑞　梁漱溟的儒家政治人格及其乡村建设实践　河南大学学报 2000 年 6 期

陈辉宗　梁漱溟与甘地现代化思想之比较　新东方 2000 年 7 期

杨泽本　梁漱溟的君子风范　四川统一战线 2000 年 4 期

颜炳罡 评梁漱溟的东西文化观及其对孔子精神的重读 山东省农业管理干部学院学报 2000 年 4 期
林炳伟 梁漱溟的教育思想及其现代意义 天津教育 2000 年 2 期
洪文杰 论"五四"时期东西文化论争中梁漱溟的文化思想 天中学刊 2000 年 1 期
贾国雄 梁漱溟与邹平乡村建设 文史精华 2000 年 3 期
史锋锐 刚正不阿的梁漱溟 文史精华 2000 年 10 期
郑黔玉 试论梁漱溟乡村建设的文化哲学基础 贵州大学学报 2000 年 4 期
肖良武 从"出世"到"入世"——梁漱溟由佛转儒思想的嬗变 贵州社会科学 2000 年 6 期
张 牛 梁漱溟的文化哲学观及其现代价值 重庆邮电学院学报 2000 年 1 期
曾维伦 20 世纪的"中体西用"论 重庆邮电学院学报 2000 年 4 期
史炳军 生命本体与儒释道互补——略论梁漱溟 理论导刊 2000 年 5 期
陈 智 梁漱溟"尚情"说简释 内蒙古师大学报 2000 年 6 期
祝 彦 梁漱溟的两次婚姻 民国春秋 2000 年 2 期
吴民贵 梁漱溟的"静观"立轴 历史教学问题 2000 年 5 期
徐克敏 四首佚名诗非梁漱溟所作 北京大学学报 2000 年 6 期
王 欢 墨子刻对新儒学与中国政治文化的研究 华北电力大学学报 2000 年 2 期
田 薇 后现代主义与新儒学、现代化及马克思哲学的关系 教学与研究 2000 年 11 期
陈 鹏 回应西方:现代新儒学的境界之思 首都师大学报 2000 年 2 期
范希春 现代新儒学的转向省察 山东大学学报 2000 年 6 期

李　锐　《十力语要》之文学观　深圳大学学报 2000 年 6 期
李存山　新唯物论还是新儒家——与张立文先生再商榷　学术月刊 2000 年 6 期
肖永明　超越与僭越——熊十力新儒学:保守主义与激进主义的双重变奏　中华文化论坛 2000 年 4 期
崔少元　后现代主义、多元文化、中国新儒学热　中国文化研究 2000 年 3 期
潘德荣　重建传统的智者牟宗三　北方论丛 2000 年 5 期
殷小勇　至善与圆善——论牟宗三对康德三个公设的消解　复旦大学学报 2000 年 4 期
苗润田　牟宗三儒学宗教论研究　孔子研究 2000 年 4 期
陈立胜　牟宗三的道德形上学与海德格尔的基础存在论互参　中山大学学报 2000 年 2 期
罗安宪　儒学心性论的历史进程　中国哲学史 2000 年 2 期
程恭让　在“佛教化”与“中国化”的思想张力之间——关于中国佛教思想史的一种理解方式　中国哲学史 2000 年 3 期
陈　星　李叔同交游二题——为纪念李叔同诞辰一百二十周年而作　浙江海洋学院学报 2000 年 3 期
余洁平　儒家道德形上学的建立——论贺麟的道德观　安徽师大学报 2000 年 2 期
吴仰湘　贺麟对中西哲学的融贯创新及其学术建国论　湖南师大学报 2000 年 4 期
李龙海　从“自然的知行合一论”看传统文化的现代化　理论探讨 2000 年 6 期
柴文华等　文化的超越与寻根——论贺麟的文化哲学体系　求是学刊 2000 年 1 期
胡　军　方东美哲学思想的道家精神　中国哲学史 2000 年 1 期

胡　军　中国现代哲学中的方法论意识　中国哲学史2000年3期
余秉颐、卢找律　传统儒学与当代全球文明——访杜维明先生　学术月刊2000年6期
陈振声　东亚现代性的世界涵义——杜维明教授对全球化、现代化与多元化理解和认识问题　西南民族学院学报2000年10期
宋志明　略论儒家解释学　北京大学学报2000年2期
杨　毅　原天地之美,达万物之理——方东美论道家艺术精神　中国哲学史2000年1期
杨　毅　艺术·道德·宗教——浅析方东美生命精神的三重境界　学术月刊2000年6期
章启群　怎样探讨中国艺术精神?——评徐复观《中国艺术精神》的几个观点　北京大学学报2000年2期
王　勇　钱穆与京剧　中国京剧2000年2期
陈　勇　疑古与考信——钱穆评古史辨派的古史理论　学术月刊2000年5期
郑吉雄　钱穆先生治学方法的三点特征　文史哲2000年2期
徐国利　钱穆论史体与史书　史学史研究2000年4期
周国栋　两种不同的学术史范式——梁启超、钱穆《中国近三百年学术史》之比较　史学月刊2000年4期
徐国利　钱穆的历史本体"心性论"初探——钱穆民族文化生命史观疏论　史学理论研究2000年4期
武才娃　评钱穆的《中国文化史导论》　湖北大学学报2000年4期